Nele Kuhlmann
»Verantwortung« als pädagogischer Topos

Nele Kuhlmann

»Verantwortung« als pädagogischer Topos

Anerkennungstheoretische Perspektiven

BELTZ JUVENTA

Die Autorin

Nele Kuhlmann, Jg. 1988, Jun.-Prof.'in Dr., hat die Juniorprofessur für Allgemeine/ Systematische Erziehungswissenschaft an der Friedrich-Schiller-Universität Jena inne. Ihre Arbeitsschwerpunkte liegen im Bereich der pädagogischen Ethik, der machttheoretischen Erkundung pädagogischer Professionalität sowie der qualitativ-rekonstruktiven Sozialforschung.

MIX
Papier aus verantwortungsvollen Quellen
FSC® C089473

Dieses Buch ist erhältlich als:
ISBN 978-3-7799-7582-3 Print
ISBN 978-3-7799-7583-0 E-Book (PDF)

1. Auflage 2023

in der Verlagsgruppe Beltz · Weinheim Basel
Werderstraße 10, 69469 Weinheim

Herstellung: Myriam Frericks
Satz: Datagrafix, Berlin
Druck und Bindung: Beltz Grafische Betriebe, Bad Langensalza
Beltz Grafische Betriebe ist ein klimaneutrales Unternehmen (ID 15985-2104-100)
Printed in Germany

Weitere Informationen zu unseren Autor:innen und Titeln finden Sie unter: www.beltz.de

Inhalt

1 Einleitung

„So we have not come here to beg the world leaders to care for our future. [...] We have come here to let them know that change is coming whether they like it or not. The people will rise to the challenge. And since our leaders are behaving like children, we will have to take the responsibility they should have taken long ago."
Greta Thunberg, 3. Dezember 2018, UN-Klimagipfel in Kattowitz, Polen

1.1 Erkundungen

Die Klimaaktivistin und Initiatorin der weltweiten Schüler*innen-Protestbewegung *Fridays for Future*, Greta Thunberg, lässt keinen Zweifel daran, dass aus ihrer Sicht die systematische *Verantwortungslosigkeit* führender Politiker*innen und allgemeiner der vorangegangenen Generation(en) die derzeitige Klimakrise verursacht habe. Im Alter von 15 Jahren bezeichnet sie in einer ihrer ersten öffentlichen Reden beim UN-Klimagipfel in Kattowitz das Verhalten der anwesenden Staats- und Regierungschefs als ‚kindisch', weil diese trotz der Kenntnis um die dramatische ökologische Situation keine Verantwortung übernommen hätten und auch nicht den Anschein machten, dieses Verhalten zu überdenken (vgl. Thunberg 2018). Den Ausgangspunkt für ihren ‚Skolstrejk för Klimatet' (deutsch: ‚Schulstreik für das Klima') sieht sie daher in der großen Spannung zwischen den mittlerweile umfassend verfügbaren wissenschaftlichen Erkenntnissen über die menschgemachten Ursachen des Klimawandels auf der einen und dem unentwegten ‚Weiter so' in Politik und Alltag auf der anderen Seite. Sie stellt die provokante Frage, wie Menschen an ihren Konsumweisen, Formen von Mobilität und Arten der Energiegewinnung festhalten können, *obwohl* sie wissen, dass sie damit systematisch ihre eigene Lebensgrundlage zerstören.

Die Aktionsform Schulstreik stellt vor diesem Hintergrund eine gezielte Provokation dar: Wenn selbst auf die seit über 30 Jahren eindeutig formulierten Warnungen und Forderungen der weltweit renommiertesten Wissenschaftler*innen keine (politischen) Taten folgen, warum sollte dann (Schul-)Bildung dazu führen, dass sich zukünftige Gesellschaften verändern und der Klimawandel gestoppt wird?[1] „[W]hat is the point of learning facts when the most important facts clearly mean nothing to our society?" (ebd.) Darüber hinaus wirft Thunberg die Frage auf, warum sich die jüngere Generation an die tradierten gesellschaftlichen Regeln halten sollte, wenn es gerade diese Regeln sind, die die systematische

1 Für erziehungswissenschaftliche und interdisziplinäre Diskussionen der Fridays For Future Bewegung vgl. Haunss/Sommer 2020; Holfelder et al. 2021.

Verantwortungslosigkeit der älteren Generation möglich gemacht haben: „So we can't save the world by playing by the rules. Because the rules have to be changed" (ebd.).

Der Begriff ‚Verantwortung', um den es in dem vorliegenden Band geht, spielt innerhalb von Thunbergs Positionierungen eine zentrale Rolle. Es lassen sich mindestens drei aufeinander bezogene, auch alltagssprachlich bedeutsame Dimensionen der Begriffsverwendung herausarbeiten: Verantwortung als Zurechnungskategorie, als ethisches Konzept und als Ergebnis von gesellschaftlichen und politischen Strukturen oder ‚Regeln'. Zunächst wird deutlich, dass Thunberg Verantwortung jenen zuschreibt, die *im Wissen um die Folgen* der eigenen Entscheidungen handeln. In dieser klassischen, für unser tägliches Handeln höchst bedeutsamen Perspektivierung wird eine starke, auf rationalen Abwägungen beruhende Intentionalität entworfen: Wir machen diejenigen verantwortlich, denen wir diese Intentionalität unterstellen oder ‚nachweisen' können und nehmen diejenigen aus, die aufgrund von Alter, gesundheitlichem Zustand oder anderen Einschränkungen (noch) nicht oder zum besagten Zeitpunkt nicht (mehr) zu jenen freien, rationalen Abwägungen in der Lage sind. ‚Verantwortung' ist damit eng an sozial anerkannte Handlungsfähigkeit und -macht geknüpft. Daran anschließend – und auch hier findet sich eine alltagsweltlich omnipräsente Deutungsfigur – argumentiert Thunberg (2019b), dass Personen mit mehr (politischer) Handlungsmacht, also diejenigen, deren Entscheidungen einen Einfluss auf das Leben anderer Menschen haben, eine größere Verantwortung tragen. In Bezug auf den Klimawandel bringt Thunberg das auf eine einfache Gleichung: „The bigger your carbon footprint – the bigger your moral duty. The bigger your platform – the bigger your responsibility" (Thunberg 2019a: 40).[2] Hier wird deutlich, dass ‚Verantwortung' nicht nur ein formales Zurechnungskonzept, sondern anschließend an diese formale Funktion eine bedeutsame moralische Kategorie darstellt: Sind die Folgen unserer (möglichen) Handlungen für andere weitreichend, so tragen wir eine umfassendere Verantwortung, die von uns verlangt, unsere Entscheidungen in besonderer Weise abzuwägen sowie retro- und prospektiv zu rechtfertigen. Schließlich deutet Thunberg (2019d) zumindest an, dass die Klimakrise nicht ausschließlich auf verantwortungslose Entscheidungen *von Einzelnen* zurückzuführen ist, sondern, dass gesellschaftliche Strukturen des Konsumierens und Wirtschaftens diese systematische Verantwortungslosigkeit in Bezug auf das Klima erst ermöglicht haben. Es wäre daher zu kurz gegriffen,

2 Thunberg verwendet hier sowohl den Pflichtbegriff („duty"), der im alltäglichen Sprachgebrauch gewöhnlicherweise auf relativ klare Handlungsanweisungen verweist, als auch „responsibility", welche den Weg zur Erreichung eines Ziels zumeist den verantwortlichen Individuen überlässt (für eine ausführliche Thematisierung des Unterschieds zwischen den Begriffen vgl. Kapitel 2.1). In dieser Dopplung wird die moralisierende Ansprache besonders deutlich: Indem den Adressierten sowohl eine moralische Pflicht als auch eine Verantwortung zugesprochen wird, werden Weg *und* Ziel objektiviert.

Einzelnen die Verantwortung für Veränderung zuzuschreiben, weil genau dieser Modus des ständigen Verschiebens und Diffundierens von Verantwortung – so würde ich ihre Ausführungen weiterführend deuten – ein zentrales strukturelles Problem darstellt (vgl. ebd.).

Neben diesen eher auf einen allgemeinen Verantwortungsbegriff bezogenen Implikationen ist es vor allem Thunbergs Fassung ‚intergenerationaler Verantwortung', d.h. die Verantwortungsbeziehung zwischen den ‚Älteren' und den ‚Jüngeren', die ihre Formulierungen so bemerkenswert machen (vgl. auch Hurrelmann/Albrecht 2020; Holfelder et al. 2021). Thunbergs provokante Adressierungen der älteren Generation lassen die Frage virulent werden, wie die Aktivistin mit Bezug auf den Verantwortungsbegriff das intergenerationale Gefüge neu ausrichtet. Die Frage „*How dare you!?*", die Thunberg (2019c) bei ihrer Rede beim UN-Klimagipfel 2019 wieder und wieder stellt, wird kurze Zeit später in öffentlichen Medien zu einem politischen Slogan stilisiert, welcher – so die Prognosen – „die Kommunikation zwischen den Generationen verändert" (Brinkbäumer 2019) und „Geschichte schreiben" wird (Epp 2019); er wird als das „‚I have a dream'" (ebd.) oder „‚Yes, we can' der Generation Greta" verhandelt (Diez 2019). Was diese Frage zu einer so deutlichen Provokation macht, ist die drastische, in vielen Reden explizit performierte Verkehrung der Positionen im Generationengefüge: Ein Kind *tadelt* die ältere Generation dafür, dass diese ihrer Verantwortung für die Welt und damit für die jüngere Generation nicht gerecht wird. Grundlegender könnte eine Delegitimierung der Autorität der Älteren gegenüber den Jüngeren kaum ausfallen: Thunberg stellt nicht nur vor dem Hintergrund der Missachtung von wissenschaftlicher Erkenntnis den Sinn von (Schul-)Bildung im Kontext der Klimakrise in Frage, sie bezweifelt auch, dass die ältere Generation ihren Wissens- und Machtvorsprung im Sinne der jüngeren Generation nutze – sie konstatiert sogar das Gegenteil. Dezidiert argumentiert sie, dass es *eigentlich* nicht in der Verantwortung von Kindern und Jugendlichen liege, sich für ihre eigene Zukunft derart einsetzen zu müssen; da aber die Älteren dieser Verantwortung so systematisch auswichen, müsste die jüngere Generation diese Verantwortung – gewissermaßen für die *eigene Zukunft* – übernehmen (vgl. Thunberg 2018).

Thunberg erkennt damit an, dass ihre Generation zwar auf die *Stellvertretung* durch Erwachsene angewiesen ist, entzieht dieser Stellvertretung aber grundlegend die Legitimität. Wessen Handlungen so nachhaltige Auswirkungen auf das Leben (zukünftiger) anderer haben, der*die trage die Verantwortung, die eigenen Lebens- und Handlungsweisen auf ebenjene Folgen für kommende Generationen zu befragen (vgl. ebd.). Wird sich dieser intergenerationalen Verantwortung aber wissentlich oder unwissentlich entzogen, so müsse auch die jüngere der älteren Generation das Mandat der (politischen) Stellvertretung entziehen. Thunberg argumentiert daher, dass die ‚Jüngeren' durch das Nicht-Handeln der ‚Älteren' *genötigt* werden, sich der Verantwortung für ihre eigene Zukunft an einem Zeitpunkt zu stellen, an dem diese Verantwortung eigentlich noch den Erwachsenen obliegt.

Thunbergs politische, ethische und intergenerationale Positionierungen bieten nicht nur aufgrund der gebotenen Dringlichkeit und Aktualität des verhandelten Problems einen lohnenden Einsatzpunkt für ein Nachdenken über ,Verantwortung'; sie ermöglichen auch – wie ich im Folgenden zeigen will – das (intergenerationale) Spannungsgefüge zu konturieren, auf welches das Verantwortungskonzept eine Antwort zu geben verspricht.[3] Für den vorliegenden Band, welcher sich die Analyse und das ,Problematisieren'[4] des Konzepts der ,pädagogischen Verantwortung' zur zentralen Aufgabe macht, können so in einer ersten offenen Suchbewegung Problemkonstellationen rund um (intergenerationale) Verantwortung herausgestellt werden, welche anschließend theoretisch ausgeschärft und aus verschiedenen – insbesondere anerkennungs- und subjektivierungstheoretischen – Perspektiven diskutiert werden. Die anhand von Thunbergs Positionierungen skizzierten Problemdimensionen im Sprechen über und mit ,Verantwortung' sollen im Folgenden zugespitzt werden, um zum Ausgangspunkt dieser Arbeit hinzuführen.[5]

1.2 Problemdimensionen im Sprechen über und mit ,Verantwortung'

Zunächst wurde deutlich, dass Verantwortung alltagssprachlich zumeist an ein starkes, autonom handelndes bzw. handlungsfähiges Subjekt gekoppelt und dadurch gewissermaßen als ,Korrelat' von Handlungsmacht gedacht wird: Je mehr Ressourcen und möglichen Einfluss jemand hat, desto größer ist die zu tragende Verantwortung und die damit einhergehende Rechtfertigungspflicht. So definiert Janina Loh (2017: 45) die Verantwortungsbeziehung dahingehend, dass dem „Verantwortungssubjekt [...] Autonomie zugesprochen [wird, NK], die in dem Akt des Rede-und-Antwort-Stehens vor einer Instanz ihren besonderen

---

3 Ich folge hier Norbert Ricken (2006b: 217), der in Bezug auf den Erziehungsbegriff vorschlägt, statt der naheliegenden Frage „Was ist Erziehung?", die auf „Eindeutigkeit und Definität" zielt, der Fragestellung „Was ist die Frage, worauf Erziehung zu antworten versucht?" nachzugehen, da diese viel offener ermöglicht, die jeweilig historisch-systematische Problemstellung als auch die in diesem Grundbegriff angelegte Selbstreferentialität menschlicher Selbstdeutung in der Analyse zu berücksichtigen.

4 Mit diesem Begriff beziehe ich mich auf Michael Wimmer (2006: 31), der mit ,Problematisieren' einen Modus der Bearbeitung der paradoxalen Grundstruktur des Pädagogischen beschreibt, der weder versucht, Antinomien und Unvereinbarkeiten (technologisch) *aufzulösen*, noch durch den Rückzug auf den Standpunkt wertneutraler Beobachtung zu *umgehen*; vgl. ausführlich zum ,Paradoxieproblem' pädagogischer Praxis und Theoriebildung Kapitel 2.1.2.

5 Das Beispiel des Klimaprotests wurde zur Ermöglichung *erster* Erkundungen gewählt und kann daher nicht in seiner Komplexität erfasst werden. Siehe für eine erziehungsphilosophische Diskussion Straume 2018; Haunss/Sommer 2020; Holfelder et al. 2021; Hurrelmann/Albrecht 2020.

Ausdruck findet". Diese einfache Formel wird häufig auch auf die generationale Verantwortungsrelation übertragen, da die ältere Generation über die Macht verfügt, das Leben der ‚Jüngeren' grundlegend zu beeinflussen und die nachkommende Generation konstitutiv auf die Stellvertretung der ‚Älteren' angewiesen ist (vgl. bspw. Buddeberg 2017: 445). Diese zunächst formale Bestimmung von Verantwortung wird dann mit ethisch-moralischen Anforderungen an Positionen hoher Verantwortung verknüpft: Beeinflussen die eigenen Entscheidungen das Leben anderer und haben diese Anderen grundlegend weniger Handlungsmacht, so muss das eigene Handeln unbedingt – in einer konsequentialistischen Logik – hinsichtlich *der Folgen* dieses Tuns reflektiert und legitimiert werden.

In einer vermutlich rhetorisch motivierten *Vereindeutigung* sowohl der Bedingtheiten der ‚Jüngeren' durch die ‚Älteren' sowie von (natur-)wissenschaftlich verfügbarem Wissen argumentiert Thunberg, dass aber eben diese ethisch zu erwartende Evaluation der eigenen Handlungen anhand wissenschaftlicher Erkenntnisse über die Folgen dieser Handlungen bei der älteren Generation ausbleibe. Obwohl eindeutiges Wissen über den Schaden für kommende Generationen verfügbar ist, wird das eigene Handeln nicht vor diesem Hintergrund in Frage gestellt und verändert. Diese offensichtliche Spannung, dass Menschen *trotz* des verfügbaren Wissens um die Handlungsfolgen in einer bestimmten Hinsicht verantwortungs*los* handeln, stellt vor dem Hintergrund der derzeitigen Klimakrise eine überaus relevante Problemstellung dar. Hält man an der Fassung eines starken, rationalen Handlungssubjekts fest, so könnte argumentiert werden, dass pädagogische Institutionen und öffentliche Medien lediglich versäumt hätten, dieses Wissen drastisch genug zu vermitteln (vgl. Thunberg 2019c). Auch wenn diese Annahme für einen Teil des Phänomens als Erklärung adäquat sein mag, so bleibt doch vermutlich ein außerordentlich großer ‚Rest' an Handlungen, die *im Wissen* um womöglich verheerende Folgen getan werden. In der nur angespielten Formulierung Thunbergs, dass auch die ‚Regeln' des menschlichen Zusammenlebens geändert werden müssten, deutet sich an, dass die so häufig bemühte Vorstellung von Gesellschaft als Addition autonomer, selbstverantwortlich Handelnder wenig überzeugt. Wenn das Handeln von Menschen jedoch als durch historisch gewachsene, kulturelle Strukturen bedingtes gedacht wird, so wird zugleich die Möglichkeit der umfassenden ethischen Selbstbestimmung, an die Thunberg appelliert, fraglich. Dieses soziologische Grundproblem, wie menschliches Tun zu deuten sei – als Resultat autonomer Entscheidungen oder als Produkt gesellschaftlicher Strukturen – lässt Thunberg in produktiver Weise offen.

In Bezug auf intergenerationale Verantwortungsbeziehungen machen Thunbergs Reden deutlich, dass die Autorität der ‚Älteren', welche oft als natürlich gegeben erscheint, konstitutiv auf die Anerkennung der ‚Jüngeren' angewiesen ist. In der Infragestellung von (Schul-)Bildung und derzeitiger Formen politischer und pädagogischer Stellvertretung kehrt Thunberg die seit Schleiermacher (2017

[1826]: 547) als Kernproblem pädagogischen Reflektierens geltende Frage „Was will denn eigentlich die *ältere Generation* mit der *jüngeren*?“ um (vgl. auch Ecarius 1998; Ricken 2010: 26 f.) und fragt: ‚Was *schuldet* die ältere Generation eigentlich der jüngeren?‘ Beide Fragerichtungen konturieren das Feld des Nachdenkens über pädagogische Verantwortung und machen die *Prekarität, Legitimierungs- und Anerkennungsbedürftigkeit* intergenerationaler Autoritätsbeziehungen in dieser spannungsvollen doppelten Ausrichtung greifbar (vgl. King 2017). In der unausweichlichen Stellvertretung der jüngeren durch die ältere Generation muss notwendig auf die Zukunft der ‚Jüngeren‘ vorgegriffen werden, ohne dabei wissen zu können, wie zukünftige Gesellschaften aussehen, geschweige denn, wie sich die jüngere Generation diese Zukunft selbst vorstellt (vgl. Röhr 2002). Dieses Paradox ist konstitutiv im pädagogischen Verantwortungsbegriff angelegt.

Wie diese ersten Erkundungen bereits zeigen, ermöglicht die Analyse des (pädagogischen) Verantwortungskonzepts *wie durch ein Brennglas* die grundlagentheoretische Frage nach dem Verhältnis von menschlichen Selbstdeutungen, sozialer Ordnungsbildung und pädagogischen, intergenerationalen Verhältnisbestimmungen – auch in Bezug auf pädagogische Institutionen und Professionen – zu fokussieren. Diese Brennglasfunktion kann ‚Verantwortung‘ deswegen erfüllen, weil der Begriff zum einen eng mit der Entstehung moderner, *menschlicher Selbstdeutungen* als sich selbst zugrundliegende, selbstverantwortliche Subjekte verbunden ist (vgl. Bayertz 1995a) und zugleich als *relationaler Zuschreibungsbegriff* – x ist verantwortlich für y vor z – soziale Ordnung und (pädagogische) Beziehungen im Zusammenspiel mit diesen Selbstdeutungen grundlegend figuriert (vgl. Eckert 2016).

In dieser Doppelfunktion spielt er auch, wie im Rahmen des Bandes gezeigt wird, eine Schlüsselrolle in der Entstehung und gesellschaftlichen Legitimation der modernen Schule und der Herausbildung bestimmter Vorstellungen von ‚guten Lehrer*innen‘.[6] Die damit vorgenommene historische Perspektivierung verdeutlicht, dass der Verantwortungsbegriff den Verlust vormals allgemeingültiger Werte und traditionaler Ordnung ‚kompensierte‘, indem er die Eigentätigkeit des Subjekts bei der Hervorbringung von Normen betonte und zugleich einen sozialen Rahmen und damit ein Woraufhin dieser Selbsttätigkeit im Sinne einer Zielrichtung bspw. in Form von Gemeinschafts- und Gesellschaftsidealen stiftete. Für pädagogische Verantwortung ergibt sich aus dieser historischen Genese die Spezifik, dass Erziehende als selbstverantwortlich Handelnde vor dem Hintergrund gesellschaftlicher Ordnung dafür verantwortlich sind, in der nachkommenden Generation ebenjenes verantwortliche Selbstverhältnis – auch in Bezug auf die jeweilige (antizipierte) soziale Ordnung – hervorzubringen (vgl. Derbolav 1971). Oder wie es Prange (2010: 69) pointiert formuliert: „Wir sind als Erziehende dafür verantwortlich, Verantwortlichkeit zu ermöglichen.“

---

6 Siehe dafür die Kapitel 3.3.1 [Kuhlmann 2021a] und 3.3.2 [Kuhlmann 2020].

Es ist diese so simpel scheinende, aber in ihren Implikationen hochkomplexe Feststellung, die am Ausgang meiner Beschäftigung mit dem Konzept der ‚pädagogischen Verantwortung' stand. Getragen wurde die daran anschließende Auseinandersetzung mit dem Verantwortungsbegriff durch den Zwiespalt, auf der einen Seite großes Vertrauen in das Konzept als ethische Schlüsselkategorie zu haben, auf der anderen Seite aber den Verdacht zu hegen, dass ‚Verantwortung' als individualisierende Adressierungsformel nicht nur häufig deutlich zu kurz greift, sondern darüber hinaus überaus problematisch sein kann. Wie am Beispiel von Thunbergs Adressierungen an die ältere Generation angedeutet wurde, werden historisch gewachsene Zusammenhänge und kulturelle Bedingtheiten auf die Eigenverantwortung Einzelner reduziert, was weder den so Adressierten noch der Komplexität des Problems gerecht werden kann.

Diese ‚Rückseite' des Verantwortungsbegriffs findet sich in pointierter Form im soziologischen Begriff der ‚Responsibilisierung', der die individualisierende und entsolidarisierende Verantwortungsdelegation beschreibt (vgl. u. a. Butler 2018a: 23). Wie kann also die ethische Erwartung, für die eigenen Handlungen Verantwortung zu tragen, nicht in eine responsibilisierende Zumutung umschlagen? Diese Problematik spitzt sich zu, wenn man sich der Frage zuwendet, was es bedeuten kann, für einen anderen Menschen und sein Werden in einem pädagogischen Sinne verantwortlich zu sein – insbesondere, wenn diese Verantwortung impliziert, diesem Menschen ermöglichen zu sollen, selbst eigenverantwortlich zu handeln. Auch wenn im Rahmen dieser Arbeit erste Antwortversuche auf diese Fragestellung formuliert werden, so steht nicht die Beantwortung, sondern eher die Problemstellung selbst im Vordergrund meiner Beschäftigung: Es soll darum gehen, *den in dieser Frage formulierten Problemzuschnitt in seiner systematischen Spezifik, historischen Genese sowie professions- und schultheoretischen Bedeutung auszuleuchten.* Die Annahme ist, dass diese multiperspektivische Bearbeitung des Verantwortungskonzepts ermöglicht, den Begriff in seiner Ambivalenz und Machtverwobenheit fassen zu können. Im Folgenden sollen diese verschiedenen Perspektiven in ihrer Genese und ihrem Zugriff erläutert sowie daran anschließend leitende Fragen und der Aufbau des Bandes dargestellt werden.

1.3 Genese, Zugang und Aufbau der Arbeit

Die Beschreibung des Vorhabens lässt bereits anklingen, dass es sich bei dem vorliegenden Band nicht um eine klassisch linear aufgebaute Monographie, sondern um eine kumulative Schrift handelt, die sich dem Gegenstand der ‚pädagogischen Verantwortung' aus verschiedenen Richtungen zuwendet. Dass dieser Weg gewählt wurde, liegt darin begründet, dass sich der Prozess der Auseinandersetzung mit dem Verantwortungskonzept durch verschiedene grundlegende Perspektivwechsel auszeichnete, die – so will ich argumentieren – auch im

Gegenstand selbst begründet liegen. Ohne an dieser Stelle bereits Überlegungen inhaltlich ausführen zu können, möchte ich dennoch versuchen, diese Blickverschiebungen vorgreifend nachzuzeichnen und sie in den Kontext jeweiliger Theorie- und Forschungszusammenhänge zu stellen. Darin sehe ich *auch* die Chance, die konstitutive Bedingt- und Situiertheit des eigenen Denkens und Forschens, die in wissenschaftlichen Arbeiten für gewöhnlich eher dethematisiert wird, im Sinne einer „Wissenschaft als soziale[n] Praxis" (Rieger-Ladich 2017) sichtbar zu machen. Wie im Folgenden konkretisiert wird, verfolgte die vorgenommene Untersuchung des Konzepts ‚pädagogische Verantwortung' zunächst das *begrifflich-systematische Ziel*, verschiedene erziehungstheoretische Fassungen hinsichtlich impliziter kategorialer Setzungen zu untersuchen und davon ausgehend zu typisieren.[7] Mit dem Interesse an pädagogischer Verantwortung als sozialem (Aushandlungs-)Geschehen rückten in einer ersten Verschiebung *qualitativ-empirische Erkundungen* in den Vordergrund. Schließlich wurde in einem weiteren Perspektivwechsel ein *historisierender Zugriff* zur Analyse des pädagogischen Verantwortungsbegriffs gewählt, um die in der historischen Entstehung und Entwicklung hervorgebrachten und dem Begriff damit eingeschriebenen Problemstellungen und Machtlogiken rekonstruieren zu können.

Genese der Arbeit: Das Interesse, sich dem Verantwortungsbegriff zuzuwenden, ist aus der Beschäftigung mit Erziehungstheorien hervorgegangen. Es stellte sich heraus, dass ‚pädagogische Verantwortung' – auch wenn diese Schlüsselstellung überraschend selten ausgewiesen wird – einen Dreh- und Angelpunkt erziehungs*ethischer* Überlegungen darstellt. Gleichzeitig schien der Begriff in aktuellen bildungspolitischen und programmatischen Diskursen – ‚Eigenverantwortliche Schulen', ‚Das Prinzip Selbstverantwortung', ‚Eigenverantwortliches Arbeiten' – als Steuerungsvokabel zu fungieren, die unter Verdacht steht, soziale Problemlagen durch Verantwortungsdelegation zu individualisieren bzw. kommunalen Organisationen zuzuschreiben (vgl. bspw. Oelkers 2009). Dieser spannungsvollen Gleichzeitigkeit von pädagogisch-ethischer und steuernder Funktion des Begriffs sollte daher in einem *theoretisch-systematischen Zugang* weiter nachgegangen werden. Dafür wurden einflussreiche pädagogische und erziehungswissenschaftliche Fassungen ‚pädagogischer Verantwortung' daraufhin untersucht, wie das generationale Verhältnis bzw. genauer die Stellvertretungsbeziehung jeweils ausgerichtet und legitimiert wird. Anstatt aber die erhoffte Trennung zwischen

7 Im Rahmen dieser Arbeit unterscheide ich zwischen ‚Verantwortung' als ‚Konzept' und als ‚Begriff'. Auch wenn diese Unterscheidung sicherlich keine scharfe Trennung sein kann, reserviere ich ‚Begriff' für das *Wort* ‚Verantwortung', während ‚Konzept' offener sowohl auf das Wort als auch auf mit dem Begriff verbundene *Phänomene* und *Praktiken* verweist; zum Konzeptbegriff siehe Ricken/Reh 2018: 6f.

‚guter' und ‚problematischer' Begriffsfassung herausarbeiten zu können, führte die Auseinandersetzung zu einer deutlicheren Skepsis: ‚Pädagogische Verantwortung' tendiert in ethischen Fassungen dazu – so das Ergebnis meiner Analysen –, *pädagogische Autorität* und damit umfassende Machtansprüche und -zugriffe von Pädagog*innen gegenüber Heranwachsenden *legitimierend zu entproblematisieren*, anstatt genau diese Machtverwobenheit einer ethischen Reflexion zugänglich zu machen. Zudem bleibt es auch unter Bezugnahme auf den Verantwortungsbegriff bei einer individualtheoretischen Fassung von Erziehung, in der Relationalität nicht als *konstitutive Bedingung* der Subjektgenese, sondern *in der Verfügung* des autonom-rationalen Erziehenden-Subjekts gedacht wird[8] – und das obwohl das *Phänomen* der pädagogischen Verantwortung die grundlegende Bedingtheit von und durch andere so greifbar macht. Wenn aber der Begriff der ‚pädagogischen Verantwortung' Teil des Problems ist, wie kann eine wissenschaftliche Auseinandersetzung aussehen, die fragliche Implikationen offenlegt, ohne dabei selbst wiederum eine autorisierende Führungsfigur zu etablieren?

Im Rahmen meiner Tätigkeit im Projekt *a:spect: Sprachlichkeit der Anerkennung*[9] arbeitete ich gemeinsam mit Norbert Ricken, Nadine Rose und Anne Otzen an der Weiterentwicklung und Ausdifferenzierung der methodologisch-methodischen Wendung anerkennungstheoretischer Überlegungen. Dabei wurde u.a. das Ziel verfolgt, eine adressierungsanalytische Heuristik zu entwickeln, die es erlaubt, in pädagogischen Praktiken vollzogene Subjektivierungsprozesse empirisch zu rekonstruieren. In der Analyse von videographierten (Re-)Adressierungssequenzen zwischen Lehrer*innen und Schüler*innen im gymnasialen Unterricht eröffnete sich eine neue Perspektive auf meinen Untersuchungsgegenstand der ‚pädagogischen Verantwortung': So wurde zum einen deutlich, dass das, was als legitimes oder ‚verantwortliches' Lehrer*innenhandeln gilt oder gelten kann, grundlegend von lernkulturellen Anerkennungsordnungen bedingt ist. Interessanterweise wird diese (mikro-)kulturelle Bedingtheit in pädagogisch-ethischen Bestimmungen ‚pädagogischer Verantwortung' in keiner mir bekannten Fassung thematisch; ganz so als könnte diese Kontextualität pädagogischen Handelns vernachlässigt oder vollends transparent gemacht werden. Zum anderen kann ‚Verantwortung' im Sinne eines ‚sensibilisierenden

8 Auch in alteritätstheoretischen Fassungen von ‚pädagogischer Verantwortung' kann diese Relationalität aufgrund der angenommenen radikalen Getrenntheit zwischen den Generationen letztlich nicht gedacht werden, vgl. Kapitel 3.1.3 [Kuhlmann/Ricken 2017].

9 *Die Sprachlichkeit der Anerkennung: Empirische Rekonstruktionen von Adressierungsprozessen im Sekundarschulunterricht in subjektivationstheoretischer Perspektive*, gefördert durch die *Deutsche Forschungsgemeinschaft* (DFG), unter Leitung von Norbert Ricken und Nadine Rose und der Mitarbeit von Anne Sophie Otzen, Lennart Kohring und Nele Kuhlmann, Laufzeit 2013–2017.

Konzepts'[10] schulische und unterrichtliche Praktiken als subjektivierendes Geschehen der Verantwortungsaushandlung und -zuschreibung – im Sinne eines ‚Doing Verantwortung' – lesbar machen. Aus dieser Perspektive wird das, was pädagogische Verantwortung ist bzw. sein kann, zu einem interaktiv-performativen Aushandlungsprozess, der schul-, lern- und berufskulturell strukturiert ist bzw. diese Kulturen wiederum spezifisch aktualisiert und transformiert. Dieser *qualitativ-empirische Zugriff* erlaubt es zwar, die konstitutive Relationalität und Machtverwobenheit pädagogischen Tuns in den Blick zu rücken, muss aber zugleich den Begriff ‚pädagogische Verantwortung' als theoretischen Grundbegriff aus dem Blick verlieren.

In einer weiteren Perspektivverschiebung wurde gewissermaßen unter veränderten theoretisch-methodologischen Vorzeichen zum ‚ursprünglichen' Interesse an der Ambivalenz des Begriffs zurückgekehrt. Durch den entwickelten anerkennungstheoretischen und adressierungsanalytischen Zugriff konnte ‚pädagogische Verantwortung' im Sinne einer historisch gewachsenen ‚Adressierungsformel' als *subjektivierender Begriff* verstanden werden. Ausgehend von dieser Fassung wurde ein *machttheoretisch-historisierender Zugriff* gewählt und die historische Entstehung des pädagogischen Begriffs im Kontext internationaler reformpädagogischer Bewegungen im beginnenden 20. Jahrhundert untersucht. Dadurch wird gezeigt, wie eng der Verantwortungsbegriff mit der Durchsetzung *pastoraler Führungsfiguren* zusammenhängt, die auch heute noch grundlegend das pädagogische Feld strukturieren.[11] Die beobachtete Ambivalenz zwischen Ethik und Steuerung wird vor dieser Folie nicht als definitorisches Problem, sondern als *konstitutive Charakteristik* des Verantwortungsbegriffs lesbar, die seine historische ‚Karriere' vermutlich erst ermöglicht hat.

Leitende Fragen: In der dargestellten vollzogenen Bewegung von einer *systematischen* Begriffsanalyse pädagogisch-ethischer Fassungen, über eine anerkennungstheoretisch ausgerichtete, *qualitativ-empirische* Erforschung bis hin zu einer subjektivierungstheoretisch justierten, *historisierenden* Rekonstruktion

10 Der ursprünglich von Herbert Blumer (1954) geprägte Begriff ‚sensibilisierendes Konzept' dient in der qualitativen Forschung als Bezeichnung für theoretische Vorannahmen, die einerseits die empirischen Analysen im Sinne einer Blickrichtung leiten und zugleich von diesen Analysen irritierbar bleiben müssen, um eine gegenstandsverankerte Theoriebildung zu ermöglichen, vgl. Aust/Völcker 2018.

11 Diese letzte Blickverschiebung wurde für mich insbesondere dadurch möglich, dass ich im Rahmen eines sechsmonatigen Auslandsaufenthaltes an der University of Wisconsin in den USA mit dem Bildungshistoriker Thomas Popkewitz sowie anderen internationalen Gastwissenschaftler*innen zusammenarbeiten konnte. Auf diese Weise wurde mir nicht nur ein mir bis dahin unbekanntes, überaus anregendes Forschungsfeld (*Curriculum Studies*) zugänglich gemacht; es waren vor allem die intensiven Diskussionen, die mir sowohl die machttheoretische Dimension von ‚Verantwortung' als auch die transnationalen ‚Verstrickungen' der begrifflichen Genese deutlich gemacht haben.

wurde der Untersuchungsgegenstand ‚pädagogische Verantwortung' je spezifisch hervorgebracht. Im Folgenden wird das Ziel verfolgt, meine in Artikelform publizierten Ergebnisse in Hinblick auf *diese verschiedenen Gegenstandskonstitutionen* in ein produktives Gespräch zu bringen. Zur Systematisierung schlage ich folgende drei Frageperspektiven vor:

1. *Wie wird der Begriff ‚Verantwortung' innerhalb von pädagogisch-ethischen Diskursen bestimmt?*
2. *In welcher Weise bringt das Konzept der ‚pädagogischen Verantwortung' je bestimmte (pädagogische) Anerkennungsordnungen hervor?*
3. *Welche Probleme und Chancen ergeben sich aus dieser Perspektivverschiebung für ein pädagogisch-ethisches Nachdenken über Verantwortung?*

In einer allgemein-erziehungswissenschaftlich ausgerichteten, maßgeblich am Gegenstand der Institution Schule und der Lehrer*innen-Profession vollzogenen *Arbeit am Begriff* sollen somit die impliziten machtvollen Logiken und damit einhergehende Grenzen und Möglichkeiten des für die pädagogische Theorie und pädagogische Praxis so zentralen Grundbegriffs ‚Verantwortung' rekonstruiert werden.

Da, wie bereits erwähnt, diese Arbeit am Begriff maßgeblich aus einem anerkennungstheoretischen Zugriff erfolgt, wird im Folgenden in aller Kürze dargestellt, wodurch sich dieser Zugang auszeichnet und warum er ermöglicht, die verschiedenen Perspektivierungen aufeinander zu beziehen.

Anerkennungstheoretischer Zugang: Mit dem Begriff der ‚Anerkennung' beziehe ich mich insbesondere auf die erziehungswissenschaftlich ausgearbeitete Reformulierung des Anerkennungskonzepts (vgl. insb. Ricken 2006b; Schäfer/Thompson 2010; Balzer 2014b; Ricken et al. 2017), in der Anerkennung weder als reine Affirmation des Bestehenden – im Sinne von Lob und Wertschätzung – noch als „Mittel […], über das man verfügen kann" verstanden wird, „sondern vielmehr als durchgängiges Medium […], in dem sich pädagogisches Handeln […] vollzieht" (Ricken 2006b: 223). Diese Fassung von Anerkennung basiert auf verschiedenen sozial-, macht- und kulturtheoretischen Einsätzen und ermöglicht es, die konstitutive Sozialität des Pädagogischen sowie die machtvolle Gewordenheit und Prozesshaftigkeit von sozialer und pädagogischer Ordnung(-sbildung) und impliziter Subjektwerdung (auch empirisch) in den Fokus zu rücken. Drei dieser aufeinander verweisenden Einsätze möchte ich bereits an dieser Stelle skizzieren.

So wird erstens an *praktikentheoretisch* ausgerichtete Arbeiten angeschlossen, welche den Ort des Sozialen in den Vollzug von je spezifisch historisch-kulturell situierten, sozial intelligiblen Praktiken verlegen. Dadurch geraten sowohl Reproduktion als auch Transformation sozialer Ordnung im Anschluss an poststrukturalistische Annahmen über Wiederholung und Wiederholbarkeit in den

Blick und werden versteh- und analysierbar gemacht (vgl. insb. Schatzki 1996, 2019; Reckwitz 2003; Schäfer 2013). Praktiken lassen sich dann auf implizite Anerkennungslogiken und in ihnen hervorgebrachte Anerkennungsordnungen untersuchen (so bspw. Fritzsche et al. 2011; Reh/Fritzsche et al. 2015; Idel/Schütz 2017). Zweitens wird in einer *subjektivierungstheoretischen* Ausrichtung danach gefragt, wie Subjekte innerhalb von diskursiven, historisch gewachsenen (pädagogischen) Praktiken als je Bestimmte hervorgebracht werden, d. h. wie innerhalb von machtvollen Anerkennungsprozessen eine soziale Ordnung aufgerufen, Individuen darin verortet und zu sich selbst und zu anderen in ein Verhältnis gesetzt werden bzw. sich selbst zu ebenjenen Ordnungen relationieren (vgl. grundlegend Foucault 1987; Butler 2001, 2006; Saar 2013; für eine erziehungswissenschaftliche Subjektivierungsforschung vgl. bspw. Breidenstein/Thompson 2014; Ricken 2018; Rose 2019).

Während subjektivierungstheoretische Arbeiten stärker auf die je spezifisch historisch-kulturell situierte, machtvolle Konstitution von Subjekten, Subjektpositionen und Subjektivierungslogiken scharfstellen, können *autorisierungstheoretische* Ansätze – und hier sehe ich den dritten Einsatz anerkennungstheoretischer Forschung – gezielter die Hervorbringung von je bestimmten Norm- und Wissensordnungen sowie damit einhergehenden Autoritätsverhältnissen in den Vordergrund rücken (vgl. insb. Schäfer/Thompson 2009b; Reh 2014; Jergus/Thompson 2017b). Wenn also eine anerkennungstheoretische Perspektivierung pädagogischer Verantwortung vorgenommen wird, so kann *praktikentheoretisch* zum einen danach gefragt werden, in welcher Weise der Begriff ‚Verantwortung' in verschiedenen diskursiven Praktiken – und darunter zähle ich im Anschluss an Daniel Wrana und Antje Langer (2007; vgl. Wrana 2012) auch pädagogisch-programmatisches und erziehungswissenschaftliches Schreiben – verwendet wird und wie dadurch je spezifische Anerkennungsordnungen konturiert und immer auch verschoben werden. Zum anderen kann danach gefragt werden, wie Verantwortungsrelationen im Sinne eines ‚Doing Verantwortung'– auch ohne explizite Nennung des Begriffs – in Praktiken figuriert, performiert und erzeugt werden (vgl. Moser 2008; Buschmann/Sulmowski 2018; Krämer/Sabisch 2018a; Kuhlmann/Thiersch 2023).

Subjektivierungstheoretisch rückt die Frage in den Vordergrund, wie genau durch ‚Verantwortung' je bestimmte Subjekte hervorgebracht werden, d. h. wie Individuen bspw. in der Adressierung und Positionierung als ‚(pädagogisch) Verantwortliche' in ein spezifisches Verhältnis zur sozialen Ordnung, zu sich selbst und zu anderen gesetzt werden und sich selbst setzen (vgl. Vogelmann 2013). Dafür ist es u. a. zentral, die im Begriff angelegten historisch gewachsenen Subjektivierungsformen herauszuarbeiten. Schließlich ermöglicht eine anerkennungstheoretische Befragung von ‚Verantwortung' auch den Anschluss an *autorisierungstheoretische* Ansätze, die insbesondere im Begriff enthaltene (De-)Legitimierungsmuster von pädagogischer Autorität rekonstruierbar machen.

Aufbau der Arbeit: Der vorliegende Band gliedert sich formal in vier Teile: Nach dieser *einleitenden Hinführung* (1) folgt zunächst die *theoretische und methodologische Rahmung* der Arbeit (2), welche in einem ersten Schritt in das interdisziplinäre Feld der ,Verantwortungsforschung' – im Sinne eines ,Versuchs einer Topographie' – einführen und dieses abstecken wird (2.1); daran anschließend wird in einem zweiten Schritt der gewählte theoretische – sprich anerkennungstheoretische – Zugriff weiter ausgeführt und ,pädagogische Verantwortung' hinsichtlich dieses Zugangs perspektiviert sowie in exemplarischen Ausführungen auf schul- und professionstheoretische Fragestellungen bezogen (2.2); abschließend werden in einem Zwischenresümee die Einsichten aus dem theoretisch-methodologischen Rahmen gebündelt (2.3).[12]

Der Hauptteil (3) ist ebenfalls in drei Unterkapitel gegliedert und umfasst insgesamt neun – je Unterkapitel drei – leicht überarbeitete, bereits an anderer Stelle veröffentlichte Publikationen, die zum Teil von mir in Alleinautorin- und zum Teil in Co-Autor*innenschaft verfasst wurden. Jedes Teilkapitel wird durch eine kurze Einleitung gerahmt. Im ersten Teilkapitel (3.1) wird das Ziel verfolgt, pädagogisch-ethische Diskurse hinsichtlich der (legitimatorischen) Bedeutung des Verantwortungskonzepts zu befragen, um *Logiken*, die dem Konzept innewohnen, zu rekonstruieren und zu problematisieren. Hier steht die erste Fragestellung – *Wie wird der Begriff ,Verantwortung' innerhalb von pädagogisch-ethischen Diskursen bestimmt?* – im Vordergrund. Dieses Kapitel wird vorbereitet durch das rahmende Kapitel 2.1. Um die Befragung des ethischen Konzepts ,pädagogischer Verantwortung' um eine bislang – zumindest in der Erziehungswissenschaft – wenig ausgearbeitete *machttheoretische* Perspektivierung zu ergänzen bzw. auch zu *kontrastieren*, wurde ein anerkennungs- bzw. subjektivierungstheoretischer Zugriff gewählt. Die Artikel im zweiten Teilkapitel (3.2) dienen dazu, diesen theoretischen und methodologisch-methodischen Zugang insbesondere in Bezug auf qualitative Schul-, Unterrichts- sowie – eher implizit – Professionsforschung auszuschärfen. Schließlich wird in Kapitel 3.3 anhand von drei Studien eine anerkennungstheoretische Perspektivierung von ,pädagogischer Verantwortung' – ebenfalls mit Bezug auf schul- und professionstheoretische Fragestellungen – *erprobt*, indem ,Verantwortung' zum einen als ein historisch gewachsenes, ,produktives', je spezifisch subjektivierendes und autorisierendes Konzept ausgerichtet und untersucht wird; und zum anderen indem situierte Aushandlungspraktiken der Verantwortungszuschreibung rekonstruiert werden. In diesem Kapitel steht die zweite Fragestellung im Vordergrund: *In welcher Weise bringt das Konzept der ,pädagogischen Verantwortung' je bestimmte Selbst-, Wissens- und Machtverhältnisse und dadurch je spezifische ,pädagogische'*

12 Während sich das Literaturverzeichnis dieser beiden rahmenden Kapitel am Ende dieses Buches findet, werden die Literaturnachweise in den publikationsbasierten Kapiteln direkt im Anschluss an den jeweiligen Artikel angeführt.

Anerkennungsordnungen hervor? Es wird durch das rahmende Kapitel 2.2 vorbereitet. Die dritte Fragestellung – *Welche Probleme und Chancen ergeben sich aus dieser Perspektivverschiebung für ein pädagogisch-ethisches Nachdenken über Verantwortung?* – wird gewissermaßen als Querdimension der Verhandlung des Begriffs an verschiedenen Punkten aufgerufen und diskutiert.

Am Ende dieser Arbeit steht ein Essay, in dem ich meine Beschäftigung mit dem Verantwortungskonzept als ein ‚Ringen *mit* und *um* Verantwortung' beschreibe (4).[13] In der Erkundung des Verhältnisses von Sich-Verantwortlich-*Fühlen*, Verantwortlich-*Sein* und Verantwortlich-*Handeln* wird gewissermaßen zur eingangs aufgeworfenen Frage zurückgekehrt: *Wenn wir doch wissen, welche Folgen unser Tun für andere hat, wieso fällt es uns oft so schwer verantwortlich zu handeln?*

13 Dieses Essay ist im Kontext des Projekts *Lebendige Theorie* entstanden, das von Martin Karcher und Severin Sales Rödel (2021) initiiert wurde. Es verfolgt das bildungstheoretisch-motivierte Ziel, Bildungs- und/oder Subjektivierungsprozesse im Vollzug (erziehungswissenschaftlicher) Theoriearbeit zum Gegenstand der Analyse zu machen.

2 Theoretische und methodologische Rahmung

> „Es scheint das Schicksal der Rede von der Verantwortung zu sein, in Paradoxien zu führen. Der sympathische Klang des Wortes steht im Gegensatz zu seinen oft nicht unbedenklichen Implikationen."
>
> Käte Meyer-Drawe 1992: 14

2.1 (Pädagogische) Verantwortung: Versuch einer Topographie

Denkt man darüber nach, in wie vielen Kontexten und Situationen wir lebensweltlich auf das Konzept ‚Verantwortung' stoßen, so wird schnell deutlich, wie grundlegend es unseren Alltag durchzieht: Wir werden für unsere Entscheidungen und Handlungen *verantwortlich gemacht* und tun dies gleichermaßen in Bezug auf andere; wir *fühlen uns verantwortlich* für andere, die uns nahestehen, die wir unterstützen und für die wir – auch qua Beruf – sorgen; wir fordern die *Übernahme von Verantwortung* angesichts lokaler und globaler Krisensituationen und wir erwarten ein *Verantwortungsbewusstsein* von Menschen, die in ihrem Tätigkeitsfeld eine große *Verantwortung tragen*. Letztlich scheint Sozialität gar nicht ohne den Verantwortungsbegriff denkbar. Es ist diese Beobachtung der alltagsweltlichen Omnipräsenz, die die Metapher ‚Topographie' für eine Erkundung des Begriffs plausibel macht: Im kartographierenden Modus der Erkundung und gerade nicht mit dem Anliegen einer festlegenden Definitionsarbeit soll das Feld der Verantwortungssemantik und -forschung in der Vielgestaltigkeit abgesteckt und beschrieben werden.[14] Dafür werde ich mich zunächst dem allgemeinen Verantwortungsbegriff als a) (zeitlosem) Zurechnungskonzept, b) spezifisch neuzeitlicher Figur der menschlichen Selbstdeutung, c) zentralem Grundbegriff praktischer Ethik sowie skizzenhaft d) verschiedener Modi der Kritik und Problematisierung zuwenden (2.1.1). Davon ausgehend kann auch die ‚Landschaft' pädagogischer und erziehungswissenschaftlicher Verwendungsweisen abgesteckt werden (2.1.2), indem zunächst konstitutive Problemstellungen pädagogischer Ethik ausbuchstabiert, Dimensionen und Verwendungsweisen des Begriffs skizziert und schließlich mit aktuellen Problematisierungen konfrontiert werden. Geschlossen wird mit einem kurzen Zwischenfazit (2.1.3).

---

14 Anschließend an eine *Cultural Geography* ist die Metapher der ‚Landschaftsbeschreibung' dabei nicht als Abbilden von Wirklichkeit zu verstehen, sondern ‚Kartographieren' beschreibt selbst eine situierte, machtvolle Praxis, vgl. bspw. Gerlach 2014; Anderson 2019.

2.1.1 Zum allgemeinen Verantwortungsbegriff

a) *Verantwortung als (zeitlose) Zurechnungsfigur*

Die Sozialanthropologin Julia Eckert (2016: 247) hält fest, dass „Verantwortung als Zurechnung einer spezifischen Verpflichtung einer Person gegenüber anderen hinsichtlich eines Sachverhalts auf Grund kausaler, ethischer oder rechtlicher Annahmen [...] *eine Schlüsseloperation jeder Gesellschaft*" darstellt (Eckert 2016: 247; Hervorhebung NK). In dieser zunächst formalen Perspektivierung wird deutlich, dass ‚Verantwortung' als ein mehrstellig-relationales Zuschreibungskonzept zum einen soziale Ordnung hervorbringt – Eckert verweist auf die Sphären der Moralität und des Rechts – sowie die Einzelnen in Relation zu dieser Ordnung positioniert und dadurch als je Bestimmte konstituiert. Dabei unterscheiden sich Systematisierungsversuche von ‚Verantwortung' darin, wie viele Relata sie in der Herstellung von Verantwortungsbeziehungen involviert sehen (vgl. Loh 2017). Um illustrierend die Extreme zu nennen: In der einstelligen Verantwortungsfassung ist das Verantwortungssubjekt (nur) vor sich selbst verantwortlich (bspw. bei Nida-Rümelin 2011); in der sechsstelligen Fassung trägt das Verantwortungssubjekt hingegen ‚für etwas, gegenüber jemandem, vor einer Instanz, in Bezug auf etwas und im Rahmen eines Handlungsbereiches Verantwortung' (vgl. Lenk/Maring 1993: 229).

Frieder Vogelmann (2014: 126) nimmt wiederum eine etwas anders gelagerte Systematisierung vor, indem er die an der Hervorbringung von Verantwortungsrelationen beteiligten zwei Positionen – die „Zuschreiber_innen und Träger_innen von Verantwortung" – in den Mittelpunkt seiner Analyse rückt. Gleichermaßen gehen alle genannten Ansätze davon aus, dass mit ‚Verantwortung' eine grundlegende, in allen Sphären des Sozialen operierende Zurechnungsfigur beschrieben wird, die ein je spezifisch gelagertes Bedingungsgefüge zwischen Menschen stiftet. Verantwortung ist in dieser Hinsicht vor allem „das Resultat einer Zuschreibung" (Heidbrink 2017: 4). Dabei entscheiden – so Ludger Heidbrink – nicht nur (mikro-)kulturelle Wert- und Normvorstellungen sowie institutionalisierte Rechtssysteme darüber, ob einem Individuum tatsächlich die Verantwortung für die eigenen Handlungen und deren Folgen zugeschrieben wird, sondern auch „erkenntnistheoretische Annahmen über den Status von Akteuren, die Rolle von Intentionen oder die Relevanz von Wissen bei Handlungsentscheidungen" (ebd., vgl. auch Kaufmann 1992).

Während Eckert (2016) argumentiert, dass sich das ‚Verantwortlich-Machen' als Zuschreibungsoperation notwendig in *jeder Gesellschaftsform* zu jeder Zeit und an jedem Ort rekonstruieren ließe und es sich dadurch gewissermaßen als kulturvergleichende Heuristik – in Bezug auf die obengenannten Relata und jeweiligen Annahmen über den Status von Subjekten – anbiete (vgl. auch Lotter 2012), plädieren bspw. Kurt Bayertz und Birgit Beck (2017) dafür, die (historische) Spezifik des Begriffs ‚Verantwortung' ernst zu nehmen. Damit argumentieren sie – wie viele andere (vgl. bspw. McKeon 1957; Vogelmann 2015; Fonnesu 2017) – dafür, dass es einen grundsätzlichen Unterschied mache, ob eine Zurechnung historisch mit dem Begriff der ‚Verantwortung', der ‚Schuld', der ‚Urheberschaft' oder der ‚Pflicht' bezeichnet wurde, da geforderte Verhältnisse zur eigenen Handlung und zur sozialen Ordnung sich grundlegend unterschieden. Die Übernahme von ‚Verantwortung' erfordere im Gegensatz zu ‚Pflicht' mit „eine[m] relativ klar bestimmten Bereich normativer Handlungsforderungen" (Heidbrink 2017: 5) ein *reflexives Verhältnis* zu sich, zu den eigenen Handlungen sowie zu handlungsleitenden Normen. Als ‚Verantwortliche' deuten wir uns nicht als bloß *eingefügt in eine soziale Ordnung*, sondern als uns selbst zugrundeliegende, aktiv Handelnde, die darüber Entscheidungen treffen, ob, welche und in welcher Weise soziale Normen für die eigenen Handlungen leitend sind – und damit als *soziale Ordnung stiftende* Akteur*innen (vgl. Raffoul 2010: 156 f.). Die Rück- sowie in gewisser Hinsicht Kehrseite der ‚neu gewonnenen' Freiheiten stellt dann die soziale und ggf. juristische Verpflichtung dar, die getroffenen Entscheidungen vor anderen prospektiv und/oder retrospektiv zu verantworten. Dieses für den Verantwortungsbegriff spezifische Doppel von unterstellter Handlungsfreiheit bei gleichzeitiger Rechenschaftspflicht lässt sich auch in der im Folgenden dargestellten historischen Genese des Begriffs nachzeichnen, die – so eine weit verbreitete These (vgl. bspw. Bayertz 1995a) – mit der Durchsetzung ebenjener menschlichen Selbstdeutung einherging.

b) Verantwortung als bestimmte historisch-gewachsene Selbstdeutung

Gemessen daran, wie omnipräsent das Wort ‚Verantwortung' heute ist, überrascht es doch, wie spät der Begriff in der deutschen Sprache in der Alltags- und philosophischen Theoriesprache geläufig wurde. Auch wenn die Brüder Grimm die erste Verwendung des Begriffs ‚Verantwortung' bereits auf das späte 15. Jahrhundert datieren (vgl. Grimm/Grimm 1854; zit. nach Fonnesu 2017: 113), wird in der begrifflichen Forschung unisono davon ausgegangen, dass ‚Verantwortung' erst im Laufe des 19. Jahrhunderts nach und nach an Bedeutung gewann (vgl. für einen Überblick Vogelmann 2014: 26 ff.). Während die Begriffe ‚responsibility' und ‚responsabilité' das erste Mal im Kontext von Revolutionen (der französischen und der US-amerikanischen) fielen, um das Verhältnis zwischen Regierung und Parlament bzw. Volk zu diskutieren (vgl. McKeon 1957: 24 ff.), geht der Ursprung des deutschen Begriffs auf die juristische Anklagesituation vor Gericht zurück. So wird in Zedlers Universallexikon festgehalten (1746: 96): „Verantworten, heißt sich gegen die wider einen angebrachten Beschuldigungen vertheidigen, oder sich auf die von einem anderen erhobene Klage einlassen und antworten […]." Eine zentrale und zum Teil kontrovers diskutierte Frage philosophischer Untersuchungen des Verantwortungsbegriffs ist es, wie aus diesem juristischen Nebenschauplatz des 18. Jahrhunderts ein, wenn nicht gar *der* zentrale ethische Schlüsselbegriff des 20. und 21. Jahrhunderts werden konnte (vgl. bspw. Banzhaf 2017).

Ohne an dieser Stelle auf die Details verschiedener ‚Erfolgsnarrative' eingehen zu können (vgl. dafür Vogelmann 2014: 33 ff.), stimmen die meisten Autor*innen darin überein, dass vor allem die *historische Durchsetzung einer spezifischen menschlichen Selbstdeutung* im Wechselspiel mit gesellschaftlichen Entwicklungen – wie der seit der Neuzeit fortschreitenden Säkularisierung, Enttraditionalisierung und (technischen) Modernisierung – den entscheidenden Motor für die „steile Karriere" (Bayertz/Beck 2017: 134) von ‚Verantwortung' bildete (vgl. bspw. Hubig/Bayertz 1990; Günther 2002; Heidbrink 2007).[15] Diesen historisch zu beobachtenden Wandel des menschlichen Selbstverständnisses beschreiben Bayertz und Beck (2017: 134) als „wachsende[s] Subjektivitätsbewusstsein des Menschen"; dieser Prozess zeichne sich dadurch aus, dass die göttliche Prüfungsinstanz „im Verlauf der Neuzeit mehr und mehr ins Subjekt hineingenommen und damit verinnerlicht" wurde (Bayertz 1995a: 18). Das ‚Verantworten' vor einem göttlichen Gericht wurde also zunehmend vom individuellen Gewissen übernommen – daher die juridische Metaphorik.

In diese Richtung argumentiert auch Luca Fonnesu (2017), wenn er konstatiert, dass die für den Verantwortungsbegriff *wegbereitenden* theologischen und philosophischen Debatten im 18. Jahrhundert um die Fragen kreisten, ob Menschen als (mono-)kausaler Ursprung ihrer Taten gelten könnten und inwiefern sie als ‚sündige Wesen' zur moralischen Beurteilung jener Taten fähig seien.[16] Es gehe in diesen Diskursen zentral um die Neujustierung der „Beziehung zwischen Mensch und Gott" (ebd.: 130): War es zuvor unstrittig, dass nur Gott als Allwissender und Allmächtiger das menschliche Schicksal bestimmte und dem Menschen moralische Prüfungen auferlegte, wurde dem Individuum – so Fonnesus Argument (ebd.: 117 f.) – zunehmend zuerkannt, über eine gewisse Willensfreiheit zu verfügen und dadurch den göttlichen Gerichtshof im individuellen Gewissen vorwegnehmen bzw. antizipieren zu können. Die ‚Entstehung' des Gewissens als „verinnerlichter Gott" verlangte dann eine neue Form des Selbstbezugs, den

15 Da die Veränderung von Begriffen den Wandel von sozialer Realität nicht bloß abbildet, sondern immer auch mitkonstituiert – so die zentrale Annahme begriffsgeschichtlicher Forschung (vgl. Koselleck 2010) – darf hier nicht von einem einfachen Ableitungsverhältnis ausgegangen werden. Der Verantwortungsbegriff ist also nicht nur „Indikator", sondern auch „Faktor" der genannten gesellschaftlichen Wandlungsprozesse (ebd.: 99); vgl. auch die begriffsgeschichtlich-argumentierende Analysen in Kapitel 3.1 und 3.3.

16 Ich beziehe mich hier maßgeblich auf die Veränderung des Verhältnisses zwischen Menschen und Gott und damit auf *einen* Strang der Hervorbringung menschlicher Handlungsfähigkeit. Den anderen Strang stellen Debatten um die Willensfreiheit des Menschen vor dem Hintergrund der Entdeckung naturwissenschaftlicher Gesetzmäßigkeiten dar, die insbesondere von John Stuart Mill mit Bezug auf den Begriff ‚responsibility' geführt wurde, vgl. dafür McKeon 1957; Pothast 2011.

Bayertz (1995a: 18) als „eine säkularisierte religiöse Verantwortung" beschreibt (vgl. auch Kapitel 3.3.1 [Kuhlmann 2021a]).

Besonders greifbar wird dieser Wandel in der historisch zu beobachtenden allmählichen Ersetzung des Begriffs ‚Pflicht' durch ‚Verantwortung': Während im klassisch-theologischen Pflichtbegriff die göttlichen Gesetze – sowie die soziale Ordnung – unmissverständlich gegeben waren und einer *äußeren Überprüfung* bedurften (ebd.), wird im aufklärerischen Kantischen Pflichtbegriff bereits eine *Selbstprüfung* in strenger Anwendung *des* Gesetzes – sprich des Kategorischen Imperativs – gefordert (vgl. Vogelmann 2015: 128). In der Durchsetzung des Verantwortungsbegriffs im späten 19., frühen 20. Jahrhundert wird dann in einer weiteren Verschiebung nicht nur die selbstständige Prüfung der moralischen Vorgaben verlangt, sondern auch verstärkt die Aufmerksamkeit des Subjekts auf die *ordnungsstiftenden* Auswirkungen der eigenen Handlungen gelenkt.[17] Hier zeigt sich eine grundlegende Neu-Relationierung zwischen moralischer Ordnung und individueller Freiheit: Der Pflichtbegriff geht von der Eindeutigkeit der Ordnung bzw. des sittlichen Gesetzes aus und reguliert davon ausgehend die Freiheit des Subjekts; ‚Verantwortung' setzt dagegen bei der Freiheit des Subjekts an und nimmt an, dass das Subjekt handelnd und sich selbst kausal zugrundliegend soziale und moralische Ordnung hervorbringt (Bayertz 1995a: 33, vgl. auch Kapitel 3.1.2 [Kuhlmann 2022]).[18] So konstatiert Bayertz ausgehend von dieser Neurelationierung: „Verantwortung beruht auf der Bewußtheit des eigenen Handelns und seiner möglichen Folgen für andere. Grundlegend für den Verantwortungsbegriff ist damit sein reflexiver Charakter" (ebd.).[19]

Die historisch gewachsene Selbstdeutung, die im Verantwortungsbegriff eingelagert ist, kann mit Francois Raffoul (2010: 156 ff.) wie folgt zusammengefasst werden: Mit ‚Verantwortung' wird die Annahme aufgerufen, dass *individuelle Subjektivität und Intentionalität* eines Individuums den Ausgang und Grund des Subjekts darstellen; Handlungen werden dem Subjekt aufgrund eines *unterstellten ‚freien Willens'* und dem Prinzip der *kausalen Verursachung* zugeschrieben und schließlich impliziert der Begriff – so Raffoul (ebd.: 174) – „that the responsible being is a *rational subject*, that the basis for ethical responsibility is rational agency and subjectivity [Hervorhebung NK]". In der historischen Durchsetzung des Verantwortungsbegriffs zeigt sich demnach die Entstehung eines bis heute

17 Vor diesem Hintergrund – wie auch im Folgenden noch thematisiert – ist auch Max Webers prominente Unterscheidung zwischen ‚Gesinnungs- und Verantwortungsethik' am Anfang des 20. Jahrhunderts zu deuten, vgl. Weber 1992 [1919].

18 Bernhard Waldenfels (1992: 139) sieht im „Ausbalancieren beider Momente […] das ‚Projekt der Moderne'. Freiheit ohne Gesetz wie Gesetz ohne Freiheit wären dessen Ruin".

19 Die begriffliche Verschiebung von ‚Pflicht' zu ‚Verantwortung' und damit einhergehenden Transformationen in der menschlichen Selbstdeutung ließen dabei selbstverständlich auch pädagogische Problem- und Zielbestimmungen nicht unberührt (vgl. Kapitel *3.1 Diskurse: Pädagogisch-ethische Perspektiven*).

'Verantwortung' eher als *sekundärer Begriff* die spezifischen Relata und Reichweite von *Pflichtbeziehungen* klären soll – daher auch das Kompositum der „Verantwortungspflicht" (ebd.). Allgemeingültige Pflichten werden also mit 'Verantwortung' konkretisiert.

Zu den nicht-teleologischen, 'Agent*innen-basierten' Ethiken gehört auch die auf Aristoteles zurückgehende, seit einiger Zeit wieder breit diskutierte *Tugendethik* (vgl. Slote 2015), die sich insbesondere dadurch von den zuvor diskutierten pflichtethischen Ansätzen unterscheidet, dass sie nicht nach allgemeingültigen Regeln oder Handlungsmaximen, sondern nach den Bedingungen *eines guten und gelingenden Lebens* fragt (vgl. Athanassoulis 2010: 12; vgl. auch Crisp/Slote 2007). In dieser umfassenden Thematisierung der *Handelnden* – und nicht etwa leitender Prinzipien oder Handlungsfolgen – wird „das gesamte Leben, die Lebensform und der Charakter eines Menschen einschließlich der zu dem Charakter gehörenden Tugenden" (Schmiedl-Neuburg 2017: 206) einer ethischen Bewertung unterzogen. Es wird gefragt, wie das eigene Leben geführt werden sollte und welche Charaktereigenschaften dieses gute Leben ermöglichen können. Auch in tugendethischen Ansätzen wird der Verantwortungsbegriff kaum explizit verwendet und gilt eher als sekundäres Konzept, welches das leitende Konzept der 'Tugend' in gewisser Hinsicht je spezifisch ausrichtet und konkretisiert. Als Tugenden gelten „Haltungen, Heixeis und Habitus, also Wahrnehmungs-, Denk-, Fühl- und Handlungsdispositionen, die, im Unterschied zu Lastern, einen Beitrag zu einem glückenden Leben zu leisten vermögen" (ebd.: 211). Vor diesem Hintergrund argumentiert Hilmar Schmiedl-Neuburg, dass 'Verantwortung' – so legt es auch unser Sprachgebrauch nahe – als eine sehr grundlegende Tugend konzipiert werden kann:

> „In der Alltagssprache sprechen wir von einer *verantwortungsvollen* oder *verantwortungsbewussten* Person, betrachten also die Fähigkeit Verantwortung wahrzunehmen und zu tragen als eine *Charaktereigenschaft oder -haltung*. […] Implizit schreiben wir einem solchen Menschen die Fähigkeit wie die Bereitschaft, also die charakterliche Disposition zu, in herausgehobener Weise je nach Kontext für sich selbst, für andere Menschen für Güter und Dinge oder auch für das Gemeinwesen Verantwortung zu übernehmen. […] Der Grund der Verantwortungsübernahme scheint *phänomenologisch* darin zu liegen, dass das Tragen von Verantwortung selbst als Gut und Teil des guten Lebens wahrgenommen wird, […]." (Schmiedl-Neuburg 2017: 214; Hervorhebung NK)

In dieser Fassung sieht der Autor die Chance, die „tendenziell monologisch oder selbstzentrierte" Tugendethik in einem „dialogische[n]" Sinne zu erweitern (ebd.: 220), da die Tugend des 'Verantwortungs*bewusstseins*' oder des 'Verantwortungsvoll*seins*' die Bezogenheit auf andere für ein gutes Leben greifbar mache. Anders als in den zuvor diskutierten Ansätzen wird 'Verantwortung' hier vorrangig im

Sinne eines *affektiven Involviert- und Gerichtetseins* auf das Wohl von Mitmenschen verstanden, welches tugendethisch als zentrale Bedingung eines *gelingenden Lebens* gedeutet wird.

Auch die *Diskursethik*, die maßgeblich mit den Philosophen Karl-Otto Apel (1988) und Jürgen Habermas (1983) verbunden ist, wird zu den deontologischen Ansätzen normativer Ethik gezählt, da sie das Ziel verfolgt, Normen universell zu begründen (vgl. für einen Überblick Gottschalk-Mazouz 2000). Anstatt aber allgemeingültige Pflichten theoretisch legitimieren zu wollen, beziehen sich Diskursethiker*innen auf sprachethische Annahmen, die besagen, dass „dem menschlichen Sprachgebrauch moralisch relevante Bezüge innewohnen" (Ott 2005: 150), die eine Verlagerung der Bewertung von ethischen Prinzipien in die intersubjektive Kommunikation ermöglichen. Es wird also gefordert, dass „strittige Sollgeltungsansprüche" in einer an bestimmte Kriterien gebundenen, intersubjektiven Aushandlungsform – dem ‚Diskurs' – im Austausch von rationalen Argumenten mit dem Ziel eines Konsenses auf ihre ethische Richtigkeit geprüft werden (Ott 2017: 234). „Die berühmte Frage Kants: ‚Was soll ich tun?'" – so Konrad Ott (ebd.) – „transformiert sich demzufolge zur Frage ‚Welche Regeln sollen wir alle und damit jeder von uns […] befolgen?'". In dieser Bewegung wird eine *prozedurale Ethik* begründet, die anstelle inhaltlicher Sollensvorstellungen formale, auf das Verfahren gerichtete Kriterien, wie bspw. eine grundlegende Verständigungsorientierung oder Herrschaftsfreiheit, ausarbeitet.

Der Verantwortungsbegriff wird in Apels *Diskurs und Verantwortung* von 1988, wie auch in aktuellen diskursethischen Fassungen (vgl. Buddeberg 2011), im Anschluss an den ursprünglichen etymologischen Wortsinn als grundlegende Verpflichtung des begründeten ‚Antwortgebens' verwendet. In dieser ‚Rückbesinnung' wird das soziale Geschehen des intersubjektiven ‚Ver-Antwortens' fokussiert, das auf die moralische Pflicht verweist, auf die Geltungsanfragen eines anderen mit dem Geben von rationalen Gründen zu antworten. Buddeberg (2011: 131) sieht den Verantwortungsbegriff bei Apel daher als „eine moralische Grundnorm, nach der sämtliche Konflikte der Lebenswelt diskursiv zu lösen sind". In einer Weiterführung argumentiert Ott, dass aus einer diskursethischen Perspektive zum einen vollzogene Zuschreibungen von Verantwortung in diskursiven Aushandlungsverfahren auf ihre ethische Angemessenheit, bspw. hinsichtlich der Reichweite, personaler Ressourcen etc., befragt werden sollten und zum anderen auch begründete Verantwortungszuschreibungen innerhalb von „Verantwortungsdiskursen" vollzogen werden können (Ott 2017: 231).

Während der Verantwortungsbegriff in pflicht- und tugendethischen Ansätzen eine eher nachrangige Stellung einnimmt – und auch jeweils erst zu einem historisch späteren Zeitpunkt eingeführt wurde –, rückt er in der diskursethischen Betrachtung bereits stärker in den Vordergrund. In keinem Ansatz spielt der Verantwortungsbegriff aber eine so *konstitutive* Rolle, wie in *teleologischen* – oder auch konsequentialistisch genannten – Ethikkonzeptionen (vgl.

Birnbacher 2017: 189). Auch wenn diese folgenorientierten Ansätze, wie der *Utilitarismus*, in Europa bereits im späten 18. und frühen 19. Jahrhundert in die philosophischen Debatten eingeführt wurden, so kann doch Max Webers Unterscheidung zwischen ‚Gesinnungs-' und ‚Verantwortungsethik' von 1919 zum Ausgangspunkt eines Paradigmenwechsels hin zu einer – hier auch an den Verantwortungsbegriff geknüpften – stärkeren Folgenorientierung in ethischen Theorien gelesen werden (vgl. Schluchter 1992). Diese wurde insbesondere für technikethische Debatten im Verlauf des 20. Jahrhunderts überaus bedeutsam (vgl. Schmidt 2013; Werner 2013).

In seiner Rede *Politik als Beruf* fragt Weber, wie die Sphären Ethik und Politik ins Verhältnis gesetzt werden sollten und plädiert dafür, dass es einer *eigenen* politischen Ethik bedürfe (vgl. Weber 1992 [1919]: 233), welche die „ethischen Paradoxien" des Handlungsfeldes berücksichtige (ebd.: 247). Dafür müsse eine Differenz ethischer Ansätze besonders herausgestellt werden:

> „Wir müssen uns klar machen, daß alles ethisch orientierte Handeln unter *zwei* voneinander grundverschiedenen, unaustragbar gegensätzlichen Maximen stehen kann: es kann ‚gesinnungsethisch' oder ‚verantwortungsethisch' orientiert sein. Nicht daß Gesinnungsethik mit Verantwortungslosigkeit und Verantwortungsethik mit Gesinnungslosigkeit identisch wäre. Davon ist natürlich keine Rede. Aber es ist ein abgrundtiefer Gegensatz, ob man unter der gesinnungsethischen Maxime handelt – religiös geredet ‚der Christ tut recht und stellt den Erfolg Gott anheim' *oder* unter der verantwortungsethischen: daß man für die (voraussehbaren) *Folgen* seines Handelns aufzukommen hat." (Weber 1992: 237)

In dieser scharfen Kritik traditionaler Moralbegründungen[23] und der Forderung einer verantwortungsethischen Fundierung politischer Ethik, führt der deutsche Soziologe englische und französische Bedeutungsdimensionen des Begriffs ‚Verantwortung', die maßgeblich auf politische Verantwortung abzielen, in den deutschen Diskurs ein und verbindet sie mit allgemein-ethischen Überlegungen.[24] Weber hält die Neuausrichtung für notwendig, weil zum einen die gesinnungsethische Maxime ‚Kein Zweck heiligt die Mittel' für die politische Sphäre unbrauchbar sei, da es sehr wohl solche Szenarien gebe, in denen Krieg oder Revolution den einzigen richtigen Weg darstellten (vgl. Weber 1992: 238); und zum anderen weil insbesondere Politiker*innen aufgrund

23 Diese Kritik hat im Folgenden in ihrer Polemik immer wieder zu dem Missverständnis geführt, dass alle deontologischen Ethiken problematische Gesinnungsethiken seien, vgl. Steigleder 2017: 172.

24 Vogelmann (2014: 342) bezeichnet diese Bewegung als „Moralisierung des politischen Begriffs".

ihrer *machtvollen Position* die Schuld für unbeabsichtigte Nebenfolgen nicht abschieben dürften, sondern stattdessen in ihr politisches Kalkül einbeziehen müssten (vgl. ebd.: 237). Der Verantwortungsbegriff wird damit zur Rückseite umfassender politischer Handlungsmacht, da Politiker*innen in dem Bewusstsein Entscheidungen treffen sollten, dass sie auch für deren Folgen geradestehen müssen.

Nicht zuletzt aufgrund der so einflussreichen Weber'schen Zweiteilung besteht – so Dieter Birnbacher (2017: 189) – eine „besondere Nähe des Verantwortungsbegriffs zur teleologischen Ethik": Es ist gewissermaßen in der Begriffsgeschichte von ‚Verantwortung' angelegt, dass nicht nur die Überzeugung von Handelnden, sondern insbesondere die Folgen von Handlungen prospektiv und retrospektiv in den Blick geraten (ebd.). „Der teleologischen Ethik zufolge" – so die allgemeine Definition Birnbachers (ebd.: 190) – „hängt die moralische Beurteilung einer Handlung ausschließlich von den außermoralischen Werten (oder Gütern) ab, die durch sie voraussichtlich bewirkt [...] bzw. von den außermoralischen Übeln, die durch sie verhindert werde". Die wohl bekannteste Form konsequentialistischer Ethik stellt der auf Jeremy Bentham zurückgehende *Utilitarismus* dar, der die moralische Richtigkeit einer Handlung anhand deren aggregierter Nutzenmaximierung für alle Betroffenen, wie bspw. dem Lustgewinn, bemisst (vgl. für einen Überblick Schroth 2016). Die meisten teleologischen Ansätze nehmen zum einen an, dass Nutzen und Schaden für Betroffene in irgendeiner Art und Weise *zusammen- oder aufzurechnen* seien[25] und rücken zum anderen die ebenfalls mathematisch formatierten Konzepte des *Risikos* und der *Wahrscheinlichkeit* in den Vordergrund moralischer Abwägungsprozesse, weil Handlungskonsequenzen – auch nicht intendierte Nebenfolgen – möglichst umfassend antizipiert werden müssen (vgl. Rescher 1983; Ropohl 2017). Ein weiteres Charakteristikum teleologischer Ansätze ist, dass sie vorrangig die „moralische Zulässigkeit von Handlungen" bewerten und erst in zweiter Linie nach moralischen Verpflichtungen fragen (Birnbacher 2017: 192).

Bayertz (1990: 92) sieht das Erstarken dieser Ethiktradition in engem Zusammenhang mit dem „Gewahrwerden gewachsener Handlungsmacht", die insbesondere – so sein Argument – mit der „technisch expandierenden Verfügungsmacht menschlichen Handelns" einherging (ebd.: 97). In der Erfahrung zweier Weltkriege, dem Einsatz von Atombomben sowie dem Aufkommen einer gesteigerten Aufmerksamkeit für Umweltproblematiken in den 1970er Jahren wird

25 Für den präferenz-utilitaristischen Vorschlag, dass die Leidensfähigkeit von Lebewesen aufgerechnet und gegeneinander abgewogen werden sollte – und dadurch bestimmten Tieren gegenüber eingeschränkt leidensfähigen, behinderten Menschen ein höherer ‚Wert' zugestanden wird –, hat der US-Amerikanische Philosoph Peter Singer großen Widerstand erfahren, vgl. Singer 2013 [1979]; Moskopp 2015.

plausibel, dass die Prüfung auf die moralische Zulässigkeit von Handlungen angesichts deren möglicher verheerender Folgen für andere die höchste Priorität besitze. Birnbacher (2017: 200) sieht darin auch die besondere Stärke teleologischer Ansätze: Dadurch, dass die Folgen von Handlungen innerhalb von komplexen sozialen und ökologischen Zusammenhängen für *alle empfindungsfähigen* Wesen in moralischen Abwägungsprozessen berücksichtigt werden (sollen), sind konsequentialistische Theorien für umwelt-, tier-, technik- und auch generationen-ethische Fragestellungen äußerst ertragreich (vgl. bspw. Birnbacher 1988; Singer 2013). Vor diesem Hintergrund ist auch das erstmals 1979 erschienene, vielfach aufgelegte und in 15 Sprachen übersetzte Buch *Das Prinzip Verantwortung* von Hans Jonas (2003) zu verstehen, welches als Klassiker umweltethischer Überlegungen gilt. In seiner teleologischen – und affekttheoretischen – Argumentation fordert Jonas ein, dass das objektive Gut der Bewahrung des Planeten zur Maßgabe jedes Handelns werden müsse (vgl. auch Buddeberg 2011: 47 ff.). Der Verantwortungsbegriff wird darin, wie in den allermeisten konsequentialistischen Ansätzen, zu einem ethischen Imperativ, der vom Subjekt verlangt, die eigene (gestiegene) Handlungsmacht zu ‚bändigen', d. h. ein Bewusstsein für die eventuell weitreichenden Folgen der eigenen Taten zu entwickeln und dementsprechend (anders) zu handeln.

Zusammenfassend lässt sich feststellen, dass der Verantwortungsbegriff zwar für die großen zeitgenössischen Ethiktraditionen bedeutsam ist, sich die inhaltliche Ausgestaltung sowie theorieinterne Stellung aber in den jeweiligen Ansätzen deutlich unterscheiden. Darüber hinaus argumentiert Bayertz (1995a: 47), dass ‚Verantwortung' als spezifisches, historisch bedeutsam gewordenes Selbstdeutungskonzept dazu beigetragen hat, dass pflicht- und tugendethische Ansätze gegenüber teleologischen Theorien an Bedeutung verloren haben – das zeigt nicht zuletzt die in der Darstellung der Genese des Verantwortungsbegriffs bereits nachgezeichnete Ersetzung von ‚Pflicht' durch ‚Verantwortung'. Bayertz sieht diese Verschiebung in der neuzeitlich vollzogenen „scharfe[n] Trennung zwischen dem Handeln und der Person" begründet: „Die Frage, wer ein guter Mensch ist, tritt in den Hintergrund gegenüber der Frage, welches Handeln gut ist. Und bei der Beantwortung dieser Frage wiederum gewinnen die Handlungs*folgen* ein immer größeres Gewicht" (ebd.). Ein ‚verantwortliches Subjekt' – so die bereits im Teilkapitel b) herausgearbeitete dominante Deutungsfigur – entscheidet *autonom* und in *rationaler Abwägung* angesichts antizipierter und in gewisser Weise *kalkulierter* Konsequenzen für andere und kann dafür jederzeit zur Rechenschaft gezogen werden.

Im Folgenden werden zwei verschiedene Einsatzpunkte markiert, um diese im Verantwortungsbegriff eingelagerten Annahmen sowie die alltagsweltlichen Verwendungsweisen einer Kritik zugänglich zu machen. Wie auch in der Darstellung der ethischen Fassungen von ‚Verantwortung' steht dabei die Herausarbeitung von übergreifenden Figuren im Vordergrund, die nicht den Anspruch erhebt, die einzelnen Theorien in ihrer Genese und Differenziertheit zu diskutieren, sondern im Sinne einer Topographie Felder der Verantwortungsforschung abzustecken.

d) Kritische Einsätze

Im Folgenden sollen zwei besonders einflussreiche Formen der Kritik des Verantwortungsbegriffs herausgegriffen und in ihrer Stoßrichtung untersucht werden:[26] Während sich die erste Strategie dadurch auszeichnet, dass sie beim *Phänomen der Verantwortung als sozialem Antwortgeschehen* ansetzt und dadurch die hegemoniale Vorstellung des selbstverantwortlichen, autonomen Subjekts *philosophisch-grundlagentheoretisch* in Frage stellt,[27] wird in der zweiten eher *soziologisch-gesellschaftsdiagnostischen* Argumentation mit Bezug auf die gegenwärtige Omnipräsenz des Verantwortungsbegriffs kritisiert, in welcher Weise der Begriff zunehmend auf Sphären des Sozialen *ausgeweitet* wurde, die keiner moralischen, sondern eher ökonomischen oder wirksamkeitsorientierten Logiken folgen, wodurch diese mit dem Ziel der Steigerung von Effizienz *moralisiert* werden – hier sei bereits das Schlagwort der ‚Responsibilisierung' genannt. Beide Kritikformen finden sich auch in der erziehungswissenschaftlichen Auseinandersetzung mit dem Verantwortungsbegriff, in deren Rahmen zum einen – wie bspw. von Michael Wimmer (1988, 1996a) – der individualtheoretische Zuschnitt pädagogischer und pädagogisch-ethischer Fragestellungen *grundlagentheoretisch* und zum anderen zeitgenössische Formen der Verantwortungsaktivierung im Kontext von Bildungs- und Familienpolitik eher in einer bildungssoziologischen Stoßrichtung problematisiert werden (vgl. bspw. Oelkers 2009).[28]

---

26 Eine sehr grundlegende Kritik am Verantwortungsbegriff wurde von Frieder Vogelmann vorgelegt. Da Vogelmann subjektivierungstheoretisch argumentiert, wird seine Studie an dieser Stelle ‚übersprungen' und in Kapitel *2.2.2 Subjektivierungs- und Autorisierungslogiken im Begriff ‚Verantwortung'* ausführlich – auch in Bezug auf die hier dargestellten kritischen Einsätze – diskutiert. Auch gouvernementalitätstheoretische Einsätze, die ‚Verantwortung' als Schlüsselbegriff von gouvernementalen Regierungsformen sehen, werden an dieser Stelle nur am Rande thematisch, da sie ebenfalls für die im Anschluss vollzogene subjektivierungstheoretische Perspektivverschiebung zentrale Einsichten bieten, vgl. bspw. Hache 2007; Rose 1990; Rose/Lentzos 2017.

27 Da dieser kritische, phänomenologisch begründete Einsatz selbst den Anspruch erhebt, ein ethisches Nachdenken zu betreiben, hätte er bereits im vorherigen Kapitel thematisiert werden können. Da es sich aber um einen grundlegenden Bruch mit ‚klassisch' ethischen Theorien – auch in der Begriffsverwendung – handelt, wurde entschieden, diese phänomenologische Fassung von ‚Verantwortung' erst an dieser Stelle einzuführen.

28 Diese erziehungswissenschaftlichen Perspektiven werden im Folgenden nur implizit verhandelt, aber dafür sowohl im nächsten rahmenden Teilkapitel als auch im publikationsbasierten Hauptteil, insbesondere in Kapitel 3.1 *Diskurse: Pädagogisch-ethische Perspektiven*, ausgeführt und diskutiert.

Grundlagentheoretischer Einsatz: Die Genese des Verantwortungsbegriffs – auch im Kontext ethischer Thematisierungen – wurde bisher dahingehend nachgezeichnet, dass sich vor allem eine dominante Figur von Verantwortung, jene die das starke, handlungsmächtige Subjekt zum Ausgang nimmt, historisch durchsetzen konnte. In diesem Narrativ blieb bislang unberücksichtigt, dass es im Verlauf des 20. Jahrhunderts auch gegenläufige Bemühungen in der philosophischen Theoriebildung gab, die Vormachtstellung des autonomen, eigenverantwortlichen Selbst in der Philosophie mit Bezug auf den Verantwortungsbegriff zu kritisieren und zu irritieren. Eine häufig gewählte Systematisierung von Verantwortungsfassungen, wie zuletzt von Galia Assadi (2013) und Frieder Vogelmann (2014), geht daher den Weg zwischen zwei Typen von ‚Verantwortung' zu unterscheiden: Jene Theorien, die den Fokus auf die *Handlungsmacht* des Subjekts legen, welche es mit dem Verantwortungskonzept moralisch zu regulieren gilt,[29] und jene Ansätze, die *dagegen die Bedingtheit und grundlegende soziale Angewiesenheit* des Subjekts im Phänomen der Verantwortung in den Blickpunkt rücken – hier werden von Assadi (2013) die Verantwortungstheorien von Emmanuel Lévinas, Hannah Arendt und Judith Butler und von Vogelmann (2014) die Ansätze von Wilhelm Weischedel, Jean-Paul Sartre und Bernhard Waldenfels verortet.[30] Im Folgenden soll die für diese zweite Linie der Verantwortungsforschung einflussreiche Figur der *Verantwortung als Antwort auf einen Anspruch (eines/des Anderen)*, die maßgeblich von Lévinas geprägt wurde, eingegangen und auf ihre Bedeutung für eine „Responsive Ethik" (Waldenfels 2010) befragt werden (vgl. auch Kapitel 3.1 *Diskurse: Pädagogisch-ethische Perspektiven*).

„Dem philosophischen Ohr" – so formuliert es Käte Meyer-Drawe (1992: 16) in ihrem *Nachdenken über Verantwortung* – „tönt das Wort Antwort in Verantwortung entgegen". Nicht nur in dieser sprachlichen Spur, die zeigt, dass ‚Verantwortung' auf ein intersubjektives Antwortgeschehen verweist, sieht Meyer-Drawe einen Ausgangspunkt für eine Reformulierung des Verantwortungsbegriffs. Auch das Sprechen vom Verantwortungs*gefühl* als ein Gefühl, welches wir nicht kontrollieren können, welches uns in Situationen trifft, die wir uns nicht ausgesucht haben und dem wir uns nicht entziehen können, deutet daraufhin, dass wir in der Erfahrung von Verantwortung eben nicht autark und autonom handeln, sondern, „daß wir immer antworten auf die Existenz von anderen" (ebd.). In dieser das Subjekt de-zentrierenden Bewegung schließt Meyer-Drawe an die

---

29 Hierunter zählt Assadi (2013) die Arbeiten Søren Kierkegaards, Max Webers und Hans Jonas.

30 Vogelmann (2014: 304 ff.) argumentiert, dass diese Zweiteilung bereits in Friedrich Nietzsches *Genealogie der Moral* von 1887 angelegt sei, da Nietzsche die Ambivalenz des verantwortlichen Selbstverhältnisses herausarbeite, welche je von einer Seite aus – dem aktiven *Unterwerfen* durch das handlungsmächtige Subjekt oder dem *Unterworfensein* des bedingten Subjekts – bearbeitet werden könne; vgl. für eine ausführliche Thematisierung Kapitel 2.2.2.

phänomenologischen Arbeiten von Lévinas an, dessen Verdienst es ist, einen grundlegenden Neueinsatz im Denken mit und über ‚Verantwortung' begründet zu haben.[31]

In seiner kritischen Auseinandersetzung mit der philosophischen Theorietradition – insbesondere der Phänomenologie und der Ethik –, formuliert der Philosoph ein radikal anders gelagertes Verständnis von Verantwortung, welches das in der Philosophie seinerzeit vorherrschende Leitbild der sinnkonstituierenden, intentionalen Subjektivität grundlegend in Frage stellt.[32] Anstelle des handlungsmächtigen, mit sich selbst identischen Subjekts, welches in seinem machtvollen Zugriff auf die Welt und auf andere mit dem Anspruch der Verantwortung ‚gebändigt' werden muss, sieht Lévinas (2011 [1992]: 204 ff.) die Ursprungsszene von Verantwortung in der Erfahrung des absoluten Unterworfenseins durch den Anspruch des Anderen, den er als radikal Fremden entwirft. Es ist diese Fremdheit, die einen verstehenden oder reziproken Zugriff des Ichs auf den Anderen verunmögliche und in dieser „fremdgenerierte[n] Anspruchslogik" jede – so Thomas Bedorf (2005: 51) – „dialogische Idylle" durchkreuze. Es ist eine Situation grundlegender Asymmetrie, wie Lévinas (2011: 249) mit Begriffen wie „Geiselhaft" und „Besessenheit" deutlich macht. Das Ich wird nicht als sich selbst zugrundeliegendes, sondern als ein im Unterworfensein und damit in der Erfahrung der unendlichen Verantwortung konstituiertes Subjekt gedacht: „Das Sich ist Sub-jectum: es findet sich unter der Last des Universums – für alles verantwortlich" (ebd.: 256).

Für Lévinas ergibt sich daraus die Notwendigkeit, *das Ethische*, verstanden als diese primäre Beziehung zum Anderen – in radikaler Abgrenzung zur philosophischen Teildisziplin der normativen Ethik (vgl. Buddeberg 2011: 151) –, als ‚erste Philosophie' zu setzen (vgl. Lévinas 2011: 186). Mit der Neubesetzung des Begriffs ‚Ethik' ist, wie bereits angedeutet, ein grundlegend anders gefasster Verantwortungsbegriff verbunden: In der Kritik traditioneller Ethikformen als um das Subjekt kreisende, egologische Ansätze wird Verantwortung vom Anderen aus gedacht; es wird zu *einem Phänomen des ungewählten Angesprochenseins*, auf das – ob man will oder nicht – geantwortet werden muss (vgl. Butler 2018b: 142; vgl. auch Butler 2007). „Lévinas intendiert also keine juridische oder eine nach Prinzipien der Vernunft zu übernehmende Verantwortung" – so beschreibt Bedorf (2005: 51) den Neueinsatz – „sondern eine ‚elementarethische' oder ‚prä-normative', zu der ich mich zu verhalten habe". Mit dem Begriff der

31 Wenngleich sich die Figur der ‚Verantwortung als Antwort' bereits in der dialogischen Theologie im Anschluss an Martin Buber und Eberhard Grisebach finden lässt, vgl. Buber 2005a; Grisebach 1928.

32 Buddeberg (2011: 146) sieht in der Entwicklung seiner Arbeiten eine zunehmende Fokussierung auf den Verantwortungsbegriff: Während der Begriff in seinen ersten Vorarbeiten nur am Rande auftaucht, rückt er bereits in seinem ersten Hauptwerk *Totalität und Unendlichkeit* in den Vordergrund und stellt schließlich in *Humanismus des andern Menschen* und *Jenseits des Seins oder anders als Sein geschieht* ein „Schlüsselthema" dar.

‚Elementarethik' verweist Bedorf darauf, dass Lévinas die uns in der unumgehbaren Erfahrung von Verantwortung konstituierende Sozialität in den Vordergrund rückt, wovon ausgehend eher klassisch ethische Fragen – *Wie soll mit dem Anderen umgegangen werden bzw. wie soll auf den Anspruch des Anderen geantwortet werden?* – reformuliert werden können; diese sind aber dem Verantwortungsphänomen nachgeordnet.[33]

Insbesondere Bernhard Waldenfels hat ausgehend von dieser Verantwortungsfassung das Ziel verfolgt,[34] einen Schritt weiter zu gehen und eine *Responsive Ethik* zu begründen, welche einen Neueinsatz ethischen Nachdenkens einfordert – ohne dabei den Anspruch zu erheben, klassische, pflicht-, diskursethische oder teleologische Theorien zu ersetzen (vgl. Waldenfels 2010: 71; 1992). Ausgehend von der sozialen Notwendigkeit des Antwortens, die unsere alltägliche Lebenswelt durchzieht, bestimmt Waldenfels (2010: 71) „Responsivität" als „Grundzug" unseres Seins. Wenn diese Responsivität „und nicht die Regularität oder die Intentionalität des Verhaltens" (Waldenfels 2006: 39) zum Ausgang ethischen Nachdenkens wird, kann sie nach Waldenfels als *responsiv* verstanden werden. Dieser verschobene Einsatzpunkt beim Antworten und Antwortenden bedeutet, dass das Selbst zwar weiterhin über gewisse Handlungsfreiheiten verfügt, diese aber konstitutiv bezogen sind auf das ‚*Zuvor*' und das ‚*Worauf*' des fremden Anspruchs. Es muss von der Frage ausgegangen werden: „*Wovon* sind wir getroffen und *worauf* antworten wir, wenn wir dieses oder jenes sagen oder tun?" (Waldenfels 2010: 72) Waldenfels argumentiert, dass es die Spannung zwischen der unhintergehbaren Fremdheit des Anspruchs des Anderen bei gleichzeitiger sozialer Lesbarkeit des anderen als Bestimmten – wir deuten jemanden als ‚Frau', ‚Freund', ‚Polizistin' etc. – ist,[35] die eine responsive Ethik antreibt. In meiner Antwort auf den anderen als jemand bestimmtes verkenne ich den anderen als Anderen notwendig. Eine responsive Ethik versteht Waldenfels (ebd.: 81) daher als „permanentes Korrektiv", das in einer Bewegung des Öffnens der performierten Festschreibung ‚als jemand bestimmtes' besteht – oder, wie es Judith Butler (2007: 60) im Anschluss an Adriana Cavarero formuliert, als eine „ethische Haltung", in der die Frage „Wer bist du?" unbeantwortet bleiben kann (vgl. auch im Original Cavarero 2000: 20).

---

33 Für Lévinas ist es der Gerechtigkeitsbegriff, der im Angesicht vieler Ansprüche konkurrierender Dritter das ethische Nachdenken über das ‚Wie?' des Antwortens leitet, vgl. Bedorf 2005.

34 Auch Judith Butler – wie in Kapitel 4 [Kuhlmann 2021b] deutlich wird – verfolgt ausgehend von der nachgezeichneten Lévinas'schen Figur eine Rejustierung ethischen Nachdenkens über ‚Verantwortung', vgl. Butler 2007; Lloyd 2015.

35 Hier ist die Lévinas'sche Figur des Dritten bedeutsam, welche sich zum einen als konkreter Dritter darstellt, der weitere Ansprüche an das Selbst stellt; und zum anderen als soziale Ordnung, die im Dritten präsent wird, vgl. Bedorf 2005.

Zusammenfassend werden in diesen philosophisch-grundlagentheoretischen Einsätzen klassische Fassungen von ‚Verantwortung', die auf autonomer Handlungsmacht und individualisierender Zurechnung basieren, als *egologisch, monologisch und damit immer auch als ‚unethisch'* markiert, da sie gegenüber Ansprüchen des Anderen immunisieren. Gleichzeitig wird für eine Neufassung von Verantwortung plädiert, die die unhintergehbare Sozialität im Phänomen des ‚In-Ver-Antwortung-Gestelltseins' für ein ethisches Nachdenken – im Sinne einer *responsiven Ethik* – ernst nimmt (vgl. Vock/Wartmann 2017; Trnka/Trundle 2017a).

Einen anderen Ansatz der Kritik an Verantwortung bezeichne ich im Folgenden als soziologischen Einsatz. Ihm geht es nicht um die grundsätzliche Infragestellung der mit dem Verantwortungskonzept verbundenen Zurechnungs- und Rechtfertigungslogiken, sondern vielmehr um eine Problematisierung von illegitimen Zuschreibungen und der zu verzeichnenden Ausweitung des klassischen Verantwortungsprinzips.

Soziologischer Einsatz: Soziolog*innen interessieren sich – so könnte man übergreifend formulieren – für das Konzept der ‚Verantwortung', weil es als „Leitkategorie sozialer und politischer Reformprozesse" (Heidbrink 2006: 13) gesellschaftliche Transformationsprozesse und darin enthaltende *Verhältnisbestimmungen von Staat und Bürger*innen* sichtbar machen kann (vgl. Heidbrink/Hirsch 2006). Schon seit mindestens einem Vierteljahrhundert wird diagnostiziert, dass es zu einer „*Entgrenzung* der Verantwortung" (Bayertz 1995a: 48) innerhalb von verschiedenen Sphären des Sozialen und des Politischen – wie der Arbeitsorganisation, in sozialstaatlichen Unterstützungssystemen oder der Verfolgung von Kriminalität – gekommen ist, welche auf die notwendig gewordene Bearbeitung der gestiegenen Komplexität moderner Gesellschaften zurückgeführt wird (vgl. bspw. Bayertz 1995b; Günther 2002; Heidbrink 2003, 2007). Diese Ausweitung wird insbesondere mit der Etablierung von fortgeschritten liberalen – häufig als ‚neoliberal' bezeichneten – Regierungsformen – wie sie in den USA unter Ronald Reagan, in Großbritannien unter Margaret Thatcher und Tony Blair, in Deutschland unter Gerhard Schröder (Agenda 2010) eingeführt wurden – in Verbindung gebracht, in denen im Modus der Verantwortungsdelegation zuvor vom Wohlfahrtsstaat übernommene Aufgaben wie der Schutz vor Arbeitslosigkeit, Krankheit oder Kriminalität zunehmend auf Individuen übertragen wurden (vgl. Vogelmann 2014: 166 ff.).

Um die dem Verantwortungskonzept zuerkannte außerordentliche Wirkmacht in diesem Kontext zu verstehen, ist es bedeutsam, die Funktion des Konzepts in der Verhältnisbestimmung zwischen Staat und Bürger*innen zu konturieren. Ich beziehe mich dafür auf die These Ludger Heidbrinks (2006: 23 f.), dass Verantwortung insbesondere für „*Integrations*- und *Steuerungs*probleme komplexer Gesellschaften [Hervorhebung NK]" äußerst bedeutsam (geworden) ist. Davon ausgehend lässt sich die Diagnose der ‚Responsibilisierung' verstehen.

Unter dem Begriff ‚Integrationsproblem' versteht Heidbrink nicht die Eingliederung Einzelner in eine Mehrheitsgesellschaft, sondern deutlich grundlegender *die Stiftung eines gesellschaftlichen Zusammenhalts*, welche sich – so seine Diagnose – unter den „zentrifugalen Kräfte[n] pluralistischer Gesellschaften" äußerst voraussetzungsreich gestalte (Heidbrink 2006: 24). Der für ein Zusammenleben notwendig erachtete Zusammenhalt meint dabei sowohl die Solidarität der Gesellschaftsmitglieder untereinander als auch die Loyalität und das Engagement der Bürger*innen gegenüber dem Staat bzw. innerhalb der jeweiligen Regierungsform. Vor diesem Hintergrund stellt er die hohe Bedeutung einer demokratisch-organisierten *Zivilgesellschaft* heraus, die als „vermittelnde Sphäre zwischen Staat und seinen Bürgern" (2006: 16) in Eigenorganisation das Gemeinwesen aktiv mitgestaltet, um die „nachlassende[...] Integrationskraft [...] des Staates" (ebd.: 23) zu kompensieren.[36] Dabei finden sich im Leitbild der Zivilgesellschaft zwei komplementäre Bewegungen: Während Bürger*innen sich als Eigen- und Mitverantwortliche für das Gemeinwohl verstehen und sich bspw. in Vereinen, Stiftungen oder Parteien ehrenamtlich engagieren, schafft die staatliche Regierungsform Strukturen, um jenes bürgerschaftliche Engagement einzubinden und Formen demokratischer Meinungsbildung – bspw. in Form von Bürger*innen-Foren – anzubieten (vgl. auch Maaser 2006: 39 f.). Heidbrink argumentiert, dass die Ermöglichung und auch Aktivierung von bürgerschaftlicher Eigenverantwortung dazu führe, dass sich die einzelnen Gesellschaftsmitglieder einem größeren Ganzen gegenüber verantwortlich fühlten und aufgrund dieser inneren Verpflichtung ihr eigenes Tun am Gemeinwohl orientierten; so formuliert er nicht ohne Emphase: „Das Verantwortungsprinzip bildet gewissermaßen das einigende Band" (Heidbrink 2006: 24).[37] ‚Verantwortung' steht hier also in der Tradition von demokratisierendem, emanzipatorischem Bürger*innen-Engagement.

Neben dieser *sozialintegrativen* Funktion schreibt Heidbrink dem Prinzip ‚Verantwortung' aufgrund der impliziten indirekteren Führungslogik darüber

---

36 Das Konzept der ‚Zivilgesellschaft' wurde erst in den 1980er Jahren als Übersetzung von ‚Civil Society' in den deutschen Diskurs eingeführt, was unter anderem in der deutschen Geschichte begründet liegt: Anders als in Frankreich, Großbritannien oder den USA, wo das Konzept der Zivilgesellschaft als Verhältnisbestimmung zwischen Staat und Bürger*innen im Hinblick auf die Etablierung demokratischer Strukturen höchst bedeutsam war, wurden diese Sphären in Deutschland entweder unvermittelt voneinander separiert oder harmonisierend gleichgesetzt, vgl. Trentmann 2000; McMillan 2000.

37 Aus einer grundlegend anders ausgerichteten, genealogischen Perspektive verortet auch der britische Soziologe Niklas Rose (1996: 318) die Hervorbringung der ‚verantwortlichen Bürger*innen' im Kontext der Entstehung demokratischer Gesellschaften im Verlauf des 20. Jahrhunderts: „An ethic of personal responsibility was integral to the language of democratic citizenship that took shape over the course of the twentieth century."; vgl. vor diesem Hintergrund auch Kapitel 3.3.1 [Kuhlmann 2021a], in dem die historische Entstehung der pädagogischen Verantwortung im Kontext der Entstehung europäischer Nationalstaaten verortet wird.

hinaus eine besondere Funktionalität in Bezug auf grundlegende Steuerungsprobleme zeitgenössischer Regierungsformen zu. „Von ‚Verantwortung' sprechen wir in der Regel dann" – so Birnbacher (2017: 191) – „wenn wir von dem Träger *nicht bestimmte festgelegte Handlungen* erwarten, sondern dann, wenn wir ihn verpflichten, *bestimmte Ereignisse und Zustände zu bewirken*, dabei jedoch die genaue Art der Handlungen, durch die sie bewirkt werden, offenlassen [Hervorhebung NK]". In der Zuschreibung von ‚Verantwortung' wird dem*der Adressat*in folglich ein Ermessens- und Entscheidungsspielraum zuerkannt, der in direktiven Handlungsanweisungen verschlossen ist, wodurch ein zentrales *Steuerungsproblem – Wie werden Ziele erreicht?* – an das Individuum delegiert wird.[38] Heidbrink (2006: 23) argumentiert, dass „[k]omplexe Gesellschaften [...] auf kognitive Selbstdeutungen von Problemlagen angewiesen [sind, NK], mit denen sich die Bürger in ungewissen Handlungs- und Planungssituationen konfrontiert sehen". Nicht der Staat kann oder sollte – so das Argument – über individuelle Lebensläufe bestimmen, sondern Bürger*innen sollten im Wissen um ihre individuelle Situation darüber entscheiden können, welche Ausbildung sie wählen, wie sie ihr Geld anlegen, wie sie sich vor Arbeitslosigkeit schützen oder wie sie für das Alter vorsorgen. Damit „erscheint es glaubhaft, den Einzelnen auch für das Gelingen oder Scheitern seines oder ihres Lebens verantwortlich zu machen" (Günther 2002: 118). Bayertz (1995a: 34) sieht diese Entwicklung in der „Allgegenwart von Risiken" begründet, die mit dem Verantwortungsbegriff an Individuen oder kommunale Gemeinschaften delegiert werden können.

In zeitgenössischen, fortgeschritten liberalen Regierungsformen werden die beiden von Heidbrink herausgestellten Linien des Verantwortungsbegriff zu einer – wie es Stephan Lessenich (2003: 81) nennt – „neosozialen Form der Regierung" zusammengeführt: Der Rückbau des Versorgungsstaats „ist dementsprechend ein Gebot nicht nur [...] ‚ökonomischer', sondern auch ‚moralischer' Regierung" (ebd.: 86), da Bürger*innen sich selbst und den anderen Gesellschaftsmitgliedern gegenüber verantwortlich sind, ihre individuelle Risikolage kostenneutral zu ‚managen'. In dieser veränderten staatlichen – aber auch andere Sphären des Sozialen durchdringende – Steuerungsrationalität eröffnet sich für Klaus Günther (2002: 117) ein Spannungsfeld zwischen „Ermächtigung und Disziplinierung": Die Verlagerung von Verantwortlichkeiten könne für jene, die über ausreichend Ressourcen verfügen, als *demokratisierendes Empowerment* empfunden werden. Wer dagegen „in Armut und Not, wer im Zustand gesellschaftlicher Marginalisierung, verweigerter Anerkennung oder psychischer Deprivation lebt

38 In Bezug auf die Organisation von Arbeit rekonstruiert Vogelmann (2014: 133 ff.) das sogenannte „Transformationsproblem", das für die Arbeitgeber*innen darin besteht, dass bezahlte Arbeit nicht unbedingt bedeutet, dass sie auch tatsächlich von den Lohnarbeiter*innen geleistet wird. Die Verpflichtung auf ‚Eigenverantwortung' der Arbeitnehmer*innen stellt eine seit den späten 1990er Jahren sich durchsetzende Form der Bearbeitung dieses Transformationsproblems dar.

[…], erlebt die Forderung nach mehr Eigenverantwortung ebenfalls als eine Form der Fremdbestimmung“ (ebd.: 121). Und auch dieses „Scheitern an der Verantwortung“, so führt Günther (ebd.: 136) aus, „kann dem Einzelnen selbst noch zur Verantwortung zugerechnet werden“. Die Gleichzeitigkeit der zunehmenden Zuschreibung von (moralischer) Verantwortung und dem Wegfallen von sozialen und finanziellen Unterstützungssystemen wird seit den späten 1990er Jahren als ‚Responsibilisierung‘ bezeichnet (vgl. für einen Überblick Shamir 2008). Diese der Responsibilisierung eingeschriebene, in gewisser Hinsicht *funktionale Paradoxie* beschreibt Butler (2018a: 23 f.) wie folgt: „Die neoliberale Vernunft fordert Autarkie als moralisches Ideal, während gleichzeitig neoliberale Machtformen genau diese Möglichkeit auf der ökonomischen Ebene zunichtemachen […].“

Der Verantwortungsbegriff, so lässt sich zusammenfassen, wurde gerade aufgrund seiner *Doppel-Funktionalität* eine so attraktive Reformvokabel: Dadurch, dass er – wie Niklas Rose und Filippa Lentzos (2017: 27) argumentieren – „both ethical and technical“ sei, d. h. ihm eine ethisch-moralische sowie technisch-steuernde Dimension innewohne, sei die Wirkmacht des Begriffs im Kontext komplexer Gesellschaften besonders groß: Letztlich will niemand als ‚unverantwortlich‘ gelten, weil diese Kategorie für die eigene Selbstdeutung – wie in Teilkapitel b) herausgestellt – sowie für demokratisch, partizipative Formen des Zusammenlebens so grundlegend ist. Dabei wird die Frage von Wissenschaftler*innen unterschiedlich beantwortet, ob die Spannung zwischen Ethik und Steuerung im Begriff selbst angelegt sei – wie bspw. Rose und Lentzos (2017) herausstellen und auch ich in Bezug auf den pädagogischen Begriff argumentiere[39] – oder, ob es sich bei den beschriebenen Entwicklungen um eine problematische „Entmoralisierung des Verantwortungsbegriffs“ handele und weiterhin zwischen „rein funktionale[m] Charakter und […] moralische[m] Gehalt“ unterschieden werden könne (Bayertz 1995a: 35).[40] Davon aber hängt ab, wie grundlegend die Kritik am Verantwortungsbegriff ausfällt und ob am klassischen – auf subjektive Handlungsmacht beruhenden – Konzept festgehalten werden kann, ein grundlegend neuer Begriff – bspw. im Anschluss an Lévinas – formuliert werden muss oder sogar, ob der Begriff in Gänze verworfen werden sollte – wofür bspw. Vogelmann (2014) plädiert. Bevor diese Frage im publikationsbasierten Kapitel 3 aus anerkennungstheoretischer Perspektive nochmals aufgegriffen wird, soll im Folgenden der pädagogische Verantwortungsbegriff

39 Vgl. Kapitel 3.1.2 [Kuhlmann 2022] sowie 3.3.1 [Kuhlmann 2021a].

40 Bayertz argumentiert hier ähnlich wie Bruce G. Charlton (2002: 18) in Bezug auf den englischen Begriff ‚accountability‘, welcher dem deutschen Begriff der ‚Verantwortlichkeit‘ sehr nahekommt: „Yet accountability is a *slippery rhetorical term* with two largely distinct meanings […]“. Dadurch, dass in ein und demselben Begriff sowohl eine demokratisch-ethische als auch eine technokratisch-steuernde Konnotation aufgerufen werden, sei ein „quick switch between the two“ möglich, wodurch der Begriff diese große ‚Überredungsmacht‘ erlange.

vor dem Hintergrund der bisherigen Thematisierungs- und Problematisierungsweisen konturiert werden.

2.1.2 Zum pädagogisch-erziehungswissenschaftlichen Verantwortungsbegriff

Wie im letzten Kapitel ausgeführt wurde, handelt es sich beim Verantwortungsbegriff sowohl um eine Bezeichnung für das Ergebnis und die Operation von Zurechnungen, um eine Schlüsselkategorie (spät-)moderner Selbstdeutung, um das Grundprinzip verschiedener ethischer Theorietraditionen sowie um eine entgrenzte Aktivierungsvokabel, die Risiken und Scheitern in einem ‚neosozialen' Modus individualisierend zuschreibt. Schon vor diesem Hintergrund wird deutlich, vor welchen Herausforderungen jemand steht, der sich dem Nachdenken über ‚Verantwortung' widmet (vgl. Buddeberg/Vogelmann 2016). Diese Situation wird nochmal komplexer, wenn wir uns der pädagogischen Verantwortung zuwenden, in der das *Wofür* der Verantwortung nicht in der Erreichung eines gesetzten Ziels, dem Vermeiden von Schäden oder der risikoabwägenden Prävention aufgehen kann, sondern wir darüber nachdenken müssen, was es bedeutet, *Verantwortung für einen anderen Menschen* zu tragen, der in seiner Entwicklung, seinem Denken und Handeln zwar grundlegend auf die verantwortliche Person angewiesen, aber von dieser nie vollständig verstanden oder gar gesteuert werden kann. Wie verhält sich also eine allgemeine Fassung von ethischer Verantwortung, die klassischerweise auf ein starkes, intentional-handelndes Subjekt rekurriert, das die Folgen seiner Handlungen antizipiert und verantwortet, zu einer sorgenden und pädagogischen Verantwortung, die auf die Befähigung und das Wohl eines anderen Menschen gerichtet ist?

Bevor diese Fragen bearbeitet werden können, ist es bedeutsam zu markieren, dass es so etwas wie ‚die pädagogische Ethik' im Sinne eines klar abzugrenzenden erziehungswissenschaftlichen Forschungsfeldes im deutschen Sprachraum nicht gibt – außer man bestimmt dieses Feld auf der Grundlage einer überschaubaren Anzahl an Monographien, die den expliziten Anspruch erheben, eine pädagogische Ethik zu formulieren (vgl. Derbolav 1971; Oelkers 1992; Prange 2010; Brumlik 2017 [1992]). Dagegen erscheint es mir plausibler, pädagogisch-ethische Fragestellungen als *querliegende Dimension* pädagogischer Theoriebildung zu verstehen, da in ‚Pädagogiken' konstitutiv Geltungsansprüche für das praktische pädagogische Tun erhoben werden. Die damit angedeutete Trennlinie zwischen einer ‚Pädagogik', die programmatische Handlungsempfehlungen formuliert, und einer ‚Erziehungswissenschaft', die sich von diesen Ansprüchen distanziert und ‚normativ-enthaltsam' forscht, ist dabei keineswegs so klar, wie es scheint. Wie sowohl wissenschaftstheoretische als auch allgemein-erziehungswissenschaftliche Arbeiten argumentieren, ist es auch für die

Erziehungswissenschaft überaus schwierig und in gewisser Hinsicht auch problematisch, sich der Stellungnahme ‚zur Praxis' mit Verweis auf die problematische Normativität schlicht zu entziehen (vgl. u. a. Meseth 2011; Wimmer 2006). Die Analyse von pädagogisch-erziehungswissenschaftlichen Fassungen von ‚Verantwortung', wie ich sie im Weiteren anbahne und in Kapitel 3.1 *Diskurse: Pädagogisch-ethische Perspektiven* vornehme, macht deutlich, dass darin immer auch um das Verhältnis zwischen Pädagogik und Erziehungswissenschaft und damit um das *disziplinäre* und damit auch *gesellschaftliche Selbstverständnis* gerungen wird.

Wie bereits in der Darstellung der Debatten um den allgemeinen Verantwortungsbegriff verschiedentlich erwähnt, sind die historische Genese des Begriffs sowie die philosophisch-ethischen, individualtheoretischen Bearbeitungsweisen auch für Fassungen ‚pädagogischer Verantwortung' grundlegend. Dieser enge Zusammenhang, der im publikationsbasierten Hauptteil weiter ausgeschärft wird, ist auf der einen Seite nicht weiter überraschend, da pädagogisches Denken und Handeln – wie jedes menschliche Tun – notwendig auf jeweilige historisch-kulturelle Formen menschlicher Selbstdeutung verwiesen ist bzw. sich in diesem Rahmen vollzieht. Auf der anderen Seite ist er in dieser Deutlichkeit doch bemerkenswert, da pädagogisch-ethische Fragestellungen maßgeblich auf das intergenerationale Verhältnis und nicht (nur) auf Formen ethischer Selbstführung gerichtet sind. Sowohl Agent*innen-basierte als auch Folgen-basierte Ansätze normativer Ethik richten sich auf Formen der Selbstführung und geben kaum Hinweise darauf, wie jene Prinzipien in eine *pädagogische Führung* übersetzt werden könnten.[41] Diese spannungsvolle Gleichzeitigkeit ist dabei keinesfalls zufällig oder durch theoretische Definitionen aufzulösen, sondern liegt in der Spezifik pädagogischer Problemstellungen begründet: In pädagogischen Ethiken werden Annahmen klassischer Ansätze normativer Ethik, in denen ein starkes Handlungssubjekt im Vordergrund steht, auf die pädagogische Situation übertragen, *obwohl* es sich um den Bezug zu einem im Werden begriffenen Menschen handelt. Dadurch wird ein bestimmter, für die moderne Pädagogik konstitutiver Problemzuschnitt hervorgebracht.

Ausgehend von einführenden Bemerkungen zur Besonderheit des pädagogischen Verantwortungsbegriffs werden im Folgenden jene *konstitutiven* Problemstellungen des Pädagogischen herausgearbeitet. Diese Systematisierung zielt zum einen darauf ab, genauer bestimmen zu können, worauf der Begriff der ‚pädagogischen Verantwortung' in der pädagogisch-erziehungswissenschaftlichen Theoriebildung eine Antwort darstellt,[42] sowie ausgehend davon,

41 Prange (2010: 66f.) schlägt vor, zur ethischen Reflexion öffentlicher Erziehung nach der Legitimation pädagogischer Führung zu fragen und entwickelt vor diesem Hintergrund eine „Ethik der Führung".

42 Diese an Ricken (2006b, 2006c) angelehnte Fragestellung muss im Anschluss an begriffsgeschichtliche Annahmen auch in umgekehrter Richtung gestellt werden. Dadurch, dass

wie diese Problemstellungen im jeweiligen disziplinären Selbstverständnis bearbeitet werden. Abschließend werden explizite Fassungen von ‚pädagogischer Verantwortung' vor diesem Hintergrund – ohne die Ergebnisse des folgenden Kapitels vorwegzunehmen – hinsichtlich verschiedener Dimensionen systematisiert.

a) Konstitutive Problemstellungen pädagogischer Ethik

Wie Josef Derbolav (1971: 133) schon früh explizit herausgestellt hat, wird das Verantwortungskonzept in der pädagogischen Reflexion gewissermaßen *„potenziert"*, weil es sowohl die Beziehung zwischen den Generationen, das Ethos der Erziehenden sowie das Ziel von Erziehung bezeichnet. Meyer-Drawe bestimmt diese Charakteristik des pädagogischen und erziehungswissenschaftlichen Nachdenkens über ‚Verantwortung' wie folgt:

> „Verantwortung taucht hier zumindest in zweierlei Hinsicht auf: Einmal als Grundstruktur des erzieherischen Verhältnisses und das andere Mal als Erziehungsziel. Der Erzieher ist verantwortlich für seinen Zögling, weil er Repräsentant dessen virtueller Existenz ist. Er gewährt einen Vorschuß an Eigenverantwortung. Er nimmt Antworten vorweg – was deutlich macht, daß Verantwortung niemals unschuldig ist und damit die Grenzen personaler Möglichkeiten oft überschreitet." (Meyer-Drawe 1992: 15)

Erziehung wird hier als *intentionaler Prozess* mit dem Ziel der Ermöglichung der kindlichen Selbstverantwortung entworfen, welcher sich im Modus eines ‚Als-Ob' – dem kontrafaktischen ‚Vorschuss an Eigenverantwortung' – sowie in der machtvollen ‚Vorwegnahme von Antworten' vollzieht (vgl. auch Schäfer 2018: 215). Dadurch ergibt sich das spannungsvolle Bild, dass die intendierte, zielgerichtete Einwirkung der erziehenden Personen auf das ‚zu-erziehende' Kind auf interaktiv-offene Vollzugsformen angewiesen ist, die sich zum einen durch die immer umfangreicher werdende *Delegation von Verantwortung* und zum anderen durch einen *nachgehenden, antwortenden* Modus charakterisieren lassen. Ein erziehungstheoretisches Nachdenken über pädagogische Verantwortung – so zeigen bereits diese ersten Überlegungen – rekurriert also sowohl auf die klassische Verantwortungsfassung eines *starken, intentional-handelnden Subjekts* als Ausgang von erzieherischen Handlungen und zugleich auf ein *soziales Antwortgeschehen,* welches nie vollständig plan- oder steuerbar sein kann und die

Begriffe sowohl „Indikator" als auch „Faktor" von sozialer „Realitätsfindung" sind (Koselleck 2010: 99), muss also auch gefragt werden, wie Begriffe die Problemkonstellationen mithervorbringen, auf die sie dann eine Antwort darstellen; vgl. dafür Kapitel 3.3.1 [Kuhlmann 2021a], in dem die Entstehung des Verantwortungsbegriff in dieser Doppellogik analysiert wird.

erzieherische Intentionalität angesichts des Anspruchs des Kindes immer auch durchkreuzen muss.

Diese Spannung, die sich in Bezug auf den Verantwortungsbegriff zeigt, ist dabei keineswegs eine theoretische Ungenauigkeit, die anhand exakterer Bestimmungen überwunden werden könnte. Vielmehr offenbart sich in der potenzierten Verantwortungslogik eine konstitutive Problemstellung „des Pädagogischen", die darin besteht – so Michael Wimmer (1996b: 425 f.) – „durch Erziehung eine Intention verfolgen zu wollen, es aber eigentlich nicht zu können, weil, was gewollt wird, nur vom Anderen selbst hervorgebracht werden kann" (vgl. auch Benner 1987: 71 f.). Daraus ergibt sich – wie es Alfred Schäfer (2018: 225 f.) formuliert – eine „aporetische Situation", da die „Verantwortung des Anderen [...] nicht verantwortet werden [kann, NK]", wodurch „pädagogische Verantwortung die Forderung des Unmöglichen" darstelle. Untersucht man diese paradoxale Problemstellung des ‚Pädagogischen' genauer,[43] so wird deutlich, dass dem pädagogischen Verantwortungsbegriff sowohl in der historischen Genese als auch in vielfältigen Formen der Bearbeitung dieser Problemlage eine zentrale Bedeutung zukommt.[44]

Dabei ist zentral, dass es in der Disziplingeschichte – und mit dem Kant'schen Paradoxon auch darüber hinaus – vielfältige Formen gibt, die paradoxale Grundstruktur des pädagogischen Denkens und Handelns begrifflich zu fassen, die je nach kategorialem Zugang die Problemdimensionen in bestimmter Weise aufspannt und bearbeitbar macht.[45] So unterscheiden sich Fassungen – wie im Weiteren ausgeführt wird – u. a. darin, ob sie bspw. beim Problem der Unbegründbarkeit sozialer Ordnung, der unhintergehbaren Fremdheit des Kindes oder der Nicht-Legitimierbarkeit von pädagogischer Autorität ansetzen, um die These zu entwickeln, dass pädagogisches Handeln und Theoretisieren etwas verspricht, was letztlich nicht *gekonnt* bzw. nicht einmal *gewollt* werden kann. Im Folgenden werden verschiedene, für die Entwicklung des pädagogischen Verantwortungsbegriffs

43 Während Thompson und Schäfer (2013: 17) mit dem Begriff der ‚Pädagogik' handlungstheoretische Ansätze bezeichnen, die im Modus des ‚Unproblematischen' „paternalistische Versprechen" formulieren, kann ‚das Pädagogische' das „Problem" bezeichnen, welches programmatische Pädagogiken in ihren Paternalismus einschließen. Explizit nennen sie „das Problem der (Un-)Begründbarkeit des Sozialen und damit das Problem der Macht" (ebd.); vgl. auch Schäfer 2012.

44 Während in Kapitel 3.1 *Diskurse: Pädagogisch-ethische Perspektiven* die verschiedenen Bearbeitungsweisen der Problemstellung anhand des Verantwortungsbegriffs systematisiert werden, wird in den Kapiteln 3.3.1 [Kuhlmann 2021a] und 3.3.2 [Kuhlmann 2020] der historischen Genese des Problemzuschnitts selbst nachgegangen.

45 Bereits an dieser Stelle sei darauf hingewiesen, dass diese paradoxale Fassung des Pädagogischen auch für die Bestimmung pädagogischer Lehrer*innen-Professionalität überaus bedeutsam ist. Unter Rückgriff auf Oevermann entwickelt insbesondere Werner Helsper die These, dass die Handlungspraxis von Lehrpersonen grundlegend antinomisch strukturiert sei und es eines reflektierten Umgangs mit diesen widersprüchlichen Anforderungen bedürfe, vgl. Helsper 1996, 2014.

als bedeutsam eingeschätzte Varianten des Problemzuschnitts dargestellt, um die im Begriff angelegten Bearbeitungsformen, die im Kapitel 3.1 *Diskurse: Pädagogisch-ethische Perspektiven* entwickelt werden, umfassend vorzubereiten. Ausgehend von allgemeiner gelagerten Überlegungen zum ‚Legitimationsproblem der Pädagogik' wird ‚das Problem der Stellvertretung', ‚der Technologisierung' sowie ‚der Macht' diskutiert. Zunächst wird dabei allgemein auf intergenerationale Beziehungen eingegangen, um im darauffolgenden Kapitel auch exemplarisch professions- und schultheoretische Fragen aufzunehmen.

Das Legitimationsproblem: Pädagogisches Handeln zeichnet sich, wie Wimmer (2006: 9f.) argumentiert, durch einen grundlegenden *Zukunftsbezug* aus, weil sich Erziehung und Bildung konstitutiv auf die Veränderung von Heranwachsenden und – vermittelt über diese – auf die (Um-)Gestaltung zukünftiger sozialer Ordnung richten. Da sich diese Zukunft – sowohl die der jüngeren Generation als auch die der gesellschaftlichen Ordnung – nicht antizipatorisch bestimmen lässt, dieser Vorgriff aber für ein pädagogisches Handeln und Denken unabdingbar ist, entsteht die paradoxale Grundfigur, die die moderne Pädagogik auszeichnet. Konnte vorneuzeitlich die Zukunft des Kindes mit dem Status Quo der gesellschaftlichen Ordnung mehr oder weniger unproblematisch in eins gesetzt werden – Kinder wurden in einen Stand hineingeboren und -erzogen –, so wurde die erzieherische Zukunftsorientierung spätestens seit der Aufklärung zunehmend unbestimmter und die „(Un-)Begründbarkeit des Sozialen" zum Grundproblem pädagogischer Reflexionen (Schäfer/Thompson 2013: 17; vgl. auch Eßer 2010: 289).[46] Mit der ansteigenden Kontingenzerfahrung hinsichtlich des sozial-kulturellen Gefüges wurde auch das Kind zunehmend als in seiner Bestimmung ‚Offenes' und ‚Fremdes' konzipiert, welches nicht *direktiv und monokausal zu steuern* sei, sondern als in seiner ‚kindlichen Natur' zu erkunden und *ausgehend von dessen ‚Selbsttätigkeit' zu führen* galt (vgl. Eßer/Schröer 2012). Die daran anschließende, für die moderne Pädagogik konstitutive Forderung, das erzieherische Handeln „an den Selbst- und Welterfahrungen der pädagogischen Adressat_innen aus[zu]richten" (Thompson 2017: 49), spitzt die von Wimmer markierte Problemlage weiter zu: Die „Differenz zum Anderen" (ebd.), d.h. die anzuerkennende Fremdheit und Einzigartigkeit des Kindes, muss zugleich im Rahmen handlungstheoretischer Pädagogiken wieder ‚eingehegt' werden, um die eigenen Geltungsansprüche nicht zu negieren. Sowohl die Nicht-Durchschaubarkeit der ‚kindlichen Natur' als auch die Unbegründbarkeit von sozialer Ordnung und davon ausgehenden Zukunftsbezügen müssen paradoxerweise von

46 Einen insbesondere reformpädagogisch oft eingeschlagenen Weg der Problembearbeitung sieht Wimmer (2006: 9f.) darin, nicht mehr „die Zukunft des Kindes ausgehend von derjenigen der Gesellschaft zu bestimmen", sondern „umgekehrt die Zukunft dieser von der des Kindes abhängig [zu machen, NK]".

der aus dieser Problemlage heraus erst entstandenen modernen Pädagogik selbst wieder relativiert werden. Daraus ergibt sich – so Wimmer (2006: 12) – „das Legitimationsproblem der Pädagogik“: Sie muss vorgeben, Erziehungsziele setzen und auch intentional erreichen zu können, wenngleich diese Machbarkeits- und Herstellungslogik im Erziehungskonzept selbst – in Anerkennung von Kontingenz und der Angewiesenheit auf die Selbsttätigkeit der Adressat*innen – (auch ethisch) zurückgenommen werden muss.[47] Dieses Legitimationsproblem und damit die konstitutive ‚Lückenhaftigkeit‘ in der Begründung von pädagogischer Autorität (vgl. Jergus/Thompson 2017a: 10),[48] findet sich in je bestimmter Weise akzentuiert auch in den folgenden drei Problemzuschnitten: dem *Stellvertretungsproblem*, dem von Niklas Luhmann und Karl Eberhard Schorr (1982) so bezeichnete „*Technologiedefizit der Erziehung*“ sowie dem *Problem der Macht.*

Das Problem der Stellvertretung: Wie bereits in dem eingangs dargelegten Beispiel der Klimaaktivistin Greta Thunberg deutlich wurde, sind generationale Verantwortungsbeziehungen dadurch gekennzeichnet, dass in ihnen komplexe Stellvertretungsverhältnisse Gestalt annehmen, in denen die ‚Jüngeren‘ – auch in ihrer antizipierten Zukunft – durch die ‚Älteren‘, aber auch die Gesellschaft in ihrer aktuellen Verfasstheit von den ‚Älteren‘ vor den ‚Jüngeren‘ vertreten werden (vgl. Röhr 2002). Die einzelnen Relata von ‚Verantwortung‘ sind also in generationalen Beziehungen – so lässt sich die pädagogische Spezifik konkretisieren – mehrfach besetzt: Erziehende sind verantwortlich *für* die ‚Zu-Erziehenden‘ und deren Zukunft *vor* der Gesellschaft; sie sind aber auch verantwortlich *für* die Gesellschaft *vor* den ‚Zu-Erziehenden‘ – wie es bekanntlich Hannah Arendt (2013 [1958]) in ihrer Rede *Die Krise der Erziehung* herausgestellt hat (vgl. auch Higgins 2011: 211 ff.). Anders ausgedrückt – so formuliert Hans Thiersch (1968: 87) – muss „die pädagogische Verantwortung zugleich die Jugend vor sich und der Gesellschaft und die Gesellschaft vor der Jugend vertreten.“

Während sich hier eine Gleichsetzung von ‚Verantwortung‘ und ‚Stellvertretung‘ andeutet bzw. explizit wird, wenn Thiersch (1968: 82) konstatiert „Verantwortung ist Stellvertretung“, plädiert Henning Röhr (2002: 401) dafür, das

47 Rickens (1999a: 397) Vorschlag, den Begriff der ‚Kontingenz‘ „als einen theoretischen Grundbegriff“ in die erziehungswissenschaftliche Theoriebildung einzuführen, verweist ebenfalls auf dieses Legitimationsproblem bzw. verfolgt das Ziel, ein kategorial anders ausgerichtetes Nachdenken über diese historisch gewachsene pädagogische Problemlage zu ermöglichen; diese Neuausrichtung kann dann in seinem anerkennungstheoretischen Denken ausgemacht werden, vgl. dafür Kapitel 2.2.1 *Anerkennungstheorie(n) und anerkennungstheoretische Forschung.*

48 Pädagogische Geltungsansprüche lassen sich als Autoritätsansprüche verstehen, weil sie darauf angelegt sind, das Tun Anderer in einer für diese Anderen als legitim anerkennbaren Weise zu beeinflussen, vgl. für eine ausführliche Thematisierung dieser autoritätstheoretischen Perspektivierung Kapitel 2.2.1 *c) Anerkennungstheoretische Autorisierungsforschung.*

Stellvertretungsproblem als „zentralen Strukturaspekt von Erziehung" nicht durch „eine[...] übereilte[...] Annäherung von Stellvertretung und Verantwortung [...] zu verdecken". Dagegen können laut Röhr ausgehend von der Stellvertretungsbeziehung Schlussfolgerungen für pädagogische Verantwortung gezogen werden (vgl. ebd.). Eine pädagogische Ethik, die ihren Ausgang vom Problem der Stellvertretung nimmt, versteht sich als „Advokatorische Ethik" (Brumlik 2017) und rückt in dieser Ausrichtung Herausforderungen in den Vordergrund, die in der triadischen Stellvertretung angelegt sind (vgl. für eine ausführliche Thematisierung Kapitel 3.1).[49]

So muss zunächst die Frage gestellt werden, was es bedeuten kann, die ‚Jugend vor sich selbst' zu vertreten: Im Erziehungsprozess werden, wie eingangs von Meyer-Drawe formuliert, notwendig ‚Antworten vorweggenommen', d. h. eine Zukunft des Kindes als Erwachsene*r antizipiert, ohne dass das Kind bereits in der Lage wäre, diese Antworten selbst zu finden – geschweige denn, die ‚richtigen Fragen' zu stellen. Dadurch, dass also ein „imaginierte[s] Subjekt" (Röhr 2002: 402) als ‚zukünftiges Kind' vor dem ‚tatsächlichen' Kind im ‚Hier und Jetzt' vertreten werden soll, entstehen erhebliche Schwierigkeiten für eine pädagogisch-ethische Reflexion, da letztlich nicht gewusst werden kann, was für ein ‚zukünftiges Kind' sinnvoll sein kann bzw. wie sich das Kind selbst zu dieser antizipierten Zukunft verhält. Es ist unter anderem diese Spezifik, die die einfache Übernahme allgemein-ethischer Ansätze in die Sphäre des Pädagogischen verunmöglicht (vgl. Brumlik 1978; Schäfer 2018: 224 f.). Aber auch die anderen Relationen im Stellvertretungsdreieck werfen Fragen auf, die sich im Rahmen von klassischen ethischen Theorien nicht beantworten lassen: Was kann es bedeuten, ‚die Gesellschaft' vor der Jugend zu vertreten (vgl. Ricken 2010: 29 f.)? Auf welcher Grundlage kann entschieden werden, was *legitime Ansprüche* ‚der Gesellschaft' gegenüber der kommenden Generation sind (vgl. Schäfer 1980: 594; Masschelein 2000)? Und andersherum, worauf dürfen die ‚Jüngeren' in stellvertretender Unterstützung Anspruch erheben? Noch grundlegender stellt sich die Frage, wie eine legitime Stellvertretung aussehen kann, die im Wissen und Bewusstsein einer „Nichtvertretbarkeit des anderen" handelt (Ricken et al. 2017: 217 f.).[50] Diese komplexe Situation spitzt sich zu, wenn die Frage hinzugenommen wird, *wie genau*, d. h. unter Anwendung welcher Methoden, Praktiken oder ‚Technologien' ein für gut befundenes Erziehungsziel erreicht werden kann.

Das ‚Technologie'-Problem: In der oben zitierten Formulierung Wimmers, dass Erziehung eine Intention verfolge, die sie eigentlich nicht verfolgen *könne*, ist

49 Für eine kritische Befragung der Anwaltsmetapher vgl. Schäfer 2004: 145.

50 Im Anschluss an Ulrich Oevermann geht der strukturtheoretische Professionsansatz davon aus, dass die ‚stellvertretende Krisenlösung' den Kern pädagogischer Professionalität ausmacht, vgl. Oevermann 2008; Helsper 2014.

auch ein etwas anders ausgerichteter Problemzuschnitt angelegt, den Luhmann und Schorr (1982) prägnant auf den Begriff des „Technologiedefizits der Erziehung" gebracht haben. Dieses Problem entstehe aus der Gleichzeitigkeit *der intentionalen Strukturiertheit* von Erziehung und der grundlegenden *Nichtintentionalisierbarkeit* von Interaktionen zwischen zwei oder mehr selbstreferentiellen Subjekten. Einfacher formuliert, kann eine Beziehung zwischen Subjekten, die jeweils rekursiv selbstbezüglich handeln und dies notwendig tun müssen, nicht von einem Subjekt intentional gesteuert werden – was aber wiederum von Erziehenden verlangt wird. Wenn aber davon ausgegangen wird, dass Erziehung das kann, was es vorgibt zu können, muss notwendig auf ein „Zweck/Mittel-Schema als Interpretation der Rationalität des Handelns" zurückgegriffen werden (ebd.: 12), welches aber wiederum mit der Annahme der konstitutiven Selbstreferentialität der beteiligten Subjekte „*technisch*" und „*moralisch*" unvereinbar sei (ebd.) – *technisch*, weil subsumtionslogische Kausalbeziehungen zirkuläre und verschränkte Selbstdeutungen nicht fassen können, und moralisch, weil damit eine Person zum Mittel eines Zweckes würde und somit gegen den Kategorischen Imperativ verstoßen würde (vgl. auch Brumlik 2017: 22). Gleichzeitig bleibt es für die pädagogisch Handelnden eine Notwendigkeit – so Fabian Dietrich (2014: 98) – „trotz der analytisch feststellbaren Unmöglichkeit einer Intentionalisierbarkeit Sozialisation zu intentionalisieren". Für eine pädagogische Ethik entsteht also das Problem, dass sich die Frage nach legitimen Erziehungs*mitteln* praktisch unhintergehbar stellt; diese Frage aber theoretisch unlösbar bzw. – schlimmer noch – ethisch höchst heikel ist (vgl. Biesta 2011).

Eine tradierte Form des Umgangs pädagogischer und erziehungswissenschaftlicher Theoriebildung mit diesem Problem – und auch darauf haben Luhmann und Schorr (1982: 12 f.) hingewiesen – stellt daher die gänzliche Zurückweisung von Technologisierung dar. So hat Herman Nohl (1963 [1935]: 115) in Auseinandersetzung mit der Experimentellen Pädagogik in einflussreicher Weise jede Erkundung von Zweck-Mittel-Verhältnissen kategorisch zurückgewiesen, da diese der pädagogischen Verantwortung gegenüber dem Kind als Subjekt zuwiderlaufe.[51] Dieses, so traditionsfähig gemachte „Technologie*verdikt*" (Luhmann/Schorr 1982: 12) erzeugt aber gleichzeitig das Problem, dass die Frage nach dem *Wie* der Erziehung seltsam unbestimmt bleibt und nahezu *unthematisierbar* wird. Wird also der Anfang und das Ende von Erziehung mit dem Verantwortungsbegriff bestimmt – Erziehende tragen Verantwortung und ‚Zu-Erziehende' erlernen Eigenverantwortung –, so bleibt das Dazwischen oftmals auf die Formel der zunehmenden ‚Verantwortungsübertragung' beschränkt.[52] Erziehung stellt

---

51 Für eine Darstellung des tradierten Umgangs in der Erziehungswissenschaft mit dem Technologiedefizit ausgehend von Herman Nohl siehe Hollstein 2011.

52 In Kapitel 3.1.3 [Kuhlmann/Ricken 2017] wird die Frage nach möglichen ‚(negativen) Technologien' im Anschluss an Dietrich Benner wieder aufgenommen, vgl. auch Benner 2003.

sich damit unterkomplex als einer ‚Wippen-Logik' folgend dar: Die erzieherische Verantwortung geht zunehmend an das Kind über bis es zu einem Kipppunkt kommt, an dem das Kind ‚plötzlich' eigenverantwortlich ist. Dieser letztlich wenig überzeugende Problemzuschnitt zeigt sich auch in dem tradierten Umgang mit Machtfragen im Kontext von Erziehung.

Das Problem der Macht: In der Annahme, dass Erziehende Verantwortung tragen, die sie ‚übergeben' sollen, ist auch die klassische Vorstellung einer während des Erziehungsprozesses nachlassenden erzieherischen Machteinwirkung auf das Kind angelegt.[53] Das ‚Legitimationsproblem der Pädagogik' lässt sich daher auch als *Machtproblem* lesen. Es ist insbesondere dieser Problemzuschnitt – so soll vorgreifend markiert werden –, der im Zuge einer Rezeption poststrukturalistischer Denker*innen kategorial kritisiert und anschließend an diese Kritik grundsätzlich neu gefasst wurde (vgl. für einen Überblick Grabau 2019). Zunächst aber zur klassischen Problemfassung: Die Annahme einer grundlegenden Asymmetrie in pädagogischen Konstellationen sowie die erzieherische Absicht, auf einen anderen Menschen handelnd einzuwirken – auch wenn es zu dessen ‚Wohl' sein soll –, macht den unhintergehbaren Machtcharakter des Pädagogischen aus.[54] Es wird davon ausgegangen, dass Erziehende Macht über Heranwachsende ‚besitzen', indem sie sie beeinflussen und paternal, d. h. stellvertretend und im antizipierten Interesse der Adressat*innen, führen (vgl. Schaber 2019: 173; Ricken 2006c: 543 f.); was wiederum *in actu* als auch *im Nachhinein* (auch vor dem Kind selbst) *zu verantworten* ist (vgl. Prange 2010: 87). Eine pädagogische Ethik muss sich folglich der Frage stellen, *ob* überhaupt und, wenn ja, *wie* machtvolle Eingriffe in die Handlungsfreiheit eines anderen Menschen legitimiert werden können. Pointiert formuliert, muss sich eine pädagogische Ethik dadurch, dass Führungsansprüche geprüft und legitimiert werden, immer auch als „Ethik der Führung" verstehen (Prange 2010: 69).[55]

Das Problem der Macht lässt sich aber nicht abschließend in der einmaligen Legitimation von pädagogischen Mitteln und Zielen entschärfen: Die Feststellung Meyer-Drawes (2001: 447), dass „Macht […] in Erziehung [stecke, NK] wie ein Stachel oder Pfahl im Fleisch" verweist vielmehr darauf, dass sich die Machtfrage

53 Der engen Kopplung des Machtverständnisses mit der Fassung von ‚(pädagogischer) Verantwortung' gehe ich in Kapitel 3.1.2 [Kuhlmann 2022] nach.

54 Allein die Intention zu verfolgen, in die Handlungsautonomie steuernd einzugreifen, ist aus einer klassisch-ethischen Perspektive mit einem erheblichen Begründungsaufwand verbunden, weil die Integrität des Kindes aus einer würdeethischen Argumentation einen Wert an sich darstellt, vgl. Brumlik 2017: 22 ff.

55 In Kapitel 3.1.1 [Kuhlmann/Ricken 2019] unterscheiden wir drei Figuren von Verantwortung: die *einordnende*, die *aushandelnde* und die *antwortende* Verantwortung. In Anlehnung an Pranges Bezeichnung ist sowohl die *einordnende*, in eine vorgegebene Ordnung einfügende als auch die *aushandelnde*, an diskursethische Ansätze anschließende Verantwortungsfigur eine ‚Ethik der Führung'. Nur die antwortende Verantwortung, die an phänomenologische Ansätze anschließt, weist diesen Führungsanspruch grundlegend zurück.

auch in ihrer klassischen Fassung in erzieherischen Kontexten *unentwegt* und *unabwendbar* stellt, und dieser Umstand sich als durchaus *schmerzhaft* darstellt. Jene Schmerzhaftigkeit zeigt sich nicht zuletzt darin, dass sich pädagogische Thematisierungsweisen, insbesondere unter Rückgriff auf das reformpädagogische Credo der Orientierung an der kindlichen Selbsttätigkeit, oft durch eine Negierung der pädagogischen Macht und damit einer Machtblindheit und Machtvergessenheit auszeichnen (vgl. Grabau 2019: 160 f.; Schäfer 2004).

Im Anschluss an die traditionsstiftende Frage Kants „Wie kultiviere ich die Freiheit bei dem Zwange?“ (Kant 1975 [1803]: 40) werden pädagogische Machteinwirkungen klassischerweise dadurch legitimiert, dass sie die zukünftige Autonomie des Kindes herstellen sollen (vgl. dazu kritisch Wimmer 2009: 108).[56] Solange also Macht ausgehend von der kindlichen Selbsttätigkeit und mit dem Ziel der Steigerung dieser Freiheit ausgeübt wird, so handelt es sich nach dieser Logik um einen „als ‚pädagogisch vernünftig‘ qualifizierten Machtanspruch“, während es gilt, die „‚unreinen‘ Machtansprüche, die das Kind ‚fremden Einflüssen und Interessen‘ unterwerfen wollen“, abzuwehren (Schäfer 2004: 145). Pädagogische Machtausübung soll deswegen legitim sein, weil sie darauf angelegt ist, sich selbst überflüssig zu machen – *Erziehende sind dafür verantwortlich, Eigenverantwortung hervorzubringen*. Paradoxal wird dieser Zuschnitt des Machtproblems in der starken Entgegensetzung von Freiheit und Zwang, da Erziehende – so Ricken (1999a: 397) – Freiheit *anerkennen* und zugleich *missachten* sollen. Zudem muss die intergenerationale Differenz überdeutlich gesetzt und das Kind als „Noch-Nicht“ konzipiert werden (Masschelein 1996: 172), um pädagogisches Handeln legitimieren zu können. Es ist aber gleichzeitig die intendierte *Überwindung dieser Differenz*, die klassischerweise erzieherisches Handeln legitimieren soll.

Die hier exemplarisch referierte Kritik an diesem Zuschnitt des Machtproblems steht im Kontext der bereits erwähnten, seit den 1990er Jahren in der Allgemeinen Erziehungswissenschaft vollzogenen poststrukturalistischen Perspektivierung pädagogischer Grundbegriffe (vgl. u. a. Meyer-Drawe 1996; Ricken 1999b; Ricken/Rieger-Ladich 2004b). Insbesondere mit Bezug auf die machttheoretischen Arbeiten Michel Foucaults wurde die in der Pädagogik tradierte Dichotomie zwischen Freiheit und Zwang, welche vermeintlich ‚gute, Freiheit ermöglichende‘ von ‚schlechter, unterwerfender‘ Machteinwirkung unterscheidbar macht, einer grundlegenden Revision unterzogen und dafür plädiert, Macht nicht als personale Ressource und repressive Unterdrückung, sondern als relationales, produktives Geschehen zu denken (vgl. für einen Überblick Balzer 2014a: 410). Die vollzogene Infragestellung und Kritik der tradierten „oppositionale[n] Justierung von Pädagogik und Macht“ (Grabau 2019:

56 An dieser Stelle sei bereits auf das noch folgende Kapitel *2.2.2 Subjektivierungs- und Autorisierungslogiken im Begriff ‚Verantwortung‘* hingewiesen, in dem Legitimierungsweisen als *performative Autorisierungen* sichtbar werden.

160) nimmt damit eine kategoriale Umschrift des Problemzuschnitts vor und rückt die Machtfrage grundlegend neu justiert in den Mittelpunkt erziehungswissenschaftlicher Reflexionen.[57]

Sowohl das *Stellvertretungs-*, *das Technologie-* als auch das *Machtproblem* – so sollte deutlich geworden sein – bringen je spezifische Problembestimmungen des Pädagogischen hervor, sind zugleich aber auch als verschiedene Ausformungen des grundlegenden ‚Legitimationsproblems der Pädagogik' zu verstehen. Sie sind damit u.a. sowohl Ausdruck als auch Konsequenz der pädagogischen Spezifik, eine zwischenmenschliche Beziehung in einem individualtheoretischen Zuschnitt *intentionalisieren* zu wollen. Aus der Verantwortungs*beziehung* wird so *die Verantwortung der Erziehenden*. Wimmer (2006: 30) argumentiert, dass die in den jeweiligen Fassungen zum Vorschein kommenden „Unvereinbarkeiten, Paradoxien und Antinomien [...] den ‚Kern' pädagogischen Denkens und Handelns [oder, NK] sogar die ‚Essenz' oder das ‚Proprium' des Pädagogischen" darstellten (vgl. auch Wimmer 2014).[58] Dabei unterscheidet er drei typische pädagogisch-erziehungswissenschaftliche Umgangsweisen mit dieser paradoxalen Grundstruktur: Im ersten *entproblematisierenden* Zugriff wird daran festgehalten, pädagogisch-programmatische und methodisch-technologische Handlungsempfehlungen zu geben, auch wenn gewusst wird, „dass man es nicht kann und eigentlich auch nicht darf" (Wimmer 2006: 15). In einer zweiten, in gewisser Hinsicht umgekehrten Logik, wird sich der paradoxalen Struktur des Pädagogischen dadurch *entzogen*, dass „die normative Wirkungsfrage aus dem Zuständigkeitsbereich des erziehungswissenschaftlichen Diskurses ausgeklammert" wird (ebd.). Schließlich wird der dritte, von Wimmer favorisierte Weg darin gesehen, dass an der normativen Wirkungsfrage zwar festgehalten wird, aber nicht mit dem Ziel einer programmatischen oder technologischen Beherrschung von Antinomien und Paradoxien. Positiv gewendet, beschreibt er diesen ‚dritten Weg' wie folgt:

> „Man weiß, dass man es nicht kann und darf, man weiß auch, dass man es eigentlich noch nicht einmal wollen darf, man weiß aber auch, dass man dem Problem nicht ausweichen kann, sondern dass man eine Antwort suchen muss. Und weil *jeder* Antwort eine Wirksamkeit eignet, stellt sich weniger die Frage, welche Antwort die wahre oder *richtige* ist, sondern wie man dem Problem *gerecht* werden kann, weil nur so die

57 Für eine ausführliche Bearbeitung dieser machttheoretischen Ausrichtung vgl. Kapitel 3.2 *Zugänge: Anerkennungstheoretische Perspektiven.*

58 Auch wenn die vorliegende Arbeit dieser Bestimmung des Pädagogischen weitgehend folgt, so scheint es mir doch zentral, nicht bei der Feststellung von zeitlosen Antinomien und Paradoxien stehenzubleiben und nur den Umgang damit zu analysieren, sondern auch die historische Genese und Machtverstricktheit dieser Problemstellungen selbst zum Gegenstand der Untersuchung zu machen, vgl. dafür Kapitel 3.3.1 [Kuhlmann 2021a].

Chance – nicht die Gewissheit – besteht, auch den Adressaten pädagogischer Initiativen gerecht werden zu können." (Wimmer 2006: 15)[59]

Anschließend an diese – natürlich überpointierte – Typisierung lassen sich auch Fassungen von ‚pädagogischer Verantwortung' unterscheiden: Jene, die weiterhin Wirkungs- und Legitimierungsansprüche an die Praxis stellen und damit immer auch eine ‚Ethik der Führung' und eine *‚führende Verantwortung'* formulieren (Umgangsweise 1), und jene, die diesen Führungsanspruch problematisieren, weil er die konstitutiven Antinomien zu schließende versucht, und stattdessen eine grundlegend anders ausgerichtete pädagogische Ethik im Sinne einer ‚responsiven Ethik' und damit eine *‚antwortende Verantwortung'* formulieren (Umgangsweise 3). Der sich ausschließlich als deskriptiv-analytisch verstehende Zugriff (Umgangsweise 2) kann ‚pädagogische Verantwortung' als zentralen Begriff des Untersuchungsfeldes analysieren, verzichtet aber darauf, die Untersuchungsergebnisse in Form einer Neufassung des Begriffs für eine pädagogische Reflexion zu wenden (vgl. bspw. Fischer 1996). Diejenigen Ansätze, die diese Wendung vornehmen, unterscheiden sich – so wird im Folgenden gezeigt – insbesondere dadurch, wie der Zugriff von Erziehenden auf Heranwachsende hinsichtlich eines *Verstehen-* und *Führen-Könnens* konzipiert wird. Wimmer formuliert pointiert: „Die Möglichkeit von Pädagogik als unlösbare Kopplung von verantwortungsvollem Handeln und Erziehung zur Verantwortung steht und fällt [...] mit dem Begriff vom Anderen" (Wimmer 1988: 8).

Es sollte an dieser Stelle deutlich geworden sein, dass sich das Verhältnis zwischen allgemeinen und pädagogischen Verantwortungsfassungen deutlich komplexer darstellt, als es die vielen bereits markierten Parallelen in der Begriffsverwendung und auch -kritik nahelegen. Insbesondere die Spezifik pädagogisch-ethischer Problemstellung verhindert dabei eine bruchlose Übernahme philosophisch-ethischer Verantwortungsfassungen in die Sphäre des Pädagogischen (vgl. Brumlik 2017: 35 f.). In einer umgekehrten Argumentationslogik zeigt sich aber auch, dass die individualtheoretische Fassung von ‚Verantwortung' und damit die historisch gewordene Selbstdeutung als sich selbst zugrundeliegendes, autonom-rational handelndes Subjekt, diese Problemstellungen auch mithervorgebracht hat bzw. weiterhin mithervorbringt. In den drei Beiträgen, die im Kapitel 3.1 *Diskurse: Pädagogisch-ethische Perspektiven* gebündelt sind, werden

59 Selbst wenn die Darstellung dieser dritten Umgangsweise zugegebenermaßen doch sehr vage bleibt, so scheint mir die in der vorliegenden Arbeit eingenommene anerkennungstheoretische Perspektive genau jenen dritten Weg zu ermöglichen: Zum einen werden grundlegende Paradoxien des Pädagogischen anerkannt und mit Bezug auf das Anerkennungskonzept sozialtheoretisch reformuliert. Zum anderen wurde und wird verschiedentlich der Versuch unternommen, die eigenen Analysen normativ zu wenden, vgl. u. a. Ricken 2015b; Ricken et al. 2017; Fritzsche 2018; vgl. Kapitel 3.2 *Zugänge: Anerkennungstheoretische Perspektiven.*

verschiedene Typen von pädagogischen Verantwortungsfassungen entlang erziehungswissenschaftlicher Paradigmen – der Geisteswissenschaftlichen Pädagogik, der Kritischen Erziehungswissenschaft und einer phänomenologisch ausgerichteten Erziehungswissenschaft – systematisiert und daraufhin befragt, wie sie die dargestellten Problemdimensionen bearbeiten und auf welche allgemein-ethischen Begründungsnarrative und Traditionen sie sich in welcher Weise beziehen. Dabei werden auch die sich aus diesen Bezügen ergebenden Spannungen diskutiert. Um an dieser Stelle jene Überlegungen nicht wiederholend vorwegzunehmen, soll im Folgenden eine etwas anders gelagerte Einführung in theoretische Fassungen pädagogischer Verantwortung gegeben werden, welche versucht, die unterschiedlichen Thematisierungs- und Verwendungsweisen des Begriffs in der erziehungswissenschaftlichen Theoriebildung zu skizzieren.

b) Dimensionen des Konzepts ‚pädagogische Verantwortung'

Wie auch in Bezug auf den allgemeinen Begriff bereits festgestellt wurde, ist der rasante Aufstieg ‚pädagogischer Verantwortung' überaus bemerkenswert: Innerhalb von weniger als einem Jahrhundert hat sich der pädagogische Verantwortungsbegriff von einem juristischen Nebenschauplatz zu einer „Schlüsselkategorie" (Gößling 2000: 54) pädagogischer Ethik und pädagogischer Selbstverständnisse entwickeln können[60] – und das, obwohl er spätestens seit den 1960ern nahezu kontinuierlich grundlegenden, allgemeinerziehungswissenschaflichen Infragestellungen unterzogen wurde.[61] In dem Jahrhundert seines Bestehens wurde der Begriff – auch in Auseinandersetzung mit der erhobenen Kritik – vielfach im Anschluss an je unterschiedliche erziehungswissenschaftliche und philosophische Theorietraditionen ausgedeutet. Gewissermaßen als Ergebnis meiner begrifflichen Analysen möchte ich an dieser Stelle vier verschiedene, miteinander verwobene Dimensionen von ‚pädagogischer Verantwortung' in erziehungsethischen Theorien unterscheiden, welche im Folgenden mit Bezug auf verschiedene Fassungen ‚pädagogischer Verantwortung' konturiert werden: pädagogische Verantwortung als *konkrete Erfahrung des kindlichen Anspruchs,*

60 Erst kürzlich hat Micha Brumlik (2017: 8) im Vorwort zur dritten Auflage seiner *Advokatorischen Ethik* dafür plädiert, seine Arbeiten um den Verantwortungsbegriff zu ergänzen. Paul Harder (2014: 339) konstatiert in seiner quantitativ angelegten Studie: „Wiederum fungiert der Wert *Verantwortung* als eine omnipräsente Kategorie im pädagogischen *Berufsverständnis.*"

61 Insbesondere die Vertreter der Kritischen Erziehungswissenschaft haben den Begriff aufgrund seiner engen Verbindung zur Geisteswissenschaftlichen Pädagogik unter Ideologieverdacht gestellt, vgl. Seiffert 1963; Mollenhauer 1968b. Siehe weitere kritische oder zumindest skeptische Stimmen in den 1990er Jahren: Tenorth 1990; Meyer-Drawe 1992; Fischer 1996. Einen umfassenden Überblick über Verantwortungstheorien und deren Kritik aus pädagogischer Perspektive bietet Schmidt 2008.

als *je bestimmtes Ethos* der pädagogisch Handelnden, Verantwortung als *Ziel von Erziehung und Bildung* und schließlich die *Verantwortung der (Allgemeinen) Erziehungswissenschaft*.

Verantwortung als Erfahrung: Pädagogische und erziehungswissenschaftliche Ansätze zu und über pädagogische Verantwortung beginnen häufig mit der Feststellung, dass dieser Begriff ein überzeitliches, anthropologisches Phänomen beschreibe (vgl. bspw. Osterloh 2002; Danner 2010). Insbesondere die elterliche Verantwortung wird dabei – so bspw. das Argument in Hans Jonas' *Prinzip Verantwortung* (vgl. Jonas 2003: 189) – zum Sinnbild einer Erfahrung, in der greifbar wird, dass man selbst eine *konstitutive Bedingung* eines anderen Menschen und somit *unausweichlich verantwortlich* ist (vgl. Prange 2010: 51 ff.). Pädagogische Verantwortung bedeute – so Thiersch (1968: 82) – „betroffen sein von einem pädagogischen Anspruch" und in diesem Anspruch damit konfrontiert zu sein, *stellvertretend für das Kind* handeln zu müssen.[62] Diese Erfahrung des In-Verantwortung-Gestellt-Seins wird je nach (erziehungs-)theoretischem Zugang in unterschiedlicher Radikalität gefasst: Während die Vertreter der Geisteswissenschaftlichen Pädagogik den Anspruch des Kindes – so die Kritik – mit eigenen erzieherischen Intentionen überblenden (vgl. Witte 2017: 670),[63] wird die Notwendigkeit „unter Verantwortung zu antworten" (Buber 2005b: 329 f.) im *dialogischen* und in etwas anderer Ausrichtung auch im *diskursethischen* Denken als quasi-symmetrische Begegnung in gegenseitiger sozialer Bedingtheit gefasst (vgl. bspw. Löwisch 1995).[64] Im Anschluss an die phänomenologischen Arbeiten von Lévinas wird dagegen argumentiert, dass keiner dieser Ansätze in der Lage ist, die Radikalität des Verantwortungsphänomens zu erfassen, da der singuläre Anspruch des Kindes fundamental fremd und die Beziehung daher grundlegend asymmetrisch sei (vgl. Masschelein 1996; Schmidt 2008).[65]

Diese sehr unterschiedlichen Bestimmungen pädagogischer Verantwortung teilen den Ausgang von einem konkreten, in einer *dyadischen* Situation erfahrenen Anspruch, einem in irgendeiner Weise leiblich vermittelten Verantwortungs*gefühl*, welches als existenziell anthropologisches Phänomen konzeptioniert wird.

---

62 Für eine differenzierte Relationierung von Verantwortung und Stellvertretung siehe Röhr 2002.

63 Für eine ausführliche Diskussion des Konzepts der ‚pädagogischen Verantwortung' in der Geisteswissenschaftlichen Pädagogik siehe Kilchsperger 1985; Schmidt 2008, 249–275.

64 Explizit und implizit diskursethische Ansätze werden im Anschluss an die Kritische Erziehungswissenschaft insbesondere in den 1990er Jahren formuliert, vgl. bspw. Oser et al. 1992; Löwisch 1995; Oser 1998. Aber auch heute scheint diese Ausdeutung von pädagogischer Verantwortung noch bedeutsam zu sein, vgl. Burckhart/Nielsen-Sikora 2020.

65 Für weitere (deutschsprachige) erziehungsethische Anschlüsse an Lévinas, die je unterschiedlich argumentieren, vgl. Hellemans 1984; Peukert 1995; Bilgi 2016; Vock/Wartmann 2017; Janssen 2018.

Je nachdem, ob dabei die erziehende Person vorrangig als autonomes, intentional-handelndes, als grundlegend sozial bedingtes oder als radikal unterworfenes Subjekt erziehungstheoretisch gedacht wird, unterscheiden sich die Ansätze darin, welche (ethischen) Schlussfolgerungen sie ziehen und welches pädagogische Ethos die erfahrene Verantwortung einfordert.

Verantwortung als Ethos: Wird grundsätzlich am handlungsmächtigen, also Macht *ausübenden* Erzieher*innen-Subjekt festgehalten, wird in Fassungen ‚pädagogischer Verantwortung' implizit und explizit die *Legitimität dieser Machtausübung* – und damit das klassische Legitimitätsproblem des Pädagogischen – thematisch (vgl. Prange 2010: 87). Grundlage dieser Legitimationen stellen dabei oftmals kritische Gegenwartsdiagnosen und/oder antizipierte, durch pädagogische Interventionen zu erreichende *Ideale von Gemeinschaft oder Gesellschaft* dar (vgl. Grabau 2017; Schäfer/Thompson 2018). Dabei unterscheiden sich die Ansätze von Vertretern der Geisteswissenschaftlichen Pädagogik von denen der Kritischen Erziehungswissenschaft dadurch, dass erstere dieses Ideal positiv setzen und die nächste Generation in dieses Bild einfügen (vgl. Rülcker 2013: 534; Magyar-Haas/Oelkers 2018: 74), während letztere die ‚Emanzipation' des Kindes anstreben, um einen „Bruch mit dem Gegebenen" zu ermöglichen (Thompson 2004: 41). Der Begriff der ‚pädagogischen Verantwortung' relationiert in dieser Perspektive das ‚gegenwärtige Kind' mit einem ‚zukünftigen Erwachsenen' als einem Teil einer ‚besseren' sozialen Ordnung und ist in diesem Sinne notwendig *antizipatorisch.*[66] Je nach Entwurf dieser besseren Zukunft werden pädagogisch Handelnde – und hier greife ich nur zwei einflussreiche Figuren heraus – darauf verpflichtet, eine je bestimmte Persönlichkeit zu sein bzw. zu werden oder kritische Aushandlungs- und Legitimierungsverfahren – mit dem Kind selbst, Kolleg*innen oder in der *Selbstreflexion* – durchzuführen (vgl. Oser 1998; Löwisch 1995). In phänomenologisch-argumentierenden Ansätzen wird dagegen das *Unterworfensein* des erziehenden Subjekts zum Ausgangspunkt, welches handlungstheoretische Empfehlungen letztlich ausschließt und stattdessen eine „Haltung" verlangt, „die vielleicht etwas mit der Offenheit für ‚Erfahrung' zu tun hat" (Masschelein 2003: 139).

Der Verantwortungsbegriff – so lässt sich vorgreifend hinsichtlich einer subjektivierungstheoretischen Perspektivierung sagen (vgl. Kapitel 2.2.2) – rückt Dimensionen von *Unterwerfen* und *Unterworfensein* in den Blick, wobei jeweils eine Dimension im Vordergrund steht: Während die Vorstellung eines starken Erzieher*innen-Subjekts *das Machtausüben* und damit das aktive Unterwerfen des

66 Hier sei auf die Arbeiten von Thomas Popkewitz verwiesen, der diese antizipatorische Bewegung, die in pädagogischen Programmen und fachlichen Curricula notwendig enthalten sind, in seinen (historischen) Analysen in den Mittelpunkt setzt. Er argumentiert, dass sich Pädagogiken durch implizite Ideale von ‚future citizen', zu denen Kinder ‚gemacht' werden sollen, charakterisieren lassen, vgl. u. a. Popkewitz 2012, 2015.

Kindes im Erziehungsprozess unter je bestimmte Normen fokussiert und mit ‚Verantwortung' je spezifisch bearbeitet, wird im phänomenologischen Ansatz mit dem Verantwortungsbegriff die Tatsache des radikalen *Unterworfenseins* verhandelt.[67]

Verantwortung als Erziehungsziel: Das Ziel von Erziehung wird schließlich auch nur von den erstgenannten, vom handlungsmächtigen Subjekt ausgehenden Ansätzen explizit genannt, da die erzieherische Intentionalität in diesen Fassungen konstitutiv ist (vgl. Prange 1992). Trotz grundlegender Unterschiede eint viele Ansätze, wie bereits ausgeführt, die Annahme, dass „Erziehende dafür verantwortlich [sind, NK], Verantwortlichkeit zu ermöglichen" (Prange 2010: 69). ‚Verantwortung' bezeichnet überaus anschlussfähig – so lässt sich in Bezug auf antizipatorische Vorstellungen einer *besseren Zukunft* feststellen – eine anzustrebende Tugend, Haltung oder Kompetenz, welche Kinder dazu befähigen soll, später ein *aktiver Teil* eines sozialen Ganzen, d.h. bspw. einer ‚Gemeinschaft', eines ‚Volks', einer wirtschaftlichen Ordnung oder einer ‚Gesellschaft', zu werden. Wie diese Eigenverantwortung allerdings ‚hergestellt' werden soll, bleibt vor allem in der Geisteswissenschaftlichen Pädagogik, aber auch in der Kritischen Erziehungswissenschaft höchst vage. Einigkeit besteht darüber, dass es sich nicht um eine technologisierte, Zweck-Mittel-Relation handeln dürfe.[68]

Verantwortung der (Allgemeinen) Erziehungswissenschaft: Letztlich übernahm der Verantwortungsbegriff – auch in dezidierter Tradierung des ‚Technologieverdikts' – auf einer übergeordneten Ebene *legitimatorische Funktionen* für die Etablierung der akademischen Disziplin der Pädagogik im Sinne einer eingeforderten „Autonomie" (Weniger 1952) und selbstvergewissernden Konturierung der eigenen Agenda: So argumentiert Wilhelm Flitner, dass nur die „*Reflexion am Standort der Verantwortung* des Denkenden [...] *im strengen Sinne pädagogische Wissenschaft* heißen darf" (Flitner 1958: 18). Eine akademische Pädagogik dürfe pädagogische Verantwortung nicht theoretisch herleiten, sondern müsse in ihrer Arbeit notwendig von der in der ‚Erziehungswirklichkeit' erfahrenen Verantwortung ausgehen (vgl. ebd.; kritisch dazu Schäfer 1980). Diese differenzlose Einheit von pädagogischer Theoriebildung und pädagogischer Praxis im Begriff der Verantwortung wird in den 1960ern und 70ern von Vertretern der Kritischen Erziehungswissenschaft grundlegend zurückgewiesen: So wird bspw. von Helmut Seiffert (1963: 390) eine „Abwehr der Ideologisierung des Verantwortungsbegriffes in der pädagogischen Theorie" eingefordert, die darin bestehe „die Identifikation von ‚Verantwortung denken' mit ‚Verantwortung haben'" aufzulösen (ebd.).

---

67 Vgl. an dieser Stelle die im vorherigen Kapitel aufgemachte Systematisierung von philosophischen Verantwortungsbegriffen.

68 Da im Kapitel 3.1 *Diskurse: Pädagogisch-ethische Perspektiven* die Ziel- und Mittelbestimmung ausführlich diskutiert wird, beschränke ich mich an dieser Stelle auf diese wenigen Hinweise.

Wenngleich Seiffert wie auch Klaus Mollenhauer daran festhalten, dass sich die pädagogische Praxis grundlegend durch die Erfahrung pädagogischer Verantwortung auszeichne (vgl. ebd.; Mollenhauer 1968: 58), müsse doch eine wissenschaftliche Distanz hergestellt werden, um kritische Analysen überhaupt erst zu ermöglichen. Mollenhauer (ebd.: 69) widerspricht damit der proklamierten Partikularität des Pädagogischen und bestimmt „[d]ie Verantwortung des Wissenschaftlers als Verantwortung für die Realisierung von Mündigkeit“ und damit als „Verantwortung für das kritische Potential einer Gesellschaft“.

In der Begriffsbestimmung von ‚Verantwortung‘ wird immer auch eine *disziplinäre Selbstverortung* vollzogen, die sich unter anderem durch die Relationierung von pädagogischer Theoriebildung und pädagogischer Praxis auszeichnet. In der sogenannten ‚Identitätsdebatte‘ um 2000, wurden diese Fragen erneut aufgegriffen und mit zentralem Bezug auf den Verantwortungsbegriff diskutiert. So nimmt Jürgen Osterloh den „pädagogischen Grundgedankengang“ Flitners auf, wenn er argumentiert „*[p]ädagogisch* Handeln und *pädagogisch* Forschen bedeutet dann, dies *orientiert am Ethos pädagogischer Verantwortung* zu tun“ (Osterloh 2002: 97).[69] Auch wenn heute selten explizit die Verantwortung der (Allgemeinen) Erziehungswissenschaft – oder die Frage nach einem Grundgedankengang – diskutiert wird,[70] so finden sich bspw. in Pranges Ethik (2010: 119) Überlegungen zum Einfluss auf das „Bewusstsein und Verständnis von Erziehung“ und damit zur „Verantwortung“ der Erziehungswissenschaft. Dabei rückt allerdings nicht in den Blick, wie genau die eigene Praxis des Theorie-Betreibens je spezifische „Verantwortungsordnungen“ hervorbringt (Krämer/Sabisch 2018b: 5). Diese Perspektivverschiebung soll in Kapitel 2.2 *Pädagogische Verantwortung: Anerkennungstheoretische Justierungen* erprobt werden.

Bevor aber jene Verschiebung vollzogen wird, bleibt festzuhalten, dass der pädagogische Begriff für die erziehungswissenschaftliche Theoriebildung – sowohl hinsichtlich der Konturierung und Hervorbringung des eigenen Forschungsgegenstandes als auch hinsichtlich der autorisierenden Durchsetzung und auch Transformation von disziplinären Deutungsansprüchen – überaus bedeutsam war. Gleichzeitig wird er überraschend selten als ‚pädagogischer Grundbegriff‘ ausgewiesen.[71] Diese Spannung zwischen impliziter und expliziter

69 Für eine Diskussion dieser so bezeichneten ‚Identitätsdebatte‘ siehe Binder 2015.

70 Es ist vermutlich nicht zufällig, dass einer der wenigen expliziten Bezüge auf die ‚Verantwortung von Allgemeinen Erziehungswissenschaftler*innen‘ seit dem Abflauen der jüngsten ‚Identitätsdebatte‘ in einem *englischsprachigen* Journal veröffentlicht wurde: Christiane Thompson (2010: 64) argumentiert darin, „philosophers of education have a responsibility to bring transparency to power relations and implications for educational practices“.

71 Erst in jüngster Zeit wird er in erziehungsphilosophischen Handbüchern als Grundbegriff aufgenommen, vgl. Drerup/Schweiger 2019; Weiß/Zirfas 2020. Dies steht interessanterweise in Spannung zu der Beobachtung, dass es aktuell oder in der jüngsten Vergangenheit kaum umfassende Versuche gibt, den Verantwortungsbegriff in den Mittelpunkt

Gewichtung des Konzepts mag zum einen darin begründet liegen, dass ‚Verantwortung', wie im vorangegangenen Kapitel argumentiert, eine so grundlegende Kategorie moderner Selbstdeutung darstellt, dass es nicht weiter überraschend ist, diese Allgegenwart auch in der Erziehungswissenschaft zu finden – zumal erziehungstheoretisch notwendig auf Subjektbestimmungen zurückgegriffen werden muss (vgl. Meyer-Drawe 2000 [1990]). Zum anderen könnte ‚Verantwortung' als immer auch *formaler* Relationsbegriff zu offen und unspezifisch sein, um in den Rang eines Grundbegriffs aufsteigen zu können. Eine verbreitete Kritik lautet, dass der Begriff letztlich mit jeder beliebigen moralischen Grundüberzeugung verbunden werden kann, womit er unter dem Verdacht steht „einen begrifflich-kategorialen Blindgänger [darzustellen, NK], der theoretisch nur dem Scheine nach, [...] die ihm zugedachten Leistungen erbringt, während – nüchtern gesehen – Illusionen kultiviert werden" (Fischer 1996: 183). Neben dieser theoretischen Unterbestimmtheit tritt seit den späten 1990er Jahren das Problem hinzu, dass auch in der Familien- und Bildungspolitik zunehmend auf den Verantwortungsbegriff als ‚Aktivierungsvokabel' zurückgegriffen wird. Bevor dieses Kapitel mit einem kurzen Zwischenfazit abgeschlossen wird, soll diese Kritik an zeitgenössischen Formen der Verantwortungssemantik zumindest umrissen werden.

c) ‚Pädagogische Verantwortung' unter Responsibilisierungsverdacht

Anschließend an die in Kapitel 2.1.1 dargestellte soziologische Kritik an der entgrenzten Verantwortungslogik im Kontext von aktivierender Sozialpolitik werden auch in der Erziehungswissenschaft Verschiebungen im „Ineinander von öffentlicher, kollektiver und persönlich-individueller Verantwortung" nachgezeichnet (Oelkers 2013: 166), welche sich sowohl in grundlegend veränderten Adressierungssemantiken als auch in einem Wandel von Steuerungspraktiken manifestieren. So argumentiert Nina Oelkers (2009), dass es sich bei der „post-wohlfahrtsstaatlicher Transformation" der Sozialen Arbeit vor allem um eine „Umverteilung von Verantwortung" zwischen Staat und sozialpädagogischen Adressat*innen handele, die sich durch die zunehmende Konditionalisierung von staatlichen Leistungen auszeichne: „Die jeweilige Dichte und Tiefe öffentlicher Leistungen (der Grad der Unterstützung) wird zunehmend von der Bereitschaft des Einzelnen zur Verantwortungsübernahme abhängig gemacht" (Oelkers 2013: 164). Sozialarbeiter*innen und Sozialpädagog*innen werden in dieser Logik zu ‚Aktivierungsgehilfen', die sicherstellen sollen, dass die zugemutete Eigenverantwortung auch tatsächlich übernommen wird bzw. das Scheitern an diesem Anspruch

theoretischer Arbeit zu setzen. Eine Ausnahme bildet die beeindruckende Arbeit von Schmidt 2008. Für eine aktuelle Auseinandersetzung vergleiche den Themenschwerpunkt der Zeitschrift für Pädagogik, vgl. Kuhlmann/Drerup 2023.

privatisiert wird.[72] Da es sich bei den Adressat*innen sozialer Arbeit meist um Menschen in ohnehin prekären Lebenslagen handelt, sieht Oelkers (vgl. ebd.: 172) in dieser Verantwortungsdelegation eine *gesellschaftliche Entsolidarisierung*, die soziale Ungleichheit moralisierend individualisiert (vgl. auch Richter/Andresen 2012). ‚Verantwortung' wird hier – so die Kritik – zu einer aktivierenden Führungsvokabel, die ebenjene Entsolidarisierung ‚neosozial' legitimiert.

Auch in anderen pädagogischen Berufsfeldern wurde und wird eine mit Hilfe der Verantwortungssemantik transformierte Inpflichtnahme[73] der Adressat*innen wie auch der pädagogisch Handelnden selbst rekonstruiert: So wird in Bezug auf das Feld der frühkindlichen Bildung gezeigt, wie die bildungspolitisch angestrebte Ausweitung und Akademisierung die Erzieher*innen als ‚Selbstverantwortliche' adressiert, die sich selbst den Bildungserfolg der Kinder und nicht etwa bildungspolitischen Unterstützungssystemen zuschreiben sollen (vgl. Jergus 2017: 330) sowie dazu angehalten sind, die Eltern zur Mitarbeit im Modus der Verantwortungsdelegation zu motivieren (Mai/Thon 2018: 44).[74]

In Bezug auf das Schulsystem wird insbesondere im so bezeichneten ‚Post-PISA-Diskurs' ein Anstieg der Verantwortungssemantik verzeichnet.[75] Amos, Meseth und Proske halten fest:

> „Eltern haben sich gegenüber der öffentlichen Schule zu verpflichten, aktiv dazu beizutragen, dass ihre Kinder schulfähig werden und bleiben. Der Post-PISA-Diskurs konstruiert Lehrer als kompetente Classroom-Manager, die ihre Verantwortung für die Qualität des Unterrichts und den Lernerfolg der Schüler aktiv wahrnehmen. Und Schüler werden als ‚autonome Lerner' beschrieben, deren Lernleistung und Schulerfolg wesentlich von kognitiven Aktivierungsstrategien in der Gestaltung ihrer Lernumwelten abhänge. Deutlich ist zu erkennen, dass diese Aktivierungssemantik die operative Struktur pädagogischer Kommunikation verschiebt. Öffentliche Erziehung kann heute darauf vertrauen, dass ihre Adressaten um die Verantwortung wissen, die ihnen selbst für das Gelingen pädagogischer Bemühungen zukomme." (Amos et al. 2011: 16)

Der ausgeweitete Gebrauch von ‚Verantwortung' lässt sich dabei – wie in diesem Zitat deutlich wird – auf jeder Ebene des Schulsystems nachzeichnen: von der erhöhten ‚Eigenverantwortung der Einzelschule' (vgl. Oelkers 1998; Radtke 2000) bis hin zum*zur ‚eigenverantwortlich Lernenden' (Klippert 2007). In den

72 Für die Analyse der Genese der Führungslogiken in der Sozialen Arbeit vgl. Kessl 2020.

73 Den Pflichtbegriff wähle ich hier deshalb, weil in den responsibilisierenden Semantiken trotz der Verwendung von ‚Verantwortung' letztlich sehr klar gesetzt wird, wie genau gehandelt werden soll. Darin liegt ein Problem der so sympathisch klingenden Ermöglichung von ‚Selbstverantwortung'.

74 Für internationale Studien, die ähnlich argumentieren siehe Baez/Talbut 2008; Hache 2007.

75 Vgl. dazu ausführlich Kapitel 3.1.3 [Kuhlmann/Ricken 2017].

Kapiteln 3.1.2 [Kuhlmann 2022] und 3.1.3 [Kuhlmann/Ricken 2017] wird dieser Ausweitung genauer nachgegangen und die Frage diskutiert, in welchem Verhältnis diese Verwendungsweisen mit pädagogisch-ethischen Begriffsfassungen stehen. Es wird insbesondere argumentiert, dass in dieser responsibilisierenden Verwendungsweise eine besonders ‚elegante' Lösung des Technologiedefizits gefunden wurde, da Geführte moralisch darauf verpflichtet werden, sich im Sinne der Führenden selbst zu führen. Zunächst sollen aber die Ergebnisse des Kapitels in einem Zwischenfazit gebündelt und hinsichtlich der angestrebten Blickverschiebung diskutiert werden.

2.1.3 Zwischenfazit I: Zwischen ethischem Grundbegriff und Responsibilisierung

Führen wir uns an dieser Stelle den ‚Versuch einer Topographie' zusammenfassend vor Augen, so zeigt sich das Bild einer kontrastreichen Landschaft: Der Verantwortungsbegriff wird so vielfältig und bisweilen widersprüchlich bestimmt und so unterschiedlich bzgl. seiner Leistungen und Funktionen für ein (pädagogisch-)ethisches Nachdenken oder ein gesellschaftliches Zusammenleben eingeschätzt, dass es schwer fällt, überhaupt von einem trennscharfen Forschungsgegenstand oder einem klar umgrenzten ‚Gebiet' – um bei der topographischen Metaphorik zu bleiben – zu sprechen. Der Titel einer 2015 in Berlin veranstalteten interdisziplinären Tagung zum Verantwortungskonzept bringt diese Spannung auf den Punkt. In ihm wird die provokante Frage aufgeworfen: „Verantwortung in Philosophie, Gesellschaft und Politik – Moralisches Fundament, neoliberale Strategie oder einfach nur à la mode?"[76] Im Rahmen dieses Kapitels wurden diese in einem spannungsvollen Verhältnis zueinander stehenden Bedeutungsdimensionen des Verantwortungsbegriffs zunächst mit Bezug auf das allgemeine Verständnis rekonstruiert: Als ‚moralisches Fundament' gilt das Konzept je nach Zugriff deswegen, weil es als *formales Zurechnungsprinzip* Sozialität moralisch strukturiert bzw. strukturierbar macht, weil es als *historisch gewachsene menschliche Selbstdeutung* moralische Selbstführung ermöglicht und weil es ausgehend von diesen Funktionen das *Grundprinzip normativer Ethiken* darstellt. In Abgrenzung zu diesen beim autonomen Handlungssubjekt ansetzenden Fassungen rücken alteritätstheoretische Ansätze das *Phänomen der Verantwortung* als radikale Erfahrung des Angesprochenseins in den Vordergrund und bestimmen Verantwortung damit in einem grundlegenderen Sinne als Fundament ethischen Bezogenseins. Auch in pädagogisch-ethischen Theorien findet sich – wie gezeigt wurde – diese je unterschiedlich ausbuchstabierte Schlüsselstellung des

76 Tagung an der Humboldt Universität Berlin: 23.–25. Februar, Organisation: Eva Buddeberg, Stefan Gosepath und Frieder Vogelmann.

Verantwortungskonzepts. Auf der anderen Seite wird die Verwendung des Begriffs, wie sowohl mit Bezug auf soziologische als auch erziehungswissenschaftliche Studien argumentiert wurde, Teil einer ‚neoliberalen Strategie', indem er soziale Risiken, wie Krankheit, Arbeitslosigkeit oder Armut, privatisiert und in einem ‚neosozialen' Modus individualisiert.

Im Folgenden soll sowohl in einer *bilanzierenden* wie auch *überleitenden* Bewegung die Frage diskutiert werden, wie mit dieser – mindestens aus (erziehungs-)philosophischer Perspektive besorgniserregenden – ‚Doppelzüngigkeit' des Begriffs umgegangen werden kann. Bilanzierend ist diese Frage in dem Sinne, als dass sie verschiedene Problembestimmungen, die im Rahmen dieses Kapitels ausgeführt wurden, nochmals aufgreift. Überleitend ist sie, weil sie die im nächsten Kapitel vorgenommene anerkennungstheoretische Perspektivverschiebung vorbereitet, die einen Kern meiner Dissertationsstudie ausmacht. Den *Standort der Kartographin* werde ich in dieser Bewegung also zugunsten einer *inhaltlichen Positionierung* innerhalb der theoretischen Auseinandersetzung um ‚Verantwortung' verlassen.

Ein Modus der Bearbeitung des Problems der ‚Doppelzüngigkeit' – man könnte ihn *legitimatorisch* oder *definitorisch* nennen – besteht darin, möglichst genau zu klären, unter welchen Bedingungen es gerechtfertigt ist, das Verantwortungsprinzip anzuwenden und welche Einschränkungen – wie z.B. Ressourcenknappheit oder gesellschaftliche Prekarität – die Zuschreibung von Verantwortung illegitim und damit unmoralisch machen. Die Spannungen im Begriffsgebrauch würden aus dieser Perspektive vor allem durch einen *Missbrauch* bzw. mit der unrechtmäßigen *Ausweitung* erklärt werden (vgl. Bayertz 1990). In dieser Justierung – wie exemplarisch bei Janina Sombetzki (2014) – werden bisherige Verantwortungsdefinitionen auf ihre Geltung geprüft, durch eigene Definitionen und Bestimmungen ergänzt, um anschließend legitime von illegitimen, sprich responsibilisierenden Verwendungsweisen unterscheiden zu können (vgl. auch Heidbrink 2007). Auf diese Weise könnte der philosophische Diskurs dazu beitragen, dass jeweilige Verantwortungsfassungen auch im Kontext von veränderten gesellschaftlichen Rahmenbedingungen auf ihre Gültigkeit geprüft und ggf. als problematische Zumutungen entlarvt werden. Ausgehend von diesen Bestimmungen kann weiterhin an der positiven Besetzung des Begriffs als Sozialität konstituierende Zurechnungskategorie und grundlegendes ethisches Schlüsselkonzept festgehalten werden und – je nach ‚Spielart' des gewählten ethischen Ansatzes – fortführend gefragt werden, was eine *verantwortungsbewusste* Entscheidung ausmacht, worin genau *Verantwortungsvoll*sein besteht und wie man es erlernen kann oder welche Handlungsfolgen *verantwortbar* sind und welche nicht. Die alltagsweltliche Omnipräsenz des Begriffs sowie dessen hegemoniale Deutung als Korrelat von Handlungsmacht werden darin ernst genommen und das Ziel verfolgt, die *Teilnehmenden der sozialen Praxis* über das Konzept *aufzuklären*, d.h. zum einen sie in die Lage zu versetzen, zwischen berechtigten und unberechtigten Ansprüchen zu unterscheiden und zum anderen die Frage des

‚Was soll ich tun?', die sich lebensweltlich unhintergehbar stellt, aufzugreifen und legitimatorisch zu bearbeiten.

Wendet man sich dem Konzept der ‚pädagogischen Verantwortung' zu, so kann die auch in diesem Kontext rekonstruierte ‚Doppelzüngigkeit' ebenfalls dadurch ‚entschärft' werden, dass geklärt wird, unter welchen Bedingungen – insbesondere unter welcher Ressourcenbereitstellung – eine Verantwortungsdelegation an Eltern oder pädagogische Professionelle sowie deren Adressat*innen eine Ermächtigung und wann eine Disziplinierung darstellt (vgl. bspw. Oelkers 2013). Eine positive (Neu-)Bestimmung des Begriffs würde aber auch umfassen, grundlegende ethische Herausforderungen im pädagogischen Handeln im Rahmen einer Pädagogischen (Professions-)Ethik, die wohl auch heute zumindest im deutschsprachigen Raum als Desiderat gelten kann,[77] aufzunehmen und sich den Fragen ‚Was ist pädagogische Verantwortung? Und wie kann man dieser gerecht werden?' in einem *legitimatorischen Modus* und damit im Sinne einer ‚Ethik der Führung' zu nähern. Damit würde man die Problemstellungen, die im Begriff der ‚pädagogischen Verantwortung' aufgrund seiner historischen Genese angelegt sind – also sowohl die implizierten Fassungen von intentionaler Erziehung, den Vorstellungen vom handlungsmächtigen Erziehenden und Kindern als ‚Zu-Erziehenden' als auch die grundlegende Frage *nach dem legitimen Einsatz von Macht* im Erziehungshandeln –, mittragen (müssen). Auch hier würde in bestimmter Hinsicht die *Teilnehmendenperspektive* zum Ausgang der theoretischen Überlegungen gemacht werden und Haltungen und Handlungsweisen würden auf ihren moralischen Gehalt befragt werden.

Wie bereits in der Darstellung des Machtproblems skizziert wurde, ist in der Allgemeinen Erziehungswissenschaft spätestens seit den 1990er Jahren eine zunehmende Abkehr von diesem legitimatorischen Modus zu verzeichnen. In dem innerdisziplinären Paradigmenwechsel,[78] welcher sich maßgeblich durch die erziehungswissenschaftliche Rezeption der machttheoretischen Studien Michel Foucaults (vgl. Ricken/Rieger-Ladich 2004a; Balzer 2014a) sowie den sozialphilosophisch-phänomenologischen Arbeiten von Emmanuel Lévinas vollzog (vgl. Peukert 1995; Masschelein/Wimmer 1996), wurden die pädagogische Ethik und deren leitende Fragestellungen selbst zum Problem. Viel expliziter noch als in der philosophischen Ethik wird in klassischen Ansätzen pädagogischer Ethik ein *Führungsproblem* formuliert, welches die Machtverwobenheit pädagogischen Handelns in Kantischer Tradition letztlich nur auf eine Art und Weise thematisierbar macht: ‚Wie kann in ethisch-vertretbarer Weise die Autonomie des Kindes durch

77 Gegenwärtig erfährt das Ethos-Konzept in der auf Lehrer*innen-bezogenen Professionsforschung erneutes Interesse, wenngleich eine professionstheoretische Systematisierung abgesehen von wenigen Einsätzen noch weitestgehend aussteht, vgl. dazu Schärer/Zutavern 2018; Oser 2018; Brinkmann/Rödel 2021.

78 Zur Frage der (historischen) Paradigmenwechsel in der Allgemeinen Erziehungswissenschaft vgl. jüngst Thompson 2019a: 50 ff.

erzieherische Heteronomie erreicht werden?' (vgl. Ricken 2012: 334). Anstatt dieser Fassung weiterhin zu folgen, wurde in den späten 1990er und 2000er Jahren zunehmend gefordert, tiefer anzusetzen und die kategorialen Setzungen hinter dieser Problembestimmung – wie insbesondere die Frontstellung von ‚Autonomie' und ‚Heteronomie' – zum Gegenstand einer kritischen Analyse zu machen (vgl. bspw. Meyer-Drawe 2000; Ricken 2000). Im Zuge dessen wurden leitende Grundbegriffe wie ‚Erziehung' (Masschelein et al. 2000; Ricken 2006b), ‚Bildung' (Ricken 2006a), ‚Autonomie' (Meyer-Drawe 2000) und auch ‚Verantwortung' (Wimmer 1996a) daraufhin befragt, wie sie machtvoll das figurieren, was überhaupt als ein pädagogisches Problem erscheinen kann. Dabei wurde insbesondere die diesen Grundbegriffen innewohnende *individualtheoretische Subjektfassung* problematisiert: So argumentiert Norbert Ricken (2012: 334), dass „das Subjekt selbst zur Falle der Pädagogik [wird, NK], weil weder dessen Genese noch dessen soziale Bedingtheit überzeugend mitgedacht werden können". Darin wird deutlich – so Ricken (ebd.: 348) weiter – „wie dringend erforderlich der auch analytisch-systematische Bruch mit dem Denken des souveränen Subjekts ist".

Was bedeuten diese Verschiebungen nun für ein Nachdenken über pädagogische Verantwortung und das Problem der rekonstruierten Doppelkonjunktur? Eine Möglichkeit der Bearbeitung ist – wie bereits thematisiert – die grundlegende, an sozialphilosophische Studien anschließende Neuausrichtung des Verantwortungsbegriffs, wie sie schon in den 1980er Jahren formuliert wurde (Hellemans 1984; Wimmer 1988). Hier wird also nicht wie im legitimatorischen Modus weiterhin vom handlungsmächtigen Subjekt ausgegangen, sondern ebenjene Subjektfassung mit Bezug auf das *Phänomen der Verantwortung* grundlegend zurückgewiesen. Das Argument ist, dass der individualtheoretische Problemzuschnitt und damit auch die Dichotomie zwischen Selbst- und Fremdbestimmung in der Erfahrung des Verantwortlich-Seins durchkreuzt wird, denn „[n]ur ein freies Wesen kann verantwortlich sein, d.h. nicht mehr frei" (Masschelein 2000: 226). Die derzeitige aktivierende Verantwortungssemantik wird vor diesem Hintergrund in einer *Kontinuität mit klassisch-ethischen Fassungen* gedeutet (vgl. Masschelein/Simons 2013: 123).

Wie ich gemeinsam mit Norbert Ricken (2017) – siehe Kapitel 3.1.3 – argumentiert habe, weisen diese Neubestimmungen von Verantwortung allerdings einige systematische Leerstellen auf, da sie insbesondere die Machtverwobenheit des pädagogischen Handelns nicht ausreichend zu fassen bekommen. Die responsive ‚Ver-Antwortung' neigt dazu, die problematisierte Beziehung zwischen mächtigen Erziehenden und abhängigen ‚Zu-Erziehenden' schlicht *umzukehren* (vgl. auch Meyer-Drawe/Waldenfels 1988). Darüber hinaus werden die historische Genese des Verantwortungsbegriffs – insbesondere die des pädagogischen Begriffs – sowie sich darin konturierende Machtformationen kaum bis gar nicht berücksichtigt. Der Anspruch, ‚Verantwortung' als pädagogische und erziehungswissenschaftliche Schlüsselkategorie in Bezug auf die impliziten kategorialen

Annahmen und pädagogischen Problemzuschnitte zu befragen und davon ausgehend zu rejustieren, wurde daher – so will ich argumentieren – bisher nur zum Teil eingelöst.

Um diese Leerstelle zu bearbeiten, wird im Folgenden vorgeschlagen, eine *anerkennungstheoretische Perspektivierung* des Begriffs vorzunehmen, da diese sowohl individualtheoretische Subjektvorstellungen zugunsten sozialtheoretischer Einsichten zurückweist als auch sensibel bleibt für die historisch gewachsene und situativ performierte Machtverstricktheit des Verantwortungskonzepts – sowohl in der pädagogisch-praktischen Verwendung als auch innerhalb der erziehungswissenschaftlichen Theoriebildung. Hinsichtlich der problematisierten Spannung zwischen ethischem Schlüsselbegriff und aktivierender Reformvokabel wird diese Perspektivierung zu der vielleicht unbefriedigenden Einsicht führen, dass eine eindeutige Trennung zwischen ‚guter' und ‚schlechter' Verantwortung schwierig, wenn nicht gar unmöglich wird. So wird im Folgenden argumentiert, dass die Ambivalenz zwischen moralischer und technischer Führungslogik im (pädagogischen) Verantwortungsbegriff selbst begründet liegt und sich einer einfachen definitorischen Stillstellung notwendig entzieht.

Gleichzeitig soll es aber nicht darum gehen, den Verantwortungsbegriff in Gänze zurückzuweisen. Vielmehr soll eine Sensibilität dafür entwickelt werden, welche *Selbst- und Anderendeutungen, Macht- und Wissensordnungen* sowie *Normhorizonte* der pädagogische Verantwortungsbegriff in sich trägt und je spezifisch (re-)aktualisiert. Diese Sensibilität kann besonders für Mitglieder pädagogischer Professionen bedeutsam sein, da diese tagein tagaus in der Position des*der Verantwortlichen und unter dem Anspruch von Verantwortung stehen. Denn auch, wenn eine anerkennungstheoretische Perspektive nur eingeschränkt konkrete Antworten auf die Frage nach legitimen Erziehungszielen und -mitteln geben kann, so kann sie dennoch ermöglichen, die komplexe, *machtverwobene Konditionalität* pädagogischer Verantwortungsbeziehungen besser zu verstehen. Wird nicht das intentional-handelnde Subjekt als Ausgang der Überlegungen gesetzt, sondern stattdessen Anerkennung als Medium des Sozialen, so rückt die historische, soziale und (mikro-)kulturelle Situiertheit und Bedingtheit menschlichen Tuns in den Vordergrund, wodurch die konstitutive *Ver- und Angewiesenheit auf Anerkennung* – sowohl der Heranwachsenden als auch der pädagogisch Handelnden – und nicht die souveräne Handlungsmacht der Erziehenden zum Anlass pädagogisch-ethischen Nachdenkens wird. Die *Verantwortung der Erwachsenen* wird dadurch als Verantwortungs*beziehung* denkbar.

2.2 Pädagogische Verantwortung: Anerkennungstheoretische Justierungen

Im Folgenden werde ich der Frage nachgehen, wie sich das Nachdenken mit und über ‚pädagogische Verantwortung' verschiebt, wenn wir unseren Blick anerkennungstheoretisch ausrichten. Wie bereits angedeutet, verspricht diese Perspektivierung zum einen, die grundlegende Bedeutung Anderer im Prozess der Subjekt*genese* und dem Subjekt*sein* sichtbar werden zu lassen, und zum anderen, der historisch-kulturellen Bedingtheit und unhintergehbaren Machtverwobenheit des Pädagogischen nachgehen zu können. In der so vollzogenen Blickverschiebung vom autonomen, selbstverantwortlichen Subjekt hin zur grundsätzlich sozial-strukturierten Subjektivität erscheinen auch die im letzten Kapitel erarbeiteten konstitutiven Problemstellungen in einem anderen Licht: Durch einen anerkennungstheoretischen Zugriff werden Fragen nach legitimen Formen generationaler Stellvertretung, technologischer Steuerbar- und Beherrschbarkeit sowie der Machtverwobenheit des pädagogischen Tuns hinsichtlich impliziter Probleme „der Konditionalität" reformulier- und analysierbar (Ricken 2015b: 145). Dadurch, dass in diesem Problemzuschnitt – wie im Folgenden argumentiert wird – das komplexe Gefüge von sozialen Bedingtheiten *mehrdimensional* aufgespannt werden kann, bieten sich vielfältige Einsatzpunkte für ein Anders- und Neu-Denken von pädagogischer Verantwortung. Innerhalb eines anerkennungstheoretischen Rahmens werden sowohl *systematisch-kategoriale, historisierende* als auch *empirisch-qualitative* Analysen möglich und aufeinander beziehbar. Diese vielfältigen Anschlussmöglichkeiten sind insbesondere – so kann vorgreifend festgehalten werden – für eine Befragung des Konzepts der ‚pädagogischen Verantwortung' fruchtbar, weil es sowohl als *historisch-spezifischer Begriff*, als *in situierten Praktiken performiertes Zurechnungsgeschehen* als auch als *Phänomen des Angesprochen- und Angewiesenseins* so grundlegend das bedingt, was als legitimes, verantwortungsvolles pädagogisches Tun anerkannt wird bzw. anerkennbar sein kann.

Da die theoretische Fassung, methodologisch-methodische ‚Operationalisierung' sowie empirische Erprobung des anerkennungstheoretischen Ansatzes maßgeblich im publikationsbasierten Kapitel 3 *Anerkennungstheoretische Perspektiven auf Verantwortung* geleistet wird, soll es in diesem Kapitel darum gehen, in anerkennungstheoretisches Denken *einzuführen* und dieses in Bezug auf das Konzept der ‚Verantwortung' *übergreifend* zu systematisieren. Dafür wird in einem *ersten Schritt* das Feld der erziehungswissenschaftlichen Anerkennungsforschung abgesteckt, indem grundlegende Annahmen dargestellt und zwei zentrale Untersuchungsperspektiven konkreter ausgeführt werden: zum einen die theoretische, historische und empirische Analyse von *Subjektivierungsprozessen,* also dem situierten, machtvollen Werden von Subjekten; und zum anderen die Untersuchung von *Autorisierungen*, d.h. der Hervorbringung von Autoritätsbeziehungen als Anerkennungsrelationen. Ausgehend von diesen Überlegungen wird in *einem zweiten Schritt* der pädagogische Verantwortungsbegriff anerkennungstheoretisch perspektiviert, indem zunächst Subjektivierungs- und Autorisierungslogiken rekonstruiert werden, die dem Begriff implizit sind bzw. in seiner Verwendung aktualisiert werden (können). Diese Logiken sollen den Anlass bieten, nach möglichen Reformulierungen von ‚pädagogischer Verantwortung' zu fragen. Diese anerkennungstheoretische Ausrichtung pädagogischer Verantwortung wird im Vorgriff auf den Hauptteil in Bezug auf professions- und schultheoretische Fragestellungen exemplarisch konkretisiert. Schließlich soll in einem *dritten Schritt* ein weiteres Zwischenfazit gezogen werden.

2.2.1 Anerkennungstheorie(n) und anerkennungstheoretische Forschung

Wer verstehen möchte, was genau mit dem Konzept der ‚Anerkennung' – lebensweltlich und auch (erziehungs-)wissenschaftlich – gemeint ist, steht vor ähnlichen Herausforderungen, wie ich sie in Bezug auf den Verantwortungsbegriff nachgezeichnet habe.[79] Meyer-Drawes (1992: 14) Feststellung, dass sich insbesondere „Begriffe, die unsere konkrete Zwischenmenschlichkeit charakterisieren" das Schicksal teilten, dass ihr „sympathische[r] Klang" die „oft nicht unbedenklichen Implikationen" überdeckt, lässt sich ohne Weiteres auch auf den Anerkennungsbegriff übertragen. Zunächst verbinden wir mit dem Begriff zwischenmenschliche Kommunikationsformen der wertschätzenden Bestätigung und der achtenden Zuwendung, die für ein gelingendes Zusammenleben und die Entwicklung eines ‚gesunden' Selbstbewusstseins eines Menschen als wünschenswert, wenn nicht gar unverzichtbar gelten. In dieser Lesart, die im deutschsprachigen Raum untrennbar mit den Arbeiten des Philosophen Axel Honneth (2016, 2018) verbunden ist,

79 Es gibt weitere Parallelen zwischen dem Verantwortungs- und dem Anerkennungsbegriff, denen im Rahmen dieser Arbeit leider nur am Rande nachgegangen werden kann: So wird das historische Aufkommen beider Begriffe *erstens* – hier Balzer und Ricken (2010: 45) in Bezug auf ‚Anerkennung' – „als Moment wie Folge des modernen gesellschaftlichen Strukturwandels und der mit ihm einhergehenden Problematik der Individualität und Identität" und damit als Antwort auf das spätmoderne Integrationsproblem zwischen Individuum und Gesellschaft gedeutet. *Zweitens* wird sowohl ‚Verantwortung' als auch ‚Anerkennung' eine erstaunliche „Karriere" von einem unbedeutenden Nebenschauplatz zu einer philosophischen Schlüsselkategorie zuerkannt (Nothdurft 2007: 111). Schließlich teilen sich ‚Verantwortung' und ‚Anerkennung' signifikante Verwendungsdimensionen als Rechtsbegriff, als Bezeichnung für bestimmte Formen der zwischenmenschlichen Interaktion sowie als spätmodernes Grundprinzip – da zugleich Medium und Ziel – normativer Ethiken (vgl. Röhr 2009: 95). Aufgrund dieser Strukturähnlichkeiten verwundert es nicht, dass die Begriffe auch im Verbund als ethisches Schlüsselprinzip verwendet werden: So bspw. Buddeberg (2017: 426), die ‚Verantwortung' als „eine grundlegende Anerkennung anderer als Menschen, denen sie Antwort und Rechenschaft schulden" ausdeutet.

wird ‚Anerkennung' – so beschreibt es Nicole Balzer mit Bezug auf Honneth (2014: 161 f.) – als „ein evaluatives Geschehen" verstanden, „in dem ein Subjekt (s)einem Wert bzw. als ein *Subjekt von Wert* bestätigt bzw. befürwortet wird". Es ist nicht weiter überraschend, dass diese Bedeutungsdimension von ‚Anerkennung' als *Gelingensbedingung* für die Subjektwerdung bzw. für die Hervorbringung eines positiven Selbst- und Anderen-Verhältnisses in der pädagogisch-erziehungswissenschaftlichen Theoriebildung seit einiger Zeit ein breites Echo erfährt (vgl. u. a. Prengel 2006, 2013; Hafeneger et al. 2013; Feuser 2018) – verspricht sie doch Antworten auf eine grundlegende pädagogische Problemstellung, wie Heranwachsende zu Selbst- und Anderen-Achtung erzogen werden können. Fragt man jedoch genauer danach, woran eine anerkennende Zuwendung zweifelsfrei erkennbar ist, verliert der Begriff schnell seine Eindeutigkeit und auch Unschuld: Schon am einfachen Beispiel eines lobenden Sprechakts – „Das hast du wirklich toll gemacht!" – wird deutlich, dass die Übergänge zwischen einer wohlwollenden Wertschätzung und einer implizit herabsetzenden Bewertung fließend sind, dadurch, dass im Akt des Lobens immer auch eine Asymmetrie zwischen Lobenden und Gelobten hergestellt wird (vgl. Paris 2015). Auch die Frage, ob eine anerkennende Wertschätzung wirklich ‚nur' affirmiert, was bereits vorliegt – eine positive Eigenschaft, eine gute Tat –, oder ob im Akt der Anerkennung das Anerkannte und damit die adressierte Person allererst konstituiert wird, verweist darauf, dass sich Anerkennungsprozesse deutlich komplexer und ambivalenter darstellen, als es unser lebensweltliches Verständnis suggeriert.[80] Anerkennungsphilosophien und -theorien unterscheiden sich maßgeblich darin, ob und wenn ja wie genau sie die hier nur angedeutete Ambivalenz und Machtförmigkeit von ‚Anerkennung' in ihren Analysen und Begriffsfassungen berücksichtigen und theoretisch ausbuchstabieren (vgl. Balzer/Ricken 2010: 46; Bedorf 2010) – so auch in der erziehungswissenschaftlichen Rezeption (vgl. Ricken et al. 2017).

Röhr und Ricken (2020: 520 f.) unterscheiden vier Problemzusammenhänge, die in der erziehungswissenschaftlichen Forschung mit Bezug auf jeweils sehr unterschiedliche Fassungen von ‚Anerkennung' bearbeitet werden: „*Das Problem der Vielfalt,* […] *des ‚sozialen Zusammenhalts',* […] der *‚Epigenesis vom Anderen her'* […] [sowie, NK] *das Problem der Moral*". Während mit ‚Anerkennung' im Kontext inklusions- und migrationspädagogischer Arbeiten und Programmatiken das Versprechen der „Anerkennung eines jeden Menschen, unabhängig von ihn kategorisierenden Merkmalen oder seiner Herkunft" (Feuser 2018: 120), verbunden wird, wird der Mangel an erfahrener Anerkennung im Anschluss an soziologische Studien zur Erklärung von sozialer Desintegration und menschenfeindlichen Einstellungen herangezogen (vgl. Röhr/Ricken 2020: 520 f.). Darüber hinaus wird

80 Die hier nur skizzierte Kritik am klassischen Anerkennungsverständnis wird in Ricken et al. 2017 anhand dreier Problembestimmungen – *dem Problem der Positivität, der Macht sowie der Identität* – ausführlich dargestellt.

‚Anerkennung' insbesondere von Krassimir Stojanov (2006, 2011) vor dem Hintergrund von gerechtigkeits- und bildungstheoretischen Überlegungen zu einem grundlegenden moralphilosophischen Prinzip ausgearbeitet.

Im Folgenden wird der Analysefokus auf jene Rezeptionslinie scharfgestellt, welche Röhr und Ricken (2020: 521) als die Bearbeitung des *Problems der ‚Epigenesis vom Anderen her'* markiert haben. Diese Perspektivierung verspricht, einen Rahmen für die Analyse des Verantwortungskonzepts bereitzustellen, der sowohl die menschliche Angewiesenheit auf Anerkennung – und damit die „soziale Verfasstheit, Angewiesenheit und Bezogenheit des Individuums auf andere" (ebd.) – als auch die unhintergehbare Machtförmigkeit dieser Sozialität denk- und analysierbar macht. Zudem wird „die Dynamik und Performativität dieses sozialen Konstituierungsgeschehens" in den Blick gerückt (ebd.). Es waren insbesondere die sozialtheoretischen Arbeiten von Norbert Ricken und Nicole Balzer (vgl. u. a. Ricken 2006b, 2009; Balzer 2007, 2014b; Balzer/Ricken 2010), die vor diesem Hintergrund auf die einseitig affirmierende Ausdeutung des Anerkennungsbegriffs in der Erziehungswissenschaft – sprich als *Gelingensbedingung* von Identitätsentwicklung – aufmerksam gemacht und ausgehend von dieser Kritik eine alternative Deutungsfigur vorlegt haben, die mittlerweile – so legen es die vielfältigen Anschlüsse nahe – selbst einflussreich für die (Allgemeine) Erziehungswissenschaft geworden ist.[81]

Ausgehend von dem Versprechen, sowohl die konstitutiv relationale Verfasstheit als auch die Machtförmigkeit des Pädagogischen ausbuchstabieren zu können, wird im Folgenden Rickens (2006b) Unterscheidung zwischen einer „inter-subjektivitätstheoretischen" und einer „machttheoretischen" Lesart von Anerkennung aufgegriffen, die in einer „Verknüpfung [...] eine genauere Problemjustierung" erlauben (ebd.: 216). Ich werde mich zunächst der inter-subjektivitätstheoretischen Fassung[82] zuwenden, um anschließend anhand zweier

81 An dieser Stelle sei insbesondere der DFG-Paketantrag *Anerkennung als Dimension pädagogischer Praktiken* unter Mitwirkung von Thomas Alkemeyer, Bettina Fritzsche, Till-Sebastian Idel, Kerstin Rabenstein, Sabine Reh, Norbert Ricken und Nadine Rose verwiesen, da im Folgenden maßgeblich auf im Rahmen dieser Projekte entstandene Ergebnisse Bezug genommen wird, vgl. für exemplarische Publikationen Fritzsche 2014; Pille/Alkemeyer 2016; Ricken et al. 2017; Jergus/Thompson 2017b; Rose 2019. Auch der Ansatz der ‚Lernkulturanalyse' als ein zentraler kulturtheoretisch ausgerichteter Zugang zum Feld Schule ist anerkennungstheoretisch fundiert, vgl. u. a. Idel/Rabenstein 2018. Für Rezeptionslinien außerhalb der Allgemeinen Erziehungswissenschaft und der Schulpädagogik vgl. exemplarisch Ackermann/Robin 2016; Querfurt 2016; Weiß 2020b.

82 Vorgreifend sei hier angemerkt, dass der Begriff der ‚Intersubjektivität' zumindest z. T. irreführend ist, da er auf eine Beziehung zwischen bereits konstituierten Subjekten verweist. Im Anschluss an Karen Barad plädiert Vogelmann (2014: 98) dafür, den Begriff der ‚Interaktion' durch den der ‚Intra-Aktion' zu ersetzen, um die performative Hervorbringung von Subjekten und Objekten im Geschehen in den Vordergrund rücken zu können. Ähnliches könnte auch für den Intersubjektivitätsbegriff sinnvoll sein.

Analyseschwerpunkte – Subjektivierungs- und Autorisierungsforschung – die machttheoretische Lesart zu skizzieren.

a) Anerkennung als Struktur und Medium des Sozialen

Wird Anerkennung nicht als „zwischenmenschliches Gut", sondern als „intersubjektive Struktur unserer relationalen Existenz" verstanden (ebd.: 223), so wird deutlich, dass das Individuum nicht erst jemand bestimmtes ist, das „sich dann an- oder aberkennend auf andere bezieht", sondern, dass die Genese dieses Selbst grundsätzlich auf andere verwiesen ist: „ich erlerne mich allererst von Anderen her, für die ich zugleich Bedingung bin […]; diese grundsätzliche Bezogenheit auf Andere – sei es als Bedingtheit, Angewiesenheit oder auch Verantwortlichkeit – ist weder zeitlich überwindbar noch prinzipiell aufhebbar" (ebd.; vgl. auch Balzer/Ricken 2010: 63). Der Prozess des Werdens und Erlernens vom Anderen her lässt sich gerade nicht – wie in der individualtheoretischen, auch alltagsweltlich bedeutsamen Fassung von Erziehung – als linear herzustellender Übergang von Heteronomie zur Autonomie verstehen, sondern ist grundlegend durch Spannungen und Konflikthaftigkeit gekennzeichnet. Dabei sind es insbesondere die psychoanalytischen Analysen Jessica Benjamins sowie die sozialphilosophischen Arbeiten Judith Butlers, die diese spannungsvollen Dynamiken ausgearbeitet haben.[83] So macht Butler (2005: 62) in der Betonung der performativen Dimension von Anerkennung deutlich, dass das Individuum nur durch Anerkennung von anderen ‚es selbst' werden kann – im Sinne eines intelligiblen, handlungsfähigen Subjekts –, und damit eben nicht ‚es selbst' bleibe, weil es im Anerkennungsakt notwendig machtvoll formiert und transformiert werde. Benjamin (1990) verweist darüber hinaus in ihren Analysen der frühkindlichen Dyade auf das paradoxale Bedingungsgeflecht von Anerkennungsbeziehungen, indem sie darlegt, dass der*die anerkennende Andere für uns nur ‚wertvoll' sein kann, wenn er*sie sich als von uns ‚Unabhängige*r' erweist (vgl. auch Balzer 2014b: 369 ff.). In diesen hier nur angedeuteten Bestimmungen wird deutlich, dass Anerkennung nie bloß als rein bestätigende Wertschätzung verstanden werden kann, sondern vielmehr als ein genuin sozial-relationales Geschehen, welches das Subjekt in der spannungsvollen Gleichzeitigkeit von Zu- und Abwendung allererst hervorbringt (vgl. auch Bedorf 2010).

Diesen grundlegenden Verschiebungen Rechnung tragend, wird von Ricken, Rose, Kuhlmann und Otzen (2017: 217 f.) vorgeschlagen, Anerkennung als „Umgehen mit Selbstverhältnishaftigkeit" zu verstehen. In dieser vielleicht etwas sperrigen Formel wird betont, dass sich Anerkennungsakte dadurch auszeichnen, dass sie grundlegend auf die menschliche Selbstbezüglichkeit und Rekursivität

83 An dieser Stelle wird die paradoxale Grundstruktur von Anerkennung nur kursorisch hergeleitet, vgl. für eine ausführlichere Darstellung Ricken et al. 2017.

gerichtet sind. Dabei umfasst der Begriff ‚Umgang' sowohl ein ‚Antworten auf' als auch das ‚Figurieren von' Selbstverhältnissen im Medium der Anerkennung. Schließlich findet sich in dieser Reformulierung auch ein normatives Moment, da Anerkennungsakte hinsichtlich der Eröffnung und Verschließung von „Rekursivitätsspielräumen" (Renn 2016: 224) differenzierbar und dadurch auch auf ethische Schließungsfiguren hin befragbar wären – ich werde darauf im nächsten Kapitel zurückkommen. Zunächst können die bereits dargestellten Überlegungen darin gebündelt werden, dass in einer anerkennungstheoretischen Neuausrichtung von Subjektivität als „relationale[r] Subjektivität" (Ricken 2006b: 224) die Vorstellung des „unabhängigen und souveränen Subjekts der Aufklärung" grundlegend in Frage gestellt werden (ebd.). Dadurch wird auch der klassische erziehungstheoretische Problemzuschnitt, Autonomie durch Heteronomie herstellen zu sollen, sowohl hinsichtlich seiner Zielbestimmung als auch hinsichtlich der linearen, intentionalen Herstellungslogik fragwürdig. In dieser Stoßrichtung kann an Meyer-Drawes (2000: 151) grundlegende Problematisierung der in der Erziehungswissenschaft so einflussreichen oppositionalen Frontstellung zwischen Selbst- und Fremdtätigkeit angeschlossen werden, die in ihrer Dichotomie den Blick für die soziale Verfasstheit des Subjekts verstellt. Positiv gewendet gehe es darum – so Ricken (2006b: 224) –, „in der Bezogenheit auf und Bedingtheit durch andere Subjektivität auch alteritätstheoretisch zu interpretieren".

Spätestens an dieser Stelle zeigt sich der enge Zusammenhang zwischen der sozialtheoretischen Lesart von Anerkennung und der responsiv-phänomenologischen bzw. alteritätstheoretischen Fassung von ‚pädagogischer Verantwortung', wie sie insbesondere von Wimmer (1988, 1996) und Masschelein (1996) vorgelegt wurde: Sowohl das Phänomen der Anerkennung als auch die Erfahrung des In-Verantwortung-Gestellt-Seins können die eingeübten Oppositionen zwischen Selbst- und Fremdbestimmung, Abhängigkeit und Unabhängigkeit sowie Subjektivität und Sozialität *phänomenal* und *theoretisch-kategorial* als nicht haltbar ausweisen. Beide Phänomene verweisen also darauf, dass wir als sozial verfasste Wesen grundsätzlich auf andere angewiesen sind und uns dann als handlungsfähig und frei erleben, wenn wir es in gewisser Hinsicht gerade nicht sind – wenn wir nämlich eingebunden sind in soziale Beziehungen und damit Anerkennungs- und Verantwortungsrelationen. Trotz dieser ähnlichen Stoßrichtung möchte ich im Weiteren dem anerkennungstheoretischen Zugang folgen, weil es ihm in besonderer Weise gelungen ist, die vollzogene sozialphilosophische Infragestellung des souveränen Subjekts in einer machttheoretischen Wendung für historisch-genealogische, diskursanalytische und qualitativ-empirische Forschung zugänglich zu machen.[84] Da

84 Eine Öffnung, die zwar auch in erziehungswissenschaftlichen Ansätzen responsiver Phänomenologie – insbesondere im Denken von Meyer-Drawe (1996, 2000, 2008) – von Anfang an mitangelegt war und ist, aber hinsichtlich einer Fassung von ‚Verantwortung' nur punktuell entfaltet wurde. Eine anerkennungstheoretische Reformulierung von ‚Verantwortung' könnte diese Leerstelle bearbeiten, vgl. ausführlich Kapitel 3.1.3 [Kuhlmann/Ricken 2017].

zum einen eine machttheoretische Analyse des pädagogischen Verantwortungsbegriffs noch aussteht und zum anderen eine Anschlussfähigkeit zu bereits gewonnenen alteritätstheoretischen Einsichten bestehen bleibt, bietet sich eine anerkennungstheoretische Perspektivierung auch für das Verantwortungskonzept an. Nachfolgend werden zunächst machttheoretische Überlegungen anhand zweier anerkennungstheoretisch ausgerichteter Forschungsfelder – der Subjektivierungs- und Autorisierungsforschung – auch mit Bezug auf empirische Studien umrissen.

b) Anerkennungstheoretische Subjektivierungsforschung

Um die „Reflexion von Anerkennung konstruktiv nach vorne" (Ricken 2006b: 226) – d. h. im Sinne von sozial- und alteritätstheoretischen Reformulierungen erziehungswissenschaftlicher Grundbegriffe – wenden zu können, bedarf es nach Ricken auch eines ‚kritischen *Rückblickens*', das den individualtheoretischen Problemzuschnitt pädagogischer Praxis und erziehungswissenschaftlicher Theoriebildung in seiner *historischen Genese* zugänglich machen kann.[85] Dafür wird vorgeschlagen, an poststrukturalistische Arbeiten und konkret an das maßgeblich von Foucault entwickelte und von Butler in Bezug auf das Anerkennungskonzept weiter ausdifferenzierte Konzept der ‚Subjektivierung' anzuschließen. Wie die mittlerweile äußerst breite (erziehungswissenschaftliche) Rezeption zeigt (vgl. bspw. Gelhard et al. 2013; Ricken et al. 2019; Geimer et al. 2019),[86] bietet es nicht nur die Möglichkeit eines ‚kritischen Rückblickens',[87] sondern auch das Potenzial, die Machtförmigkeit pädagogischer Praxis in ihrem performierten Vollzug zu analysieren (vgl. bspw. Reh/Idel et al. 2015; Ricken et al. 2017). Im Folgenden werde ich nach einführenden Justierungen zunächst Martin Saars (2013) pointierter Darstellung des „Theorieprogramms" Subjektivierung folgen, um davon ausgehend Butlers anerkennungstheoretischen Einsatz konkreter auszuführen. Vor diesem Hintergrund werden dann erziehungswissenschaftliche Subjektivierungsstudien exemplarisch dargestellt.

Der Begriff ‚Subjektivierung' beschreibt den relational verfassten Prozess der *Formation und Transformation von Selbstverhältnissen* und damit die

---

85 Für die Breite der erziehungswissenschaftlichen Anschlüsse an Foucaults und Butlers Arbeiten siehe die beiden Sammelbände zur jeweiligen ‚pädagogischen Lektüre', Ricken/Rieger-Ladich 2004a; Ricken/Balzer 2012.

86 Vgl. auch das seit 2020 laufende, von Karen Geipel und Bettina Kleiner geleitete DFG-Netzwerk „Erziehungswissenschaftliche Subjektivierungsforschung – Theoretische, Methodologische und Methodische Einsätze".

87 Hier sei vorgreifend markiert, dass dieses ‚kritische Rückblicken', wie Ricken und Meyer-Drawe schon früh anmerken, insbesondere die Involviertheit der Pädagogik in der Herausbildung der von Foucault so bezeichneten ‚Pastoralmacht' zum Gegenstand haben müsse, vgl. u. a. Meyer-Drawe 1996; Ricken 2006b. Dieses Ziel verfolge ich mit Bezug auf den Verantwortungsbegriff in Kapitel 3.3.1 [Kuhlmann 2021a].

Hervorbringung eines je bestimmten Selbst, das sich zu sich selbst in spezifischer Weise *rekursiv* verhält (vgl. Reh/Ricken 2012: 38). Dieses Subjektwerden und -sein beschreibt dabei nicht jede Form der menschlichen Selbstauslegung, sondern „eine historisch kontingente, nämlich spezifisch neuzeitlich-moderne und nord-westliche Form der Selbstdeutung" (Ricken et al. 2017: 204), die sich durch „Selbstbewusstsein", „Selbstbestimmung" und „Selbstzweck" auszeichnet (ebd., vgl. auch Ricken 2013b: 33). Dabei wird die Hervorbringung eines bestimmten Selbstverhältnisses nicht als zwangsläufiger Entfaltungs- oder Herstellungsprozess verstanden, sondern im Anschluss an Foucault als ein komplexes historisch-situiertes, produktiv-machtvolles Geschehen, in dem Individuen zu Subjekten *gemacht werden* und *sich selbst zu diesen machen*. Diesem machttheoretischen Zuschnitt folgend argumentiert Vogelmann (2017: 11), dass sich die „Konstitution des Subjekts als Subjekt" in einem „Zusammenspiel von den das Subjekt produzierenden Machtbeziehungen und der Ausbildung eigener Machtbeziehungen durch das so entstandene Subjekt" vollzieht. Das Subjekt wird damit nicht ausschließlich als Macht ausübende Instanz verstanden, sondern vielmehr als Knotenpunkt verschiedenster Machtrelationen. Saar (2013) führt die Entwicklung dieses subjektivierungstheoretischen Zugangs auf die Arbeiten der Philosoph*innen Louis Althusser, Michel Foucault und Judith Butler zurück, wie im Folgenden ausgeführt wird.

Saar (2013: 17) stellt das subjektivierungstheoretische ‚Theorieprogramm' als eine Perspektive dar, der es „um das (konkrete) Werden und Gewordensein von (konkreten) Subjekten geht". Althussers Leistung sieht Saar darin, das Subjekt in ein produktives Verhältnis zur Macht bzw. Ideologie gesetzt zu haben und es dadurch als unterworfenes und zugleich ‚frei gemachtes' entworfen zu haben (ebd.: 18 ff.). Ausgehend von diesen Einsichten „der Gewordenheit, Machtdurchwirktheit und Konstituiertheit des Subjekts" (ebd.: 20 f.) – so Saar weiter – rekonstruiert Foucault die aufklärerisch-neuzeitliche Form individueller Freiheit als eine konkrete, historisch gewordene Regierungsform, die Foucault (1982: 255) als „Führung der Führungen" und damit als je spezifische Strukturierung von Möglichkeitsfeldern begreift. Stärker noch als Althusser geht Foucault von der *Produktivität von Macht* aus, die sowohl das Subjekt als je bestimmtes produziert als auch vom Subjekt als Schnittpunkt von Machtrelationen selbst ausgeübt wird. Wie genau bestimmte Praktiken subjektivieren, lässt sich nach Foucault – wie er in einer eher nachträglichen Systematisierung argumentiert (vgl. u. a. 2004a [1983]: 10) – nur im Zusammenspiel dreier Dimensionen bzw. ‚Achsen', die neben der *Selbstverhältnis*dimension auch noch die des *Wissens* und der *Machtbeziehungen* umfasst, rekonstruieren.[88] Schließlich sieht Saar (2013: 23 ff.) den Beitrag der Philosophin Judith Butler zur „Analytik der Subjektivierung" darin,

88 Vor allem Vogelmann hat diese Dimensionierungen im Anschluss an Foucaults Studien ausgearbeitet und in gewisser Hinsicht operationalisiert, vgl. Vogelmann 2017.

dass sie *erstens* den Körper und die Sprache als zentrale Medien der Subjektkonstitution ausbuchstabiert; sie sich *zweitens* auch der psychischen Dimension sowie dem Affekt*erleben* aus subjektivierungstheoretischer Perspektive zuwendet; sowie *drittens*, dass sie die konstitutive Brüchigkeit und Unabgeschlossenheit von Subjektivierungsprozessen mit Bezug auf die Konzepte der ‚Performativität' und ‚Iterabilität' fokussiert und dadurch für subversive Umdeutungsprozesse öffnet.

Im Rahmen dieser Arbeit interessiert darüber hinaus insbesondere Butlers Zusammenführung von subjektivierungs- und anerkennungstheoretischem Denken, die es ihr erlaubt, Subjektsein als Ergebnis von sozialen Kämpfen zu betrachten, die – anders als bei Honneth – nicht notwendigerweise eine Steigerung von Autonomie mit sich bringen.[89] Ausgehend von der, wie sie selbst sagt, „spekulative[n] Annahme" (Butler 2010a: 145) eines menschlichen „Begehren[s] im eigenen Sein zu verharren", welches sie anerkennungstheoretisch als Streben nach *sozialer Existenz*, d.h. dem Anerkanntwerden von und durch Andere ausdeutet (vgl. Butler 2011: 372), argumentiert Butler, dass das Subjekt „genötigt [ist, NK] nach Anerkennung seiner eigenen Existenz in Kategorien, Begriffen und Namen zu trachten, die es nicht selbst hervorgebracht hat" (Butler 2001: 25). In dieser „Foucaultsche[n] Revision" (Butler 2010a: 147) des Hegel'schen Anerkennungsdenkens macht Butler deutlich, dass das ‚Ich' „grundlegend abhängig von einer Anzahl von Normen der Anerkennung" ist (Butler 2005: 63), um als sozial intelligibles Subjekt agieren zu können. Diesen in diskursiven Praktiken hervorgebrachten *Raum der Anerkennbarkeit* bestimmt Butler (2010c) als „Raster" oder ‚Rahmen'[90] (Butler 2009a), der reguliert, als wer oder was jemand sprechen und Gehör finden kann. Erst in der Unterwerfung unter diese Raster der Anerkennbarkeit und damit mit der Einnahme sozial intelligibler Positionen – als ‚Frau', als ‚Migrant', als ‚Wissenschaftlerin' etc. – gelangt das Individuum paradoxerweise zur Handlungsfähigkeit.

Diese Raster der Anerkennbarkeit strukturieren dabei auch, wie Butler (2009b) in kritischer Abgrenzung zu Lévinas darlegt, von wem wir uns angesprochen, wem wir uns nahe fühlen (können), wessen Leid wir anerkennen und wem oder was wir uns moralisch verpflichtet fühlen. Die in machtvollen diskursiven Praktiken hervorgebrachten Rahmungen bedingen also nicht nur grundlegend, als wer wir uns und andere verstehen können, sondern regulieren auch unsere affektiven Reaktions- und Wahrnehmungsweisen (vgl. Butler 2010b: 9) – und damit unser *Gefühl der Verantwortung* (vgl. auch Bünger/Trautmann 2012). Gleichzeitig beharrt Butler – dieses Mal mit zustimmendem Bezug auf Lévinas – darauf, dass jene Affekte des Angesprochenseins nicht diskursiv determiniert sind, sondern

89 Für eine umfassende und differenzierte Darstellung von Butlers Anerkennungsverständnis vgl. Balzer 2014b, 411 ff.

90 Auch wenn in der deutschen Übersetzung das englische Original „frames" mit „Raster" übersetzt wird, scheint mir der Begriff ‚Rahmen' als deutsches Äquivalent passender zu sein, vgl. für das englische Original Butler 2009a.

auch Deutungsraster unterlaufen oder sogar „die vermeintliche Selbstverständlichkeit solcher Rahmen in Frage stellen und so als eine affektive Basis von Gesellschaftskritik fungieren“ können (Butler 2009b: 12 f.).

Wie die mittlerweile vielzähligen erziehungswissenschaftlichen sowie interdisziplinär entstandenen Veröffentlichungen und Projektzusammenhänge nahelegen, gehört das ‚Theorie- und Forschungsprogramm Subjektivierung‘ inzwischen zu einem durchaus etablierten Zugang in der Erziehungswissenschaft.[91] In Bezug auf das Feld der Bildungsphilosophie spricht Gabriele Weiß (2020a: 77) gar von einem „*turn* vom Subjekt zur Subjektivierung“. Dabei sind die jeweilig konturierten Forschungsgegenstände und Erkenntnisinteressen durchaus unterschiedlich: Während zum einen das Ziel verfolgt wird, erziehungswissenschaftliche Grundbegriffe – wie u. a. den der ‚Bildung‘ (vgl. Ricken 2006a; Thompson 2009; Bünger 2015; Schäfer 2019) – subjektivierungstheoretisch zu befragen und zu rejustieren (vgl. auch Kapitel 3.1.3), werden zum anderen *pädagogische Praktiken* – wie das Prüfen oder Bewerten (vgl. u. a. Ricken/Reh 2017; Rabenstein/Strauß 2018) –, *pädagogische Institutionen* – wie die Schule oder sozialpädagogische Unterstützungssysteme (vgl. Caruso 2003; Kessl 2020) –, sowie *pädagogische (Einzel-)Organisationen* – wie einzelschulische ‚Lernkulturen‘ oder kollegiale Aushandlungsformen (vgl. u. a. Idel/Rabenstein 2018; Kuhlmann/Moldenhauer 2021) – auf die ihnen impliziten historisch gewachsenen und in situ performierten *Subjektivierungslogiken* untersucht. Auf diese Weise werden in je unterschiedlicher methodisch-methodologischer Ausrichtung – nämlich begrifflich-kategorial, historisch-genealogisch, diskursanalytisch und/oder qualitativ-rekonstruktiv – pädagogisch wirksame Normen der Anerkennung herausgearbeitet, die je bestimmte (mikro-)kulturelle Ordnungen stiften und sowohl die pädagogischen Adressat*innen als auch die pädagogisch Tätigen innerhalb dieser Ordnung positionieren und zu sich und den Anderen in ein spezifisches Verhältnis setzen. So wurde besonders das Konzept der ‚Leistung‘ als „das wichtigste Kriterium der Anerkennung in Schule“ (Fritzsche 2014: 332) in seiner historischen Genese und spannungsvollen situativen Performanz aus einer subjektivierungstheoretischen Perspektive be- und ausgeleuchtet (vgl. für einen Überblick Reh/Ricken 2018; vgl. auch Helsper et al. 2005).

Studien, die sich einer anerkennungstheoretisch ausgerichteten Subjektivierungsforschung widmen, wählen häufig einen *praktikentheoretischen Zugriff*, da im Rahmen dieses Zugangs grundlegende sozialtheoretische Annahmen über die Relationalität und (mikro-)kulturelle Bedingtheit der Subjektgenese nicht nur geteilt, sondern auch für eine empirische Erforschung situierter Vollzugsformen

91 Um hier nur einige Beispiele herauszugreifen: für die Allgemeine Erziehungswissenschaft vgl. Rose 2012; Bünger 2015; Ricken et al. 2019; für die Schulpädagogik vgl. Rabenstein 2007; Idel/Schütz 2017; für die historische Bildungsforschung vgl. Caruso 2003; Reh 2017.

gewendet werden.[92] Praktikentheorien verfolgen das Ziel, diesseits von determinierender Makrostruktur und situativ-kontingenter Emergenz die Hervorbringung, Kontinuierung und Transformation von sozialer Ordnung versteh- und analysierbar zu machen (vgl. u.a. Alkemeyer et al. 2013; Fritzsche et al. 2011; Wrana 2014).[93] Mit Bezug auf die paradigmatische Definition von Theodore R. Schatzki – „practice as [...] nexus of doings and sayings" (Schatzki 1996: 89) – bestimmen Thomas Alkemeyer und Nikolaus Buschmann (2017: 271) Praktiken als „typisierte, historisch und sozial formatierte und somit unterscheidbare Bündel verbaler und nonverbaler Aktivitäten". Im Anschluss an Butler führen sie aus, dass Praktiken als kleinste beobachtbare Analyseeinheit aus einer anerkennungstheoretischen Perspektive insbesondere hinsichtlich ihrer subjektivierenden Wirkung bzw. impliziten subjektivierenden Logik untersucht werden (können) (ebd.: 288). In dieser praktikentheoretischen Zuspitzung der Subjektivierungsforschung – „Praktiken der Subjektivierung – Subjektivierung als Praxis" (Alkemeyer/Buschmann 2016) – gelingt eine äußerst produktive empirische Wendung, die am situierten Vollzug von Handlungspraxis ansetzt und sie so für eine ethnographische Beobachtung und rekonstruktive Analyse zugänglich macht.[94]

In ähnlicher Stoßrichtung haben Sabine Reh und Norbert Ricken (2012) eine „Methodologie einer qualitativ-empirischen Erforschung von Subjektivation"[95]

---

92 So auch die Argumentation innerhalb der verschiedenen Teilprojekte im DFG-Paketantrag *Anerkennung als Dimension pädagogischer Praktiken.*

93 Es stellt selbstverständlich eine Vereinfachung dar, von *dem* praktikentheoretischen Zugang zu sprechen, da es sich mittlerweile vielmehr um ein breites Feld verschiedener – auch miteinander in Konkurrenz stehender – theoretischer Ansätze handelt, vgl. Schatzki 1996; Reckwitz 2003; Rouse 2006. Dabei unterscheiden sich die Theorien insbesondere darin, wo sie sich im Spektrum zwischen statischer Reproduktion und beständiger iterativer Verschiebung positionieren. Wie Hilmar Schäfer (2013) argumentiert, hängt diese Positionierung wiederum davon ab, welche philosophischen Grundlagenkonzepte gewählt werden: Während bspw. die von Bourdieu geprägten Konzepte des ‚Feldes' oder des ‚Habitus' tendenziell die Trägheit und Persistenz von Praxis in den Vordergrund rücken, fokussieren die von Butler ausgearbeiteten Konzepte wie ‚Iterabilität' oder ‚Performativität' eher die Brüchigkeit und Unabgeschlossenheit sozialer Ordnungsbildung. Im Kapitel *3.2 Zugänge: Anerkennungstheoretische Perspektiven* wird der dieser Arbeit zugrundliegende praktikentheoretische Zugang ausgearbeitet und in ein Verhältnis mit praxeologischen Ansätzen gesetzt.

94 Zur Entstehung und Ausdifferenzierung einer praktikentheoretisch ausgerichteten qualitativen Sozialforschung hat nicht zuletzt das DGF-Graduiertenkolleg *Selbst-Bildungen. Praktiken der Subjektivierung in historischer und interdisziplinärer Perspektive* der Carl von Ossietzky Universität Oldenburg unter Leitung von Thomas Alkemeyer, Gunilla Budde, Dagmar Freist u.a. beigetragen, in dessen neunjähriger Laufzeit mit neun ‚Generationen' an Promovierenden eine Vielzahl an praktikentheoretischen Arbeiten erschienen sind, vgl. bspw. Alkemeyer et al. 2013; Pille 2014; Adler 2017.

95 ‚Subjektivation' wurde zunächst als Begriff gewählt, da ‚Subjektivierung der Arbeit' auf einen grundlegend anderen – arbeitswissenschaftlichen und ökonomischen – Diskurs

entwickelt: Ausgehend von der Bestimmung von Subjektivierung „als sich in Praktiken vollziehenden vielschichtigen und ambivalenten Anerkennungsprozess[…]" (ebd.: 35) schlagen sie vor, „Anerkennung als Adressierung zu operationalisieren und damit als grundsätzliche Struktur in und von Interaktion zu interpretieren" (ebd.: 42).[96] Praktiken werden damit als sozial intelligible Verkettungen von Adressierungen und Re-Adressierungen verstanden und einer sequenziellen Analyse zugänglich gemacht. Diese Skizze einer *adressierungsanalytischen Subjektivierungsforschung* wurde im Rahmen des LUGS-Projekts (*Lernkultur- und Unterrichtsentwicklung in Ganztagsschulen*)[97] weiter ausbuchstabiert und für die Analyse und Rekonstruktion von ‚Lernkulturen' – sowie deren Verschiebungen – nutzbar gemacht (Idel/Rabenstein 2013, 2018; Reh/Idel et al. 2015). In einer stärker grundlagentheoretischen Ausrichtung wurde der adressierungsanalytische Zugang im Rahmen des Projekts *a:spect: Die Sprachlichkeit der Anerkennung* im Sinne einer ‚theoretischen Empirie'[98] methodologisch-methodisch weiter ausgeschärft (vgl. Kapitel 3.1; sowie Rose/Ricken 2018a; Rose 2019; Kuhlmann/Sotzek 2019) sowie eine „Heuristik für eine Adressierungsanalyse in subjektivationsanalytischer Perspektive" entwickelt (vgl. Kuhlmann et al. 2017). Ein Teil der vorliegenden Arbeit ist in diesem Projektzusammenhang entstanden und wird daher im dritten Kapitel ausführlich dargestellt.

Bevor ich mich ausgehend von diesen subjektivierungstheoretischen Einsichten der Autorisierungsforschung zuwende, sei an dieser Stelle kurz gebündelt: Im Anschluss an Ricken (2006b) wurde argumentiert, dass ein anerkennungstheoretischer Zugriff sowohl die soziale Verfasstheit als auch die Machtverstricktheit von Subjektwerdungsprozessen versteh- und analysierbar macht – im Kontrast zur klassisch-individualtheoretischen Problembestimmung der linearen Hervorbringung von Autonomie. Wie in Umrissen gezeigt wurde, ermöglicht eine anerkennungstheoretische Perspektivierung sowohl *einen kritischen Blick zurück* auf die Genese begrifflich-kategorialer Weichenstellungen oder die Entstehung pädagogischer ‚Rahmen der Anerkennbarkeit', *einen qualitativ-empirischen Zugang zum Jetzt* in der Analyse von situierten (Re-)Adressierungsgeschehen sowie *eine Bewegung nach vorn*, die ausgehend von den so gewonnenen Einsichten erziehungswissenschaftliche Grundbegriffe und Problembestimmungen befragen

verweist, in dem das Subjekt gerade nicht in der Hervorbringung, sondern Gegebenheit gedacht wird (vgl. Ricken 2013a: 71 f.). Da sich der Begriff ‚Subjektivierung' aber im Folgenden als Konzept zur machttheoretischen Analyse der Subjektwerdung durchsetzte, wurde auch in anerkennungstheoretischen Arbeiten daran angeknüpft (vgl. Ricken 2015a).

96 Der Vorschlag, Anerkennung in Adressierung zu übersetzen, findet sich bereits bei Ricken 2006b.

97 Gefördert vom BMBF, unter Leitung von Till-Sebastian Idel, Fritz-Ulrich Kolbe, Kerstin Rabenstein und Sabine Reh, Laufzeit 2005–2008.

98 Siehe dazu Kalthoff et al. 2015; für das Konzept der ‚Theoretischen Empirie' vgl. auch Kapitel 3.2.1 [Moldenhauer/Kuhlmann 2021].

und ggf. rejustieren kann. Einer dieser Grundbegriffe, der durch eine subjektivierungstheoretische Analyse eine kategoriale Reformulierung erfahren hat, ist dabei – wie gezeigt – der Subjektbegriff selbst, der als Dreh- und Angelpunkt erziehungswissenschaftlicher Theoriebildung fungiert (vgl. Meyer-Drawe 2000; Ricken 1999a, 2004; Rieger-Ladich 2004). Ein weiterer Grundbegriff, der anerkennungstheoretisch – auch im Sinne einer ‚theoretischen Empirie' – grundlegend reformuliert wurde, ist der Autoritätsbegriff (vgl. Schäfer/Thompson 2009a). Da ‚pädagogische Verantwortung' und ‚pädagogische Autorität' klassischerweise in einem engen Verweisungszusammenhang stehen (vgl. Kapitel *3.1 Diskurse: Pädagogisch-ethische Perspektiven*), ist es für die Rahmung der Publikationen gewinnbringend, auch dieser Reformulierung im Folgenden nachzugehen.

c) Anerkennungstheoretische Autorisierungsforschung

Charles Bingham (2008) zeichnet in seiner Monographie *Authority is Relational* nach, dass Autorität im Kontext erziehungswissenschaftlicher Theoriebildung üblicherweise als Substanz oder ‚Ding' gedacht wird, welche Eltern, Erzieher*innen oder Lehrer*innen gegenüber Kindern bzw. Schüler*innen *innehaben*, da erstere gegenüber letzteren in einer *machtvolleren* Position sind. In definitorischen Bestimmungen von pädagogischer Autorität wird diese Fassung häufig mit Bezug auf Max Weber dahingehend konkretisiert, dass sich Autorität von anderen Formen der Machtausübung dadurch unterscheidet, dass sie Einfluss ausüben kann, „ohne dass sie auf Zwang oder Gewalt zurückgreifen muss. Autorität ist eine moralische Macht, die ohne Unterdrückung auskommt" (Foray 2019: 70). Auch wenn sich darin bereits andeutet, dass Autorität vor diesem Hintergrund nur *als Beziehung* zwischen Autoritätsinhabenden und denjenigen, die den formulierten Führungsanspruch als legitim *anerkennen*, denken lässt, wird der Autoritätsbegriff auch in dieser Lesart weiterhin als personale Ressource der Handlungs- und Deutungsmacht gedacht.[99] Pädagogisch und erziehungswissenschaftlich gilt es dann in dieser Logik zu klären, ob und inwiefern die Machtausübung der Autoritätsperson auf die pädagogischen Adressat*innen legitim oder *verantwortlich* ist (vgl. Jergus/

---

99 Ausgehend von Webers soziologischen Arbeiten werden Autoritätsbeziehungen oft aufgrund ihres jeweiligen Legitimitätscharakters, d. h. auf Basis jeweiliger (Be-)Gründungslogiken, charakterisiert. Weber (2013: 124 ff.) unterscheidet „drei *reine* Typen legitimer Herrschaft": (1) die *legale/rationale*, (2) die *traditionale* und (3) die *charismatische* Herrschaft, welche jeweils ihre Legitimität aus anderen Quellen schöpfen. Davon ausgehend bestimmen Wolfgang Sofsky und Rainer Paris (1994: 42 ff.) drei Autoritätstypen – *die Amtsautorität, die Sachautorität und die charismatische Autorität* –, wobei diese Typen nicht eins zu eins mit den drei Herrschaftsformen korrespondieren. Die Soziologen fügen diesen Typen von Autorität noch zwei weitere Typen hinzu – die „Organisationsautorität" und die „Funktionsautorität" (ebd.). Insbesondere die von Sofsky und Paris geleistete Systematisierung war äußerst einflussreich für die in der jüngeren Zeit vorgenommenen Bestimmungen von pädagogischer Autorität (vgl. bspw. Helsper 2009).

Thompson 2017a: 7) – was sich nicht selten auch in öffentlich geführten Debatten darüber niederschlägt, wie viel ‚Autorität' und ‚Führung' Kinder ‚bräuchten', oder ob nicht vielmehr eine ‚partnerschaftliche Beziehung' mit den Heranwachsenden angestrebt werden sollte (vgl. Thompson 2013). Letztlich gilt pädagogische Autorität – egal, welcher Erziehungsstil befürwortet wird – als strukturell *gegeben*. Strittig ist nur, ob überhaupt und wenn ja, wie die Macht der Autoritätsperson genutzt werden sollte.[100] Damit stehen diese Bestimmungen pädagogischer Autorität in der Kantischen Tradition der Entgegensetzung von Heteronomie und Autonomie und unterscheiden sich lediglich dadurch, wie viel Zwang jeweils *für notwendig* und wie viel Freiheit *für möglich* erachtet wird (vgl. Wimmer 2009: 117).

Wie bereits gezeigt wurde, ist es die dieser Fassung zugrundeliegende Frontstellung zwischen Selbst- und Fremdbestimmung sowie die Annahme einer personifizierten, verfügenden erzieherischen Handlungsmacht, die systematisch den Blick für die Sozialität und komplexe Machtförmigkeit des pädagogischen Geschehens verstellen. Im Anschluss an Foucaults machttheoretische und Butlers anerkennungstheoretische Arbeiten wurde diese kategoriale Problemstellung insbesondere von Christiane Thompson, Alfred Schäfer und Kerstin Jergus bearbeitet, indem der Autoritätsbegriff einer grundlegenden Revision unterzogen und in einer kulturtheoretischen Reformulierung auch für qualitativ-empirische Forschung gewendet wurde (vgl. Schäfer/Thompson 2009a; Schäfer 2014; Thompson 2010; Jergus/Thompson 2017b). ‚Autorität' wird vor diesem Hintergrund nicht länger als gegebene, personalisierte Handlungsmacht, sondern als eine *Beziehung*, die in komplexe „Anerkennungsverhältnisse" eingebettet ist, verstanden (Jergus/Thompson 2017a: 7). Diese etwas abstrakte Formulierung der ‚Einbettung' spielt dabei zum einen auf die mikrosoziologische Einsicht an, dass ein Mensch situativ erst dann eine Autorität darstellt, „wenn ihn andere als Autorität *anerkennen*, ihm aus freien Stücken Autorität zubilligen" (Sofsky/Paris 1994: 24; Hervorhebung NK). Gleichzeitig weisen Autoritätsbeziehungen – wie mit Butlers machttheoretischem Anerkennungskonzept gezeigt werden kann – notwendig über konkrete interpersonale Beziehungen und Situationen hinaus, da die Rahmen der Anerkennbarkeit, d.h. wer oder was überhaupt als Autorität in Erscheinung treten kann, diskursiv vorstrukturiert sind (vgl. Jergus et al. 2012: 212 f.).

In der an Butler anschließenden Fassung von ‚Autorität' wird ein ‚dritter Weg' zwischen Struktur und Emergenz eingeschlagen, der nicht zuletzt aufgrund des gewählten praktikentheoretischen Zugangs plausibel wird: Autorität wird weder als bloß aus einer vorgängigen Ordnung oder Struktur Abgeleitetes noch als rein

100 Bingham (2008: 13) unterscheidet drei klassische Positionen bzgl. pädagogischer Autorität, die trotz grundlegender Unterschiede an der *verdinglichten Autoritätsfassung* festhalten: „the progressive, the traditional, and the critical. I described the progressive orientation as a complete dismissal of authority, the traditional orientation as an embracing of authority, and the critical orientation as a pragmatic embracing of authority, an embracing that endorses authority as long as that authority serves liberatory purposes."

situative Hervorbringung verstanden, sondern als machtverwobenes, in Praktiken vollzogenes Autorisierungsgeschehen konzeptualisiert.[101] In dieser damit vollzogenen Wendung von ‚Autorität' zu ‚Autorisierung' wird also nicht länger nach gegebenen Asymmetrien oder personalen Machtressourcen gefragt, sondern auf den *Prozess* der „Hervorbringung eines Autoritätsverhältnisses" scharfgestellt, „mit dem die Bestimmung einer autoritätsinhabenden Seite sowie von deren relationalem Verhältnis verbunden ist" (Jergus et al. 2012: 207).

Wenn aber der Akt der Autorisierung weder ein situativ-emergenter noch ein die bestehende Ordnung bloß bestätigender Prozess ist, wie kann die Hervorbringung einer Autoritätsbeziehung dann denkbar sein? Butler (1997: 155 f.) argumentiert, dass nicht „der Richter, wenn er das Gesetz zitiert" die Autorität darstellt, sondern durch die „Rekonstitution und Resignifikation des Gesetzes" eine Autoritätsrelation hervorgebracht wird. Dabei stellen Gesetze, Konventionen und Normen für Butler keine Letztbegründung von Autorität dar, sondern sie sind auf die je spezifische situative (Re-)Aktualisierung angewiesen, die Wirklichkeit performativ stiftet. Butler argumentiert, dass Autorität notwendig *grundlos* ist; diese Grundlosigkeit aber in der „Praxis des Zitierens" unsichtbar gemacht werden muss: „Das Hinweisen auf einen Grund, der niemals eingeholt wird, wird zum grundlosen Grund der Autorität." (ebd.: 156) Im Akt der Autorisierung, in dem ein Führungsanspruch gegenüber jemandem geltend gemacht wird, muss also die letztliche Unbegründbarkeit dieses Anspruchs vergessen gemacht werden. Wird eine Autoritätsbeziehung – bspw. zwischen ‚Mann' und ‚Frau', ‚Deutschen' und ‚Migrant*innen' oder ‚Eltern' und ‚Kindern' – durch die Zitation von historisch gewachsenen Konventionen und diskursiven Subjektpositionen hervorgebracht, so beruht „die Anerkennung von Autorität [...] auf einem induzierten Glauben an einen durch eine Legende konstruierten fiktiven Grund" (Wimmer 2009: 111). Autorisierungen werden vor diesem Hintergrund als „vorläufige Schließungsbemühungen" verstanden (Jergus et al. 2012: 214), d. h. als Bewegungen, die *Räume der Aushandlung sozialer Ordnung* und damit Räume des ‚Politischen' verschließen, indem eine Ordnung als *notwendig gegeben* naturalisiert und gegen Infragestellungen *immunisiert* wird (vgl. Schäfer/Thompson 2009b: 27).

Für eine erziehungswissenschaftliche Autorisierungsforschung rückt also die Fragestellung in den Vordergrund, durch welche autorisierenden Schließungsbewegungen die *Legitimität pädagogischer Autorität* sowohl in der Erziehungstheorie als auch in der erzieherischen Praxis hervorgebracht wird. Konkreter formuliert ergeben sich daraus die Fragen, wie genau *ein pädagogischer Führungsanspruch* konstituiert wird und welche *Wissens- und Normhorizonte*, welche *Selbst- und*

101 Jergus, Schumann und Thompson (2012) sehen darin auch die große Differenz zwischen Butlers und Bourdieus Verständnis von ‚Autorisierung': Während Bourdieu vor allem auf die Reproduktion und Repräsentation von sozialer Ordnung scharfstellt, rückt für Butler die Performativität und notwendige Unabgeschlossenheit von Autorisierungsprozessen in den Vordergrund.

Anderen-Verhältnisse und welche *Führungslogiken* dabei aufgerufen werden. Wird davon ausgegangen, dass das Konzept der Autorität in pädagogischen Interaktionen unabdingbar ist (vgl. Wimmer 2009: 109), so eröffnen diese Fragen vielfältige theoretische und qualitativ-empirische Einsatzpunkte. Die im Kapitel 2.1.2 konturierten Problemstellungen pädagogischer Ethik – das Stellvertretungsproblem, das ‚Technologiedefizit' sowie das Problem der Macht – bilden gewissermaßen den Hintergrund für diese Analysen, da sie offenlegen, auf welche Spannungen pädagogische Autorisierungen antworten bzw. antworten müssen. So führt die Grundfigur der Stellvertretung zu der Spezifik, dass „pädagogische Autorität auf etwas gerichtet [ist, NK], das nicht gegenwärtig ist: die *Zukunft* des pädagogischen Adressaten" (Schäfer/Thompson 2009b: 9). Thompson (2017: 50) argumentiert, dass sich auch die Legitimierung des „wissenschaftliche[n] Begründungsanspruchs der Pädagogik" durchaus komplex gestalte: Dadurch, dass im Anschluss an moderne Pädagogiken das Gründungsnarrativ pädagogischer Autorität in der Erkundung und Ermöglichung von *kindlicher Individualität* liege, müsse in der Autorisierung zugleich die „Differenz zum Anderen" als auch die Relativierung und ‚Einhegung' dieser Differenz hervorgebracht werden (ebd.). Soll sich ein pädagogisches Handeln am ‚einzelnen Kind' ausrichten, ohne dieses letztlich vollständig kennen zu können, so muss diese Fremdheit beherrschbar gemacht werden, um als Grund pädagogischer Autorität geltend gemacht werden zu können.

Wie produktiv der hier formulierte autorisierungstheoretische Zugriff für qualitativ-empirische Analysen ist, lässt sich an dem Projekt *Autorisierungen des pädagogischen Selbst* nachvollziehen,[102] in dem die umfassenden Transformationen des frühpädagogischen Arbeitsfeldes – wie der neuen Orientierung am Konzept der ‚Bildung' – sowohl diskursanalytisch als auch in der ethnographischen Erkundung von Fortbildungsveranstaltungen untersucht wurden (vgl. Jergus/Thompson 2015, 2017b).[103] Im Anschluss an die bereits dargestellte adressierungsanalytische Methodologie wird ‚Autorisierung' „als umgreifendes Konzept von (möglicherweise auch widersprüchlichen) Adressierungen auf unterschiedlichen Ebenen (darunter institutionelle Settings, Wissensformen, Beobachtungsmaterialien)" konzeptualisiert. ‚Pädagogische Autorisierungen' stellen dann „*Prozesse bzw. Praktiken der Inszenierung pädagogischer Handlungsfähigkeit* [dar, NK], *die Räume der Objektivierung und Subjektivierung eröffnen*" (Jergus/Thompson 2017a: 8). Vor diesem Hintergrund ist auch das Konzept des ‚pädagogischen Selbst' zu verstehen: Es wird davon ausgegangen, dass pädagogisch Handelnde darauf angewiesen sind, ein *anerkennbares* pädagogisches Selbst autorisierend zur Aufführung zu bringen, indem „*sowohl das Selbst als auch das Pädagogische*

---

102 Gefördert von der DFG, geleitet von Christiane Thompson und Kerstin Jergus, Projektlaufzeit 2012–2015.

103 Für andere Arbeiten, in denen das Autorisierungskonzept für eine empirische Analyse von Positionierungen und (Re-)Adressierungen gewendet wurde siehe Thompson 2013, 2014; Schmidt 2020.

dieses Selbst praktisch zur Geltung" gebracht wird (ebd.: 21). Die Kernfrage erziehungswissenschaftlicher Autorisierungsforschung, die nicht nur für die Analyse von situierten pädagogischen Praktiken, sondern ebenso für die Untersuchung von pädagogischen und auch erziehungswissenschaftlichen Geltungs- und Deutungsansprüchen ertragreich ist, lautet daher: „Wie autorisiert sich ein Sprechen als *pädagogisches* [und/oder *erziehungswissenschaftliches*, NK] Sprechen und wird als solches (an)erkennbar?" (Jergus et al. 2012: 214 f.; Hervorhebung NK).

Ausgehend von der in diesem Teilkapitel geleisteten Einführung in anerkennungstheoretisches Denken und Forschen, welches sich zum einen durch eine grundlegende Perspektivverschiebung hinsichtlich der kategorialen Problembestimmung des Pädagogischen diesseits der Frontstellung von Autonomie und Heteronomie und zum anderen durch eine auch für empirische Analysen nutzbar gemachte machttheoretische Wende auszeichnet, soll im Folgenden das Konzept der ‚pädagogischen Verantwortung' anerkennungstheoretisch befragt werden.

2.2.2 Subjektivierungs- und Autorisierungslogiken im Begriff ‚Verantwortung'

Für diese anerkennungstheoretische Perspektivierung wird in einem *ersten Schritt* der Frage nachgegangen, inwiefern und in welcher Weise es sich beim pädagogischen Verantwortungskonzept um ein *subjektivierendes Konzept* handelt. Dafür wird wiederum zunächst die explizit subjektivierungstheoretisch ausgerichtete Analyse des Verantwortungsbegriffs von Frieder Vogelmann in aller Kürze dargestellt und auf Leerstellen befragt, um daran anschließend einen rejustierten subjektivierungstheoretischen Blick auf das Konzept der ‚pädagogischen Verantwortung' zu werfen. Darauf aufbauend wird in einem ähnlich systematisierenden Zugriff *zweitens* der Begriff auf ihm inhärente Autorisierungslogiken – und damit Schließungsbewegungen – befragt. Ausgehend von diesen Analysen sollen in einem dritten Schritt erste Überlegungen vorgestellt werden, wie sich pädagogische Verantwortung diesseits der Alternativen von souverän-autonomer und radikal-unterworfener Subjektivität kategorial verstehen lassen könnte. Dieser Versuch einer sozialtheoretischen Reformulierung könnte den Ausgangspunkt für weiterführende pädagogisch-ethische Überlegungen darstellen. Die drei folgenden Systematisierungen werden in ersten Ansätzen mit professions- und schultheoretischen Fragestellungen in ein Verhältnis gesetzt, welche im publikationsbasierten Hauptteil weiterführend verfolgt werden.

a) ‚Pädagogische Verantwortung' als subjektivierendes Konzept

Wie in Kapitel 2.1.1 *Zum allgemeinen Verantwortungsbegriff* argumentiert wurde, ist die vergleichsweise steile Karriere des Begriffs ‚Verantwortung' eng mit dem

Aufstieg einer bestimmten menschlichen Selbstdeutung – des sich und den eigenen Handlungen kausal zugrundeliegenden, moralisch-handelnden Subjekts – verbunden. Folgt man der begriffsgeschichtlichen Annahme, dass Begriffe sowohl kulturelle Wandlungsprozesse *registrieren* als auch produktiv *beeinflussen* (vgl. Koselleck 2010: 99), kann ‚Verantwortung' als „Indikator" und „Faktor" (ebd.) für die historische Durchsetzung der „Deutungsfigur des ‚Subjekts'" gelesen werden (Ricken 2013b: 33). So könnte argumentiert werden, dass bspw. Bayertz (1995a), indem er von einem zunehmenden Verinnerlichungsprozess der moralischen Urteilsinstanz anhand des Verantwortungsbegriffs spricht, einen *historischen Subjektivierungsprozess* rekonstruiert und damit die *subjektivierende Wirkung von ‚Verantwortung'* in Bezug auf übergreifende kulturelle Wandelungsprozesse herausstellt. Jedoch vergisst diese Neu-Verortung, dass sich eine subjektivierungstheoretische Analyse nicht nur durch die Analyse von Selbstverhältnissen und deren Transformationen, sondern auch durch die Untersuchung von Wissensordnungen und Machtrelationen auszeichnet. Diesem Vorhaben hat sich Frieder Vogelmann (2014) in seiner Dissertationsstudie *Im Bann der Verantwortung* gewidmet.

Vogelmann (2014: 23) fasst den Verantwortungsbegriff explizit praktiken- und subjektivierungstheoretisch, indem er ihn als „diskursiven Operator" bestimmt und damit als „etwas in Praktiken Aktives [...], das Macht ausübt, Erkenntnisse produziert und Einfluss auf die Subjektivität derer hat, die ‚Verantwortung' gebrauchen oder von ihrem Gebrauch betroffen sind" (ebd.: 20).[104] Im Anschluss an Nietzsches *Genealogie der Moral* argumentiert Vogelmann, dass sich das ‚verantwortliche Selbstverhältnis' durch eine „fundamentale *Ambivalenz*" auszeichne (ebd.: 303): ‚Verantwortung' verlange vom Subjekt sowohl das eigene *Unterwerfen* als auch das eigene *Unterworfensein* als Faktum zu akzeptieren und einen aktiven, je spezifisch legitimierten Umgang damit zu finden. Entlang dieser ausgemachten Ambivalenz unterscheidet Vogelmann – wie bereits in Kapitel 2.1.1 angemerkt – philosophische Fassungen von ‚Verantwortung' danach, ob sie den Fokus eher auf die Dimension des Unterwerfens im Sinne einer *aktiven Machtausübung* auf andere Personen und Lebewesen oder auf die Dimension des *Unterworfenseins* bspw. unter dem Anspruch des Anderen legen. Die Provokation von Vogelmanns Ansatz liegt nun darin, dass er Strukturähnlichkeiten zwischen philosophisch-ethischen Verantwortungsfassungen und jenen Verwendungsweisen rekonstruiert, die im Kontext von aktivierenden Praktiken im Bereich Arbeit und Kriminalität – hier vor allem ‚Selbst'- und ‚Eigenverantwortung' – seit den 1990ern omnipräsent geworden

104 Explizit an Vogelmann anschließend argumentieren Nikolaus Buschmann und Jędrzej Sulmowski (2018: 287) für einen Turn „[v]on Verantwortung zu ‚doing Verantwortung'": „Responsibilisierung lässt sich mithin als ein Adressierungsvorgang begreifen, in dem nicht nur jemand verantwortlich gemacht wird, sondern in dem das Subjekt der Verantwortung allererst hervorgebracht wird und die Angerufenen als bereits Verantwortliche erkannt und anerkannt werden."

sind. Dadurch macht er die Philosophie für die besondere Wirkmächtigkeit des Begriffs mitverantwortlich, da sie die Attraktivität des ‚verantwortlichen Selbstverhältnisses' zuallererst hervorgebracht habe. ‚Verantwortung' organisiere „das Selbstverhältnis um eine schützende Objektivierung herum, die es dem Subjekt erlaubt, sich trotz seines Unterworfen-Seins als souverän zu verstehen" (Vogelmann 2013: 161).

Da Vogelmann *jedes* Sprechen mit und über ‚Verantwortung' als *Adressierung* liest, die ebenjenes Selbstverhältnis herstellen soll, werden auch diejenigen Ansätze, die das *affektive Bezogensein* auf andere im Verantwortungs*phänomen* zum Gegenstand haben, von Vogelmann grundlegend problematisiert. Darin liegt – so mein Eindruck – sowohl die Stärke als auch das Problem dieser Zugangsweise: Einerseits erlaubt sie, auch philosophische Theoriearbeit als ein machtvolles, in Praktiken wirksames Adressierungs- und damit Subjektivierungsgeschehen zu lesen, welches in Interferenz mit anderen ‚Praktikenregimen' je bestimmte Verantwortungsgefüge hervorbringt. Andererseits wird damit ein Sprechen über das *soziale Phänomen Verantwortung* bzw. den damit verbundenen Formen des Affiziert- und Angesprochenwerdens verunmöglicht – zumindest, wenn man nicht komplizenhaft zur Durchschlagskraft aktivierender Sozialpolitik beitragen möchte. Vogelmann interessiert sich schlicht nicht dafür, ob es so etwas wie ein *affektives Bezogensein auf andere* ‚wirklich' gibt, sondern er analysiert, in welcher Weise ethische Grundbegriffe – ‚Verantwortung' und im Kontrast dazu ‚Pflicht' (Vogelmann 2015) – je spezifisch Normativität, Moralität und damit Sozialität strukturieren, um dann in Anbetracht problematischer Adressierungslogiken gegen den Verantwortungsbegriff zu votieren.

In Bezug auf den pädagogischen Verantwortungsbegriff möchte ich dieser Engführung begegnen und auch das je bestimmte Angesprochen- und Bezogensein in eine subjektivierungsanalytische Perspektivierung miteinbeziehen, ohne dabei den machttheoretischen Anspruch zu ‚vergessen'. Aus einer erziehungswissenschaftlichen Perspektive ist der Begriffsgebrauch von ‚Verantwortung' – so möchte ich vorschlagen – in *dreierlei Hinsicht* für eine subjektivierungstheoretische Befragung interessant: als grundlegendes, pädagogisch herzustellendes *Selbst-* und *Anderen-Verhältnis*, als machtvoll hervorgebrachtes *affektives Angesprochen-* und *Bezogensein* sowie als in diskursiven Praktiken konturierte *Zuständigkeit* und *Mandatierung*.

Pädagogische Verantwortung als Selbst- und Anderen-Verhältnis: Wie bereits ausgeführt wurde, wird der Verantwortungsbegriff in einer sehr grundlegenden Weise dadurch wirksam, dass die so Adressierten sich als sich selbst Zugrundeliegende – sprich für die eigenen Handlungen als (moralisch) Verantwortliche – verstehen und dementsprechend selbst führen sollen. Da Erziehung im Anschluss an Kant klassischerweise die Absicht verfolgt, aus Kindern ebenjene moralische Personen zu machen, ist die *subjektivierende* Dimension *konstitutiv* für pädagogische Praxis und die Selbstverständnisse der beteiligten Akteur*innen. Pädagogische Intentionen können vor diesem Hintergrund als *Subjektivierungs*bestrebungen gedeutet werden, weil sie ihre Adressat*innen in ebenjenes verantwortliche Selbstverhältnis setzen wollen. Thompson (2012: 173) schlägt daher vor, pädagogische Praxis als soziale Praxis „der ‚Verantwortlichmachung' und Hervorbringung von ‚Zurechnung'" zu lesen. Dadurch, dass pädagogisch Handelnde für jene ‚Verantwortlichmachung' wiederum verantwortlich gemacht werden – wie ich in Kapitel 3.3.1 *Verantwortung als pastorale Adressierungsformel* [Kuhlmann 2021a] ausführlich argumentiere –, zielt die Adressierungsformel der ‚pädagogischen Verantwortung' auf die Hervorbringung eines komplexen relationalen Machtgefüges. Das ‚pädagogische Selbst' soll sich einerseits als selbstverantwortliches und andererseits als auf ‚das Kind' gerichtetes und damit dessen Subjektivierung hervorbringendes Subjekt verstehen. In dieser verschränkten Subjektivierungsfigur zeigt sich – wie es Thomas Popkewitz (2017: 2) in Bezug auf die Lehrer*innen-Bildung ausführt – ein „double object of governing": Die in der Adressierung als pädagogisch Verantwortliche liegende doppelte Führungsfigur ist sowohl auf die verantwortliche Selbstführung des ‚pädagogischen Selbst' als auch auf die verantwortungsbewusste Führung der kindlichen Selbstführung gerichtet. Dabei handelt es sich nicht um eine überzeitliche pädagogische Führungsfigur, sondern um eine historisch gewachsene, eng mit den internationalen Reformbewegungen des beginnenden 20. Jahrhunderts verwobene Subjektivierungsform, wie insbesondere mit Bezug auf die Lehrer*innen-Profession herausgestellt wurde (vgl. u. a. Jones 1990; Baker 1998; Caruso 2005; vgl. Kapitel 3.3.1 [Kuhlmann 2021a]).

Pädagogische Verantwortung als affektives Angesprochensein: Mit Bezug auf den Ansatz der Begriffsgeschichte, den ich in Kapitel 3.3.1 subjektivierungstheoretisch perspektiviere, wird deutlich, dass auch (affektive) Wahrnehmungsweisen durch begriffliche Fassungen bedingt und vermittelt sind.[105] Die zentrale begriffsgeschichtliche Annahme, dass Begriffe gewissermaßen als soziale ‚Speicher' von geteilten Erfahrungen fungieren, die bei Verwendung in bestimmter Weise wieder gegenwärtig werden (vgl. Koselleck 1996: 64), lässt sich wie folgt subjektivierungstheoretisch wenden (vgl. Butler 2006: 253): Begriffe subjektivieren die von ihnen so Adressierten in bestimmter Weise, weil sie bestimmte Erfahrungen, die historisch in ihnen gespeichert sind, bei der Nutzung aktualisieren. Begriffe sind damit ein grundlegender Teil von den von Butler (2010b: 9) so bezeichneten „epistemologischen Rastern", die unsere Wahrnehmungsweisen strukturieren. Soziale Schlüsselbegriffe wie der Verantwortungsbegriff bedingen demnach, wie wir uns selbst und andere wahrnehmen können – also auch für wen oder was wir uns verantwortlich fühlen –, ohne dabei diese Erfahrungen zu determinieren.[106]

---

105 In Kapitel 3.1 *Diskurse: Pädagogisch-ethische Perspektiven* wird der begriffsgeschichtliche Zugang ausgeführt.

106 Es ist aus dieser Perspektive überaus bedeutsam, die historische Genese des pädagogischen Verantwortungsbegriffs daraufhin zu befragen, welche Erfahrungen des moralischen

Damit kann auch der Versuch verbunden werden, das insbesondere in der Bezugnahme auf Lévinas *ontologisierte Phänomen* des In-Verantwortung-gestellt-Seins durch den Anspruch des Kindes auf ‚machttheoretische Füße' zu stellen. Wie bereits angedeutet, argumentiert Butler insbesondere in ihren Arbeiten, die sich mit der Betrauerbarkeit von Leben im Kontext von Kriegen auseinandersetzen, dass auch unsere „moralische und affektive Ansprechbarkeit" machtvoll vorstrukturiert ist (Butler 2009b: 35).[107] Sie betont,

> „dass Verantwortung eine gewisse Ansprechbarkeit voraussetzt, und dass Ansprechbarkeit nicht bloß ein subjektiver Zustand ist, sondern eine Weise wie wir mit unseren jeweiligen Ressourcen auf unsere Umgebung reagieren. [...] Soziale Deutungsmuster veranlassen uns dazu, die Welt in einer bestimmten Weise wahrzunehmen, für bestimmte Dimensionen der Welt zugänglich zu sein und anderen zu widerstehen. [...] Wenn wir uns also dem Problem des Verhältnisses von affektiver Reaktion und moralischer Evaluation wieder annähern, sind dabei die immer schon wirksamen Rahmenbedingungen zu berücksichtigen, vor deren Folie bestimmte Leben als lebenswert erscheinen – und damit zugleich als wert, dass man sie beschützt und für sie kämpft – und andere dagegen als nicht schützenswert, eben weil sie aus der Perspektive der nicht Wahrnehmung beherrschender kultureller Normen gar nicht erst in vollem Ausmaß als ‚Leben' in Betracht kommen."[108] (Butler 2009b: 35 f.)

Hier wird deutlich, dass auch Affekte des moralischen Bezogenseins, welche oftmals als *natürliches* Zeichen unserer Menschlichkeit gelesen werden, *untrennbar* mit je historisch-kulturell geltenden Rahmen und Normen der Anerkennbarkeit verwoben sind und in dieser Strukturierung unsere Wahrnehmung, für wen oder was wir uns verantwortlich fühlen, regulieren.[109]

Diese Annahmen gelten auch für ein pädagogisches Verantwortungsgefühl: Auch wenn sicher richtig ist, dass das elterliche Verantwortungsgefühl

---

Betroffen- und Bezogenseins im Begriff kondensiert sind – vgl. dafür die Kapitel 3.3.1 [Kuhlmann 2021a] und 3.3.2 [Kuhlmann 2020].

107 Ob Butler diese machttheoretische Wendung der Lévinas'schen Verantwortungsfigur gelingt, bleibt dabei umstritten und ist Gegenstand breit geführter philosophischer und soziologischer Debatten, vgl. u. a. Lloyd 2008, 2015; Rushing 2015.

108 In der Thematisierung von personalen ‚Ressourcen' lassen sich auch Parallelen zwischen der soziologisch formulierten Kritik an der Ausweitung von Verantwortungssemantiken finden, die die individuellen Handlungsmöglichkeiten übersteigen. Letztlich bleibt bei Butler jedoch unklar, was genau sie mit ‚Ressourcen' meint, vgl. auch Rushing 2015: 79.

109 In dieser Annahme ist die Figur eines generativen Prinzips implizit, da das je spezifische (moralische) Angesprochensein wiederum strukturiert, wie Personen sich anderen gegenüber verhalten. Deutlicher werden diese Überlegungen, wenn an Bourdieus Habituskonzept angeschlossen wird: Bourdieu (2015 [1972]: 270) selbst beschreibt Verantwortung in einem Nebensatz als „praktischen Sinn"; vgl. für eine Verhältnisbestimmung Kapitel 4 [Kuhlmann 2021b].

anthropologische Dimensionen hat – wie bspw. prominent Jonas (2003: 189) argumentiert –, weil Neugeborene sonst schlicht nicht überleben könnten, so beschreibt diese Art des Verantwortungsgefühls doch nur einen Sonderfall. Für wen oder was genau pädagogisch Handelnde sich verantwortlich fühlen – insbesondere, wenn die Heranwachsenden qua Beruf anvertraut sind –, ist nicht ‚natürlich' gegeben, sondern wird *in subjektivierenden Praktiken hervorgebracht*. In Bezug auf den Lehrer*innen-Beruf gibt es bereits erste empirische Studien und theoretische Justierungen, die auch das affektive Erleben praktikentheoretisch ausbuchstabieren. So legen Silvia Edling und Anneli Frenlin (2013) in ihrer qualitativen Interviewstudie mit Lehrer*innen nahe, dass sich die „felt responsibilties for pupils" verändern, wenn responsibilisierende Steuerungs- und Kontrollpraktiken in der Schule eingeführt werden. Eine ähnliche Stoßrichtung verfolgt Gert Biesta (2004) in seiner Kritik des ‚New Public Managements' mit Bezug auf die sozialtheoretisch-ethischen Arbeiten von Zygmunt Bauman.[110] Die erst in Ansätzen erkundete Beziehung zwischen Schulsteuerungspraktiken und (moralischer) Ansprechbarkeit von Lehrer*innen gegenüber Schüler*innen, Eltern und Kolleg*innen stellt auch vor dem Hintergrund programmatischer Annahmen einer umfassenden Steuerbarkeit ein zentrales Desiderat dar.[111] So zieht der OECD-Direktor Andreas Schleicher (2018: 98) kausale Schlüsse aus den bislang vorliegenden PISA-Ergebnissen und argumentiert, dass es ‚Spitzenreitern' wie Estland und Finnland gelänge, durch auf Eigenverantwortung setzende Schulsteuerung und Lehrer*innen-Bildung einen „individual sense of individual responsibility for the learning and well-being of all students in their care" zu bilden.

Führt man abschließend die beiden skizzierten Linien des Arguments, d. h. die begriffsgeschichtlichen und praktikentheoretischen Überlegungen, zusammen, so wird deutlich, dass der pädagogische Verantwortungsbegriff, wenn er in Adressierungen an pädagogisch Tätige verwendet wird, historisch gewachsene Erfahrungen aufruft und damit immer auch die affektiven Reaktionen der Adressierten mitstrukturiert, ohne sie je determinieren zu können.

Zuständigkeit und *Mandatierung*: Schließlich wird mit der Verwendung des Begriffs das Verhältnis zwischen familialer und öffentlicher Verantwortlichkeit vor dem Hintergrund von spezifischen Gesellschaftsentwürfen verhandelt.

---

110 Biesta verfolgt damit eine ähnliche Stoßrichtung wie Butler, wenn er darlegt, dass die ‚moralischen Impulse', die mit Lévinas als ontologisch gegeben scheinen, durch ‚Sozialisation' ‚erstickt' oder ‚neutralisiert' werden können. In Bezug auf das in der Schulsteuerung in Großbritannien im Vergleich zu Deutschland deutlich massiver durchgesetzte ‚New Public Management' konstatiert Biesta (2004: 250): „The culture of accountability, driven as it is by economic relationships, poses a serious threat to the possibility for proximity."

111 Dafür bietet sich eine berufskulturtheoretische Rahmung an, wie sie von Dietrich, Faller und Kuhlmann (2022) mit Bezug auf die (Selbst-)Positionierungen von Lehrpersonen in der Corona-Pandemie erprobt wurde.

‚Verantwortung' wird als Adressierungsformel also dahingehend wirksam, dass sie Zuständigkeiten und öffentliche Mandatierung zwischen Erziehungsberechtigten und pädagogischen Professionellen im Hinblick auf Kinder als antizipierte Gesellschaftsmitglieder justiert, legitimiert und transformiert. Mit zentralem Bezug auf das Konzept der pädagogischen Verantwortung argumentieren Miriam Mai und Christine Thon (2018: 43), dass „Gegenstand und Reichweite der Verantwortung von Familien [...] nicht naturwüchsig gegeben [sind], sondern [...] in sich transformierenden politischen Diskursen sowie in Aushandlungen zwischen Familien und anderen gesellschaftlichen Institutionen immer wieder neu definiert [werden, NK]". Konkret zeichnen sie nach, wie zum einen in bildungspolitischen Diskursen zur Ausweitung frühpädagogischer Förderung eine Neu-Relationierung von Verantwortlichkeiten von Eltern und Erzieher*innen in Kindertagesstätten programmatisch eingefordert wird, und wie zum anderen im Modus eines ‚Doing Responsibility' elterliche und professionelle Verantwortlichkeiten in situierten Elterngesprächen ausgehandelt und anerkennbar gemacht werden (müssen) (vgl. auch Jergus/Thompson 2017b).

In etwas anderer Justierung, aber sehr ähnlicher Stoßrichtung, argumentieren auch Reh, Idel, Rabenstein und Fritzsche (2015) in Bezug auf das Verhältnis von Familie und (Ganztags-)Schule. Auch sie unterscheiden dabei zwischen „symbolischen Konstruktionen auf der Ebene der Diskurse" (Idel/Reh 2015: 116) und performierten pädagogischen Praktiken im Kontext von Schule und gehen der Frage nach dem Verweisungszusammenhang dieser Dimensionen empirisch nach. Im Anschluss an klassische schultheoretische Arbeiten schlussfolgern Idel und Reh (2015: 126), dass ihre „Befunde als eine Art der ‚Grenzverschiebung' von Schule und schulischen Unterrichts gedeutet werden [können, NK]". Seit einiger Zeit werden überdies Grenzverschiebungen der Mandatierung und Zuständigkeit zwischen verschiedenen pädagogischen Professionen zum Gegenstand empirischer Forschung. So wird insbesondere im Kontext von Ganztagsschule und dem Anspruch von schulischer Inklusion rekonstruiert, wie Verantwortlichkeiten im Kontext von Teamgesprächen zwischen Lehrer*innen, Sonderpädagog*innen und Sozialarbeiter*innen situativ verhandelt werden (müssen) (Silkenbeumer et al. 2018; Cloos et al. 2019; Kunze et al. 2019; Dietrich/Kuhlmann 2022; vgl. auch Kapitel 3.3.3 [Kuhlmann/Moldenhauer 2021]). Dabei ist insbesondere professionstheoretisch von großem Interesse, wie die berufskulturell gewachsene professionelle Autonomie mit der Kooperationsanforderung in ein Verhältnis gesetzt wird.[112]

112 In einer normativen Wendung beschreibt Idel (2016: 34 ff.) die so entstandenen Anforderungen an Lehrer*innen mit zentralem Bezug auf das Verantwortungskonzept: Er argumentiert zum einen, dass sich das Lehrer*innen-Handeln in der pädagogischen Interaktion durch eine „nicht dispensierbare pädagogische Verantwortung" auszeichne. Zum anderen müssten Kooperationsformen gefunden werden, die Kolleg*innen „in ihrer Selbstverantwortung [...] achten" und ihnen dafür auch die „Begründungslast [...] zuschreiben".

In der in diesen Studien angelegten Analyse-Perspektive werden sowohl das Verhältnis von familialer und öffentlicher pädagogischer Verantwortlichkeit als auch die Normen der Anerkennbarkeit ebenjener „verantwortliche[r] Positionen“ (Mai/Thon 2018) zu kontingenten Dimensionen historisch-kulturell situierter sozialer Praxis, welche die Wahrnehmungs- und Handlungsweisen pädagogischer Verantwortung aufseiten von Eltern und pädagogischen Professionellen grundlegend bedingen. Wie genau Verantwortlichkeiten relationiert werden, hängt dabei davon ab – so argumentiert Popkewitz (1991: 222) –, welche zukünftigen Bürger*innen antizipiert werden und wie diese Bürger*innen durch pädagogische Interventionen hervorgebracht werden sollen. Ich werde dieser Überlegung in autorisierungstheoretischer Perspektive im folgenden Kapitel weiter nachgehen.

Im Zusammenspiel dieser drei Dimensionen – in der Strukturierung und Konturierung von Selbst- und Anderen-Führungen, (affektiven) Wahrnehmungsweisen und pädagogischen Zuständigkeiten – wird ‚Verantwortung' als ein *zentrales subjektivierendes Konzept* für pädagogisch Handelnde lesbar. Die hier geleistete Systematisierung hat zunächst formalen Charakter und stellt gewissermaßen eine Analyseheuristik für den pädagogischen Verantwortungsbegriff dar. In Kapitel 3.3.1 *Verantwortung als pastorale Adressierungsformel* [Kuhlmann 2021a] wird diese Heuristik inhaltlich gefüllt: Es wird argumentiert, dass im pädagogischen Verantwortungsbegriff eine *Subjektivierungsform* (historisch) eingeschrieben ist, welche die drei Dimensionen in bestimmter Weise relationiert. Mit Bezug auf Foucaults Studien wird gezeigt, dass die Subjektfigur der ‚verantwortlichen Lehrperson' eine säkularisierte Hirtenfigur der Pastoralmacht darstellt, die sich in einer fürsorgenden Zuwendung um das einzelne Kind wie um die Gemeinschaft kümmert und zu ihrem Wohl die Führung der Führungen übernimmt. Mit dieser hervorgebrachten Subjektivierungsform sind auch bestimmte Autorisierungsfiguren verbunden, die der Gegenstand der weiteren Untersuchung sind.

b) ‚Pädagogische Verantwortung' als autorisierendes Konzept

Anders als die subjektivierungstheoretische Perspektivierung wird die autorisierungstheoretische Befragung des Verantwortungskonzepts in den Publikationen des Hauptteils nur implizit verhandelt. Vor diesem Hintergrund scheint es mir eine sinnvolle Rahmung dazustellen, die Relation zwischen den Konzepten ‚Autorität' und ‚Verantwortung' an dieser Stelle in aller Kürze auszuloten – insbesondere, da dieses Verhältnis sowohl für die systematischen Analysen des pädagogischen Verantwortungsbegriffs in Kapitel 3.1 *Diskurse: Pädagogisch-ethische Perspektiven* als auch für die anerkennungstheoretischen Perspektivierungen des Kapitels 3.3 *Erprobungen: Anerkennungstheoretische Perspektiven auf Verantwortung* bedeutsam ist. Im Folgenden wird daher zunächst die klassische Verbindung zwischen den Begriffen skizziert, um diese anschließend autorisierungstheoretisch zu wenden. Schließlich sollen auch mit Bezug auf die erarbeiteten konstitutiven Problemstellungen des Pädagogischen Schließungsbewegungen in der Verwendung des Verantwortungsbegriffs skizziert werden.

Wie eng die Konzepte ‚Autorität' und ‚Verantwortung' in pädagogisch-ethischen Theorien, aber auch lebensweltlich, verbunden sind, macht exemplarisch eine Definition des Bildungsphilosophen Forays (2019: 70) deutlich. Er verortet Autorität in der „pädagogischen Asymmetrie" und charakterisiert die Position der Autorität durch drei Dimensionen: „(a) die Verantwortung für die Zöglinge, (b) die Macht, Entscheidungen für die Zöglinge zu treffen [...], und (c) einen größeren Handlungsspielraum". Pädagog*innen sind in dieser klassischen Bestimmung von Autorität in einer übergeordneten Position gegenüber Heranwachsenden, welche sich durch eine stellvertretende Deutungs- und Handlungsmacht sowie durch das *Innehaben* von Verantwortung für Heranwachsende auszeichnet. In dieser Relationierung zeigt sich, dass beide Konzepte gewissermaßen als ‚Substanzen' gedacht werden, die aus der asymmetrischen Beziehung *abgeleitet* und von Pädagog*innen in Bezug auf die Heranwachsenden *besessen* werden (vgl. auch Bingham 2008). Vor dem Hintergrund meiner einleitenden topographischen Erkundungen des Verantwortungskonzepts wird deutlich, dass hier auf eine Subjektfassung Bezug genommen wird, die sich maßgeblich der eigenen Handlungsmacht sowie der damit einhergehenden möglichen Einflussnahme auf andere bewusst ist bzw. im Anspruch der ‚pädagogischen Verantwortung' bewusst werden *soll*. Pädagogische Verantwortung wird damit, wie bereits argumentiert, zur notwendigen moralischen Rückseite von pädagogischer Autorität und verweist u. a. auf die (auch juristische) Rechtfertigungspflicht pädagogisch Handelnder. Auch wenn dieses auch alltagsweltlich verbreitete Verständnis pädagogischer Autorität aus einer anerkennungstheoretischen Perspektive bereits grundlegend problematisiert wurde, kann der Verantwortungsbegriff in dieser Fassung die grundlegende Legitimierungsbedürftigkeit pädagogischen Handelns (zumindest) wach- bzw. offenhalten. Anders stellt es sich bspw. bei Verantwortungsfassungen der Geisteswissenschaftlichen Pädagogik dar.

Wie Kilchsperger (1985) anhand umfassender Analysen geisteswissenschaftlich-pädagogischer Texte argumentiert, wird der *Spalt* der moralischen Befragbarkeit pädagogischer Autorität von einflussreichen Vertretern wie Herman Nohl und Wilhelm Flitner in einer entgegengesetzten Bewegung mit Bezug auf den Verantwortungsbegriff nicht eröffnet oder offengehalten, sondern *legitimatorisch geschlossen*. In einer „fraglosen Verbindung von Autorität und Verantwortung" (ebd.: 68) werden beide Phänomene als in der Erziehungssituation notwendig gegeben gesetzt. Wie sich im folgenden exemplarischen Zitat Flitners zeigt, wird diese Setzung dabei explizit als ‚Nicht-Legitimierung' inszeniert:

> „Die pädagogische Theorie hat sich lange mit der Frage befaßt, wie die Autorität des Erziehers herzuleiten und zu begründen sei. So wird von katholischer Seite ein Naturrecht der Eltern und ein übernatürliches Recht der Kirche primär angenommen [...].

Von positivistischer Seite wird die Autorität soziologisch von den Bedürfnissen der Gesellschaft oder individualistisch von denen des Zöglings aus abgeleitet. [...] Sehen wir aber auf die Ganzheit des Lebens in seinem historischen Wechsel, so müssen wir von der inneren Auffassung des erzieherischen Phänomens aus feststellen, daß die Autorität zunächst *eine Gegebenheit* ist, sobald eine echte pädagogische Situation überhaupt vorgefunden wird. Wir leiten die erzieherische Verantwortung nicht her, sondern finden sie konkret vor: als Eltern, als Staat, als Glieder der Kirche, in unseren gesellschaftlichen Beziehungen. *Mit der erzieherischen Verantwortung, die uns aufgeht, sehen wir uns als Autorität für den Zögling gesetzt.*“ (Flitner 1965 [1950]: 77; Hervorhebung NK)

Es soll an dieser Stelle nicht darum gehen, in die Analyse der Positionen Geisteswissenschaftlicher Pädagogen bzw. deren Verantwortungsfassungen vertiefend einzusteigen (vgl. dafür Kapitel 3.1); vielmehr soll mit diesem Zitat beispielhaft verdeutlicht werden, wie ‚pädagogische Verantwortung' wirksam werden kann, um das konstitutive Legitimationsproblem der Pädagogik immunisierend zu schließen. Konkret zeigt sich hier, wie der Verantwortungsbegriff pädagogische Führungsansprüche *naturalisiert* und sie damit der Infragestellung entzieht.

Vor diesem Hintergrund kann ‚pädagogische Verantwortung' in einer autorisierungstheoretischen Reformulierung als ein zentrales *Autorisierungskonzept* gelesen werden. Im vorangegangenen Teilkapitel wurde argumentiert, dass ‚pädagogische Verantwortung' in der Adressierung an pädagogisch Handelnde drei Dimensionen *subjektivierend* figuriert: *pädagogische Führungsrelationen, affektive Bezogenheiten* und *gesellschaftliche Mandatierung*. Anhand dieser drei Dimensionen lassen sich auch Autorisierungsfiguren herausarbeiten, die bis heute – so ein Ergebnis meiner im Hauptteil folgenden Studien – im Begriff wirksam sind. Unter ‚Autorisierung' verstehe ich, wie bereits dargestellt, das Unsichtbarmachen der Unbegründbarkeit von (pädagogischer) Autorität und damit *die Schließung von und Immunisierung gegenüber konstitutiven pädagogischen Antinomien und Paradoxien*. Vor dem Hintergrund der erarbeiteten subjektivierenden Dimensionen und den ausgeführten Problemstellungen des Pädagogischen möchte ich vorschlagen, dass (mindestens) drei Autorisierungsfiguren im Begriff angelegt sind: die Vorstellung einer *starken pädagogischen Führung*, eines *entgrenzten affektiven Zugriffs* sowie die Annahme *gegebener* sozialer Ordnung.[113] Es werden im Folgenden *exemplarische Schlaglichter* geworfen, die im publikationsbasierten Hauptteil inhaltlich ausgeführt werden.

---

113 Dabei fungierte der Verantwortungsbegriff in einer historischen Perspektivierung sowohl als Legitimierungs- als auch als *De*legitimierungsfigur pädagogischer Autoritätsbeziehungen, da er als ‚Reformvokabel' immer auch gegebene pädagogische Normen in Frage stellt, vgl. für die Entwicklung dieser delegitimierenden Funktion des Begriffs Kapitel 3.3.2 [Kuhlmann 2020].

Starke pädagogische Führungsfigur: Wie bereits mit Prange argumentiert wurde, zeichnen sich klassische pädagogische Ethiken dadurch aus, dass sie immer auch Führungsansprüche gegenüber Heranwachsenden formulieren und diese vor dem Hintergrund geltender gesellschaftlicher Normen legitimieren (müssen). Vor dem Hintergrund dieser Bestimmung kann die potenzierte Verantwortungsformel – *Erziehende sind verantwortlich für die Ermöglichung von Verantwortung* – auch als *Führungsproblem* verstanden werden, welches sich für Eltern, aber auch für öffentliche Erziehungs- und Bildungsinstitutionen unhintergehbar stellt. Insbesondere die Institution Schule autorisiert dabei ihren Zugriff auf Heranwachsende mit zentralen Bezug auf den Verantwortungsbegriff – wie ein Blick in die deutschen Landesschulgesetze zeigt:[114] Keines der sechzehn Bundesländer kommt ohne das ‚Erziehungs'- oder ‚Bildungsziel' aus, dass Schüler*innen im Rahmen ihrer Schulzeit dazu befähigt werden sollen, (Eigen-)Verantwortung zu tragen.[115] In dieser Autorisierungsfigur muss behauptet werden, dass die Eigenverantwortung von Schüler*innen durch pädagogische Praktiken *herstellbar* ist. Interessanter Weise wird der Weg dieser Herstellung – nicht erst seit Klipperts *Eigenverantwortlichen Arbeitens* oder der Einführung ‚Eigenverantwortlicher Schulen' – ebenfalls mit dem Verantwortungsbegriff benannt. Wie ich in zwei historischen Studien nachzeichne, stellt das Konzept ‚Verantwortung' sowohl das zentrale pädagogische Ziel als auch – im Sinne der Führung der Führungen – das *Medium der Führung* dar (vgl. die Kapitel 3.3.1 [Kuhlmann 2021a] und 3.3.2 [Kuhlmann 2020]). In der verantworteten Aktivierung von Eigenverantwortung wird das ‚Technologiedefizit' dahingehend bearbeitet, als dass die direktive Führung von Pädagog*innen in indirekte, ‚sanfte' Führungsformen übersetzt werden (vgl. Caruso 2009).[116]

---

114 Online einsehbar auf der Homepage der Kultusministerkonferenz; Stand: Juni 2023 (www.kmk.org/dokumentation-statistik/rechtsvorschriften-lehrplaene/uebersicht-schulgesetze.html).

115 Hinsichtlich der auch schultheoretisch spannenden Frage, wie sich Schulen ihre gesellschaftliche Autorität sichern, sei an dieser Stelle auf die Arbeiten Ian Hunters (1994) hingewiesen. In seiner historischen Analyse perspektiviert er die moderne (Volks-)Schule als historisch gewachsene Konstellation aus Führungspraktiken, die sich als spezifische Zusammenführung *bürokratischer Bevölkerungsregulierung* und *pastoraler Seelenführung* historisch herausbilden konnte. Er argumentiert, dass sich die Institution Schule daher immer sowohl *effizienzlogisch* als auch *moralisch* legitimieren muss, um ihren Autoritätsanspruch gesellschaftlich anerkennbar machen zu können. Vor diesem Hintergrund ist interessant, dass in vielen erziehungswissenschaftlichen Publikationen diese Legitimationslinien als grundlegende Spannung diskutiert werden, vgl. bspw. Oser et al. 1992; Krüger/Wenzel 2000; Uhle 2011. Für eine anders justierte, aber mit ähnlicher Stoßrichtung vorgelegte Argumentation siehe Amos et al. 2011.

116 Wie ich in Kapitel 3.3.1 [Kuhlmann 2021a] argumentiere, ist die historische Entstehung des Verantwortungsbegriff eng mit einem Professionalisierungsschub von Volkschullehrer*innen verbunden, die sich mit Bezug auf ein neu aufgekommenes ‚Ethos der Verantwortung' autorisierten (vgl. Lamberti 2000). Vor diesem Hintergrund lässt sich der Verantwortungsbegriff auch als Autorisierungsbegriff im Prozess der historischen

Entgrenzter affektiver Zugriff: Insbesondere in reformpädagogischen Fassungen ‚pädagogischer Verantwortung' sowie daran anschließenden Bestimmungen der Geisteswissenschaftlichen Pädagogik steht die *dyadisch-strukturierte affektive Bezogenheit* – das Verantwortungs*gefühl* – der Pädagog*innen im Vordergrund der Legitimierung von Autoritätsbeziehungen (vgl. Kilchsperger 1985; Schmidt 2008: 251). So setzt Nohl ein empfundenes Gefühl der Verantwortlichkeit gegenüber ‚dem Kind' und ‚der Gemeinschaft' als zentrale Voraussetzung des für die folgende pädagogisch-erziehungswissenschaftliche Theoriebildung und auch für pädagogisches Handeln[117] so zentralen ‚pädagogischen Bezugs'.[118] Nohl (1963 [1935]: 134) beschreibt diesen Bezug bekanntlich als ein „leidenschaftliches Verhältnis eines reifen Menschen zu einem werdenden Menschen" und legitimiert pädagogische Autorität durch eine bestimmte Form des Affiziertwerdens und -seins in Form eines pädagogischen Eros.[119] Von allen pädagogisch Handelnden wird eine „erzieherische Leidenschaft" verlangt (ebd.: 9), die sich explizit an familialen Beziehungsformen – „der Mutterliebe und der Vaterführung" (ebd.: 138) – orientiert, da es nur so möglich sei, das Kind in seiner ‚Wirklichkeit' und seinem ‚Ideal' *verstehen* und leiten zu können.

Die generationale Differenz wird in Nohls Setzung des pädagogischen Bezugs dadurch geschlossen, dass ein ‚richtiges' affektives Bezogensein auf das Kind die Voraussetzung dafür sein soll, das Kind und dessen Zukunft *vollständig* zu verstehen und antizipieren zu können (vgl. Witte 2017: 671; Schmidt 2008: 250).[120] In dieser Fassung von ‚pädagogischer Verantwortung' wird letztlich *jeder* pädagogische Zu- und Übergriff der Erzieher*innen auf die Heranwachsenden

Durchsetzung der Lehrer*innen-Profession deuten, da die Entstehung eines bestimmten Berufsethos „cultural authority" sichern kann, wie es Paul Starr (1982: 13) in Bezug auf die Hervorbringung der Medizinischen Profession in den Vereinigten Staaten argumentiert.

117 In seinem Buch *Die pädagogische Beziehung* argumentiert Hermann Giesecke (1999: 17 f.), dass Nohls Fassung des ‚pädagogischen Bezugs' für nahezu alle pädagogischen Berufsgruppen bis mindestens in die späten 1950er Jahre die zentrale Selbstdeutungsfigur darstellte.

118 Auch wenn Nohl den Verantwortungsbegriff nie selbst explizit mit dem Konzept des pädagogischen Bezugs in ein Verhältnis setzt, rekonstruiert Heiner Kilchsperger (1985: 27 f.) in Bezug auf Nohls Gesamtwerk überzeugend, dass ‚pädagogische Verantwortung' für die inhaltliche Justierung des pädagogischen Bezugs überaus zentral ist.

119 Auch in jüngerer Zeit wird für eine Wiederaufnahme dieser Kategorie plädiert, vgl. Seichter 2007; Drieschner 2011.

120 Im Kontext erziehungswissenschaftlicher Verantwortungsfassungen rückt zumeist ein doppeltes bzw. in gewisser Hinsicht ‚potenziertes' Autorisierungsgeschehen in den Blick: Nohl muss sowohl seine eigenen, als Geisteswissenschaftlicher Pädagoge formulierten Deutungs- und Geltungsansprüche in Bezug auf eine pädagogischen Praxis autorisieren als auch die pädagogisch Handelnden in ihrer Autorität gegenüber den pädagogischen Adressat*innen legitimieren.

legitimierbar, wenn er in die ‚leidenschaftlichen Interessen' des Kindes hineingelesen werden kann. Wenngleich sich diese Deutung der pädagogischen Beziehung in der pädagogischen Theoriebildung lange Zeit als dominant erwies, wurde die Fassung eines Verantwortungsgefühls, welches darauf gerichtet ist, das „ewig Verborgene" im Kind als Anderen ‚einfühlend' zu überwinden, bereits von Eberhard Grisebach (1924: 320) problematisiert. Dass es weiterhin einer grundlegenden Befragung und Kritik reformpädagogischer Semantiken bedarf, die einen unbegrenzten und entgrenzten Zugriff auf Kinder ‚zu deren Wohl' legitimieren, hat in drastischer Weise die in den späten 1990er Jahren öffentlich gewordene, systematische sexualisierte Gewalt an Kindern an der reformpädagogischen Odenwaldschule gezeigt (vgl. u. a. Thole et al. 2012; Helsper/Reh 2012; Andresen/Demant 2017).

Setzung einer zukünftigen Ordnung: Wie bereits ausgeführt, besteht ein zentrales Problem pädagogischer Stellvertretung darin, weder wissen zu können, wie die soziale, gesellschaftliche Ordnung in Zukunft aussehen wird, noch antizipieren zu können, welche Fähigkeiten, Eigenschaften oder Überzeugungen ein Kind als zukünftiger Teil dieser Ordnung innehaben sollte, um umfassend an dieser Gesellschaft partizipieren zu können. Auf den ersten Blick scheint es so, als würden zeitgenössische Fassungen von ‚Verantwortung' – wie der von Prange (2010) oder Brumlik (2017) – dieser Unbegründbarkeit sozialer Ordnung dadurch begegnen, dass es sich bei ‚Verantwortung' um ein säkularisiert-formales Ziel handelt, welches lediglich ein ‚Commitment' und Involviertsein innerhalb von (Zivil-)Gesellschaften einfordert, ohne dieses inhaltlich festzulegen (vgl. Kapitel 3.3.2 [Kuhlmann 2020]). Vor diesem Hintergrund argumentiert auch Heidbrink (2006), wie eingangs dargestellt, dass Verantwortung das zentrale ‚soziale Band' in pluralistischen Gesellschaften darstelle.

Aus einer machttheoretischen Perspektive überzeugt diese Deutung aber kaum, da auch die Forderung, ‚eigenverantwortliche*r Bürger*in' zu sein oder zu werden, eine mit machtvollen Ein- und Ausschlussmechanismen verbundene Adressierungsformel darstellt, die keineswegs als ‚formale Bestimmung', sondern als eine historisch spezifische, überaus erfolgreiche Subjektform zu verstehen ist. Wie insbesondere Popkewitz (2005, 2008) argumentiert, ist die Vorstellung eines „individual as an agent of change" sowie „the idea of the individual that has responsibility for person and collective progress" eine ‚Erfindung' (reform-)pädagogischer und sozialwissenschaftlicher Diskurse des beginnenden 20. Jahrhunderts, die mit umfassenden Bestrebungen der Bevölkerungsvermessung und -regulierung verbunden waren. Vor dieser Folie, die in meinen historisierenden Studien weiter ausgeführt wird, wird auch das Erziehungsziel eines ‚Verantwortungsbewusstseins gegenüber der Gesellschaft' – wie auch Stephan Lessenich (2003) in seiner Figur der ‚neosozialen Aktivierung' deutlich macht – zu einer autorisierenden Figur, die konstitutive Spannungen im

Stellvertretungsverhältnis, wie der Unbegründbarkeit sozialer Ordnung, grundlegend abblendet (vgl. die Kapitel 3.3.1 [Kuhlmann 2021a] und 3.3.2 [Kuhlmann 2020]).[121]

Auch wenn diese an dieser Stelle noch recht unverbundenen exemplarischen Autorisierungsfiguren im Sinne einer übergreifenden Rahmung notwendig überpointiert wurden, sollte einsichtig geworden sein, dass der Verantwortungsbegriff – wie bereits Meyer-Drawe (1992) konstatiert – keineswegs ‚unschuldig' ist, da er die Legitimierungsbedürftigkeit pädagogischen Handelns und Theoriebildens, die er als Begriff gerade *offenzuhalten verspricht*, unsichtbar und dadurch unhinterfragbar machen kann. Diese *entgrenzte* Fassung pädagogischer Autorität wird mit dem Verantwortungsbegriff also dahingehend legitimiert, dass sie einen *vollständigen Führungsanspruch*, einen *umfassenden (affektiven) Zugriff* sowie eine *starke Deutungsmacht bzgl. (gesellschaftlicher) Zukunft* für sich deklariert.[122] Vor diesem Hintergrund scheint die schon früh formulierte Forderung des Philosophen und Theologen Eberhard Grisebachs, dass die ‚Verantwortlichkeit' der Erziehenden gerade in der Begrenzung des erzieherischen Zugriffs bestehe, eine wichtige Ermahnung.[123] Grisebach schreibt:

> „Die Verantwortlichkeit besteht darin, daß ich das ewig Verborgene respektiere, über meine Grenzen nicht hinausgehe, das Du niemals übergehe, die Ansprüche des Ichs nicht voranstelle, das Du nicht absolut zu beherrschen versuche, Menschlichkeit im Widerspruch bewahre, daß ich der Wechselbeziehung als der Erziehung der Menschheit kein Hindernis bereite, sondern sie dadurch befördere, daß ich nicht mehr als Einzelner die Erziehung meistern zu können glaube." (Grisebach 1924: 320)

Wimmers (1988: 8) Feststellung, dass die Bestimmung von ‚pädagogischer Verantwortung' untrennbar „mit dem Begriff vom Anderen" verbunden ist, wird vor dem Hintergrund dieses Zitats sowie der in diesem Kapitel vorgenommenen subjektivierungs- und autorisierungstheoretischen Perspektivierung des

---

121 Dieses Aus- und Abblenden der Unbegründbarkeit sozialer Ordnung lässt sich noch deutlicher anhand von identitär-harmonistischen Gemeinschaftsbestimmungen reformpädagogischer Pädagogiken rekonstruieren, vgl. Magyar-Haas/Oelkers 2018; Grabau 2017.

122 Es ist eine leitende, an begriffsgeschichtliche Einsichten anschließende Annahme dieser Arbeit, dass sich die – in der Entstehung und Durchsetzung des pädagogischen Konzepts entstandenen – Autorisierungsfiguren bis heute als wirksame ‚Spuren der Autorisierung' im pädagogischen Verantwortungsbegriff finden lassen – wenn auch zum Teil deutlich anders justiert. Damit ist auch die These verbunden, dass keine klare Grenzziehung zwischen ‚guten, ethischen' und ‚problematischen, steuernden' Verwendungsweisen möglich ist, sondern eher von *geteilten Autorisierungsmustern* und damit von *gegenseitigen Bedingtheiten* auszugehen ist.

123 Für eine umfassende Darstellung und Analyse des Verantwortungsbegriffs bei Grisebach, wie auch einer Relationierung von Nohls Verantwortungsbegriff mit dem von Grisebach siehe Schmidt 2008: 199 ff.

Verantwortungsbegriffs besonders deutlich: In Fassungen einer ‚Ethik der Führung' und auch in Annahmen der linearen Steuerbarkeit des pädagogischen Geschehens wird sowohl die Unmöglichkeit, vollständig auf Heranwachsende in ihrer Andersheit zugreifen zu können, als auch die Unmöglichkeit, die zukünftige gesellschaftliche Ordnung kennen zu können, negiert. Wimmer (2006: 15) charakterisiert diesen Zugriff auf das ‚Legitimationsproblem der Pädagogik' mit den Worten: „Man weiß zwar, dass man es nicht kann und eigentlich auch nicht darf, man will es aber dennoch machen, und zwar weil es notwendig ist und auch gesellschaftlich gefordert wird". Im Folgenden sollen – gewissermaßen im Sinne Grisebachs – erste Überlegungen formuliert werden, wie ein anerkennungstheoretisches Nachdenken über und mit ‚pädagogischer Verantwortung' aussehen kann, das „Autorität und Verantwortung" nicht in eine „fraglose Verbindung" setzt (Kilchsperger 1985: 68).

c) *‚Pädagogische Verantwortung' als Umgang mit konstitutiver Konditionalität*

Ohne den Anspruch zu verfolgen, an dieser Stelle eine *anerkennungstheoretische Reformulierung* des Verantwortungskonzepts vorzulegen, soll ausgehend von den in dieser Rahmung dargestellten Analysen sowie vorgreifend auf die im publikationsbasierten Hauptteil geleisteten Untersuchungen in Anfängen versucht werden, ‚pädagogische Verantwortung' diesseits *autorisierender Schließung* und – so muss ergänzt werden – *radikaler Öffnung* zu denken. Die Figur der radikalen Öffnung verweist dabei auf die Lévinas'sche Ontologisierung des Angesprochenseins vom Anderen, die auch in erziehungswissenschaftlichen Fassungen von ‚pädagogischer Verantwortung' eine zentrale Rolle spielt (vgl. insbesondere Masschelein 1996; Wimmer 1996a; vgl. Kapitel 3.1 *Diskurse: Pädagogisch-ethische Perspektiven*). Wie u. a. mit Butler argumentiert wurde, ist die in der alteritätstheoretischen Verantwortungsbestimmung angelegte ungebrochene Offenheit gegenüber dem Anderen aus einer anerkennungstheoretischen Perspektive nur begrenzt überzeugend bzw. sogar problematisch, da sie den Blick für machtvolle Raster der Anerkennbarkeit, die diese affektiven Bezogenheiten regulieren, notwendig verstellt (vgl. auch Liebsch 2013: 328).

Der hier vorgenommene Problemzuschnitt, ‚pädagogische Verantwortung' in dem Spannungsfeld zwischen autorisierender Schließung und ontologisierender Öffnung anders zu denken, verweist auch auf die von Vogelmann (2014) vorgelegte Kritik des Verantwortungsbegriffs. Wie bereits ausgeführt wurde, argumentiert er, dass der Begriff als Adressierungsformel zwischen zwei Subjektvorstellungen – einem *machtausübenden Souverän* auf der einen und einem *radikal Unterworfenen* auf der anderen Seite – changiert und in dieser objektivierenden Bewegung den Machtcharakter normativ-ethischer Adressierungen unsichtbar macht. Auch in der pädagogischen Wendung des Begriffs, so wurde gezeigt, lassen sich diese zwei Extreme darin sehen, dass entweder vom souveränen, moralisch legitimierten und/oder technisch gekonnten Unterwerfen des Kindes durch die Erziehenden oder aber vom radikalen Unterworfensein des Erziehenden durch den Anspruch des Kindes ausgegangen wird. Im Folgenden wird vorgeschlagen, pädagogische Verantwortung im Anschluss an professionstheoretische Annahmen diesseits dieser beiden Alternativen *als Umgang mit der konstitutiven Konditionalität pädagogischen Handelns* zu verstehen.

Mit Wimmer (2006) wurde argumentiert, dass sich eine erziehungswissenschaftliche Beschäftigung mit der pädagogischen Legitimationsproblematik weder dadurch auszeichnen sollte, dass sie die paradoxale Struktur des Pädagogischen technologisierend oder moralisierend schließt, noch dadurch, dass sie sich des Problems schlicht entledigt, da es sich ‚nur' um ein Problem pädagogischer Praxis handle. Ein dritter Weg kann darin bestehen, in Anlehnung an den strukturtheoretischen Professionsansatz zum Lehrer*innenberuf, der maßgeblich von Werner Helsper und Kolleg*innen ausgearbeitet wurde (vgl. u. a. Helsper 1996, 2014; Bastian/Helsper 2000; Helsper/Hummrich 2008), die *antinomische Handlungsstruktur pädagogischen Tätigseins* zum zentralen Gegenstand systematischer, historischer und qualitativ-empirischer Untersuchungen zu machen. Anstatt also Spannungen auflösen oder umgehen zu wollen, werden im Rahmen dieses Ansatzes sowohl Widersprüche, die sich aus der Mandatierung und Institutionalisierung des Lehrer*innen-Berufs (historisch) ergeben, als auch konstitutive Antinomien der stellvertretenden Krisenlösung rekonstruiert, um diese einer Reflexion für Pädagog*innen zugänglich zu machen (vgl. Helsper 1996: 528; Oevermann 1996).[124] Im Rahmen von vorgenommenen „Verschiebungen" des strukturtheoretischen Ansatzes argumentiert Ricken (2015b: 145), dass in einer anerkennungstheoretischen Perspektivierung der „Kern der Strukturlogik des pädagogischen Handelns" in der „im paradoxen Anerkennungsgeschehen implizierte[n] Konditionalität" liege.[125] Dieser Gedanke lässt sich – so will ich argumentieren – unter Rückgriff auf die vorgenommenen subjektivierungs- und autorisierungstheoretischen Überlegungen mit dem Verantwortungsbegriff

124 Für die Unterscheidung zwischen den Begriffen ‚konstitutive Antinomien', ‚Widersprüchen', ‚Dilemmata' und ‚Paradoxien' siehe Helsper 2002.

125 Helsper (2015: 469 ff.) argumentiert in einer Antwort an Ricken, dass auch im strukturtheoretischen Ansatz jene Anerkennungsproblematik bereits angelegt sei bzw. z. T. auch bereits bearbeitet wurde. Es geht mir an dieser Stelle nicht darum, zu diskutieren, ob beide Ansätze ‚tatsächlich' auf dieselbe Problemstellung bzw. dieselbe ‚Anerkennung' zielen (vgl. dafür auch Balzer 2014b: 19 f.); vielmehr möchte ich dafür plädieren, das bereits begonnene Gespräch zwischen anerkennungs- und strukturtheoretischen Ansätzen weiterzuführen (vgl. Idel 2022), um jeweilige Leerstellen in den Blick zu nehmen und theoretische sowie empirische Ergebnisse aufeinander beziehbar zu machen; vgl. auch Ricken 2017 und in Bezug auf die kulturtheoretisch ausgerichtete Erforschung von Schule Idel/Stelmaszyk 2015.

ausbuchstabieren. Ich werde dazu im Weiteren erste Überlegungen formulieren (vgl. weiterführend Kapitel 3.1.3 [Kuhlmann/Ricken 2017]).

Wenn pädagogische Interaktion grundlegend als Subjektivierungsgeschehen gedeutet wird, so zeigt sich das Problem der Konditionalität zunächst in zwei komplementären Figuren: Neben der – nicht weiter überraschenden – Annahme, dass Erziehende eine konstitutive Bedingung für die Subjektivierung von Heranwachsenden und damit der Hervorbringung eines bestimmten Selbstverhältnisses darstellen, rückt anerkennungstheoretisch auch die Angewiesenheit der Erziehenden auf die Heranwachsenden in den Blick. Während diese zweite Dimension aus einer klassisch pädagogisch-ethischen Perspektive kaum eine Berücksichtigung findet (und auch nicht finden kann), macht eine autorisierungstheoretische Rejustierung deutlich, dass pädagogische Autorität grundsätzlich auf Anerkennung *an*gewiesen und dadurch konstitutiv auf ihre Adressat*innen *ver*wiesen ist. Daraus ergibt sich die Problemstellung, dass Erziehende für Heranwachsende verantwortlich sind, *weil* sie eine konstitutive Bedingung für diese sind, *ohne* dabei dieses Bedingungsgefüge je vollständig verstehen, geschweige denn linear steuern zu können. Darüber hinaus bleibt unverfügbar, wie Pädagog*innen selbst im Anerkennungsgeschehen als je bestimmte hervorgebracht werden. Diese in der Verantwortungsrelation notwendig implizite Gleichzeitigkeit von *Nicht-Herstellbarkeit* und *Anerkennungsbedürftigkeit* vonseiten der pädagogisch Handelnden könnte dabei strukturell für Entgrenzungen anfällig machen: Zurückweisung von eigenen Selbstdeutungen – als ‚guter Vater', ‚vertraute Freundin' oder ‚strenge*r Lehrer*in'[126] – sowie von Deutungs- und Führungsansprüchen durch die pädagogischen Adressat*innen kann bei Pädagog*innen Verletzungs- und Beschämungserfahrungen hervorbringen, die dazu veranlassen, jene Ansprüche zur Not auch gegen die Adressat*innen durchzusetzen (vgl. auch Helsper/Reh 2012: 275).[127]

Diese Anfälligkeit für Entgrenzungen sowie die im letzten Teilkapitel rekonstruierten autorisierenden Schließungsbewegungen machen das besondere Gefährdetsein von Kindern und Jugendlichen in der Verantwortungsbeziehung

---

126 Wie prekär die Erfahrung einer Zurückweisung der eigenen Selbstdeutung ist, wird in dem von Julia Sotzek und mir analysierten Fall einer klassenöffentlichen Rückmeldung an den Lehrer in einer achten Gymnasialklasse deutlich. Auch wenn, wie wir argumentieren, sowohl Lernkultur als auch habituelle Orientierungen für die Lehrperson die Situation weiterhin bearbeitbar macht, wird die Anerkennungsbedürftigkeit der pädagogischen Autorität auf verschiedenen Ebenen offenkundig, vgl. Kapitel 3.2.2 [Kuhlmann/Sotzek 2019].

127 Die strukturelle Anfälligkeit des Lehrer*innen-Handelns für Entgrenzungen hat insbesondere Andreas Wernet sowohl theoretisch als auch qualitativ-rekonstruktiv herausgearbeitet, vgl. Wernet 2018. Wenngleich diskutiert werden muss, inwiefern eine anerkennungstheoretische Perspektivierung anschlussfähig an Wernets strukturtheoretische Arbeiten ist.

deutlich.[128] Im Sinne der normativen (Zurück-)Wendung von Anerkennung könnte vorsichtig formuliert werden, dass pädagogische Verantwortung von Erziehenden verlangt, sowohl die eigene Angewiesenheit auf andere in einem rekursiven Verhältnis zu sich wahr- und ernst zu nehmen als auch in *responsiven Adressierungs- und Wahrnehmungsformen* „die Selbstverhältnishaftigkeit" des Kindes anzuerkennen (Ricken et al. 2017: 216). Diese Anerkennung meint dabei nicht, sich möglichst ‚rauszuhalten', weil jede Form der Adressierung eine ‚labelnde' Zuschreibung ist bzw. sein kann, sondern auch den formierenden und transformierenden Charakter im Subjektivierungsgeschehen anzunehmen und sich für die Auseinandersetzung sichtbar zu machen.[129] Diese Bestimmung verlangt zudem, die Spannungen innerhalb der Stellvertretungsbeziehung auch dahingehend offenzulassen, dass hinsichtlich zukünftiger gesellschaftlicher Ordnung nicht vorweggenommen werden kann und darf, was erst intergenerational verhandelt werden muss: „Responsivität [...] bedeutet immer auch sich selbst und den Andern in die Frage ‚Wie wollen wir leben?' mithineinzunehmen" (Kuhlmann/Ricken 2017: 149 [Kapitel 3.1.3]).[130]

Gleichzeitig möchte ich in dieser Formulierung nicht suggerieren, dass soziale Ordnung(-sbildung) je vollständig aushandelbar oder auch nur in Ansätzen zu durchschauen wäre. Zu der dargestellten Fassung des Konditionalitätsproblems tritt vor der Folie der dargestellten subjektivierungs- und autorisierungstheoretischen Analysen hinzu, dass pädagogisches Handeln – wie jedes menschliche Tun – grundsätzlich als historisch und (mikro-)kulturell bedingtes zu verstehen ist. Wie im Anschluss an anerkennungstheoretische (Schul-)Forschung argumentiert wurde, werden in historisch gewachsenen pädagogischen Praktiken, sowie institutionalisierten Praktikenkonstellationen wie der Schule je bestimmte Subjektivierungslogiken figuriert und performiert (vgl. Kapitel 3.2.1. [Moldenhauer/Kuhlmann 2021]). Welches pädagogische Handeln als verantwortungsvolles *anerkannt* wird und für wen oder was sich jemand *verantwortlich fühlt*, ist vor diesem Hintergrund schlicht nicht theoretisch oder programmatisch bestimmbar, sondern immer auch davon bedingt, welche generationalen, schul-,

128 Dieses Gefährdetsein kann dabei sowohl grundlagentheoretisch im Sinne einer anthropologischen Vulnerabilität sowie in einer soziologischen Wendung im Sinne der Analyse von konkreten Bedingungen und Formen kindlicher Gefährdung gedeutet werden. Butler (2010b: 11) unterscheidet daher die Begriffe ‚Vulnerabilität' und ‚Prekarität', vgl. zu dieser Unterscheidung auch Bünger/Trautmann 2012.

129 Vor diesem Hintergrund plädiert Ole Hilbrich dafür, das Konzept des ‚Streits' als zentrale erziehungswissenschaftliche Kategorie auszuformulieren, vgl. Hilbrich/Ricken 2019.

130 Ich habe an dieser Stelle nur einige Überlegungen zur anerkennungstheoretischen Reformulierung von ‚pädagogischer Verantwortung' dargestellt; für weiterführende Justierungen siehe Kapitel 3.1 *Diskurse: Pädagogisch-ethische Perspektiven.*

lern- und auch berufskulturellen Anerkennungsordnungsordnungen gelten bzw. in actu je spezifisch reaktualisiert werden.[131]

Vor diesem Hintergrund sind Studien, die sich auch Reflexionsformen der Lehrer*innenbildung sowie schulinternen Schulentwicklungsprozessen aus einer anerkennungstheoretischen Perspektive zuwenden, zentral, um das Verhältnis zwischen pädagogisch-programmatischen Transformationsversprechen – wie sie auch in der pädagogischen Ethik formuliert werden – und situierten Subjektivierungslogiken weiter auszuschärfen (vgl. Idel/Schütz 2017; Idel/Pauling 2018). In der Figurierung dieses Verhältnisses sind pädagogische und erziehungswissenschaftliche Grundbegriffe – wie argumentiert wurde und im publikationsbasierten Hauptteil ausgeführt wird – kein wirkungsloses Beiwerk. Stattdessen sind sie maßgeblich an der (historischen) Hervorbringung bestimmter Subjektformen und Subjektivierungslogiken beteiligt. Begriffe wie ‚pädagogische Verantwortung' werden innerhalb von Adressierungspraktiken wirksam und rufen je bestimmte Erfahrungen, pädagogische Problemstellungen sowie denkbare Lösungen auf (vgl. Thompson 2015: 654). Bevor die Analyse dieser im Begriff impliziten Logiken im Kapitel 3 *Anerkennungstheoretische Perspektiven auf Verantwortung* weiter- bzw. vielmehr ausgeführt wird, gilt es zunächst, ein weiteres Zwischenfazit zu ziehen.

2.2.3 Zwischenfazit II: Zwischen relationaler Öffnung und autorisierender Schließung

Das Teilkapitel 2.2 *Pädagogische Verantwortung: Anerkennungstheoretische Justierungen* verfolgte das Ziel, sowohl in (erziehungswissenschaftliches) anerkennungstheoretisches Denken und Forschen *einzuführen* als auch eine *vorgreifende Systematisierungsarbeit* hinsichtlich der im publikationsbasierten Hauptteil vorgenommenen Perspektivierung des Verantwortungskonzepts zu leisten. Die auf Zeitlichkeit bezogene Metapher Rickens (2006b: 226) aufgreifend wurde argumentiert, dass ein anerkennungstheoretischer Zugang sowohl einen *kritischen Blick zurück*, eine *analytische Perspektive auf die Performanz der Gegenwart* als auch eine *„konstruktiv[e]" Bewegung nach vorne* ermöglicht. Mit jeder dieser Blickrichtungen sind dabei jeweils andere analytische und methodische Zugriffe verbunden. Wie ausgeführt, zeichnet sich der anerkennungstheoretische Rahmen gerade dadurch aus, dass *systematisch-kategoriale, historisierende* und *qualitativ-empirische* Studien im Sinne einer gegenstandsverankerten Theorieentwicklung

131 Zum Begriff der ‚Schulkultur' siehe Helsper 2008; Idel/Stelmaszyk 2015; Idel 2022; zum bisweilen noch unterbestimmten Begriff der ‚Berufskultur' vgl. Terhart 1996; Kramer et al. 2018 und jüngst in Bezug zur Corona-Pandemie Dietrich et al. 2022.

aufeinander bezogen werden können.[132] Wie ich darüber hinaus gemeinsam mit Anna Moldenhauer (Kapitel 3.2.1 [Moldenhauer/Kuhlmann 2021]) argumentiere, werden auf diese Weise verschiedene Möglichkeiten eröffnet, der aus schul- und professionstheoretischer Perspektive zentralen Fragestellung nachzugehen, wie *Transformationen in Schul- und Berufskulturen* zu denken und zu erforschen seien. Im Folgenden werden die drei genannten Blickrichtungen – *zurück, in die Gegenwart und nach vorn* – am Beispiel des Verantwortungskonzepts in einem *bilanzierenden* und *zum Hauptteil überleitenden* Modus umrissen. Abgeschlossen wird der theoretische und methodologische Rahmen mit einer Bündelung und eröffnenden Fragen.

Ein kritischer Blick zurück:[133] Die historische, an begriffsgeschichtliche Annahmen angelehnte Analyse von ‚pädagogischer Verantwortung' ermöglicht es, im Begriff *eingelagerte Muster* zu rekonstruieren, die im Zuge der Entstehung und Entwicklung des Begriffs aufgeschichtet wurden. In einem anerkennungstheoretischen Zugriff werden dabei insbesondere *Subjektivierungsformen, Autorisierungslogiken* sowie damit einhergehende *Normen* bzw. *Rahmen der Anerkennbarkeit* rekonstruierbar. Dieser historisierende Zugriff verfolgt das Ziel, im Sinne einer ‚Geschichte der Gegenwart' zu verstehen, in welcher Weise ‚Verantwortung' auch heute als Adressierungsformel subjektivierend und autorisierend wirksam wird.[134] Auf diese Weise können nicht nur *Verschiebungen* im Generationenverhältnis oder in der Relation von familialer und öffentlicher Verantwortlichkeit nachgezeichnet werden, sondern auch historisch gewachsene *Resonanzräume* und *Kontinuitäten* sichtbar werden, die zum Teil überraschende Allianzen offenlegen.[135] Dabei changiert der Begriff als ‚Reformvokabel' zwischen *autorisierender Selbstermächtigung*, die (mehr) Autonomie und Deutungsmacht für Lehrer*innen,

---

132 Den Begriff der ‚gegenstandsverankerten Theorie' verwende ich in Anlehnung an die Grounded Theory Methodologie (GTM), vgl. Hülst 2013. Im Kontext gegenwärtiger Debatten um Methoden der erziehungswissenschaftlichen Theoriebildung werden die Einsichten der GTM – so zumindest mein Eindruck – bisher wenig beleuchtet, vgl. u. a. Ruitenberg 2010; Thompson 2015; Bellmann/Ricken 2020. Es wäre aus meiner Perspektive insbesondere für eine anerkennungstheoretisch ausgerichtete Theoriebildung reizvoll, den Begriff des ‚sensibilisierenden Konzepts' weiter auszuarbeiten.

133 Auch wenn dieser Schritt in der von mir geleisteten Auseinandersetzung erst am Ende stand, setze ich ihn im Sinne einer Systematik an den Anfang. Die historisierende Analyse selbst wird in den Kapiteln 3.3.1 [Kuhlmann 2021a] und 3.3.2 [Kuhlmann 2020] geleistet.

134 Für eine differenzierte Diskussion des Foucaultschen Konzepts ‚Geschichte der Gegenwart' siehe Garland 2014.

135 Ich greife in dieser Anspielung die Allianz zwischen tendenziell technokratisch ausgerichteten Schulreformen und reformpädagogischer Emphase auf, die im publikationsbasierten Hauptteil aus verschiedenen Perspektiven beleuchtet wird, vgl. auch Bellmann/Waldow 2007.

Schulen oder die akademische Disziplin einklagt und *aktivierender Schuldzuschreibung*, die genau diese Autonomie zum Anlass nimmt, bildungsbezogenes Scheitern – wie das mittelmäßige Abschneiden in internationalen Vergleichsstudien – pädagogischen Professionen zuzuschreiben (vgl. Kapitel 3.3.1 [Kuhlmann 2021a]). In einem historisierenden Zugriff wird deutlich, dass diese beiden Modi untrennbar miteinander verbunden sind und in dieser Verbindung vermutlich das ‚Erfolgsrezept' des Begriffs darstellen.

Eine Analyse der Performanz der Gegenwart: Neben dieser historisierenden Perspektive auf das gegenwärtige Operieren mit dem Verantwortungsbegriff kann das Konzept, wie argumentiert wurde, auch dahingehend gewendet werden, dass situierte Praktiken adressierungsanalytisch als Hervorbringung von Zuständigkeiten und moralischen Verantwortlichkeiten lesbar werden. In diesem praktikentheoretischen Zugriff können zum einen *situierte Subjektivierungsprozesse* als ambivalentes Anerkennungsgeschehen als auch *Subjektivierungslogiken* pädagogischer Praktiken im Sinne von generativen Mustern analysiert und rekonstruiert werden. Dieses ‚Doing Verantwortung' ist aus erziehungswissenschaftlicher Perspektive insbesondere dann interessant, wenn sich das Verhältnis zwischen familialer und öffentlicher Zuständigkeit oder auch zwischen verschiedenen pädagogischen Berufsgruppen bspw. aufgrund von bildungspolitischen Reformen verschiebt: Im mikro-analytischen Zugriff auf (Re-)Adressierungsgeschehen in Unterricht, Lehrer*innen-Teamtreffen oder Elterngesprächen können in dieser Fokussierung schul-, lern- und berufskulturelle Spezifiken sowie typische Spannungen zwischen konkurrierenden Anerkennungsordnungen rekonstruiert werden (vgl. Mai/Thon 2018; Idel/Pauling 2018; Dietrich/Kuhlmann 2022; vgl. Kapitel 3.3.3 [Kuhlmann/Moldenhauer 2021]).

Daran anschließend stellt sich die methodologische Frage, wie sich Verantwortungsverschiebungen in programmatischen und/oder bildungspolitischen Diskursen mit jenen situierten Zuschreibungs- und Aushandlungsprozessen relationieren lassen. Dieses Problem, welches sich in erziehungswissenschaftlicher Forschung oftmals normativ gewendet als Spannung zwischen ‚Sein' und ‚Sollen' stellt, kann subjektivierungstheoretisch im Anschluss an Andrea Bührmann (2012) als Verhältnis zwischen programmatisch hervorgebrachter ‚Subjektivierungsform' und empirisch vollzogener ‚Subjektivierungsweise' verstanden werden. Wie ich gemeinsam mit Julia Sotzek argumentiere (2019, Kapitel 3.2.2), werden pädagogische Subjektivierungs*formen* sowohl durch lernkulturelle sowie habituelle Beharrungskräfte in je bestimmter Weise gebrochen und erfüllen in dieser Brechung die interaktive Funktion, die strukturell fragile pädagogische Autorität aufrechtzuerhalten. Diese situative *Anerkennungsbedürftigkeit* kann in einer kategorial-systematischen Wendung auch für eine Reformulierung des Verantwortungskonzepts einen Einsatzpunkt darstellen.

Ein konstruktiver Blick nach vorn: Erziehungswissenschaftliche Anerkennungsforschung zeichnet sich maßgeblich dadurch aus, dass sie die konstitutive Bedeutsamkeit Anderer in der Subjektgenese herausstellt. Im Anschluss an sozialphilosophische Arbeiten wird vor diesem Hintergrund der im Rahmen der Pädagogik tradierte individualtheoretische Problemzuschnitt grundlegend in Frage gestellt. In einer ähnlichen Stoßrichtung dient der Verantwortungsbegriff seit den späten 1980ern als zentraler Einsatzpunkt, um Vorstellungen eines souveränen Subjekts, das erst nachträglich mit anderen in eine Beziehung tritt, zu problematisieren. Ich habe in dieser Hinführung argumentiert – und werde dies im Folgenden ausführen –, dass die alteritätstheoretische Reformulierung des Verantwortungsbegriffs die Machtverwobenheit des Pädagogischen nicht ausreichend in den Blick bekommen kann bzw. selbst problematische Ansprüche stellt.[136] Auch wenn die vorliegende Arbeit nicht vorrangig das Ziel verfolgt, eine anerkennungstheoretische Neufassung von ‚pädagogischer Verantwortung' vorzulegen, so wurden und werden an verschiedenen Stellen Einsätze markiert, wie dieses Denken zwischen radikaler Unterworfenheit und autonomer Souveränität aussehen könnte. Dafür ist insbesondere bedeutsam, wie ich in Abgrenzung zu alteritätstheoretischen Fassungen argumentiere, dass die Spezifik des pädagogischen Verantwortungsbegriffs in seiner historischen Genese und performativen Machtverwobenheit herausgestellt wird. Im Anschluss an Meyer-Drawe (1996: 663) muss es darum gehen, „die affirmierende Kraft scheinbar unschuldiger Humanitätsideale für pädagogische Theorie und Praxis zu zersetzen, um Transformationen der Macht kenntlich zu machen und dadurch der Kritik zu öffnen".

2.3 Pädagogische Verantwortung: Ethischer Grundbegriff *und* Steuerungsvokabel?

Es ist diese spannungsvolle Bewegung der grundlegendenden Infragestellung ‚unschuldiger Ideale' mit dem Ziel, ein Anders-Denken zu ermöglichen, die auch die vorliegende Arbeit in ihrer Auseinandersetzung mit ‚pädagogischer Verantwortung' prägt. Bevor diese Beschäftigung im publikationsbasierten Hauptteil weitergeführt wird, sollen an dieser Stelle die einleitend formulierten Fragen vor der Folie der geleisteten theoretischen und methodologischen Rahmung nochmals

---

136 Diese Kritik wird vor allem in Kapitel 3.1.3 [Kuhlmann/Ricken 2017] geleistet. Darüber hinaus scheint mir insbesondere problematisch, dass weiterhin an der *dyadischen Situation* zwischen Erwachsenem und Kind – ganz wie im geisteswissenschaftlichen ‚Original' – festgehalten wird. Zum einen wird dadurch der Blick für gesellschaftliche Kontextuiertheit und berufliche Realitäten verstellt und zum anderen wird eine (affektive) Entgrenzung angebahnt, die es in der professionellen Verantwortungsbeziehung gerade zu begrenzen gilt, vgl. dafür auch die ‚Verteidigung der Schule' von Jan Masschelein und Maarten Simons (2014), in der die Begriffe ‚love' und ‚passion' einen zentralen Stellenwert einnehmen.

aufgegriffen werden. Dadurch werden Blickschneisen möglich, die sowohl die rahmende Einführung und Horizontsetzung *rückblickend* als auch die folgenden Publikationen *vorgreifend* strukturieren. Es wurden folgende drei Fragen aufgeworfen:

1. *Wie wird der Begriff ‚Verantwortung' innerhalb von pädagogisch-ethischen Diskursen bestimmt?*
2. *In welcher Weise bringt das Konzept der ‚pädagogischen Verantwortung' je bestimmte (pädagogische) Anerkennungsordnungen hervor?*
3. *Welche Probleme und Chancen ergeben sich aus dieser Perspektivverschiebung für ein pädagogisch-ethisches Nachdenken über Verantwortung?*

Zur Bearbeitung der *ersten Frage* wurde zunächst der allgemeine Verantwortungsbegriff in seiner historischen Genese, sozialen Zuschreibungsfunktion sowie hinsichtlich seiner Bedeutung für verschiedene Ansätze normativer Ethik beleuchtet. Dabei wurde deutlich, dass der Begriff eng verbunden ist mit der Entstehung einer heute hegemonialen menschlichen Selbstdeutung als sich selbst und den eigenen Handlungen zugrundeliegendes Subjekt, welches sich in einem moralischen Sinne selbst führen soll. Diese moralische Selbstführung – ‚Was soll ich tun?'[137] – ist der Ausgangspunkt vieler ethischer Theorien.[138] So auch in Ansätzen pädagogischer Ethik: Nahtlos anschließend an klassische Vorstellungen von Erziehung als intentionaler Einwirkung auf Heranwachsende wird beim handlungsmächtigen Erwachsenen angesetzt, der sich und die ihm anvertrauten Kinder in einer bestimmten Weise führen soll und dieses (stellvertretende) Handeln prospektiv und retrospektiv verantworten muss. Dadurch, dass es sich beim *Objekt* der pädagogischen Verantwortung aber um einen anderen Menschen handelt, der in seinem Denken und Tun immer nur begrenzt zu verstehen und zu lenken ist, ergeben sich aus dieser individualtheoretischen Fassung von ‚Verantwortung' unhintergehbare Problemstellungen, die – so wurde u. a. im Anschluss an Wimmer argumentiert – konstitutiv für pädagogisches Nachdenken sind. Ein Ziel am Heranwachsenden hervorbringen zu wollen – insbesondere, wenn es sich dabei um dessen eigene Verantwortlichkeit handelt – kann letztlich nicht gekonnt werden. Wird dennoch versucht,

---

137 Sara Rushing (2015: 66 f.) argumentiert mit Bezug auf Butler, dass der traditionelle „mode of ethicality" in der Frage „Who are you, and thus how must I treat you?" besteht. In diesem Problemzuschnitt wird angenommen, dass ausgebildete und als bestimmte erkennbare Subjekte aufeinandertreffen und in ihrem machtvollen Einwirken aufeinander reguliert werden müssen.

138 Das derzeitige ‚Revival' tugendethischer und diskursethischer Ansätze kann auch als ein Versuch gelesen werden, diesen individualtheoretischen Zuschnitt, der den Ausgang beim Einzelnen nimmt und nicht bspw. bei guten Lebensformen oder kommunikativen Verfahren, zu kritisieren und zu rejustieren, vgl. u. a. Buddeberg 2011; Athanassoulis 2010. Für einen anders ausgerichteten Versuch, Ethik diesseits des Individuums zu fassen vgl. Butlers (2018b) „Ethik der Kohabitation".

eine pädagogisch-ethische Verantwortungsfassung vorzulegen, die Erziehenden leitende Prinzipien an die Hand gibt, treten Ansätze normativer Ethik, wie die Tugend-, Wert- oder Diskursethik, in einer eigentümlichen Brechung in Erscheinung (vgl. Kapitel 3.1.1 [Kuhlmann/Ricken 2019]). Um den eigenen Deutungsanspruch autorisieren zu können, müssen konstitutive Spannungen des Pädagogischen – wie die Unbegründbarkeit sozialer Ordnung, die Unvertretbarkeit des Kindes oder die Unmöglichkeit der pädagogischen Führung – geschlossen werden, d.h. in eine Richtung aufgelöst bzw. zu einer Seite hin entschieden werden.

Es sind diese historisch gewordenen und je spezifisch reaktualisierten Schließungsbewegungen, die in der zweiten Frage – *In welcher Weise bringt das Konzept der ‚pädagogischen Verantwortung' je bestimmte (pädagogische) Anerkennungsordnungen hervor?* – in den Blick genommen werden. In der Rekonstruktion von im Begriff eingelagerten Subjektivierungsformen und Autorisierungsfiguren wird deutlich, wie die paradoxale Grundstruktur des Pädagogischen historisch-(mikro-)kulturell bearbeitet wird und welche Spannungen sich wiederum aus diesen Bearbeitungsformen ergeben. Im anerkennungstheoretischen Zugang zeigt sich, dass normative Ethik und responsibilisierende Steuerung *untrennbar* miteinander verwoben sind. Auch wenn es verlockend wäre, sich auf einen analytisch-deskriptiven und zum Teil auch entlarvenden Gestus zurückzuziehen, argumentiert Wimmer (2006), dass es die Aufgabe – und damit in bestimmter Hinsicht auch die *Verantwortung* – der erziehungswissenschaftlichen Theoriebildung sei, diese Position der Distanz zugunsten einer anders gelagerten ‚Lösungssuche' zu verlassen. Dadurch, dass *jede* Bearbeitung der konstitutiven Problemstellungen „eine Wirksamkeit eignet", stellt sich für Wimmer (2006: 15) „weniger die Frage, welche Antwort die wahre oder *richtige* ist, sondern wie man dem Problem *gerecht* werden kann". Anerkennungstheoretisch reformuliert heißt das, dass auch systematisch-begriffliche Studien bzw. erziehungswissenschaftliche Theoretiker*innen (zukünftige) pädagogisch Handelnde in *je bestimmter Weise adressieren* und sich dadurch notwendig in Autorisierungs- und Subjektivierungsgeschehen verstricken (vgl. auch Jergus/Thompson 2012: 222). Es stellt sich also die Frage, wie mit dieser Verwicklung umgegangen werden kann; oder mit Wimmer, wie man sowohl den adressierten Pädagog*innen als auch, vermittelt über sie, den pädagogischen Adressat*innen *gerecht werden kann*. Damit ist die dritte einleitend formulierte Frage aufgerufen: *Welche Probleme und Chancen ergeben sich aus der anerkennungstheoretischen Perspektivverschiebung für ein pädagogisch-ethisches Nachdenken über Verantwortung?*

Im letzten Teilkapitel wurden erste Überlegungen vorgestellt, wie ein pädagogischer Verantwortungsbegriff reformuliert werden kann, der den Blick für die grundlegenden pädagogischen Problemstellungen nicht verstellt, sondern offenhält oder sogar eröffnet. Es sind diese – im publikationsbasierten Hauptteil intensivierten – Versuche, die mit Wimmer als anders gelagerte ‚Lösungssuche' verstanden werden können. Sie zeichnen sich dadurch aus, dass sie den

Verantwortungsbegriff weder für moralisierende oder technologische Führungsversprechen nutzen, noch ihn als systematisch unbrauchbar zurückweisen. Stattdessen gilt es, die „nicht dispensierbare pädagogische Verantwortung“ (Idel 2016: 34) der pädagogisch Handelnden anzuerkennen und davon ausgehend alternative Formen der Selbst- und Anderen-Deutung „diesseits von Aktivierung und Paternalismus“ anzubieten (vgl. Kuhlmann/Ricken 2017 [Kapitel 3.1.3]). Die ‚Fraglichkeit‘ von Begriffen – so Butlers zentrales sprachphilosophisches Argument (2006: 253) – dürfe nicht dazu führen, dass sie schlicht aus dem eigenen Vokabular gestrichen würden. Sie plädiert vielmehr dafür, die ‚Veränderlichkeit‘ von Begriffen als politischen Einsatzpunkt für subversive Verschiebungen zu nutzen. Um diese Einsatzpunkte der Transformation *aber kennen zu können* – so möchte ich argumentieren –, müssen im Begriff kondensierte Autorisierungs- und Subjektivierungslogiken analysiert und sichtbar gemacht werden. Wie es Susanna Trnka und Catherine Trundle (2017b: 23) in ihrem Sammelband *Competing Responsibilities* formuliert haben, geht es um die Herausforderung, Deutungsalternativen von ‚Verantwortung‘ anzubieten, in denen die Probleme konkurrierender Fassungen offengelegt und anders bearbeitbar gemacht werden: „This challenge requires us both to undertake a sharper critique of moral claims of responsibility and, conversely, but equally important, to uncover the diverse ways that conceptualizations of responsibility enable us to reimagine social and political life.“ Diesem Vorhaben widmet sich das folgende publikationsbasierte Kapitel 3 *Anerkennungstheoretische Perspektiven auf Verantwortung.*

3 Anerkennungstheoretische Perspektiven auf Verantwortung

Anhand der geleisteten theoretischen und methodologischen Rahmung können die folgenden Publikationen und die in ihnen aufgerufenen oder aufgrund des Formats nur angespielten Verweise auf Begriffs- und Theorietraditionen in einem größeren Horizont verortet werden und dadurch in ihrer Systematik und Stoßrichtung verständlich werden. Dabei schließt die Gliederung dieses Kapitels an den Argumentationsaufbau der Rahmung an: Nach kategorialen Sondierungen des pädagogischen Verantwortungsbegriffs und damit der *systematisierenden Analyse* von pädagogisch-ethischen *Diskursen* (3.1) wird eine *anerkennungstheoretische Verschiebung* durch die Entwicklung von *Zugängen* vorbereitet (3.2); schließlich wird der anerkennungstheoretische Zugriff auf pädagogische Verantwortung in *historischen und qualitativ-empirischen Erprobungen* fruchtbar gemacht (3.3). Um einen einführenden Überblick zu ermöglichen, wird jedes Teilkapitel mit einer kurzen Hinführung und einer Skizze der im Kapitel gebündelten Artikel begonnen.

3.1 *Diskurse*: Pädagogisch-ethische Perspektiven

In den folgenden drei Publikationen wird das Ziel verfolgt, pädagogisch-ethische Diskurse hinsichtlich der (legitimatorischen) Bedeutung und Funktion des Verantwortungsbegriffs zu befragen und davon ausgehend zu *systematisieren.* Im Blickpunkt der Analysen stehen dabei zum einen verschiedene Fassungen des Problems, als Pädagog*in dafür verantwortlich zu sein, die Eigenverantwortung von Heranwachsenden zu ermöglichen, und zum anderen die Frage, ob und wie ‚gute' und ‚problematische' Verantwortungszuschreibungen voneinander zu unterscheiden sind. Im Rahmen dieser Untersuchungen wird deutlich, dass Bestimmungen pädagogischer Verantwortung auf jeweils spezifische historische Problemstellungen *antworten* bzw. diese in bestimmter Weise *bearbeiten* und dadurch je *neue Problemzuschnitte* intergenerationaler Verhältnisbestimmung hervorbringen. Wie bereits markiert wurde, steht in diesem Teilkapitel die erste eingangs formulierte Frage – *Wie wird der Begriff ‚Verantwortung' innerhalb von pädagogisch-ethischen Diskursen bestimmt?* – im Vordergrund. Dabei nimmt jeder der drei folgenden Artikel in der Bearbeitung dieser – rückblickend angelegten – Frage eine jeweils etwas anders gelagerte Perspektivierung vor. Die Reihung der Artikel, welche keiner chronologischen, sondern einer systematischen Logik folgt, wurde ausgehend von diesen Perspektivierungen vorgenommen.

Im ersten, gemeinsam mit Norbert Ricken veröffentlichten Artikel *Verantwortung und Kindheit* werden drei Typen pädagogisch-ethischer Verantwortungskonzeption verdichtet: (a) die tugendethische, „einordnende" Verantwortung der Geisteswissenschaftlichen Pädagogik, (b) die diskursethische, „aushandelnde" Verantwortung der Kritischen Erziehungswissenschaft und (c) die phänomenologisch-argumentierende, „antwortende" Verantwortung einer kulturtheoretisch-poststrukturalistischen Erziehungswissenschaft. Es wird zum einen herausgearbeitet, was das Problem ist, auf das Verantwortung aus einer erziehungstheoretischen Perspektive die Antwort darstellen soll, und zum anderen, welche neuen grundlegenden Probleme in der jeweiligen Fassung entstehen. Die abschließend aufgeworfene Frage, ob dennoch weiterhin am Begriff festgehalten werden sollte, wird bejaht, da der Begriff Problemformulierungen enthalte, die für eine erziehungsphilosophische Reflexion hoch relevant sind: (1) das korporierte Wissen des Verantwortungsgefühls lässt deutlich werden, dass wir *Bedingungen anderer* sind und uns in der Spannung zwischen einem Nicht-Wissen-Können aber Antworten-Müssen bewegen. (2) In diesem Antworten-Müssen verstrickt sich pädagogisches Handeln notwendig in paternalen Logiken, da die Zukunft des Kindes immer auch handelnd ‚vorweggenommen' bzw. entscheidend geprägt wird. (3) Verantwortung verweist wie kein anderer Begriff auf die Legitimationsnotwendigkeit pädagogischer Praxis und damit auf einen professionsethischen Grundgedanken.

Im zweiten Artikel *The Power of the Concept of Responsibility*, der im Kontext meines Auslandsaufenthaltes in den USA entstanden ist,[139] wird der Annahme nachgegangen, dass ‚Verantwortung' als Begriff im Kontext von Erziehung und Bildung eine besondere Macht zukommt, über die es – soweit wie möglich – erziehungsphilosophisch aufzuklären gilt. Die grundlegende These ist, dass dem Begriff genau deswegen eine so große Macht zukommt, weil er zwischen moralisch-ethischen Ansprüchen und zurechnender Steuerung changiert bzw. beide Bedeutungsdimensionen aufruft. Es wird argumentiert, dass die normative Unterscheidung zwischen ethischer Verantwortung und aktuell geforderter ‚Accountability' theoretisch höchst schwierig zu begründen ist, da der Verantwortungsbegriff untrennbar mit der Idee der kausalen Zurechnung, Rechenschaftspflicht und damit immer auch mit einem Subjektverständnis des*der autonomen, handlungsmächtigen Agent*in verbunden ist. Auch klassische *pädagogische* Verwendungsweisen des Verantwortungsbegriffs gehen von einer engen Verbindung zwischen Handlungsmacht und Verantwortung aus. Diese Figur der ‚Verantwortlichen Autorität', die eine starke Führungslogik impliziert, findet sich auch in zeitgenössischen Diskursen rund um Accountability und Classroom-Management.

---

139 Im Rahmen der Jahreskonferenz der *Philosophy of Education Society* in Richmond (Virginia | USA) konnte ich meine Überlegungen im Rahmen eines Workshops mit dem Thema *Concepts as Lifelines* mit internationalen Wissenschaftler*innen diskutieren.

Abschließend wird der Versuch unternommen, einige Perspektiven einer Neujustierung des Verantwortungsbegriffs zu eröffnen, die dieser Wahlverwandtschaft zwischen Accountability und Verantwortung etwas entgegensetzen kann.

Im Fokus des dritten, gemeinsam mit Norbert Ricken verfassten Artikels *Diesseits von Paternalismus und Aktivierung* steht ebenfalls die Verhältnisbestimmung zwischen pädagogisch-ethischen Fassungen von Verantwortung und responsbilisierend-aktivierenden Begriffsverwendungen in bildungspolitischen und erziehungswissenschaftlichen Diskursen. Dafür werden zunächst im Anschluss an Egbert Witte (2017) ‚monologische' und ‚dialogische' Fassungen von pädagogisch-ethischer Verantwortung unterschieden und jeweils kritisch diskutiert. Anschließend werden gouvernementalitätstheoretische Perspektiven vorgestellt, die in ‚Verantwortung' einen Steuerungsbegriff sehen, welcher den Umbau des Sozialstaats lanciert(e). Auch in Post-PISA-Debatten lässt sich eine Konjunktur des Begriffs nachzeichnen, welche ebenfalls im Kontext einer geforderten Umstrukturierung operativer Prozesse in Schule und Unterricht steht. In der Zusammenführung wird dann die Frage diskutiert, ob ein responsiver Verantwortungsbegriff Möglichkeiten bietet, den responsibilisierenden Begriff zu kritisieren. Nachdem einige grundlegende Schwierigkeiten des responsiven Begriffs benannt werden, wird abschließend der Versuch unternommen, anerkennungstheoretische Perspektiven auf den Verantwortungsbegriff zu eröffnen. Darin wird eine Überleitung zum zweiten Teilkapitel angebahnt.

3.1.1 Verantwortung und Kindheit[140]

Nele Kuhlmann und Norbert Ricken

Einleitung

„Es scheint das Schicksal der Rede von der Verantwortung zu sein, in Paradoxien zu führen" (Meyer-Drawe 1992: 14) – kaum treffender lassen sich die Schwierigkeiten beschreiben, auf die stößt, wer sich mit Verantwortung und insbesondere pädagogischer Verantwortung auseinandersetzt. Es ist vor allem die große Differenz zwischen dem doch meist unproblematischen alltagssprachlichen Einsatz des Begriffs und der Schwierigkeit, diesen theoretisch einzuholen oder begründen zu können, die Käte Meyer-Drawe in ihrem ‚Nachdenken über Verantwortung' eindrücklich nachzeichnet. So fühlen wir uns – um nur einige Beispiele zu nennen – wie selbstverständlich für die eigenen Handlungen und daraus resultierenden Folgen ursächlich ‚verantwortlich', ziehen andere für Fehlverhalten ‚zur Verantwortung' oder fordern von diesen, sich für ihr Verhalten zu ‚verantworten'. Wie sich hier andeutet, fungiert der Verantwortungsbegriff im praktischen Umgang als relationales Konzept, welches mindestens drei Relata miteinander verbindet: ein*e Verantwortungs*träger*in* soll sich für ein *Objekt* der Verantwortung vor einer Verantwortungs*instanz* verantworten. In dieser Funktion lässt der Verantwortungsbegriff das moralische Gefüge des Zwischenmenschlichen einerseits als ein Ineinander von Verantwortungsrelationen erscheinen – so deutet die Rede vom ‚Verantwortungs*gefühl*' auf das auch körperlich-leibliche Verstricktsein in diese Relationen. Andererseits neigt die Verwendung des Verantwortungsbegriffs dazu, dieses relationale Ineinander linear auf Einzelindividuen ‚aufzuteilen': In einer zeitgenössischen Konjunktur wird Sozialität bspw. als Addition von selbstverantwortlichen Individuen gefasst, welche höchstens in einem juridischen Sinne für das Tun Anderer – bspw. ihrer Kinder – verantwortlich sind. Sobald man aber „nach den Bedingungen ihrer Möglichkeit und ihrer Wirklichkeit fragt" (ebd.: 14), verliere – so Meyer-Drawe – ‚Verantwortung' theoretisch ihre „Selbstverständlichkeit und Harmlosigkeit" (ebd.). Ob und unter welchen Umständen jemand legitimer Weise (für was und vor wem) zur Verantwortung gezogen werden kann, lässt sich vor dem Hintergrund der vielzähligen menschlichen Bedingtheiten theoretisch kaum beantworten und führt auch je nach Selbstdeutung des Menschen – als Gott gegebenes Geschöpf, autonomes Subjekt etc. – zu grundlegend verschiedenen Antworten.

---

140 Bei diesem Beitrag handelt sich um eine leicht überarbeitete Fassung des Artikels: Kuhlmann, Nele/Ricken, Norbert (2019): Verantwortung und Kindheit. In: Johannes Drerup und Gottfried Schweiger (Hg.): Handbuch der Philosophie der Kindheit. Stuttgart: J. B. Metzler, 236–243.

Diese Spannung zwischen alltagspraktischer Selbstverständlichkeit von ‚Verantwortung' und hohem theoretischen Begründungsaufwand zeigt sich auch im pädagogisch-erziehungswissenschaftlichen Begriffsgebrauch sehr deutlich: Selbstredend sind Eltern, Erzieher*innen oder Lehrer*innen für die eigenen oder ihnen qua Beruf anvertrauten Kinder und Jugendlichen verantwortlich; was diese Verantwortung aber – neben der juristisch-verbindlichen Erfüllung von Pflichten und dem Vermeiden von Kindeswohlgefährdungen – genau bedeutet, ist theoretisch – aber natürlich oft auch praktisch – hoch umstritten. Diese theoretische Schwierigkeit, zu bestimmen, was es eigentlich heißt, für einen anderen Menschen Verantwortung zu tragen – zumal man diesen in seinem Denken und Tun immer nur begrenzt beeinflussen kann – zeichnet das erziehungswissenschaftliche Denken über ‚Verantwortung' aus. Josef Derbolav nennt „die pädagogische eine *potenzierte* Verantwortungsethik" (1971: 133; Hervorhebung im Orig.), weil das Kind immer zugleich als Verantwortungs*objekt* und Verantwortungs*subjekt* gefasst oder zumindest antizipiert werden muss; das Verantwortlich*sein* der Erziehenden muss folglich in irgendeiner Form mit dem Verantwortlich*werden* des Kindes relationiert werden.

In einem begriffsgeschichtlichen Zugang wollen wir im Folgenden die verschiedenen, allgemeinpädagogischen Fassungen von ‚Verantwortung' systematisch nachzeichnen. Wir beschränken uns dabei auf diejenigen (deutschsprachigen) Theorien, welche explizit den Begriff ‚Verantwortung' verwenden; alternative Zugangsweisen wären zum einen der Ausgang vom theoretischen Problem, welches der Begriff ‚Verantwortung' beantwortet, und damit – so argumentiert bspw. Helmut Danner (2010) – der Einbezug der Aristotelischen und Kantischen Ethik, in welchen der Verantwortungsbegriff nicht explizit vorkommt; *zum anderen* wäre ein sozial- und kulturanthropologischer Zugriff denkbar, welcher sich für empirisch zu rekonstruierende Praktiken der Verantwortungsübernahme und -zuschreibung in kultur- und/oder epochenvergleichender Perspektive interessiert. In der von uns gewählten Orientierung am Begriff sehen wir den Vorteil, die Spezifik des Verantwortungsbegriffs im Kontext seiner Entstehungs- und Verwendungszusammenhänge im Bereich der deutschsprachigen Erziehungswissenschaft nachzeichnen zu können. Im Anschluss an Reinhart Koselleck verstehen wir Sprache und somit bspw. die begriffliche Bezeichnung eines Phänomens „einerseits als Indikator der vorgefundenen ‚Realität', andererseits als Faktor dieser Realitätsfindung" (2010: 99). ‚Verantwortung' beschreibt also nicht bloß das Verhältnis zwischen Erziehenden und Zu-Erziehenden in einer historisch spezifischen Weise; es bringt dieses Verhältnis und somit immer auch eine spezifische Fassung von Kindheit und Erziehung mit hervor. Im Folgenden werden wir ausgehend von einer kurzen Begriffsgeschichte des allgemeinen Verantwortungsbegriffs (I), drei Figuren der allgemeinpädagogischen Verwendungsweise nachzeichnen – die *einordnende*, die *aushandelnde* und die *antwortende* Verantwortung (II). Den Abschluss bilden eine Bündelung und ein kritischer Ausblick (III).

I. Begriffsgeschichtliche Einordnungen von ,Verantwortung'

Frieder Vogelmann fasst in einer materialreichen Rundschau den Inhalt von begriffsgeschichtlichen Arbeiten zu ,Verantwortung' in „drei Wahrheiten" zusammen (ebd. 2014: 26): erstens wird festgestellt, dass es sich um einen sehr jungen philosophischen Fachbegriff handelt, welcher erst Mitte des 19. Jahrhunderts in ein philosophisches Nachschlagewerk aufgenommen wurde (vgl. ebd.: 28 f.). Zuvor wurde ,Verantwortung' – wenn auch schon erstmals im späten 15. Jahrhundert – ausschließlich als juristischer Terminus verwendet, um den Akt der Rechtfertigung vor Gericht zu benennen. Zweitens wird dem Begriff eine „steile Karriere" (Bayertz 1995: 99) zugeschrieben, da er innerhalb eines Jahrhunderts zu *dem* zentralen Grundbegriff der Ethik werden konnte. Schließlich wird drittens der etymologische Ursprung des Wortes ,Verantwortung' in ,Antwort' ausgewiesen, wodurch die „dialogisch[e]" Struktur des sich vor Anderen rechtfertigen betont wird (Vogelmann 2014: 26). Insgesamt zeigt sich, dass die jeweilig historisch-spezifische Verwendungsweise sehr eng mit der menschlichen Selbstdeutung und der implizierten Deutung der menschlichen Handlungsmacht zusammenhängt: So deuteten sich Menschen vorneuzeitlich vorrangig als eingefügt in eine göttliche Ordnung, wodurch der Begriff ,Verantwortung' nur sehr am Rande in Anlehnung an die juridische ,Verantwortung' als Rechenschafts*pflicht* vor dem göttlichen Gericht verstanden wurde (ebd.: 29). Im Fraglichwerden dieser Ordnung wird Gott in Form des individuellen Gewissens – so Bayertz – „im Verlauf der Neuzeit mehr und mehr ins Subjekt hineingenommen und damit verinnerlicht" (1995: 18). Der zuvor zentrale Pflichtbegriff, welcher mit unbedingtem Gehorsam vor Gott und der Einhaltung von klar definierten Ge- und Verboten korrespondierte, wurde im Zuge dieser Verinnerlichung fraglich: Der Mensch deutete sich nicht mehr vorrangig als moralischen Regeln Unterworfener, sondern zunehmend als Subjekt, welches diese Normen immer auch selbst hervorbringt. Infolgedessen gewann der Verantwortungsbegriff als ethische Kategorie, welche subjektive Ermessensspielräume impliziert, rasant an Bedeutung. In der zweiten Hälfte des 20. Jahrhundert wird ,Verantwortung' schließlich zur Leitvokabel im öffentlich-politischen Umgang mit ökologischen Krisen und durch Menschen verursachte Umweltzerstörung: Der ,Club of Rome' weist in seinem Bericht von 1972 auf die natürlichen Grenzen von Ressourcen hin und Hans Jonas warnt 1979 in seinem viel beachteten ,Das Prinzip Verantwortung' vor der Zerstörung der eignen Lebenswelt (2003). Diese – hier nur skizzierten – begriffsgeschichtlichen ,Fäden' machen ,Verantwortung' zu einem komplexen ,Knäuel' voller Bedeutungsdimensionen, was in gegenwärtigen wissenschaftlichen Auseinandersetzungen zu der Frage führt, ob er weiterhin als kritisch-ethischer Begriff Verwendung finden kann. So wird insbesondere darum gerungen, ob ‚Verantwortung' gegen die seit etwa zwei Jahrzehnten prominente programmatische ‚Selbst'- und ‚Eigenverantwortung' in aktivierenden Praktiken der Arbeitsmarkt- und Sozialpolitik kritisch in Stellung zu bringen ist (so bspw. Buddeberg/Vogelmann 2016).

II. Allgemeinpädagogische Fassungen des Verantwortungsbegriffs

Auch in der Erziehungswissenschaft findet sich die These der steilen ‚Karriere' des Begriffs der ‚pädagogischen Verantwortung' – von einem unscheinbaren Nebenschauplatz zu einer „Schlüsselkategorie" (Gößling 2000: 54). In erziehungswissenschaftlichen Lexika wird der Begriff ‚Verantwortung/Verantwortlichkeit' noch im frühen 20. Jahrhundert mit dem juridischen Antwortgeben auf einen vorangegangenen Vorwurf gefasst (Offner 1909: 520). Die moralische Verantwortung gegenüber Kindern, welche Eltern und Lehrer*innen zu tragen haben, bleibt eng mit dem Pflichtbegriff gekoppelt und beschreibt bspw. die elterliche „Pflicht, für Unterhalt u. Gesundheit" (Mosapp 1917: 430) oder die berufliche „Verantwortungspflicht" als Rechenschaftspflicht und die juristische „Haftpflicht" (ebd.). Trotz dieser auf die juridische Verwendungsweise begrenzten Begriff, lässt sich zeitgleich bereits der Grundzug ‚pädagogischer Verantwortung' ausmachen: Mit „Verantwortungspflicht" wird nicht nur an die Erziehenden appelliert, sondern ebenfalls das Ziel der „moralischen Erziehung" als ein Hineinwachsen in ebendiese gefasst (ebd.: 431); es ist die Aufgabe der Erziehenden, den Kindern „klarzumachen, daß jeder Mensch für seine Handlungen einzustehen u. deren Folgen zu tragen hat" (ebd.). Auch wenn der Begriff der ‚pädagogischen Verantwortung' bereits in den 1920er Jahren durch die dialog-philosophischen Arbeiten Martin Bubers (2005) und Eberhard Grisebachs (1924) Eingang in ethische Reflexionen über das Verhältnis von Erziehenden und Zu-Erziehenden gefunden hatte, so war doch zeitgenössisch die Fassung der Geisteswissenschaftlichen Pädagogik erheblich einflussreicher.

i. Die *einordnende* Verantwortung

Die ‚pädagogische Verantwortung' tritt in einer Phase in die erziehungswissenschaftliche Theoriebildung ein, welche durch eine grundlegende Krisenerfahrung beschrieben wird. Herman Nohl deutet die nationalen (Jugend-)Bewegungen des 19. Jahrhunderts als Auseinandersetzung mit der „neuen sozialen, sittlichen und geistigen Not unseres Volkes, die durch die Entwicklung der Industrie, der Großstädte, der Arbeits- und Wohnverhältnisse […] über die Seele hereingebrochen ist" (Nohl 1935/1963: 3 f.). Diese erfahrene – durch den Historismus von Dilthey gestärkte – Relativierung traditionaler Zusammenhänge lässt auch die Erziehungsaufgabe, welche zuvor schlicht als Weitergabe und Vermittlung dieser Traditionen gefasst wurde, problematisch werden. Um sich diesem drohenden Werterelativismus zu widersetzen, argumentiert Nohl, dass es jenseits der historisch variablen

Werte eine überzeitliche Struktur im Menschen gebe, welche er in der menschlichen „Selbstverantwortung“ ausmacht (ebd.: 58). In dieser Begründungsfigur wird eine subjektive Tugend soweit formalisiert, dass sie – zumindest dem Anspruch nach – zu jeder Zeit gilt; inhaltlich zeigt sich jedoch schnell, wie eng ‚Selbstverantwortung‘ mit dem nationalkonservativen Weltbild Nohls zusammenhängt: „Die Selbstverantwortung ist die Subjektivierung der Verantwortung, die eine Gemeinschaft mir auferlegt, zu der ich doch selbst mit gehöre, so daß ich mich hier doppelt sehe, von meinem Ich und zugleich von meinem Gliedcharakter aus“ (ebd.). Auf die theoretische Unmöglichkeit, überzeitliche Werte anzugeben, wird also mit dem Anspruch an die Erziehenden geantwortet, eine konsistente Einheit in sich selbst hervorzubringen und diese – erziehungstheoretisch gewendet – vor dem Kind zu *repräsentieren* (Flitner 1950/1965: 73; Nohl 1935/1963: 133; Überblick bei Kilchsperger 1985: 40–43). Aus dieser Justierung folgt für Nohl, dass das Ziel und die Mittel der Erziehung nur im „Verantwortlichmachen“ des Kindes liegen könnten, welches im „Wachrufen des Ich für den Kampf um die Erreichung des wahren Lebens“ bestehe (Nohl 1935/1963: 177).

In der notwendigen Relationierung von Erziehenden und Zu-Erziehenden tritt dann neben die bereits genannten Funktionen des Verantwortungsbegriffs – der anthropologischen Struktur, dem normativem Ideal der Persönlichkeit, Ziel und Mittel der Erziehung – noch eine weitere Funktion hinzu: Die Erziehenden *sind verantwortlich* für das Verantwortlich*werden* der Zu-Erziehenden. Wenn überlieferte Wertezusammenhänge an Geltung einbüßen und die überzeitliche Struktur im Subjekt verortet wird, so muss – so die Argumentation – bei der Erziehung vom Subjekt des Kindes ausgegangen werden und das Verantwortlichsein des Erziehenden darin bestehen, zwischen den verschiedenen gesellschaftlichen Ansprüchen und dem Individuellen des Kindes im Sinne des Kindes zu vermitteln; „Es bleibt aber dabei, daß das individuelle Moment, [...] gegenüber dem universalen *für den Erzieher* den entscheidenden Ton zu tragen hat: *er ist verantwortlich für das Subjekt*“ (ebd.: 128; Hervorhebung im Orig.).

Die – von uns am Verantwortungsbegriff entlang entfaltete – Argumentation der Geisteswissenschaftlichen Pädagogik erzeugt kategoriale Spannungen: Das Ethisch-Gesollte wird anhand einer tugendethischen Argumentation, d. h. entlang der Frage, wie der Charakter beschaffen sein muss, um ein gutes Leben zu führen, in das Subjekt hineinverlegt. Die sinnstiftende Einheit des Charakters der Erziehenden wird zur notwendigen Voraussetzung von Erziehung; sie soll das verkörpern, was das Kind *noch nicht* ist, aber durch ein ‚Erwecken‘ *werden kann*. In dieser linearen Konzeption bleibt offen, wie eigentlich der Schritt vom Status des Verantwortungsobjekts zum Verantwortungssubjekt vom Kind vollzogen wird. Darüber hinaus zeigt sich, dass die Vertreter der Geisteswissenschaftlichen Pädagogik entgegen ihrer historisierend-relativierenden Zeitdiagnosen ein sehr genaues Bild dessen zeichnen, wie dieser Charakter auszusehen hat: So sieht bspw. Nohl im Bewusstsein der nationalen Jugendbewegungen das „pädagogische Gewissen“ (Nohl 1963: 17), während Flitner eine theologisch-konservative Begründungsfigur der Verantwortung vor Gott anführt (Flitner 1965: 52–54). Witte bilanziert, dass die „hervorzubringende Selbstverantwortung" letztlich „ihre normative Ausrichtung [...] in vorgegebenen gesellschaftlichen Anforderungen" finde (Witte 2017: 670) und – wie es Kilchsperger formuliert – „die im Begriff angelegte dialogische Struktur [...] völlig aus den Augen gerate" (1985: 103). Erziehung wird letztlich zur „Einordnung des Nachwuchses" (Flitner 1950/1965: 46), wodurch die pädagogische Verantwortung zur Legitimation der erzieherischen Autorität dient und die kindliche Verantwortung aus „der Wiege des Gehorsams" erwachsen soll (Nohl 1935/1963: 177). Der programmatisch ausgerufene Ausgang vom Kind beschränkt sich streng genommen darauf, dass die Erziehenden jeweils situativ-hermeneutisch das „Maß von Kraft" des Kindes richtig einschätzen sollen (ebd.: 179), d. h. es also nicht für etwas verantwortlich zu machen, was es (noch) nicht *können oder wissen kann*.

Zusammenfassend wird deutlich, dass der Begriff der ‚pädagogischen Verantwortung' zwar an einem historischen Zeitpunkt traditionaler Relativierung virulent wird; diese Relativierung führte aber nicht zu einer Infragestellung eigener pädagogischer Überzeugungen, sondern stattdessen zu einer apriorischen Setzung dieser. Der Erziehungsprozess selbst wird dadurch – wie wir es nennen – zu einem ‚einordnenden' oder – wie es Witte nennt – „monologisch[en]" Geschehen (2017: 677). Die Ansprüche des Kindes verschwinden entgegen der neuen, pädagogischen Programmatik „im Spiegelbild des Erwachsenen" (Meyer-Drawe/Waldenfels 1988: 284). Darüber hinaus diente – so kritisch Wolfgang Fischer – der mit „Aura ausgestattete" Verantwortungsbegriff „theoretisch-kompensatorischen" Zwecken (1996: 196), welche disziplinpolitisch die Autonomie der ‚Pädagogik' sichern sollte. Gerade diese enge Kopplung von pädagogischer Theorie und pädagogischer Praxis im Verantwortungsbegriff wurde in der Kritischen Erziehungswissenschaft zum Ausgang einer grundlegenden Kritik des Begriffs.

ii. Die *aushandelnde* Verantwortung

Aus dieser kritischen Absatzbewegung gegenüber den Vertretern der Geisteswissenschaftlichen Pädagogik ging ein Verantwortungsbegriff hervor, welcher sich zunehmend auf den als kommunikativ gefassten Erziehungs*prozess* bezieht und sich gegen die tugendethische Fassung abgrenzt. Zunächst kann aber von einer historischen Phase der Zurückweisung des Verantwortungsbegriffs in den 1960er und frühen 70er Jahren durch die Vertreter der Kritischen Erziehungswissenschaft gesprochen werden. Erst Ende der 70er und im Verlauf der 80er Jahre wurde die Bedeutung des Begriffs von eben diesen Kritischen Erziehungswissenschaftlern im Sinne ihrer früheren Arbeiten reformuliert und zu einem affirmativen Bezugshorizont ausgebaut.

Die ‚pädagogische Verantwortung' war zum Inbegriff der Geisteswissenschaftlichen Pädagogik geworden, von der sich nach dem Ende des Nationalsozialismus deutlich abzugrenzen galt. In enger Bezugnahme zur kritischen

Sozialwissenschaft wurde ‚Verantwortung' unter Ideologieverdacht gestellt: Helmut Seiffert und Klaus Mollenhauer stimmen in der Annahme überein, dass die „Identifizierung [von] ‚Verantwortung denken' mit ‚Verantwortung haben'" notwendig in die „Ideologisierung des Verantwortungsbegriffs in der pädagogischen Theorie" geführt habe (Seiffert 1963: 390; vgl. Mollenhauer 1968). Stattdessen werden ‚Emanzipation' und ‚Mündigkeit' als neue normative Leitvokabeln als Erziehungsziel gesetzt, um die gesellschaftliche Transformation durch die jüngere Generation zu fördern. In diesem Zusammenhang bleibt ‚Verantwortung' nach Mollenhauer zwar ein „konstitutives Element der Erziehungswissenschaft", aber nicht als „partikulare ‚pädagogische Verantwortung'", sondern als „Verantwortung für das kritische Potential einer Gesellschaft" (ebd.: 69). Das Generationenverhältnis, welches in der Geisteswissenschaftlichen Pädagogik durch die einordnende Verantwortungsfigur charakterisiert wurde, wird scharf kritisiert; die nachkommende Generation müsse als Chance des Neuen und nicht bloß als Weiterführung des Alten angenommen werden. In der dadurch begründeten „Wendung vom manipulativen zum kommunikativen Erziehungsverständnis" (Mollenhauer 1974: 84) – hier sind vor allem die Arbeiten von Klaus Mollenhauer und Klaus Schaller zu nennen – können Erziehungsziele nicht mehr als von Erziehenden gesetzt gedacht, sondern müssen in den kommunikativ-interaktiven Erziehungsprozess hineinverlegt werden (ebd.: 14; vgl. Schaller 1987).

Durch die Rezeption des Symbolischen Interaktionismus von George H. Mead, der Diskurstheorie und -ethik von Karl-Otto Apel und Jürgen Habermas und durch Verweise auf die Stufen moralischer Entwicklung von Lawrence Kohlberg und Jean Piaget, wird die inhaltlich-verbindliche Tugendethik der Geisteswissenschaftlichen Pädagogik zugunsten einer – zumindest dem Anspruch nach – prozeduralen Ethik „der Verständigung über Sinn-Orientierungen und Handlungsziele" ersetzt (Mollenhauer 1974: 42). Der ‚herrschaftsfreie Diskurs' wird so zum neuen Normativ der Erziehungspraxis: Das formale Erziehungsziel – „Erweiterung oder Stabilisierung der Diskurs-Kompetenz" (ebd.: 121) – soll durch eine sukzessive Ausweitung der Beteiligung des Kindes am Diskurs erreicht werden; der praktische Diskurs soll folglich „ein reales Moment im Erziehungsprozeß" darstellen (ebd.: 53). ‚Pädagogische Verantwortung' – so führen Mollenhauer und Rittelmeyer 1978 explizit aus – bestehe darin „Beteiligungsmöglichkeiten" des Kindes hervorzubringen und auf die reflexive Anforderung einzugehen, „den praktischen Diskurs mit dem Kind auf weiten Strecken als simulierten Diskurs mit sich selbst, als ‚Selbstgespräch' zu führen" (Mollenhauer/Rittelmeyer 1978: 85). Dieser explizite Bezug auf den Verantwortungsbegriff antwortet auf Dietrich Benners Vorwurf, dass die Kritische Erziehungswissenschaft durch die einfache Ersetzung der pädagogischen Begriffe durch „Kommunikations- und Verständigungsbegriffe" vom Problem der konstitutiven Verantwortung zu weit zu abstrahiere (1978: 343).

Die beschriebene Figur der Simulation, welche sowohl den Erziehungsprozess – man tut so, als wäre das Kind bereits diskursfähig – als auch die erzieherische Reflexion charakterisiert, hat Ende der 1990er Jahre zu einer grundlegenden Kritik der kommunikationstheoretischen Ansätze geführt: Jan Masschelein bezeichnet den Versuch, Erziehung als ‚kommunikatives Handeln' zu reformulieren, als halbherzig und „mißlungen" (1996: 83) und führt dieses Scheitern auf das Festhalten an „sinnkonstituierende[r] und souveräne[r] Subjektivität" zurück (ebd.: 85). Die grundlegend-geteilte Sozialität von Erziehenden und Zu-Erziehenden und damit notwendige Offenheit von Kommunikation könne nicht erfasst werden, wenn Kommunikation immer noch in der Verfügung des Einen gedacht werde, welcher einen offenen Diskurs mit dem Ziel der ‚Emanzipation' simuliere. Masschelein argumentiert, dass die Radikalität von ‚Verantwortung' erst durch eine „radikalere Perspektive der Intersubjektivität" – vertreten von Hannah Arendt und Emmanuel Lévinas – in den Blick kommen kann (ebd.: 92). Der phänomenologischen Denktradition folgte Schaller bereits 1986, federte aber die von Masschelein geforderte Radikalisierung maßgeblich durch den verbliebenden emanzipatorischen Duktus der Kritischen Erziehungswissenschaft ab.

iii. Die *antwortende* Verantwortung

Die Radikalisierung der Intersubjektivität betrifft maßgeblich den Verantwortungsbegriff. Lassen wir nochmal Revue passieren: ‚Verantwortung' wird in tugendethischer Tradition als subjektive Haltung in Bezug auf die eigene Lebensführung gefasst und das Ziel der Erziehung als Hineinführen in diese Haltung gefasst; die diskurs- und kommunikationstheoretische Fassung versucht stattdessen die normativen Zieldimensionen von Erziehung in den Prozess zu verschieben und diese im formalethischen Prinzip der Aushandlung zu verankern. Masschelein kritisiert nun, dass die Figur des Hineinführens nur mit anderem Vokabular weitergeführt wird, weil Kommunikation und Diskursivität von den Erziehenden als Mittel zum Zweck gefasst werde; pädagogische Ethik verbleibe also in der paternalistischen Denkfigur: die erziehende Person antizipiert, was für das Kind gut ist und setzt bestimmte Mittel ein, um dieses Ziel – das Kindeswohl – zu erreichen.

Demgegenüber betonen Masschelein und – in etwas anderer Justierung – auch Michael Wimmer, dass die Erfahrung der Verantwortung diese wissende und verfügende Position grundlegend in Frage stelle: Im Erfahren eines kindlichen Anspruchs werden Erziehende dazu genötigt, auf diesen Anspruch, welcher für sie ein nicht zu erfassender, fremder Anspruch ist, eine Antwort zu geben. Dieser Bezug auf die Lévinas'sche Figur des radikal Anderen, welcher uns seinem Anspruch unterwirft, führt die Autoren zu der Annahme, dass erzieherisches Handeln als antwortendes bzw. responsives Geschehen gefasst werden muss – „Erziehung als Antwort" (Masschelein 1996) –, welche jede Idee von Führung und Verfügung grundlegend in Frage stellt. ‚Verantwortung' wird hier gerade nicht als moralisch-wertvolle Haltung oder pädagogische Fürsorge für das Kindeswohl gefasst, sondern dient der kategorialen De-Zentrierung der Position des Erziehenden und bringt das Nicht-Wissen-Können als konstitutives Element des pädagogischen Handelns hervor; „statt also die Beziehung des Subjekts zur Macht zu strukturieren, legt Verantwortung, als *ethisches* Verhältnis verstanden, die Beziehung des Subjekts zu seiner Un-Macht frei" (Wimmer 1996: 52).

In dieser Neufassung findet eine Ebenenverschiebung statt: ‚Verantwortung' dient nicht mehr als ethische Begründungskategorie im Angesicht von Wertpluralität, sondern wird als anthropologische Grundstruktur zur Voraussetzung von ethischer Ansprechbarkeit, d.h. zu einem vor-ethischen Begriff. Als dieser dient er vorrangig zur Dekonstruktion zeitgenössischer Diskurse der Technologisier- und Professionalisierbarkeit von Erziehungs- und Lehr-Lern-Prozessen (vgl. bspw. Masschelein/Simons 2013) und weniger der Neubegründung einer eigenen pädagogischen Ethik. Dadurch rückt die Pflicht des Antwortens zwar in den Fokus, das ethisch-legitimierte ‚Wie' des Antwortens wird jedoch als notwendig verfehlendes Handeln zu einer prekären Figur, welche Masschelein und Wimmer letztlich dem Einzelnen überantworten. Es wird eine „ethische Haltung" gefordert (Wimmer 2014: 324), welche als „wahrnehmendes Denken" (ebd.: 334) offen sein soll für die Erfahrung des Anderen. Das Wissen um die Pflicht des Antwortens und die dadurch erzeugten Festlegungen sollen mit dem Bestreben einhergehen, dennoch die Singularität des Anderen wahrzunehmen und vorgenommene Kategorisierungen immer wieder zu öffnen.

In Antwort auf die von Masschelein und Wimmer vorgenommene Übertragung der Lévinas'schen Verantwortungsfigur auf die Erziehungssituation sieht Hans Jürgen Gößling einen „antipädagogischen Kurzschluss", da durch die „Umpolung des Subjekt-Objekt-Verhältnisses [...] die Problematik pädagogischer Verantwortung schlichtweg [...] annulliert [wird]" (2000: 62). In der Radikalisierung der Fremdheit des anspruchstellenden Kindes, welches die Erziehenden in ‚Geiselhaft' – so die Metapher von Lévinas – nimmt, wird den Erziehenden jede Art von „Verstehensmöglichkeiten" verwehrt (Meyer-Drawe/Waldenfels 1988: 278). Wenn nun aber von einer so grundlegenden Trennung ausgegangen wird, wird auch der Zugriff vom Erziehenden auf den Zu-Erziehenden unhinterfragbar: „Alles ist rechtfertigbar, wenn es denn in den Anspruch des Anderen hineingelesen werden kann" (Kuhlmann/Ricken 2017: 144 [Kapitel 3.1.3]). Der Figur der *antwortenden* Verantwortung ist es ohne Zweifel gelungen, die unhintergehbare Relationalität durch den Bezug auf die Erfahrung des In-Verantwortung-Gestelltseins in den Mittelpunkt theoretischer Reflexionen zu stellen; diese können aber nur den Ausgang einer Pädagogischen Ethik bilden.

III. Fazit und Ausblick

In unserer auf systematische Figuren abzielenden und dadurch sehr verdichteten Rekonstruktion der knapp hundertjährigen Geschichte der ‚pädagogischen

Verantwortung' in der Allgemeinen Pädagogik zeigt sich die enge Verwobenheit zwischen der Fassung des Verantwortungsbegriffs und der theoretischen Deutung und Hervorbringung von ,Kindheit'. Optimistisch könnte man formulieren, dass die Ansprüche des Kindes zunehmend in den Fokus theoretischer Reflexionen gelangen konnten: von der *einordnenden* Figur, in welcher die Erziehenden das Wohl des Kindes inhaltlich relativ klar antizipieren und hervorbringen können, über die *aushandelnde* Verantwortung, in welcher die Mitbestimmung und die Ermöglichung von Mündigkeit der Heranwachsenden als formales Erziehungsziel angenommen wurde, bis hin zur Umkehrung der pädagogischen Relation in der *antwortenden* Verantwortung dahingehend, dass die Ansprüche des Kindes die Erziehenden radikal unterwerfen. Weniger optimistisch gedeutet, zeigt sich, dass die anfangs aufgeworfene ethische Problemstellung, eine Relationierung vom Verantwortlich*sein* der Erziehenden zum Verantwortlich*werden* der Heranwachsenden theoretisch begründen zu können, bisher nicht zufriedenstellend bearbeitet wurde bzw. letztlich im Zuge der *antwortenden* Verantwortungsfassung sogar als Problem zurückgewiesen wurde. Eher scheint sich die Vermutung Meyer-Drawes, jedes Sprechen über Verantwortung führe in „Paradoxien" für die allgemeinpädagogische Tradition zu bestätigen (1992: 14). Letztlich bleibt also die Frage zu diskutieren, ob ,Verantwortung' als Begriff, welcher den Anschluss an vermutlich alle ethischen Begründungstraditionen zulässt – so zeigt es das kürzlich herausgegebene ,Handbuch Verantwortung', welches jeweils einen Eintrag zur deontologischen, teleologischen, tugend- und diskursethischen Verantwortungsfassung aufführt (vgl. Heidbrink et al. 2017) –, mittlerweile so inhaltsleer geworden und so beliebig zu füllen ist, dass er als theoretischer Begriff keine Funktion mehr erfüllen kann. Dazu kommt – und darauf haben wir in diesem Artikel nur sehr am Rande eingehen können –, dass ,Verantwortung' im Zuge veränderter, politischer Steuerungsrationalität als problematische Leitvokabel der Aktivierung bspw. in der Arbeitsmarktpolitik, aber auch – etwas später – der Bildungspolitik einen doch prominenten Platz einnimmt. In dieser stark verkürzten individualtheoretischen Fassung von ,Verantwortung' als ,Eigenverantwortung' fungiert der Begriff vorrangig als responsibilisierende Vokabel, welche Risiken und Scheitern privatisiert (vgl. Kuhlmann/Ricken 2017 [Kapitel 3.1.3]). Es könnte also besser daran getan scheinen, den Begriff – wie anfangs in der Kritischen Erziehungswissenschaft getan – aufgrund der inhaltlichen Unschärfe und Anfälligkeit für ,Ideologie' ad acta zu legen.

Demgegenüber möchten wir im Sinne eines Ausblicks dafür argumentieren, dass man die Verwendung von ,Verantwortung' zwar nicht unproblematisch weiterführen kann, bei einem vollständigen Verwerfen aber auch die theoretisch hoch relevanten Problemformulierungen, welche der Begriff bearbeitet und zugleich hervorbringt, aus den Augen verliert. Wir möchten im Folgenden drei Relationierungen andeuten, welche besonders im und mit dem Verantwortungsbegriff möglich und dadurch auch theoretisch befragbar werden bzw. bleiben.

So beschreibt ‚Verantwortung' erstens die menschliche Bezogenheit gerade für pädagogische Zusammenhänge in besonderer Weise: sich für jemanden verantwortlich fühlen markiert das korporierte Wissen, in irgendeiner Weise *eine Bedingung des Anderen* und dessen Werden zu sein. Dieses Gefühl verweist auf das Paradox des ‚Nicht-Wissen-Können', aber ‚Antworten-Müssen' im Sinne Wimmers und lässt erahnen, dass die Erziehenden keinesfalls eine gesicherte, sondern in der Begegnung mit dem kindlichen Anspruch immer auch prekäre Position einnehmen. ‚Verantwortung' verweist aber zweitens in dieser Pflicht des Antworten-Müssens zugleich auf die Unvermeidbarkeit und Notwendigkeit einer paternalistischen Figur, im Akt des Antwortens die Zukunft des Kindes im Sinne des antizipierten Wohls immer auch vorweg nehmen zu müssen, was nicht wirklich vorweggenommen werden kann, und sich für diese Vorwegnahme vor diesem werdenden Ich (auch rückblickend) verantworten zu müssen. Drittens ist vor diesem Hintergrund auch die – für den deutschsprachigen Raum typische – Ablehnung jeder konsequentialistischen Ethik, welche den moralischen Wert einer Handlung anhand der Folgen einschätzt (bspw. Jonas 1979/2003), fraglich. Verantwortlich-handeln impliziert immer auch die Bereitschaft, die Konsequenzen des eigenen Tuns auf das Sein und Werden Anderer im Wissen um die Unmöglichkeit einer kausalen Einwirkungslogik in die ethische Reflexion miteinzubeziehen. In diesen aufgezeigten Besonderheiten kann der Verantwortungsbegriff innerhalb pädagogischer Ethik unseres Erachtens – zumindest derzeit – durch keinen anderen Begriff ersetzt werden.

Literatur

Bayertz, Kurt (1995): Eine kurze Geschichte der Herkunft der Verantwortung. In: Kurt Bayertz (Hg.): Verantwortung. Prinzip oder Problem? Darmstadt. Wissenschaftliche Buchgesellschaft, 3–71.

Benner, Dietrich (1978): Hauptströmungen der Erziehungswissenschaft. Eine Systematik traditioneller und moderner Theorien. Berlin: List Verlag.

Buber, Martin (2005): Rede über das Erzieherische. Nach einer auf der III. Internationalen Pädagogischen Konferenz in Heidelberg gesprochen. In: J. Jacobi (Hg.): Schriften zu Jugend, Erziehung und Bildung. Martin Buber Werkausgabe. Gütersloh. Gütersloher Verlagshaus, 136–154.

Buddeberg, Eva/Vogelmann, Frieder (2016): Schwerpunkt: Verantwortung – ein umkämpfter Begriff. In: Deutsche Zeitschrift für Philosophie 64 (2), 228–231.

Danner, Helmut (2010): Verantwortung in Ethik und Pädagogik. Oberhausen: ATHENA-Verlag.

Derbolav, Josef (1971): Abriß einer pädagogischen Ethik. In: Josef Derbolav (Hg.): Systematische Perspektiven der Pädagogik. Heidelberg. Quelle & Meyer, 124–155.

Fischer, Wolfgang (1996): Wozu taugt die „pädagogische Verantwortung"? In: Käte Meyer-Drawe/Helmut Peukert/Jörg Ruhloff (Hg.): Pädagogik und Ethik. Beiträge zu einer zweiten Reflexion. Weinheim: Deutscher Studienverlag, 181–198.

Flitner, Wilhelm (1965): Allgemeine Pädagogik. Stuttgart: Ernst Klett Verlag.

Gößling, Hans Jürgen (2000): Ethos und Kompetenz. Zur Begründung pädagogischer Urteilskraft im Horizont traditioneller und aktueller Vernunftkritik. Weinheim: Beltz.

Grisebach, Eberhard (1924): Die Grenzen des Erziehers und seine Verantwortung. Halle: Niemeyer.

Heidbrink, Ludger/Langbehn, Claus/Loh, Janina (Hg.) (2017): Handbuch Verantwortung. Wiesbaden: Springer VS.

Jonas, Hans (2003): Das Prinzip Verantwortung. Frankfurt am Main: Suhrkamp.

Kilchsperger, Heiner (1985): Pädagogische Verantwortung. Studien zur Geschichte der Pädagogik und Philosophie der Erziehung. Bern, Stuttgart: Haupt Verlag.
Koselleck, Reinhart (2010): Stichwort: Begriffsgeschichte. In: Reinhart Koselleck (Hg.): Begriffsgeschichten. Studien zur Semantik und Pragmatik der politischen und sozialen Sprache. Frankfurt am Main: Suhrkamp, 99–102.
Kuhlmann, Nele/Ricken, Norbert (2017): Diesseits von Paternalismus und Aktivierung. Anmerkungen zu den Diskursen pädagogischer Verantwortung. In: Sarah Vock/Robert Wartmann (Hg.): Ver-antwortung. Im Anschluss an poststrukturalistische Einschnitte. Paderborn. Ferdinand Schöningh Verlag, 127–153.
Masschelein, Jan (1996): Pädagogisches Handeln und Verantwortung. Erziehung als Antwort. In: Jan Masschelein/Michael Wimmer (Hg.): Alterität, Pluralität, Gerechtigkeit. Randgänge der Pädagogik. Sankt Augustin/Leuven. Leuven University Press, 163–186.
Masschelein, Jan/Simons, Maarten (2013): In defence of the school. A public issue. Leuven: E-ducation, Culture & Society Publishers.
Meyer-Drawe, Käte (1992): Nachdenken über Verantwortung. In: Peter Fauser/Käte Meyer-Drawe (Hg.): Verantwortung. Seelze. E. Friedrich Verlag, 14–16.
Meyer-Drawe, Käte/Waldenfels, Bernhard (1988): Das Kind als Fremder. In: Vierteljahrsschrift für wissenschaftliche Pädagogik, 271–287.
Mollenhauer, Klaus (1968): Pädagogik und Rationalität. In: Klaus Mollenhauer (Hg.): Erziehung und Emanzipation. Polemische Skizzen. München: Juventa, 55–74.
Mollenhauer, Klaus (1974): Theorien zum Erziehungsprozess. Grundfragen der Erziehungswissenschaft. München: Juventa.
Mollenhauer, Klaus/Rittelmeyer, Christian (1978): Einige Gründe für die Wiederaufnahme ethischer Argumentation in der Pädagogik. In: Herwig Blankertz (Hg.): Die Theorie-Praxis-Diskussion in der Erziehungswissenschaft. Beiträge vom 6. Kongreß der Deutschen Gesellschaft für Erziehungswissenschaft vom 08.–10.03.1978 in der Universität Tübingen. Weinheim/Basel: Beltz, 79–85.
Mosapp, H. (1917): Verantwortung (Verantwortlichkeit). In: Ernst M. Roloff (Hg.): Lexikon der Pädagogik. Fünfter Band: Sulzer bis Zynismus. Freiburg im Breisgau. Herdersche Verlagshandlung, 430–432.
Nohl, Herman (1963): Die Pädagogische Bewegung in Deutschland und ihre Theorie. Frankfurt am Main: Schulte-Bulmke.
Offner, M. (1909): Verantwortung und Verantwortlichkeit. In: Wilhelm Rein (Hg.): Encyklopädisches Handbuch der Pädagogik. 9. Band: Strafe – Vortrag, mündlicher. Langensalza. Hermann Beyer & Söhne, 519–521.
Schaller, Klaus (1986): Wie weit reicht die pädagogische Verantwortung? In: Vierteljahrsschrift für wissenschaftliche Pädagogik 62 (1), 449–471.
Schaller, Klaus (Hg.) (1987): Pädagogik der Kommunikation. Annäherungen – Erprobungen. Sankt Augustin: Verlag Hans Richarz.
Seiffert, Helmut (1963): Der Begriff der pädagogischen Verantwortung auf dem Hintergrund des existenzialistischen Denkstils. In: Bildung und Erziehung 16, 381–390.
Vogelmann, Frieder (2014): Im Bann der Verantwortung. Frankfurt am Main: Campus.
Wimmer, Michael (1996): Von der Identität als Norm zur Ethik der Differenz. Kritik, Dekonstruktion und Verantwortung. In: Jan Masschelein/Michael Wimmer (Hg.): Alterität, Pluralität, Gerechtigkeit. Randgänge der Pädagogik. Sankt Augustin/Leuven. Leuven University Press, 25–58.
Wimmer, Michael (2014): Ethik der Differenz und Gerechtigkeit. Zur pädagogischen Relevanz der Philosophie Emmanuel Levinas. In: Michael Wimmer (Hg.): Pädagogik als Wissenschaft des Unmöglichen. Bildungsphilosophische Interventionen. Paderborn. Schöningh Paderborn, 317–342.
Witte, Egbert (2017): Verantwortung in Erziehung und Bildung. In: Ludger Heidbrink/Claus Langbehn/Janina Loh (Hg.): Handbuch Verantwortung. Wiesbaden: Springer VS, 667–680.

3.1.2 On The Power of the Concept of Responsibility[141]

Nele Kuhlmann

Introduction

The term *responsibility*, or its equivalents in other languages, seems to be ubiquitous in many societies around the world (Trnka/Trundle 2017a). We are told to act like *responsible citizens, responsible parents*, or *self-responsible learners*; we hold others responsible for misconduct, and demand they assume responsibility in situations of conflict or crisis. In addition, we feel responsible for relatives in need of care and for children entrusted to us in schools or other educational facilities. We also perceive a sense of responsibility when we observe social or environmental injustice. Since the concept of responsibility so fundamentally shapes our self-understanding, our modes of perception, and our relationships to others, it is almost inconceivable that morality and human civilization could exist without it. This is particularly true in the field of education. No other concept is as encompassing of educators' role as responsibility; it designates the educator's feelings toward the child, the educator's obligations to the society, and the objective of education itself. It appears as if any educational relationship is *inevitably* a relationship of responsibility. Some works in the field of philosophy of education indicate that the notion of responsibility serves or can serve as a key concept of educational ethics (Peters 2015; Danner 2010). Moreover, educational philosopher Josef Derbolav argues that, in the German tradition, the unique character of educational ethics lies precisely in the understanding of responsibility. He states that responsibility plays a dual role in the educator-child relationship: educators are *responsible* for enabling the child to assume *responsibility* him- or herself. This duality of responsibility distinguishes educational ethics from any other form of ethics (Derbolav 1971). In other words, the concept of responsibility obligates the educator to recognize the child as a (future) autonomous person and can therefore be regarded as a fundamentally democratic and historically democratizing concept. I will elaborate on this argument below. For now, these brief considerations already show how important the concept of responsibility is for educational practice and for philosophical reflection on education, since it enables reflection on values, emotions, obligations, and boundaries within the educational relationship. However, the concept is of central importance not only within educational ethics, but also in certain problematic social developments that are often collectively described by the sociological term "responsibilization".

141 Bei diesem Beitrag handelt es sich um eine leicht überarbeitete Fassung des Artikels: Kuhlmann, Nele (2022): On the Power of the Concept of Responsibility. In: Educational Theory 72 (1): 65–83.

As various researchers have shown, phrases such as the "responsible citizen", "responsible parenthood", or "the responsibility of teachers" have become slogans for transformations in educational policy and social welfare systems in many societies around the world; these changes are referred to as the shift to New Public Management (see f.e. Baez/Talbut 2008; Hache 2007; Rose/Lentzos 2017). Their argument, simply put, is that welfare states increasingly withdraw from previously assumed obligations such as family assistance, health care, unemployment benefits, or education funding and delegate these obligations to individuals or local communities under the guise of personal empowerment. In other words, states have used the concept of responsibility to legitimize transferring many of their traditional obligations to local entities and individuals, claiming that doing so would automatically increase individual freedom and thus strengthen democracy. However, the shift of obligations did not, as promised, expand freedom, but instead created new and more radical (financial) dependencies. In new policies enacted by these states, responsibility has turned into "a buzzword for the adoption and internalization of some of the core ideals of neoliberal or advanced liberal governance" (Trnka/Trundle 2017b: 5). In fact, the concept of responsibility has become the eponym for the technical term "responsibilization" that designates the simultaneity of *conceptual empowerment* and *actual disempowerment* just described. Thomas Lemke sees the key feature of this political strategy in the endeavor to create a "congruence [...] between a responsible and moral individual and an economic-rational actor (Lemke 2001: 201)".

In the field of education, Jan Masschelein and Maarten Simons notice a similar transformation in the normative expectations placed on teachers. They state that the new responsible teacher should be "demand-driven" and "make continual cost-benefit analysis before deciding to act" (Masschelein/Simons 2013: 127 f.). Within the established culture of accountability, characterized by certain practices of school management (such as output-driven governance and standards-based (large-scale) assessments), teachers are obliged to justify the gap between the learning objectives given and the learning outcomes actually achieved in terms of efficiency and effectiveness. It is precisely in this economically inscribed rhetoric that the concept of responsibility occupies a central position. By blending ethical concepts and entrepreneurial reasoning, the implemented transformations appear both morally legitimate and economically rational (Bröckling 2016). Gert Biesta concludes that previously "professional and democratic notions" have developed into "the current hegemony of the technical-managerial approach", which is fundamentally technocratic and undemocratic (Biesta 2004: 236).

Here, I interrupt these considerations for a moment since the problem around the concept of responsibility addressed in this paper should already have become clear. While, at first sight, the concept seems *indispensable* in terms of educational morality and therefore serves as a key concept for ethical reflections, a second consideration reveals that the concept is anything but *innocent*. This raises the question of how a concept can be *both* a basic concept of educational ethics and a buzzword found scattered throughout questionable policies. A more important question for educational practitioners and theorists thus becomes, how can we distinguish between the ethical concept of responsibility and its technocratic counterpart in order to reject illegitimate demands? In my view, there are essentially two possible answers to this question: First, we could conclude that the distinction is clearly possible because the two notions of responsibility differ fundamentally in their implications. Thus, we could theoretically characterize the ethical and democratic uses of the term, and thereby identify and criticize undemocratic and technocratic uses. The second outcome of our analysis could be that this distinction is not so straightforward since the overlap between responsibility and accountability is not accidental but is in fact rooted in the concept itself. This would mean that both notions share *structural similarities* that significantly complicate any effort to draw a dichotomous opposition between them. In this paper, I intend to show that this second answer is not only more convincing, but also allows for a more nuanced and promising perspective on educational ethics.

The proposed perspective is characterized by a shift in the way concepts are understood. In this paper, concepts are not regarded as theoretical tools that need to be sharpened and maintained by theorists and philosophers. Rather, I propose to understand concepts as powerful historical manifestations that shape our ways of perceiving, thinking, and acting. Starting from this assumption, I follow the approach of conceptual history (*Begriffsgeschichte*), which was developed, in particular, by German historian Reinhart Koselleck. His central assertion is that concepts comprise two aspects at the same time: "concepts are both indicators of and factors in political and social life" (Koselleck 1996: 61). That is to say, concepts both *register* and *affect* political and social circumstances and historical transformations. Placing "language and reality […] in a mutual relationship to each other", (Koselleck 1988: 664) without reducing one to the other, Koselleck assumes that historically embedded concepts both enable and limit possible experience. Of course, this also applies to educational phenomena. As Christiane Thompson puts it, pedagogical concepts "convey the problems surrounding that which is educational in the light of their various contexts and thinkable solutions" (Thompson 2015: 664). In other words, certain concepts – such as "discipline", "autonomy" or "competence" – create particular frameworks that define what *can and cannot* appear as educational issues, as morally legitimate intentions and interventions. In creating these frames, pedagogical concepts fundamentally shape the perceptions, self-understandings, and actions of educators. In this sense, pedagogical concepts are enormously powerful. Thus, in my view, it is crucially important for educational theorists to (re-)examine the historically evolved power of basic pedagogical concepts since they shape the conditions of possibility for our experience and perception. "By doing so", Thompson concludes, "we are engaging in a process of reviewing and evaluating various figurations of argument and justification, in order to make the contingency and prejudice of our own thought apparent to us" (ibid.) – and, I might add, in order to open the space for conceptual reconsiderations.

That brings me to the concern of this paper. By addressing the question of what exactly constitutes the power of the concept of responsibility, I aim to shed further light on how the concept shapes our self-conception and our perception of educational processes. My assumption is that the success and thus the specific power of the concept lies in its implicit notion of human power and agency. As I see it, the relationship between responsibility and power is interesting on at least two levels: First, the concept of responsibility is associated with a certain idea of human power, which is invoked by using the concept. Second, the concept itself exerts power by addressing people as *responsible* persons, since it thus shapes and changes people's self-understanding and experience. Of course, these two levels are closely intertwined. The power of the concept lies precisely in the fact that it evokes this idea of human agency, which has an effect on the persons it addresses. If we are approached as those responsible, assumptions arise that we actually have (or had) a certain agency. We therefore relate to our actions and ourselves in a certain way, e. g., by feeling proud, guilty, or accountable. Drawing on historical and philosophical works, I intend to show that the rise of the concept of responsibility can be seen as both an indicator of and a factor in fundamental transformations in human self-understanding. Precisely because responsibility is effective as a factor, the term possesses the power to shape and change (educational) relationships and human self-understandings.[142] I will show that the concept of responsibility and its German and French translations are closely related to a very specific view of human subjectivity that conceives humans as autonomous and rational moral agents. From this perspective, responsibility is almost identified with the concept of accountability and delineates "the capacity of an agent to be the cause and ground of its acts" and the necessity to account for these actions prospectively or retrospectively (Raffoul 2010: 6).

Subsequently, it is my ambition to show that this notion of responsibility was and still is essential for the context of education. This observation is particularly surprising, since the object of responsibility is not an act, a task, or a thing, but a child. As I see it, in talking about the responsibility of parents, teachers, or educators, we usually think of strong agents who are capable of leading children to given objectives. To put it in even stronger terms, by equating pedagogical responsibility with the educator's agency, we conceive educators as *moral sovereigns* and education as *a linear and governable process*. Here, I aim to show that these assumptions

---

142 Or, as Frieder Vogelmann puts it in Foucauldian terms: responsibility "is a *discursive operator* which transforms power relations, knowledge formations, and processes of subjectivation within the practices into which it is introduced" (Vogelmann 2017: 3).

are not accidental; rather, they are rooted in the conceptual history of (pedagogical) responsibility. I will elaborate this thesis based on two very different cases from the German history of education: first, the emergence of the concept of responsibility (*Verantwortung*) in the progressive reform era at the beginning of the twentieth century; and second, the turn to evidence-based education a century later. Both cases refer to transnational phenomena that have had a lasting impact on educational landscapes around the world, thus also offering insights for educational theorists and practitioners outside Germany (Popkewitz 2012; Parreira do Amiral 2019). In my view, both cases, each in its own way, reveal how closely educational theory and fantasies of sovereignty and educational governability are – or at least can be – intertwined. The analysis of these cases therefore shows how dangerous the concept of responsibility can be since it conceals and can even strengthen *undemocratic* demands. I suggest taking the concept of responsibility as a lens through which to focus on the entanglement of educational ethics and educational governance in order to rethink the role and *responsibility* of educational theorists. It becomes clear that ethical theories are historically contingent and always exert a context-specific power since they shape perceptions and actions. However, this does not result in an ethical relativism, but rather tasks philosophers of education with exploring these historically evolved entanglements in order to open them up and offer alternative conceptual interpretations. After all, the concept of responsibility is, in my view, worth fighting for.

This paper is organized as follows: In a first step, I will show that the concept of responsibility is closely related to the historical rise of human agency. I will then investigate the concept's emergence in the educational discourse in Germany in the late nineteenth and early twentieth century. In a third step, I will refer to the disputes over German students' poor performance of in 2001 on the first large-scale academic assessment, the Program for International Student Assessment (PISA), conducted by the Organization for Economic Cooperation and Development (OECD). In these debates, researchers claimed an insufficient "ethos of responsibility" on the part of the teachers. A direct comparison of the traditional notion of responsibility and these new uses will reveal how closely the traditional concept of responsibility in educational ethics is related to the notion of accountability. The final part of this paper is devoted to a reconsideration of educators' and educational philosophers' responsibility.

I. Responsibility as Accountability

Considering how ubiquitous the term responsibility is in everyday life as well as in philosophy, the etymological fact that responsibility as a concept is comparably young is very surprising. It first emerged in 1787 in James Murray's *Oxford English Dictionary* (McKeon 1957: 8). Whereas the English concept *responsibility* and the French term *responsabilité* first appeared as political concepts in the context of revolutions during the eighteenth century, the German notion *Verantwortlichkeit* was "predominantly a technical legal term that referred to the strictly formal process of providing an 'Antwort' (response) to a legal complaint" until the eighteenth century (Vogelmann 2017: 7). The philosophical engagement with the concept began even later: the concept entered the philosophical discourse only a century ago. As Richard McKeon shows, John Stuart Mill introduced responsibility as a substitute for accountability and liability in the debates on freedom of will, thus decisively shaping the former term's meaning (McKeon 1957: 7). In the following years, the concept rose quickly to be one of the key concepts in ethics. Referring to the German term *Verantwortung*, Kurt Bayertz argues that the concept shifted from one describing a justification in the court, to a Christian concept of accountability, and finally to a concept of inner morality and consciousness (Bayertz 1995: 18). He designates this shift an "internalization" of responsibility and thereby constructs an (admittedly overly linear) historical process of "growing human awareness of subjectivity" (Bayertz/Beck 2017: 134). In the course of this process, the way humans understand themselves fundamentally changed: whereas during the early modern period humans interpreted themselves primarily as inserted into a hierarchical divine order, this perception changed such that humans perceived their own agency and thus recognized the powerful role they play in creating norms.[143] Therefore, the previously central concept of "duty" (*Pflicht*), which refers to a pre-given (Christian) order, has been replaced by the concept of responsibility, which formalizes and individualizes morality by focusing on personal choices and reflexivity instead of a superordinate order. This paradigmatic transformation rearranged the relationship between order and individual freedom: while the concept of duty is based on the social order and thus regulates freedom, the concept of responsibility is based on the *order-building* power of individual freedom. The concept of responsibility therefore evoked a certain perception of human subjectivity that indicated and effected social transformations. To put it briefly, the concept of responsibility was and remains powerful because it evokes the idea of a powerful agent.

By pointing out that this shift from duty to responsibility was particularly attractive in contexts where "mere obedience to external authority was either undesirable or unachievable", Niklas Rose and Filippa Lentzos argue that both the "ethical" and the "technical" dimensions of the concept of responsibility are crucial for understanding its success (Rose/Lentzos 2017: 27). This assumption provides important insights for my argument. According to Rose and Lentzos, sociohistorical transformations – such as detraditionalization, the increasing experience of contingency, and the growing valorization of the autonomous subject – fundamentally *delegitimized pre-given authorities*. Thus, individual

143 For a critique of this linearity, see Rose 1996.

responsibility became *ethically desirable* since it enabled new modes of morality that were not founded on these traditional authorities. At the same time, as modern societies grew more complex and the consequences of human actions became ever more unpredictable, the sort of encompassing control that prevailed in earlier times became technically *unachievable*. As a result, the ascription of individual responsibility and accountability became functionally attractive because it restructured control from something externally imposed to something internally enacted. In other words, there is no need to control the work of persons who feel themselves responsible for the result. Responsibility became, so to speak, the necessary correlate of the rise of human agency that was both ethically fostered and functionally reasonable. Ethical conceptions of responsibility are therefore inextricably linked to technical (and to some extent technocratic) notions of governance in terms of accountability.

In his book *The Origins of Responsibility*, François Raffoul draws a similar conclusion. He elaborates four assumptions, or rather implicit beliefs, that underlie the prevailing notion of responsibility, thus revealing the close connection between responsibility and accountability. First, the notion that humans are agents whose subjectivity is regarded "as ground of imputation." Second, the assumption that "the subject is a voluntary agent, i. e., the reliance on the voluntary so-called 'free will.'" Third, the strong belief in causality, "with responsibility being defined as the cause of the act;" and finally, the idea "that the responsible being is a rational subject, [and] that the basis for ethical responsibility is rational agency and subjectivity" (Raffoul 2010: 174).

Overall, these historical and philosophical works point out that the concept of responsibility is closely linked to a very specific, historically evolved view of human subjectivity that is based on rationality, autonomy, and thereby accountability. However, it is not yet clear why this view might be problematic. As I will argue, this understanding of responsibility generates specific types of sociality that obscure forms of human interdependence which are crucial for educational and other social phenomena. By establishing a triadic relation between a subject, an object, and a normative measure of value – a subject bears responsibility for an object based on norms set by a particular moral institution or certain authority – the traditional notion of responsibility creates a web of moral obligations. On the one hand, this form of relationality follows an *individualizing logic*, as communities are understood to be an accumulation of responsible individuals, i. e., autonomous and rational agents. On the other hand, the concept of responsibility *establishes a connection* between the agent and the community since the individual is supposed to internalize social norms and act accordingly. Yet, based on the idea of the strong individual moral agent, this very connection is secondary in nature; it is, as Masschelein and Simons put it, "a contractual relationship" (Masschelein/Simons 2013: 116). Responsible individuals shall think about how they can contribute to the common good, which in turn shall benefit those responsible individuals themselves.[144] This raises the question of what this view means for members of a community who cannot (yet) act autonomously. Can this notion of responsibility be reconciled with a caring and pedagogical responsibility? Subsequently, I will use two cases from the history of German education to show that this indicated understanding of responsibility also prevails in the field of education, although it entails profound theoretical and ethical problems.

II. The Emergence of Pedagogical Responsibility

The observation regarding the concept of responsibility's "meteoric rise" from a rather marginal term to the key category of educational ethics also applies to the German educational field. The term responsibility has only been used in the context of German educational theory and policy for slightly more than a century: its use in the field began shortly before World War I and then became more widespread during the war and in the Weimar Republic.[145] As described in the previous section, the success of the concept of responsibility is linked to the rise of human agency and the loss of the authority of traditions, thus changing the way morality and ethics were conceived. These transformations have also affected educational theory, as the emergence of the concept and related – transnational – upheavals at the beginning of the twentieth century reveal. These societal transformations at the beginning of the twentieth century were by no means limited to Germany; rather, they are better interpreted as Western developments. As Thomas Popkewitz and others argue, the "invention" of the modern responsible self in the field of education was a response to the increasing experience of contingency and uncertainty in times of urbanization and industrialization in many countries worldwide (Popkewitz 2005). Nevertheless, I think it is instructive to analyze the German case in more detail, as it took deeply undemocratic and nationalistic paths.[146] In the following, I intend to show how the fundamental questioning of traditional authority was dealt with and how the resulting gap was filled with the concept of responsibility in a particularly problematic way.

---

144 Stephan Lessenich argues that contemporary forms of individualization are accompanied by a "neo-social" logic of "community-based self-responsibility" (Lessenich 2003: 89, my translation).

145 The first lexical lemmas in German educational encyclopedias about "responsibility" (*Verantwortung/Verantwortlichkeit*) emerged in the early twentieth century, indicating that the concept of "duty" – previously so central – began to merge with the new, originally juridical term "responsibility." Parents and educators were considered to have a "duty of responsibility" (*Verantwortungspflicht*), including the moral sense of duty and legal liability (*Haftpflicht*) (Mosapp 1917: 430). At the same time, however, "the objective duty of responsibility" and "the subjective sense of responsibility" were also understood as central goals of moral education (ibid., 431).

146 For a comparative analysis, see Tröhler 2015.

In a period of far-reaching social changes, such as the rapid progression of industrialization and urbanization, representatives of several movements declared in unison a loss of tradition and an increasing disorientation. In Germany this gave rise to youth movements whose members proclaimed that the existing culture and present forms of authority no longer held meaning for them, and therefore demanded that they must themselves take *responsibility* for the future of the German people (*Volk*). Influential progressive educators agreed with this claim and urged that the principle of "blind obedience" which prevailed in German schools must be replaced by comprehensive character education focused on inculcating "a strong sense of responsibility" (Kerschensteiner 1968: 24, my translation; see also Foerster 1908). Thus, initially the concept of responsibility was used to emphasize that children and adolescents should no longer be seen merely as *objects* of education but must instead be recognized as *subjects* that could and should learn to educate themselves (*Selbsterziehung*). Only a decade later, this programmatic stance became the point of departure for the *Geisteswissenschaftliche Pädagogik*,[147] the emerging academic discipline of pedagogy in Germany (Nohl 1926). Herman Nohl, who was substantially involved in establishing this discipline, stated that the various movements had a common goal, one that also guided his own thinking. He described this goal as "a radical transformation that renounces violence and expects everything from an education that calls for *free responsibility* in young people" (Nohl 1963: 20). The perceived "morality vacuum" should therefore be met, at least programmatically, with a stronger consideration of the next generation. When we turn to the question of what theoretical and programmatic answers were given to this crisis of cultural authority, however, an ambivalent picture emerges. On the one hand, it was emphasized that the disappearance of a strong moral foundation must lead to a new ethics that would take the will of the younger generation into account. On the other hand, the demand for children's participation was simultaneously negated by the creation of new unambiguous norms and values and, by extension, a new indisputable and powerful pedagogical authority.

This ambivalence is particularly evident in Nohl's work. According to him, the loss of reliable values and goals in education resulted in a new mission for educators – specifically, they were charged with mediating between the community's social needs, on the one hand, and the individual demands of the child, on the other. This tension, designated as "the big pedagogical antinomy", (ibid.: 116) derives from the stated twofold mandate of educators. On one side, since educators are required to teach cultural values, they have a responsibility and an obligation to the community. On the other side, they bear a responsibility to the child that requires taking individual desires and abilities into account. Educational

147 Tröhler (2003: 759) translates *Geisteswissenschaftliche Pädagogik* as "education as one of the humanities or arts rather than as a science".

responsibility, therefore, means dealing with this unsolvable antinomy in a responsible way. However, this pedagogical antinomy did not lead Nohl to develop an ethics of responsibility that considers the child's demands or the pluralization of values. On the contrary, he opposed the stated relativism of value with unambiguous and totalitarian truths aimed at instituting "the unity of a new ideal of the German man and of a higher spiritual folk culture (*Volkskultur*)" (Nohl 1926: 58). In Nohl's nationalistic argumentation, the concept of responsibility functions as a nexus between the claim to develop a mental inner unity, a "true personhood" (*Persönlichkeit*) through *Bildung*, and the claim to see oneself as part of a whole, the German *Volk* (Tröhler 2003). Since Nohl considered "self-responsibility" to be *the* human ideal and virtue, both the ethos of educators and the goal of education were identified with this concept. The personhood of the educator is thus the central condition for enabling children to acquire precisely this embodied ideal. Nohl designates the process of education as "making responsible" (Nohl 1963: 177). This implies inculcating in children a commitment to set nationalistic values, which they should ultimately recognize as their own individual values. To put it differently, the obedience of the children should become *voluntary* obedience, and educational authority should be *affirmed* authority. Thus, the interplay between the "ethical" and "technical" dimensions of the concept of responsibility, to which Rose and Lentzos referred, was used to make the educational process both more ethical and more effective. The questioning of authority, articulated by using the concept of responsibility, was simply met with a new theory of strong authority, which was legitimized with responsibility.

How this view came to be practically effective becomes clear by analyzing the first attempts at democratizing German schools in the Weimar Republic. At this stage, U.S. concepts of student self-governance were translated and implemented in an idiosyncratic way. Eventually, though, the so-called "student co-responsibility" (*Schülermitverantwortung*) was implemented in order to lead students *indirectly* by training them in a form of "self-governance" that emphasized submission to authority.[148] Mere obedience to external authority was replaced by more indirect forms of leadership, the "the conduct of conducts."[149] The influential work *School and Character* states the aim of this approach in particularly vivid terms: "Self-government should only be a means of educating the obedient in a limited area with simplest responsibility, to commit them to cooperate with authority and to voluntary obedience" (Foerster 1908: 91, my translation). The new normative orientation toward the concept of responsibility cannot, therefore, be understood as a genuine questioning of authority, but it points instead

148 Particularly interesting would be a deeper investigation into the relationship between John Dewey and the German educator and politician Georg Kerschensteiner, see Knoll 2018.

149 Drawing on Michel Foucaults notion of pastoral power, Ansgar Allen traces a similar shift in the emergence of mass schooling in the UK (Allen 2013).

to a transformation of the logic of authority. However, this does not affect the assumption that educators and teachers are capable of, and play an ethically legitimate role in, leading children to predetermined goals and thus negating the subjectivity of children. Overall, as I have shown, the emergence of the concept of responsibility has generated a very specific grid of relations: the relationship of educators to the (national) community, to their students, and to themselves as responsible selves. Furthermore, the concept established a specific relationship between the academic discipline and educational practitioners. The authority of the newly emerging academic discipline lay in committing teachers and educators to new indisputable truths, thereby undermining democratic developments. In the next section, by drawing on contemporary notions of responsibility and accountability in the context of evidence-based education, I will show that this underlying assumption is still present today.

III. Accountability and the "Ethos of Responsibility"

In 2001 the OECD's first PISA study caused "PISA-shock" in Germany. The study revealed a surprisingly poor performance by students and, in comparison to other countries, one of the strongest associations between students' socioeconomic status and their school performance. Public media, politicians, and educational researchers raised questions regarding who is responsible for this failure and what should be the educational response to this shocking outcome. There was discussion about whether the formal structures of Germany's education system should be transformed, or whether the primary source of the failure was instead the way that teachers act within these structures. The OECD coordinator Andreas Schleicher, for instance, identified the early selection of students into different school forms as the central cause of educational injustice in Germany (Schleicher 3.1.2002). Others argued, in contrast, that teachers' insufficient professionalism was the main cause of the negative test results. In this vein, Jürgen Baumert stated that German teachers' "ethos of responsibility" is insufficient, as they do not feel equally responsible for all children and therefore support some only in an adequate way (Baumert 2003: 223). Considering this lack of responsibility as the cause of the problems in schooling, Baumert advocated a reform of teacher training instead of the tedious process of restructuring the German education system. The harsh criticism was directed not only against German teachers, but also – or even mainly – against German academics in the field of education. In 2006 Baumert and his colleague Mareike Kunter published an influential article in which they argue that university teachers cannot sufficiently prepare students for their job as teachers if researchers continue to focus on the permanent uncertainty of educational processes and on how failure-prone these processes are (Baumert/Kunter 2006). Baumert and Kunter also emphasize the possibility of planning and guiding effective individual learning processes. In their view, the essential task of educational studies is the empirical search for and verification of crucial competencies (such as planning competencies or diagnostic competencies) and evidence-based knowledge. Interestingly, Baumert combines this strong focus on technical feasibility with an emphatic call for an ethos of responsibility (Baumert 2003). Therefore, the question arises: what can this ethos consist of if the aims and means of education are considered to be absolutely clear?

Baumert and Kunter's article can be regarded as a central course-setting event for subsequent developments in the German education system, including shifts in the academic discipline of education, in teacher training, and in school governance. The PISA-shock of 2001 has ultimately led to the introduction of New Public Management practices in Germany. These practices, which have been in use for some time in many other countries (Biesta 2004), follow a dual strategy. First, responsibility for improvements is passed on to individual schools and teachers. Second, the "quality" of schools is measured by means of external and internal evaluations and on the basis of centralized learning assessments and educational standards (Terhart 2011: 216). Thus, the success and failure of teachers can be measured "objectively", and failure can be attributed either to a lack of competence or to unwillingness on the part of teachers. Significantly, the debate over whether formal structures in the German education system need to be changed (e. g., rethinking the process by which students are selected into school forms) ended as soon as failure could be attributed to teachers. From this perspective, the concept of responsibility facilitated the individualization of failure.

As I indicated in the introduction, the development described here must be viewed against the backdrop of a broader transformation of society and educational systems worldwide. As several researchers have pointed out, the idea of "evidence-based" knowledge and practice has fundamentally changed the notion of professionalism in education (see f.i. Bellmann/Müller 2011; Biesta 2017). According to this view, the academic discipline of education ought to provide "knowledge that works", thus giving rise to the "globalized expert" (Thompson 2019). Within the established culture of accountability, teachers are obliged to *apply* this knowledge and to *justify* their actions in terms of efficiency and effectiveness. My central assumption is that the concept of responsibility, because of its almost unique normative power, has made a decisive contribution to these developments. In the next section, by summarizing my considerations, I shall identify what exactly this normative power is.

IV. The Power of the Concept of Responsibility

It seems reasonable to argue that the ethical concept of responsibility is simply misused in contemporary discourses about educational accountability. Opposed to that, my aim was to show that the traditional concept of responsibility as formulated in the German philosophy of education shares certain *structural similarities* with the concept of accountability that prevails today. In order to characterize the responsibility's conceptual power, I will address three similarities. First, both concepts conceive educators and teachers as *sovereigns* who have the capability and (ethical) legitimacy to lead children to given goals. The experience of moral and social insecurity at the beginning of the twentieth century was tamed by the introduction of *new* timeless truths embodied by strong educational authorities. Thus, the mode of educational authority shifted from directive, obedience-based forms to more indirect forms.[150] Nohl and other education reformers of the time argued that only certain educational personalities could know what is best for the child and thus have the ethical legitimacy to enforce these given goals even against resistance.

The concept of accountability is also based on the assumption that there are generally valid educational objectives whose attainment and nonattainment can be fully attributed to educators and teachers. This leads to my second point. The concepts of responsibility and accountability both theorize educational processes as more or less linear and governable, thus disregarding or even negating tensions, antinomies, or uncertainties. If the child's actions are considered fully controllable, any deviation from this plan becomes a disturbance that must be corrected, even against the child's will. Because of our "fear of risk and a concomitant desire for control", as Biesta puts it, "we turn [education] into a machinery in which what matters educationally – such as the freedom and independence of the student – is ultimately squeezed out" (Biesta 2017: 317). Both similarities make it clear that neither the traditional ethical concept of responsibility nor the concept of accountability allows including the child *as a human being*. In other words, by theorizing educators and teachers as sovereigns over the children entrusted to them, their pedagogical authority becomes unlimited and ethically unquestionable.

Finally, this strong notion of educational agency paradoxically goes hand in hand with a *disempowerment of educators and teachers*, since the objectives and means of education are considered indisputable. In other words, by invoking the concept of responsibility, educational scholars then and now authorize their own position as the source of truth. The general concept promises an *extended* scope for independent action that is actually *reduced* due to the concepts of evidence-based knowledge and auditable learning outcomes. As I see it, this is a process of *responsibilization*, as educators and teachers are considered responsible but are actually deprived of their power to interpret the situation at hand, that is, to make professional judgements in a complex and uncertain learning environment.

Johannes Bellmann and Florian Waldow show how an "extraordinary marriage" between technocracy and progressive education emerged in German

150 Educational historians point out that this shift was a transnational process of reorganizing society by reorganizing schooling, see Hunter 1994 and Allen 2013.

education policy after PISA 2001 (Bellmann/Waldow 2007). The technocratic focus on controllability and feasibility is combined with emphatic pedagogical terms such as autonomy, empowerment, or responsibility. Bellmann and Waldow state that political demands gain legitimacy through using established ethical concepts; thus, the use of familiar ethical concepts makes it harder for teachers to reject these demands. As I argued above, I consider this marriage possible because both the technocratic concept and the ethical concept of responsibility are structurally compatible. What makes the concept of responsibility particularly powerful, however, is that it is inextricably linked historically with emphatic pedagogical ideals, namely child orientation and a strong notion of community. The concept became the epitome of a new child-centered pedagogy, which, despite its actual undemocratic implications, has had a lasting effect on the normative expectations placed on educators. In addition, based on a strong sense of belonging, pedagogical responsibility creates the imagination of a *pedagogical community*. In my view, it is this very fusion of strong (moral) agency, as implied in the general concept of responsibility, with emphatic pedagogical ideals that makes the concept so powerful and hard to reject. In this sense, pedagogical responsibility means being *capable of and legitimized in* leading the child to given objectives. At the same time, however, only the educator can be responsible – or, rather, *accountable* – for failure within education. This assumption is decisive for the question of what experiences are evoked by the concept of responsibility in the context of education. The emotions that parents, teachers, and educators associate with pedagogical responsibility are, therefore, often feelings of insufficiency, anxiety, and even guilt. Paradoxically, my historical analysis here reveals that the concept of pedagogical responsibility is *both* so fundamental and so hurtful to educators' self-understanding. I think, however, that this analysis may open a space for conceptual reconsiderations. Following the assumptions of conceptual history set out in this paper's introduction, we could thus pave the way for other kinds of experiences.

V. Opening Space for Conceptual Reconsiderations

At first, the question must be clarified whether and why it is worth sticking to the concept of responsibility. In his study *The Spell of Responsibility*, philosopher Frieder Vogelmann concludes that it is not worthwhile or even problematic to continue working philosophically with the concept (Vogelmann 2017). In his view, if philosophy would continue to engage with the term, it would intensify the already strong "spell of responsibility" that we are under today. In other words, philosophy's continued use of the concept would make it an accomplice to questionable practices of responsibility since such use further charges the term normatively and thus makes it even more powerful. In contrast, however, I think that it is still crucial for (educational) philosophers to concern themselves with the concept of responsibility. Drawing on conceptual history, I assume that we, as theorists, cannot simply dismiss or redefine certain concepts that have become fundamental for our self-understanding. Rather, we need to engage with the conceptual history of these ideas in order to identify implicit power relations and to uncover potentials that have been historically discarded. In my view, the concept of responsibility has become so powerful in shaping the perception and experience of educators and teachers that educational philosophers have a responsibility to offer conceptual alternatives to the prevailing logic of accountability. In this sense, educational philosophy could enable other kinds of experiences for educational practitioners. Overall, I assume that, as several philosophers have recently argued, it is worthwhile to engage with the concept in order to *unfold* its ethical potential (Trnka/Trundle 2017a).

So where does the ethical potential of the educational concept of responsibility lie? My main argument here is that the concept of responsibility can make the antinomies and tensions, which are *constitutive* for education, conceptually accessible in a way that no other concept can. Thus, it can help us to dissolve the moral sovereignty of the educator. In thinking about pedagogical responsibility, at least two conceptual and practical tensions arise. The object of pedagogical responsibility is in most cases a child, who, first, as a human being can only be influenced to a limited extent and, second, should learn to be responsible him- or herself. The concept of responsibility, therefore, connects various crucial dimensions of education: the ethos of the educator; the more or less formal goal of education; and the experience of being responsible for someone who is in some sense dependent on you, but never completely controllable. Interestingly, Martin Buber and Eberhard Grisebach reflected on the concept of pedagogical responsibility in the 1920s, focusing on uncertainties and boundaries within education (Grisebach 1924; Buber 2005). However, their influence was marginal, at least in the following decades. In my opinion, it is worthwhile to revisit their considerations (Shady/Larson 2010).

Several philosophers of education have shown that Emmanuel Levinas's phenomenological ethics can be a fruitful approach to rearticulate the position of the educator (Joldersma 2014; Egéa-Kuehne 2008). Drawing on Levinas' notion of the radical Other, Jan Masschelein states that being responsible means to have the task *to respond* to the child's inscrutable claims and thus to be in the position of a respondent (Masschelein 1996). This position is fundamentally opposed to the traditional sovereign position of the educator. But it is important to avoid simply reversing the traditional supremacy of the educator over the child. We can do so, I suggest, by placing more emphasis on the *reciprocity* within the relationship of educator and child. In my view, the concept of responsibility makes it possible to describe their mutual interrelationality and dependency on each other. To bear responsibility for another human being means to be aware of the fact that you are the condition of someone else's welfare and development. At the same time, the other human being is also your condition since you have to respond to the other and thereby change yourself. The same applies to pedagogical responsibility. Parents, educators, and teachers need to be aware of their power to influence children without assuming that they can fully control the actions of children or even fully protect them.

These considerations fundamentally challenge our understanding of educational authority and educational agency. Hence, I suggest that we rethink pedagogical responsibility by drawing on relational notions of authority and agency (Bingham 2008; Schäfer/Thompson 2009; Priestley et al. 2016). If we understand authority as a relationship of recognition rather than a possession of the educator, we can gain insights into the complexity of educational processes (Balzer/Ricken 2010). In my view, the paradox of educational authority, therefore, is that *it can only be legitimate if it constantly questions this very legitimacy*. This need for constant questioning refers to both educational practice and theory. Overall, then, the exercise of pedagogical responsibility means rejecting the impulse to close the constitutive tensions and antinomies in the educational process.

VI. Concluding Thoughts

Concepts essentially shape what can appear to be a moral, ethical, or educational issue and simultaneously give form to possible solutions. Based on Thompson's reflections, I have presumed that it is important for philosophers of education to become aware of the given issues and the potential solutions that "so far have been influential in pedagogy … in order to make the contingency and prejudice of our own thought apparent to us" (Thompson 2015: 654). Through my analysis here, I have sought to reveal the fundamental ambivalence of responsibility, as it indicates and creates pedagogical antinomies and tensions, on the one hand, and tends to close these antinomies, on the other. If antinomies and paradoxes are negated, however, educational ethics loses its meaning. By examining two cases from the German history of education, I have shown that the concept of responsibility is anything but "innocent" since it tends to lend dignity to authority and thus renders authority unquestionable. Therefore, the purpose of this paper has been to explore the power wielded by the concept of responsibility and to reexamine the concept in order to regain its ethical potential. If the experience of bearing responsibility for a child is closely related to how the concept was and is used in (public) discourses, then philosophers of education have a responsibility to intervene in these discourses and to offer alternative interpretations that open a space for *ethical responsiveness*. After all, pedagogical responsibility must be more than the feeling of insufficiency and guilt for failing to meet the given learning objectives.

Bibliography

Allen, Ansgar (2013): The Examined Life: On the Formation of Souls and Schooling. In: American Educational Research Journal 50 (2), 216–250.

Baez, Benjamin/Talbut, Susan (2008): Governing for Responsibility and with Love. Parents and Children between Home and School. In: Educational Theory 58 (1), 25–43.

Balzer, Nicole/Ricken, Norbert (2010): Anerkennung als pädagogisches Problem. Markierungen im erziehungswissenschaftlichen Diskurs. In: Alfred Schäfer/Christiane Thompson (Eds.): Anerkennung. Paderborn. Ferdinand Schöningh, 35–87.

Baumert, Jürgen/Kunter, Mareike (2006): Stichwort: Professionelle Kompetenz von Lehrkräften. In: Zeitschrift für Erziehungswissenschaft (9), 469–520.

Bayertz, Kurt (1995): Eine kurze Geschichte der Herkunft der Verantwortung. In: Kurt Bayertz (Ed.): Verantwortung. Prinzip oder Problem? Darmstadt. Wissenschaftliche Buchgesellschaft, 3–71.

Bayertz, Kurt/Beck, Birgit (2017): Der Begriff der Verantwortung in der Moderne: 19.–20. Jahrhundert. In: Ludger Heidbrink/Claus Langbehn/Janina Loh (Eds.): Handbuch Verantwortung. Wiesbaden: Springer VS, 133–148.

Bellmann, Johannes/Müller, Thomas (Eds.) (2011): Wissen, was wirkt. Kritik evidenzbasierter Pädagogik. Wiesbaden: Springer VS.

Bellmann, Johannes/Waldow, Florian (2007): Die merkwürdige Ehe zwischen technokratischer Bildungsreform und emphatischer Reformpädagogik. In: Bildung und Erziehung 60 (4), 481–503.

Biesta, Gert (2004): Education, Accountability, and the Ethical Demand: Can the Democratic Potential of Accountability be regained? In: Educational Theory 54 (3), 233–250.

Biesta, Gert (2017): Education, Measurement and the Professions: Reclaiming a space for democratic professionality in education. In: Educational Philosophy and Theory 49 (4), 315–330.

Bingham, Charles (2008): Authority Is Relational. Rethinking Educational Empowerment. Albany/New York: State University of New York Press.

Bröckling, Ulrich (2016): The Entrepreneurial Self. Los Angeles/London/New Delhi/Singapore/Washington DC: Sage Publications.

Buber, Martin (2005): Rede über das Erzieherische. Nach einer auf der III. Internationalen Pädagogischen Konferenz in Heidelberg gesprochen. In: J. Jacobi (Ed.): Schriften zu Jugend, Erziehung und Bildung. Martin Buber Werkausgabe. Gütersloh. Gütersloher Verlagshaus, 136–154.

Derbolav, Josef (1971): Abriß einer pädagogischen Ethik. In: Josef Derbolav (Ed.): Systematische Perspektiven der Pädagogik. Heidelberg. Quelle & Meyer, 124–155.

Egéa-Kuehne, Denise (Ed.) (2008): Levinas and Education: At the Intersection of Faith and Reason. New York: Routledge.

Foerster, Friedrich Whilhelm (1908): Schule und Charakter. Beiträge zur Pädagogik des Gehorsams und zur Reform der Schuldisziplin. Zürich: Schulthess.

Grisebach, Eberhard (1924): Die Grenzen des Erziehers und seine Verantwortung. Halle: Niemeyer.

Hache, Emilie (2007): Is responsibility a tool of neo-liberal governmentality? La responsabilité, une technique de gouvernementalité néolibérale? In: Raisons politiques 28 (4), 49–65.

Hunter, Ian (1994): Rethinking the school. Subjectivity Bureaucracy Criticism. St. Leonards: Allen&Unwin.

Joldersma, Clarence W. (2014): A Levinasian Ethics For Education's Commonplace. New York: Palgrave Macmillan.

Kerschensteiner, Georg (1968): Produktive Arbeit und ihr Erziehungswert. In: Gerhard Wehle (Ed.): Georg Kerschensteiner. Texte zum pädagogischen Begriff der Arbeit und zur Arbeitsschule. Paderborn. Ferdinand Schöningh Verlag, 5–25.

Knoll, Michael (2018): "Two Roads to Culture". John Dewey und Georg Kerschensteiner im Streit um die Berufs- und Allgemeinbildung. In: Franz Michael Konrad/Michael Knoll (Eds.): John Dewey als Pädagoge. Erziehung – Schule – Unterricht. Bad Heilbrunn. Julius Klinkhardt, 271–291.

Koselleck, Reinhart (1996): A Response to Comments on the Geschichtliche Grundbegriffe. In: Hartmut Lehmann/Melvin Richter (Eds.): The Meaning of Historical Terms and Concepts. New Studies on Begriffsgeschichte. Washington DC. German Historical Institute, 59–70.

Lemke, Thomas (2001): 'The birth of bio-politics': Michel Foucault's lecture at the Collège de France on neo-liberal governmentality 30 (2), 190–207.

Lessenich, Stephan (2003): Soziale Subjektivität. Die neue Regierung der Gesellschaft. In: Mittelweg 36 (4), 80–93.
Masschelein, Jan (1996): Pädagogisches Handeln und Verantwortung. Erziehung als Antwort. In: Käte Meyer-Drawe/Helmut Peukert/Jörg Ruhloff (Eds.): Pädagogik und Ethik. Beiträge zu einer zweiten Reflexion. Weinheim: Deutscher Studienverlag, 81–103.
Masschelein, Jan/Simons, Maarten (2013): In defence of the school. A public issue. Leuven: E-ducation, Culture & Society Publishers.
McKeon, Richard (1957): The Development and the Significance of the Concept of Responsibility. In: Revue Internationale de Philosophie 39 (1), 3–32.
Mosapp, H. (1917): Verantwortung (Verantwortlichkeit). In: Ernst M. Roloff (Ed.): Lexikon der Pädagogik. Fünfter Band: Sulzer bis Zynismus. Freiburg im Breisgau. Herdersche Verlagshandlung, 430–432.
Nohl, Herman (1926): Die Einheit der Pädagogischen Bewegung. In: Erziehung 1, 57–61.
Nohl, Herman (1963): Die Pädagogische Bewegung in Deutschland und ihre Theorie. Frankfurt am Main: Schulte-Bulmke.
Parreira do Amaral, Marcelo/Steiner-Khamsi, Gita/Thompson, Christiane (Eds.)(2019): Researching the Global Education Industry: Commodification, the Market, and Business Involvement. Cham: Palgrave Macmillan.
Peters, Richard Stanley (2015): Authority, Responsibility and Education. London/Boston/Sydney: Routledge Taylor and Francis Group.
Popkewitz, Thomas (Ed.) (2005): Inventing the Modern Self and John Dewey. Modernities and the Travelling in Education. New York: Palgrave Macmillan.
Popkewitz, Thomas (2012): Cosmopolitanism, making the nation and the citizen as a salvation theme of turn of the twentieth century. In: Tarja Tolonen/Tarja Palmu/Sirpa Lappalainen/Tuuli Kurki (Eds.): Cultural practices and transitions in education. London, United Kingdom. The Tufnell Press, 41–58.
Priestley, Mark/Biesta, Gert J. J./Robinson, Sarah (2016): Teacher agency. An ecological approach. London: Bloomsbury Academic.
Raffoul, Francois (2010): The Origins of Responsibility. Studies in Continental Thought. Bloomington/Indianapolis: Indiana University Press.
Rose, Niklas (1996): Authority and the Genealogy of Subjectivity. In: Paul Heelas/Scott Lash/Paul Morris (Eds.): Detraditionalization: Critical Reflections on Authority and Identity. Cambridge. Blackwell Publishers, 294–328.
Rose, Niklas/Lentzos, Filippa (2017): Making Us Resilient: Responsible Citizens for Uncertain Times. In: Susanna Trnka/Catherine Trundle (Eds.): Competing Responsibilities. The Politics and Ethics of Contemporary Life. Durham/London. Duke University Press, 27–49.
Schäfer, Alfred/Thompson, Christiane (Eds.) (2009): Autorität. Paderborn: Ferdinand Schöningh Verlag.
Schleicher, Andreas (01.03.2002): Welche Konsequenzen müssen aus der Bildungsmisere gezogen werden? Interview mit Peter Kapern. Deutschlandfunk. Online verfügbar unter https://www.deutschlandfunk.de/welche-konsequenzen-muessen-aus-der-bildungsmisere-gezogen-100.html, zuletzt geprüft am 08.05.2023.
Shady, Sara L. H./Larson, Marion (2010): Tolerance, Empathy, or Inclusion? Insights from Martin Buber. In: Educational Theory 60 (1), 81–96.
Terhart, Ewald (2011): Lehrerberuf und Professionalität: Gewandeltes Begriffsverständnis – neue Herausforderungen. In: Werner Helsper/Rudolf Tippelt (Eds.): Pädagogische Professionalität. Weinheim: Beltz, 202–224.
Thompson, Christiane (2015): The Philosophy of Education as the Economy and Ecology of Pedagogical Knowledge. In: Studies in Philosophy and Education 34, 651–664.
Thompson, Christiane (2019): The Globalized Expert: On the Dissemination and Authorization of Evidence-Based Education. In: Marcelo Parreira do Amaral/Gita Steiner-Khamsi/Christiane Thompson (Eds.): Researching the Global Education Industry. Commodification, the Market and Business Involvement. Cham. Palgrave Macmillan, 203–224.
Trnka, Susanna/Trundle, Catherine (Eds.) (2017a): Competing Responsibilities. The Politics and Ethics of Contemporary Life. Durham/London: Duke University Press.

Trnka, Susanna/Trundle, Catherine (2017b): Introduction. Competing Responsibilities. Reckoning Personal Responsibility, Care for the Other, and the Social Contract in Contemporary Life. In: Susanna Trnka/Catherine Trundle (Eds.): Competing Responsibilities. The Politics and Ethics of Contemporary Life. Durham/London. Duke University Press, 1–24.
Tröhler, Daniel (2003): The Discourse of German Geisteswissenschaftliche Pädagogik. A Contextual Reconstruction. In: Paedagogica Historica 39 (6), 759–778.
Tröhler, Daniel (2015): The Construction of Society and Conceptions of Education. Comparative Visions in Germany, France, and the United States Around 1900. In: Thomas S. Popkewitz (Ed.): The "Reason" of Schooling. Historicizing Curriculum Studies, Pedagogy, and Teacher Education. New York. Routledge, 21–39.
Vogelmann, Frieder (2017): The Spell of Responsibility. Labor, Criminality, Philosophy. London/New York: Rowman & Littlefield International.

3.1.3 Diesseits von Paternalismus und Aktivierung[151]

Nele Kuhlmann und Norbert Ricken

Einleitung

„Verantwortung: Existenzial oder Versatzstück neoliberaler Apologetik?", so fragt die Philosophin Eva Buddeberg (2016) und trifft damit die Problematik rund um den Begriff ‚Verantwortung' im Kern. Spätestens seit Hans Jonas 1979 ‚Verantwortung' zum ethischen Leitprinzip erklärte, gehört der Begriff fast durchgängig zu den Schlüsselkonzepten praktischer Ethik und kann besonders in den letzten fünf Jahren eine erneute Konjunktur im philosophischen Diskurs verzeichnen (vgl. Buddeberg/Vogelmann 2016: 228). Parallel dazu wird ‚Verantwortung' seit Mitte der 1990er Jahre als ‚Eigenverantwortung' in politischen Programmatiken, insbesondere seit den Hartz-IV-Reformen, zur zentralen Figur neoliberaler Aktivierung. Diese Doppelkonjunktur von Verantwortung führt in der Philosophie einerseits zu Versuchen, die problematischen Verwendungsweisen immanent zu kritisieren und anhand dieser Kritik das Profil der ethischen Verantwortung zu schärfen (so z. B. Heidbrink 2006: 13; Sombetzki 2014; Buddeberg 2016), und andererseits zu einem grundlegenden Abgesang auf den Begriff, weil ein Fortführen nur ein Einstimmen in den neoliberalen Ruf nach mehr Verantwortung wäre (vgl. Vogelmann 2014).

Doch wie stellt sich das Bild in der erziehungswissenschaftlichen bzw. pädagogischen Thematisierung des Begriffes dar? Die Bedeutung von ‚Verantwortung' ist auch für die pädagogische Disziplingeschichte kaum zu überschätzen: So begründete die Geisteswissenschaftliche Pädagogik die Autonomie der Pädagogik anhand ihres ‚verantwortlichen Standorts' und adelte ‚Verantwortung' zum Grundgedankengang von pädagogischer Praxis und Theoriebildung (Flitner 1958: 18). Diese Emphase der pädagogisch-ethischen Verantwortung wurde zwar seit den 1960ern scharf kritisiert – jedoch nur um den Begriff in neuer Gestalt wiedereinzuführen. Bis heute findet sich der Topos ‚pädagogische Verantwortung' in allgemeinpädagogischen Diskursen – gleichwohl von deutlich geringerer Relevanz als noch zu Zeiten der Geisteswissenschaftlichen Pädagogik. Gemeinsam ist all diesen pädagogisch-ethischen Fassungen, dass ‚Verantwortung' als Legitimationsfigur von pädagogischem Handeln fungiert und somit dieses zu begründen versucht. Seit Mitte der 1990er Jahre lässt sich nun auch in

151 Bei diesem Beitrag handelt sich um eine leicht überarbeitete Fassung des Artikels: Kuhlmann, Nele/Ricken, Norbert (2017): Diesseits von Paternalismus und Aktivierung. Anmerkungen zu den Diskursen pädagogischer Verantwortung. In: Sarah Vock und Robert Wartmann (Hg.): Ver-antwortung. Im Anschluss an poststrukturalistische Einschnitte. Paderborn: Ferdinand Schöningh, 127–153.

pädagogischen Programmatiken ein Siegeszug der ‚Selbst'- und ‚Eigenverantwortung' konstatieren. Neben die Diskussion um eine nötige Umstrukturierung der Schulsteuerung – ‚mehr Eigenverantwortung für die Einzelschule' (vgl. den Überblick bei Altrichter et al. 2010) – findet der Begriff auch Eingang in didaktische Programmatiken, z. B. in Methoden des Eigenverantwortlichen Arbeitens. Die Doppelsemantik des Verantwortungsbegriffs, welche in der Philosophie breit diskutiert wird, findet sich folglich auch in erziehungswissenschaftlichen bzw. pädagogischen Sprachspielen. Eine Besonderheit der ‚pädagogischen Verantwortung' ist jedoch, dass Verantwortung als Erziehungsziel immer mitthematisiert wird. Dadurch entsteht eine spezifische Verdopplung des Begriffs, da Erziehende Verantwortung dafür tragen, dass Kinder lernen, verantwortlich zu handeln. Dieses Ziel ist in besonderer Weise nicht einfach herstellbar, da verantwortliches Handeln immer auf das Selbst- bzw. Anderen-Verhältnis des/der Handelnden angewiesen ist – denn wir würden ein Verhalten oder Handeln, welches nur zufällig moralischen Normen genügt, nicht als verantwortliches bezeichnen. Die erziehungswissenschaftliche Spezifik der Verantwortungsthematisierung ist folglich, dass das Objekt der Verantwortung – bspw. das Objekt elterlicher Sorge – immer zugleich als Verantwortungssubjekt antizipiert werden muss. Verantwortete Erziehung zur Verantwortung ruft also die Kant'sche Antinomie auf, d. h. die Problematik, eine Selbsttätigkeit durch Fremdtätigkeit qua Erziehung hervorbringen zu wollen. Wie dieser Übergang von noch-nicht-verantwortlich zu aber-jetzt-verantwortlich konzipiert oder sogar technologisch geplant wird, ist jeweils höchst unterschiedlich und kann als Auseinandersetzung mit dem Technologieproblem bzw. dem ‚Technologiedefizit' – d. h. in aller Kürze, dass Erziehungsziele nicht technologisch hervorgebracht werden können und dass dies auch nicht gewollt werden soll (Luhmann/Schorr 1982: 11) – analysiert werden.

Im Folgenden werden wir die verschiedenen Sprachspiele rund um pädagogische Verantwortung rekonstruieren; dafür widmen wir uns zunächst den explizit ethischen Begründungsversuchen pädagogischen Handelns in einer diachronen – und damit notwendig holzschnittartigen – Analyse von der Geisteswissenschaftlichen Pädagogik bis zu aktuellen an die Phänomenologie anschließenden Entwürfen pädagogischer Ethik (I). In einem zweiten Schritt werden wir in einer tendenziell synchronen und damit stärker pointierten Perspektive die steuernden Semantiken rund um ‚Selbst'- und ‚Eigenverantwortung' untersuchen (II). Auch wenn diese programmatischen Konzepte natürlich keinen Anspruch vertreten, pädagogisches Handeln ethisch zu fundieren, so werden wir zeigen, dass auch hier ‚Verantwortung' ein Schlüsselbegriff ist, um implizite Normative herauszuarbeiten. Das dritte Kapitel wird sozusagen das ‚Zusammentreffen' der beiden Verantwortungsfassungen diskutieren: es soll austariert werden, ob es gelingen kann, anhand eines allgemeinpädagogisch justierten Verantwortungsbegriffs den programmatisch-steuernden Begriff zu kritisieren. Es wird also die Frage verhandelt, ob es möglich ist, eine ethische Verantwortung als regulative Idee bzw. als Prüfstein anzusetzen, um andere Semantiken zu kritisieren (III). Aus unserer Kritik dieser Kritik werden wir in einem letzten und eher ausblickenden Schritt Folgerungen für die ethische Fassung von Verantwortung ziehen und versuchen, den Begriff vor einem anerkennungstheoretischen Hintergrund neu bzw. anders zu justieren (IV).

I. Allgemeinpädagogische Fassungen von Verantwortung

Auch wenn Hans Jonas in seinem Prinzip Verantwortung prominent von einem urpädagogischen Phänomen gesprochen hat (Jonas 2003: 185), wird der Begriff ‚Verantwortung' erst erstaunlich spät in den 1920ern für die pädagogische Theoriebildung relevant (vgl. Kilchsperger 1985). Mit ihm lässt sich dabei auch der neuzeitlich-moderne Wandel der ethischen Denkform – von einer substantial bestimmten Moral zu einer formalen Fassung des Ethischen – markieren. Während „im traditionellen moralischen Denken [...] der Pflichtbegriff als ein Äquivalent für die Dimension der Zuständigkeits- und Fürsorge-Verantwortung" (Bayertz 1995: 33) gegolten hat, insofern dieses auf gegebenen moralischen Geboten und Gehorsam diesen gegenüber abstellte, nimmt ‚Verantwortung' nun innerhalb der – insbesondere durch Kants ethische Überlegungen beförderten – formalen Moralargumentation einen bedeutsamen Platz ein und sucht den Verpflichtungsgrund der jeweiligen Moral(en) zu bestimmen. Gerade weil moralische Normen nicht als gegeben, sondern als selbst gegeben verstanden werden müssen, muss der Akteur moralischen Handelns nun selbst als ethisches Subjekt veranschlagt werden – und zwar als derjenige, der die Normen allererst selbst hervorbringt und sich dann an diese auch zu halten verpflichtet fühlt. ‚Verantwortung' – so ließe sich pointieren – ist insofern ‚Verpflichtung' bzw. ‚Gehorsam' im Modus der Freiheit. Folgerichtig erlangt ‚Verantwortung' auch im pädagogischen Diskurs eine zentrale Stellung und markiert nun sowohl die Struktur als auch das Ziel des pädagogischen Handelns.

Folgt man der systematischen Rekonstruktion des Verantwortungsbegriffs bei Egbert Witte (2017), dann lassen sich zwei paradigmatische Verantwortungsfassungen unterscheiden, welche beide zwar seit Beginn des 20. Jahrhunderts parallel existieren, aber im Verlauf der erziehungswissenschaftlichen Theoriebildung in verschiedenen Phasen unterschiedlich wirkmächtig waren bzw. sind. In der ersten Fassung – Witte nennt sie „monologisch" (ebd.: 11) – ist Verantwortung einem System von Normen und Werten nachgeordnet (i). Dazu zählt er die Konzepte der Geisteswissenschaftlichen Pädagogik und der Kritischen Erziehungswissenschaft. Die zweite, „dialogische" Fassung (ebd.), die Ver-Antwortung, konzeptualisiert Verantwortung als jeder Ordnung vorgängig (ii). Unter dieser

Überschrift fasst er die Pädagogik Eberhard Grisebachs sowie aktuelle poststrukturalistische Fassungen von Michael Wimmer und Jan Masschelein.

i. Der *monologische* Verantwortungsbegriff

Die Vertreter der Geisteswissenschaftlichen Pädagogik vereint das Ethos einer ‚neuen Pädagogik': Im Konflikt zwischen objektiven Ansprüchen der Gesellschaft und individuellen Bedürfnissen des Kindes sollen die Erziehenden klar Stellung beziehen. Nohl betont: „Es bleibt aber dabei, dass das individuelle Moment […] gegenüber dem universalen für den Erzieher den entscheidenden Ton zu tragen hat: er ist verantwortlich für das Subjekt" (Nohl 1963: 161). Verantwortung als Achtung vor dem Kind und dem Glauben in die Selbstzweckhaftigkeit seiner Subjektivität ist „die Voraussetzung des pädagogischen Bezuges" (Kilchsperger 1985: 27–28) und daher für die geisteswissenschaftliche Theoriebildung von zentraler Bedeutung. In einer dialektischen Klammer soll Verantwortung – als Teil des pädagogischen Grundgedankengangs – sowohl Theorie und Praxis verknüpfen als auch die Autonomie der Pädagogik gegenüber anderen Disziplinen politisch verteidigen (vgl. Weniger 1952: 77). Zugleich kann – auch wenn die verschiedenen Vertreter Verantwortung graduell verschieden konzipieren – dennoch ein gemeinsamer zweiter Grundzug in allen Konzeptionen nachgewiesen werden[152]: Verantwortliche Erziehung soll Kinder in einen vorgegebenen Traditions- und Wertezusammenhang einführen; im Falle Nohls findet sich eine nationalkonservative, im Falle Flitners eine christlich-theologische Begründungsfigur. Besonders offensichtlich wird dieser Grundzug in Flitners Annahme, dass die verantwortete Traditionsvermittlung Erziehende fraglos mit Autorität gegenüber dem Kind ausstattet (vgl. Kilchsperger 1985: 67). Als Achtung vor (kindlicher) Subjektivität einerseits und Verpflichtung der Heranwachsenden auf die selbsttätige Erfüllung der Werte und Normen der Älteren andererseits neigt Verantwortung dazu, die hierarchische Beziehung zwischen den Generationen zu legitimieren. Wolfgang Fischer kritisiert vor diesem Hintergrund, dass die Geisteswissenschaftliche Pädagogik hinter den proklamierten Historizismus Diltheys zurückfalle und anhand des Verantwortungsbegriff ausschließlich „die Geltung ihrer Sätze" sichere (Fischer 1996: 194).

Wenden wir uns nun der Frage zu, welche Art von (ethischer) Beziehung zwischen Erziehenden und Zu-Erziehenden von der Geisteswissenschaftlichen Pädagogik entworfen wird, wird deutlich, dass Verantwortung als Konzept der fast ungebrochenen Stellvertretung fungiert: Die oder der Erziehende weiß, was für das Kind das Beste ist und kann dieses relativ unbeeindruckt vom kindlichen Einspruch intentional verfolgen. Ethische Verbindlichkeit wird nicht begründet,

152 Heiner Kilchsperger (1985) rekonstruiert die systematische Funktion des Verantwortungsbegriffs für alle Vertreter der Geisteswissenschaftlichen Pädagogik.

sondern als vorgegebene Ordnung gesetzt und das dadurch legitimierte Autoritätsverhältnis durch den Begriff ‚Verantwortung' nur noch bestätigt. Käte Meyer-Drawe und Bernhard Waldenfels beschreiben diese Figur als „Aneignung" und „Bändigung der Fremdheit" des Kindes (Meyer-Drawe/Waldenfels 1988: 273), da die Ansprüche des Kindes entgegen der Programmatik „im Spiegelbild des Erwachsenen" verschwinden (ebd.: 284). Ähnlich argumentiert auch Kilchsperger, wenn er in seiner kritischen Rekonstruktion der geisteswissenschaftlichen Theorie bemerkt, dass die „im Begriff [der Verantwortung, d. Verf.] angelegte dialogische Struktur [...] völlig aus den Augen geraten" (Kilchsperger 1985: 103) ist. Die Kant'sche Antinomie wird anhand des Verantwortungsbegriffs in einer Art ‚Wippen'-Logik gedacht: lange Zeit ist der/die Erziehende voll verantwortlich, gibt diese Verantwortung aber nach und nach an das Kind ab, bis die Wippe kippt und das Kind für sich selbst Verantwortung tragen kann. Für diesen Vorgang können aber – und dagegen wehrten sich die Geisteswissenschaftlichen Pädagogen vehement – keinerlei Technologien, also Mittel-Zweck-Relationen angeben werden. Damit grenzten sie sich betont im Namen des pädagogischen Ethos gegen die Experimentelle Pädagogik von Ernst Meumann und Wilhelm August Lay ab. Selbst wenn es gelänge, solche psychologischen Technologien zu finden, würde die Pädagogik diese noch lange nicht einsetzen dürfen, da die Freiheit des Kindes nicht umgangen werden dürfe. Anstatt also auf das offensichtliche Scheitern der experimentellen Pädagogik zu verweisen, wurde die Technologiefrage grundlegend normativ abgelehnt. Nohl betont „Erziehen [ist] keine Technik, sondern eine geschichtliche Kulturhandlung" (Nohl 1963: 177). Und das Kind sei „kein gleichgültiger Mechanismus, den man nur kennen muss, um auf ihm spielen zu können" (ebd.: 155).

Gegen diesen Paternalismus hat sich nun die Kritische Erziehungswissenschaft gewandt, indem sie nicht nur – zunächst noch analog zur Geisteswissenschaftlichen Pädagogik – die kindliche Subjektivität, sondern nun auch die kommunikative Produktion sozialer Normen qua pädagogischer Verständigung betonte. Doch auch wenn hier die Unterwerfung unter die Vernunft der Älteren zugunsten der gemeinsamen Hervorbringung dessen, was die Älteren und die Jüngeren gemeinsam wollen, aufgegeben wird, so ist es auch der Kritischen Erziehungswissenschaft – nach Ansicht von Jan Masschelein – nicht gelungen, das Verhältnis zum Kind pädagogisch zu denken und sich letztlich aus dem übergriffigen Verhältnis zum Kind zu lösen. So schließt Klaus Mollenhauer – wir werden ihn exemplarisch für die Kritische Erziehungswissenschaft diskutieren – in seinen Theorien zum Erziehungsprozess an den Diskursethiker Jürgen Habermas an und versucht erzieherisches Handeln als kommunikatives Handeln zu fassen, um damit zumindest konzeptionell eine Reziprozität zwischen den beteiligten Akteur*innen zu entwerfen. Masschelein sieht gerade in dieser Reziprozität das Problem, weil sie ‚fertige' intentionale Subjekte voraussetze, welche anschließend in ein Verhältnis zueinander treten (vgl. Masschelein 1996b: 169). Gegenseitige

Bedingtheiten – wir werden diese im folgenden Kapitel vertiefen – werden durch diese Konzeption ausgeblendet und gegebene Asymmetrien normativistisch überdeckt; so lautet Masscheleins Fazit, dass es Mollenhauers Entwurf nicht gelingt, die tradierte Zweckrationalität grundlegend hinter sich zu lassen.[153] Für den Verantwortungsbegriff wird dieser Zusammenhang besonders deutlich: Zwar kritisiert Mollenhauer die Geisteswissenschaftliche Pädagogik dafür, dass ihr Verantwortungsbegriff ein unkritischer sei, da seine historische und gesellschaftliche Bedingtheit unreflektiert bliebe (vgl. Mollenhauer 1968: 57), dennoch verwendet auch er ‚Verantwortung' als Garant für die Verwirklichung eines Zwecks. Selbst wenn dieser Zweck Emanzipation oder Selbstverwirklichung – also eine negative Fassung von vorgegebener Ordnung – laute, wird die „pädagogische Beziehung erst im Anschluß daran begriffen" und dadurch „als ein grundsätzlich technisches oder instrumentelles Verhältnis" gedacht (Masschelein 1996b: 177). Beide Fassungen – sowohl die der Geisteswissenschaftlichen Pädagogik als auch die der Kritischen Erziehungswissenschaft – hängen also „von einer vorgängigen normativen Ordnung" ab (Witte 2017: 7), welche durch den Verantwortungsbegriff ohne Einbezug der Zu-Erziehenden letztlich nur bestätigt und legitimiert wird.

ii. Der *dialogische* bzw. *responsive* Ver-Antwortungsbegriff

Die Verantwortungsfassung des Religionsphilosophen Martin Buber[154] (2005a) stellt in dieser Rekonstruktion eine Zwischenfigur dar: Buber legt im Gegensatz zur paternalistischen Stellvertreterlogik „ein Beziehungsmodell vor, welches Intersubjektivität aus dem Schattendasein [....] befreit und ins Zentrum einer Konstitutionsanalyse von Ich und Du rückt" (Gößling 2000: 49). Dennoch denkt auch er die Beziehung weiterhin von einem sinnkonstitutierenden Subjekt aus, indem er das Ich-Du-Verhältnis letztendlich doch in Begriffen des Ich-Es-Verhältnisses denkt (vgl. Theunissen 1965: 277). Es gelingt also auch ihm nicht, trotz seiner Verantwortungsfassung als ‚zu verantwortende Antwort' (Buber 2005b: 329–330), Erziehung jenseits von „gewußte[r] und gewollte[r] [...] Auslese der wirkenden Welt" (2005a: 142) und damit als immer „einseitige[] Umfassungserfahrung" zu konzeptualisieren (ebd.: 151).

153 „Ungeachtet des Rückgriffs auf Habermas' Begriff des kommunikativen Handelns interpretiert Mollenhauer kommunikatives Handeln selbst wieder in zweckrationalen Begriffen. Ausgehend von einer Parallelisierung von Intentionalität und Subjektivität begreift Mollenhauer Interaktion als Wechselwirkung zwischen intentionalen Subjekten." (Masschelein 1996: 168)

154 Bubers *Rede über das Erzieherische* von 1926 ist etwa zeitgleich mit ersten Veröffentlichungen von Nohl zum Verantwortungsbegriff erschienen. Grisebachs *Die Grenzen des Erziehers und seine Verantwortung* erschien sogar bereits 1924. Beide Paradigmen stehen also seit der Ausdifferenzierung der erziehungswissenschaftlichen Disziplin nebeneinander.

Grundlegende Kritik an diesem nur unzureichend dialogischen Konzept des Dialogischen übte Eberhard Grisebach. Erst in der Radikalisierung der erzieherischen Verantwortung könne Erziehung von der ichzentrierten Intentionalität gelöst werden: „Die Verantwortlichkeit besteht darin, daß ich das ewig Verborgene respektiere, über meine Grenzen nicht hinausgehe, das Du niemals übergehe, die Ansprüche des Ichs nicht voranstelle, das Du nicht absolut zu beherrschen versuche, Menschlichkeit im Widerspruch bewahre" (Grisebach 1924: 320). Verantwortung wird von Grisebach nicht mehr als ermöglichende Haltung der erziehenden Person gedacht, sondern als Widerfahrnis ausgehend vom Kind, welches jede Handlungstheorie verunmögliche. Die möglichst verantwortungsvolle Aktivität der erziehenden Person, welche im ersten Paradigma vorgestellt wurde, schlägt um in eine Passivität des Hörens und sich Ansprechenlassens – wodurch das Subjekt der Handlung zum Objekt bzw. Subjekt im Akkusativ der Ansprache wird (vgl. Theunissen 1965: 365). In einer weiteren Hinsicht ist der Feststellung zuzustimmen, dass es sich bei dieser Verantwortungsfigur um eine „Drehung der Fundierungsachse um 180 Grad" handelt (Gößling 2000: 58): Grisebach schließt jede Verbundenheit des Ichs zum Du – wie sie z. B. bei Buber in der Begegnung angelegt ist – kategorisch aus, da diese nur einen Rückfall in eine aneignende Subjektivität darstelle. Stattdessen muss von einer „unaufhebbaren Geschiedenheit" (Grisebach 1928: 319 zit. nach Theunissen 1965: 365) ausgegangen werden; es wird eine „Ersetzung der Korrelation von Anspruch und Entsprechung durch das Gegeneinander von Spruch und Widerspruch" vorgenommen (Theunissen 1965: 365).

Obwohl die Verantwortungsfassung des Philosophen Emmanuel Lévinas der Figur Grisebachs sehr nahesteht, wurde in der erziehungswissenschaftlichen Rezeption fast ausschließlich an die Arbeiten von Lévinas angeschlossen – was eventuell daran liegt, dass die erziehungswissenschaftliche Theoriebildung in den 1920ern noch nicht ‚bereit' war für eine so grundlegende Irritation des autonomen, sinnkonstituierenden Subjekts. Diese Situation änderte sich durch die extreme Erfahrung der Schoah unter der nationalsozialistischen Diktatur in Deutschland, welche die menschliche Vernunft als Bedingung der Möglichkeit dieser Gräueltaten (Kritische Theorie) erscheinen ließ. Der jüdische Philosoph Lévinas nimmt diesen Umstand zum Anlass, eine ethische Beziehung der Verantwortung zu konzipieren, welche vor jeder moralischen Ordnung wirksam wird. Vor allem Michael Wimmer und Jan Masschelein haben diesen Leitgedanken als produktive Irritation allgemeinpädagogischer Theoriebildung aufgenommen. Ihre Abgrenzungsfolien sind dabei graduell verschieden: Masschelein entwickelt seine Verantwortungsfigur besonders in Abgrenzung zu Theorien der Allgemeinen Pädagogik – wie beispielsweise der Klaus Mollenhauers (siehe 1.1) –, denen er vorwirft, die radikale Intersubjektivität von Erziehung kategorial zu verfehlen; Wimmer nutzt die kategoriale Irritation des Ver-Antwortungskonzepts, um zeitgenössisch populäre Metaphern der Technologisierung von pädagogischen

Handeln und Professionalität zu kritisieren. Wir werden beide Abgrenzungsbewegungen im Folgenden darstellen, um anschließend die gemeinsamen Schlüsse für das pädagogische Handeln abzuleiten.

Mit der Frage, wie das pädagogische Verhältnis diesseits von pädagogischer Gewalt gefasst werden kann, greift Masschelein im Anschluss an Hanna Arendt auf die Charakterisierung des Kindes als „demande de vie" zurück (Masschelein 1996b: 180), d. h. als Wesen, welches den Anspruch auf sein Leben einfordert. Es liegt in der Pflicht des Erwachsenen, auf diese Anfragen zu reagieren bzw. zu antworten; Erziehung wird folglich elementar als „Reaktion auf die Geburt" gefasst (ebd.: 183), welche nicht über den „Umweg einer Intention zustande" kommt – wie es in tradierten Denkfiguren der pädagogischen Bezugnahme angenommen wird, sondern eine unmittelbare Verpflichtung darstellt (vgl. ebd.: 180). Erzieherisches Handeln kommt dadurch in gewisser Hinsicht immer schon zu spät, wenn es nicht als initiierendes, sondern als responsives, also antwortendes Handeln gefasst wird. Entscheidend ist, dass das Kind dem Erwachsenen in diesem Zusammenhang als absolut Fremdes erscheint, welches keine bzw. keine einfach zu dechiffrierende Auskunft über sich selbst gibt und geteilte Geschichten und Normen nicht kennt. Diese phänomenologische Figur von Lévinas gilt nach Masschelein insbesondere für pädagogische Situationen: Die Fragen eines Kindes verwehren uns die Möglichkeit, an gemeinsame Werte zu appellieren – sie stellen uns stattdessen „exklusiv" in die Ver-Antwortung[155] (ebd.). Die Verpflichtung, auf das Kind als Fremdes zu reagieren bzw. zu antworten, lässt das Verhältnis zwischen Erziehenden und Zu-Erziehenden zu einer „genuin ethische[n] Beziehung", zu einer „Beziehung der Verantwortung" werden (ebd.: 183). In der Position des Zuhörenden und Antwortenden zu sein, impliziert, „dass man sich nicht in einer Position befindet, die man kontrolliert. Man besetzt keine autonome Position: [...] Ein Zuhörer zu sein, bedeutet, dass man angesprochen wird, dass man eine Antwort schuldig ist" (Masschelein/Simons 2012: 111). Diese Nachgängigkeit der pädagogischen Handlung, welche durch den Waldenfels'schen Begriff der Ver-Antwortung besonders betont wird, lässt die sinnkonstituierende Subjektivität und die darauf aufbauende Reziprozität, wie sie bei Mollenhauer angelegt war, unmöglich werden.

Michael Wimmer entfaltet das Potential der Lévinas'schen Phänomenologie anhand einer kritischen Befragung aktueller Fassungen von pädagogischer Professionalität: Indem pädagogisches Handeln in technologischem Vokabular gefasst wird – „als eine Beziehung des Einwirkens und der gewollten, geplanten, gesteuerten und kontrollierten Veränderung nur der einen Seite der Beziehung" (Wimmer 1996b: 441) –, verfehle man den grundlegend intersubjektiven

155 Ver-Antwortung dient uns hier als Markierung eines responsiven Verantwortungsbegriffs: „Grundlegend kommt es in einer responsiven Ethik zu einem *Rückübersetzen von Verantwortung in ein prozessuales Antworten*; in eine Antwort der ‚Ver-Antwortung'. Es geht also darum, die Verantwortung ins Antworten zurück- bzw. wiedereinzuführen" (Küpers 2008: 309).

Charakter des Pädagogischen. Pädagogisch Professionelle können die Position des absoluten Wissens und Könnens nie erreichen, weil ihre Intentionen notwendig vom Anderen, also vom Kind, durchkreuzt werden; stattdessen verweisen die Situation des Handelns und die Singularität des Kindes auf ein „irreduzibles Nicht-Wissen“ (ebd.: 425). Wimmers Leitgedanke ist, dass diese gebrochene Intentionalität, „nämlich durch Erziehung eine Intention verfolgen zu wollen, es aber eigentlich nicht zu können“ (ebd.: 425–426), kein Hindernis sei, welches durch ausgefeiltere Technologien überwunden werden müsse, sondern pädagogisches Handeln allererst konstituiere; damit wird Ver-Antwortung zur Konstitutionsbedingung des Pädagogischen. Wenn pädagogisches Handeln konsequent intersubjektiv gedacht wird, also der Alterität des Kindes durch das konstitutive Nicht-Wissen-Können Rechnung getragen wird, kann man Verantwortung nicht mehr innehaben, sondern man wird in Verantwortung gestellt, d. h., dass man „dem Anderen antworten muß, ohne vorher wissen zu können“ (ebd.: 442). Da jede Schließung der Kantischen Antinomie „stets mit einem Machtanspruch verbunden“ sei (Wimmer 2014: 336) und den Blick auf den Anderen als Anderen verstelle, könne dem Antinomischen nur mit einer Haltung des Nicht-Auflösen-Wollens bzw. Offenhaltens begegnet werden. In Abgrenzung zum traditionellen Begriff der Verantwortung formuliert Wimmer:

> „[….] statt also die Beziehung des Subjekts zur Macht zu strukturieren, legt Verantwortung, als ethisches Verhältnis verstanden, die Beziehung des Subjekts zu seiner Un-Macht frei und befreit es damit von der Selbstverkennung, sich da für frei zu halten, wo es (unter Strafandrohung) selbstbestimmt und verantwortlich handelt, und sich da für unfrei zu halten, wo es vom Anderen unvorhersehbar angesprochen wird und antworten muß.“ (Wimmer 1996a: 52)

Anstelle einer fortschreibenden Dichotomisierung von Freiheit und Unfreiheit, argumentiert Wimmer daher dafür, pädagogisches Handeln strukturell sowie ethisch als Antworten zu begreifen – für eine Figur also, welche Autonomie und Heteronomie immer schon als Verschränkte denkt, d.h. als Paradox der „kreativen Antwort“ (Waldenfels 2007: 576), welche Freiheit und Notwendigkeit zusammendenkt. Dieses dyadische Antwort-Geschehen wird notwendig konflikthaft, sobald Dritte ebenfalls Ansprüche an mich stellen und meine Antwort je nur eine Antwort an den singulären Anderen sein kann; auf diese Dimension des Dritten geht Lévinas aber selbst nur am Rande ein. Um diese Leerstelle zu bearbeiten, schließt Wimmer an Derridas Fassung von ‚Gerechtigkeit‘ an. Er argumentiert, dass die antinomische Spannung zwischen „anarchische[r] Verantwortung“ als „ethisches Verhältnis zum singulären Anderen“ und „Gerechtigkeit“ als „politisch-gesellschaftliche Verhältnisse“ nicht auflösbar ist und eben auch nicht aufgelöst werden sollte (Wimmer 2014: 321). Die Gefahr einer Theorie, welche anstrebt diese Ansprüche zu vereinheitlichen bzw. zu vereinigen, liege darin, dass gerade das Wahrnehmen des Singulär-in-Verantwortung-gestellt-seins durch jede Art von Subsumtionsbewegung zerbrechen könnte (ebd.).

Abschließend lässt sich pointieren, dass Masschelein und Wimmer Verantwortung auf zwei Ebenen konzeptualisieren: Zunächst bezeichnet Ver-Antwortung die grundlegend responsive Struktur pädagogischen Handelns – Erziehen ist Antworten und somit immer zugleich Verantworten. Darauf aufbauend beschreiben die Autoren eher implizit eine spezifische Haltung, welche dieser responsiven Struktur und somit der Alterität des Kindes gerecht werden kann. Diese Haltung hat – so vermutet Masschelein – „vielleicht etwas mit der Offenheit für ‚Erfahrung' zu tun" (Masschelein 2003: 139), wobei Erfahrung im Anschluss an Lévinas nur in der „Beziehung zu etwas absolut Anderem stattfindet" (Wimmer 2014: 334). Wimmer kennzeichnet diese Haltung als „wahrnehmendes Denken" (ebd.), welches den Anderen bzw. das Fremde nicht unter bekannte Kategorien zu subsumieren versucht, sondern stattdessen Paradoxien und Spannungen als Konstitutionsbedingungen des Ethischen ernst nimmt und diese aushält (vgl. ebd.: 333). Haltung als Aushalten darf dabei nicht als reine Passivität missverstanden werden, sondern wird vor dem dekonstruktivistischen Theoriehorizont Derridas als Öffnungsbewegung gelesen (vgl. ebd.), in der die Erfahrung des Anderen das Gewohnte aufbrechen soll. Ob eine Antwort an den Anderen als verantwortliche oder gewaltvolle gelten kann – so könnte man aus dieser Rekonstruktion ableiten –, hängt folglich vom Grad der Schließung bzw. festlegenden Identifizierung der Antwort ab. Gerade der aneignende Verantwortungsbegriff – so konnten wir in Kapitel 1.1 zeigen – legt die Position der Zu-Erziehenden mit Bezug auf die idealisierte Sozialordnung schon im Vorhinein fest und wird daher von Masschelein als gewaltvolle Fassung kritisiert (Masschelein 1996b: 164). Aber auch die harmonisierenden Schließungen, welche im Verantwortungsbegriff eine dialektische Klammer zwischen den antinomischen Polen des Pädagogischen konzeptualisieren, kann der pädagogischen Erfahrung nicht gerecht werden, da – so Wimmer im Anschluss an Derrida – der Konflikt zwischen singulärer Verantwortung und sozialer Gerechtigkeit nicht aufgelöst oder harmonisiert werden kann.

Die allgemein-pädagogische Thematisierung von Verantwortung vollzog sich – so lässt sich hier zusammenfassen – also von einer geisteswissenschaftlich-pädagogischen Figur des Paternalismus über eine zumindest angestrebte Form der Reziprozität in der Kritischen Erziehungswissenschaft bis hin zu einer betont nicht-reziproken, sondern radikal asymmetrischen Situation des In-Verantwortung-Gestellt-Seins der erziehenden Person. Verantwortung kann hier jeweils als Legitimationsfigur für pädagogisches Handeln gelesen werden: Während die erziehende Person in der monologischen Begriffsfassung durch bestehende Ordnungen in die Verantwortung berufen und dadurch in ihrer Autorität legitimiert wird, betont man in der responsiven Fassung die dyadische Situation des In-Verantwortung-gestellt-Seins durch den Anderen, welcher dadurch zur Legitimationsinstanz pädagogischen Handelns wird.

Neben diesen explizit normativen Sprachspielen der Verantwortung tritt die gegenwärtige Konjunktur der programmatischen ‚Selbst'- und ‚Eigenverantwortung', welche wir im Folgenden ebenfalls im Hinblick auf dessen implizite Normativität befragen werden.

II. Programmatische Fassungen von Eigen- und Selbstverantwortung

Unsere These, welche im Folgenden illustriert werden soll, lautet, dass ‚Verantwortung' in aktuellen pädagogischen Programmatiken im Sinne von ‚Eigen-' und ‚Selbstverantwortung' zum Leitbegriff einer spezifischen Steuerung – bzw. eines Konglomerats aus verschiedenen Technologien der Steuerung – geworden ist. Um diese These zu entfalten, werden wir zunächst den gesellschaftspolitischen Kontext klären, in dem die Konjunktur von ‚Eigenverantwortung' zu verorten ist, um anschließend anhand einer typischen Post-PISA-Argumentation exemplarisch pädagogische Verwendungsweisen zu illustrieren.

i. Soziologische Gegenwartsdiagnosen: Steuerung durch Selbstverantwortung

Verantwortung – so die These Ludger Heidbrinks – entwickelte sich in den letzten knapp zwanzig Jahren zu einer „Leitkategorie sozialer und politischer Reformprozesse" (Heidbrink 2006: 13). Im Zuge neoliberaler Arbeitsmarkt- und Sozialhilfereformen – in den USA unter Ronald Reagan, in Großbritannien unter Margaret Thatcher, in Deutschland unter Gerhard Schröder (Agenda 2010) – gelangte der Begriff zu zweifelhafter Prominenz: An die Stelle „der sozialregulativen Programmatik des Wohlfahrtsstaates von der versicherungsförmigen Vergesellschaftung individueller Risiken" tritt die Anrufungsfigur der ‚Eigenverantwortung' (Lessenich 2003: 81), d. h. Individuen werden unabhängig von sozioökonomischen Bedingungen für ihre Situation sowie für die Bearbeitung dieser Situation verantwortlich gemacht (vgl. Kocyba 2004: 20). Diese individualisierende, privatisierende Verantwortungszuschreibung wird unter dem Stichwort der ‚Responsibilisierung' besonders in den an Foucault anschließenden governmentality studies kritisiert (vgl. kritisch Vogelmann 2014: 171). In diesem Zusammenhang argumentiert Thomas Lemke dafür, dass man diese Entwicklungen nicht als ‚Rückzug des Staates' missverstehen dürfe, vielmehr handele es sich um eine „Restrukturierung der Regierungstechniken [...], die die Führungskapazitäten vom Staat weg auf ‚verantwortliche' und ‚rationale' Individuen verlagern" (Lemke 2000: 39). Dabei beschränken sich die feinen Verästelungen dieser Figur nicht auf staatliche Programmatiken, sondern sie finden sich in Leitbildern, welche z. B. Berufsbiografien oder Ernährungs- und Bewegungsroutinen des Einzelnen im Sinne des ‚unternehmerischen Selbst' normativ rahmen (vgl. Bröckling 2007) und damit unsere Selbst- und Anderen-Verhältnisse grundlegend umstrukturieren. Responsibilisierende Praktiken wie Aktivierung, Beratung oder

Empowerment zielen auf die Selbstführung der Adressat*innen und können damit als ,Führung der Führungen' (Foucault) gelesen werden.

Warum aber scheint der Verantwortungsbegriff so attraktiv für diese Regierungsrationalität? Was lässt den Begriff so wirkungsvoll werden, sodass selbst Verantwortungszumutungen gesellschaftlich akzeptiert werden? Unsere These ist, dass vielfältige diskursive Verflechtungen dazu geführt haben, dass eine klare Grenzziehung zwischen ,guter' und ,schlechter' Verwendung unmöglich und Verantwortung damit als hegemoniales Konzept praktisch unangreifbar geworden ist. So argumentiert Stephan Lessenich überzeugend dafür, dass eine Kritik im Namen ,sozialer Verantwortung' nicht mehr greifen könne, da in den Programmatiken der Responsibilisierung „ökonomisch-rationale und moralisch-soziale Handlungsorientierungen eine glückliche Verbindung" eingingen (Lessenich 2003: 87). Anders formuliert bedeutet das, dass die Sphäre der sozialen Moralität schon lange keinen Gegenpol zur ,kalten' ökonomischen Rationalität mehr darstellt, sondern beide Rationalitäten untrennbar verschränkt sind. Diese Verschränkung wird besonders in Begründungsfiguren für private Vorsorge deutlich: Jemand, der oder die nicht für den Krankheitsfall oder das Alter privat vorsorgt, wird als ,unsozial' markiert, da er oder sie zu Lasten der Gemeinschaft handele, welche dann ja für die Person aufkommen müsse. Mit einer veränderten Anrufungspraxis wird folglich auch das Soziale in eine ,neosoziale' Figur (Lessenich) transformiert.

Auf eine zweite Verflechtung macht Axel Honneth aufmerksam, wenn er von einer ,Wahlverwandtschaft' zwischen neoliberalen Steuerungsstrategien und einer ästhetischen Fassung von Freiheit spricht (vgl. Honneth 2012) und damit Ève Chiapellos und Luc Boltanskis Argument aufnimmt, dass die sogenannte ,Künstlerkritik' produktiv in neue Formen des Kapitalismus integriert wurde (vgl. bspw. Chiapello 2012). Für den Verantwortungsbegriff kann übertragen werden, dass die Kritik gegen entfremdete Arbeit im Namen von mehr Partizipation und Eigenverantwortung der 1970er Jahre nicht als Gegenentwurf, sondern als Bedingung der Möglichkeit aktueller Regierungstechnologien gelesen werden muss. D. h. der Einwand, man wolle nicht mehr fremdbestimmt und entfremdet, sondern frei und eigenverantwortlich arbeiten, wird vor spezifischen Formen der Flexibilisierung von Arbeit ,zahnlos', da man nicht mehr gehorcht, „indem man sich einer Ordnung unterwirft und Regeln befolgt, sondern indem man eigenverantwortlich und kreativ eine Aufgabe erfüllt" (Menke/Rebentisch 2012: 7). Aufgrund dieser zwei nachgezeichneten Verflechtungen transportiert der Verantwortungsbegriff auch in seiner aktivierenden Semantik die Versprechen von gestiegener Handlungsfreiheit, Autonomie und sozialer Moralität und kann sich dadurch gegen jede Kritik immunisieren. Diese Verflechtungen lassen sich in ähnlicher Weise auch für aktuelle, pädagogische Verwendungsweisen nachzeichnen – diesen Gedanken entwickeln wir im Folgenden.

ii. Pädagogische Programmatiken der Selbstverantwortung

Heidbrinks These, dass ‚Verantwortung' als ‚Reformmotor' fungiere, ist auch für den pädagogischen bzw. bildungspolitischen Kontext plausibel, da der Begriff – zumindest nach einer ersten oberflächlichen Betrachtung – besonders in bildungspolitischen Krisenphasen hohe Konjunktur hat. So wurden Diskussionen über nötige Schulmodernisierungen unter dem Schlagwort der ‚Eigenverantwortlichen Schule' zwar bereits seit Anfang der 1990er Jahre geführt, gewannen aber erst nach dem ‚PISA-Schock' im Jahr 2001 Dringlichkeitsstatus und dadurch eine breite Öffentlichkeit (vgl. Altrichter et al. 2010). Im Folgenden soll eine typische Post-PISA-Argumentationslinie nachgezeichnet werden. Im Anschluss daran diskutieren wir analog zu Abschnitt II. i., welche Steuerungsrationalität rekonstruiert werden kann, um dann im Abschluss nach Verflechtungen und Koalitionen verschiedener Diskursstränge zu fragen.

Aus der PISA-Studie 2000 wurden vor allem drei Defizit-Diagnosen des deutschen Schulsystems in der öffentlichen und fachlichen Diskussion rezipiert: die fachlichen Kompetenzen der Schüler*innen kommen über ein Mittelmaß nicht hinaus, es wird sehr früh und ungerecht selektiert und Lehrer*innen können nur unzureichend mit Heterogenität umgehen. Die deutschen Lehr- und Lernkulturen – so die Schlussfolgerungen – seien absolut veraltet (vgl. bspw. Gudjons 2006: 9). Unter anderem aufgrund ihrer an PISA anschlussfähigen Fassung des Lernens als Kompetenzaufbau, konnte sich in den folgenden Debatten vor allem die konstruktivistische Didaktik profilieren. Der Verantwortungsbegriff wurde in diesem Zusammenhang als ‚Selbst'- und ‚Eigenverantwortung' der Schüler*innen zentral, da „gezieltes Lernen […] zu einer Angelegenheit [wird], die das selbstorganisierte Individuum als auf sich selbst bezogenes psychisches bzw. soziales System nur selbst angemessen und erfolgreich verwirklich kann" (Bremer 2004: 193; programmatisch bei Arnold/Lermen 2015: 25). In Abgrenzung zu Lehrkulturen wird von der neuen Lernkultur gesprochen, welche die Steuerung des eigenen Lernprozesses – das Was, Wann, Woraufhin und das Wie des Lernens sowie die Regulierung und Evaluation des Prozesses – soweit wie möglich in die Hände der Schüler*innen übergibt. Diese Umorientierung wird als doppelt notwendig behauptet: Zum einen soll sie die Grundlage für unterrichtliche Individualisierung als Antwort auf gesteigerte Heterogenität bilden und zum anderen gilt die Kompetenz der Selbststeuerung für ein Leben in der Wissensgesellschaft als unabdingbar (Arnold/Pachner 2011: 306). Im Zuge dieser Objektivierungen wird die ‚Selbstverantwortung' der Schüler*innen nicht nur zu einer Zurechnungsfigur des eigenen Lernens, sondern zugleich normativ aufgeladen – und damit fast schon als Existenzbedingung verstanden.

In Verantwortungsanrufungen an Lehrer*innen im Rahmen dieser neuen Lernkultur können ebenfalls zwei Ebenen ausgemacht werden: Zunächst geht es um die Delegation von spezifisch neuen Aufgaben, die Lehrer*innen zugerechnet werden; darauf aufbauend wird zweitens explizit ein Ethos der Verantwortung eingefordert. Die Einsicht in konstruktivistische Paradigmen verlangt von Lehrer*innen – so die Programmatik – ein grundlegendes Umdenken: „Weg vom Lehren im frontalen Gleichschritt, hin zur Gestaltung von Lernarrangements, weg vom bookish learning hin zur Schaffung von learning environments" (Gudjons 2006: 10). Lehrer*innen sind nicht mehr primär verantwortlich für das Lehren, sondern für das Arrangieren und Anregen von Selbstlernprozessen; paradoxerweise sind sie dennoch verantwortlich für die Ermöglichung von Selbstverantwortung der Schüler*innen (Simons 2002: 629). Daran anknüpfend wird ein „normativ-idealistisches Lehrerleitbild" entworfen, welches sich durch die Orientierung „am Wohle jedes einzelnen Kindes resp. Jugendlichen" in reformpädagogischer Tradition auszeichnet (Trautmann/Wischer 2011: 131). Exemplarisch kann hier auf Jürgen Baumerts und Cordula Artelts Formulierungen hingewiesen werden: „Dazu [zum Modernisierungsprozess, d. Verf.] gehört die Stärkung der Professionalität der Lehrertätigkeit, in deren Zentrum ein Ethos der Verantwortung für jeden einzelnen Schüler und jede einzelne Schülerin steht" (Baumert/Artelt 2003: 189). Diese Adressierung lässt Strukturveränderungen des deutschen Schulsystems, wie bspw. eine spätere Selektion nach der Grundschule, in den Hintergrund treten; was besonders bei Jürgen Baumert als wichtigem Akteur in bildungspolitischen Entscheidungsprozessen nach PISA von Relevanz sein dürfte. In den letzten Jahren werden diese Anrufungen immer häufiger durch den Verweis auf die Meta-Studie von John Hattie legitimiert (vgl. bspw. Bonsen/Priebe 2013: 6).

Neben diese Formen der Verantwortlichmachung treten Anrufungsfiguren in spezifischen Praktiken der Schul- und Unterrichtsentwicklung. Roswitha Lehmann-Rommel untersucht die Rationalität von Schulmanagement-Praktiken wie z. B. Schulprogrammarbeit, interne Evaluation oder Supervision und betont, dass diese Instrumente fälschlicherweise als „neue Subjektorientierung" gedeutet würden (Lehmann-Rommel 2004: 261). Stattdessen ginge es um „die Konstruktion konstruktivistisch denkender, reflexiver und selbstverantwortlicher Lehrer und Schüler als Fokus von ‚Unterrichtsentwicklung' und ‚Personalentwicklung'" (Lehmann-Rommel 2004: 267). In der Logik des New Public Management kann die Einbindung in Entscheidungen das Commitment der Lehrer*innen erhöhen. Diese verheißungsvolle Partizipation wurde jedoch ab 2001 durch zentral vorgegebene Bildungsstandards, Lernstandserhebungen, externe Evaluation bzw. Schulinspektionen etc. sukzessive eingeschränkt (vgl. Altrichter et al. 2010: 114 ff.). Zu einer ähnlichen Pseudopartizipation komme es – so die Kritik von Maarten Simons – auch in Praktiken des selbstgesteuerten Lernens: Schüler*innen werden zu Kunden, welche in Lernverträgen angeben könnten, was sie auf welchem Weg erreichen möchten – besiegelt durch die eigene Unterschrift (vgl. kritisch Simons 2002: 629). Dass die Ziele des Prozesses natürlich nicht frei sind und Schüler*innen anders als bei rechtskräftigen Verträgen nicht nicht unterschreiben können, wird in der Programmatik weitestgehend ausgeblendet.

In Bezug auf die Kant'sche Antinomie wird deutlich, dass sie zumindest an der Oberfläche der Argumentation eindeutig aufgelöst wird: Das Kind kann nur selbsttätig und damit selbstgesteuert lernen – welche Techniken es dafür benötige, müsse es dafür mittels vielfältiger Selbstevaluationen selbst herausfinden. Die Legitimation für pädagogisches Handeln wird somit fast obsolet und das Technologieproblem ist streng genommen gar kein Problem der Lehrperson mehr, sondern der einzelnen Schülerin bzw. des einzelnen Schülers. Diesseits der Programmatik bedeutet es jedoch, dass „Lehren [...] zu einer Kunst der indirekten Steuerung [wird, d. Verf.]. Ziel der Bemühungen ist die Selbstführung der Subjekte, womit die Frage auftaucht, wie diese Selbstführung geführt werden kann" (Wrana 2006: 73). Praktiken der Responsibilisierung, als Verfügbarmachung und Aktivierung von Engagement und Einsatz, können als diese indirekte Steuerung oder als eine Art Ersatztechnologie – sowohl auf der Ebene der Selbststeuerung im Unterricht als auch aufseiten der Lehrer*innen in Schulentwicklungspraktiken – gelesen werden. Das eigenverantwortliche Selbstverhältnis soll als „Kapital" begriffen werden (ebd.: 44), wodurch Scheitern als individuelles Unvermögen gedeutet wird, für sich selbst Verantwortung zu übernehmen.

Unsere These ist, dass auch im pädagogischen Diskurs eine besondere ‚Magie' vom Verantwortungsbegriff ausgeht, weil vielfältige diskursive Verflechtungen zu dessen Attraktivität beigetragen haben. Was programmatisch als „eine Besinnung auf die eigenen reformpädagogischen Traditionen" bezeichnet wird (Gudjons 2006: 9), bezeichnen Johannes Bellmann und Florian Waldow als „merkwürdige Ehe zwischen technokratischer Bildungsreform und emphatischer Reformpädagogik" (2007). Gerade im Verantwortungsbegriff kann diese Koalition hervorragend nachgezeichnet werden: So wird argumentiert, dass Lehrer*innen ihrem Ethos der Verantwortung nur gerecht werden, wenn sie Selbstverantwortung der Schüler*innen ermöglichen und sie gleichzeitig im Hinblick auf Schulentwicklung selbstverantwortlich agieren. Diese Doppelung von administrativer, technokratischer Zurechnung und Steuerung mit moralischer Indienstnahme unter ein und demselben Begriff führt zu unscharfen Grenzen zwischen den vermeintlichen Opponenten neoliberaler Steuerung und reformpädagogischer Subjektemphase; „dies verleiht [den betreffenden Reforminitiativen, d. Verf.] besondere Durchschlagskraft" (ebd.: 495). Diese Rhetorik und somit die hegemonialen Figuren der Eigenverantwortung „kennzeichnen die Probleme in der Praxis vornehmlich als eine Frage des Wollens und nicht als eine Frage des Könnens" (Trautmann/Wischer 2011: 136).

Insgesamt zeigen sich viele Parallelen zwischen soziologischen und erziehungswissenschaftlichen Studien; die Möglichkeit einer Kritik im Namen einer ‚echten Subjektorientierung' – also an Selbstverwirklichung und Autonomie orientierten und interessierten Parteinahme – wird aufgrund diskursiver Allianzen grundlegend in Frage gestellt. Für den pädagogischen Diskurs weist vieles darauf hin, dass gerade die starke Subjektfassung der Reformpädagogik, aber auch der Geisteswissenschaftlichen Pädagogik und der Kritischen Erziehungswissenschaft, als Komplizin der aktivierenden Verantwortungsfigur fungiert. Wenn nun diese klassische Kritikfigur unbrauchbar geworden ist, wie ist es möglich beobachtete Verantwortungszumutungen an pädagogisch Handelnde und Kinder und Jugendliche weiterhin zu kritisieren?

III. Verhältnisbestimmung von ‚Verantwortung' und ‚Ver-Antwortung'

i. Ver-Antwortung als kritischer Gegenbegriff zu Verantwortung

Wie bereits in Abschnitt I. i. diskutiert wurde, wird der responsive Ver-Antwortungsbegriff von Masschelein und Wimmer ins Feld geführt, um paternalistische Formen der Verantwortungsfassung zu kritisieren: Besonders die Kopplung von Verantwortung und Vernunft lässt den Anderen – nach Wimmer – „immer nur als Objekt möglicher Entscheidungen in den Blick [kommen]" (Wimmer 1996a: 50). Die Aufgabe von Ver-Antwortung sei es, die verstellenden Vernunftprinzipien zu dekonstruieren, um die Ansprüche des Anderen überhaupt wahrnehmen zu können (ebd.). Neben diese Kritikfigur, pädagogische Ethik als „Bemächtigungs-‚Ethik'" zu entlarven (Wimmer 2014: 339), tritt darüber hinaus die Kritik an aktuellen Verwendungsweisen des Verantwortungsbegriffs in pädagogischen Programmatiken. So konstatieren Masschelein und Simons in ihrer Defence of the School (2013) eine Zähmung oder Bändigung des Verantwortungsbegriffs durch Technologisierung: „[R]esponsibility is replaced by its tamed version [...] accountability" (ebd.). Die Normen und Maßstäbe dieser Rechenschaftspflicht lägen aber nicht in den Händen der Lehrer*innen und Schüler*innen, sondern werden durch „the ‚nomos' of the economic and quality tribunal" im Sinne einer Markt- und Kundenorientierung objektiviert (Simons 2002: 624 f.). Verantwortlichsein bedeute folglich, sich diesen Bedingungen zu unterwerfen und sich in Bezug auf diese zu rechtfertigen; die (wahre) pädagogische Verantwortung verschwinde vor diesem Hintergrund (vgl. Masschelein/Simons 2013: 118). In dieser Kritik werden also explizit beide Semantiken von Verantwortung gegeneinandergesetzt und proklamiert, dass reine Verantwortlichkeit für pädagogisches Handeln nicht ausreichen könne, sondern viel grundlegender – vom Ethos der Ver-Antwortung – fundiert werden müsse.

In einer zweiten Stoßrichtung wird die Diffusion pädagogischer Verantwortung durch die Vormachtstellung der ‚Selbst'- und ‚Eigenverantwortung' erklärt. Gerade in Anschluss an Luhmanns Systemtheorie werde, so Wimmer, von einer Selbstreferentialität ausgegangen, in der „das selbstbezügliche Subjekt nur noch Subjekt wäre, dem es ausschließlich um sein Selbstsein geht" (Wimmer 2014: 339). Gegen diesen von ihm bezeichneten „Teufelskreis" (ebd.) der immunisierenden und vereinzelnden Responsibilisierungspraktiken (Masschelein/Simons 2012: 101 f.) argumentiert Wimmer für eine „Verantwortung [als, d. Verf.]

Subversion des selbstverantwortlichen Subjekts" (Wimmer 1996a: 53). Jeder Regulation, Normalisierung und Befriedung des Verhältnisses zum Anderen wohne ein Verdachtsmoment inne, welches unter einer alteritätsethischen Perspektive dekonstruiert werde müsse (ebd.).

Ver-Antwortung – so kann zusammengefasst werden – dient folglich in zweierlei Hinsicht als Kritikfolie: gegen eine übermächtige Stellvertretungslogik im Namen der pädagogischen Verantwortung auf der einen und gegen eine kybernetische, fast solipsistische Fassung des Selbst und dessen Eigenverantwortung auf der anderen Seite. Wir werden in einem nächsten Schritt Grenzen und mögliche Risiken dieser Kritikfolie herausarbeiten.

ii. Kritik dieser Ver-Antwortungskritik

Unsere – zugegebenermaßen vielleicht provokante – These ist, dass eine radikal alteritätstheoretische Fassung des pädagogischen Verantwortungsbegriffs im Anschluss an Lévinas gefährliche Analogien sowohl zum paternalistischen (1) als auch zum responsibilisierenden (2) Gebrauch des Verantwortungsbegriffs aufweist.[156]

(1) Die erste Analogie werden wir in drei Schritten entwickeln. Erstens birgt die radikale Fremdheit des Anderen, welche im responsiven Ver-Antwortungsbegriff vor allem mit Lévinas gedacht wird, die Gefahr einer bloßen Umkehrung der traditionell geisteswissenschaftlichen Figur, insofern die erziehende Person vom Subjekt stellvertretender Verantwortung zum Objekt eines In-Verantwortung-gestellt-Seins wird. In einer radikalen Fassung würde diese „Umpolung des Subjekt-Objekt-Verhältnisses in fatalerweise an den antipädagogischen Kurzschluss, im Namen einer Beschwörung der ‚Säuglingsautorität' [...], die Problematik pädagogischer Verantwortung schlechtweg [...] annullieren" (Gößling 2000: 62). Der Paternalismus wird seinerseits umgekehrt in die ‚Geiselhaft'; die kategorial angelegte, vollständige Unterwerfung eines Parts unter den anderen wird dadurch fortgeschrieben. Folgt man diesem Gedanken, so besteht zweitens die Gefahr, dass die Verstehensbedingungen des Subjekts gegenüber dem Anderen entweder vollständig negiert – wenn das radikale Fremde des Anderen keinerlei Verstehen des Subjekts zulässt – oder übersprungen werden – wenn davon ausgegangen wird, dass der Anspruch des Anderen wie selbstverständlich vom Subjekt verstanden wird. Während der erste Fall – so Meyer-Drawe und Waldenfels – zu „der Selbstenteignung von Verstehensmöglichkeiten" führt (Meyer-Drawe/Waldenfels 1988: 278), wird im zweiten Fall ein Offenbarungsstatus des

156 Für den Nachweis dieser Analogien werden wir uns auf die expliziten Anschlüsse an Lévinas beschränken, wodurch wir beispielsweise Wimmers Bezüge zu Derrida und Lacan oder Masscheleins Weiterführung mit Arendt unberücksichtigt lassen müssen. Frieder Vogelmann argumentiert aber, dass Lévinas Verantwortungsbegriff so grundlegend gefasst ist, dass auch verschiedene Weiterführungen und partielle Abgrenzungen ihn schwerlich „entschärfen" können (Vogelmann 2014: 331) – dazu in (2) mehr.

Anspruches beansprucht, welcher nur für einen kleinen Teil von Ansprüchen tatsächlich gilt (z. B. für Momente der akuten Lebensgefahr). Beide Fälle führen nun aber dazu – und das ist der dritte Schritt unseres Arguments –, dass der Zugriff des erziehenden Subjekts uneinholbar und damit unreflektiert bleibt. Hier besteht die Analogie zum paternalistischen Verantwortungskonzept: In einem unhinterfragten Zugriff vom Erziehenden auf den Zögling kann dieser gefährlich grenzenlos werden. Alles ist rechtfertigbar, wenn es denn in den Anspruch des Anderen hineingelesen werden kann.

(2) Um die zweite Analogie-These zwischen Ver-Antwortung und Responsibilisierung zu erläutern, werfen wir einen Blick auf die geforderten Selbstverhältnisse, da sich – so das Ergebnis einer Studie von Frieder Vogelmann – in deren Struktur Parallelen herausarbeiten lassen. Vogelmann analysiert unter anderem aktivierende Praktiken des Sozialstaats und vergleicht diese mit philosophischen Fassungen der ethischen Verantwortung; darunter den responsiven Begriff von Bernhard Waldenfels, welcher im Anschluss an Lévinas eine responsive Ethik entwirft (Vogelmann 2014: 325–337). Vogelmanns These ist, dass die responsive Verantwortung ein Selbstverhältnis fordere, welches strukturell äquivalent zum aktivierten Selbstverhältnis sei. Die Parallele liegt in einer unumgänglichen Setzung des Unterworfenseins:

> „Das Selbstverhältnis der responsiven Verantwortung ist […] der aktive Umgang mit dem Faktum des eigenen Unterworfenseins, das sich diesmal als Unterworfensein durch fremde Ansprüche zeigt, denen man schon deswegen nicht ausweichen kann, weil das Subjekt erst in der Antwort auf sie entsteht.“ (ebd.: 330)

Responsibilisierende Praktiken forderten analog dazu ein Selbstverhältnis, welches die Anforderungen des Marktes als objektive Bedingungen anerkenne; diese Aneignung aber nicht als Unterwerfung, sondern als Zuwachs von Flexibilität und Souveränität deute. Responsive und responsibilisierende Verantwortung machen in dieser objektivierenden Bewegung ein Hinterfragen des eigenen In-Verantwortung-gestellt-Seins unmöglich. Gerade die „Unausweichlichkeit“ – so argumentiert Vogelmann im Hinblick auf responsive Verantwortungsfassungen –, „die aus der Verkopplung von Verantwortung und Subjektwerdung resultiert, ist Quelle einer nicht unerheblichen theoretischen Gewalt“ (ebd.: 330). Insgesamt wird deutlich, dass ‚Verantwortung‘ für Vogelmann nicht mehr und nicht weniger ist als eine spezifisch historische Form moralischer Zurechnung, welche genauso gut anders bezeichnet werden könne. Damit wird selbst die phänomenologische Beschreibung des In-Verantwortung-gestellt-Seins mit Vogelmann zu einer responsibilisierenden Adressierung. Ob diese Figur tatsächlich überzeugt, werden wir in einem nächsten Schritt analysieren; zuzustimmen ist Vogelmann aber darin, dass die „Demütigung des Unterworfenwerdens“ sowie die „gefährlichen Freuden des eigenen Unterwerfens“ (ebd.: 341) durch die Objektivierung in der Verantwortungsfigur für jede Reflexion unzugänglich werden.[157] Für den pädagogischen Diskurs entwickelt Wolfgang Fischer eine ähnlich sozial-konstruktivistische Perspektive auf den Verantwortungsbegriff: In seiner Argumentation dient die Beschreibung einer grundlegenden Verantwortung dazu, die eigene Theorie „mit apriorischer Aura" auszustatten (Fischer 1996: 194) und damit gegen Kritik zu immunisieren. Der oder die pädagogisch Tätige wird also notwendig auf die so legitimierte Theorie verwiesen und kann diese Unterwerfung streng genommen nicht zum Gegenstand einer Reflexion machen.

Abschließend wird deutlich, dass sich sowohl eine Analogie zum paternalistischen als auch zum responsibilisierenden Begriff nachzeichnen lässt und beide Analogien im Kern der alteritätstheoretischen Figur von Verantwortung begründet liegen: in der radikalen Unterwerfung unter den Andern. In dieser extremen Passivität der oder des pädagogisch Handelnden vergibt man erstens die Möglichkeit, die eigenen Verstehensbedingungen zu reflektieren – wodurch auch ein Übergriff uneinholbar wäre. Zweitens wird durch die Objektivierung der Unterwerfung jede Aktivität des Subjekts, sich dem Anspruch tatsächlich auch auszusetzen und die Qualen dieses Kontrollverlusts zu ertragen, undenkbar; so können Formen, sich den Ansprüchen des Anderen zumindest teilweise zu entziehen, nicht kritisiert werden, weil bspw. Formen der Abschottung noch vor dem Anspruch des Anderen liegen. Neben der nicht-kritisierbaren Abschottung, kann es auch keine begründet kritisierte Form der Verantwortungsablehnung geben. Wenn man ohnehin notwendig verantwortlich ist – sei es gegenüber den Ansprüchen des Anderen im Sinne der Ver-Antwortung oder eben gegenüber Anforderungen des Arbeitsmarktes im Sinne des unternehmerischen Selbst –, kann es nur akzeptiert und zu Gunsten der Aufrechterhaltung von Handlungsfähigkeit angeeignet werden.

Vogelmann und Fischer lesen Verantwortung – so muss nochmal betont werden – also ausschließlich als Adressierungsfigur, mit deren Hilfe Autor*innen ihre Theorien auf problematische Weise legitimieren und somit die Konjunktur dieses äußerst ideologieanfälligen Begriffs noch befeuern. Diese Perspektive kann jedoch nur soweit überzeugen, solange man dem Phänomen, welches mit ‚Verantwortung' beschrieben wird, keinerlei Existenz jenseits von sozialer Zuschreibung zugesteht. Ob diese absolute Dekonstruktion überzeugt, hängt also vor allem von der disziplinpolitischen Frage ab, ob man auf die Thematisierung des Problems Verantwortung verzichten kann und will. Der Einsatz dieses Artikels ist, dafür zu argumentieren, dass der Begriff ‚Verantwortung' als Beschreibung eines Phänomens, welches besonders in pädagogischen Kontexten erfahrbar wird, für die erziehungswissenschaftliche Theoriebildung unverzichtbar ist. Dennoch sind einige Neujustierungen

157 Als Gegenbegriff fungiert Kants Pflichtbegriff, da dieser die Unterwerfung unter das allgemeine Gesetz als aktiven Akt des Subjekts denkt und die damit verbundenen Bürden mitreflektiert (vgl. Vogelmann 2014: 304).

nötig, um der Kritik am paternalistischen und responsiven Verantwortungsbegriff zu begegnen – wir werden dieses im Folgenden versuchen.

IV. Anerkennungstheoretische Fassung von Verantwortung

i. Ansprüche an eine Neujustierung von Verantwortung

An dieser Stelle scheinen wir in einer Sackgasse angekommen zu sein: Beide allgemein-pädagogische Fassungen von Verantwortung wurden als gewaltvolle Theoriekonzeptionen gelesen; der monologische, subjekttheoretische Begriff legitimiert die gegebene Ordnung und unterwirft den Anderen bzw. das Kind gewaltvoll unter die Ansprüche des Subjekts; der responsive, alteritätstheoretische Begriff hingegen objektiviert das Unterworfensein des Subjekts und schränkt den Umgang mit den (vermeintlichen) Ansprüchen des Anderen bzw. des Kindes gewaltvoll ein. Welche Möglichkeiten bleiben uns also, dem problematischen Gebrauch von ‚Selbst'- und ‚Eigenverantwortung' eine andere Fassung von Verantwortung entgegenzusetzen? Der Sozialphilosoph Burkhard Liebsch diagnostiziert für seine Disziplin folgende Defizite, welche für den erziehungstheoretischen Diskurs übertragbar erscheinen und eine weiterführende Beschäftigung mit dem Verantwortungsbegriff ermöglichen können:

> „Die gegenwärtige sozialphilosophische Diskussionslage offenbart entscheidende Defizite. Indem sie sich etwa im Anschluss an Nancy oder an Levinas weitgehend auf die Erforschung einer […] Aufgeschlossenheit für Andere(s) konzentriert, vernachlässigt sie vielfach die Frage, ob und wie Wege zum Anderen zu bahnen sind, auf denen es entscheidend darauf ankommt, wie das Selbst dessen Anspruch wahrnimmt, wie es ihn ein- oder mitfühlend nachvollzieht und sich ihm dementsprechend zuwendet. Speziell Levinas erweckt den Eindruck, als läge der Sinn der Zuwendung zum Anderen in dessen Anspruch selbst schon eindeutig begründet und als erfordere er keinerlei Rücksicht auf das Selbst. […] An dieser Stelle wird deutlich, dass *das dem Anderen zugedachte Verhalten, das ihm eine dem Sinn seines Anspruchs gerecht werdende Antwort geben soll, nicht ohne ein angemessenes Verständnis der Beziehung zwischen Selbst und Anderem auskommt* [Hervorhebungen im Original]." (Liebsch 2013: 328)

An den Überlegungen Liebschs lassen sich nun drei Kritikpunkte an der alteritätstheoretischen Fassung von Verantwortung verdeutlichen, welche dann in einem nächsten Schritt für eine Neujustierung des Begriffs nutzbar gemacht werden können: Erstens ist die Trennung zwischen Subjekt und Anderem in ihrer Radikalität nicht haltbar, da Formen des Ein- und Mitfühlens nach Liebsch konstitutiv für das eigene Subjektwerden sind (vgl. auch ebd.: 325). Darüber hinaus ist zweitens das Unterworfensein des Subjekts in dieser extremen Form nicht zu halten, weil die bedingungslose Offenheit des Selbst für den fremden Anspruch zum einen den Zugriff des Selbst auf den Anderen uneinholbar und unthematisierbar macht und zum anderen, weil keinerlei ‚Rücksicht auf das Selbst', also begründete Einschränkungen dieser Offenheit, denkbar ist. Aus dieser Nicht-Thematisierbarkeit folgt drittens, dass die alteritätstheoretische Ethik kein ‚angemessenes Verständnis der Beziehung zwischen Selbst und Anderem' entwickeln kann und dadurch seine Chance vergibt, die Frage zu beantworten, was es bedeuten könnte, jemandem gerecht zu werden. Sie bleibt also faktisch bei den Vorbedingungen von Ethik stehen.[158] Vergleicht man diese Defizite mit unserer Kritik am Ver-Antwortungsbegriff (siehe 3.2) so wird deutlich, dass auch dort die Kritikpunkte in der Radikalität der Asymmetrie und Trennung zwischen Subjekt und Anderem begründet liegen. Wir werden im Folgenden versuchen – auch wenn diese Versuche notwendig ausblickend und bruchstückhaft bleiben müssen –, diese Kritik zum Ausgangspunkt zu nehmen, Verantwortung vor einem sozialtheoretischen Hintergrund neu zu justieren.

ii. Anerkennungstheoretische Neujustierungen

Die Aufgabe einer Neujustierung des Verantwortungsbegriffs wäre es – so lässt sich pointiert formulieren –, den Widerfahrnischarakter der Verantwortung im Gegensatz zur sozialkonstruktivistischen Lesart ernst zu nehmen, aber gleichzeitig die Selbstbeteiligung des Subjekts nicht zu leugnen bzw. zu negieren, wie es der alteritätstheoretischen Fassung vorgeworfen werden kann. Um die gewohnte Dichotomie zwischen Passivität und Aktivität zu verlassen, versuchen wir im Folgenden den Verantwortungsbegriff vor einem anerkennungstheoretischen Hintergrund neu auszurichten. ‚Anerkennung' markiert dabei nicht nur die konstitutive Bedeutung Anderer für die Genese des Selbst, sondern betont darin den radikal differentiellen und relationalen Charakter sowohl der sozialen Interaktionen als auch der menschlichen Existenz selbst (vgl. ausführlich Balzer/Ricken 2010).

Entlang der drei rekonstruierten Argumentationslinien sei diese anerkennungstheoretische Perspektive – wenn auch nur kursorisch – erläutert: Mit Blick auf die problematische radikale Trennung von Subjekt und Anderem ginge es erstens darum, die Absolutheit dieser Unverbundenheit ‚aufzuweichen' und die spezifische Verfasstheit des Menschlichen als grundlegend verbunden anzunehmen – geteilte Sprachlichkeit (Butler) und sinnlich-leibliche Verbundenheit (Merleau-Ponty) sowie ebenso die Bedeutung von Empathie und eine praktikentheoretische Reinterpretation von Sozialität (Bedorf/Herrmann 2016) könnten Felder sein, in denen sich dieses entfalten ließe. Auch die Radikalität des Unterworfenseins des Selbst unter den Anderen muss – zweitens – vor

158 Gößling argumentiert, dass der Ver-Antwortungsbegriff in der erziehungswissenschaftlichen Rezeption nur die „Vorbedingungen" von Erziehung (Gößling 2000: 70) – also die Struktur der pädagogischen Situation und die Haltung des Offenseins – thematisiere und durch diese Ausschließlichkeit die Frage, wie denn verantwortlich gehandelt werden könne erst gar nicht in den Blick bekommen könne.

dem Hintergrund einer sozialtheoretischen Fassung relativiert bzw. relationiert werden: Zum einen schlicht deshalb, weil es ein Nicht-Wahrnehmen von Ansprüchen geben kann, welches einerseits einfach durch eine zeitlich, räumliche Distanz oder andere hindernde Bedingungen wie einem Missdeuten oder Überhören bedingt sein kann; andererseits können Ansprüche aber auch durch Abschottung und Immunisierung des Selbst nahezu vollständig abgeschirmt werden. Zum anderen aber auch deshalb, weil die Ansprüche des Anderen nicht absolut gesetzt werden dürfen – sei es, weil es ein begründetes Negieren von Ansprüchen – im Sinne der Rücksicht auf das Selbst – geben kann und muss; sei es, weil die Ansprüche des Anderen je nur nach „Maßgabe der eigenen Begreifungskraft" (Heine) vernommen werden können. Die damit eröffnete Differenz, den Anderen sowohl als – auf mich bezogenen – ‚sozialen Anderen' als auch als – auf sich selbst bezogenen – ‚primären Anderen' zu verstehen und auch nur verstehen zu können (Bedorf 2010: 139 f.), lässt sich nicht hierarchisieren oder gar zu einer ihrer Seiten auflösen.

Für den Verantwortungsbegriff lässt sich schlussfolgern, dass dieser konsequent „im Modus des Konditionalis" gefasst werden muss (Ricken 2015b: 145): Neben der Annahme, dass der Andere eine konstitutive Bedingung des Selbst ist (Ver-Antwortung), muss umgekehrt auch die Konditionalität des Selbst für den Anderen ernst genommen werden (vgl. auch Ricken 2006b: 223). Gerade diese zweite Seite der Beziehung wird im alteritätstheoretischen Ansatz vernachlässigt, wodurch ein ‚Stehenbleiben' bei den Vorbedingungen von Ethik begünstigt wird. Stattdessen muss von einer Gleichursprünglichkeit der Erfahrungen ausgegangen werden, vom Anderen in Ver-Antwortung gestellt zu sein und zugleich den Anderen in Ver-Antwortung zu stellen. Widmen wir uns daran anschließend der Frage, wie man dieser ‚doppelten' Erfahrung gerecht werden kann – also begegnen wir hier dem dritten Einwand –, bedarf es zunächst der ernüchternden Feststellung, dass man ihr nie vollends gerecht werden kann, da das Anerkennungsgeschehen immer auch Verkennung des Anderen impliziert. Diese Nicht-Fixierbarkeit ist einerseits schlicht eine Folge des (Re-)Adressierungsgeschehens – weil Anrufungsprozesse immer überdeterminiert sind oder einfach ungehört bleiben –, spannt aber zugleich einen normativen Rahmen auf, diese Fixierung auch nicht zu wollen, um dem Anderen eine abweichende Antwort zu ermöglichen. Es bedarf – so fasst es Butler im Anschluss an Cavarero – einer ethischen Haltung, welche darin besteht, die Frage ‚Wer bist du?' weiter zu stellen, „ohne eine vollständige oder abschließende Antwort zu erwarten" (Butler 2007: 60). Jemandem gerecht zu werden, kann folglich nur gelingen, wenn man den Anderen als Differenz denkt und die zeitweise Fixierung im Moment der Adressierung als vorläufige versteht und eben nicht – wie pädagogisch-diagnostisch eingeübt – bspw. als spezifischer Lerntyp oder ‚Inklusionskind'. Es geht also darum „Perspektiven, Setzungen und auch unvermeidliche Schließungen dialogisch, praktisch und auch habituell zu öffnen und auf die Logik des anderen hin zu durchbrechen“ (Ricken 2015b: 149). Des Weiteren verstehen wir unter einem verantwortungsvollen Umgang im Modus Konditionalis, dass man sich selbst als beschränkte, aber gleichzeitig unhintergehbare Bedingung ernst nimmt und sich als solche sichtbar macht. Statt Lernen als individuellen, nur selbstverantwortbaren Prozess zu fassen, wird vor diesem Hintergrund deutlich, dass Lernen stets ein wechselseitiger Vorgang ist, welcher aus einer sozialen Auseinandersetzung über eine Sache hervorgeht, also einer engagierten Positionierung und der Bereitschaft zum Streit bedarf. Responsivität – wie sie bei Wimmer sehr deutlich wird – kann nur als solche erhalten bleiben, wenn das Ziel dieser Auseinandersetzungen nicht vorab festgelegt ist (wie z. B. Praktiken des Lernvertrags). Sie bedeutet immer auch sich selbst und den Anderen in die Frage ‚Wie wollen wir leben?‘ mithineinzunehmen.

Durch diese Neujustierungen wird auch ein anderer Blick auf das Technologieproblem möglich: Statt einer kategorischen Verteuflung jeder (Ersatz-)Technologie bedarf es einer Analytik, um zu entscheiden, welche Technologien aufgrund dominanter Schließungen und sich verselbstständigender Logiken den Anspruch des Anderen verstummen lassen. In dieser Hinsicht knüpfen wir an Analysen Masscheleins und Simons an, welche pädagogische Praktiken in Schule und Universität dahingehend untersuchen, inwieweit sie immunisieren, d. h. die Beteiligten vom Anspruch des Anderen systematisch abschirmen (vgl. Masschelein/Simons 2012, 2013). Darüber hinaus gilt es zu fragen, ob es nicht auch Technologien geben kann, welche die Auseinandersetzung und das Gespräch allererst eröffnen und ermöglichen. Die grundlegend andere Ausrichtung dieser Praktiken betonend, spricht Dietrich Benner von „negativen Technologien“[159] (Benner 2014: 32), welche durch ein mäeutisches, d. h. fragend entwickelndes Vorgehen gekennzeichnet sind, welche Forderungen stellen und dabei Antwortmöglichkeiten eröffnen, ohne diese gleichzeitig zu determinieren oder intentional vorwegzunehmen.

Rückblickend stellt sich unsere Argumentation wie folgt dar: Erstens argumentierten wir dafür, die kategoriale Fassung der Beziehung zwischen erziehenden und zu-erziehenden Subjekten neu zu justieren. Statt einer subjekt- bzw. individualtheoretischen ‚Gleichmacherei‘ von Ego und Alter-Ego und einer alteritätstheoretischen, absoluten Trennung zum Anderen, welche in der Gefahr steht, das ethische Band schon in den Voraussetzungen von Sozialität zu zerschneiden, schlagen wir eine anerkennungstheoretische Perspektive vor, welche die gemeinsame Verfasstheit der Akteur*innen betont und dadurch auch die Radikalität der Asymmetrie einschränkt. Zweitens haben wir versucht deutlich zu

159 Technologien sind daher „keine positiven Technologien, die nach dem Vorbild von Herstellungsprozessen in der Produktion gewünschte Resultate durch die Formung von Material erzielen, sondern negative Technologien, die ihre Wirksamkeit über negative und positive Erfahrungen entfalten, welche Lernende durch Irritationen und Begegnungen mit Anderseits und Fremdheit machen“ (Benner 2014: 32).

machen, dass ein Stehenbleiben bei den Voraussetzungen von Erziehung zu kurz greift. Auf die Frage ‚Wie kann ich dem Anderen gerecht werden?' kann es zwar keine abschließende Antwort geben, wird sie aber auf paternalistische Weise als immer schon beantwortete gesetzt oder im Extremfall gar nicht mehr gestellt, weil Lernen nur noch als selbstverantworteter und selbstbezüglicher Prozess gedacht wird, verlässt man den Bereich des Ethischen. Die Verantwortung in der Ver-Antwortung verlangt, diese Frage immer wieder zu stellen und sich auf eine in ihrem Ausgang offene Verhandlung einzulassen.

Literatur

Altrichter, Herbert/Rürup, Matthias/Schuchart, Claudia (2010): Schulautonomie und die Folgen. In: Herbert Altrichter/Katharina Maag Merki (Hg.): Handbuch Neue Steuerung im Schulsystem. Wiesbaden: Springer Fachmedien, 107–149.

Arnold, Rolf/Lermen, Markus (2015): Konstruktivistische Lernkulturen. In: Wiltrud Gieseke/Steffi Robak (Hg.): Transkulturelle Perspektiven auf Kulturen des Lernens. Bielefeld: transcript, 25–48.

Arnold, Rolf/Pachner, Anita (2011): Konstruktivistische Lernkulturen für eine kompetenzorientierte Ausbildung künftiger Generationen. In: Thomas Eckert/Aiga von Hippel/Manuela Pietraß/Bernhard Schmidt-Hertha (Hg.): Bildung der Generationen. Wiesbaden: Springer Fachmedien, 299–307.

Balzer, Nicole/Ricken, Norbert (2010): Anerkennung als pädagogisches Problem. Markierungen im erziehungswissenschaftlichen Diskurs. In: Alfred Schäfer (Hg.): Anerkennung. Paderborn: Ferdinand Schöningh, 35–87.

Baumert, Jürgen/Artelt, Cordula (2003): Bildungsgang und Schulstruktur. Einheitlichkeit und Individualisierung. In: Pädagogische Führung 14 (4), 188–191.

Bayertz, Kurt (1995): Eine kurze Geschichte der Herkunft der Verantwortung. In: Kurt Bayertz (Hg.): Verantwortung. Prinzip oder Problem? Darmstadt: Wissenschaftliche Buchgesellschaft, 3–71.

Bedorf, Thomas (2010): Verkennende Anerkennung. Über Identität und Politik. Berlin: Suhrkamp.

Bedorf, Thomas/Herrmann, Steffen (Hg.) (2016): Das soziale Band. Geschichte und Gegenwart eines sozialtheoretischen Grundbegriffs. Frankfurt am Main: Campus Verlag.

Bellmann, Johannes/Waldow, Florian (2007): Die merkwürdige Ehe zwischen technokratischer Bildungsreform und emphatischer Reformpädagogik. In: Bildung und Erziehung 60 (4), 481–503.

Benner, Dietrich (2014): Erziehung und Religion, Pädagogik und Theologie. Nur einem bildsamen Wesen kann sich Gott offenbaren. In: Dietrich Benner (Hg.): Bildung und Religion. Nur einem bildsamen Wesen kann ein Gott sich offenbaren. Paderborn: Ferdinand Schöningh (18), 25–47.

Bonsen, Martin/Priebe, Botho (2013): Unterwegs zu einem Berufsethos. Zur Professionalität gehört eine pädagogische Berufsethik. In: Lernende Schule 16 (62), 4–7.

Bremer, Helmut (2004): Der Mythos vom autonom lernenden Subjekt. Zur sozialen Verortung aktueller Konzepte des Selbstlernens und zur Bildungspraxis unterschiedlicher sozialer Milieus. In: Steffani Engler/Beate Krais (Hg.): Das kulturelle Kapital und die Macht der Klassenstrukturen. Sozialstrukturelle Verschiebungen und Wandlungsprozesse des Habitus. Weinheim/München: Juventa, 189–213.

Bröckling, Ulrich (2007): Das unternehmerische Selbst. Soziologie einer Subjektivierungsform. Frankfurt am Main: Suhrkamp.

Buber, Martin (2005a): Rede über das Erzieherische. Nach einer auf der III. Internationalen Pädagogischen Konferenz in Heidelberg gesprochen. In: J. Jacobi (Hg.): Schriften zu Jugend, Erziehung und Bildung. Martin Buber Werkausgabe. 8 Bände. Gütersloh: Gütersloher Verlagshaus, 136–154.

Buber, Martin (2005b): Über Charaktererziehung. In: J. Jacobi (Hg.): Schriften zu Jugend, Erziehung und Bildung. Martin Buber Werkausgabe. 8 Bände. Gütersloh: Gütersloher Verlagshaus, 327–340.

Buddeberg, Eva (2016): Verantwortung: Existenzial oder Versatzstück neoliberaler Apologetik? In: Deutsche Zeitschrift für Philosophie 64 (2), 232–245.

Buddeberg, Eva/Vogelmann, Frieder (2016): Schwerpunkt: Verantwortung – ein umkämpfter Begriff. In: Deutsche Zeitschrift für Philosophie 64 (2), 228–231.
Butler, Judith (2007): Kritik der ethischen Gewalt. Adorno-Vorlesungen 2002. Frankfurt am Main: Suhrkamp.
Chiapello, Ève (2012): Evolution und Kooption. Die ‚Künstlerkritik' und der normative Wandel. In: Christoph Menke/Juliane Rebentisch (Hg.): Kreation und Depression. Freiheit im gegenwärtigen Kapitalismus. Berlin: Kadmos, 38–51.
Fischer, Wolfgang (1996): Wozu taugt die „pädagogische Verantwortung"? In: Käte Meyer-Drawe/ Helmut Peukert/Jörg Ruhloff (Hg.): Pädagogik und Ethik. Beiträge zu einer zweiten Reflexion. 2. Auflage. Weinheim: Dt. Studien-Verlag, 181–198.
Flitner, Wilhelm (1958): Das Selbstverständnis der Erziehungswissenschaft in der Gegenwart. Pädagogische Forschungen. 2. Auflage Heidelberg: Quelle & Meyer.
Gößling, Hans Jürgen (2000): Ethos und Kompetenz. Zur Begründung pädagogischer Urteilskraft im Horizont traditioneller und aktueller Vernunftkritik. Weinheim: Beltz.
Grisebach, Eberhard (1924): Die Grenzen des Erziehers und seine Verantwortung. Halle/Saale: Niemeyer.
Grisebach, Eberhard (1928): Gegenwart. Halle: Niemeyer.
Gudjons, Herbert (2006): Neue Unterrichtskultur – veränderte Lehrerrolle. Bad Heilbrunn: Klinkhardt.
Heidbrink, Ludger (2006): Verantwortung in der Zivilgesellschaft: Zur Konjunktur eines widersprüchlichen Prinzips. In: Ludger Heidbrink/Alfred Hirsch (Hg.): Verantwortung in der Zivilgesellschaft. Zur Konjunktur eines widersprüchlichen Prinzips. Frankfurt am Main: Campus Verlag, 13–35.
Honneth, Axel (2012): Organisierte Selbstverwirklichung. Paradoxien der Individualisierung. In: Christoph Menke/Juliane Rebentisch (Hg.): Kreation und Depression. Freiheit im gegenwärtigen Kapitalismus. Berlin: Kadmos, 63–80.
Jonas, Hans (2003): Das Prinzip Verantwortung. 9. Auflage. Frankfurt am Main: Suhrkamp Taschenbuch Verlag.
Kilchsperger, Heiner (1985): Pädagogische Verantwortung, Bern [u. a.]: Haupt Verlag.
Kocyba, Hermann (2004): Aktivierung. In: Ulrich Bröckling/Susanne Krasmann/Thomas Lemke (Hg.): Glossar der Gegenwart. Frankfurt am Main: Suhrkamp, 17–22.
Küpers, Wendelin (2008): Perspektiven responsiver und integraler Ver-Antwortung in Organisationen und in der Wirtschaft. In: Ludger Heidbrink/Alfred Hirsch (Hg.): Verantwortung als marktwirtschaftliches Prinzip. Zum Verhältnis von Moral und Ökonomie. Frankfurt am Main: Campus Verlag, 307–338.
Lehmann-Rommel, Roswitha (2004): Partizipation, Selbstreflexion und Rückmeldung: gouvernementale Regierungspraktiken im Feld Schulentwicklung. In: Norbert Ricken/Markus Rieger-Ladich (Hg.): Michel Foucault: Pädagogische Lektüren. Wiesbaden: Springer VS, 261–283.
Lemke, Thomas (2000): Neoliberalismus, Staat und Selbsttechnologien. Ein kritischer Überblick über die governmentality studies. In: Politische Vierteljahrsschrift 41 (1), 31–47.
Lessenich, Stephan (2003): Soziale Subjektivität. Die neue Regierung der Gesellschaft. In: Mittelweg 36 (4), 80–93.
Liebsch, Burkhard (2013): Verschiedene Wege von Selbst zum Anderen. Befremdliche Selbstverhältnisse in sozialer Relation: Grenzen der Empathie zwischen Liebe und Hass. In: Thiemo Breyer (Hg.): Grenzen der Empathie. Philosophische, psychologische und anthropologische Perspektiven. Paderborn: Fink, 301–332.
Luhmann, Niklas/Schorr, Karl Eberhard (1982): Das Technologiedefizit der Erziehung und die Pädagogik. In: Niklas Luhmann/Karl Eberhard Schorr (Hg.): Zwischen Technologie und Selbstreferenz. Fragen an die Pädagogik. Frankfurt am Main: Suhrkamp, 11–40.
Masschelein, Jan (1996): Pädagogisches Handeln und Verantwortung. Erziehung als Antwort. In: Jan Masschelein/Michael Wimmer (Hg.): Alterität, Pluralität, Gerechtigkeit. Randgänge der Pädagogik. Sankt Augustin/Leuven: Academia Verlag; Leuven University Press, 163–186.
Masschelein, Jan (2003): Trivialisierung von Kritik. Kritische Erziehungswissenschaft weiterdenken. In: Dietrich Benner/Michele Borrelli/Frieda Heyting/Christopher Winch (Hg.): Kritik in der Pädagogik. Versuche über das Kritische in Erziehung und Erziehungswissenschaft. Zeitschrift für Pädagogik (Beiheft 46). Weinheim: Beltz, 124–141.

Masschelein, Jan/Simons, Maarten (2012): Globale Immunität. Oder eine kleine Kartographie des europäischen Bildungsraums. Neuauflage. Zürich: Diaphanes.
Masschelein, Jan/Simons, Maarten (2013): In defence of the school. A public issue. Leuven: E-ducation, Culture & Society Publishers.
Menke, Christoph/Rebentisch, Juliane (2012): Vorwort: Zum Stand ästhetischer Freiheit. In: Christoph Menke/Juliane Rebentisch (Hg.): Kreation und Depression. Freiheit im gegenwärtigen Kapitalismus. Berlin: Kadmos, 7–8.
Meyer-Drawe, Käte/Waldenfels, Bernhard (1988): Das Kind als Fremder. In: Vierteljahrsschrift für wissenschaftliche Pädagogik, 271–287.
Mollenhauer, Klaus (1968): Erziehung und Emanzipation. Polemische Skizzen. 4. Auflage. München: Juventa.
Nohl, Herman (1949): Die Pädagogische Bewegung in Deutschland und ihre Theorie. Frankfurt am Main: Schulte-Bulmke.
Ricken, Norbert (2006): Erziehung und Anerkennung. Anmerkungen zur Konstitution des pädagogischen Problems. In: Vierteljahrsschrift für wissenschaftliche Pädagogik 82, 215–230.
Ricken, Norbert (2015): Pädagogische Professionalität – revisited. Eine anerkennungstheoretische Skizze. In: Merle Hummrich/Rolf-Torsten Kramer/Jeanette Böhme (Hg.): Schulkultur. Theoriebildung im Diskurs. Wiesbaden: Springer VS, 137–157.
Simons, Maarten (2002): Governmentality, Education and Quality Management. Towards a Critique of the Permanent Quality Tribunal. In: Zeitschrift für Erziehungswissenschaft 5 (4), 617–633.
Sombetzki (2013): Verantwortung als Begriff, Fähigkeit, Aufgabe. Eine Drei-Ebenen-Analyse. Wiesbaden: Springer VS Verlag.
Theunissen, Michael (1965): Der Andere. Studien zur Sozialontologie der Gegenwart. Berlin: Walter de Gruyter & Co.
Trautmann, Matthias/Wischer, Beate (2011): Heterogenität in der Schule. Eine kritische Einführung. Wiesbaden: Springer VS.
Vogelmann, Frieder (2014): Im Bann der Verantwortung. Frankfurt am Main: Campus.
Waldenfels, Bernhard (2007): Antwortregister. Frankfurt am Main: Suhrkamp.
Weniger, Erich (1952): Die Autonomie der Pädagogik. In: Erich Weniger (Hg.): Die Eigenständigkeit der Erziehung in Theorie und Bildung. Probleme der akademischen Lehrerbildung. Weinheim: Julius Beltz, 71–87.
Wimmer, Michael (1996a): Von der Identität als Norm zur Ethik der Differenz. Kritik, Dekonstruktion und Verantwortung. In: Jan Masschelein/Michael Wimmer (Hg.): Alterität, Pluralität, Gerechtigkeit. Randgänge der Pädagogik. Sankt Augustin/Leuven: Academia Verlag; Leuven University Press, 25–58.
Wimmer, Michael (1996b): Zerfall des Allgemeinen – Wiederkehr des Singulären. Pädagogische Professionalität und der Wert des Wissens. In: Arno Combe/Werner Helsper (Hg.): Pädagogische Professionalität. Untersuchungen zum Typus pädagogischen Handelns. Frankfurt am Main: Suhrkamp, 404–447.
Wimmer, Michael (2014): Ethik der Differenz und Gerechtigkeit. Zur pädagogischen Relevanz der Philosophie Emmanuel Levinas. In: Michael Wimmer (Hg.): Pädagogik als Wissenschaft des Unmöglichen. Bildungsphilosophische Interventionen. Paderborn: Ferdinand Schöningh, 317–342.
Witte, Egbert (2016): Verantwortung in Erziehung und Bildung. In: Ludger Heidbrink/Janina Sombetzki/Claus Langbehn (Hg.): Handbuch Verantwortung. Wiesbaden: Springer VS, 667–680.
Wrana, Daniel (2006): Das Subjekt schreiben. Reflexive Praktiken und Subjektivierung in der Weiterbildung – eine Diskursanalyse. Baltmannsweiler: Schneider-Verlag.

3.2 *Zugänge*: Anerkennungstheoretische Perspektiven

Um die im letzten Artikel bereits begonnene anerkennungstheoretische Justierung des Verantwortungsbegriffs weiterzuführen, gilt es zunächst die Spezifik dieses Zugangs genauer auszuschärfen. Neben theoretischen Grundannahmen anerkennungstheoretischer Forschung, die bereits im rahmenden Kapitel 2.2.1 eingeführt wurden, wird in den folgenden Publikationen die bisher nur angedeutete methodologisch-methodische Wendung von ‚Anerkennung' zu ‚Adressierung' ausführlich hergeleitet, anhand der entwickelten adressierungsanalytischen Heuristik inhaltlich konkretisiert und in der empirischen Analyse einer Unterrichtssequenz erprobt. Vor diesem Hintergrund wird darüber hinaus die schultheoretisch virulente Frage diskutiert, wie Persistenz und Transformation von Schule und Unterricht aus einem anerkennungstheoretischen und adressierungsanalytischen Zugriff theoretisch verstanden und empirisch nachvollzogen werden könnten. Dabei rücken die historisch gewachsenen schulischen ‚Subjektivierungslogiken' in der spannungsvollen Gleichzeitigkeit von Beharrungskraft und situativer Brüchigkeit in den Vordergrund.

Der erste Artikel *Adressierungsanalyse als Zugang zur anerkennungstheoretischen Subjektivierungsforschung* ist im Kontext des bereits eingeführten DFG-Projekts *Sprachlichkeit der Anerkennung* entstanden und stellt die erarbeiteten und erprobten methodologischen und methodischen Weiterentwicklungen der anerkennungstheoretischen Adressierungsforschung vor. Um diesen Ansatz als Zugang zur Subjektivierungsanalyse zu konturieren, wird zunächst ein Horizont gegenwärtiger Methodologien und Methoden zur Analyse von Subjektivierungsprozessen und -effekten skizziert. Einer Diskussion dieser Zugänge folgend wird an den diskursanalytischen Einsatz angeschlossen, Diskurs und Praxis nicht als zwei getrennte Sphären zu verstehen, sondern stattdessen die in ‚diskursiven Praktiken' vollzogene Bedeutungsgenerierung in den Blick zu rücken. Daran anschließend argumentiere ich vor dem Hintergrund einer lang geführten Debatte im Feld der englischsprachigen Discourse Analysis, dass es einer Verbindung interaktions- und machtanalytischer Zugriffe bedarf, um sowohl die Situiertheit als auch Machtverwobenheit von Subjektivierungsprozessen analysieren zu können. Schließlich wird ausgeführt, wie der Ansatz der Adressierungsanalyse diese Verbindung im Anschluss an Ansätze der Ethnographie, der Konversations- wie Diskursanalyse leistet und wie dieser methodologisch-methodische Zugriff – im Sinne eines Werkstattberichts – praktisch vollzogen werden kann. Im abschließenden Fazit werden ausblickend zukünftige Forschungsperspektiven ausgeführt.

Ausgehend vom mehrfach formulierten erziehungswissenschaftlichen Desiderat einer konsistenten Theorie der Schule, d.h. der theoretischen Durchdringung des gesellschaftlichen Implikationsverhältnisses von Schule, schlagen Anna Moldenhauer und ich – im *zweiten* Artikel dieses Kapitels – vor, eine praktiken- bzw. subjektivierungstheoretische Perspektive auf Schule und ihre Transformation einzunehmen. Diese im Titel angekündigten *Praktikentheoretischen Perspektiven auf Transformationen von Schule* werden zunächst durch die Darstellung von Schatzkis Praktikenbegriff sowie die an Butler anschließende erziehungswissenschaftliche Anerkennungs- und Subjektivierungsforschung vorbereitet. Ausgehend von diesen Bestimmungen wird konkretisiert, wie sich Veränderungsprozesse aus dieser poststrukturalistischen Perspektive theoretisch verstehen lassen. In einer methodologischen Wendung werden diese Annahmen mit Bezug auf vorliegende Studien in *vier* typisierte Forschungsstrategien überführt, welche die Transformation und Transformativität von Schule und Unterricht je spezifisch in den Blick bekommen können. Ziel des Beitrages ist es, Möglichkeiten aufzuzeigen, wie Transformationen von Schule im Spannungsverhältnis von Reproduktion und Veränderung – im Sinne einer theoretischen Empirie – praktikentheoretisch versteh- und analysierbar gemacht werden können.

Auch im dritten, gemeinsam mit Julia Sotzek veröffentlichten Artikel *Situierte (Geschichte der) Subjektivierung im Unterricht* rückt die Frage, wie das Verhältnis von Reproduktion und Transformation schulischer und unterrichtlicher Ordnung zu verstehen ist, in den Vordergrund. Im Sinne eines methodisch-methodologischen Gesprächs wird ein empirischer Fall – eine klassenöffentliche ‚Feedbackstunde' – sowohl *adressierungsanalytisch* als auch *dokumentarisch* interpretiert und mit der programmatischen Subjektivierungsform des jederzeit Feedback-nehmenden und -gebenden ‚unternehmerischen Selbst' relationiert. Beide Analysen arbeiten *Brechungen* dieser Subjektivierungsform im situierten Vollzug heraus, die adressierungsanalytisch als *lernkulturelle* und dokumentarisch als *habituelle Beharrungstendenzen* lesbar werden. Diese als *strukturiert-strukturierende* Muster zu verstehenden Logiken erfüllen die interaktive Funktion, trotz eines prekären Vorwurfs einer Schülerin die schulische Ordnung aufrechtzuerhalten. Im Rahmen des Artikels wird zum einen das Ziel verfolgt, das Verhältnis von Subjektivierungs*form* und Subjektivierungs*weisen* empirisch auszuleuchten, und zum anderen Chancen und Grenzen dieses begonnenen inter-methodischen Gesprächs auszuloten.

3.2.1 Adressierungsanalyse als Zugang zur anerkennungstheoretischen Subjektivierungsforschung[160]

Nele Kuhlmann

Einleitung

Auch wenn der für die Bildungsphilosophie ausgemachte „*turn* vom Subjekt zur Subjektivierung“ (Weiß 2020: 77) lange nicht für alle erziehungswissenschaftlichen Teildisziplinen gilt, so ist mittlerweile ein breites, auch interdisziplinär ausgerichtetes Feld der subjektivierungstheoretischen und -analytischen Forschung in der Erziehungswissenschaft entstanden. Dabei beschreibt der Begriff ‚Subjektivierung‘ eine Perspektive auf menschliches Subjektsein, der es „um das (konkrete) Werden und Gewordensein von (konkreten) Subjekten geht“ (Saar 2013: 17). In Abgrenzung zur klassischen Subjektphilosophie, welche das Subjekt als ein sich selbst zugrundeliegendes und selbstverantwortliches a priori setzt, versteht ‚die‘ Subjektivierungsforschung die genannte Deutungsfigur als historisch variables Ergebnis eines immer machtvollen Konstitutionsprozesses (vgl. Ricken 2013b). Menschen werden also zu einem Selbst – so die zentrale Annahme –, indem sie lernen, die Welt, andere und sich selbst in und durch Interaktion spezifisch zu deuten. Bedeutsam ist dabei die angenommene „Gleichzeitigkeit“ von „Einpassung in ein laufendes soziales Geschehen“ und „Ausformung einer begrenzten Handlungsmacht in diesem Geschehen“ (Alkemeyer/Buschmann 2016: 129 f.). Es wird also angenommen, dass das „Unterworfenwerden durch Macht“ (Butler 2001: 8) und die Erlangung bedingter Handlungsfähigkeit nicht voneinander zu trennen sind, wodurch sich der Subjektivierungsprozess als ein paradoxes Geschehen der *unterwerfenden Ermächtigung* bzw. *ermächtigenden Unterwerfung* darstellt (vgl. Ricken/Rose 2023).

Wie dieses Geschehen zum Gegenstand theoretischer und empirischer Forschung wurde und wird, zeichnet Nadine Rose (2019) nach, indem sie drei Phasen der deutschsprachigen Subjektivierungsforschung im Sinne einer Typik voneinander unterscheidet: In der ersten Phase ab den 1980er Jahren wurde nach Rose maßgeblich Auslegungsarbeit machttheoretischer Primärtexte – insbesondere derer Michel Foucaults – und somit eine „*Arbeit am Begriff*“ geleistet (Rose 2019: 66). Darauf aufbauend sind in der zweiten Phase seit den 2000ern „Foucault-inspirierte Konzepte und Ansätze“ entstanden – Rose nennt hier stellvertretend die einflussreichen Analysen moderner Subjektprogrammatiken wie

160 Bei diesem Beitrag handelt es sich um eine leicht überarbeitete Fassung des Artikels: Kuhlmann, Nele (2023): Adressierungsanalyse als Zugang zur Subjektivierungsforschung – Methodologisch-methodische Weiterentwicklungen und Werkstattbericht. In Norbert Ricken/Nadine Rose/Anne Otzen/Nele Kuhlmann: Die Sprachlichkeit der Anerkennung. Subjektivierungstheoretische Perspektiven auf eine Form des Pädagogischen. Weinheim/Basel: Beltz Juventa, 68-111.

der des ‚Unternehmerischen Selbst' (Bröckling 2007) und des ‚Hybriden Subjekts' (Reckwitz 2012) sowie die genealogische Arbeit zur ‚Ordnung der Bildung' (Ricken 2006). Diesen Studien ging es vor allem darum, in einer dekonstruktiven Bewegung programmatische Entwürfe des Subjekts in der Moderne durch diachrone und synchrone Analysen von im weitesten Sinne normativen Textkorpora in ihrer Genese zu erfassen und ihnen dadurch den Status des Unumgänglichen und Notwendigen zu entziehen. In der dritten bis heute andauernden Phase wird in diesen Analysen eine einseitige Fokussierung auf „diskursive [...] Subjektentwürfe[...]" gesehen (vgl. Alkemeyer 2013: 39) und argumentiert, dass die rekonstruierten Typiken nur sehr begrenzt darüber Auskunft geben könnten, in welcher Weise diese Subjektfiguren ‚tatsächlich' subjektivierend wirken. Die damit einhergehende Forderung nach einer *empirischen Wendung der Subjektivierungsforschung* antwortet somit auf den hier von Andrea Bührmann formulierten (2012: 160) Verdacht, dass auch „gesellschaftliche ‚Megatrends' [und, NK] die daraus resultierenden institutionellen Erosionsprozesse und -tendenzen" nicht „unvermittelt auch auf die Ebene der Subjektivierungsweise durchschlagen". Der damit einhergehende Problemzuschnitt fragt also danach, in welcher Weise dominante „Subjektivierungsform[en]" (ebd.: 145), wie bspw. das ‚unternehmerische Selbst', für sich empirisch vollziehende „Subjektivierungsweise[n]" (ebd.), d.h. der Ausbildung von konkreten Selbst-, Welt- und Anderen-Verhältnissen, wirksam werden. Wenngleich diese (starke) Unterscheidung zwischen Subjektivierungs*formen* und *-weisen* – wie ich später zeigen werde – nicht für alle subjektivierungsanalytischen Forschungszugriffe leitend ist, zeigt sich darin in pointierter Form ein geteiltes Ziel in der dritten Phase deutschsprachiger Subjektivierungsforschung: Anstelle ausschließlich programmatische Textsorten auf die ihnen eingeschriebenen Subjektivierungs*appelle* zu untersuchen, wird Subjektivierung *als konkretes und je spezifisch situiertes Geschehen* perspektiviert und hinsichtlich seiner *paradoxalen und spannungsvollen Logiken* untersucht.

An dieser Stelle setzten wir mit dem Erkenntnisinteresse des Projekts *Sprachlichkeit der Anerkennung* ein: Es war ein zentrales Ziel des Forschungsprojekts, die Adressierungsanalyse als einen *praktikenanalytischen Zugang zur Subjektivierungsforschung* – aufbauend auf bisher geleisteten theoretischen Überlegungen (vgl. Balzer/Ricken 2010; Reh/Ricken 2012) und empirischen Erprobungen (vgl. u.a. Balzer/Bergner 2012; Fritzsche et al. 2011) – methodologisch zu schärfen sowie davon ausgehend ein methodisches Vorgehen zu entwickeln und praktisch zu erproben. Um diese methodologisch-methodischen (Weiter-)Entwicklungen und den von uns im Rahmen des Forschungsprojekts entwickelten Vorschlag zum methodischen Vorgehen im Folgenden zu erläutern, werde ich in einem ersten Schritt einen Horizont verschiedener, gegenwärtig diskutierter Ansätze der empirischen Subjektivierungsforschung aufspannen, die jeweils das Ziel verfolgen, in der Analyse qualitativer Interviewdaten Subjektivierungsweisen zu rekonstruieren (I). Davon ausgehend soll zweitens ein praktikentheoretischer

Zugang zu Subjektivierungsprozessen konturiert werden, der diskursive Praktiken auf die ihnen eingeschrieben subjektivierenden Effekte und Logiken untersucht (II). Vor diesem Hintergrund werden drittens zentrale Annahmen und das Erkenntnisinteresse der Adressierungsanalyse methodologisch begründet sowie die von uns entwickelte Heuristik der Adressierungsanalyse vorgestellt (III). Im Sinne eines Werkstattberichts soll dann das praktische Vorgehen bei der Datenerhebung, -aufbereitung und -auswertung, das wir im Vollzug des Forschungsprojekts entwickelt und erprobt haben, vorgestellt werden (IV). Abgeschlossen wird der Beitrag mit einer bilanzierenden Befragung der Adressierungsforschung als empirischer Subjektivierungsforschung sowie einem Ausblick auf weiterführende Perspektiven (V).

I. Empirische Subjektivierungsforschung als Interviewforschung

Die Frage, wie paradoxal verfasste Prozesse der Subjektkonstitution in der Gleichzeitigkeit von Unterwerfung und Ermächtigung theoretisch zu verstehen und davon ausgehend empirisch zugänglich zu machen sind, wird in der empirischen Subjektivierungsforschung – auch über Fächergrenzen hinweg – kontrovers verhandelt (Geimer et al. 2019; Gelhard et al. 2013). Im Folgenden sollen exemplarisch drei Zugänge der subjektivierungsanalytischen Interviewforschung skizziert werden, in denen unterschiedliche methodologisch-methodische Bestimmungen vorgenommen werden: Zunächst werden bildungstheoretische, dann wissenssoziologische und schließlich dokumentarische Ansätze der Subjektivierungsanalyse vorgestellt. Vor diesem Hintergrund wird dann der Ansatz der Adressierungsanalyse konturiert.

i. Bildungstheoretische Subjektivierungsforschung

In der bildungstheoretisch ausgerichteten Subjektivierungsforschung – bzw. subjektivierungstheoretischen Bildungsforschung – wird im Anschluss an einen empirisch gewendeten Bildungsbegriff (Koller 2011) das Ziel verfolgt, Transformationen von Selbst-, Welt- und Anderen-Verhältnissen sowohl als Subjektivierungs- als auch als Bildungsprozesse zu verstehen und empirisch zu rekonstruieren (vgl. u. a. Rose 2012; Kleiner 2015; Hoppe 2022).[161] Der subjektivierungstheoretischen Prämisse folgend, dass die Hervorbringung von Subjekten als eine machtvolle und ambivalente ‚Vernähung' mit gesellschaftlichen Differenzkategorien wie Migration, Geschlecht oder Milieu zu verstehen ist, wird danach gefragt, wie Jugendliche und junge Menschen Fremdpositionierungen als (Nicht-)Zugehörige erleben und wie sie sich dazu wiederum deutend und handelnd in ein Verhältnis setzen. Im Schnittfeld von subjektivierungs- und

161 Für eine bildungstheoretisch anders justierte subjektivierungstheoretische Interviewforschung vgl. auch Künstler 2022.

bildungstheoretischem Erkenntnisinteresse rückt dann u. a. die Fragestellung in den Fokus, wie es Individuen gelingt, „ihre Handlungsmöglichkeiten in Anbetracht begrenzender Verhältnisse zu erweitern bzw. Herausforderungen angemessener als zuvor zu begegnen“ (Kleiner 2015: 17). Es werden also bestimmte, die Handlungsräume des Subjekts erweiternde Subjektivierungsprozesse als Bildungsprozesse qualifiziert (vgl. dazu auch Koller 2016a), die u. a. als Resignifizierungspraxen verhandelter Differenzordnungen – wie bspw. rassifizierende und verandernde Kategorisierungen – gedeutet werden (Rose 2012: 139 f.).

Methodologisch-methodisch wird an die narrative Biographieforschung nach Fritz Schütze (1983) angeschlossen, wenngleich zentrale Bestimmungen einer diskurs- und machttheoretischen Re-Lektüre und Neujustierung unterzogen werden (Rose 2012: 227 f.; Koller 2016b). So wird die der Biographieforschung eingeschriebene Vorstellung eines in sich konsistenten Selbst dadurch dezentriert, dass nicht von einer Kohärenz stiftenden, empirisch zu rekonstruierenden Fallstruktur ausgegangen wird, die biographische Erfahrungen ‚zusammenhalte‘; vielmehr müssten auch in sich widersprüchliche und spannungsreiche Erzählungen des Selbst nebeneinander stehen bleiben können (Kleiner 2015: 149 f.). Zudem wird die in der Narrationsanalyse leitende Annahme problematisiert, dass eine Homologie zwischen erzählten und tatsächlich erlebten Ereignissen bestehe, die einen forschungspraktischen Zugriff auf die faktisch gelebte Biographie erlaube (Rose 2012: 230). Stattdessen wird die interaktive und diskursive Praxis in der Interviewsituation fokussiert, wodurch sowohl resignifizierende Anrufungen als auch die den Erzählungen eingeschriebenen Bekenntnislogiken sichtbar werden (vgl. auch Reh 2003).[162] In dieser Weise verfolgen die Rekonstruktionen das Ziel, rhetorische Figuren der Selbstdarstellung herauszuarbeiten, die sich als „aktuelle, kulturell vermittelte Konstruktionsleistung im Erzählprozess“ verstehen lassen (Rose 2012: 230). Konkret wird dadurch die Frage bearbeitet, wie sich die Interviewten in Relation zu hegemonialen Ordnungen in situ positionieren und wie sie den biographischen Prozess dieser Positionierung(en) im Verhältnis zu Fremdpositionierungen rhetorisch entwickeln. So arbeitet bspw. Bettina Kleiner (2015) in ihrer Untersuchung von Schulbiographien von LGBT*Q-Jugendlichen heraus, wie sich die Befragten jenseits der dominanten Ordnung der Heteronormativität positioniert sehen und dadurch ein Gefühl des ‚Falsch-Seins‘ in Bezug auf ihre eigene Geschlechtlichkeit und ihr Begehren zum Ausdruck bringen. Dass diese und andere Formen des ‚Otherings‘ aber nicht linear in Selbstpositionierungen – im Sinne einer ausschließlichen subjektivierenden Unterwerfung – übernommen werden, zeigen sowohl Kleiner in der Rekonstruktion von eigensinnigen (Um-)Deutungen von Geschlechtszugehörigkeiten, wie auch Rose (2012) und Hoppe (2022) in Bezug auf die Differenzkategorie Migration. So

162 Dass diese Dimension bei der gegenwärtig viel diskutierten Dokumentarischen Methode unterbelichtet bleibt, darauf verweist Anna Rauschenberg (2020).

wird in ihren Fallstudien deutlich, dass die in Schule erfahrenen Zuschreibungen als Migrationsandere auch offensiv skandalisierend gewendet werden können. Auch der im Folgenden dargestellte Ansatz der wissenssoziologischen Subjektivierungsanalyse interessiert sich für Formen der Aneignung und Umdeutung von diskursiven Zuschreibungen – geht dabei aber von anderen theoretischen und methodischen Setzungen aus.

ii. Wissenssoziologische Subjektivierungsforschung

Die wissenssoziologische Subjektivierungsanalyse folgt in ihren Prämissen der von Reiner Keller (2011) entwickelten wissenssoziologischen Diskursanalyse, welche sich insbesondere durch die Verbindung von Foucaultscher Diskurstheorie und hermeneutischer Wissenssoziologie auszeichnet. Diese Verbindung wird dadurch möglich, dass menschliche Akteur*innen als „zweifach bestimmt" gedacht werden (Keller 2012: 94): als Adressat*innen von gesellschaftlichen Diskursen und ihnen eingelagerten Subjektpositionen im Modus des Müssens und Sollens auf der einen Seite und gleichzeitig als „relativ individuierte" Akteur*innen mit „Eigensinn" auf der anderen Seite, welche sich die diskursiven Adressierungen je individuell und je nach „soziohistorischer" Konstitution deutend und handelnd aneignen (ebd.: 94 f.). In dieser Bestimmung stehen sich also – im engen Anschluss an die Problemfassung Bührmanns (2012) – gesellschaftliche Diskurse als Produktionsort bestimmter Subjektivierungs*formen* und je spezifisch situierte Akteur*innen mit ihren Subjektivierungs*weisen* zwar als aufeinander verwiesene, aber letztlich trennbare Entitäten gegenüber. Methodologisch wird dieser Fassung damit Rechnung getragen, dass eine klare Trennung zwischen einem diskursanalytischen Forschungsprogramm und der „Analyse von Lebenswelten" eingezogen wird (ebd.: 102). Pfahl et al. (2018: 881) sprechen vor diesem Hintergrund von einer „doppelten Empirie", die darauf zielt, „die Verschränkung zwischen Subjektivierung und Ordnungsbildung" zu erschließen. Diese Verschränkung wird dadurch möglich, dass sowohl Diskurs- als auch Lebensweltanalyse methodisch und methodologisch durch einen interpretativ-hermeneutischen Zugang gerahmt und damit aufeinander beziehbar gefasst werden.

Der von Keller theoretisch konturierte Verweisungszusammenhang zwischen diskursiver und subjektiver Ebene wurde von Saša Bosančić (2017) unter dem Titel „Interpretative Subjektivierungsanalyse" als Forschungsprogramm ausbuchstabiert. In seiner Dissertation zeigt er, wie die empirische Analyse forschungspraktisch vollzogen werden kann: Die in problem- und themenzentrierten Interviews mit ungelernten Arbeitern erhobenen Daten werden in ein Verhältnis gesetzt zu den diskursanalytisch bereits rekonstruierten Figuren der Marginalisierung und Prekarisierung von ungelernten Fachkräften sowie der Aufwertung des flexiblen Unternehmers seiner selbst (vgl. Bosančić 2014). In der Analyse der Interviews werden also subjektive Aneignungs- und Abgrenzungsbewegungen von diskursiven Subjektformen rekonstruiert.[163] Ein ähnliches Anliegen kennzeichnet die erziehungswissenschaftlichen Studien von Lisa Pfahl, welche Biographie- und Diskursforschung am Gegenstand der diskursiv-erzeugten Kategorie ‚Lernbehinderung' verknüpfen (vgl. Pfahl 2011; Pfahl/Powell 2015).[164] Subjektivierungsprozesse werden als „Vermittlung der Diskurse der Pädagogik und des biographischen Wissens von Schulabgänger/innen" gefasst (Pfahl/Traue 2013: 426) und es wird angenommen, dass Kinder und Jugendliche im Bildungssystem lernen, diskursive Subjektpositionen einzunehmen – je nach pädagogischem Diskurs können das Attribuierungen wie ‚lernbehindert', ‚selbstständig', ‚förderbedürftig' oder ‚hochbegabt' sein –, welche die Schüler*innen „zugleich ‚innerlich' auf eine bestimmte Weise subjektivier[en]" (ebd.). Das Forschungsinteresse dieser diskursanalytisch-orientierten Biographieforschung besteht folglich darin, individuelle Figuren der „Übernahme, Ablehnung und Modifikation von Diskurselementen" als konkrete Subjektivierungsprozesse zu rekonstruieren (ebd.: 442). Dieser Zielstellung folgt auch die Dokumentarische Subjektivierungsforschung; sie nimmt aber in der Bestimmung des Subjekts *praxeologische* Justierungen vor.

iii. Dokumentarische Subjektivierungsforschung

Wie der Name bereits nahelegt, schließt die von Steffen Amling und Alexander Geimer (2016) entwickelte „Dokumentarische Subjektivierungsanalyse" an die ‚Dokumentarische Methode' nach Ralf Bohnsack (2014) an und modifiziert deren Erkenntnisinteresse und Fallbestimmung im Sinne einer empirisch gewendeten Subjektivierungsforschung (vgl. Geimer 2014). Das zentrale theoretisch-methodologische Kennzeichen der Dokumentarischen Methode liegt in der von der Wissenssoziologie Karl Mannheims motivierten Unterscheidung zwischen zwei Wissensformen, welche mittels empirischer Erhebungs- und Analyseprinzipien differenziert und rekonstruiert werden: dem „präreflexiven/impliziten" einerseits und dem „reflexiven/expliziten" Wissen andererseits (Amling/Geimer 2016: 7). Dabei wird anschließend an Karl Mannheim sowie Pierre Bourdieu angenommen, dass das präreflexiv-implizite Wissen durch die Sozialisation innerhalb konjunktiver Erfahrungsräumen (vgl. Mannheim 1980), d.h. durch

163 Bosančić (2016) argumentiert, dass die Interviewanalyse „Subjektivierungswirkungen" von diskursiven „Fremd-Positionierungen" (ebd.: 112) auf „der Ebene lebender Menschen" (ebd.: 115) zugänglich macht. Um zwischen dem bloßen Nennen von Schlagwörtern wie ‚Flexibilität' oder ‚Eigenverantwortung' in der Interviewsituation und einer tatsächlichen Subjektivierungswirkung durch die Anrufung zum ‚unternehmerischen Selbst' unterscheiden zu können, schlägt Bosančić vor, das gesamte Interview hinsichtlich charakteristischer „storylines der Diskurse" zu untersuchen. Erst wenn typische Figuren das Interview durchziehen, kann – so die Annahme – von einer Subjektivierungswirkung gesprochen werden (ebd.: 112).

164 Für das Konzept der ‚Kompetenz' vgl. Truschkat 2015.

bedeutsame Gruppenzugehörigkeiten, wie der Zugehörigkeit zu einer Generation, einem Geschlecht, einem Milieu, einem Beruf etc., erworben wird und im Sinne von ‚strukturiert-strukturierenden Strukturen' handlungsleitend wirkt (Bourdieu 1993: 99). Das Erkenntnisinteresse der Dokumentarischen Methode ist es, diese zweite, präreflexive und handlungsleitende Wissensform einer Explikation zugänglich zu machen, indem insbesondere interaktiv dichte Momente in Gruppendiskussionen (vgl. Przyborski 2004) oder narrative Episoden in Interviews (vgl. Nohl 2005) (fallvergleichend) rekonstruiert werden. Dabei rückt seit einiger Zeit dezidierter das Verhältnis der beiden Wissensformen in den Vordergrund, um habituell geprägte Wahrnehmungs- und Bearbeitungsweisen von außen induzierten Normen herauszuarbeiten (Bonnet/Hericks 2019; Rauschenberg/Hericks 2018). Es ist diese Verhältnissetzung, die auch für die dokumentarische Subjektivierungsforschung entscheidend ist.

Wie in der zuvor dargestellten wissenssoziologischen Subjektivierungsanalyse werden auch in der dokumentarischen Subjektivierungsforschung diskursive Subjektfiguren als Adressierungsformen eines gesellschaftlichen Außens gedacht, welche von den so adressierten Individuen „ganz unterschiedlich erfahren werden und […] im Kontext von reflexiven wie präreflexiven Wissensstrukturen angeeignet bzw. ausgehandelt werden" (Geimer 2014: 125). In dieser Fassung rückt das Verhältnis zwischen reflexiv-explizitem Wissen in Form hegemonialer Subjektentwürfe und des präreflexiv-impliziten Wissens in den Fokus, um darin habituelle Modi der Aneignung und Bearbeitung der „dominante[n] Imperative der Selbstregulierung" rekonstruieren zu können (ebd.: 111). Im Sinne der praxeologischen Methodologie der Dokumentarischen Methode kann so untersucht werden, in welcher Weise diskursive Subjektformen – wie das ‚unternehmerische' oder ‚authentische Selbst' – für bestimmte Kollektive *handlungsleitend* sind. Diese je spezifisch zu rekonstruierenden handlungsleitenden Dimensionen normativer Subjektentwürfe fassen Amling und Geimer (2016) als „Techniken des Selbst", da darin typische Formen der Selbstthematisierung und -bearbeitung im Spannungsfeld von habituellen Orientierungen und gesellschaftlichen Erwartungen greifbar werden können. In ihrer Interviewstudie mit Abgeordneten des Bundestages rekonstruieren Amling und Geimer, wie Politiker*innen in strukturhomologer Weise mit der an sie adressierten gesellschaftlichen Erwartung der Authentizität umgehen: Im Modus einer „Selbstidealisierung" (ebd.) wird die eigene Biographie sowie das Verhältnis zwischen beruflichen und privaten Sphären als ein kohärenter Zusammenhang erzählt und in diesem Sinne auf das eigene Erleben und Handeln eingewirkt (vgl. ebd.: [46]). In der Rekonstruktion von feld- und habitusspezifischen Techniken des Selbst soll die „Eigenlogik der Praxis" rekonstruiert werden (Geimer 2014: 126), ohne dabei – wie Geimer (ebd.) ausführt – in einer eigens angelegten Analyse diskursiver Subjektformen auch der „Eigenlogik der Diskurse" nachzugehen.

Abschließend lässt sich bündeln, dass die drei dargestellten Ansätze der empirischen Subjektivierungsforschung ein ähnliches Ziel verfolgen: die Rekonstruktion von *subjektiven Positionierungsweisen (im Interview) in Relation zu diskursiven Fremdpositionierungen (inner- und außerhalb des Interviews)*. Zugleich unterscheiden sich die Zugänge darin, wie genau sie diese Relation zwischen Selbst- und Fremdpositionierung – oder in anderen Begrifflichkeiten zwischen ‚Subjekt' und ‚Diskurs' – theoretisch und empirisch bestimmen. Dahinter liegt die für die (empirische) Subjektivierungsforschung grundsätzliche Problemstellung, das Spannungsverhältnis zwischen Ermächtigung und Unterwerfung fassen zu können, ohne es einseitig entweder in Richtung eines starken Subjekts, das sich diskursive Fremdpositionierungen selbstbestimmt aneignen könnte oder in Richtung einer starken diskursiven Struktur, das die subjektiven Positionierungen determinieren würde, aufzulösen (vgl. Wrana 2015a: 126). Dabei legt die in den drei Zugängen gewählte Methodik der Interviewforschung nahe – wie Fegter und andere (2015: 27) in Bezug auf die wissenssoziologische Subjektivierungsforschung argumentieren – das Subjekt als denjenigen Ort zu bestimmen, „an dem sich Operationen von Sinn vollziehen können", während die diskursiven Fremdpositionierungen als ein vom Subjekt zu bearbeitendes, relativ starres Außen erscheinen. Diese Bestimmung hat den Vorteil, dass insbesondere das in sich spannungsvolle (biographische) Gewordensein von Positionierungen sicht- und rekonstruierbar wird; zugleich tendiert diese Fassung aber dazu, das Subjekt und dessen eigensinnige Ermächtigungen analytisch in den Fokus zu rücken (ebd.). Demgegenüber versucht eine im Folgenden zu konturierende interaktionsanalytische und praktikentheoretische Subjektivierungsforschung das Ineinander von Selbst- und Fremdpositionierungen als dynamisches Geschehen im situierten Vollzug von Praktiken zu konzeptionieren. Gleichzeitig kann dieser Zugriff nur sehr begrenzt Auskunft darüber geben, wie sich subjektivierende Erfahrungen biographisch aufschichten und handlungsleitend wirksam wird – ich komme darauf im abschließenden Fazit zurück.

II. Subjektivierungsforschung als Analyse diskursiver Praktiken

i. Problemstellung: Relationierung von Interaktion und Struktur

Wie einleitend beschrieben, besteht das Ziel der empirischen Wendung der Subjektivierungsforschung darin, mit der Vorstellung einer determinierenden Struktur gesellschaftlich verfügbarer Subjektpositionen zu brechen, indem die Eigenlogiken von Subjektivierungsweisen in empirischen Analysen rekonstruiert werden. Daniel Wrana (2015b: 126 f.) argumentiert, dass es dafür einer Fassung von Subjektivierung bedarf, die Transformationen nicht ausschließlich aufseiten des Subjekts verortet. Vielmehr müsse die „dynamische Strukturierung [...] einer gleichzeitigen Stabilisierung und Destabilisierung" sowohl in Richtung des Subjekts als auch in Richtung der „Struktur der Orte" (ebd.) in den Blick rücken. Diskursive Fremdpositionierungen sind vor diesem Hintergrund kein Außen, das als Netz verfügbarer Subjektformen an das Subjekt herantritt und subjektivierend wirksam wird. Stattdessen wird einer Frontstellung der Dimensionen Subjekt und Diskurs dadurch entgegengewirkt, dass in der „Analyse diskursiver Praktiken" (ebd.: 121) spannungsvolle Momente der Strukturierung und Bedeutungsgenerierung selbst zum Gegenstand der Analysen werden (vgl. bspw. Ott/Wrana 2010). Diese damit vorgeschlagene subjektivierungsanalytische Perspektive zeichnet sich – wie im Weiteren zu zeigen sein wird – dadurch aus, dass sie die Kontingenz und Dynamik situierter, sich in Praktiken vollziehenden Subjektivierungsprozesse anerkennt, ohne dabei aus den Augen zu verlieren, dass diese Vollzüge notwendig über einzelne Situationen hinausweisen, da in ihnen immer auch machtvolle Ordnungen und – damit verbundene – Konstellationen von Subjektpositionen stabilisiert werden.[165]

Wie das mit diesem Erkenntnisinteresse verbundene Forschungsprogramm, das Interaktion und Struktur vermittelt, methodologisch begründet und methodisch vollzogen werden kann, wird spätestens seit den 1990er Jahren – vor allem im englischsprachigen Raum – kontrovers verhandelt. Auch wenn zunächst keine expliziten Bezüge zum Subjektivierungskonzept hergestellt wurden, so wurde die subjektivierungstheoretisch zentrale Frage diskutiert, wie Individuen in Interaktionen vor dem Hintergrund gesellschaftlich relevanter Identitäts- und Differenzkategorien zu bestimmten ‚Identitäten' werden (vgl. für einen Überblick Wetherell 2001; Benwell/Stokoe 2013). Als Schlüsseldebatte kann dabei die Auseinandersetzung zwischen Emanuel A. Schegloff (1997), dem Mitbegründer der ethnomethodologischen *Conversation Analysis*[166], und Margaret Wetherell (1998), der Mitbegründerin des Ansatzes der *Discursive Psychology*[167] gelten. Die Auseinandersetzung zwischen Schegloff und Wetherrell dreht sich wiederum um einen dritten Ansatz, der *Critical Discourse Analysis (CDA)*[168], der den Anspruch erhebt, die Hervorbringung von gesellschaftlicher Ungleichheit (auch) in situierten Interaktionen herauszuarbeiten. Schegloff (1997) wirft der *CDA* vor,

165 In diesem Zuschnitt können zwar auch Interviewdaten interessant sein – aber nicht als Ausdruck von *dahinterliegenden* Subjektivierungsweisen. Vielmehr rücken interaktive Positionierungsweisen in der Interview*situation* in den Blick (vgl. Schmidt 2020; Künstler 2022), die Auskunft über subjektivierende Logiken der untersuchten Praktik, d. h. hier der wissenschaftlichen Praxis des Interviews, geben kann. Das gleiche Ziel wird in der Analyse von nicht-induzierten Interaktionsdaten – wie bspw. unterrichtlicher Praktiken – verfolgt, wie ich später dezidiert ausführen werde.

166 Für einen Überblick der Entstehung und Grundannahmen der *Conversational Analysis* sowie der deutschsprachigen *Konversationsanalyse* vgl. Levine 2010 sowie Bergmann 2010.

167 Arnulf Deppermann (2010: 644) beschreibt die „Grundidee" der *Discursive Psychology*, die in den 1980er Jahren in England entstand, damit, dass „psychologische Phänomene nicht mehr als innerpsychische, kognitive oder emotionale Phänomene" verstanden würden, „sondern als Phänomene des Diskurses".

168 Für eine kenntnisreiche und kritische Diskussion des Ansatzes der *Critical Discourse Analysis* vgl. Blommaert/Bulcaen 2000.

dass die Forschenden Identitätskategorien wie *Race*, *Class* und *Gender* deduktiv an das Datenmaterial herantrügen, was den Blick auf die kontingenten Vollzugswirklichkeiten und Relevanzen der handelnden Akteur*innen verstelle. Es würden stattdessen Relevanzen und Kontexte herausgestellt, „to which the *analyst* is oriented" (ebd.: 174). Überspitzt formuliert argumentiert Schegloff anhand eines Fallbeispiels, dass, wenn man nach patriarchalen Machtstrukturen in der Interaktion zwischen einer Frau und ihrem Ehemann suche, diese auch finde. In ihrer Replik stimmt Wetherell (1998) Schegloff zwar darin zu, dass das Relevantmachen bestimmter Differenzkategorien im Datenmaterial begründet sein müsse; sie kritisiert aber zugleich, dass Schegloff einen zu engen Begriff von „participants' orientation" und „relevance" anlege (ebd.: 404 f.). Der ethnographischen Methodologie folgend argumentiert Wetherell, dass die in der Ethnomethodologie so zentralen Methoden der Akteur*innen in der Herstellung sozialer Ordnung und der damit einhergehenden Subjektpositionen keineswegs aus einzelnen Szenen heraus zu rekonstruieren seien, sondern in ihrer historischen, institutionellen und organisationalen Eingebundenheit und Gewordenheit verstanden werden müssten. Sie betont damit auf der einen Seite – im Anschluss an die Konversationsanalyse – „the highly occasioned and situated nature of subject positions" (ebd.: 394), stellt aber zugleich heraus, dass das methodologisch-methodische Inventar der Konversationsanalyse unzureichend sei, um ‚institutionalisierte Formen der Intelligibilität' (ebd.) zu rekonstruieren, die für die machtvolle Konstitution von Subjekten in sozialen Interaktionen von zentraler Bedeutung seien. Selbst wenn also in der von Schegloff untersuchten Interaktion zwischen einem Ehepaar die Differenzkategorie Geschlecht nicht explizit thematisch wird, so ist die Intelligibilität der interaktiv vollzogenen Positionierungen historisch und institutionell entlang dieser Differenz präfiguriert. Vor diesem Hintergrund plädiert Wetherell (ebd.: 403) für einen an Foucault anschließenden „genealogical approach", der sowohl situativ vollzogene, dynamische Positionierungen wie auch „broader forms of intelligibility running through the texture more generally" (ebd.) in die Analyse miteinbezieht. Dieser Einsatz von Wetherell lässt sich als früher Versuch deuten, methodologisch-methodisch auszubuchstabieren, wie *situierte Subjektivierungsprozesse* in ihrer Kontingenz und zugleich historisch gewordenen Machtverwobenheit zu untersuchen sind. Gegenwärtig werden die mit diesem Ziel verbundenen Fragen u. a. in Ansätzen (weiter-)diskutiert, die Wrana (2015a: 126) als „[p]oststrukturalistisch-praxeologische Positionen" bezeichnet.[169] Dabei bietet das in diesen Zugriffen stark gemachte Konzept der ‚Praktiken'

169 Neben diesen Positionen verfolgen auch andere Ansätze das Ziel, situierte Subjektivierungsweisen zu rekonstruieren: so bspw. weiterhin Ansätze der *Discursive Psychology* (vgl. McAvoy 2016), der *Mediated Discourse Analysis* (vgl. Norris/Jones 2005), der *Linguistischen Anthropologie* (vgl. Meyer 2014), der *Ethnographie der Kommunikation* (vgl. Del Percio 2014), der *Positionierungsforschung* (vgl. Bamberg 1997; Wrana 2015a; Richter/Langer 2021) oder der *Autorisierungsanalyse* (vgl. Jergus/Thompson 2017).

im Besonderen die Möglichkeit, die Herstellung sozialer Intelligibilität sowohl hinsichtlich ihrer sequenziell-situativen Vollzugslogik wie auch in Bezug auf ihre historisch-kulturelle und institutionelle Gewordenheit hin zu untersuchen.

ii. Zur Analyse diskursiver Praktiken

Wenn nicht länger angenommen wird, dass Diskurse als Struktur verfügbarer Subjektformen unidirektional auf Individuen einwirken, bzw. – wie Schegloff kritisiert – nicht gesetzt wird, dass Diskurse soziale Interaktionsgeschehen weitestgehend determinieren, stellt sich die Frage, wie Diskurse und damit verbunden sozial intelligible Subjektpositionen anders zu denken sind. Im Anschluss an u. a. Langer, Ott und Wrana (vgl. u. a. Ott/Wrana 2010; Langer/Wrana 2010; Wrana 2012) wollen wir dafür argumentieren, Diskurse selbst *als diskursive Praktiken* zu verstehen, „in denen Bedeutungen, Gegenstandsfelder, Materialitäten und Subjektpositionen in Beziehung gesetzt werden" (Wrana 2012: 197) und damit erst „die Wissensobjekte ebenso wie Subjektivitäten und Bedeutungsfelder relationierend konstituier[t]" werden (Schäfer/Wrana 2014: 309). Diskursivität kann hier nicht einfach mit ‚Sprachlichkeit' übersetzt werden, sondern meint jede Form der sozialen Bedeutungsgenerierung. Wrana und Langer (2007: 33) markieren, dass ihr analytischer Zugang keine Daten(-sorten), bzw. Arten von Praktiken präferiert: „jede alltägliche und nicht-alltägliche Äußerung" kann zum Gegenstand einer Diskursanalyse werden, „insofern in ihnen qua sprachlichem Handeln Gegenstände hervorgebracht, Bedeutungsfelder konstruiert und Subjekte konstituiert werden" (ebd.).

Praktiken werden in dieser Bestimmung als sozial intelligible Muster von Aktivitäten verstanden, die Interaktion präfigurieren und strukturieren, und zugleich im Vollzug kontingent und situativ offen sind (vgl. Alkemeyer/Buschmann 2016: 119). Wenngleich verschiedene Praktikentheorien sich je unterschiedlich auf diesem Spektrum von Strukturierung und Offenheit positionieren (vgl. für einen Überblick Schäfer 2013), lässt sich die geteilte praktikentheoretische Prämisse darin ausmachen, dass „Reproduktion und Transformation des Sozialen" (ebd.) nicht als Gegensätze, sondern als zwei aufeinander bezogene Momente im Vollzug von Praktiken bestimmt werden.[170] Paradigmatisch ist die Bestimmung von Theodore R. Schatzki geworden, der Praktiken als „open-ended spatial-temporal arrays of doings and sayings" versteht, „that are governed by largely normative pools of understandings, rules, teleologies and emotions" (Schatzki 2019: 81).[171] Sozial erkennbar werden diese ‚Arrays' von verbalen und non-verbalen Aktivitäten demnach dadurch, dass sie eine normative und

170 Diese Prämisse gilt in gleicher Weise auch für die Subjektivierungsforschung, wodurch eine unmittelbare Anschlussfähigkeit besteht.

171 Für die Diskussion praktikentheoretischer Perspektiven auf Schule und Unterricht vgl. Moldenhauer/Kuhlmann 2021.

teleologische Organisiertheit und je spezifische Situiertheit in Raum und Zeit aufweisen (vgl. auch Schatzki 1996). So ist bspw. der Vollzug einer Begrüßung für Akteur*innen an bestimmten Äußerungen, Gesten, Kontextbezügen und einer ihr eingeschriebenen Gerichtetheit erkennbar und durch normative Zugzwänge für die so Adressierten gekennzeichnet. Für das Erkennen und den (Mit-)Vollzug von Praktiken wird dabei auf „inkorporierte Wahrnehmungs-, Denk- und Handlungsschemata" (Schäfer 2014: 74) zurückgegriffen, die wiederum durch die Teilnahme an sozialer Praxis erworben wurden (vgl. auch Reckwitz 2010: 116).[172] Zugleich ist auch hier bedeutsam, dass dieses kollektiv geteilte Wissen soziale Vollzüge nicht determiniert, sondern vielmehr angenommen wird, dass soziale Ordnung im Vollzug von Praktiken immer wieder neu performativ hervorgebracht wird. Die Gleichzeitigkeit von Reproduktion und Verschiebung sozialer Ordnung erklärt Schatzki (2002: 226) dadurch, dass Praktiken zum einen durch die innere Strukturiertheit und sozial erkennbare, sequenzielle Organisiertheit menschliches Tun *präfigurieren*; dabei bleibt aber zugleich offen, wie Akteur*innen tatsächlich sequenziell anschließen. Mit dezidiertem Bezug auf Foucaults relational-produktiven Machtbegriff argumentiert Schatzki (2002: 226), dass in der Präfiguration von sozialer Praxis bestimmte Aktivitäten und Anschlüsse im Vollzug von Praktiken erleichtert und nahegelegt erscheinen, während sich andere eher als abwegig oder sogar sozial riskant darstellen.[173] Frieder Vogelmann (2014: 120) führt in seiner dezidiert machttheoretisch ausgerichteten Fassung von Praktiken aus, dass „Machtbeziehungen [...] das Feld der Möglichkeiten, die den Subjekten offenstehen, sowohl produktiv [formen, NK], weil sie bestimmte Optionen erst erschließen, als auch negativ [formen, NK], weil sie andere Handlungsoptionen ausschließen". Eine Praktik wird demnach so lange aufrechterhalten, solange die Akteur*innen in ihren Anschluss-Aktivitäten der intelligiblen Sequenzialität der Praktik folgen, d. h. Reaktionsweisen wählen, die im Rahmen des Erkennbaren bleiben. Oder anders formuliert: „[T]he chain formed by their actions upholds the organization of the practice" (Schatzki 2019: 83 f.). Praktiken existieren also nicht jenseits ihres situierten Vollzugs und implizieren in dieser Angewiesenheit auf Performanz immer auch das „Potenzial zur Sinnverschiebung" (Reckwitz 2010: 122).

---

172 Dieses Moment betont auch Wetherell (1998), wenn sie sich auf das Konzept der „interpretative repertoires" der Akteur*innen bezieht, welche nie nur aus der Situation heraus zu verstehen sind, sondern in ihrer historischen, institutionellen und organisationalen Bedingt- und Gewordenheit.

173 Frieder Vogelmann (2014: 96 f.) argumentiert dagegen, dass Schatzkis Praktikenbegriff aufgrund des ihm eingeschriebenen starken Verständnisses von ‚Personhood', d. h. einer Vorstellung von den Praktiken vorgängigen Subjekten, keine Anschlussfähigkeit an Foucault'sche Macht- und Praktikenfassungen zulässt. Schatzki (1996: 46) selbst grenzt sich von dieser Einschätzung ab; vgl. auch Alkemeyer 2013: 43 f.

In dieser Bestimmung von Praktiken wird deutlich, dass das u. a. von Schegloff und Wetherell diskutierte Ziel, die situierte Herstellung von sozialer Ordnung zwischen reiner Reproduktion von hierarchisch strukturierten Positionierungen und vollständiger Offenheit in der Verhandlung jener Positionen zu verorten, dadurch bearbeitet wird, dass auf der einen Seite an ethnomethodologische und auf der anderen Seite an macht- und kulturtheoretische Einsichten angeschlossen wird. Ethnomethodologisch und spezifischer konversationsanalytisch ist insbesondere die Betonung des sequenziell organisierten Vollzugs von Praktiken inspiriert, der sich in der Performanz als dieser sozial erkennbar machen muss.[174] Gleichzeitig ist es aber erst die machttheoretische Wendung und Reformulierung ethnomethodologischer Grundannahmen, die ein praktikentheoretisches Forschungsprogramm für die Bearbeitung von *subjektivierungstheoretischen* Fragestellungen so attraktiv macht, da in der konversationsanalytischen Methodologie sowohl in der Konzeption von Macht (vgl. Bergmann 2000) als auch in der von Wissen (vgl. Deppermann 2015) weiterhin ein Verständnis von subjektiver Handlungsmacht eingeschrieben ist, das der Fassung eines Subjekts entgegenläuft, das erst „im Schnittpunkt epistemischer, praktisch-sozialer und selbstbezogener Praktiken" *entsteht* (Saar 2013: 26). Eine praktikentheoretische Subjektivierungsforschung legt demnach ein an poststrukturalistische Theorietraditionen anschließendes produktives, relationales Macht- und Wissensverständnis an, um Praktiken auf ihre subjektivierenden Logiken und Effekte zu befragen (vgl. Alkemeyer/Buschmann 2016: 133). Wie bereits angedeutet, durchkreuzt die damit einhergehende Auflösung der Frontstellung zwischen Diskurs und Praxis im Konzept der ‚diskursiven Praktiken' die mit Bührmann gesetzte Unterscheidung zwischen programmatischen Subjektformen und empirisch zu rekonstruierenden Subjektivierungsweisen. Vielmehr wird in poststrukturalistisch-praktikentheoretischen Zugängen zu Subjektivierungsprozessen die Fragestellung verfolgt, wie das Subjekt im Vollzug von diskursiven Praktiken als „Effekt von Machtbeziehungen und Wissensordnungen" konstituiert wird (Vogelmann 2014: 79) und sich zugleich selbst im Verhältnis zu diesen Ordnungen und zu sich selbst konstituiert.[175]

174 Dabei ist der Begriff der ‚Gattungen' in der Konversationsanalyse als Beschreibung von „verfestigte[n] Muster[n]" in Kommunikationsformen (Günther/König 2016: 177) dem hier entwickelten Konzept der Praktiken am nächsten, da mit ihm interaktive „zeitliche Handlungsabläufe" benannt werden (Luckmann 2002: 185), die auf einen „Wissensvorrat der Mitglieder einer Gemeinschaft" bezogen sind (Günther/König 2016: 180) und dadurch bestimmte Vollzüge und kommunikative Anschlüsse der Akteur*innen wahrscheinlicher machen. Für eine Bestimmung des Praktikenbegriffs in der Konversationsanalyse – und der Verhältnisbestimmung zum Konzept der ‚Gattung' – vgl. Deppermann et al. 2015.

175 Mittlerweile hat sich das Feld praktikentheoretischer Subjektivierungsforschung breit ausdifferenziert, vgl. u. a. Alkemeyer et al. 2013; Gelhard et al. 2013; Ricken et al. 2019.

iii. Praktikentheoretische Subjektivierungsforschung

Um diese Problemstellung zu bearbeiten, können Praktiken – „als kleinste Einheiten des Sozialen“ (Idel et al. 2009) – daraufhin untersucht werden, welche „Subjektivierungsanforderungen“ sie an Individuen stellen (Rose 2019: 80), d.h. welche Bedingungen erfüllt sein müssen, damit sie im Rahmen der Praktiken als anerkennbare Subjekte erscheinen (können). So verlangt bspw. die Performanz einer Prüfung, dass sich die Prüflinge eine erbrachte Leistung als ihre eigene zurechnen (lassen) und sie sich selbst als (Un-)Fähige in Relation zu einer hervorgebrachten Leistungsordnung zeigen und verstehen (vgl. Ricken/Reh 2017; Rabenstein/Strauß 2018; Ricken/Otzen 2023). Im Anschluss an die dargestellten praktikentheoretischen Einsichten determinieren diese Anforderungen jedoch nicht, wie sich der Vollzug der Praktiken gestaltet. Die subjektivierenden Logiken, die Praktiken eingeschrieben sind, lassen sich vielmehr als „diskursive Schemata“ begreifen (Wrana 2012: 1996), die „strukturiert und strukturierend“ (ebd.) verfasst sind und in diesem Sinne als *generative Prinzipien* wirksam sind; sie präfigurieren also den praktischen Vollzug, sind darin aber keineswegs eindeutig oder in sich widerspruchsfrei, sondern wiederum auf die kontingente Performanz angewiesen (vgl. Moldenhauer/Kuhlmann 2021: 257). Die Annahme ist, dass der Vollzug deswegen subjektivierend wirksam ist, weil Praktiken sich dadurch auszeichnen, dass sie – auch in verschiedenen Kontexten – *wiederholt* werden (Schäfer 2014) und verschiedene diskursive Praktiken in ihre Logiken ineinandergreifen und sich darin gegenseitig stützen. Mit Bucholtz et al. (2012: 70) argumentiert, ist es die „*cumulative force* of social action taken within specific cultural events and activities [Hervorhebung NK]“, die Subjektivierungseffekte über einzelne Situationen hinaus hervorbringt.

Um die immer auch spannungsvollen generativen Prinzipien in ihrer Situiertheit, Komplexität sowie kumulativen Wirksamkeit zu rekonstruieren, werden seit einiger Zeit verschiedene methodologische und methodische Zugriffe – wie bspw. eine diskursanalytisch ausgerichtete Ethnographie oder Interview- bzw. Gruppendiskussionsforschung – erprobt (vgl. u.a. Langer 2008; Macgilchrist et al. 2014; Rauschenberg 2020; Schmidt 2020; Geipel 2022; Künstler 2022).[176] Auch der Ansatz der im Folgenden zu konkretisierenden Adressierungsanalyse versteht sich als praktikentheoretischer Ansatz der Subjektivierungsforschung und soll nun vor dem Hintergrund der entwickelten

176 In der empirischen Analyse werden dann sowohl programmatische und wissenschaftliche Texte, Interviews wie auch ‚natürliche‘, d.h. nicht induzierte Interaktionen als diskursive Praktiken verstanden und auf ihre jeweiligen subjektivierenden Momente und Logiken untersucht und miteinander relationiert, vgl. Ott et al. 2012. So stellt sich also das Verfassen und Rezipieren von Ratgeberliteratur genauso als diskursive Praktik dar, die für Schreibende und Lesende subjektivierend wirkt, wie die Teilnahme an einer ‚aktivierenden‘ Weiterbildung der Agentur für Arbeit, vgl. Ott/Wrana 2010.

theoretischen Prämissen in Annahmen und methodologischen Überlegungen ausbuchstabiert werden.

III. Methodologische Einsätze adressierungsanalytischer Subjektivierungsforschung

i. Theoretische Prämissen: Praktiken und Re-Adressierungen

Dem Konzept der diskursiven Praktiken folgend interessiert sich eine adressierungsanalytische Subjektivierungsforschung dafür, wie im körperlichen und sprachlichen Vollzug von Praktiken Machtbeziehungen, Wissensordnungen und – in Relation dazu – Selbstverhältnisse hervorgebracht werden. Dabei wird – wie im theoretischen Kapitel dieses Bandes ausführlich erläutert (Ricken/Rose 2023) – das Medium von Subjektivierung im Anschluss an die sozialphilosophischen Arbeiten Judith Butlers sowie aufbauend auf grundlagentheoretischen erziehungswissenschaftlichen Vorarbeiten als *Anerkennung* verstanden (vgl. Ricken 2006, 2009; Balzer/Ricken 2010; Balzer 2014, 2021). Subjektivierung stellt sich vor diesem Hintergrund als ein „sich in Praktiken vollziehender, vielschichtiger und ambivalenter Anerkennungsprozess" dar (Reh/Ricken 2012: 35), im Rahmen dessen Individuen zu bestimmten Subjekten (gemacht) werden. Um diesen Anerkennungsprozess wiederum empirisch beobachtbar zu machen, wurde vorgeschlagen, Anerkennung als Adressierungsgeschehen zu konzeptionieren (vgl. u. a. Ricken 2009, 2013a; Balzer/Ricken 2010; Reh/Ricken 2012), und die beobachtungsleitenden Fragen anzulegen, „als wer jemand von wem und vor wem wie angesprochen und adressiert wird und zu wem er/sie dadurch vor welchem (normativen) Horizont sprachlich bzw. materiell etablierter Geltungen gemacht wird" (Balzer/Ricken 2010: 73) – und schließlich wie auf diese Adressierung in Re-Adressierungen geantwortet wird. Die sequenzielle Performanz von aufeinander bezogenen Adressierungsakten – der Adressierung, der darauf antwortenden Re-Adressierung usw. – stellt im Sinne Schatzkis dann eine Praktik – und nur *solange* eine Praktik – dar, wenn die Verkettung von Re-Adressierungen sozial anerkennbar ist und bleibt, d. h. die beteiligten Akteur*innen sich gegenseitig ein Verstehen anzeigen und nicht etwa Irritationen, Korrekturen oder Brüche markieren. Eine vollzogene Adressierung macht bestimmte Re-Adressierungen erwartbarer und legitimer als andere; sie *präfiguriert* einen intelligiblen Antwortraum. So ist es bspw. naheliegend, auf einen Vorwurf mit einer Entschuldigung oder einer Zurückweisung zu antworten, während die Frage nach dem Wetter als Antwort mit der Praktik des Streitens brechen würde. Diskursive Praktiken werden adressierungsanalytisch damit als *intelligible Verkettung von Re-Adressierungen* verstanden, in denen soziale Ordnungen und Subjektivitäten relational konstituiert werden. Zentrales Erkenntnisinteresse der von uns vorgeschlagenen Adressierungsanalyse ist es, die den Praktiken eingeschriebenen *generativen Prinzipien*, d. h. die *subjektivierenden Logiken* der rekonstruierten

Re-Adressierungsmuster, herauszuarbeiten. Dafür verbinden wir – im Anschluss an die skizzierte Debatte der englischsprachigen *Discourse Analysis* – ethnomethodologische Zugriffe auf den situierten Vollzug von Interaktionen mit macht- und kulturtheoretischen Bestimmungen der untersuchten Praktiken und Subjektivierungsprozesse.

ii. Methodologisch-methodische Anschlüsse: Ethnographie, Konversations- und Diskursanalyse

Wie im Folgenden ausgeführt wird, sind es insbesondere drei methodologisch-methodische Anschlüsse, die für unseren Vorschlag einer Adressierungsanalyse zentral sind: Während ein *ethnographischer Zugang*, verstanden als „Praxeografie" (Breidenstein et al. 2013: 33), ermöglicht, feldtypische Praktiken in der teilnehmenden Beobachtung beschreibend zu erkunden und zu identifizieren, schließen wir an zentrale Analyseprinzipien der *Konversations- bzw. Interaktionsanalyse* an, um formale Logiken dieser Praktiken zu rekonstruieren. Schließlich können die den Praktiken eingeschriebenen Subjektivierungslogiken aber erst in der Kombination und Relationierung mit machttheoretisch ausgerichteten, *diskursanalytischen* Fragedimensionen herausgearbeitet werden.

Ethnographischer Zugang: Im Anschluss an Annemarie Mol (2003) plädieren Georg Breidenstein et al. (2013: 33) dafür, den Forschungszugang der Ethnographie als „Praxeografie" zu begreifen, weil es diesem Zugang „vor allem um eine Beschreibung von Praktiken geht, die u. a. implizites Wissen, den Vollzug und die Darstellung von Praktiken, Fragen der Lösung von Handlungsproblemen und der Handlungskoordination zu explizieren versucht". Dabei stehen in ethnographischen Studien selten einzelne, isolierte Praktiken im Fokus; vielmehr wird das Erkenntnisinteresse verfolgt, *feldtypische* Praktiken zu identifizieren, in ihrer Logik zu rekonstruieren und daraufhin zu befragen, wie sie im Zusammenspiel mit anderen Praktiken soziale Ordnung im Feld erzeugen. Je nach Fragestellung und Reichweite der angelegten Fragestellung, kann es auch einer adressierungsanalytischen Subjektivierungsforschung darum gehen, nicht nur subjektivierende Logiken einzelner Praktiken herauszuarbeiten, sondern auf einer übergeordneten Analyseebene das Ineinandergreifen verschiedener, feldtypischer Praktiken zu untersuchen, um sowohl geteilte – und dadurch die rekonstruierten Modi verfestigende – Momente wie auch typische Spannungen und Bruchlinien in den Logiken zu rekonstruieren (vgl. Moldenhauer/Kuhlmann 2021: 257).[177]

177 Es ist insbesondere der Ansatz der Lernkulturanalyse, der dieses Zusammenspiel verschiedener schulischer und unterrichtlicher Praktiken als einzelschultypische ‚Lernkultur' theoretisch ausbuchstabiert (vgl. u. a. Idel/Rabenstein 2018) und in vielfältigen Fallstudien empirisch erprobt hat (vgl. Reh et al. 2015).

Dabei müssen nicht unbedingt die materialen Grenzen einer Organisation – wie bspw. ein Schulgebäude – die Grenzen des Forschungsfeldes ausmachen; es können auch diskursive Praktiken in die Analyse mit einbezogen werden, die die für das Feld relevanten Machtbeziehungen, Norm- und Wissensordnungen sowie Selbstverhältnisse prägen (vgl. Langer 2008: 65 f.). Wenn also bspw. die Frage danach verfolgt wird, durch welche subjektivierenden Logiken sich ein Lehramtsstudium auszeichnet (vgl. Leonhard et al. 2019), so gilt es zu entscheiden, ob ausschließlich Praktiken des Studierens oder auch bspw. Praktiken der medialen Berichterstattung über das Lehramtstudium in die Analyse miteinbezogen werden (vgl. auch Akbaba 2017).

Um diese Feld*grenzen* zu bestimmen und interessierende Praktiken auszumachen, bedarf es – der Methodologie der Ethnographie folgend – zunächst eines offenen Analysefokus: Insbesondere in und durch teilnehmende Beobachtung und die kontinuierliche Verschriftlichung des Beobachteten in Form von Beobachtungsprotokollen ist es möglich, sich mit einem Forschungsfeld vertraut zu machen, Relevanzen von Akteur*innen zu verstehen und einen Zugang zu implizitem (Körper-)Wissen zu erlangen (vgl. Friebertshäuser/Panagiotopoulou 2013). In den Auswertungsphasen zwischen den Feldphasen kann der Forschungsfokus sowohl durch die analytischen Notizen, die während der Feldforschung entstanden sind, als auch durch erste Interpretationsergebnisse zunehmend geschärft und einzelne Praktiken für die adressierungsanalytischen Feininterpretationen ausgewählt werden. Für diese Feininterpretationen nutzen wir als Datengrundlage audio-visuelle Daten, um neben dem sprachlichen Vollzugsgeschehen auch die körperlichen und materiellen Qualitäten von Praktiken für eine sequenzanalytische Interpretation zugänglich zu machen. Im Sinne eines praxeographischen Erkenntnisinteresses empfiehlt sich bei der videographischen Erhebung eine ‚aktive Kameraführung' (Dinkelaker/Herrle 2009: 26), die es den Ethnograph*innen ermöglicht, sowohl in der Totalen die räumlichen und körperlichen Konstellationen wie auch durch das Fokussieren, Zoomen und Schwenken einzelne Aspekte einer Vollzugswirklichkeit einzufangen, die aus Sicht der Forschenden für die Praktik von besonderem Interesse ist (vgl. auch Reh 2014).

Konversations- und Interaktionsanalyse: Es ist dann insbesondere die Konversationsanalyse, die es ermöglicht, eine mikro-interaktionistische Perspektive auf das sequenzielle Prozessieren von Bedeutungsgenerierung in Adressierungs- und Re-Adressierungsakten einnehmen zu können – wie wir es für adressierungsanalytische Feininterpretationen vorschlagen. Wenngleich in dieser Tradition vorrangig sprachliche Interaktionsformen erforscht werden, wird im Anschluss an die Ethnomethodologie dezidiert das umfassendere Konzept der ‚Interaktion' als Forschungsgegenstand bestimmt (Schegloff 2012), sodass Dirk vom Lehn (2018) vorschlägt, von einer „Ethnomethodologischen Interaktionsanalyse" zu sprechen (vgl. auch Maier-Gutheil 2013). Nach Jörg Bergmann (2010: 264) wird das Ziel verfolgt, „die Orientierungsmuster und formalen Mechanismen zu rekonstruieren, die von den Interagierenden eingesetzt werden, um Handlungs- und Sinngehalt einer Äußerung erkennbar zu machen". Diese „formalen Mechanismen der Organisation" (ebd.: 267) werden konversations- und interaktionsanalytisch zunächst in der ‚Turn-Organisation', d. h. der Logik der Sprecher*innen-Wechsel, sowie der Organisation von wechselseitigem Verstehen gefasst (vgl. Sacks et al. 1974) und als „generatives Prinzip" sozialer Ordnungsbildung verstanden (Bergmann 2010: 267).[178] Um die ‚Feinmechanik' der interaktiven Bedeutungsgenerierung rekonstruieren zu können, wird mit sehr genauen Transkriptionen – häufig nach dem „Gesprächsanalytischen Transkriptionssystem 2 (GAT 2)" (Selting et al. 2009) –,natürlicher Interaktionen' gearbeitet. Die Bezeichnung ‚natürlich' verweist dabei darauf, dass die aufgezeichnete Kommunikation nicht von Wissenschaftler*innen induziert wurde – wie es bspw. beim Interview der Fall ist. Stattdessen werden Konversationen und Interaktionen erhoben, die in dieser – oder sehr ähnlicher – Form auch ohne die Anwesenheit von Forschenden vollzogen worden wären, um in dieser Weise einen Zugang zum situierten Vollzug der Bedeutungsgenerierung erlangen zu können.

Konglomerate von Mikropraktiken, wie der Turn-Organisation, werden konversations- und interaktionsanalytisch als ‚Gattungen' bestimmt und auf gattungsgenerierende Mechanismen untersucht (vgl. Günthner/Knoblauch 1994). So zeigt z. B. Bergmann, wie die Gesprächsgattung „Klatsch" dadurch eingeleitet und angezeigt wird, dass sich die erzählende Person der Klatschbereitschaft und dem Interesse der zuhörenden Person versichert (vgl. Bergmann 1987). Analog dazu fragen wir, was z. B. die Praktik der klassenöffentlichen Begrüßung *formal-interaktionistisch* zu einer Begrüßung macht, also durch welche Formen der Turn-Organisation und räumlichen Konstellierung sich die vollzogenen Re-Adressierungen auszeichnen, in welcher Weise Antwortverpflichtungen erzeugt werden und wie sprachliche, gestische Mittel sowie Artefakte ver- und eingebunden werden.

Gleichzeitig folgen wir Wetherell (1998) darin, dass die Rekonstruktion dieser formalen Prinzipien unzureichend ist, um die situative Hervorbringung von Subjektpositionen in ihrer historisch und institutionell gewordenen Machtverwobenheit zu verstehen. Neben dem konversationsanalytischen ‚Wie' der Interaktion wird daher das ‚Was' der Verhandlung im Re-Adressierungsgeschehen anhand

178 Folglich überprüft die ethnomethodologische Konversationsanalyse, von der wir uns in den Analysen und methodologischen Überlegungen leiten lassen, nicht den Wahrheitsgehalt einer Aussage, sondern interessiert sich dafür, wie Sprecher*innen gegenseitig ihre Kommunikation organisieren. Aus dieser Perspektive wird jedes Element der Rede als sinnhaft betrachtet. Im Fokus der Analysen stehen daher der *turn* und die ihn konstituierenden *turn constructional units* (Deppermann 2008: 58 f.).

diskursanalytisch hergeleiteter, heuristischer Fragen rekonstruiert.[179] In diesen in den Fragen angelegten Fallbestimmungen werden theoretische Prämissen formuliert, die – anstelle einer Setzung eines handelnden, macht-ausübenden Subjekts – die Relationalität des machtvollen Subjektwerdens scharf stellen und darin den analytischen Blick auf die für Subjektivierungsprozesse relevanten Dimensionen – Machtbeziehungen, Norm- und Wissensordnungen sowie Selbstverhältnisse – fokussieren. In der Verhältnissetzung von rekonstruierten formalen generativen Prinzipien einer Praktik (‚*Wie* des Vollzugs') und den entlang der Dimensionen herausgearbeiteten Logiken (‚*Was* der Verhandlung') lässt sich das, was wir als Subjektivierungslogiken von Praktiken begreifen, kondensieren. Ich verdeutliche das an einem Beispiel: So kann konversationsanalytisch gefragt werden, wie die Praktik moralischer Tadel formal hergestellt wird – bspw. durch erhöhte Lautstärke, direkte nominale Ansprache oder durch ein Unterbrechen der Wissenskommunikation etc.. Diskursanalytisch kann dann untersucht werden, welche Ordnungen und Normen in der Adressierung material aufgerufen und als von Adressat*innen gebrochen markiert werden – bspw. explizierte Klassenregeln, implizite Benimmregeln. In einer zunehmenden abstrahierenden Bewegung – ich komme darauf im Folgenden zurück – können dann die diskursiven Schemata bzw. generativen Prinzipien der Praktik des Tadelns bestimmt und dadurch gewissermaßen die Konstitutionsbedingungen von in diesem Feld sagbaren Zurechtweisungen rekonstruiert werden (vgl. Kuhlmann/Otzen 2023). Dabei ist – auch wenn es durch dieses Beispiel suggeriert wird – keine strenge Trennung zwischen dem ‚Wie' und dem ‚Was', also der formalen und der inhaltlichen Ausgestaltung von Praktiken, möglich, da es in der Bestimmung des Wie immer auch um die Frage des Was geht und andersherum. Im Ineinandergreifen der verschiedenen Dimensionen, die wir in einer (weiter-)entwickelten Heuristik ausdifferenziert haben, wird daher versucht, konversations- und diskursanalytische Zugriffe im Sinne des Erkenntnisinteresses – also der Rekonstruktion von subjektivierenden Logiken – aufeinander zu beziehen und in ein produktives Gespräch zu bringen. Das soll im Folgenden anhand der erläuternden Darstellung der Heuristik verdeutlich werden.

iii. Adressierungsanalytische Heuristik

Die von uns vorgenommene Ausdifferenzierung und Weiterentwicklung der adressierungsanalytischen Heuristik (vgl. im Anschluss des Textes) basiert auf theoretischen Vorarbeiten und empirischen Erprobungen u. a. von Sabine Reh, Norbert Ricken und Nadine Rose. Wichtige Richtungsentscheidungen und analytische Fragen wurden von Reh und Ricken (2012) in ihrem Artikel zum Konzept der Adressierung in der Subjektivierungsforschung formuliert (vgl. auch

179 Mit dem Begriff ‚diskursanalytisch' folgen wir – wie oben argumentiert – dem Verständnis von u. a. Wrana und Langer (2007), die eine Diskursanalyse als Analyse diskursiver Praktiken verstehen.

bereits Ricken 2009), welche wiederum von Ricken (2013a) und Rose (Rose/Ricken 2018) weiter modifiziert und (aus-)differenziert wurden. In diesem Zusammenhang entstand auch der Vorschlag, einzelne Dimensionen des Adressierungsgeschehen genauer aufzuschlüsseln und in sich zu differenzieren: In (1) Selektion und Reaktion, (2) Definition und Normation, (3) Position und Relation und (4) Valuation (vgl. ausführlicher Ricken 2013a; Rose/Ricken 2018). Durch die Arbeit am Material innerhalb des Projekts Sprachlichkeit der Anerkennung haben wir die Heuristik wiederum verändert und ausdifferenziert (vgl. Kuhlmann et al. 2017 sowie im Anschluss an diesen Text). Insbesondere um die Foucault'schen Achsen ‚Macht-Wissen-Selbstverhältnis' im Einzelnen und in ihrer Relation zueinander genauer in den Blick zu bekommen, haben wir die einzelnen Dimensionen nochmals ausgeschärft und in so genannten „Kernfragen" gebündelt (ebd.). In der aktuellen Fassung sprechen wir von (1) ‚Selektion und Reaktion' als Organisationsdimension, von (2) ‚Definition und Normation' als Norm- und Wissensdimension, von (3) ‚Position und Relation' als Machtdimension und von (4) ‚Graduierung von Rekursivitätsspielräumen' als Selbstverhältnisdimension (siehe Abbildung 1 sowie die Heuristik im Anschluss des Textes).

Abbildung 1: Dimensionen der Adressierungsanalytischen Heuristik

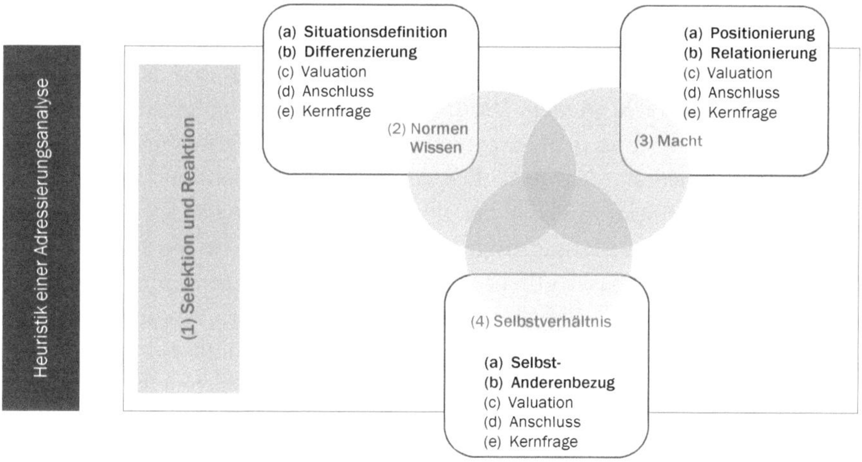

(1) Organisationsdimension: Selektion und Reaktion: Die in dieser Dimension formulierten heuristischen Fragen, orientieren sich vorrangig am Erkenntnisinteresse der Konversations- bzw. Interaktionsanalyse, indem vor allem auf die formale Organisation des Re-Adressierungsgeschehens fokussiert wird.[180] Es werden also Fragen danach gestellt, wie Adressierte ausgewählt und von

180 Der Begriff Organisation bezieht sich auf ‚formale Organisation' der Interaktion und nicht etwa auf die Organisation als Personenvereinigung.

Nicht-Adressierten abgegrenzt werden bzw. wie diese implizit mitadressiert werden. Wie werden Adressierte zudem zu einer Re-Adressierung verpflichtet? Kann die Adressierung bspw. als ein Turn innerhalb eines in der Konversationsanalyse so bezeichnetes ‚Nachbarschaftspaares' gelten – also als eine Wissensfrage, eine Aufforderung oder als eine Einladung –, auf die präferiert in einer bestimmten Form re-adressiert wird? Darüber hinaus wird gefragt, an was die ausgewählte Adressierung, welche ja nur analytisch als erste Adressierung gesetzt wird, anschließt. Hilfreich ist es hier, die Frage aufzuwerfen, auf was die Adressierung antwortet. Eventuell lassen sich so bereits interaktive Handlungsprobleme herausarbeiten, die in der Adressierung bearbeitet werden. Zentral bei der Organisationsdimension ist die Rekonstruktion der Turn-Organisation: Wie wird geregelt, wer wann sprechen darf? Wie wird das Rederecht jeweils übergeben? Wie werden Regelverstöße als diese interaktiv kenntlich gemacht? Etc.

(2) Norm- und Wissensdimension: Definition und Normation: Innerhalb der Norm- und Wissensdimension wird gefragt, welche normativen Ordnungen in der Adressierung hervorgebracht werden und wie innerhalb dieser Ordnung differenziert und hierarchisiert wird. In der aktuellen Fassung der Heuristik wurden Fragen dieser Kerndimension in zwei Kategorien aufgeteilt: So wird zunächst nach der vollzogenen (a) *Situationsdefinition* gefragt, d. h. untersucht, welche normativen Horizonte aufgerufen und welche Normen der Anerkennbarkeit hervorgebracht werden. Darunter fällt bspw. die Etablierung einer fachlichen Wissensordnung oder der explizite Bezug auf Verhaltensregeln. Hier zeigt sich beispielhaft, dass auch Fragen der Konversationsanalyse weiterhin eine große Rolle spielen: So lässt die Turnorganisation bereits viele Rückschlüsse auf die in der Adressierung aufgerufene Ordnung zu, wie das Beispiel einer mündlichen Prüfung verdeutlichen kann. Der zweite Fragenkomplex bezieht sich auf die Art der (b) *Differenzierung* innerhalb dieser Ordnung. So zeichnet sich eine hervorgebrachte Wissensordnung häufig dadurch aus, dass zwischen ‚richtig' und ‚falsch' unterschieden und graduell zwischen ‚besseren' und ‚schlechteren' Antworten hierarchisiert wird. Die drei gebündelten Fragen nach (c) der *Valuation*, (d) den *Anschlussmöglichkeiten* und (e) der *Kernfrage* finden sich in jeder der Kerndimensionen, weil sie ein querliegendes Interesse markieren.

Als erstes zur *Valuation*: Zunächst wurde die Frage, wie Wertzuschreibungen im Akt der Adressierung performiert werden, unter einer eigenen Dimension gefasst (Ricken 2013a; Ricken und Rose 2018) – nach dieser Logik haben wir weite Teile unserer Daten ausgewertet. Zunehmend wurde uns aber deutlich, dass Valuationen so eng mit den anderen Dimensionen verknüpft sind, dass es sinnvoller ist, diese als querliegende Frage zu stellen und jeweilig in den einzelnen anderen Dimensionen zu bearbeiten. So zeigt sich ein Aufrufen einer

Ordnung immer als ein spezifisches Aufrufen: Sprecher*innen markieren, ob sie diese zähneknirschend akzeptieren müssen oder aus vollster Überzeugung vertreten. Diese unterschiedlichen Wertzuschreibungen haben Folgen für die Hervorbringung von Ordnung bzw. für die Geltung der aufgerufenen Normen. Die zweite querliegende Frage ist die Frage nach den *Anschlussmöglichkeiten*. Motiviert von der Konversations- bzw. Interaktionsanalyse sowie dem Präfigurationsbegriff nach Schatzki fragen wir, welche Antworträume im Vollzug einer Adressierung – jeweils in Bezug auf eine Kerndimension – eröffnet und verschlossen und damit präfiguriert werden. Bezogen auf die Norm- und Wissensdimension bedeutet das bspw., dass man auf eine Prüfungsfrage nicht mit einer Gegenfrage antworten kann, ohne das Format in Frage zu stellen und damit eine soziale Sanktionierung zu riskieren. Die *Kernfrage* als letzte querliegende Frage macht deutlich, welches Abstraktionsniveau die Analyse der jeweiligen Kerndimension anstrebt: Eine erfolgreiche Ordnungsetablierung und damit das von anderen anerkannte Durchsetzen von Geltung können wir erst anhand der Analyse von Re-Adressierungsmustern und im kontrastiven Fallvergleich erarbeiten. Jedoch ist es sinnvoll, diese Frage bereits in der Einzelanalyse der adressierenden und re-adressierenden Akte zu stellen, um diese Abstraktion am Ende auch leisten zu können.

(3) Machtdimension: Position und Relation: Innerhalb der Machtdimension unterscheiden wir zwischen Fragekomplexen zur *Positionierung* (a) und zur *Relationierung* (b). Zunächst steht der Fragekomplex (a) im Vordergrund: Welche *Positionierungen* werden in der aufgerufenen Ordnung vollzogen und zugeschrieben? So zeigt sich jemand, der eine Prüfungsfrage formuliert, als jemand, der über legitimes Wissen verfügt, und in der Position ist, andere hinsichtlich dieses Wissens abzuprüfen. Darin wird zugleich deutlich, dass die Frage nach der Positionierung nur zusammen mit der Frage nach der *Relationierung*, dem Fragekomplex (b), zu bearbeiten ist, da in jeder Positionierung immer auch eine Beziehung zwischen adressierender Person und den Adressierten und Anwesenden vollzogen wird. Hier geht es um die Fragen, wie Hierarchisierungen vollzogen oder spezifische Allianzen erzeugt werden. Besonders innerhalb dieser Dimension ist die Frage zentral, *vor wem* die Adressierung getätigt wird. So wird bspw. eine tadelnde Adressierung von der Lehrperson, welche vor der Klasse vollzogen wird, eine andere Re-Adressierung präfigurieren als wenn diese in einem dyadischen Gespräch nach der Stunde getätigt wird. Die Kategorie (c) *Valuation* ruft wiederum die Frage auf, welche wertenden Brechungen und Färbungen im Aufrufen dieser Positionen und Relationen erzeugt werden. Welche Rückschlüsse auf die aufgerufenen Positionen können bspw. gezogen werden, wenn eine Schülerin innerhalb einer Prüfung eine ironische Antwort gibt oder ein Lehrer seinen Abiturient*innen verrät, wie sie unbemerkt Alkohol in die Schule ‚schmuggeln'? Die Frage nach den (d) *Anschlussmöglichkeiten* wird analog zur ersten Kerndimension

verhandelt. Als Kerninteresse (e) können die mehr oder weniger temporären Positionen innerhalb einer Praktik gelten. Von Subjektpositionen sprechen wir, wenn diese im Vollzug von routinierten Praktiken soweit sedimentiert – und häufig auch historisch gewachsen – sind, dass darauf wie selbstverständlich zugegriffen wird – wie bspw. bei Prüfer*innen und Geprüften.

(4) Selbstverhältnisdimension: Graduierung von Rekursivitätsspielräumen: Die in einer Adressierung markierten und geforderten Selbstverhältnisse wurden in früheren Versionen der Heuristik als Frage der Positionierung und Relationierung gelesen. So fragen Reh und Ricken (2012: 45): „In welches Verhältnis ist die/der Andere damit zu sich, zu andern und zur Welt gesetzt?" In einer gegensätzlichen Bewegung, welche wir bei der Valuationsdimension vollzogen haben, haben wir uns im Laufe unserer Auswertungen dazu entschieden, die Frage nach den Selbstverhältnissen prominenter als eigene Kerndimension zu setzen. Das liegt zum einen daran, dass wir unsere Fragen nach der Position und Relation, wie gerade erläutert, enger gefasst haben. Zum andern erschien die Frage nach der doppelten In-Verhältnis-Setzung des Subjekts in einer subjektivierungsanalytischen Perspektive überaus grundlegend: Wenn eine Sprecherin bspw. äußert, dass acht Uhr eben der Unterrichtsbeginn sei, auch wenn ihr das persönlich viel zu früh sei, performiert sie ein Selbstverhältnis, welches die Unterwerfung unter Institutionsnormen vor die eigenen Vorlieben setzt. Sprecher*innen zeigen sich also immer als spezifische, wenn sie sich zu ihrem Verhältnis zur Ordnung wiederum in ein Verhältnis setzten. Aber auch in der Adressierung des*der Anderen wird deutlich, dass es sich nicht um den linearen Vollzug einer Ordnung oder das schematische Einsetzen in eine Subjektposition handelt. Vielmehr werden die Adressierten als Subjekte *mit Selbstverhältnissen* angesprochen, die sich zur Ordnung in bestimmter Weise in ein Verhältnis setzen sollen – wodurch je bestimmte Selbstverhältnisse erst konstituiert werden. Es handelt sich folglich um ein Adressieren des Selbstverhältnisses des Anderen, d.h. die Adressierung eröffnet einen Raum der eigenen In-Verhältnis-Setzung des Anderen in Bezug auf aufgerufene Normhorizonte, Subjektpositionen etc. Diese Rekursivitätsspielräume sind unterschiedlich stark durch die Adressierung präfiguriert und können – so die leitende Annahme – empirisch bestimmt werden (vgl. Renn 2016).

Durch die Einführung dieser dritten Kerndimension können Fragen nach der performierten und geforderten Arbeit am Selbst an das Material gestellt werden, welche in den vorherigen Heuristiken noch nicht oder zumindest nicht dezidiert bearbeitet wurden. Wir unterscheiden dabei zwischen (a) dem *Selbstbezug*, d.h. der von den Sprechenden zur Darstellung gebrachten Arbeit am Selbst und (b) dem *Anderenbezug* als von den Adressat*innen eingefordertes Verhältnis zu sich selbst. Analog zu den anderen beiden Kerndimensionen fragen wir auch bei dieser Dimension, wie diese aufgerufenen Figuren der Selbstführung valuiert (c) werden und welche Anschlussmöglichkeiten (d) sich für den Adressaten bieten. Als Kerninteresse (e) sollen entworfene Selbsttechnologien und Selbstführungen herausgearbeitet werden. Wie genau wir mit der Heuristik forschungspraktisch vorgegangen sind, soll nun in einem Werkstattbericht erläutert werden.

IV. Werkstattbericht: Vorgehen einer adressierungsanalytischen Subjektivierungsforschung

Im Rahmen des Projekts *Sprachlichkeit der Anerkennung* wurde u. a. das Ziel verfolgt, die Methode der Adressierungsanalyse methodologisch zu schärfen sowie den praktischen Einsatz zu erproben. Dabei ist an dieser Stelle wichtig zu markieren, dass es ‚die' Methode der Adressierungsanalyse nicht gibt, sondern wir im Vollzug des Forschungsprojekts *einen Vorschlag* aufbauend auf vorliegenden theoretischen und empirischen Arbeiten entwickelt und verschiedene Strategien der Datenerhebung, des Samplings sowie der Auswertung der Daten erprobt haben. Die folgenden Ausführungen sind folglich weniger als methodische Anleitung zur exakten Durchführung einer Adressierungsstudie, sondern vielmehr im Sinne eines *Werkstattberichts* zu verstehen. Der adressierungsanalytische Forschungszugriff kann selbstredend je nach Fragestellung in je bestimmter Weise variiert und angepasst werden.

i. Datenerhebung und -aufbereitung

Im Rahmen des a:spect-Projekts verfolgten wir die Forschungsfrage, wie Akteur*innen im Vollzug schulischer und unterrichtlicher Praktiken anerkannt und dadurch subjektiviert werden. Wie bereits ausgeführt, standen dabei nicht individuelle Subjektivierungsprozesse von einzelnen Personen im Fokus, sondern die den feldtypischen Praktiken eingeschriebenen Subjektivierungslogiken als diskursive Schemata, die strukturiert-strukturierend wirken und die Akteur*innen deswegen subjektivieren, weil die Praktiken nahezu täglich über einen langen Zeitraum hinweg vollzogen werden und im Zusammenspiel mit anderen Praktiken verfestigend ineinandergreifen (vgl. Bucholtz et al. 2012: 170). Um *feldtypische* Praktiken zu identifizieren, war es wichtig, das Feld – sprich das untersuchte großstädtische Gymnasium – intensiv kennenzulernen. Wir fragten bei der Schulleitung an, ob wir in verschiedenen Jahrgangsstufen, bei unterschiedlichen Lehrpersonen sowie in verschiedenen Fächern Daten erheben können, um dadurch eine möglichst große empirische Varianz von unterrichtlichen Praktiken beobachten zu können. Daraufhin wurde uns der Zugang zu drei Klassen/Kursen in drei unterschiedlichen Fächern bei zwei Lehrpersonen gegeben: zu einer *fünften Klasse im Fach Mathematik* bei ihrem Klassenlehrer Herr Karlsen – sodass auch Klassenratssitzungen und ‚Klassenlehrerstunden' erhoben werde konnten –, zu einer *achten Klasse in den Fächern Deutsch und Geschichte* bei ihrem Klassenlehrer Herr Ulrich – auch hier konnten typische Unterrichtsstunden zur Klassenorganisation videographiert werden –, und schließlich zu einem *Deutschkurs in der Einführungsphase der Oberstufe* wiederum bei Herrn Ulrich. Darüber hinaus wurde die Einschulungsrede der Schulleitung für die Fünftklässler*innen aufgezeichnet.

Da insbesondere die Erhebung videographischer Daten ein Vertrauensverhältnis zwischen den Forschenden und ‚Beforschten' verlangt, wurde entschieden, zunächst ausschließlich durch teilnehmende Beobachtung Daten zu erheben bis sich die Lehrpersonen und Schüler*innen an die Anwesenheit der Forscher*innen gewöhnt hatten und ein Arbeitsbündnis etabliert war. Dabei war hilfreich, dass an der Schule häufig Praktikant*innen hospitierten und Referendar*innen unterrichteten, sodass die Lehrer*innen und Schüler*innen an die Anwesenheit von weiteren Erwachsenen gewöhnt waren – was sich nicht zuletzt darin äußerte, dass die Forscher*innen häufig als ‚Aushilfslehrpersonen' von den Schüler*innen adressiert wurden. Die bei der Beobachtung angefertigten ethnographischen Feldnotizen, die zunächst eher offen keinem spezifischen Erkenntnisinteresse folgten, wurden in Beobachtungsprotokolle überführt und in den analytischen Notizen wurde eine zunehmende Fokussierung des Beobachtungsinteresses dadurch vollzogen, dass markiert wurde, welche Aktivitätsvollzüge sich wiederholten, welche Routinen es zu geben schien und wie sich Akteur*innen sowohl in der Performanz der Aktivitäten selbst wie auch in ethnographischen Gesprächen zu diesen ausgemachten Praktiken verhielten. Dabei fungierten das Konzept der ‚Praktiken' allgemein und später die konkretisierten Praktiken im Besonderen im Sinne der Grounded Theory als ‚sensibilisierende Konzepte' (Aust/Völcker 2018): In dieser Funktion leitet ein Konzept die Beobachtung durch theoretische Vorannahmen, die zwar bereits so präzise formuliert sein müssen, dass eine Fokussierung auf bestimmte soziale Vollzüge möglich ist; aber zugleich so offen, dass auch empirisch Neues gesehen werden kann. In der Beobachtung wurden demnach – der oben erläuterten theoretischen Bestimmung von Praktiken als intelligible Verkettungen von Adressierungen und Re-Adressierungen folgend – soziale Vollzugsformen fokussiert, die sequenziell strukturiert und seriell vollzogen wurden und bei denen sich die Akteur*innen gegenseitig interaktiv ein unproblematisches Verstehen anzeigten.[181] Nach und nach wurden die Praktiken *Begrüßen, Tadeln, Prüfen* und *Loben* als für unsere Untersuchung zentrale Praktiken ausgemacht, da sie auf

181 Diana Lengersdorf (2015: 178) diskutiert verschiedene Methodologien – konkret die ethnomethodologische, die diskursanalytische sowie habitustheoretische/praxeologische Methodologie – entlang der Frage, wie soziale Praktiken empirisch ‚erkannt' und davon ausgehend in ihrer Vollzugslogik interpretiert werden können.

der einen Seite den beobachteten (gymnasialen) Unterricht maßgeblich strukturierten und überdies auf der anderen Seite – in Bezug auf und im Anschluss an Studien der rekonstruktiven Schul- und Unterrichtsforschung sowie an anerkennungs- und machttheoretische Arbeiten – theoretisch besonders relevant und erkenntnisversprechend erschienen.

Um die sprachlichen und körperlichen ‚Feinmechaniken' dieser Praktiken rekonstruieren zu können, sollten neben den Beobachtungsdaten Videographien erhoben werden (vgl. auch Idel et al. 2009). Nach etwa zwei Monaten Feldaufenthalt mit ausschließlich teilnehmender Beobachtung wurde der Unterricht auch aus zwei Kameraperspektiven aufgezeichnet. Eine Kamera, die sowohl statisch als auch mobil verwendet wurde, verfolgte die Lehrperson, während die andere Kamera auf die Schüler*innen gerichtet war und ebenfalls bei Bedarf als Handkamera genutzt wurde, um bspw. in Gruppenarbeiten die Interaktionen von Schüler*innen einfangen zu können. Die dynamische Kameraführung ermöglichte es den Forschenden, ihr ethnographisch erworbenes Wissen dahingehend zu nutzen, um den Relevanzsetzungen der Akteur*innen des Feldes zu folgen. Zudem konnten die zwei Perspektiven absichern, dass zum einen die Stimmen leichter zuzuordnen waren und zum anderen auch Gesten und Gesichtsausdrücke der Beteiligten – zumindest in den meisten Fällen – zu erkennen waren. Insgesamt wurden über einen Zeitraum von 18 Monaten ca. 30 Zeitstunden Videomaterial in der fünften (bzw. dann sechsten) Klasse, ca. 30 Stunden in der achten (bzw. dann neunten) Klasse sowie etwa 25 Stunden Videodaten im Deutschkurs der Oberstufe erhoben.

Entlang der ethnographischen Memos wurden Szenen, in denen dem Eindruck der Ethnograph*innen nach eine bestimmte Praktik vollzogen wurde, für die adressierungsanalytische Feininterpretation ausgewählt und anschließend mit weiteren Szenen zu dieser Praktik kontrastiert. Für die Interpretationssitzungen im Projektteam wurden die videographierten Interaktionen als Transkriptionen nach GAT 2 (Selting et al. 2009) aufbereitet. Zunächst wurde in der Interpretation aber mit der Videographie selbst gearbeitet: Beim ersten Ansehen der aufgenommenen Szene achteten wir insbesondere auf die körperlichen Vollzüge im Re-Adressierungsgeschehen – wofür es sich anbietet, die Aufnahme als erstes ohne Tonspur anzuschauen und dabei Beobachtungsnotizen zu machen. Beim zweiten Ansehen haben wir die Tonspur dazu genommen und ebenfalls Notizen zum Vollzugsgeschehen gemacht. Erst beim dritten ‚Durchlauf' des Videos haben wir das vorbereitete Transkript hinzugenommen und zum einen gemeinsam geprüft, ob die verbalen Re-Adressierungen aus unserer Sicht entlang des Transkriptionssystems korrekt verschriftlicht wurden und zum anderen, ob auch die körperlichen und gestisch-mimischen Dimensionen des Re-Adressierungsgeschehens – vor dem Hintergrund der zuvor notierten Beobachtungen – bereits angemessen im Transkript berücksichtigt wurden. Meistens ergaben sich dadurch Überarbeitungsbedarfe: So haben wir körperliche Formen der Re-Adressierung, wie bspw. Formen des Um- und Hinwendens, Anblickens oder explizite Zeigegesten, sowie gestische und mimische Spezifika, die uns aufgefallen sind, in den zugrundeliegenden Transkripten ergänzt.[182] Nachfolgend wurde vorrangig mit dem so entstandenen Transkript adressierungsanalytisch gearbeitet, wenngleich wir in vielen Fällen auch während der sequenzanalytischen Feininterpretation nochmal auf das Video zurückgekommen sind – bspw. wenn uns Reaktionsweisen von zunächst als unbeteiligt scheinenden Dritten relevant erschienen.[183]

ii. Datenauswertung und Ergebnisdarstellung

Zur Vorbereitung der adressierungsanalytischen Feininterpretation wurde das Transkript in Segmente untergliedert (vgl. Selting et al. 2009: 358), um den Vollzug der zu rekonstruierten Praktik sequenziell analysieren zu können. Eine Adressierung wurde daran anschließend zumindest vorläufig als *erste* Adressierung aus dem fortlaufenden Interaktionsgeschehen ausgewählt – eine Entscheidung, die wir in vielen Fällen später revidierten und früher einsetzten, um auch die Frage danach, worauf die jeweilige Adressierung eine Antwort darstellt, bearbeiten zu können.[184] Das ausgewählte Adressierungssegment haben wir in einem ersten Schritt auf die formale Organisation hin befragt, d.h. die heuristischen Fragen der Organisationsdimension (1) angelegt. Daran anschließend wurde zunächst freier nach sprachlichen und körperlichen Besonderheiten und Auffälligkeiten gefragt. Hier erschienen uns methodische Überlegungen anderer Sequenzanalysen hilfreich: So ist zwar die Methodologie der Objektiven Hermeneutik nur sehr begrenzt anschlussfähig an diskursanalytische Zugriffe,[185] die methodische Empfehlung, gedankenexperimentelle

182 Wie auch bereits bei der Verschriftlichung im GAT 2 Format handelt es sich dabei nicht um eine einfache Überführung der Bild- und Videodaten in Schriftform, sondern um Interpretationsleistungen der Forscher*innen, die bereits Deutungen der beobachteten Interaktion beinhalten (vgl. Dinkelaker/Herrle 2009: 34 f.).

183 Für ein anderes Vorgehen für die Rekonstruktion von Praktiken anhand von Videographien vgl. Idel et al. 2009; sowie für eine stärkere Berücksichtigung der Materialität von Subjektivierungsprozessen vgl. Rabenstein 2018.

184 Wir wählten häufig eine lehrer*innen-seitige Adressierung als Einsatzpunkt, was aber zugleich die feldspezifische Dominanz von Lehrpersonen reproduziert. Hier wäre es sinnvoll, die Einsatzpunkte zu variieren, um zu prüfen, welchen Einfluss die Auswahl der Erst-Adressierung auf die Interpretationsergebnisse hat.

185 Es gibt auch Ansätze, die plausibel dafür argumentieren, dass die Methodologie der Objektiven Hermeneutik mit der Adressierungsforschung vereinbar ist: Sie bestimmen die Adressierungsanalyse nicht als eigene Methode mit methodologischen Setzungen, sondern als *fallbestimmende Heuristik*, die mit der Methodologie der Objektiven Hermeneutik verknüpft wird (vgl. Silkenbeumer et al. 2018).

Kontexte einzusetzen und zu variieren (Wernet 2009: 92), eröffnet aber auch für eine praktikentheoretische Perspektivierung wichtige Erkenntnisse. Wenn eine analysierte Adressierung nach dem Sprachgefühl der Forschenden bspw. für einen familialen Kontext einer Eltern-Kind-Interaktion plausibel erscheint, werden darin Spezifika der Adressierung bzw. vollzogenen Praktik deutlich, die es im Folgenden entlang der einzelnen Dimensionen auszubuchstabieren gilt. An welchen sprachlichen und gestischen Details können wir also festmachen, dass es sich bei der Adressierung um eine Ansprache handelt, die bspw. moralisierend erzieherisch ist und/oder eine enge, asymmetrische Beziehung setzt? An dieser Stelle ist es hilfreich, die Kernfragen der drei Kerndimensionen – also der Norm- und Wissensdimension (2), der Machtdimension (3) und der Selbstverhältnisdimension (4) – anzulegen. Um erste Aussagen bzgl. der Kernfragen zu generieren, ist es wiederum sinnvoll, sich ggf. auf die aufgegliederten Unterfragen in den jeweiligen Dimensionen zu beziehen, da diese eine feinere Analyse ermöglichen. Gleichzeitig wäre es viel zu aufwändig, bei jeder Adressierung jede einzelne Frage der umfassenden Heuristik durchzugehen. Vielmehr hat sich im Vollzug der Interpretation gezeigt, dass die heuristischen Fragen eine orientierende Funktion haben, auf die bei Bedarf zurückgegriffen werden kann, um die Kernfrage der jeweiligen Dimension zu bearbeiten. Zudem sind die drei Dimensionen nicht trennscharf voneinander; wenn also bspw. eine feine Analyse entlang der Norm- und Wissensdimension angefertigt wurde, erscheint auch Vieles bzgl. der Machtdimension bereits gesagt, sodass es u. U. hilfreich ist, zunächst eine Kerndimension in den Mittelpunkt zu rücken und die Analyseergebnisse auf die Bedeutung hinsichtlich der anderen Dimensionen zu befragen. Abschließend legten wir die vier Fragen zu Anschlussmöglichkeiten – jeweils Frage (d) – an den untersuchten Sprechakt an, um zu explizieren, in welcher Weise die vollzogene Adressierung darauffolgende Re-Adressierungen *präfiguriert*.

Vor dem Hintergrund dieser explizierten Anschlussmöglichkeiten analysierten wir nun die Re-Adressierung, wodurch *erwartbare* Re-Adressierungen von *Brüchen und Irritationen* zu unterscheiden waren.[186] Diese Explikation ist zentral, um *generative Prinzipien* einer Praktik zu rekonstruieren: Wenn sich eine formale und inhaltliche Musterhaftigkeit in der Interaktion zeigt, d. h. in anerkennbarer und damit in gewisser Weise auch für die Forschenden in *erwartbarer* Weise an Adressierungen angeschlossen wird, dann deutet das darauf hin, dass sich hervorgebrachte Norm- und Wissensordnungen, Machtbeziehungen und Formen der Selbstführung im Vollzug der Interaktion

186 In der Analyse von Unterrichtstranskripten finden wir häufig eher monologisches Sprechen von Lehrpersonen, sodass wir zunächst die Musterhaftigkeit der lehrer*innen-seitigen Adressierungen herausgearbeitet haben, d. h. hier bereits danach gefragt haben, welche Norm- und Wissensordnungen, Machtbeziehungen und Formen der Selbstführung in längeren Ansprachen verstetigt wurden.

verstetigen – und somit Aussagen über die der Praktik eingeschriebene Subjektivierungslogiken gemacht werden können. Zugleich haben sich insbesondere die Szenen als interessant erwiesen, in denen die in den Adressierungen aufgerufenen Ordnungen und Relationen von den Re-Adressierten in Frage gestellt oder nur zum Teil anerkannt wurden (vgl. bspw. Kuhlmann/Otzen 2023; Rose 2023; Otzen 2023), da darin Normalitätserwartungen häufig in prägnanterer Weise sichtbar wurden.

In welcher Weise formal und inhaltlich an die Adressierung angeschlossen wurde, haben wir dann entlang der Fragen der Organisationsdimension sowie der drei Kernfragen qualifiziert. Wenn einzelne Aspekte der aufgerufenen Ordnung(en) in der Re-Adressierung unbeantwortet oder auch explizit zurückgewiesen wurden, stellten wir zudem die Frage, ob und in welcher Weise dies sprachlich und körperlich legitimiert wurde. Die Analyse der Re-Adressierung ist folglich eng auf die zuvor geleistete Interpretation der Adressierung bezogen und fragt danach, welche formalen und inhaltlichen Verstetigungen, aber auch Brüche und Spannungen auszumachen sind. Diese Logik ist auch für die weitere Analyse des Re-Adressierungsgeschehens zentral: Dadurch, dass jeweils mögliche Anschlussmöglichkeiten expliziert werden, ist es das Ziel, formale und inhaltliche, auf die Kerndimensionen bezogene Musterhaftigkeiten zu identifizieren, die als Subjektivierungslogiken ausbuchstabiert werden können. Zugleich sind auch typische Spannungen – bspw. zwischen verschiedenen, zeitgleich aufgerufenen Anerkennungsordnungen – für die Rekonstruktion der subjektivierenden Logiken von Praktiken zentral. Im Zusammenspiel sollen so generative Prinzipien herausgearbeitet werden, die das soziale Geschehen in bestimmter Weise präfigurieren. Die sequenzielle Analyse des Geschehens schlossen wir dann ab, wenn uns die vollzogene Praktik als beendet erschien – also bspw. Akteur*innen das Ende dadurch signalisierten, dass sie das Thema wechselten oder eine deutliche Pause entstand.

Bei der Verschriftlichung dieser extensiven Feinanalyse sind wir meist in einem Zweischritt vorgegangen:[187] So haben wir die Sequenzanalyse der ersten Adressierungs- und Re-Adressierungszüge ausführlich dargestellt, um in der Fokussierung auf die Hervorbringung bestimmter Anschlussmöglichkeiten und deren je spezifischer Beantwortung formale und inhaltliche Musterhaftigkeiten und Spannungen im Vollzugsgeschehen zu rekonstruieren. In einer darauffolgenden Bündelung entlang der drei Kerndimensionen der Heuristik konnten dann erste Annahmen bzgl. der so hervorgebrachten Wissens- und Normhorizonte, Machtbeziehungen und Selbstführungsfiguren in einem eher flächigen Bezug auf eine Szene herausgearbeitet werden. Durch den daran anschließenden kontrastiven Vergleich mit anderen Szenen,

187 Für die ausführliche Darstellung und exemplarische Erprobung dieser Verschriftlichungsstrategie vgl. Kuhlmann/Otzen 2023.

in denen die untersuchte Praktik in anderer Weise – insbesondere von anderen Akteur*innen – vollzogen wurde, haben wir zum einen versucht, die empirische Breite der Praktik darzustellen und zum anderen in den geteilten Momenten die Spezifika der Subjektivierungslogiken der untersuchten Praktik zu kondensieren. Die so erarbeiteten Subjektivierungslogiken beziehen sich dabei auf den sequenziellen, formalen Vollzug einer Praktik sowie auf die in der Praktik stabilisierten Norm- und Wissensordnungen, relationalen Subjektpositionen sowie Formen der Arbeit am Selbst. Zudem ist es im Sinne der Rekonstruktion generativer Prinzipien zentral, dass typische Spannungen zwischen verschiedenen aufgerufenen und für gültig beanspruchten Ordnungen und Relationen herausgestellt werden. So ist bspw. für den klassenöffentlichen Unterricht bedeutsam, dass zugleich leistungsbezogene und peerkulturelle Normen der Anerkennbarkeit thematisch werden, die den Vollzug bestimmter Praktiken zu einem für die Akteur*innen besonders prekären Geschehen machen (vgl. Kuhlmann/Otzen 2023; vgl. auch Breidenstein 2008; Richter/Langer 2021). Um darüber hinaus auch Aussagen darüber machen zu können, ob es sich bei den rekonstruierten Subjektivierungslogiken um *lernkulturspezifische* Ausformungen handelt, bietet es sich zudem an, die eigenen Analysen mit den Fallstudien anderer rekonstruktiver Untersuchungen in ein Verhältnis zu setzen.[188]

V. Fazit und Ausblick

Wie eingangs ausgeführt, lässt sich das Ziel einer empirisch ausgerichteten Subjektivierungsforschung – zunächst allgemein gesprochen – darin ausmachen, nicht bei einer Analyse programmatisch hervorgebrachter, gesellschaftlich hegemonialer Subjektfiguren stehen zu bleiben, sondern stattdessen *Eigenlogiken von sich vollziehenden Subjektivierungsprozessen* zu rekonstruieren. In den drei zunächst vorgestellten Ansätzen – der bildungstheoretischen, der wissenssoziologischen und der dokumentarischen Subjektivierungsforschung – wird die dafür zentrale Verhältnisbestimmung von Selbst- und Fremdpositionierungen über die Analyse von Interviewdaten vollzogen. Während darin subjektivierende Erfahrungen greifbar werden und die biographische Gewordenheit von Selbst-, Welt- und Anderenverhältnissen rekonstruiert werden können, tendieren die Ansätze, wie argumentiert, dazu, das sinnproduzierende und sich ermächtigende Subjekt in den Fokus zu rücken. Demgegenüber schlägt der Ansatz der „Analyse diskursiver Praktiken" (Wrana 2015b) vor, die Transformationsdynamiken nicht nur beim Subjekt zu verorten. Statt die „Struktur der Positionen" zu setzen, sollen vielmehr

188 Dafür bieten sich insbesondere die ‚Lernkulturanalysen' aufgrund der methodologisch-methodischen Passung an, vgl. Reh et al. 2015; Neto Carvalho 2017 etc.

„Positionierungen als Praktiken der Strukturierung" verstanden (ebd.: 138) und in ihren bedeutungsgenerierenden Schemata rekonstruiert werden. Dieser praktikentheoretischen Bestimmung folgend habe ich erläutert, wie der Ansatz der Adressierungsanalyse versucht, situierte Praktiken entlang ihrer *kontingenten* Vollzugswirklichkeit und zugleich *präfigurierenden* Wirkkraft zu untersuchen, um die den diskursiven Praktiken eingeschriebene Subjektivierungslogiken herauszuarbeiten. Dabei handelt es sich bei den skizzierten methodologisch-methodischen Justierungen und dem im Rahmen des Projektkontextes erprobten praktischen Vorgehen um *einen* Vorschlag, adressierungsanalytische Subjektivierungsforschung zu betreiben. Die Produktivität dieses Vorschlags lässt sich anhand der zusammen getragenen Einzelstudien prüfen (vgl. insbesondere Ricken et al. 2023).

Drei weiterführende Perspektivierungen und damit mögliche Einsatzpunkte zukünftiger Forschungen sollen an dieser Stelle abschließend markiert werden: erstens, die Frage nach den Subjektivierungs*effekten*, zweitens, die Frage nach der Reproduktion *hegemonialer Herrschafts- und Identitätskategorien* sowie drittens die Berücksichtigung der *materialen, körperlichen* Dimensionen im Re-Adressierungsgeschehen.

Zunächst habe ich herausgestellt, dass es uns im Projektkontext nicht darum ging, Subjektivierungsprozessen von einzelnen Schüler*innen und/oder Lehrpersonen zu folgen, sondern stattdessen darum, die den Praktiken inhärenten Subjektivierungsanforderungen freizulegen. Wir können damit nur begrenzt Aussagen darüber machen, ob sich durch den Vollzug dieser Praktiken im Selbstverständnis der Akteur*innen ‚tatsächlich' etwas transformiert und/oder stabilisiert hat. Wir wissen folglich wenig über Subjektivierungs*effekte*, die über das Anzeigen in der konkreten Situation hinausgehen. Anders als in den vorgestellten Ansätzen subjektivierungstheoretischer Interviewforschung, in denen über die Analyse von Narrationen subjektivierende Erfahrungen rekonstruiert werden, werden die Deutungsweisen der beteiligten Individuen in der von uns vorgeschlagenen Adressierungsanalyse nur über die Performanz im Rahmen der von uns nicht induzierten Praktiken erhoben. Es war die Annahme leitend, dass die wiederholte Performanz der feldtypischen Praktiken aufgrund dessen Serialität und zum Teil auch Unumgänglichkeit im Kontext von Schule subjektivierend wirksam ist. Gleichzeitig könnte auch dieser angenommenen „cumulative force of social action" (Bucholtz et al. 2012: 170) dadurch nachgegangen werden, dass einzelnen Individuen über einen langen Zeitraum gefolgt würde, um darin deren Positionierungsweisen in verschiedenen Praktiken und zu verschiedenen Zeitpunkten nachzuzeichnen. So böte sich bspw. das von uns erhobene Datenmaterial aus der fünften Klasse dafür an, die Entstehung, Transformation und Verfestigung eines klasseninternen Positionengefüges zu analysieren: Eine Schülerin scheint – so zeigen es die Beobachtungsprotokolle und Videographien über die 1,5 Jahre Feldforschung – zunehmend in die Position eines ‚Klassenclowns' gesetzt zu werden bzw. sich selbst in diese Position zu setzen. Entlang der Frage, wie verschiedene schulische und unterrichtliche Praktiken stabilisierend ineinandergreifen, könnte auch spezifischer Subjektivierungs*effekten* nachgegangen werden – wenngleich wir natürlich auch in diesem Zuschnitt nie sagen können, wie die Schülerin ‚tatsächlich' subjektiviert wird. Stanton Wortham (2006) verfolgt in seiner ethnographischen Studie *Learning Identity* ein ähnliches Ziel: So zeigt er, wie zwei Schüler*innen über ein Schuljahr in ganz ähnlicher Weise von verschiedenen Lehrpersonen in fachlichen und disziplinierenden Praktiken positioniert werden und die zwei Schüler*innen als Antwort darauf bestimmte Muster der Selbstpositionierung entwickeln. Über den Verlauf des Schuljahres wird die Schülerin Tyisha zum „loud black girl" und der Schüler Maurice zum „resistant black male" (ebd.: 6), wenngleich diese Begriffe nie explizit fallen. Wortham zeigt also, wie in der Interaktion *implizit bleibende* historisch gewachsene Differenzkategorien – ganz im Sinne Wetherells (1998) – wirksam werden, ohne dass diese die Interaktion je determinieren würden (vgl. u. a. auch Bucholtz et al. 2012; Youdell 2006).

Dies führt mich auch zur nächsten weiterführenden Perspektivierung der adressierungsanalytischen Forschung: der unter anderem von Schegloff (1997) und Wetherell (1998) in ihrem Disput verhandelten Frage nach den Möglichkeiten einer Erforschung der Reproduktion von Ungleichheitsverhältnissen entlang von Identitätskategorien in situierten Interaktionen. In der Fokussierung auf bestimmte unterrichtliche Praktiken konnten wir zeigen, dass im praktischen Vollzug Differenzverhältnisse entlang von so hervorgebrachten *Leistungs- und Verhaltensordnungen* konstituiert werden. Weiterführend wäre hier die – in anderen Studien bereits bearbeitete – Frage spannend, inwiefern diese in den Praktiken produzierten Differenzrelationen mit den hegemonialen Identitätskategorien *Gender, Class, Race* und *Ability* zusammenhängen (vgl. u. a. Rabenstein et al. 2013; Rose/Gerkmann 2016; Merl 2019; Rabenstein et al. 2020). So deutet sich in unserem Datenmaterial bspw. an, dass klassenöffentlicher Tadel in hohem Maße genderspezifisch vollzogen wird: Zum einen werden Schüler in den erhobenen Videographien deutlich häufiger als ihre Klassenkameradinnen ermahnt und zum anderen wird beim Vollzug der Ermahnung jeweils auf andere sprachliche Gegensatzkonstruktionen zurückgegriffen – wenn etwa Schülerinnen das ‚Quatschen' und Schülern das ‚mit den Gedanken beim Wochenende sein' vorgeworfen wird. Der Performanz von Disziplinierungspraktiken scheint eine in Bezug auf die Kategorie Gender differenzerzeugende Wirkmacht eingeschrieben zu sein, der es sich lohnt, in Anschluss an sowohl konversationsanalytische Studien (vgl. Tainio 2011; Klattenberg 2020) als auch macht- und gendertheoretische Analysen (vgl. Willems 2007; Jäckle 2015;

Sewell 2004) weiter nachzugehen. Dafür könnte auch das Konstellieren verschiedener diskursiver Praktiken, wie es u.a. Antje Langer (2008) oder Sophia Richter (2019) vorschlagen, gewinnbringend sein, um die Herstellung sozialer Intelligibilität sowohl hinsichtlich ihrer sequenziell-situativen Vollzugslogik wie auch in Bezug auf ihre historisch-kulturelle Gewordenheit hin zu untersuchen.

Schließlich bleibt festzustellen, dass mit dem von uns gewähltem konversations- und diskursanalytischen Zugriff sowie der damit einhergehend entwickelten Heuristik weiterhin eine Fokussierung auf *sprachliche* Anerkennungsakte einhergehen, auch wenn wir – wie in der Skizze unseres Vorgehens dargestellt – versucht haben, körperliche und gestische Aspekte des Re-Adressierungsgeschehens mit einzubeziehen. So bleibt u.a. die subjektivierungsbezogene Bedeutsamkeit der Materialität des Klassenraums – wie bspw. das Arrangement von Möbeln und damit einhergehend die ‚Steh- und Sitzordnungen' zwischen Lehrpersonen und Schüler*innen (vgl. Berdelmann/Reh 2015; Flügel 2017; Riepe 2021) oder der Einbezug fachunterrichtsbezogener Artefakte, also den „Dingen des Wissens" (Röhl 2013; vgl. auch Rabenstein 2018),[189] – in unseren Analysen noch weitestgehend unterbelichtet. Insbesondere hinsichtlich weiterführender Analysen unterrichtlicher Prüfungspraktiken erscheinen mir diese Schärfungen erkenntnisversprechend, da das räumlich-körperliche Arrangement – z.B. die im Feld so bezeichnete ‚Testformation' – für die der Praktik inhärenten Subjektivierungslogik zentral ist; wie auch besonders deutlich wird, dass die Differenz zwischen Leistungsprüfenden, Leistungsträger*innen und performierter Leistung erst aus der Praktik hervorgeht (vgl. Ricken/Otzen 2023; Breidenstein/Thompson 2014). Diese an die bereits vorliegenden Studien zur Materialität und Körperlichkeit unterrichtlicher Anerkennungs- und Subjektivierungsprozessen (vgl. insbesondere Pille/Alkemeyer 2016; Langer 2008) anschließende Weiterführung empirischer Rekonstruktionen wäre auch deswegen reizvoll, weil darin theoretische Ausdifferenzierungen des Verständnisses der Konzepte ‚Praktiken' und ‚Subjektivierung' angelegt sind. So bietet nicht nur die Akteur-Netzwerk-Theorie (Latour 1996) wichtige Einsichten in die interaktive Entstehung von Akteurskonstellationen im Unterricht (Röhl 2013); auch posthumanistische und neu-materialistische Einsätze können das Verständnis davon schärfen, dass Subjekte und Objekte nicht als getrennte Entitäten einer Praktik vorausgehen, sondern sie in ‚Intra-Aktionen' – wie es Karen Barad (2007: 33) nennt[190] – erst als diese hervorgebracht werden (vgl. auch Wicke 2021).

189 Kerstin Rabenstein (2018) entwickelt die adressierungsanalytische Heuristik nach Reh und Ricken (2012) weiter, um auch die Bedeutsamkeit unterrichtlicher Artefakte für Anerkennungs- und Subjektvierungsprozesse berücksichtigen zu können.

190 Barad (2007: 33) setzt den Begriff der ‚Intra-Aktion' gegen den der ‚Interaktion', weil letzterer ein ‚Zwischen' zwischen bereits konstituierten „individual agencies" setzt. „[T]he

Selbstredend ließen sich an dieser Stelle noch weitere mögliche theoretische Schärfungen und methodologisch-methodische Ausdifferenzierungen ausmachen. Da es aber bereits zahlreiche allgemein- und schulpädagogische, wie auch allgemein- und fachdidaktische Anschlüsse an und Weiterführungen der hier vorgestellten adressierungsanalytischen Subjektivierungsforschung gibt,[191] kann die Debatte um Chancen und Grenzen der Adressierungsanalyse auch in inter- und intra-disziplinären Debatten entlang der vielfältigen bereits vorliegenden Studienergebnisse weitergeführt werden.

notion of intra-action recognizes that distinct agencies do not precede, but rather emerge through, their intra-action" (ebd.).

191 Um neben den bereits thematisierten Studien der Lernkulturanalysen (vgl. Reh et al. 2015) einige Arbeiten exemplarisch herauszugreifen: Akbaba (2019); Bonanati (2018); Göbel (2018); Herzmann/Merl (2017); Jäckle et al. (2016); Janssen (2018); Kunze et al. (2019); Leonhard et al. (2019); Machold (2015); Martens (2015); Rabenstein/Strauß (2018); Rode (2020); Roose (2019); Schmidt (2020) etc.

Kuhlmann, Ricken, Rose, Otzen (2017): Heuristik für eine Adressierungsanalyse in subjektivierungstheoretischer Perspektive

(1) *Organisationsdimension*: Selektion und Reaktionsverpflichtung

- Wie wird/werden Angesprochene(r) ausgewählt? Wie wird/werden adressierte Person(en) von Nicht-Angesprochenen abgegrenzt?
- Wer wird implizit mitangesprochen/explizit nicht angesprochen bzw. vor wem wird die Adressierung getätigt?
- Mit welchen sprachlichen/gestischen Mitteln wird die*der Adressat*in dazu verpflichtet zu antworten?
- Was geht der Adressierung formal voraus/worauf antwortet die Adressierung?
- **Anschlussmöglichkeiten**: Welche formalen sprachlichen/gestischen Räume werden für eine Reaktion eröffnet/verschlossen?

(2) *Norm- und Wissensdimension*: Definition und Normation

(a) **Situationsdefinition:** Wie werden Rahmungen/Situationsdefinitionen hervorgebracht?

- Wie wird/werden Ordnung(en) in der Turnorganisation aufgerufen, praktiziert, etabliert?
- Welche Normhorizonte/Wissensordnungen werden thematisch?
- Welche Normen werden expliziert/impliziert oder transformiert?
- Welche Normen ermöglichen diese Adressierung/dieses Sprechen? Welches Wissen dient als Ressource der Interaktionsorganisation?
- Wie werden bestimmte Praktiken als erkennbare hervorgebracht?
    - Welche Zusammenhänge, Bezüge und Gleichsetzungen (auch zu anderen Praktiken) werden hervorgebracht?
    - Welche Gegenhorizonte/Abgrenzungen (auch zu anderen Praktiken) werden aufgerufen?

(b) **Differenzierung:** Auf welche Weise wird in der aufgerufenen Ordnung differenziert?

- Wie wird (explizites/implizites) Wissen hierarchisiert/kategorisiert? Wie wird Verhalten/werden Handlungen hierarchisiert/kategorisiert?
- Welche Differenzkategorien (legitim/illegitim, richtig/falsch, gerecht/ungerecht) werden hervorgebracht?

(c) **Valuation:** Wie setzt sich die*der Sprecher*in sich und andere in ein Verhältnis zur Ordnung?

(d) **Anschlussmöglichkeiten:** Welche Re-Adressierungsmöglichkeiten in Bezug zur aufgerufenen Ordnung werden eröffnet/verschlossen?

(e) **Kernfrage:** Welche Wissens- und Normhorizonte werden hervorgebracht? Was kann als Erkenntnis/Fähigkeit/gutes Benehmen etc. Geltung beanspruchen?

(3) *Machtdimension:* Position und Relation

(a) **Positionierung:** Welche Positionierungen finden in der aufgerufenen Ordnung statt?
- Welche Positionen werden in der Turnorganisation zugewiesen, verhandelt, aufgerufen?
- Wie positioniert sich die*der Sprecher*in?
- Wie wird die*der Adressat*in positioniert?

(b) **Relationierung:** Welche sozialen Relationierungen werden wie hervorgebracht?
- Welche Relationierungen werden durch die Turnorganisation erzeugt?
- Welche Differenzlinien/Allianzen werden wie hervorgebracht? (Wissende/Unwissende; Normkonforme/Deviante, Schüler/Lehrer etc.)
- Welche sozialen Stratifikationen werden wie hervorgebracht? (vertikale Distanz: Hierarchie (in Bezug auf Wissensordnung, Institutionelle Ordnung, etc.); horizontale Distanz: soziale Distanz (Rolle, persönliche Beziehung, etc.))
- Vor wem wird die Adressierung getätigt? Mit welcher Bedeutung?

(c) **Valuation:** Wie setzt sich die*der Sprecher*in sich und andere in ein Verhältnis zu den aufgerufenen (temporären) Positionen?

(d) **Anschlussmöglichkeiten:** Welche Readressierungsmöglichkeiten in Bezug zu den aufgerufenen Positionen werden eröffnet/verschlossen?

(e) **Kernfrage:** Welche temporären Positionen und Verhältnisse werden explizit und implizit hervorgebracht?

(4) *Selbstverhältnisdimension:* Graduierung von Rekursivitätsspielräumen

(a) **Selbstbezug:** Wie zeigt sich die*der Sprecher*in als selbstbezüglich/als temporäres Selbst?
- Als wer zeigt sich die*der Sprecher*in? Welches Verhältnis zu sich selbst zeigt sich in der Verhältnissetzung zur Ordnung und zu den Anderen?
- Welche Arbeit am Selbst wird bzw. welche Selbsttechnologien (bspw. bzgl. Verhalten, Gefühlen, Einstellung) werden gezeigt/performiert?

(b) **Adressatenbezug:** Wie wird die*der Adressat*in als selbstbezüglich/als temporäres Selbst adressiert?
- Wie soll sich die*der Adressat*in zu sich selbst in Verhältnis zur Ordnung und/oder den Anderen verhalten?
- Welche Arbeit am Selbst (bspw. bzgl. Verhalten, Gefühlen, Einstellung) wird erwartet/verlangt?

(c) **Valuation:** Wie setzt die*der Sprecher*in sich und andere in ein Verhältnis zu den aufgerufenen Figuren der Selbstführung/Selbsttechnologien?

(d) **Anschlussmöglichkeiten:** Welche Readressierungsmöglichkeiten in Bezug zu den aufgerufenen Formen der Selbstführung werden eröffnet/verschlossen?

(e) **Kernfrage:** Welche Figuren der Selbstführung/Selbsttechnologien werden explizit und implizit hervorgebracht?

Literatur

Akbaba, Yalız (2017): Lehrer*innen und der Migrationshintergrund. Widerstand im Dispositiv. Weinheim/Basel: Beltz Juventa.

Akbaba, Yalız (2019): Subjektivierung mit Migrationshintergrund. Zu diskursiven Unterwerfungen und ihren praktischen Verwerfungen. In: Saša Bosančić/Reiner Keller (Hg.): Diskursive Konstruktionen. Kritik, Materialität und Subjektivierung in der wissenssoziologischen Diskursforschung. Wiesbaden: Springer VS, 205–223.

Alkemeyer, Thomas/Budde, Gunilla/Freist, Dagmar (Hg.) (2013): Selbst-Bildungen. Soziale und kulturelle Praktiken der Subjektivierung. Bielefeld: transcript.

Alkemeyer, Thomas (2013): Subjektivierung in sozialen Praktiken. Umrisse einer praxeologischen Analytik. In: Thomas Alkemeyer/Gunilla Budde/Dagmar Freist (Hg.): Selbst-Bildungen. Soziale und kulturelle Praktiken der Subjektivierung. Bielefeld: transcript, 33–67.

Alkemeyer, Thomas/Buschmann, Nikolaus (2016): Praktiken der Subjektivierung – Subjektivierung als Praxis. In: Hilmar Schäfer (Hg.): Praxistheorie. Ein soziologisches Forschungsprogramm. Bielefeld: transcript, 115–136.

Amling, Steffen/Geimer, Alexander (2016): Techniken des Selbst in der Politik. Ansatzpunkte einer dokumentarischen Subjektivierungsanalyse. In: Forum: Qualitative Sozialforschung 17 (3).

Aust, Robert/Völcker, Matthias (2018): Theoretische Sensibilität. Das Verhältnis von Theorie und Empirie in intermethodologischer Perspektive. In: Maja S. Maier/Catharina I. Keßler/Ulrike Deppe/Anca Leuthold-Wergin/Sabine Sandring (Hg.): Qualitative Bildungsforschung. Wiesbaden: Springer VS, 133–149.

Balzer, Nicole (2014): Spuren der Anerkennung. Studien zu einer sozial- und erziehungswissenschaftlichen Kategorie. Wiesbaden: Springer VS.

Balzer, Nicole (2021): Anerkennung als erziehungswissenschaftliche Kategorie. In: Ludwig Siep/Heikki Ikäheimo/Michael Quante (Hg.): Handbuch Anerkennung. Wiesbaden: Springer VS, 345–352.

Balzer, Nicole/Bergner, Dominic (2012): Die Ordnung der ‚Klasse'. Analysen zu Subjektpositionen in unterrichtlichen Praktiken. In: Norbert Ricken/Nicole Balzer (Hg.): Judith Butler: Pädagogische Lektüren. Wiesbaden: Springer VS, 247–279.

Balzer, Nicole/Ricken, Norbert (2010): Anerkennung als pädagogisches Problem. Markierungen im erziehungswissenschaftlichen Diskurs. In: Alfred Schäfer/Christiane Thompson (Hg.): Anerkennung. Paderborn. Ferdinand Schöningh, 35–87.

Bamberg, Michael G. W. (1997): Positioning between Structure and Performance. In: Journal of Narrative and Life History 7 (1), 61–68.

Barad, Karen (2007): Meeting the universe halfway. Quantum physics and the entanglement of matter and meaning. Durham: Duke University Press.

Benwell, Bethan/Stokoe, Elizabeth (2013): Discourse and Identity. Cambridge: Cambridge University Press.

Berdelmann, Kathrin/Reh, Sabine (2015): Adressierung durch den Raum – (Lieblings-)Plätze in der Schule. Eine fotoethnographische Exploration. In: Thomas Alkemeyer/Herbert Kalthoff/Markus Rieger-Ladich (Hg.): Bildungspraxis. Körper – Räume – Objekte. Weilerswist. Velbrück Wissenschaft, 183–205.

Bergmann, Jörg Reinhold (1987): Klatsch. Zur Sozialform der diskreten Indiskretion. Berlin/New York: De Gruyter.

Bergmann, Jörg R. (2000): Die Macht des Wortes. In: Peter Buchheim/Manfred Cierpka (Hg.): Macht und Abhängigkeit. Berlin, Heidelberg. Springer Berlin Heidelberg, 120–131.

Bergmann, Jörg R. (2010): Ethnomethodologische Konversationsanalyse. In: Ludger Hoffmann (Hg.): Sprachwissenschaft. Ein Reader. Berlin/New York. de Gruyter, 258–274.

Blommaert, Jan/Bulcaen, Chris (2000): Critical Discourse Analysis. In: Annual Reviews 29, 447–466.

Bohnsack, Ralf (2014): Rekonstruktive Sozialforschung. Einführung in Methodologie und Praxis qualitativer Forschung. Opladen: Budrich.

Bonanati, Marina (2018): Lernentwicklungsgespräche und Partizipation. Rekonstruktionen zur Gesprächspraxis zwischen Lehrpersonen, Grundschülern und Eltern. Wiesbaden: Springer VS.

Bonnet, Andreas/Hericks, Uwe (2019): Professionalität und Professionalisierung als biographische Bearbeitung der Spannungen zwischen Norm und Habitus. In: Rolf-Torsten Kramer/Hilke

Pallesen (Hg.): Lehrerhabitus. Theoretische und empirische Beiträge zu einer Praxeologie des Lehrerberufs. Bad Heilbrunn. Klinkhardt, 101–123.

Bosančić, Saša (2014): Arbeiter ohne Eigenschaften. Über die Subjektivierungsweisen angelernter Arbeiter. Wiesbaden: Springer VS.

Bosančić, Saša (2016): Zur Untersuchung von Subjektivierungsweisen aus wissenssoziologisch-diskursanalytischer Perspektive. In: Saša Bosančić/Reiner Keller (Hg.): Perspektiven wissenssoziologischer Diskursforschung. Theorie und Praxis der Diskursforschung. Wiesbaden: Springer VS, 95–119.

Bosančić, Saša (2017): Selbst-Positionierung zwischen Reflexivität, Eigen-Sinn und Transformation – die Forschungsperspektive der Interpretativen Subjektivierungsanalyse. http://publikationen.soziologie.de/index.php/kongressband_2016/index, [28.10.2017].

Bourdieu, Pierre (1993): Sozialer Sinn. Kritik der theoretischen Vernunft. Frankfurt am Main: Suhrkamp.

Breidenstein, Georg (2008): Peer-Interaktion und Peer-Kultur. In: Werner Helsper/Jeanette Böhme (Hg.): Handbuch der Schulforschung. Wiesbaden: Springer VS, 945–964.

Breidenstein, Georg/Hirschauer, Stefan/Kalthoff, Herbert/Nieswand, Boris (2013): Ethnografie. Die Praxis der Feldforschung. Konstanz: UTB.

Breidenstein, Georg/Thompson, Christiane (2014): Confession and subjectification in school performance evaluations. In: Andreas Fejes/Kathy Nicoll (Hg.): Foucault and a Politics of Confession in Education. London/New York. Routledge, 21–34.

Bröckling, Ulrich (2007): Das unternehmerische Selbst. Soziologie einer Subjektivierungsform. Frankfurt am Main: Suhrkamp.

Bucholtz, Mary/Barnwell, Brendan/Skapoulli, Elena/Lee, Jung-Eun Janie (2012): Itineraries of Identity in Undergraduate Science. In: Anthropology & Educational Quarterly 43 (2), 157–172.

Bührmann, Andrea (2012): Das unternehmerische Selbst: Subjektivierungsform oder Subjektivierungsweise? In: Reiner Keller/Werner Schneider/Willy Viehöver (Hg.): Diskurs – Macht – Subjekt. Theorie und Empirie von Subjektivierung in der Diskursforschung. Wiesbaden: Springer VS, 145–164.

Butler, Judith (2001): Psyche der Macht. Das Subjekt der Unterwerfung. Frankfurt am Main: Suhrkamp.

Del Percio, Alfonso (2014): Ethnographie der Kommunikation. In: Daniel Wrana/Alexander Ziem/Martin Reisigl/Martin Nonhoff/Johannes Angermuller (Hg.): DiskursNetz. Wörterbuch der interdisziplinären Diskursforschung. Berlin. Suhrkamp, 138–139.

Deppermann, Arnulf (2008): Gespräche analysieren. Eine Einführung. Wiesbaden: VS Verlag für Sozialwissenschaften.

Deppermann, Arnulf (2010): Konversationsanalyse und diskursive Psychologie. In: Günter Mey/Katja Mruck (Hg.): Handbuch qualitative Forschung in der Psychologie. Wiesbaden: Springer VS, 643–661.

Deppermann, Arnulf (2015): Wissen im Gespräch: Voraussetzung und Produkt, Gegenstand und Ressource. In: Interaction and Linguistic Structures 57, 1–31.

Deppermann, Arnulf/Feilke, Helmuth/Linke, Angelika (Hg.) (2015): Sprachliche und kommunikative Praktiken. Berlin: de Gruyter.

Dinkelaker, Jörg/Herrle, Matthias (2009): Erziehungswissenschaftliche Videographie. Eine Einführung. Wiesbaden: Springer VS.

Flügel, Alexandra (2017): Die Organisation der Arbeit am Gruppentisch. Subjektpositionen im Spannungsfeld zwischen Aufgabenstellung und Peers. In: ZISU – Zeitschrift für Interpretative Schul- und Unterrichtsforschung 6, 83–96.

Friebertshäuser, Barbara/Panagiotopoulou, Argyro (2013): Ethnographische Feldforschung. In: Barbara Friebertshäuser/Antje Langer/Annedore Prengel (Hg.): Handbuch Qualitative Forschungsmethoden in der Erziehungswissenschaft. Weinheim/Basel: Beltz Juventa, 301–322.

Fritzsche, Bettina/Idel, Till-Sebastian/Rabenstein, Kerstin (2011): Ordnungsbildung in pädagogischen Praktiken. Praxistheoretische Überlegungen zur Konstitution und Beobachtung von Lernkulturen. In: Zeitschrift für Soziologie der Erziehung und Sozialisation 31 (1), 28–44.

Geipel, Karen (2022): Zum Subjekt werden. Analysen vergeschlechtlichender Positionierungen im Sprechen über Zukunft. Wiesbaden: Springer VS.

Geimer, Alexander (2014): Das authentische Selbst in der Popmusik – Zur Rekonstruktion von diskursiven Subjektfiguren sowie ihrer Aneignung und Aushandlung mittels der Dokumentarischen Methode. In: Österreichische Zeitschrift für Soziologie (39), 111–130.
Geimer, Alexander/Amling, Steffen/Bosančić, Saša (Hg.) (2019): Subjekt und Subjektivierung. Empirische und theoretische Perspektiven auf Subjektivierungsprozesse. Wiesbaden: Springer VS.
Gelhard, Andreas/Alkemeyer, Thomas/Ricken, Norbert (Hg.) (2013): Techniken der Subjektivierung. München: Fink.
Göbel, Sabrina (2018): Alltagspraktiken in Kindertageseinrichtungen. Eine videographische Studie zum Miteinander von pädagogischen Fachkräften und Kindern. Wiesbaden: Springer VS.
Günther, Susanne/König, Katharina (2016): Kommunikative Gattungen in der Interaktion: Kulturelle und grammatische Praktiken im Gebrauch. In: Arnulf Deppermann/Helmuth Feilke/Angelika Linke (Hg.): Sprachliche und kommunikative Praktiken. Berlin/Boston. De Gruyter, 177–203.
Günthner, Susanne/Knoblauch, Hubert (1994): „Forms are the food of faith": Gattungen als Muster kommunikativen Handelns. In: Kölner Zeitschrift für Soziologie und Sozialpsychologie 46 (4), 693–723.
Herzmann, Petra/Merl, Thorsten (2017): Zwischen Mitgliedschaft und Teilhabe. Praxeologische Rekonstruktionen von Teilhabeformen im inklusiven. In: ZISU – Zeitschrift für Interpretative Schul- und Unterrichtsforschung 6, 97–110.
Hoppe, Marie (2022): Subjektwerden unter Bedingungen von outsiderness. Subjektivierungstheoretische Lesarten kurdischer Schulbildungsbiographien in der Türkei. Leverkusen: Budrich Academic Press.
Idel, Till-Sebastian/Kolbe, Fritz-Ulrich/Neto Carvalho, Isabel (2009): Praktikentheoretische Rekonstruktion videographierter Lernkultur. Ein Werkstattbericht. In: Sozialer Sinn 10 (1), 181–198.
Idel, Till-Sebastian/Rabenstein, Kerstin (2018): Lernkulturanalyse. Eine praxistheoretisch-ethnographische Perspektive auf Subjektivierungsprozesse im individualisierten Unterricht. In: Martin Heinrich/Andreas Wernet (Hg.): Rekonstruktive Bildungsforschung. Zugänge und Methoden. Wiesbaden: Springer VS, 41–53.
Jäckle, Monika (2015): Geschlechterpositionierungen in der Schule. Eine Machtanalytik von Subjektivationsprozessen. In: Susann Fegter/Fabian Kessl/Antje Langer/Marion Ott/Daniela Rothe/Daniel Wrana (Hg.): Erziehungswissenschaftliche Diskursforschung. Empirische Analysen zu Bildungs- und Erziehungsverhältnissen. Wiesbaden: Springer VS, 107–121.
Jäckle, Monika/Eck, Sandra/Schnell, Meta/Schneider, Kyra (2016): Doing Gender Discourse. Subjektivation von Mädchen und Jungen in der Schule. Wiesbaden: Springer VS.
Janssen, Angela (2018): Verletzbarkeit als Moment der conditio humana. Grundlagentheoretische Überlegungen zur conditio humana. Opladen: Barbara Budrich.
Jergus, Kerstin/Thompson, Christiane (Hg.) (2017): Autorisierungen des pädagogischen Subjekts. Mobilisierung und Professionalisierung im Feld der Frühpädagogik. Wiesbaden: Springer VS.
Keller, Reiner (2011): Diskursforschung. Eine Einführung für SozialwissenschaftlerInnen. Wiesbaden: VS-Verl.
Keller, Reiner (2012): Der menschliche Faktor. Über Akteur(inn)en, Sprecher(inn)en, Subjektpositionen, Subjektivierungsweisen in der Wissenssoziologischen Diskursanalyse. In: Reiner Keller/Werner Schneider/Willy Viehöver (Hg.): Diskurs – Macht – Subjekt. Theorie und Empirie von Subjektivierung in der Diskursforschung. Wiesbaden: Springer VS, 69–107.
Klattenberg, Revert (2020): Gender and (Im)Politeness in Classroom Discourse. Using Pre-Reproach Questions to Respond to Pupils' Parallel Activities in a "Context of Care". In: Joanne McDowell (Hg.): De-Gendering gendered occupations. Analysing professional discourse. New York/London. Taylor et Francis, 182–208.
Kleiner, Bettina (2015): subjekt bildung heteronormativität. Rekonstruktion schulischer Differenzerfahrungen lesbischer, schwuler, bisexueller und Trans*Jugendlicher. Opladen: Barbara Budrich.
Koller, Hans-Christoph (2011): Bildung anders denken. Einführung in die Theorie transformatorischer Bildungsprozesse. Stuttgart: Kohlhammer.
Koller, Hans-Christoph (2016a): Bildung und Biografie. Probleme und Perspektiven bildungstheoretisch orientierter Biografieforschung. In: Zeitschrift für Pädagogik 62 (2), 172–184.
Koller, Hans-Christoph (2016b): Ist jede Transformation als Bildungsprozess zu begreifen? Zur Frage der Normativität des Konzepts transformatorischer Bildungsprozesse. In: Dan Verständig/Jens Holze/Ralf Biermann (Hg.): Von der Bildung zur Medienbildung. Wiesbaden: Springer VS, 149–161.

Kuhlmann, Nele/Ricken, Norbert/Rose, Nadine/Otzen, Anne (2017): Heuristik für eine Adressierungsanalyse in subjektivationstheoretischer Perspektive. In: Vierteljahrsschrift für wissenschaftliche Pädagogik 93 (2), 234–235.
Kuhlmann, Nele/Otzen, Anne Sophie (2023): Zur Performativität unterrichtlicher Disziplinierung. (De-)Stabilisierungen pädagogischer Autorität. In: Die Sprachlichkeit der Anerkennung. Subjektivierungstheoretische Perspektiven auf eine Form des Pädagogischen. Weinheim/Basel. Beltz Juventa, 192–237.
Künstler, Phries Sophie (2022): Prekäre Subjektivierung. ‚Kämpfe ums Möglichwerden' im Kontext von Mutterschaft und Erwerbslosigkeit. Bielefeld: transcript.
Kunze, Katharina/Bartmann, Sylke/Silkenbeumer, Mirja (2019): Teamgespräche als Adressierungsgeschehen. Methodologische und methodische Überlegungen zur Rekonstruktion pädagogischer Zuständigkeitsformationen. In: Peter Cloos/Melanie Fabel-Lamla/Barbara Lochner/Katharina Kunze (Hg.): Pädagogische Teamgespräche. Methodische und theoretische Perspektiven eines neuen Forschungsfeldes. Weinheim/Basel: Beltz Juventa, 135–155.
Langer, Antje (2008): Disziplinieren und entspannen. Körper in der Schule – eine diskursanalytische Ethnographie. Bielefeld: transcript.
Langer, Antje/Wrana, Daniel (2010): Diskursforschung und Diskursanalyse. In: Barbara Friebertshäuser/Antje Langer/Annedore Prengel (Hg.): Handbuch Qualitative Forschungsmethoden in der Erziehungswissenschaft. Weinheim/München: Juventa, 335–349.
Latour, Bruno (1996): On Actor-Network Theory. A few Clarifications. In: Soziale Welt 47 (4), 369–381.
Lengersdorf, Diana (2015): Ethnografische Erkenntnisstrategien zur Erforschung sozialer Praktiken. In: Franka Schäfer/Anna Daniel/Frank Hillebrandt (Hg.): Methoden einer Soziologie der Praxis. Bielefeld: transcript, 177–196.
Leonhard, Tobias/Lüthi, Katharina/Betschart, Benjamin/Bühler, Thomas (2019): Bewährung im ‚Normengewitter'. Zur Adressierung Studierender im Praktikumsbesuch. In: ZISU – Zeitschrift für interpretative Schul- und Unterrichtsforschung 8, 95–111.
Levine, Harry G. (2010): Conversational Analysis. In: Penelope L. Peterson/Eva L. Baker/Barry McGaw (Hg.): International Encyclopedia of Education. Oxford. Elsevier, 335–336.
Macgilchrist, Felicitas/Ott, Marion/Langer, Antje (2014): Der praktische Vollzug von „Bologna". Eine ethnographische Diskursanalyse. In: Johannes Angermuller/Martin Nonhoff/Eva Herschinger/Felicitas Macgilchrist/Martin Reisigl/Juliette Wedl/Daniel Wrana/Alexander Ziem (Hg.): Diskursforschung. Ein interdisziplinäres handbuch. Bielefeld: transcript, 37–57.
Maier-Gutheil, Cornelia (2013): Interaktionsanalyse. Einblicke in (pädagogisch-)professionelles Handeln in der „Existenzgründungsberatung". In: Sabine Seichter/Barbara Friebertshäuser (Hg.): Qualitative Forschungsmethoden in der Erziehungswissenschaft. Eine praxisorientierte Einführung. Weinheim/Basel: Beltz Juventa, 81–97.
Mannhein, Karl (1980): Strukturen des Denkens. Frankfurt am Main: Suhrkamp.
Luckmann, Thomas (2002): Zur Methodologie (mündlicher) kommunikativer Gattungen. In: Hubert Knoblauch/Jürgen Raab/Bernt Schnettler (Hg.): Wissen und Gesellschaft. Ausgewählte Aufsätze 1981–2002. Konstanz. UVK Verlagsgesellschaft, 183–200.
Machold, Claudia (2015): Kinder und Differenz. Eine ethnographische Studie im elementarpädagogischen Kontext. Wiesbaden: Springer VS.
Martens, Matthias (2015): Differenz und Passung. Differenzkonstruktionen im individualisierenden Unterricht der Sekundarstufe. In: Zeitschrift für qualitative Forschung 16 (2), 211–229.
McAvoy, Jean (2016): Discursive psychology and the production of identity in language practices. In: Sian Preece (Hg.): The Routledge Handbook of Language and Identity. New York. Routledge, 98–112.
Merl, Thorsten (2019): un/genügend fähig. Zur Herstellung von Differenz im Unterricht inklusiver Schulklassen. Bad Heilbrunn: Julius Klinkhardt.
Meyer, Christian (2014): Diskursforschung in der linguistischen Anthropologie sowie Kultur- und Sozialanthropologie. In: Johannes Angermuller/Martin Nonhoff/Eva Herschinger/Felicitas Macgilchrist/Martin Reisigl/Juliette Wedl/Daniel Wrana/Alexander Ziem (Hg.): Diskursforschung. Ein interdisziplinäres Handbuch. Bielefeld: transcript, 56–69.
Mol, Annemarie (2003): The Body Multiple. Ontology in Medical Practice. Durham: Duke University Press.
Moldenhauer, Anna/Kuhlmann, Nele (2021): Praktikentheoretische Perspektiven auf Transformationen von Schule. In: Anna Moldenhauer/Barbara Asbrand/Merle Hummrich/Till-Sebastian Idel (Hg.):

Schulentwicklung als Theorieprojekt. Forschungsperspektiven auf Veränderungsprozesse von Schule. Wiesbaden: Springer VS, 245–266.
Neto Carvalho, Isabel (2017): Gymnasium und Ganztagsschule. Videographische Fallstudie zur Konstitution pädagogischer Ordnung. Wiesbaden: Springer VS.
Nohl, Arnd-Michael (2005): Dokumentarische Interpretation narrativer Interviews. In: bildungsforschung 2 (2), 19 S.
Norris, Sigrid/Jones, Rodney (Hg.) (2005): Discourse in Action. Introducing mediated discourse analysis. London/New York: Routledge Taylor and Francis Group.
Ott, Marion/Langer, Antje/Rabenstein, Kerstin (2012): Integrative Forschungsstrategien – Ethnographie und Diskursanalyse verbinden. In: Barbara Friebertshäuser/Helga Kelle/Heike Boller/Sabine Bolling/Christina Huf/Antje Langer/Marion Ott/Sophia Richter (Hg.): Feld und Theorie. Herausforderungen erziehungswissenschaftlicher Ethnographie. Leverkusen. Budrich, 169–184.
Ott, Marion/Wrana, Daniel (2010): Gouvernementalität diskursiver Praktiken. Zur Methodologie der Analyse von Machtverhältnissen am Beispiel einer Maßnahme zur Aktivierung von Erwerbslosen. In: Johannes Angermüller/Silke van Dyk (Hg.): Diskursanalyse meets Gouvernementalitätsforschung. Perspektiven auf das Verhältnis von Subjekt, Sprache, Macht und Wissen. Frankfurt am Main [u. a.]. Campus-Verlag, 155–181.
Pfahl, Lisa (2011): Techniken der Behinderung. Der deutsche Lernbehinderungsdiskurs, die Sonderschule und ihre Auswirkungen auf Bildungsbiografien. Bielefeld: transcript.
Pfahl, Lisa/Traue, Boris (2013): Die Erfahrung des Diskurses. Zur Methode der Subjektivierungsanalyse in der Untersuchung von Bildungsprozessen. In: Reiner Keller/Inga Truschkat (Hg.): Methodologie und Praxis der Wissenssoziologischen Diskursanalyse. Wiesbaden: Springer VS, 425–450.
Pfahl, Lisa/Powell, Justin J. W. (2015): „Ich hoffe sehr, sehr stark, dass meine Kinder mal eine normale Schule besuchen können." Pädagogische Klassifikationen und ihre Folgen für die (Selbst-)Positionierung von Schüler/innen. In: Vera Moser/Birgit Lütje-Klose (Hg.): Sonderheft Schulische Inklusion, 58–74.
Pfahl, Lisa/Schürmann, Lena/Traue, Boris (2018): Subjektivierungsanalyse. In: Leila Akremi/Nina Baur/Hubert Knoblauch/Boris Traue (Hg.): Handbuch Interpretativ forschen. Weinheim/Basel: Beltz Juventa, 858–885.
Pille, Thomas/Alkemeyer, Thomas (2016): Bindende Verflechtung. Zur Materialität und Körperlichkeit der Anerkennung im Alltag der Schule. In: Vierteljahrsschrift für wissenschaftliche Pädagogik 92 (1), 170–194.
Przyborski, Aglaja (2004): Gesprächsanalyse und dokumentarische Methode. Qualitative Auswertung von Gesprächen, Gruppendiskussionen und anderen Diskursen. Wiesbaden: Springer Fachmedien.
Rabenstein, Kerstin (2018): Wie schaffen Dinge Unterschiede? Methodologische Überlegungen zur Materialität von Subjektivationsprozessen im Unterricht. In: Anja Tervooren/Robert Kreitz (Hg.): Dinge und Raum in der qualitativen Bildungs- und Biographieforschung. Opladen/Berlin/Toronto. Barbara Budrich, 15–35.
Rabenstein, Kerstin/Laubner, Marian/Schäffer, Mark (2020): Diskursive Praktiken des Differenzierens und Normalisierens. In: Halyna Leontiy/Miklas Schulz (Hg.): Ethnographie und Diversität. Wissensproduktion an den Grenzen und die Grenzen der Wissensproduktion. Wiesbaden: Springer VS, 187–208.
Rabenstein, Kerstin/Reh, Sabine/Ricken, Norbert/Idel, Till-Sebastian (2013): Ethnografie pädagogischer Differenzordnungen. Methodologische Probleme einer ethnografischen Erforschung der sozial selektiven Herstellung von Schulerfolg im Unterricht. In: Zeitschrift für Pädagogik 59 (5), 668–689.
Rabenstein, Kerstin/Strauß, Svenja (2018): Leistungsbewertung als pädagogische Praktik. Zur sozialen Konstruktion von Leistung in Lernentwicklungsgesprächen. In: Sabine Reh/Norbert Ricken (Hg.): Leistung als Paradigma. Zur Entstehung und Transformation eines pädagogischen Konzepts. Wiesbaden: Springer VS, 329–346.
Rauschenberg, Anna (2020): Das Adressierungs- und Re-Adressierungsgeschehen der sozialen Interaktionspraxis Interview. Überlegungen zu einem blinden Fleck der Dokumentarischen Methode. In: Steffen Amling/Alexander Geimer/Stefan Rundel/Sarah Thomson (Hg.): Jahrbuch Dokumentarische Methode. Heft 2-3. Berlin. centrum für qualitative evaluations- und sozialforschung e. V. (ces), 137–153.

Rauschenberg, Anna/Hericks, Uwe (2018): Wie sich Lehrerinnen und Lehrer im Berufseinstieg mit Normen auseinandersetzen. Überlegungen aus der Forschungspraxis zu einigen neueren Entwicklungen in der Dokumentarischen Methode. In: Martin Heinrich/Andreas Wernet (Hg.): Rekonstruktive Bildungsforschung. Zugänge und Methoden. Wiesbaden: Springer VS, 109–122.

Reckwitz, Andreas (2010): Auf dem Weg zu einer kultursoziologischen Analytik zwischen Praxeologie und Poststrukturalismus. In: Monika Wohlrab-Sahr (Hg.): Kultursoziologie. Paradigmen – Methoden – Fragestellungen. Wiesbaden: Springer VS, 179–205.

Reckwitz, Andreas (2012): Das hybride Subjekt. Eine Theorie der Subjektkulturen von der bürgerlichen Moderne zur Postmoderne. Weilerswist/Weilerswist: Velbrück Wissenschaft.

Reh, Sabine (2003): Berufsbiographische Texte ostdeutscher Lehrer und Lehrerinnen als „Bekenntnisse". Interpretationen und methodologische Überlegungen zur erziehungswissenschaftlichen Biographieforschung. Bad Heilbrunn: Julius Klinkhardt.

Reh, Sabine (2014): Die Kamera und der Dritte. Videographie als Methode kulturwissenschaftlich orientierter Bildungsforschung. In: Christiane Thompson/Kerstin Jergus/Georg Breidenstein (Hg.): Interferenzen. Perspektiven kulturwissenschaftlicher Bildungsforschung. Weilerswist. Velbrück Wissenschaft, 30–50.

Reh, Sabine/Fritzsche, Bettina/Idel, Till-Sebastian/Rabenstein, Kerstin (Hg.) (2015): Lernkulturen. Rekonstruktion pädagogischer Praktiken an Ganztagsschulen. Wiesbaden: Springer VS.

Reh, Sabine/Ricken, Norbert (2012): Das Konzept der Adressierung. Zur Methodologie einer qualitativ-empirischen Erforschung von Subjektivation. In: Ingrid Miethe/Hans-Rüdiger Müller (Hg.): Qualitative Bildungsforschung und Bildungstheorie. Opladen. Budrich, 35–56.

Renn, Joachim (Hg.) (2016): Selbstentfaltung – Das Formen der Person und die Ausdifferenzierung des Subjektiven. Bielefeld: transcript.

Richter, Sophia (2019): Pädagogische Strafen in der Schule. Eine ethnographische Collage. Weinheim/Basel: Beltz Juventa.

Richter, Sophia/Langer, Antje (2021): Im Namen der Gerechtigkeit? Ungerechtigkeitsthematisierungen von Schüler*innen als Positionierungen. In: Zeitschrift für Bildungsforschung 11, 137–153.

Ricken, Norbert (2006): Die Ordnung der Bildung. Beiträge zu einer Genealogie der Bildung. Wiesbaden: Springer VS.

Ricken, Norbert (2009): Zeigen und Anerkennen. Anmerkungen zur Form pädagogischen Handelns. In: Kathrin Berdelmann/Thomas Fuhr (Hg.): Operative Pädagogik. Grundlegung, Anschlüsse, Diskussion. Paderborn. Schöningh Paderborn, 111–134.

Ricken, Norbert (2013a): Anerkennung als Adressierung. Über die Bedeutung von Anerkennung für Subjektivationsprozesse. In: Thomas Alkemeyer/Gunilla Budde/Dagmar Freist (Hg.): Selbst-Bildungen. Soziale und kulturelle Praktiken der Subjektivierung. Bielefeld: transcript, 69–99.

Ricken, Norbert (2013b): Zur Logik der Subjektivierung. Überlegungen an den Rändern eines Konzepts. In: Andreas Gelhard/Thomas Alkemeyer/Norbert Ricken (Hg.): Techniken der Subjektivierung. München: Fink, 29–47.

Ricken, Norbert/Casale, Rita/Thompson, Christiane (Hg.) (2019): Subjektivierung. Erziehungswissenschaftliche Theorieperspektiven. Weinheim/Basel: Beltz Juventa.

Ricken, Norbert/Reh, Sabine (2017): Prüfungen. Systematische Perspektiven der Geschichte einer pädagogischen Praxis. In: Zeitschrift für Pädagogik 63 (3), 247–258.

Ricken, Norbert/Rose, Nadine/Otzen, Anne Sophie/Kuhlmann, Nele (2023): Die Sprachlichkeit der Anerkennung. Subjektivierungstheoretische Perspektiven auf eine Form des Pädagogischen. Weinheim/Basel: Beltz Juventa.

Ricken, Norbert/Rose, Nadine (2023): Anerkennung und Adressierung. Theoretische Grundlagen und systematische Perspektiven. In: Die Sprachlichkeit der Anerkennung. Subjektivierungstheoretische Perspektiven auf eine Form des Pädagogischen. Weinheim/Basel. Beltz Juventa, 20–68.

Ricken, Norbert/Otzen, Anne Sophie (2023): Logiken des Prüfens. Adressierungsanalytische Perspektiven auf eine schulische Praktik. In: Die Sprachlichkeit der Anerkennung. Subjektivierungstheoretische Perspektiven auf eine Form des Pädagogischen. Weinheim/Basel. Beltz Juventa, 252–285.

Riepe, Valerie (2021): Choreographien der Homogenisierung. Zur Verkörperung von Gleichheiten in der Grundschule. Bielefeld: transcript.

Rode, Daniel (2020): Praktiken, Subjekte und Sachen der Sportlehrerbildung. Wiesbaden: Springer Fachmedien.

Röhl, Tobias (2013): Dinge des Wissens. Schulunterricht als sozio-materielle Praxis. Stuttgart: Lucius & Lucius.
Roose, Hanna (2019): Kindertheologie und schulische Alltagspraxis. Eine Studie zum Verhältnis von kindertheologischen Normen und eingeschliffenen Routinen im Religionsunterricht. Stuttgart: Calwer.
Rose, Nadine/Gerkmann, Anna (2016): Differenzierung unter Schüler_innen im reformorientierten Sekundarschulunterricht. Oder: warum wir vorwiegend ‚Leistung' beobachten, wenn wir nach ‚Differenz' fragen. In: Zeitschrift für qualitative Forschung 16 (2), 191–210.
Rose, Nadine (2012): Migration als Bildungsherausforderung. Subjektivierung und Diskriminierung im Spiegel von Migrationsbiographien. Bielefeld: transcript.
Rose, Nadine (2019): Erziehungswissenschaftliche Subjektivierungsforschung als Adressierungsanalyse. In: Alexander Geimer/Steffen Amling/Saša Bosančić (Hg.): Subjekt und Subjektivierung. Empirische und theoretische Perspektiven auf Subjektivierungsprozesse. Wiesbaden: Springer VS, 65–85.
Rose, Nadine/Ricken, Norbert (2018): Interaktionsanalyse als Adressierungsanalyse – eine Perspektive der Subjektivationsforschung. In: Martin Heinrich/Andreas Wernet (Hg.): Rekonstruktive Bildungsforschung. Zugänge und Methoden. Wiesbaden: Springer VS, 159–175.
Saar, Martin (2013): Analytik der Subjektivierung. Umrisse eines Theorieprogramms. In: Andreas Gelhard/Thomas Alkemeyer/Norbert Ricken (Hg.): Techniken der Subjektivierung. München: Fink, 17–27.
Sacks, Harvey/Schegloff, Emanuel A./Jefferson, Gail (1974): A Simplest Systematics for the Organization of Turn-Taking for Conversation. In: Language 50 (4), 696–735.
Schäfer, Alfred (2014): Autorisierende Verführung als pädagogische Entpolitisierungsstrategie. In: Alfred Schäfer (Hg.): Hegemonie und autorisierende Verführung. Paderborn. Schöningh, 67–91.
Schäfer, Hilmar (2013): Die Instabilität der Praxis. Reproduktion und Transformation des Sozialen in der Praxistheorie. Weilerswist: Velbrück Wissenschaft.
Schäfer, Hilmar (2014): Kultursoziologie als praxeologische Analyse heterogener Relationen. Zur Historizität und Translokalität kulturellen Erbes. In: Stephan Moebius (Hg.): Kultursoziologie im 21. Jahrhundert. Wiesbaden: Springer VS, 71–85.
Schäfer, Hilmar/Wrana, Daniel (2014): Praktiken, diskursive. In: Daniel Wrana/Alexander Ziem/Martin Reisigl/Martin Nonhoff/Johannes Angermuller (Hg.): DiskursNetz. Wörterbuch der interdisziplinären Diskursforschung. Berlin. Suhrkamp, 309–310.
Schatzki, Theodore R. (1996): Social Practices. A Wittgensteinian Approach to Human Activity and the Social. Cambridge: Cambridge University Press.
Schatzki, Theodore R. (2002): The site of the social. A philosophical account of the constitution of social life and change. University Park: Pennsylvania State University Press.
Schatzki, Theodore R. (2019): Social Change in a Material World. New York/London: Routledge.
Schegloff, Emanuel A. (1997): Whose text? Whose context? In: Discourse & Society 8 (2), 165–187.
Schegloff, Emanuel A. (2012): Interaktion: Infrastruktur für soziale Institutionen, natürliche ökologische Nische der Sprache und Arena, in der Kultur ausgeführt wird. In: Ruth Ayaß/Christian Meyer (Hg.): Sozialität in Slow Motion. Theoretische und empirische Perspektiven. Wiesbaden: Springer VS, 245–258.
Schmidt, Melanie (2020): Wirksame Unbestimmtheit, unbestimmte Wirksamkeit. Eine diskursanalytische Untersuchung zur Schulinspektion. Wiesbaden: Springer VS.
Schütze, Fritz (1983): Biographieforschung und narratives Interview. In: Neue Praxis. Kritische Zeitschrift für Sozialarbeit und Sozialpädagogogik. 13 (3), 283–292.
Selting, Margret/Auer, Peter/Barth-Weingarten, Dagmar/Bergmann, Jörg R./Bergmann, Pia/Birkner, Karin/Couper-Kuhlen, Elizabeth/Deppermann, Arnulf/Gilles, Peter/Günthner, Susanne/Hartung, Martin/Kern, Friederike/Mertzlufft, Christine/Meyer, Christian/Morek, Miriam/Oberzaucher, Frank/Peters, Jörg/Quasthoff, Uta/Schütte, Wilfried/Stukenbrock, Anja/Uhmann, Susanne (2009): Gesprächsanalytisches Transkriptionssystem 2 (GAT 2). In: Gesprächsforschung – Online-Zeitschrift zur verbalen Interaktion 10, 353–402.
Sewell, Tony (2004): Loose Canon. Exploring the myth of the ‚black macho' lad. In: Gloria Ladson-Billings/David Gillborn (Hg.): The RoutledgeFalmer Reader in Multicultural Education. London. Routledge Falmer, 103–116.

Silkenbeumer, Mirja/Kunze, Katharina/Bartmann, Sylke (2018): Teil- und zugleich Allzuständigkeit? Rekonstruktionen zu Zuständigkeitsfigurationen und Positionierungen pädagogischer Berufsgruppen in der Organisation Schule. In: Lukas Neuhas/Oliver Käch (Hg.): Bedingte Professionalität. Professionelles Handeln im Kontext von Institution und Organisation. Weinheim/Basel: Beltz Juventa, 130–157.

Tainio, Liisa (2011): Gendered address terms in reproach sequences in classroom interaction. In: Linguistics and Education 22, 330–347.

Truschkat, Inga (2015): Kompetenz im Übergang? Methodologische Reflexion eines dispositivanalytischen Zugangs in der Übergangsforschung. In: Susann Fegter/Fabian Kessl/Antje Langer/Marion Ott/Daniela Rothe/Daniel Wrana (Hg.): Erziehungswissenschaftliche Diskursforschung. Empirische Analysen zu Bildungs- und Erziehungsverhältnissen. Wiesbaden: Springer VS, 249–260.

Vogelmann, Frieder (2014): Im Bann der Verantwortung. Frankfurt am Main: Campus.

vom Lehn, Dirk (2018): Ethnomethodologische Interaktionsanalyse. In: Christine Moritz/Michael Corsten (Hg.): Handbuch Qualitative Videoanalyse. Wiesbaden: Springer VS, 183–196.

Weiß, Gabriele (2020): Spiel. In: Gabriele Weiß/Jörg Zirfas (Hg.): Handbuch Bildungs- und Erziehungsphilosophie. Wiesbaden: Springer VS, 77–87.

Wernet, Andreas (2009): Einführung in die Interpretationstechnik der Objektiven Hermeneutik. Wiesbaden: Springer VS.

Wetherell, Margaret (1998): Positioning and interpretative repertoires: conversation analysis and post-structuralism in dialogue. In: Discourse & Society 9 (3), 387–412.

Wetherell, Margaret (2001): Debates in Discoursive Research. In: Margaret Wetherell/Stephanie Taylor/Simeon J. Yates (Hg.): Discourse Theory and Practice. A Reader. London/Thousand Oaks/New Delhi/Singapore. Sage Publications, 380–399.

Wicke, Lars (2021): Riskierte Souveränität? Affekttheoretische Überlegungen zum Verhältnis zwischen Forscher*innen und Gegenstand. In: Martin Karcher/Severin Sales Rödel (Hg.): Lebendige Theorie. Hamburg. Textem, 115–125.

Willems, Katharina (2007): Doing Gender by Doing Discipline? Zur Macht der Illusio in den Unterrichtsfächern Physik und Deutsch. In: Jenny Lüders (Hg.): Fachkulturforschung in der Schule. Opladen. Barbara Budrich, 151–167.

Wortham, Stanton (2006): Learning identity. The joint emergence of social identification and academic learning. Cambridge: Cambridge University Press.

Wrana, Daniel (2012): Diesseits von Diskursen und Praktiken. Methodologische Bemerkungen zu einem Verhältnis. In: Barbara Friebertshäuser/Helga Kelle/Heike Boller/Sabine Bolling/Christina Huf/Antje Langer/Marion Ott/Sophia Richter (Hg.): Feld und Theorie. Herausforderungen erziehungswissenschaftlicher Ethnographie. Leverkusen. Budrich, 185–200.

Wrana, Daniel (2015a): Zur Analyse von Positionierungen in diskursiven Praktiken. Methodologische Reflexionen anhand von zwei Studien. In: Susann Fegter/Fabian Kessl/Antje Langer/Marion Ott/Daniela Rothe/Daniel Wrana (Hg.): Erziehungswissenschaftliche Diskursforschung. Empirische Analysen zu Bildungs- und Erziehungsverhältnissen. Wiesbaden: Springer VS, 123–141.

Wrana, Daniel (2015b): Zur Methodik einer Analyse diskursiver Praktiken. In: Franka Schäfer/Anna Daniel/Frank Hillebrandt (Hg.): Methoden einer Soziologie der Praxis. Bielefeld: transcript, 121–143.

Wrana, Daniel/Langer, Antje (2007): An den Rändern des Diskurses. Jenseits der Unterscheidung diskursiver und nicht-diskursiver Praktiken. In: Forum: Qualitative Sozialforschung 8 (2), 62 Absätze.

Youdell, Deborah (2003): Identity Traps or How Black Students Fail. The Interactions between Biographical, Sub-cultural, and Learner Identities. In: British Journal of Sociology of Education 24 (1), 3–20.

Youdell, Deborah (2006): Impossible Bodies, Impossible Selves. Exclusions and Student Subjectivities. Dordrecht: Springer.

3.2.2 Praktikentheoretische Perspektiven auf die Transformation von Schule[192]

Anna Moldenhauer und Nele Kuhlmann

Einleitung

Die Frage, wie es zu Transformationen von Schule kommt, ist eine, die die Schulforschung kontinuierlich und seit langer Zeit beschäftigt (z. B. schon Tyack/Tobin 1994). Sie wird – je nach theoretischer Konzeption von Schule, von Wandlungsprozessen sowie im Kontext unterschiedlicher Reformzusammenhänge – in verschiedener Hinsicht bearbeitet. Trotz der vielen Versuche, Veränderungen von Schule theoretisch zu beschreiben, bleiben etliche Fragen hinsichtlich des Transformationsgeschehens unbeantwortet. Dies – so eine diesem Beitrag zugrunde liegende Annahme – hängt nicht nur mit der Komplexität des Geschehens zusammen, sondern ist zugleich bedingt durch den fragmentarischen Status schultheoretischer Grundlagen, also das bislang theoretisch nur unzureichend durchdrungene gesellschaftliche Implikationsverhältnis von Schule (Tillmann 1987).

Nachfolgend werden die Schule als Institution und ihre möglichen Transformationen praktikentheoretisch perspektiviert. Mit der Rede von einer ‚praktikentheoretischen Perspektive' beziehen wir uns in diesem Artikel insbesondere auf Arbeiten von Theodore R. Schatzki (z. B. Schatzki 1996, 2002, 2010, 2019a) und Judith Butler (z. B. Butler 1991, 1997, 2001, 2006) und schließen zugleich an poststrukturalistische Positionen im Hinblick auf ‚Wiederholung' als Grundlage potentieller Wandlungsprozesse an. Eine solche praktikentheoretische Perspektive erscheint insofern vielversprechend, als sie es ermöglicht, Transformationen als Zusammenspiel der Produktion und Reproduktion der Institution Schule und der beteiligten Subjekte zu fassen und Vereinseitigungen in eine dieser Richtungen zu vermeiden. Praktikentheoretische Bezüge finden seit einigen Jahren zunehmend Eingang in erziehungswissenschaftliche Studien, so auch in der Schulforschung (z. B. Berdelmann et al. 2019).

Wir beginnen zunächst mit einer theoretischen Präzisierung unseres Zugangs, indem wir in einem ersten Schritt Schatzkis Konzeption sozialer Praktiken und die darauf aufbauende Fassung von Transformativität und Transformation darstellen (I). Anschließend sollen diese Überlegungen mit Butler subjektivierungstheoretisch erweitert und methodologisch – mit Bezug auf adressierungsanalytische Arbeiten – perspektiviert werden (II). Den so entwickelten theoretischen Rahmen beziehen wir in einem dritten Schritt auf Schule als Institution

192 Bei diesem Beitrag handelt es sich um eine leicht überarbeitete Fassung des Artikels: Moldenhauer, Anna/Kuhlmann, Nele (2021): Praktikentheoretische Perspektiven auf Transformationen von Schule. In: Anna Moldenhauer/Barbara Asbrand/Merle Hummrich/Till-Sebastian Idel (Hg.): Schulentwicklung als Theorieprojekt. Forschungsperspektiven auf Veränderungsprozesse von Schule. Wiesbaden: Springer VS, 245–266. Der Beitrag wurde in gemeinsamer Erstautorinnenschaft verfasst.

und thematisieren mögliche Forschungsstrategien (III). Anschließend versuchen wir Transformationen von Schule praktikentheoretisch zu bestimmen sowie die zuvor genannten Forschungsstrategien daraufhin zu befragen, wie schulische Transformationen jeweils sichtbar werden können (IV). Den Abschluss bildet ein Plädoyer für eine theoretische Empirie der Transformation schulischer Ordnungen (V). Ziel dieses Beitrages ist es, ausgewählte schultheoretische Fragen in einer praktiken- und subjektivierungstheoretischen Perspektive aufzuschlüsseln und Transformationen von Schule damit im Spannungsverhältnis von Reproduktion und Veränderung versteh- und analysierbar zu machen.

I. Zur Konzeption sozialer Praktiken und ihrer potenziellen Transformationen nach Schatzki

Soziale Ordnung wird gemäß Schatzki in Praktiken als generativen Einheiten hervorgebracht. Er versteht Praktiken als „open-ended spatial-temporal arrays of doings and sayings that are governed by largely normative pools of understandings, rules, teleologies, and emotions" (Schatzki 2019b: 81). Verbale und non-verbale Aktivitäten sind dieser Idee von Praktiken folgend eng miteinander verwoben und stets in spezifische Kontexte eingebettet (Schäfer 2013: 19, 31; Schatzki 2012: 16; Wittgenstein 2003: § 7). Ein Tun wird durch eine normative und teleologische Organisiertheit und raum-zeitliche Situiertheit als bestimmte Praktik sozial erkennbar (Schatzki 1996, 2017: 130). Im Verstehen und (Mit-)Vollzug von Praktiken wird auf „kollektive Wissensordnungen" zurückgegriffen (Fritzsche et al. 2011: 32), wodurch die Wissensbasierung von Praktiken – als praktisches, verkörpertes Wissen – in den Vordergrund rückt (Schatzki 2001: 12; Reckwitz 2010: 116 f.). Materialitäten – etwa Körper und Artefakte – bilden aus einer praktikentheoretischen Perspektive mehr als nur einen Rahmen; sie sind konstitutiver Bestandteil von Praktiken (Reckwitz 2010: 101, 113) und „werden als ‚Partizipanden' von Praktiken thematisiert" (Breidenstein 2006: 17). Vor dem Hintergrund dieses Verständnisses sozialer Ordnungsbildung wird deutlich, dass ein rationalistisches oder gar intellektualistisches Verständnis des Sozialen und damit die Vorstellung eines starken, autonom-handelnden Subjekts grundlegend zurückgewiesen wird (Reckwitz 2010: 126; Schäfer 2013: 20; Schatzki 2013: 36). Stattdessen schließt Schatzki (1996) in seiner Praktikentheorie an Wittgensteins Überlegungen zu regelfolgendem Handeln im Sinne eines Sprachspiels an (Wittgenstein 2003: § 7). Regeln sind demnach in die Praxis selbst eingelassen und können ebenso wenig ahistorisch bestimmt werden wie auch Praktiken nicht aus Gesetzmäßigkeiten oder Sollensregeln abgeleitet werden können (Hillebrandt 2014: 38 f.; Reckwitz 2010: 118 f.). Vielmehr bringt „sich soziale Ordnung auf der Ebene konkreter Aktivitätsvollzüge" (Idel et al. 2013: 249) immer wieder neu hervor. Allerdings grenzt sich Schatzki explizit von einem Verständnis des Sozialen als Prozess eines kontinuierlichen Werdens ab, wie es von Deleuze vertreten wird (Schatzki 2013: 32) und entwickelt mit Bezug auf Heidegger eine andere Fassung von Zeitlichkeit (Schatzki 2010: 2013). Er argumentiert: „Temporality is the future-present-past dimensionality of human activity" (Schatzki 2013: 33). Im Vollzug von Praktiken verbinden „sich vergangene, gegenwärtige und mögliche zukünftige" Dimensionen, ihre Aufführung weist über einzelne Situationen hinaus (Schäfer 2014: 75; auch Schatzki 2006).

Um Persistenz und Veränderung sozialer Ordnung praktikentheoretisch zu verstehen, ist insbesondere die von Schatzki angenommene Gleichzeitigkeit von Unabgeschlossenheit und Zukunftsoffenheit von Praktiken auf der einen Seite und normativ-teleologischer Organisiert- und Strukturiertheit – und damit immer auch gewisse Regelmäßigkeit von Praktiken (Schatzki 1996) – auf der anderen Seite bedeutsam (auch Reckwitz 2010: 122). Diesseits der Alternativen von struktureller Determination und umfassender Handlungsfreiheit von Akteur*innen geht Schatzki davon aus, dass menschliches Tun durch „the mesh of practices and orders" ‚präfiguriert' wird (Schatzki 2002: 226). Bestimmte Aktivitäten, Anschlüsse und Reaktionen werden – so sein umfassender Begriff der ‚Präfiguration' – im Vollzug von Praktiken erleichtert oder nahegelegt, erscheinen den Akteur*innen selbstverständlich; andere dagegen abwegig, riskant oder werden sogar dezidiert ausgeschlossen.[193] In seinem Buch *Social Change in a Material World* hat Schatzki die Sequenzialität dieses Geschehens hervorgehoben: Eine Praktik wird solange aufrechterhalten, solange Akteur*innen so aufeinander antworten, dass „the chain formed by their actions upholds the organization of the practice" (Schatzki 2019a: 83 f.). Auch wenn diese sozial erkennbare Organisiertheit von Praktiken bestimmte Anschlüsse wahrscheinlicher macht als andere, bleiben Praktiken auf den kontingenten Vollzug bestimmter Aktivitäten angewiesen. ‚Reproduktion' ist daher nach Schatzki nicht „return of the same" (Schatzki 2019a: 163), sondern im Sinne einer Re-*Produktion* eine erneute Hervorbringung: „All persistence must come about, that is be produced, through the performance of activities" (Schatzki 2019a: 163). In dieser Angewiesenheit auf Performanz bergen Praktiken – trotz ihrer präfigurierenden Wirkung – grundsätzlich ein „Potenzial zur Sinnverschiebung" (Reckwitz 2010: 122). Verschiebungen können sowohl zur Stabilität als auch zur Veränderung von Praktiken-Konstellationen bzw. Bündeln von Praktiken beitragen. Praktiken bedürfen gar der wiederholenden Verschiebung und Vervielfältigung der sie konstituierenden Aktivitäten, um (fort) zu bestehen (Schatzki 2019a: 126). Persistenz und Wandel von Praktiken sind damit untrennbar verwoben (Schatzki 2013: 41; Schatzki 2019a: 161 f.).

193 Schatzki grenzt sich von Bourdieu, Giddens und Foucault dahingehend ab, dass eine Fassung von Präfiguration zu kurz greift, die nur ermöglichte und verunmöglichte Anschlüsse denken kann (Schatzki 2002: 225). Gleichzeitig sieht er in Foucaults Machtbegriff auch die Möglichkeit, ein umfassenderes Verständnis von Präfiguration zu entwickeln (Schatzki 2002: 226).

Auch wenn also aus einer praktikentheoretischen Perspektive keine eindeutige Trennung zwischen Kontinuierung und Veränderung möglich ist, so gibt Schatzki an verschiedenen Stellen Hinweise darauf, welche Bedingungen aus seiner Sicht erfüllt sein müssen, um von signifikantem Wandel sprechen zu können und wie dieser Wandel hervorgebracht oder ausgelöst werden kann. Er hebt hervor, dass Transformationen nicht von einem Moment auf den nächsten erfolgen, sondern Zeit benötigen, weil praktisches Wissen entwickelt und angeeignet werden muss: „One mark of the existence of a practice or bundle is people knowing what bodily actions to perform in order to carry out the actions, performances of which are elements of the practices concerned“ (Schatzki 2013: 39). Wenn praktisches bzw. körperliches Wissen wie auch „temporalspatial infrastructure“ (Schatzki 2013: 41) entstanden sind, stellt dies sowohl ein Ergebnis von Transformation als auch eine Grundlage für die Persistenz von Praktiken sowie ihrer diversen Konstellationen dar (Schatzki 2013: 40 f.). Als mögliche Auslöser von Transformationen im Sinne weitergehender Veränderungen diskutiert Schatzki (2013: 38) materielle Innovationen oder Veränderungen der Umwelt, durch die bestimmte Praktiken ermöglicht werden (auch Schatzki 2019a und 2019b). Daneben benennt er die Übernahme von vorhandenen Praktiken in neue Konstellationen, die sich unter anderem aus Überlagerungen und Parallelisierungen ergebende Konkurrenz verschiedener Praktiken um Träger (Schatzki 2019a: 133) und die Hybridisierung und Verbindung verschiedener Konstellationen als potentielle Anlässe für Transformationen. Als grundlegender sozialer Wandel werden solche Veränderungen bezeichnet, die für die Organisation von Praktiken und für Konstellationen von Praktiken sowie für das praktische Wissen, welches die Intelligibilität von Praktiken bedingt, und damit für ihre Performanz bedeutsame Unterschiede hervorbringen (Schatzki 2019a: 78 ff.; Schatzki 2019b: 87).

Schließlich ist Schatzkis Unterscheidung zwischen ‚Prozessen‘ als zeitlich-kontinuierlicher Hergang und ‚Ereignissen‘ als zunächst punktuelles Geschehen bedeutsam, um sozialen Wandel verstehen und analysieren zu können (Schatzki 2019a: 12). Ereignisse ebenso wie Prozesse werden vielfach durch menschliche Aktivitäten ausgelöst und es wird in Form unterschiedlicher Aktivitäten auf sie reagiert, auf diese Reaktionen folgen weitere Aktivitäten usw.; Schatzki beschreibt dieses Geschehen als „chains of activity“ (Schatzki 2019a: 78). Sozialer Wandel kann sich aus materialen Ereignissen oder Prozessen ergeben, denen soziale Entitäten ausgesetzt sind, durch welche Unterschiede erzeugt und Praktikenkonstellationen dynamisiert werden (Schatzki 2019a: 12, 13). Prinzipiell ist sozialer Wandel unvermeidbar und zugleich in vielerlei Hinsicht kontingent (Schatzki 2019a: 16, 130). Inwiefern es sich in einem spezifischen Fall um einen grundlegenden Wandel einer Praktikenkonstellation handelt, hängt nicht zuletzt davon ab, wie in der sequentiellen Abfolge der ‚chains of activity‘ auf jene Ereignisse und Prozesse geantwortet wird und welche soziale Relevanz den Unterschieden zugeschrieben wird (Schatzki 2019a: 15). Komplexe Formen sozialen Wandels bestehen nach Schatzki aus kleineren Veränderungen: „Each of the simpler, usually small changes arises from a particular nexus of activity chains and material events and processes. As a result, the larger change arises from all the nexuses responsible for the simpler changes“ (Schatzki 2019a: 137) – er nennt diese Zusammenführung „nexus of nexuses“ (Schatzki 2019a: 137). Dieser übergreifende Nexus kann dabei unter anderem durch die kontinuierliche ‚Akkumulation‘ von Verschiebungen (Schatzki 2019a: 162) oder eine fortschreitende ‚Drift‘ von ineinandergreifenden ‚chains of activity‘ entstehen (Schatzki 2019a: 126).

Vor dem Hintergrund des ausgeführten praktikentheoretischen Verständnisses von sozialem Wandel lässt sich auch Schatzkis Verständnis von Akteur*innen und deren Handlungsfähigkeit konkretisieren. Wie bereits argumentiert wurde, wird die Vorstellung von ‚rational-choice‘-Agent*innen praktikentheoretisch zurückgewiesen, da menschliches Tun grundsätzlich als präfiguriertes verstanden wird. Zugleich erkennt Schatzki an, dass auch Aktivitäten von einzelnen Individuen bedeutsame Beiträge zu sozialem Wandel leisten können, wobei diese Beiträge immer sozial ein- und angebunden sind (Schatzki 2019a: 124), d.h. sie sind nur als Bestandteile von ‚chains of activity‘ denkbar. Er verweist in diesem Kontext auch auf die Übereinstimmung seiner Konzeption von „personhood“ (als Effekt sozialer Praktiken) mit den Grundideen von Butlers Ausführungen (1990 [1991]) in „Das Unbehagen der Geschlechter“ (Schatzki 1996: 35, 85f.; Schatzki 2019a: 87).[194] Butler weise die Annahme zurück, dass eine Person eine Substanz sei, deren Identität in spezifischen inneren Eigenschaften liege (Schatzki 1996: 46). Stattdessen gehe sie davon aus, dass Subjekte und Identitäten – etwa in Bezug auf Gender – in sozialen Praktiken hervorgebracht werden. So konstatiert Schatzki: „Butler further analyzes personhood and gender as (bodily) do-ings instead of be-ings“ (Schatzki 1996: 46). Diese hier angedeutete Fassung von ‚personhood‘ soll im Folgenden mit Bezug auf Butlers subjektivierungstheoretische Arbeiten und erziehungswissenschaftliche Anschlüsse an das Konzept der Subjektivierung konkretisiert werden, um Transformationen im Sinne eines Wandels sozialer Ordnungen präziser zu fassen.

II. Subjektivierungstheoretische Erweiterungen mit und im Anschluss an Judith Butler

Der Terminus der Subjektivierung stellt einen zentralen Einsatzpunkt der Arbeiten Butlers dar. Wenngleich sich gemäß Rieger-Ladich in ihren Publikationen

194 Die theoretischen Positionen von Butler und Schatzki werden in diesem Artikel als komplementär betrachtet; den Divergenzen in Bezug auf die jeweiligen Konzeptionen von ‚Diskurs‘ gehen wir hier nicht weiter nach. Weiter auszuführen wären auch Unterschiede im Hinblick auf das Konzept von ‚Wiederholung‘, welches für Butler zentraler Ausgangs- und Einsatzpunkt von Transformation ist (Schäfer 2013: 195ff.), während Schatzki die Annahme zurückweist, dass sich Praktiken wiederholen können (Schatzki 2019a: 172). Schatzki zufolge können sich nur die Aktivitäten wiederholen, die eine Praktik konstituieren.

diesbezüglich unterschiedliche Akzentuierungen nachzeichnen lassen (Rieger-Ladich 2012), so können doch übergreifende Linien ausgemacht werden, die wir nachfolgend aufnehmen: Butler diskutiert die Konstitution von Subjektivität im Verhältnis zu sozialer Ordnung als grundsätzlich relationalen, sich in Praktiken und den mit Praktiken verbundenen Adressierungen vollziehenden Prozess der gleichzeitigen Unterwerfung und Ermächtigung (Butler 2001: 25). Im Anschluss an Althussers Konzept der Interpellation stellt sie heraus, „dass Angesprochenwerden bedeutet, zugleich anerkannt und subjektiviert zu werden" (Ricken et al. 2017: 206). Die mit einer solchen Ansprache in Bezug auf die Subjektkonstitution verbundene Ambivalenz formuliert sie folgendermaßen: „Und so kann man nachdenklich und folglich mit einem gewissen Sinn für Bescheidenheit sagen, dass ich zu Beginn *mein Verhältnis zu Dir bin*, zweideutig angeredet und anredend, einem ‚Du' ausgeliefert, ohne das ich nicht sein kann und von dem mein Überleben abhängt" (Butler 2007: 110, Hervorhebung im Original). Im Unterschied zu Althusser geht Butler davon aus, dass menschliche Sprache generell durch Adressiertheit gekennzeichnet ist (Butler 2006: 59) und Sprechen immer auch bedeutet, etwas zu tun (Rose/Koller 2012: 89). Sie entwirft die Idee der Interpellation – unter anderem in ihren Ausführungen in *Haß spricht* (2006) – als eine „Art Grundstruktur der menschlichen Subjektkonstitution" (Ricken et al. 2017: 206; auch Rose/Koller 2012). Butler argumentiert: „Sagt man, daß das Subjekt konstituiert ist, so bedeutet dies einfach, daß das Subjekt eine Folgeerscheinung bestimmter regelgeleiteter Diskurse ist, die die intelligible Anrufung der Identität anleiten. Das Subjekt wird von den Regeln, durch die es erzeugt wird, nicht *determiniert*, weil die Beziehung kein fundierender Akt, sondern eher *ein regulierter Wiederholungsprozeß* ist" (Butler 1991: 213, Herv. i. O.). Subjektivierung ist folglich auf Wiederholung angewiesen und nicht abschließbar. Mit anderen Worten: „Das Subjekt ist niemals vollständig konstituiert, sondern wird immer wieder neu unterworfen (subjected) und produziert" (Butler 1993a: 45). In dieser Hinsicht ist auch ihr Bezug zum Performativitätskonzept zu deuten, wenn sie argumentiert, ‚Performativität' dürfe nicht als „vereinzelter oder absichtsvoller ‚Akt' verstanden werden, sondern als die ständig wiederholende und zitierende Praxis, durch die der Diskurs die Wirkung erzeugt, die er benennt" (Butler 1997: 22; auch Butler 1993b: 124; Rose/Koller 2012: 91). Diese konstitutive „Angewiesenheit auf Wiederholung [eröffnet; d. V.] zugleich" – so Rose und Koller (2012: 92) – „die Möglichkeit der Veränderung und des Widerstands" (auch Butler 1993b: 125). Bevor dieser Konzeption von Transformativität weiter nachgegangen wird, gilt es zunächst den Subjektivierungsbegriff zu konkretisieren.

Ricken beschreibt Subjektivierung als den Prozess, „in dem Menschen […] sich in Wissens-, Macht- und Selbstpraktiken als ein Subjekt zu verstehen lernen, d. h. die Deutungsfigur des ‚Subjekts' auf sich zu beziehen lernen, von anderen für sich selbst – in Handlungen und Selbstverständnissen – verantwortlich gemacht werden […; um] schließlich sich selbst entlang dieser Vorgaben zu verstehen und zu gestalten“ (Ricken 2013b: 33). Neben der historischen Spezifik der Subjektfigur wird damit herausgestellt, dass Subjektivierungsprozesse konstitutiv „an soziale Praktiken gebunden“ (Reh/Ricken 2012: 39) sind. Diese praktikentheoretische Bestimmung ist es auch, die Reh und Ricken (2012) für eine empirische Wendung der Subjektivierungsforschung nutzbar machen. Sie schlagen vor, Subjektivierung und die darin vollzogenen „vielschichtigen und ambivalenten Anerkennungsprozesse“ (Reh/Ricken 2012: 35) als ein sich in Praktiken vollziehendes (Re-)Adressierungsgeschehen zu lesen. Prozesse der Subjektivierung können so als eine machtvolle Auseinandersetzung „um sozial etablierte intelligible Normen der Anerkennbarkeit und Sichtbarkeit und deren soziale Verschiebung“ (Reh/Ricken 2012: 42; auch Ricken et al. 2017; Kuhlmann et al. 2017; Rose 2019) begriffen werden. „Normen für das, was Anerkennbarkeit ausmacht“ (Butler 2007: 44), sind dabei Praktiken inhärent. Sie wirken implizit normalisierend, „und sie regieren die Intelligibilität, d. h. sie ermöglichen, dass bestimmte Handlungen als solche erkannt werden“ (Fritzsche 2012: 195).

Begreift man Subjektivierung als machtvolles Geschehen, in dem praxisimmanente Normen der Anerkennbarkeit sowohl reifiziert als auch resignifiziert werden, so wird nachvollziehbar, dass diesem Geschehen in einer Art „Verweisungszusammenhang“ (Alkemeyer/Buschmann 2016: 117) gleichermaßen das Potential für die Transformation von Subjekten wie auch von sozialen Ordnungen innewohnt. Es ist die wiederholende Resignifizierung, aus der das Subjekt seine Handlungsfähigkeit schöpft (Butler 1991: 213; Butler 1993b: 125). „Handlungsfähigkeit wird daher nicht ‚aus‘ dem Subjekt oder aus der Struktur des Subjekts abgeleitet, sondern ist abkünftig aus der Struktur seiner Wiederholung“ (Balzer/Ludewig 2012: 102). Dabei ist zu betonen, dass das handlungsfähige Subjekt nicht mit dem widerständigen Subjekt gleichgesetzt werden kann (Balzer/Ludewig 2012: 105). Butler sucht subversive Praktiken vielmehr in „Formen der Wiederholung, die keine einfache Imitation, Reproduktion und damit Festigung des Gesetzes bedeuten“ (Butler 1991: 57) zu verorten und deren Performativität auch von den anderen abhängt (Balzer/Ludewig 2012: 121).

Eine subjektivierungstheoretische Betrachtung von Transformation lässt in der Folge der obenstehenden Ausführungen wenigstens drei Schlüsse zu: Zunächst wird Subjektivierung grundlegend als „Formations- und Transformationsprozess“ (Reh/Ricken 2012: 38) gelesen, in dem Subjekte ebenso wie soziale Ordnungen in situierten Praktiken hervorgebracht und dadurch notwendig verändert werden. Darüber hinaus wohnt diesem Geschehen durch die Kontingenz in der Aneignung von Normen der Anerkennbarkeit und dem „mehrfach rekursiven“ (Rose 2019: 74) Charakter des (Re-)Adressierungsgeschehens immer auch eine je spezifische Transformativität, d. h. ein näher zu bestimmendes Transformationspotential inne. Schließlich kann mit Butler auf die Möglichkeit von Widerstand und Subversion verwiesen werden, welche bei der Angewiesenheit auf Wiederholung ansetzt und anstrebt, Normen der Anerkennbarkeit zu verschieben.

Die Analyse von Subjektivierungsprozessen im Sinne eines Adressierungsgeschehens erachten wir als ebenso erziehungswissenschaftlich wie im engeren Sinne schultheoretisch relevant, insofern Erziehungs- und Bildungsinstitutionen wie die Schule konstitutiv an der Hervorbringung von gesellschaftlich und kulturell kontextuierten Selbst- und Anderenverhältnissen beteiligt sind. Dies werden wir im Folgenden in Bezug auf die Institution Schule weiter ausführen.

III. Praktikentheoretische Perspektiven auf Schule als Institution

Die bis hierhin allgemein dargestellten praktikentheoretischen Perspektiven, die wir insbesondere mit einem Fokus darauf skizziert haben, welche Überlegungen im Hinblick auf Transformationen mit ihnen einhergehen, werden wir nachfolgend auf Schule beziehen. Dabei geht es uns in schultheoretischer Manier um das Verhältnis von schulischer und gesellschaftlicher Ordnung: Wie lässt sich theoretisch fassen und empirisch in den Blick nehmen, was die Schule als gesellschaftliche Institution kennzeichnet und wie sie sich verändert? Welcher Art ist die Institution, so lässt sich im Anschluss an Kalthoff fragen, „die mit einem gewissen Zwang Menschen durch Menschen behandeln lässt, hierzu konstruierte materielle Objekte verfügbar hält, periodische Zeitrhythmen etabliert, aus (vagen) Einschätzungen Noten macht und immer wieder das Verhältnis von Lernen und Vergessen thematisiert?“ (Kalthoff 2014: 879). Und wie lässt sie sich praktikentheoretisch beschreiben?

Wir gehen davon aus, dass Schule als gesellschaftlich tradierte Institution eine historisch und kulturell gewordene und situierte Konstellation von Praktiken einschließlich der mit diesen Praktiken verknüpften Materialitäten und ihrer teleologischen Struktur darstellt (Schatzki 2016; für eine historische Argumentation siehe Hunter 1994). Teil dieser schulischen Praktiken-Konstellation sind neben anderen etwa verschiedene pädagogische Praktiken – z. B. Loben oder Tadeln – und organisationale Praktiken – z. B. das Organisieren von Konferenzen oder das Verwalten von Schülerakten. In diesen Praktiken werden – so wollen wir vorschlagen – historisch kontingente Subjektivierungslogiken (prä-)figuriert, die sowohl auf sozial sedimentierte Normen der Anerkennbarkeit verweisen als auch auf die mit ihnen verbundenen Formen schulischer Ordnungsbildung. Mit dem Begriff der ‚Subjektivierungslogiken‘ bezeichnen wir charakteristische Formen des Selbst- und Anderenbezugs, die durch den Vollzug einzelner bzw. dem Ineinandergreifen verschiedener Praktiken nahelegt oder eingefordert werden. So argumentiert etwa Ricken (2018), dass das Konzept ‚Leistung‘ eine zentrale gesellschaftliche und schulische Subjektivierungslogik beschreibt, welche darin besteht, sich unter anderem durch den Vollzug von Prüfungspraktiken als „Fähigkeitenbündel“ (Ricken 2018: 55) verstehen zu lernen. Durch den Vollzug verschiedener Praktiken, die ähnliche Selbst-, Wissens- und Macht-Relationen hervorbringen bzw. diese wiederholen, kann es zu einer Stabilisierung von

Subjektivierungslogiken kommen, welche die praktikeninhärente Normativität prägen. Dabei ist aus einer praktikentheoretischen Perspektive bedeutsam, dass es nicht möglich ist, eine eindeutige Grenze zwischen schulischen und außerschulischen Praktiken und mit ihnen einhergehenden Subjektivierungslogiken zu ziehen (Reckwitz 2010: 124). Die Annahme, dass bestimmte Praktiken – wie beispielsweise Loben oder Prüfen – in unterschiedlichen Feldern vorkommen, ist relevant, um das konkurrierende und teilweise mehrdeutige Neben- und Ineinander verschiedener Subjektivierungslogiken als Möglichkeit der gegenseitigen Verstärkung, aber auch als Transformationspotential lesen zu können.

Bevor wir nachfolgend auf mögliche Forschungsstrategien eingehen, mithilfe derer konkrete Ausformungen von Schule praktikentheoretisch in den Blick genommen werden können, wollen wir auf ein Projekt Bezug nehmen, in dem eine explizit „schultheoretische Grundlagenforschung" (Idel 2018: 43) verfolgt und praktikentheoretisch gerahmt wurde. In dem Projekt ‚Lernkultur und Unterrichtsentwicklung an Ganztagsschulen' (LUGS) (Kolbe et al. 2009; Reh/Idel et al. 2015) wurden zum einen Transformationen pädagogischer Ordnungen im ganztagsschulischen Unterricht sowie in außerschulischen Angeboten fokussiert. Zum anderen richtete sich das Interesse auf Prozesse der Subjektkonstitution innerhalb *pädagogischer* Ordnungen (Idel 2018: 44). In diesem Zusammenhang wurden in der Form zunehmender Individualisierung sowie spezifischer Varianten der Informalisierung einerseits und der Formalisierung andererseits „Grenzverschiebungen" hinsichtlich des Schulehaltens beobachtet (Idel et al. 2013; Idel/Reh 2015). Diese Grenzverschiebungen – die unter Berücksichtigung unserer obenstehenden Ausführungen auch als Zeichen konstitutiv „unscharfer Grenzen" (Reckwitz 2010) gefasst werden können – wurden „als ambivalenz- und komplexitätssteigernde Prozesse [gedeutet; d. V.], in denen Schule in Anpassung an gesellschaftliche Wandlungsprozesse ihre Form verändert, ohne grundsätzliche Funktionen und Aufgabenstellungen zu revidieren, die […; ihr; d. V.] seit der ‚Sattelzeit' also in der ‚modernen Gesellschaft' zufielen" (Idel/Reh 2015: 127). Zugleich wurde in dem genannten Projekt die Spezifik des pädagogischen Geschehens in Schule zu konzeptualisieren versucht. Praktiken gelten demnach dann als ‚pädagogisch', wenn sie ein auf Lernen bezogenes Zeigen hervorbringen (Fritzsche et al. 2011). Sie sind durch eine spezifische Form der Teleoaffektivität gekennzeichnet und markieren, „welches Wissen richtig bzw. als relevantes zu lernen ist und welches nicht" (Reh/Idel et al. 2015: 309; auch Fritzsche et al. 2011: 33; Idel/Rabenstein 2013). Pädagogische Ordnungsbildung als ein auf Lernen bezogenes Adressierungsgeschehen, das in Schule institutionalisiert ist und in Bündeln und Konstellationen von Praktiken figuriert wird, ist als ein Teil sozialer Ordnungsbildung zu verstehen und zu untersuchen (vgl. auch Reh/Idel et al. 2015: 306 ff.). Pädagogische Praktiken und die mit ihnen verbundenen Subjektivierungslogiken sind je spezifisch mit anderen schulischen und gesellschaftlichen Subjektivierungslogiken verwoben. Wie genau diese Logiken relationiert sind, ist dabei historisch-kulturell kontingent und ein wesentlicher Gegenstand schultheoretisch ausgerichteter empirischer Forschung.

Um diese Relationierungen und die konkreten Ausformungen von Schule praktikentheoretisch zu verstehen, bedarf es der Rekonstruktion der in Praktiken und ihren Konstellationen performierten Wissensordnungen, Machtgefüge und Normen der Anerkennbarkeit sowie damit jeweils hervorgebrachter Subjektivierungslogiken. Die in dem genannten Projekt entwickelte sogenannte „Lernkulturanalyse" stellt einen möglichen Zugang dar. In einer Systematisierung mit Bezug auf Nicolini und Monteiro (2017) sowie Reh und Ricken (2012) wollen wir vorschlagen, dass sich grundlegend vier methodologisch-methodische Strategien der Erforschung praktikentheoretischer Ausformungen von Schule unterscheiden lassen. (a) Die erste – meist ethnographisch ausgerichtete – Strategie zeichnet sich durch die *Analyse situativer Hervorbringungen schulischer Ordnungen* auf der Basis von Praktiken und Adressierungen innerhalb und außerhalb des Unterrichts einschließlich darin hervorgebrachter Positionengefüge und Subjektivierungslogiken aus (bspw. Rabenstein 2007; Kuhlmann/Sotzek 2019 [Kapitel 3.2.2]). Dieser Zugang richtet den Fokus auf die Performanz des schulischen Alltags (Breidenstein 2006: 19) und ist dadurch sensibel für die situativen Aufführungen von schulischen und unterrichtlichen Mikropraktiken (bspw. Rose/Ricken 2018b). (b) Die zweite Forschungsstrategie strebt dagegen eine *Historisierung der konkreten Ausformungen von Schule als Praktiken-Konstellation* an. In einer oft genealogischen oder gouvernementalitätstheoretischen Ausrichtung wird der historischen Genese schulischer Praktiken und damit einhergehenden Subjektivierungslogiken insbesondere im Verhältnis zu gesellschaftlichen Entwicklungen nachgegangen (bspw. Hunter 1994; Caruso 2003; Ricken/Reh 2017).[195] (c) Folgt man der dritten Strategie, so steht die *Rekonstruktion von Knotenpunkten und Verkettungen von Praktiken* im Vordergrund. Dieser Strategie können schul- und lernkulturell ausgerichtete Forschungen zugerechnet werden, da nicht isolierte Praktiken, sondern das für eine Schul- oder Lernkultur typische Ineinandergreifen verschiedener Praktiken untersucht wird (bspw. das bereits angesprochene Projekt zur Lernkulturforschung oder auch Idel/Rabenstein 2018). (d) Schließlich fokussiert die vierte Forschungsstrategie die spezifischen *Spannungen und Widersprüche*, die durch machtvolle und konflikthafte Überlagerungen von verschiedenen Praktiken oder Normen der Anerkennbarkeit innerhalb von Praktiken entstehen – wie bspw. dem spannungsvollen Ineinander von Leistungs- und Sorgelogik in inklusiven Unterrichtssettings (Fritzsche 2014) oder der Überlagerung von organisationalen und

195 Hier scheint uns eine Spielart der US-Amerikanischen Curriculum-Studies besonders anschlussfähig, die nach der historischen Genese von schulischen Subjektivierungslogiken – insbesondere in Bezug auf die Entstehung und Transformation von Schulfächern – und mit ihnen einhergehenden Entwürfen von ‚guten Bürger*innen' fragt (bspw. Popkewitz 2015).

pädagogischen Normen in professionellen Teamgesprächen (bspw. Kuhlmann/Moldenhauer 2021 [Kapitel 3.3.3]).[196]

Alle vier methodologisch-methodischen Strategien können in Bezug auf die schultheoretische Frage nach dem gesellschaftlichen Implikationsverhältnis von Schule unterschiedliche Dimensionen scharfstellen – wie bspw. die situative Hervorbringung von Differenz in unterrichtlichen Praktiken gegenüber der historischen Genese von in Schule und Gesellschaft wirksamen Differenzkategorien. Für eine schultheoretische Perspektivierung könnte es daher sinnvoll sein, verschiedene Vorgehensweisen zu verknüpfen oder den eigenen Leerstellen durch den gezielten Bezug auf komplementär angelegte Studien zu begegnen. Auch bzgl. der Frage nach schulischer Transformation können die genannten Ansätze jeweils unterschiedliche Dimensionen fokussieren. Bevor wir uns dieser Systematisierung zuwenden, diskutieren wir zunächst, wie Veränderung von Schule praktikentheoretisch verstanden werden kann.

IV. Zu einer praktikentheoretischen Fassung von Transformationen von Schule

Unter Rückgriff auf die sozialtheoretisch von Schatzki und Butler entworfenen Annahmen im Hinblick auf Transformationen lässt sich das „transformationstheoretische Problem der Erklärung der Veränderung und Kontinuität von Schule" (Idel/Stelmaszyk 2015: 57) folgendermaßen angehen: Zentral ist praktikentheoretisch – so haben wir herausgestellt – eine Auseinandersetzung mit der Idee der Wiederholung (Schäfer 2013: 2014). Praktiken stellen wiederholbare – d. h. durch Iterabilität gekennzeichnete – und sich wiederholende Formationen dar. Auch schulische Praktiken-Konstellationen sind auf Wiederholungen angewiesen, durch die sie ihre Intelligibilität erhalten. In der wiederholenden Performanz von Praktiken innerhalb und außerhalb von Schule vollziehen sich zugleich Subjektivierungsprozesse. Transformieren sich die Praktiken auf mehr oder minder weitreichende Weise, so können sich auch die ihnen inhärenten Normen der Anerkennbarkeit und damit verbundene Subjektivierungslogiken transformieren – wie genau bleibt weiter zu konkretisieren.

Obgleich auch das stabile Fortbestehen schulischer Ordnungen auf Wiederholungen und sich in Wiederholungen ergebende Vervielfältigungen angewiesen ist, sind diese Wiederholungen an keinem Punkt (vorab) festgelegt, sondern grundsätzlich kontingent. Da keine Performanz einer Praktik mit einem vorherigen Vollzug identisch sein kann, werden notwendig Verschiebungen hervorgebracht.

196 Die hier vorgenommene Systematisierung ist auch mit Schatzkis Anmerkungen zu möglichen Forschungsstrategien kompatibel. Mit explizitem Bezug auf Nicolini plädiert Schatzki dafür, zwischen einem ‚Zoom-out' – „to grasp a field of entities in its entirety" – und einem ‚Zoom-in' – „to examine particular entities and sequences" – zu changieren (Schatzki 2019a: 141).

Zudem können Transformationspotentiale folgendermaßen entstehen: So bieten die Übernahme von Praktiken, die ursprünglich nicht oder nur sehr eingeschränkt Teil schulischer Praktiken-Konstellationen waren (z. B. Essenspraktiken, die durch die zeitliche Ausdehnung von Schule im Rahmen der Ganztagsschulentwicklung in Schule etabliert wurden), die Veränderung materieller Dimensionen von Praktiken (z. B. durch die Entwicklung technischer Neuerungen und deren Nutzung in schulischen Lehr- und Lernprozessen) oder weitreichende Veränderungen der konkreten schulischen Umwelt oder gesellschaftlicher Ordnung (z. B. der Wandel von Generationenverhältnissen oder Verschiebungen von Zuständigkeiten öffentlicher und privater Erziehung) Anlässe für Veränderungen. Wenn Praktiken aus anderen gesellschaftlichen Feldern Eingang in schulische Praktiken-Konstellationen finden, so können sich daraus – den Ausführungen Schatzkis (2013) folgend – eine Konkurrenz um Träger oder auch Formen der Hybridisierung verschiedener Praktiken-Konstellationen ergeben. So ließe sich etwa multiprofessionelle Kooperation in schulischen Zusammenhängen praktikentheoretisch daraufhin befragen, inwiefern es infolge der Konkurrenz spezifischer Praktiken (z. B. Praktiken der Klassenleitung oder der sorgenden Zuwendung) um menschliche Träger zu Transformationen der Bündel von Praktiken kommt, die spezifische pädagogische Berufsfelder bislang gekennzeichnet haben.[197] Schließlich können auch die eigensinnige Aneignung und Performanz von Praktiken sowie ihre subversive Wiederholung (Butler 1991) seitens der schulischen Akteur*innen Quellen für Transformationen sein. In einer praktikentheoretischen Perspektivierung von schulischer Transformation wäre darüber hinaus zu fragen, ob und in welcher Weise Schule durch intentional auf Transformation – oder programmatisch ‚Schulentwicklung' – angelegte Praktiken – wie der der internen Evaluation oder dem Verfassen eines Leitbilds – verändert wird. Wir werden auf diese Frage zurückkommen. Hervorzuheben ist, dass sich aus den oben genannten Prozessen nicht notwendigerweise grundlegender Wandel ergeben muss.

Für alle möglichen Auslöser von Transformationen – auch für solche, die sich aus Ereignissen ergeben, vor deren Hintergrund bestimmte schulische Aktivitäten neu etabliert werden (etwa im Falle der Pensionierung einer*eines

197 Wir drehen die aktuell diskutierte Frage um die Aushandlung von Zuständigkeiten im Rahmen multiprofessioneller Kooperation (z. B. Kunze 2016) hier unter Rückgriff auf Schatzkis (2013) Ausführungen zur Konkurrenz von Praktiken um Träger um: Nicht die Professionellen (etwa Sonderpädagog*innen, Sozialpädagog*innen oder die sogenannten ‚Regelschullehrer*innen') konkurrieren um spezifische Praktiken, sondern in der situierten Hybridisierung vormals raumzeitlich-getrennter Bündel und Konstellationen von Praktiken kommt es zu einer Konkurrenz um Träger. Ziel dieses Gedankenexperimentes ist es, eine Perspektiverweiterung anzubieten, etwa durch eine neue Sichtweise auf die von Kunze als „Zuständigkeitsdiffusitätsproblem" (Kunze 2016: 265) gekennzeichnete Beobachtung, nämlich dass im Rahmen multiprofessioneller Kooperation nicht von stabilen Zuständigkeiten ausgegangen werden kann.

Schulleiter*in) – gilt, dass erst dann von einer Transformation im Sinne eines grundlegenden Wandels gesprochen werden kann, wenn neues praktisches Wissen entstanden ist, das schulische Ordnungen in bedeutsamer Weise verändert. Also dann, wenn sich die aus Abfolgen menschlicher Aktivität (Schatzki 2019a) ebenso wie materialen Ereignissen und Prozessen ergebenden Praktiken-Konstellationen derart transformiert haben, dass sie anderen Regelhaftigkeiten und „normativen Kriterien des Angemessenen" (Reckwitz 2003: 293) unterliegen. Es stellt sich damit die Frage, wie schulische Ordnungsbildung und ihre Transformation beobachtet werden können, um solche aus schultheoretischer Perspektive bedeutsamen Veränderungen praktischen Wissens zu rekonstruieren.

Wird diese Frage auf die oben skizzierten praktikentheoretischen Forschungsstrategien bezogen, so kann zunächst festgehalten werden, dass allen vier Zugängen die Annahme gemein ist, dass sich Praktiken in ihrer situativen und iterativen Performanz notwendig verschieben. Das Problem, wie ausgehend von dieser Annahme grundlegendere Transformationen oder das Potenzial für diese rekonstruiert werden, wird jedoch unterschiedlich bearbeitet. In historischen und/oder genealogischen Studien können die Entstehung, Veränderungen oder das Verschwinden bestimmter Praktiken und der mit diesen verbundenen Wissensordnungen und Subjektivierungslogiken rekonstruiert werden. Demgegenüber können Studien, die auf die situative Performanz von Praktiken und den Vollzug von Praktiken-Bündeln gerichtet sind, ihre „future-present-past dimensionality" (Schatzki 2013: 33; auch Schatzki 2006: 179) ebenso wie ihre teleologische und normative Struktur (Schatzki 2017: 130) thematisieren und sowohl für die Präfiguration als auch „Zukunftsungewissheit" menschlichen Tuns sensibilisieren (Reckwitz 2010: 122). Studien, welche auf die Überlagerungen von Praktiken scharfstellen, können in der Analyse von Spannungen innerhalb von Praktiken-Bündeln oder Hybridisierungen derselben charakteristische ‚Einfallstore' für Veränderungen schulischer Ordnungen und Subjektivierungslogiken rekonstruieren. Insbesondere wenn darauf aufbauend typische Formen der Differenzbearbeitung herausgearbeitet werden, könnte – so wollen wir argumentieren – das praktikentheoretische Versprechen, Schule zwischen Reproduktion und Transformation zu analysieren, eingelöst werden.

Schließlich wollen wir auf das zurückkommen, was wir oben nur am Rande erwähnt haben und was programmatisch als ‚Schulentwicklung' beschrieben wird. Wir werden die dargestellten praktikentheoretischen Perspektiven auf Transformationen zu Formen von Schulentwicklung als Idee der Optimierung von Schule relationieren. Insbesondere mögliche Verhältnisbestimmungen zu gesellschaftlichen Prozessen werden – so argumentieren wir – in der Rede von ‚Schulentwicklung' als einer spezifischen Bezugnahme auf schulische Transformationsprozesse, wie sie in einigen schultheoretischen Publikationen eine Rolle spielt, bislang systematisch außer Acht gelassen, wenn auf rational handelnde Akteur*innen gesetzt wird, welche die eigene Schule systematisch gestalten. Tendenziell werden normativ-programmatische und deskriptiv-analytische Perspektiven miteinander vermengt. Im Unterschied zu der mit dem Begriff der ‚Schulentwicklung' verbundenen Annahme einer gewissen Planbarkeit und Linearität von Entwicklungen sind Transformationen in praktikentheoretischer Perspektive „nur im Ausgang von den Logiken des Vollzugs sozialer Ordnungen analysierbar" (Idel et al. 2013: 249) bzw. in der Rekonstruktion von (Re-)Adressierungsprozessen und den mit ihnen verbundenen Subjektivierungslogiken. Dies bedeutet nicht, dass menschliche Aktivität keinen Unterschied macht, dies haben wir mit Bezug auf Schatzkis Ausführungen zu sozialem Wandel und Butlers Auseinandersetzung mit Fragen der Handlungsfähigkeit angedeutet, es erkennt allerdings die Komplexität, den Eigensinn und die Zukunftsungewissheit an, wie sie schulische Ordnungsbildung auf der Basis von Praktiken als generativen Einheiten des Sozialen kennzeichnen.

Eine an praktikentheoretische Perspektiven anschlussfähige Konzeptualisierung von ‚Schulentwicklung als Adressierungsgeschehen' haben demgegenüber Idel und Pauling (2018) vorgelegt. Sie begreifen dieselbe als Bestandteil eines „kulturellen Transformationsgeschehens", „das in sozialen Praktiken und wechselseitigen Adressierungen situiert ist und in dem in machtvollen Aushandlungsprozessen in Einzelschulen pädagogische Anerkennungsordnungen verändert werden" können (Idel/Pauling 2018: 313). Wenngleich sich die Beteiligten gemäß der mit Schulentwicklung verbundenen Norm als innovative Subjekte adressieren (ebd.: 323), erfolgen Veränderungsprozesse im Rahmen eines solchen Geschehens keineswegs rein rational und intentional geplant. Idel und Pauling umschreiben derartige Transformationsprozesse als „umkämpfte Transition[en]" (ebd.), in denen – so kann im Anschluss an die obenstehenden Ausführungen festgehalten werden – verschiedene Subjektivierungslogiken spannungsvoll gegeneinandergeführt werden. Diese Konzeptualisierung verdeutlicht die Relevanz menschlichen Tuns und betont zugleich die Notwendigkeit einer Fokussierung auf den Vollzug schulischer Ordnungsbildung, auf deren Basis das Ineinander der Produktion und Reproduktion des Schulehaltens analysiert werden kann.

V. Fazit: Theoretische Empirie der Transformation schulischer Ordnungen

Die ausgeführten praktikentheoretischen Konzeptualisierungen von Transformationen und die sich aus ihnen ergebenden Perspektiven auf schulische Ordnungsbildung ermöglichen vielfältige Varianten der Erforschung schulischer Veränderungsprozesse als eines Zusammenspiels der Produktion und Reproduktion von Praktiken und den mit ihnen verbundenen Subjektivierungslogiken. Sie versprechen damit aufschlussreiche Einsichten in schultheoretisch bedeutsame Zusammenhänge und erziehungswissenschaftlich interessante Fragen, wie etwa ein besseres Verständnis der Verarbeitung unterschiedlicher Reformanlässe in verschiedenen schulisch relevanten Feldern.

Abschließend soll das von uns mitlaufend angedeutete Verhältnis von Theorie und Empirie konkretisiert und danach gefragt werden, in welcher Weise ein praktikentheoretischer Zugang zur empirischen Schul- und Unterrichtsforschung wiederum das bedingt, was schultheoretisch sicht- und denkbar wird. Im Sinne einer „Theoretischen Empirie" (Kalthoff et al. 2008) gehen wir von einer konstitutiven gegenseitigen Durchdringung von Theorie und Empirie aus. So argumentiert Hirschauer (2008: 171) bildhaft, dass es auf der einen Seite immer einer „theoretische[n] Optik [bedarf, d. V.], um das unendliche Feld des Erfahrbaren neu zu strukturieren" und auf der anderen Seite auch theoretische Verallgemeinerungen von Aussagen erst im Licht einer „empirische[n] Hintergrundbeleuchtung" sinnhaltig werden. In der von uns gewählten praktikentheoretischen Optik wird der empirische Blick auf Praktiken und Praktiken-Konstellationen als zentrale Einheiten der sozialen Sinnproduktion gelenkt und damit ein entsprechend bestimmter Forschungsgegenstand hervorgebracht. Die praktikentheoretische Perspektive, die wir auf Transformationen schulischer Ordnung fokussiert haben, konturiert einen begrifflichen Rahmen, vor dessen Hintergrund „substantielle Theorien spezifischer Praktiken formuliert werden können" (ebd.: 171). Das damit angelegte theoretische „Sprachspiel" (ebd.: 184) ist in Konfrontation mit empirischen Beobachtungen zu irritieren und auszudifferenzieren. Unsere Ausführungen sollten daher nicht als der Versuch missverstanden werden, *eine* Theorie von Schule und ihrer Transformation zu generieren. Vielmehr möchten wir anregen, zum einen unterschiedliche praktikentheoretisch-ausgerichtete Ansätze der Schulforschung in einer schultheoretischen Perspektivierung aufeinander zu beziehen, um Schule als Konstellation einer Vielzahl unterschiedlicher Praktiken sichtbar zu machen. Zum anderen erachten wir es als ein lohnenswertes Unterfangen, verschiedenen Wandlungsprozessen schulischer Ordnung unter Rückgriff auf die benannten Strategien und in ihrer Kombination weiter nachzugehen, um im Sinne einer *theoretischen Empirie der Transformation schulischer Ordnung* ebendiese Veränderungen in ihrer „Spezifizität und Allgemeinheit" (ebd.: 185) zu erschließen. In diesem Prozess muss auch die praktikentheoretische Optik sensibel dafür bleiben, sich aufgrund von empirischen Beobachtungen verändern zu lassen.

Literatur

Alkemeyer, Thomas/Buschmann, Nikolaus (2016): Praktiken der Subjektivierung – Subjektivierung als Praxis. In: Hilmar Schäfer (Hg.): Praxistheorie. Ein soziologisches Forschungsprogramm. Bielefeld: transcript, 115–136.

Balzer, Nicole/Ludewig, Katharina (2012): Quellen des Subjekts. In: Norbert Ricken/Nicole Balzer (Hg.): Judith Butler: Pädagogische Lektüren. Wiesbaden: VS Verlag für Sozialwissenschaften, 95–124.

Berdelmann, Kathrin/Fritzsche, Bettina/Rabenstein, Kerstin/Scholz, Joachim (Hg.) (2019): Transformationen von Schule, Unterricht und Profession. Erträge praxistheoretischer Forschung. Wiesbaden: Springer VS.

Breidenstein, Georg (2006): Teilnahme am Unterricht. Ethnographische Studien zum Schülerjob. Wiesbaden: Springer VS.
Butler, Judith (1991): Das Unbehagen der Geschlechter. Frankfurt am Main: Suhrkamp.
Butler, Judith (1993a): Für ein sorgfältiges Lesen. In: Seyla Benhabib/Judith Butler/Drucilla Cornell/Nancy Fraser (Hg.): Der Streit um Differenz. Feminismus und Postmoderne in der Gegenwart. Frankfurt am Main: Fischer-Taschenbuch-Verl., 122–132.
Butler, Judith (1993b): Kontingente Grundlagen. Der Feminismus und die Frage der ‚Postmoderne'. In: Seyla Benhabib/Judith Butler/Drucilla Cornell/Nancy Fraser (Hg.): Der Streit um Differenz. Feminismus und Postmoderne in der Gegenwart. Frankfurt am Main: Fischer-Taschenbuch-Verl., 31–58.
Butler, Judith (1997): Körper von Gewicht. Die diskursiven Grenzen des Geschlechts. Frankfurt am Main: Suhrkamp.
Butler, Judith (2001): Psyche der Macht. Das Subjekt der Unterwerfung. Frankfurt am Main: Suhrkamp.
Butler, Judith (2006): Haß spricht. Zur Politik des Performativen. Frankfurt am Main: Suhrkamp.
Butler, Judith (2007): Kritik der ethischen Gewalt. Adorno-Vorlesungen 2002. Frankfurt am Main: Suhrkamp.
Caruso, Marcelo (2003): Biopolitik im Klassenzimmer. Zur Ordnung der Führungspraktiken in den Bayerischen Volksschulen (1869–1918). Weinheim/Basel: Beltz.
Fritzsche, Bettina (2012): Subjektivationsprozesse in Domänen des Sagens und Zeigens. In: Norbert Ricken/Nicole Balzer (Hg.): Judith Butler: Pädagogische Lektüren. Wiesbaden: VS Verlag für Sozialwissenschaften, 181–205.
Fritzsche, Bettina (2014): Inklusion als Exklusion. Differenzproduktion im Rahmen des schulischen Anerkennungsgeschehens. In: Anja Tervooren/Nicolas Engel/Michael Göhlich/Ingrid Miethe/Sabine Reh (Hg.): Ethnographie und Differenz in pädagogischen Feldern. Internationale Entwicklungen erziehungswissenschaftlicher Forschung. Bielefeld: transcript, 329–345.
Fritzsche, Bettina/Idel, Till-Sebastian/Rabenstein, Kerstin (2011): Ordnungsbildung in pädagogischen Praktiken. Praxistheoretische Überlegungen zur Konstitution und Beobachtung von Lernkulturen. In: Zeitschrift für Soziologie der Erziehung und Sozialisation 31 (1), 28–44.
Hillebrandt, Frank (2014): Soziologische Praxistheorien. Eine Einführung. Wiesbaden: Springer VS.
Hirschauer, Stefan (2008): Die Empiriegeladenheit von Theorien und der Erfindungsreichtum der Praxis. In: Herbert Kalthoff/Stefan Hirschauer/Gesa Lindemann (Hg.): Theoretische Empirie. Zur Relevanz qualitativer Forschung. Frankfurt am Main: Suhrkamp, 165–187.
Hunter, Ian (1994): Rethinking the school. Subjectivity Bureaucracy Criticism. St. Leonards: Allen&Unwin.
Idel, Till-Sebastian (2018): Wozu ist Schule da? Schultheoretische Perspektiven auf Persönlichkeitsbildung und schulische Grenzverschiebungen. In: Jürgen Budde/Nora Weuster (Hg.): Erziehung in Schule. Persönlichkeitsbildung als Dispositiv. Wiesbaden: Springer VS, 33–51.
Idel, Till-Sebastian/Pauling, Sven (2018): Schulentwicklung und Adressierung. Kulturtheoretisch-praxeologische Perspektiven auf Schulentwicklungsarbeit. In: Die Deutsche Schule 110 (4), 312–325.
Idel, Till-Sebastian/Rabenstein, Kerstin (2013): „Sich als Zeigender zeigen". Verschiebungen des Zeigens in Gesprächsformaten im individualisierenden Unterricht. In: ZISU 2, 38–57.
Idel, Till-Sebastian/Rabenstein, Kerstin (2018): Lernkulturanalyse. Eine praxistheoretisch-ethnographische Perspektive auf Subjektivierungsprozesse im individualisierten Unterricht. In: Martin Heinrich/Andreas Wernet (Hg.): Rekonstruktive Bildungsforschung. Zugänge und Methoden. Wiesbaden: Springer VS, 41–53.
Idel, Till-Sebastian/Reh, Sabine (2015): Praxistheoretische Lesarten zur Transformation von Schule im Ganztag. In: Tina Hascher/Till-Sebastian Idel/Sabine Reh/Werner Thole/Klaus-Jürgen Tillmann (Hg.): Bildung über den ganzen Tag. Forschungs- und Theorieperspektiven der Erziehungswissenschaft. Opladen/Berlin/Toronto: Barbara Budrich, 115–130.
Idel, Till-Sebastian/Stelmaszyk, Bernhard (2015): „Cultural turn" in der Schultheorie? Zum schultheoretischen Beitrag des Schulkulturansatzes. In: Jeanette Böhme/Merle Hummrich/Rolf-Torsten Kramer (Hg.): Schulkultur. Theoriebildung im Diskurs. Wiesbaden: Springer VS, 51–69.
Idel, Till-Sebastian/Rabenstein, Kerstin/Reh, Sabine (2013): Transformation der Schule – praxistheoretisch gesehen. Rekonstruktionen am Beispiel von Familisierungspraktiken. In: Matthias Rürup/Inka Bormann (Hg.): Innovationen im Bildungswesen. Analytische Zugänge und empirische Befunde. Wiesbaden: Springer VS, 249–265.

Kalthoff, Herbert (2014): Unterrichtspraxis. Überlegungen zu einer empirischen Theorie des Unterrichts. In: Zeitschrift für Pädagogik 60 (6), 867–882.
Kalthoff, Herbert/Hirschauer, Stefan/Lindemann, Gesa (Hg.) (2008): Theoretische Empirie. Zur Relevanz qualitativer Forschung. Frankfurt am Main: Suhrkamp.
Kolbe, Fritz-Ulrich/Reh, Sabine/Idel, Till-Sebastian/Fritzsche, Bettina/Rabenstein, Kerstin (Hg.) (2009): Ganztagsschule als symbolische Konstruktion. Fallanalysen zu Legitimationsdiskursen in schultheoretischer Perspektive. Wiesbaden: Springer VS Verlag.
Kuhlmann, Nele/Moldenhauer, Anna (2021): Sprechen über (Nicht-)Verantwortlichkeiten. Relationierungen von Professionalität und organisationaler Praxis. In: Fabian Dietrich/Mirja Silkenbeumer/Saskia Bender (Hg.): Schule als Fall. Institutionelle und organisatorische Ausformungen. Wiesbaden: Springer VS, 189–204.
Kuhlmann, Nele/Ricken, Norbert/Rose, Nadine/Otzen, Anne (2017): Heuristik für eine Adressierungsanalyse in subjektivationstheoretischer Perspektive. In: Vierteljahrsschrift für wissenschaftliche Pädagogik 93 (2), 234–235.
Kuhlmann, Nele/Sotzek, Julia (2019): Situierte (Geschichte der) Subjektivierung im Unterricht. Ein Gespräch zwischen adressierungsanalytischer und dokumentarischer Interpretation. In: Alexander Geimer/Steffen Amling/Saša Bosančić (Hg.): Subjekt und Subjektivierung. Empirische und theoretische Perspektiven auf Subjektivierungsprozesse. Wiesbaden: Springer VS, 113–142.
Kunze, Katharina (2016): Multiprofessionelle Kooperation – Verzahnung oder Differenzierung? Einige Einwände gegen die Polarisierungstendenz einer Diskussion. In: Till-Sebastian Idel/Fabian Dietrich/Katharina Kunze/Kerstin Rabenstein/Anna Schütz (Hg.): Professionsentwicklung und Schulstrukturreform. Zwischen Gymnasium und neuen Schulformen in der Sekundarstufe. Bad Heilbrunn. Verlag Julius Klinkhardt, 261–277.
Nicolini, Davide/Monteiro, Pedro (2017): The Practical Approach: For a Praxeology of Organisational and Management Studies. In: Ann Langley/Haridimos Tsoukasm (Hg.): The SAGE Handbook of Process Organization Studies. London. Sage Publications, 110–126.
Popkewitz, Thomas S. (Hg.) (2015): The "Reason" of Schooling. Historicizing Curriculum Studies, Pedagogy, and Teacher Education. New York: Routledge.
Rabenstein, Kerstin (2007): Das Leitbild des selbstständigen Schülers. Machtpraktiken und Subjektivierungsweisen in der pädagogischen Reformsemantik. In: Kerstin Rabenstein/Sabine Reh (Hg.): Kooperatives und selbstständiges Arbeiten von Schülern. Zur Qualitätsentwicklung von Unterricht. Wiesbaden: Springer VS, 39–60.
Reckwitz, Andreas (2003): Grundelemente einer Theorie sozialer Praktiken. Eine sozialtheoretische Perspektive. In: Zeitschrift für Soziologie 32 (4), 282–301.
Reckwitz, Andreas (2010): Unscharfe Grenzen. Perspektiven der Kultursoziologie. Bielefeld: transcript.
Reh, Sabine/Ricken, Norbert (2012): Das Konzept der Adressierung. Zur Methodologie einer qualitativ-empirischen Erforschung von Subjektivation. In: Ingrid Miethe/Hans-Rüdiger Müller (Hg.): Qualitative Bildungsforschung und Bildungstheorie. Opladen: Budrich, 35–56.
Reh, Sabine/Idel, Till-Sebastian/Rabenstein, Kerstin/Fritzsche, Bettina (2015): Ganztagsschulforschung als Tranformationsforschung. Theoretische und empirische Erträge des Projekts. In: Sabine Reh/Bettina Fritzsche/Till-Sebastian Idel/Kerstin Rabenstein (Hg.): Lernkulturen. Rekonstruktion pädagogischer Praktiken an Ganztagsschulen. Wiesbaden: Springer VS, 297–336.
Ricken, Norbert (2013): Zur Logik der Subjektivierung. Überlegungen an den Rändern eines Konzepts. In: Andreas Gelhard/Thomas Alkemeyer/Norbert Ricken (Hg.): Techniken der Subjektivierung. München: Fink, 29–47.
Ricken, Norbert (2018): Konstruktionen der ‚Leistung'. Zur (Subjektivierungs-)Logik eines Konzepts. In: Sabine Reh/Norbert Ricken (Hg.): Leistung als Paradigma. Zur Entstehung und Transformation eines pädagogischen Konzepts. Wiesbaden: Springer VS, 43–60.
Ricken, Norbert/Reh, Sabine (2017): Prüfungen. Systematische Perspektiven der Geschichte einer pädagogischen Praxis. In: Zeitschrift für Pädagogik 63 (3), 247–258.
Ricken, Norbert/Rose, Nadine/Kuhlmann, Nele/Otzen, Anne (2017): Die Sprachlichkeit der Anerkennung. Eine theoretische und methodologische Perspektive auf die Erforschung von ‚Anerkennung'. In: Vierteljahrsschrift für wissenschaftliche Pädagogik 93 (2), 193–233.
Rieger-Ladich, Markus (2012): Judith Butlers Rede von Subjektivierung. In: Norbert Ricken/Nicole Balzer (Hg.): Judith Butler: Pädagogische Lektüren. Wiesbaden: VS Verlag für Sozialwissenschaften, 57–73.

Rose, Nadine (2019): Erziehungswissenschaftliche Subjektivierungsforschung als Adressierungsanalyse. In: Alexander Geimer/Steffen Amling/Saša Bosančić (Hg.): Subjekt und Subjektivierung. Empirische und theoretische Perspektiven auf Subjektivierungsprozesse. Wiesbaden: Springer VS, 65–85.
Rose, Nadine/Ricken, Norbert (2018): „Schön' guten Morgen!". Überlegungen zu den subjektivierenden Effekten von Begrüßungsformen im Schulunterricht. In: Edith Glaser/Hans-Christoph Koller/Werner Thole/Salome Krumme (Hg.): Räume für Bildung – Räume der Bildung. Beiträge zum 25. Kongress der Deutschen Gesellschaft für Erziehungswissenschaft. Opladen/Berlin/Toronto: Verlag Barbara Budrich, 78–87.
Rose, Nadine/Koller, Hans-Christoph (2012): Interpellation – Diskurs – Performativität. Sprachtheoretische Konzepte im Werk Judith Butlers und ihre bildungstheoretischen Implikationen. In: Norbert Ricken/Nicole Balzer (Hg.): Judith Butler: Pädagogische Lektüren. Wiesbaden: VS Verlag für Sozialwissenschaften, 75–94.
Schäfer, Hilmar (2013): Die Instabilität der Praxis. Reproduktion und Transformation des Sozialen in der Praxistheorie. Weilerswist: Velbrück Wissenschaft.
Schäfer, Hilmar (2014): Kultursoziologie als praxeologische Analyse heterogener Relationen. Zur Historizität und Translokalität kulturellen Erbes. In: Stephan Moebius (Hg.): Kultursoziologie im 21. Jahrhundert. Wiesbaden: Springer VS, 71–85.
Schatzki, Theodore R. (1996): Social Practices. A Wittgensteinian Approach to Human Activity and the Social. Cambridge: Cambridge University Press.
Schatzki, Theodore R. (2001): Introduction. Practice Theory. In: Theodore R. Schatzki (Hg.): The practice turn in contemporary theory. Anthology originated in a conference, "Practices and Social Order", that was held at the Center for Interdisciplinary Studies (ZiF) at the University of Bielefeld, Germany, on january 4–6,1996. London: Routledge, 10–23.
Schatzki, Theodore R. (2002): The site of the social. A philosophical account of the constitution of social life and change. University Park: Pennsylvania State University Press.
Schatzki, Theodore R. (2006): The time of activity. In: Continental Philosophy Review 39 (2), 155–182.
Schatzki, Theodore R. (2010): The timespace of human activity. On performance, society, and history as indeterminate teleological events. Lanham: Lexington Books.
Schatzki, Theodore R. (2012): A Primer on Practices. In: Joy Higgs/Ronald Barnett/Stephen Billett/Maggie Hutchings/Franziska Trede (Hg.): Practice-Based Education. Rotterdam: SensePublishers, 13–26.
Schatzki, Theodore R. (2013): The edge of change. On the emergence, persistence, and dissolution of practices. In: Elizabeth Shove/Nicola Spurling (Hg.): Sustainable practices. Social theory and climate change. London/New York: Routledge, 31–46.
Schatzki, Theodore R. (2016): Praxistheorie als flache Ontologie. In: Hilmar Schäfer (Hg.): Praxistheorie. Ein soziologisches Forschungsprogramm. Bielefeld: transcript, 29–44.
Schatzki, Theodore R. (2017): Sayings, Texts and Discursive Formations. In: Allison Hui/Theodore R. Schatzki/Elizabeth Shove (Hg.): The nexus of practices. Connections, constellations and practitioners. London/New York. Routledge, 126–140.
Schatzki, Theodore R. (2019a): Social Change in a Material World. New York/London: Routledge.
Schatzki, Theodore R. (2019b): Social Change in a Material World. A Précis. In: Susann Schäfer/Jonathan Everts (Hg.): Handbuch Praktiken und Raum. Humangeographie nach dem Practice Turn. Bielefeld: transcript, 77–92.
Tillmann, Klaus-Jürgen (1987): Theorie der Schule – Eine Einführung. In: Klaus-Jürgen Tillmann (Hg.): Schultheorien. Hamburg: Bergmann und Helbig Verlag, 7–20.
Tyack, David/Tobin, William (1994): The "Grammar" of Schooling: Why Has it Been so Hard to Change? In: American Educational Research Journal 31 (3), 453–479.
Wittgenstein, Ludwig (2003): Philosophische Untersuchungen. Frankfurt am Main: Suhrkamp.

3.2.3 Situierte (Geschichte der) Subjektivierung im Unterricht[198]

Nele Kuhlmann und Julia Sotzek

Einleitung

„‚Warum fragt ihr nicht einfach uns?' Mit Schüler-Feedback lernwirksam unterrichten" (Berger et al. 2013) – Dieser Titel eines Ratgebers für Lehrer*innen bringt die Semantik vieler aktueller Programmatiken rund um Feedback in der Schule auf den Punkt: Warum sollte man sich nicht einfach Rückmeldungen von Schüler*innen holen, um den eigenen Unterricht lernwirksamer und effizienter zu machen? Gleichzeitig wird die diagnostizierte Scheu der Lehrpersonen vor Schüler*innen-Feedback mit dem Verweis auf die Ergebnisse der Meta-Analyse von Hattie problematisiert. Viele pädagogische Handbücher und Ratgeber zu Feedback und ihren Methoden beziehen sich bereits auf dem Buchumschlag auf Hattie und markieren die empirische Evidenz, „dass Feedback eine besonders wirkungsvolle Maßnahme ist, um Unterrichtsqualität […] zu steigern" (Klappentext von Buhren 2015). Andere werben sehr pointiert (und voraussetzungsreich) mit dem Slogan „Hattie erfolgreich umsetzen" (Umschlag von Wilkening 2016). Und ohnehin, was habe man als professionelle*r und kritikfähige*r Lehrer*in schon zu befürchten? Bereits in einer ersten kursorischen Durchsicht aktueller Ratgeberliteratur für Lehrer*innen können deutliche Parallelen zwischen dem darin auf- und angerufenen Lehrer*innen-Subjekt und der diskursiven Figur des „unternehmerischen Selbst" nachgezeichnet werden, welche Bröckling 2006 prominent auf den Begriff brachte. In einem allumfassenden Feedback, versinnbildlicht durch das von Bröckling untersuchte *360°-Feedback* im Managementbereich, soll das Subjekt möglichst viele Informationen über sich selbst und über die eigenen Handlungen generieren – denn „lernen über sich selbst wie über andere kann man nie genug" (Bröckling 2006: 42). Diese Logik erzeuge ein „permanent[es] Gefühl der Unzulänglichkeit, das […] wiederum zur weiteren Arbeit an sich anstacheln soll" (ebd.), und in eine „Dynamik der Entgrenzung" (ebd.) und in eine stete Selbstoptimierungsforderung münde. Ein Blick auf erziehungswissenschaftliche Analysen der seit den 1990er Jahren geführten Debatten zum Topos ‚Schulentwicklung' zeigt, dass es sich bei dem derzeit auszumachenden Hoch des Feedbacks um eine Fortführung von diskursiven Mustern unter neuer Schirmherrschaft handelt: Lehmann-Rommel bilanziert bereits 2004, dass der Umbau der Schulsteuerung

198 Bei diesem Beitrag handelt es sich um eine leicht überarbeitete Fassung des Artikels: Kuhlmann, Nele/Sotzek Julia (2019): Situierte (Geschichte der) Subjektivierung im Unterricht. Ein Gespräch zwischen adressierungsanalytischer und dokumentarischer Interpretation. In Alexander Geimer/Steffen Amling/Saša Bosančić (Hg.): Subjekt und Subjektivierung. Empirische und theoretische Perspektiven auf Subjektivierungsprozesse. Wiesbaden: Springer VS, 113–142.

vorrangig mit „‚demokratische[n]‘ kommunikativen Beurteilungsverfahren (insbesondere Rückmeldungen)“ arbeite und so die „‚eigenverantwortlichen‘ Subjekte als zentralen Bezugspunkt“ etabliere (274–275).[199] Die Praktik des Feedbacks ist also programmatisch mit dem Anspruch verbunden, umfassende Subjektivierungseffekte, verstanden als Impulse der steten Selbstveränderung, auf die involvierten Akteur*innen auszuüben.[200]

Diese angedeuteten Linien münden – würden sie anhand fundierter Materialanalysen weitergezeichnet werden – in eine Identifikation von diskursiv erzeugten „Subjektformierung[en]“ (Bührmann/Schneider 2008: 69), d. h. in eine analytische Konturierung der normativen Anrufungsstruktur an Lehrer*innen, wie sie bspw. in der Ratgeberliteratur produziert wird. Bührmann und Schneider geben jedoch zu bedenken, dass ein Wandel dieser Subjektformierungen nicht bedeute, dass sich auch die „Subjektivierungsweise“, also „die Art und Weise, wie Menschen sich selbst und andere auf einer empirisch faktischen Ebene wahrnehmen, erleben und deuten“ (Bührmann 2007: 642), verändere. Für unseren Kontext heißt das, dass die omnipräsente Aufforderung zur Selbstoptimierung anhand von Feedback-Techniken diskursanalytisch zwar festgestellt wird, damit aber keinerlei Aussage darüber gemacht werden kann, inwiefern die Praktik des Feedbacks faktisch in ihrer Performanz von Lehrpersonen vollzogen wird und v. a. welche subjektivierenden Wirkungen dieser Vollzug auf die Lehrer*innen ausübt.

Dieser Spur, dass es eben nicht möglich ist, die Subjektivierungslogiken des ‚unternehmerischen Selbst‘ subsumptiv auf vollzogene Praktiken zu übertragen, wollen wir nachgehen. Wir nehmen an, dass die programmatisch hochrelevante Praktik des Schüler*innen-Feedbacks durch auf Kontinuierung angelegte Strukturen – wie kulturell-eingespielte Praktiken oder die Habitus der Akteur*innen – in spezifischer Weise *gebrochen* vollzogen wird. Forschungen zu Schul- und Lernkulturen (Reh/Fritzsche et al. 2015; Böhme et al. 2015) zeigen, dass eingeschliffene Routinen und Legitimierungsfiguren innerhalb einer Schule maßgeblich bedingen, ob und in welcher Weise didaktische Trends oder schulpolitische Reformen umgesetzt werden. Analog dazu stellen dokumentarische Videoanalysen von schulischem Unterricht heraus, dass der Vollzug von unterrichtlichen Praktiken in hohem Maße von habituellen Orientierungen der Lehrer*innen

---

199 Insbesondere Walter Herzog (2013) und Johannes Bellmann (2016: 157 f.) weisen darauf hin, dass Feedback ein zentrales Element der Regierungslogik der ‚evidenzbasierten Pädagogik‘ (Herzog 2016) darstellt. Durch die schlichte Übertragung der Logik der ‚evidenced based medicine‘, welche kausales Wirkungswissen aus ‚randomised controlled trials‘ zu erzeugen glaubt, erscheint analog im pädagogischen Feld die Befragung von Schüler*innen und Lehrer*innen als vermeintlicher Garant bei der Suche nach einem ‚Wissen, das wirkt‘ (Bellmann/Müller 2011).

200 In pädagogischen Diskursen wird besonders deutlich, wie die Verknüpfung von subjektemphatischer Metaphorik mit technokratischer Semantik eine kaum zurückzuweisende Moralität erzeugt, siehe Bellmann/Waldow 2007; Kuhlmann/Ricken 2017 [Kapitel 3.1.3].

und Schüler*innen abhängt (Bohnsack et al. 2015). Wir wollen nun in einem explorativen Ansatz diese zwei herausgestellten – lernkulturellen und habituellen[201] – Beharrungstendenzen innerhalb *einer* videographierten Unterrichtsstunde nachzeichnen, in welcher von einem Lehrer ein Feedback von Schüler*innen eingefordert wird. Die weitreichenden und umfassenden Subjektivierungseffekte, welche die Programmatik dieser Praktik verspricht, werden – so unsere leitende Annahme – durch die eingespielten lernkulturellen Interaktionsweisen und damit verbundenen Subjektpositionen sowie durch den habitusspezifischen Umgang mit den Rückmeldungen der Schüler*innen in spezifischer Weise eingeschränkt. Subjektivierung vollzieht sich demnach in enger Wechselwirkung mit der Subjektivierungsgeschichte der Akteur*innen, verstanden als verfügbare und eingeübte Subjektpositionen einer lokalen Kultur und erworbene habituelle Orientierungen. Um diesem Verhältnis zwischen Subjektivierung und Subjektivierungsgeschichte nachzuspüren, erweist sich die ausgewählte Schulstunde als äußerst ertragreich. So zeigen sich *zwei grundlegende Irritationen* innerhalb des Vollzugs der Praktik: erstens wird die klassisch-gymnasiale, frontalgeprägte Lernkultur irritiert, da die Schüler*innen als Rückmeldende oder Bewertende adressiert werden (komplementär gilt dies natürlich auch für die Position des Lehrers); zweitens eröffnen sich Spannungen zwischen den normativen Erwartungen innerhalb der Rückmeldungen der Schüler*innen und der eigenen Selbstwahrnehmung des Lehrers, welche er habitusspezifisch bearbeitet.

Wir werden zunächst der Irritation der Lernkultur in einer adressierungsanalytischen Interpretation im Anschluss an Ricken und Rose nachgehen (I). Dafür wird das vollzogene Feedbackgespräch als (Re-)Adressierungsgeschehen gelesen und auf implizite *Subjektivierungslogiken und -muster* untersucht. Dieser Zugriff

---

201 Hier ergeben sich begriffliche Spannungen zwischen verschiedenen Theoriesprachen. Das begriffliche Komplement zu ‚Habitus' wäre ‚Feld', welches aber nicht problemlos auf die stark an Judith Butler orientierte Adressierungs- und auch Lernkulturanalyse übertragbar ist. Zwar betont Bourdieu mit dem Feldbegriff ebenfalls feldspezifische, objektivierte Strukturen wie „Handlungsregeln" (Rehbein/Saalmann 2009: 100) oder „Sprachspiel[e]" (Reckwitz 2011: 47), führt diese aber oftmals – so zum Beispiel die Lesart von Reckwitz – auf die Habitus der beteiligten Akteur*innen und vor allem auf die im Feld geführten „Habituskonflikte" (ebd.: 54) zurück (vgl. die Anmerkungen zur Feldanalyse von Bourdieu et al.: ebd. 1996: 136, vgl. auch die Kritik von Butler 2006: 233). Dennoch unternehmen wir in dem Ansatz unseres Methodengesprächs den Versuch einer Vermittlung: In Anlehnung an Bourdieu et al. (ebd. 1996: 135) bestimmen wir die Einzelschule und mit ihr die unterrichtlichen Settings in verschiedenen Lerngruppen sowie deren institutionale und organisationale Einbindung als ‚Unterfeld', in dem je spezifische Logiken gelten und hervorgebracht werden, aber zugleich immer auch die gesamte Feldgeschichte des schulischen Feldes (wiederum je spezifisch) aktualisiert wird. Diese spezifische Logik und Struktur des Unterfeldes Einzelschule bestimmen wir als ‚Lernkultur', welche jedoch nicht einfach subsumtionslogisch auf das gesamte schulische Feld (oder auch auf die Generalisierungsebene einer Schulform) übertragbar ist, sondern lernkulturvergleichend herausgearbeitet werden müsste.

versucht zunächst, durch Vergleiche der einzelnen Redezüge eine abstrahierende Struktur der Interaktion zu benennen und bezieht diese auf die lernkulturellen Strukturen der Lerngruppe. Darauf folgt eine dokumentarische Analyse des Feedbackgeschehens (II), welche die Diskursorganisation und die Bearbeitung eines *Spannungsverhältnisses zwischen Habitus und wahrgenommener Norm* untersucht. Für dieses Vorhaben bietet es sich an, den interaktiven Umgang des Lehrers mit dem Vorwurf der Schüler*innen genauer in den Blick zu nehmen. Beide methodologisch-methodischen Ansätze werden vor der jeweiligen Interpretation kurz skizziert.[202] In einem letzten Schritt werden wir unser empirisch inter-methodisches Gespräch auch unter methodologischer Perspektive reflektieren (III).

I. Subjektivierung und lernkulturelle Subjektivierungslogiken

Als diskursanalytischer Ansatz der empirischen Subjektivierungsforschung versucht die Adressierungsanalyse[203] innerhalb von situierten, interaktiven und meist auch sprachlich-vollzogenen Praktiken, inhärente Subjektivierungslogiken und -anforderungen dieser Praktiken herauszuarbeiten. Kerngedanke ist, Adressierungen und Re-Adressierungen als *Medium* von Subjektivierung zu bestimmen und danach zu fragen, als *wer* man *wie* angesprochen, zu *wem* dadurch gemacht wird und als *wer* man sich in der Re-Adressierung zeigt und sich selbst macht (Rose/Ricken 2018; Reh/Ricken 2012). Im Anschluss an neuere Entwicklungen der (erziehungswissenschaftlichen) Diskursforschung[204] versucht die Adressierungsanalyse, „mikrophysische Prozesse des Diskurses" (Del Percio/Zienkowski 2014: 571) anhand von sogenannten ‚natürlichen' Gesprächs- und Interaktionsdaten eines Feldes nachzuzeichnen. Anstelle eines zusammengestellten Artikel- oder Zeitschriftenkorpus werden audio-visuelle Mitschnitte von

202 Beide Interpretationen fußen auf einem deutlich größeren Datenkorpus als dieser einen Unterrichtsstunde. So war Nele Kuhlmann als Mitarbeiterin des Projekts *a:spect* an den Interpretationen des ganzen Datenkorpus beteiligt und konnte Julia Sotzek gezielt Datenmaterial zugänglich machen, welche die für die dokumentarische Methode so relevanten Fokussierungsmetaphern enthalten.

203 Die Darstellung des adressierungsanalytischen Ansatzes muss knapp bleiben, kann aber – insbesondere im Hinblick auf die methodologischen Hintergründe – bei Nadine Rose (2019) ausführlich nachgelesen werden.

204 Einen sehr guten Überblick über die erziehungswissenschaftliche Diskursforschung geben Fegter et al. 2015. Diskursforschung wird hier nicht als strenge Anwendung textanalytischer Instrumentarien verstanden, sondern eher als eine „erkenntnisproduzierende Heuristik" gefasst, die mit einer spezifischen, „analytische[n] ‚Haltung' gegenüber den Gegenständen", verbunden ist (Fegter et al. 2015: 28), wodurch auch das mikrologische Prozessieren von Subjekt-, Wissens- und Machtkonstitution diskursanalytisch in den Blick genommen werden kann. Für die adressierungsanalytische Perspektive sind die Arbeiten von Daniel Wrana, welcher diskursive Praktiken als Positionierungen liest (ebd. 2012, 2015), und Antje Langers Verknüpfung von ethnographischer und diskursanalytischer Forschung besonders bedeutsam (ebd. 2008; Langer/Richter 2015).

Interaktionen und deren Transkription zur Datengrundlage der Adressierungsanalyse. Mit Instrumenten der Konversationsanalyse und anderen text- und diskursanalytischen Verfahren – wie bspw. der Analyse von Differenzsetzungen, Metaphern oder rhetorischen Figuren – werden Adressierungen entlang dreier Kerndimensionen untersucht: Sie werden *erstens* als Definition von Norm-Wissens-Horizonten, *zweitens* als (Selbst-)Positionierung innerhalb eines machtvollen Beziehungsgefüges und *drittens* als Darstellung eines spezifischen Selbstverhältnisses bzw. der Aufforderung zu einer bestimmten Arbeit am Selbst lesbar.[205] Dazu wurde im Rahmen des DFG-Projekts „a:spect – Die Sprachlichkeit der Anerkennung" unter der Leitung von Norbert Ricken und Nadine Rose eine differenzierte Heuristik mit analytischen Fragen entwickelt (Kuhlmann et al. 2017; Rose 2019; vgl. auch Ricken et al. 2017).

Ein Ziel der Adressierungsanalyse kann in Anknüpfung an die „Lernkulturanalyse" von Reh, Fritzsche, Idel und Rabenstein (2015a) darin bestehen, die Lernkultur einer Einzelschule empirisch zu rekonstruieren. Der Begriff Lernkultur verweist dabei auf „die Unterstellung einer mehr oder weniger fragilen Einheit" (2015b: 328), welche durch die Analyse der im Forschungsfeld bedeutsamen (Lern-)Praktiken herausgearbeitet werden muss. Reh et al. interessiert dabei insbesondere die durch spezifische (Re-)Adressierungsmuster hervorgebrachten „konkrete[n] Lernräume" der Schüler*innen (Reh/Idel et al. 2015: 300). In einer stärker diskursanalytischen Ausrichtung geht es uns darum, die Lernkultur der Einzelschule anhand ihrer implizierten *Subjektivierungslogiken* und *Subjektivierungsanforderungen* zu rekonstruieren (vgl. Rose 2019). Dabei ergibt sich ein Spannungsverhältnis zwischen den Analyse-Prinzipien der „*Serialität und Sequenzialität*" (Idel et al. 2009: 185). Soziale Bedeutungen werden unserer Annahme nach *sequentiell*, d. h. Zug um Zug (Adressierung – Re-Adressierung – Re-Re-Adressierung etc.), hergestellt. Um aber auf die Ebene lernkultureller Subjektivierungslogiken abstrahieren zu können, muss die Musterhaftigkeit bzw. *Serialität* innerhalb dieser Sequenzabfolgen fallvergleichend, d. h. im Vergleich zu anderen Praktiken sowie zu anderen Lerngruppen, herausgearbeitet werden. Dem begegnen wir – analog zum Vorgehen der Konversationsanalyse (vgl. Deppermann 2010: 649) – mit einem zweischrittigen Verfahren: Zunächst werden Fälle sequenziell interpretiert; im Anschluss daran werden einzelne Züge fallintern und fallextern verglichen, um typische Strukturen der untersuchten Praktik zu bestimmen. Ganz konkret wurden im Projekt *a:spect* die unterrichtlichen Praktiken des Begrüßens, Lobens, Tadelns und Prüfens in ihrer lernkulturellen Spezifik analysiert und herausgearbeitet, wie die beteiligten Akteur*innen ein

205 Neben diesen doch sehr typischen diskursanalytischen Dimensionen fragt die von uns entwickelte Heuristik darüber hinaus nach der konversationsanalytischen Gesprächsorganisation (vgl. Kuhlmann et al. 2017), um auch die formale Ebene der gegenseitigen Bezugnahmen rekonstruieren zu können. Diese formalsprachlichen Muster stehen in engen Zusammenhang zu den Dimensionen Norm/Wissen, Macht und Selbstverhältnis.

Verhältnis zu Normen, Anderen und sich selbst entwickeln und zur Darstellung bringen, um in der jeweiligen Praktik als (an-)erkennbare Subjekte agieren zu können. Der Begriff ‚Lernkultur' bezieht sich letztlich auf homologe Muster innerhalb des analysierten Praktikenkomplexes der untersuchten Einzelschule.[206]

Die videographierte Unterrichtsstunde stammt aus dem Datenkorpus des genannten DFG-Projekts a:spect: Ethnograph*innen haben drei Klassen unterschiedlicher Jahrgangsstufen eines Gymnasiums, welches – so zeigen die Ergebnisse der Analysen – durch eine relativ klassische, frontale Lernkultur gekennzeichnet ist, in ca. dreiwöchigen Feldphasen über einen Zeitraum von achtzehn Monaten aus zwei Perspektiven videographiert[207]. Die konkrete von uns fokussierte Unterrichtsstunde stellt die letzte Aufzeichnung in dieser Lerngruppe dar und bildet daher den Schlusspunkt des in dieser Klasse erhobenen ca. 40-stündigen Videomaterials. Es handelt sich um eine besondere Stunde – worauf auch in der Interaktion mehrfach verwiesen wird –, weil sich der Klassenverbund für den Übergang in die Oberstufe auflösen wird und der Klassenlehrer Herr Ulrich diesen Moment des ‚letzten' Beisammenseins dafür nutzen möchte, Rückmeldungen bzgl. seiner fünfjährigen Klassenleitung zu erhalten. Anstelle von den vielen möglichen Feedback-Methoden, welche Herr Ulrich ausdrücklich nennt, möchte er stattdessen ein Klassengespräch mit den Schüler*innen führen, da *„das gesprochene offene Wort so am angenehmsten ist“*[208]. Es folgen verschiedene Rückmeldungen dazu, wie oft Herr Ulrich die guten und weniger guten Schüler*innen drangenommen habe, welche Methodenvielfalt im Unterricht praktiziert wurde und welche Unterrichtsinhalte spannend waren. Nach ca. dreißig Minuten nimmt Herr Ulrich Lea, welche die Ethnograph*innen als eine gute, ruhigere Schülerin beschreiben, ungefragt dran, welche zögerlich antwortet, dass sie finde, dass er die Schüler*innen in *„Schubladen“* stecke. Dieser Vorwurf wird im späteren Verlauf – dazwischen gibt es andere auch explizit lobende Rückmeldungen – von dem Schüler Torben und der Schülerin Kira erneut aufgegriffen; das Gespräch darüber wird letztlich von Herrn Ulrich monologisierend abgeschlossen.

Im Folgenden wird das von uns ausgewählte Material adressierungsanalytisch interpretiert, d.h. die vollzogene Praktik des Schüler*innen-Feedbacks als (Re-)Adressierungsgeschehen lesbar gemacht. Wir begrenzen uns hier auf die

---

206 Ein Vergleich mit anderen Lernkulturanalysen von Gymnasien (vgl. Schütz/Steinwand 2015) und anderen Schulformen (insbesondere mit Reh/Fritzsche et al. 2015) lassen vermuten, dass sich einige rekonstruierte Muster über die Einzelschule hinaus auf die Schulform des Gymnasiums verallgemeinern lassen. Dieser systematische Vergleich steht aber noch aus.

207 An dieser Stelle möchten wir ausdrücklich Norbert Ricken, Nadine Rose sowie Anne Otzen dafür danken, dass wir das Datenmaterial für diesen Artikel verwenden durften und sie unser ‚Gespräch' kritisch-konstruktiv begleitet haben.

208 Wir werden im Folgenden direkte Zitate aus dem Datenmaterial in Anführungszeichen und kursiv setzen.

Darstellung des zweiten Schritts des Analyseverfahrens: Nach der sequentiellen Interpretation zeigte sich eine Dreigliedrigkeit der Praktik, welche in ihrer Typik durch den fallinternen Vergleich der einzelnen Redezüge herausgearbeitet wird. Dieser Dreischritt lässt sich wie folgt beschreiben: Herr Ulrich lädt dazu ein bzw. fordert explizit Einzelne dazu auf, eine Rückmeldung zu geben (1), ein*e Schüler*in antwortet auf diese Aufforderung und gibt ein Feedback (2), worauf schließlich wiederum der Lehrer auf die Rückmeldung antwortet (3). Im Folgenden werden diese drei konstituierenden Züge analysiert.

Zu 1: *Aufforderung zur Rückmeldung*[209]

Herr Ulrich was NE:hmt ihr (.) oder was würdet ihr denn (-) WAS hat
euch gut gefallen in den letzten fünf Jahren was würdet ihr MIR mit
auf den weg geben?=ich habe (-) wie gesagt nach den sommerferien
dreißig kleine (.) SCHLÜMpfe da sitzen ((Gelächter in der Klasse)) UND
ä:h ((lacht)) (--) gehe erst mal mit dem ANspruch daran (.) ä:h (-)
sie (---) sehr LA:nge als=als klassenlehrer zu unterrichten
(---) was ä::h (---) was soll ich genauso machen? was soll ich
vielleicht auch anders machen? (--)
GAnz ehrlich ihr <<hebt schulterzuckend die arme> könnt das
ungezwungen> ä:h weil wir kennen uns nun wirklich lange genuch (--)
ich bin da ehrlich dran interessiert <<lässt den Blick in der Klasse
schweifen> vielleicht können sich ja mal nen paar melden die heut noch
garnix gesacht habn>

Herr Ulrich führt aus, dass er nach den Sommerferien eine neue fünfte Klasse übernehmen werde und er aus diesem Grund *„ehrlich dran interessiert“* (Z. 11) sei, was die Schüler*innen ihm für Rückmeldungen geben. Diese Ehrlichkeit verlangt er auch von den Schüler*innen: sie könnten *„ungezwungen“* (Z. 10) antworten, da sie sich ja lange genug kennen würden. Er stellt sich in dieser Ansprache als Teil einer Vertrauensgemeinschaft dar und betont ein Interesse an seiner eigenen persönlichen Entwicklung – insbesondere deswegen, weil kommende Schüler*innen davon profitieren könnten. Dieser Modus der Authentizität – sowohl das aufrichtige Interessiertsein des Lehrers als auch das Ehrlichsein der Schüler*innen – wird als Bedingung für die eigene Entwicklung konstruiert. Dabei ist auffällig, dass die Schüler*innen implizit durch die Bezeichnung der nächsten Schüler*innen-Generation als „dreißig kleine (.) SCHLÜMpfe“ (Z. 4) als reife Gegenüber adressiert werden, welche durch ihre Erfahrung (in seinem Unterricht) als Expert*innen ernst genommen werden. Die tatsächliche Aufforderung zum Feedback erscheint in einer interessanten sprachlichen Realisierung:

209 Die Regeln der Transkription finden sich am Ende des Artikels.

„was NE:hmt ihr (.) oder was würdet ihr denn (-) WAS hat euch gut gefallen in den letzten fünf Jahren was würdet ihr MIR mit auf den weg geben?“ (Z. 1 ff.). Die Klasse wird als Kollektiv adressiert und der erste Satzanfang deutet auf eine typische Positionierung als Schüler*innen hin: ‚Was nehmt ihr mit?‘ Dieser Satz wird aber abgebrochen. Erst im dritten Anlauf gelingt ein Frageformat, welche die Schüler*innen als Feedbackgeber*innen adressiert. Es wird deutlich, dass *während des* Sprechens ein Rollenwechsel vollzogen bzw. auch von den Schüler*innen gefordert wird: Von den Mit*nehmer*innen* zu den Mit*geber*innen*, von den *Bewerteten* zu den *Bewertenden*. Die Form der Bewertung wird durch diese Adressierung präfiguriert: es soll ein Lob und ein Ratschlag formuliert werden. Indem Herr Ulrich abschließend markiert, dass die übliche Form der Rederechtverteilung per Meldung und seiner Drannahme weiterhin bestehen bleibt und er über den ‚Wert‘ der jeweiligen Meldung entscheidet, wird der adressierte Rollentausch formal grundlegend eingeschränkt.

Zu 2: *Rückmeldungen durch die Schüler*innen*[210]

Beispiel 1:

112 **Magdalena** u:nd in geschichte könnten sie viellei:cht (-)
113 den unterricht n bisschen abwechslungsreicher gestalten=weil (-) viel
114 haben wir auch einfach nur (.) ähm (-) viel geRE:det,
115 vielleicht könnte man mehr mit GRUppenarbeit oder sowas arbeiten

Beispiel 2:

147 **Lea** also <<schaut nach oben> ich kann das nicht ganz ausdrücken> aber
148 was mir nich so ganz ähm gefällt (-) ist dass sie von anfang an ALle
149 in schubladen gesteckt haben

150 **Herr Ulrich** EHRlich?

151 **Lea** JEder hatte von ANfang an wie er sich dann verhalten hatte EIne
152 Schulade zu (nehmen) und <<schüttelt den Kopf> die konnte man auch nie
153 wieder wechseln>

210 Die Sequenzialität des Materials wird erst in diesem zweiten Schritt der Analyse aufgelöst, um die Musterhaftigkeit und Strategien der einzelnen Redezüge zu rekonstruieren. Dennoch wird die Kontextualität der jeweiligen Sequenz in der Interpretation weiterhin berücksichtigt.

Um die sehr offene Aufgabe des Lehrers zu erfüllen, müssen die Schüler*innen selbst Normhorizonte wählen und Herrn Ulrich darin verorten. Die auch hier augenscheinlich gebrochene Form des Positionentauschs wird in den sprachlichen Realisierungen der Ratschläge besonders deutlich. Durch mehrfache Modalisierungen wird der Lehrer sehr behutsam und relativierend in verschiedenen Redebeiträgen zu einer *möglichen* Arbeit am Selbst hingewiesen (Beispiel 1: „*könnte(n)*" (Z. 112, 115) „*vielleicht*" (Z. 112,115)). Ein Wendepunkt kann ausgemacht werden, als er Lea drannimmt, welche sich nicht gemeldet hat. Diese Verpflichtung zur Rückmeldung widerspricht wiederholt auf formaler Ebene der vorher verwendeten Semantik der ‚Ungezwungenheit' bzw. Freiwilligkeit. Dieser ambivalenten Adressierung begegnet Lea zunächst genau wie die Schüler*innen zuvor mit Markierungen der Unsicherheit, durch sehr leises Sprechen, vielen Füllwörtern und einem ausweichenden Blick. Beim zweiten Versuch, eine Rückmeldung zu geben, äußert sie schließlich den Vorwurf, Herr Ulrich sortiere in Schubladen (Z. 147–149), worauf er augenblicklich mit einer Nachfrage antwortet. Sie führt ihren Vorwurf weiter aus. Formal wird deutlich, dass die genannten Markierungen der Unsicherheit zunehmend verschwinden und die Adressierung vollends in eine – wie Bergmann und Luckmann es nennen würden (2013) – moralisierende, weil generalisierende Ansprache kippt („*Jeder*", „*von Anfang an*", „*nie wieder*" (Z. 151–153)). Die Metapher der ‚Schublade' hat in diesem Kontext eine besondere Virulenz[211]: Sie kann als absoluter Gegenhorizont zu pädagogischen Begriffen der individuellen Förderung und Forderung, nämlich eine des genötigten Stillstands, gedeutet werden. Es kann daher als schwerwiegender Vorwurf an den Lehrer und insbesondere dessen Professionsethos gedeutet werden.

Zu 3: *Antwort des Lehrers auf die Rückmeldung*

Beispiel 1:

```
Herr Ulrich JA_a okay nehme ich mit (2.7) WObei:: WObei:: wenn du nen
paar jahre zurück denkst (-) also ich gebe zu, der unterricht ist
fronTAler geworden (.) so (-) äh:m aber in der fünften sechsten siebten
war das nich=nich so
```

211 An dieser Stelle wäre eine Relationierung zu anderen diskursiven Praktiken sehr reizvoll: Ein interessantes Phänomen kann bspw. in der sehr breiten Öffentlichkeit der Masterarbeit von Julia Kube ausgemacht werden, welche der Spiegel unter der Schlagzeile „Kevin ist kein Name, sondern eine Diagnose" rezipierte (Trenkamp 2009). Die Studie gibt an, dass Lehrer*innen Schüler*innen maßgeblich nach deren Vornamen sortierten und sie auf diese Weise ‚abstempelten' oder in ‚Schubladen' steckten. Es überrascht schon sehr, dass die Ergebnisse einer Masterarbeit in fast allen großen Tageszeitungen Beachtung fand und das – doch recht platte – methodische Design kaum kritisiert wurde.

Beispiel 2:

Herr Ulrich jaha (--) ich kann dir VERraten was der hintergrund dieser sache ist.

Beispiel 3:

Herr Ulrich ALso i=ja_A ich mu=ich muss auch so_n BISschen gegen dieses SCHUBla:dending so_n bisschen wehren= […]

ich hab nicht gesagt <<zeigt beliebig in der Klasse umher> der war schlecht der war schlecht der war> sondern ich hab nur immer nur die GUten geLO:BT und das hab ich (.) ABsichtlich gemacht und da (-) muss ich GANZ ehrlich sagen da kommt vielleicht auch ein etwas WERtekonservativer (.) ANspruch von MIR zum Vorschein (.) wir sind hier ein gymNA:sium (-) es geht hier auch um LEIStung

Besonders bei der Interpretation des letzten Zuges, also der Antwort des Lehrers auf die Rückmeldung, muss beachtet werden, dass zwei erziehungswissenschaftliche Forscher*innen anwesend waren, welche die Interaktion videographisch aufzeichneten. Der Lehrer ist folglich in der Situation doppeltem Rechtfertigungsdruck ausgesetzt: Zunächst muss er auf die konkreten Rückmeldungen der Schüler*innen antworten; je kritischer diese aber sind, desto höher erscheint der Druck, diese für die Ethnograph*innen und das potentielle Publikum der Videoaufnahmen neu zu rahmen. Dies wird besonders an den Redeanteilen deutlich: Wird ein Lob von den Schüler*innen ausgesprochen, wird dieses lediglich mit einem „*ja*" vom Lehrer bestätigt, die Antwort auf Ratschläge oder Kritik sind dagegen ausschweifend. Drei Antwortstrategien werden im Folgenden skizziert: Zunächst die Strategie des ‚partiellen Bekenntnisses': In Äußerungen wie „*also ich gebe zu*" (Z. 122) erkennt Herr Ulrich die Positionierung durch die Schüler*innen zumindest teilweise an und damit auch den aufgerufenen Normhorizont (z. B. Frontalunterricht als minderes Unterrichtsformat). Diese Bekenntnisse werden meist durch ein folgendes „*wobei*" (Z. 121) oder „*aber*" (Z. 123) zugleich eingeschränkt und führen zur zweiten Strategie ‚der Aufklärung'. In Einleitungen wie „*ich kann dir VERraten was der hintergrund dieser sache ist*" (Z. 28 f.) markiert Herr Ulrich, dass es ein Dahinter seiner Handlungen gebe, welches den Schüler*innen bisher verborgen geblieben ist. So ist auch die auffallend häufige Nennung der Wendung „*ganz bewusst*" oder „*ABsichtlich*" (Z. 290) als Beschreibung von seinen Handlungen zu deuten, welche Schüler*innen zuvor als Versäumnis oder Versehen vermutet hatten. Herr Ulrich eignet sich durch diese Neurahmung die Kritik als Bestätigung seiner Professionalität an. Ein Wendepunkt im Antwortverhalten markiert nun wiederum der ‚Schubladenvorwurf': Die dritte Strategie zeigt sich im ‚expliziten

Zurückweisen' des vorgebrachten Vorwurfs. Er betont, dass er sich dagegen „*wehren*" (Z. 219) müsse. Die zunächst stark verunsicherte Reaktion des Lehrers – er fragt mehrmals nach, stottert und zeigt körperliche Reaktionen wie Erröten –, deuten wir als Zeichen dafür, dass ihn die Positionierung durch die Schülerin grundlegend, also in seinem professionellen Selbstverständnis trifft. Auch hier – aber deutlich angestrengter – nimmt er eine *Reprofessionalisierung* vor: Er führt in verschiedenen Redezügen aus, dass eine leistungsbezogene Entwicklung bei ihm immer möglich war, dass diese aber auch von den Schüler*innen geleistet werden müsse und dass es eben spezifische Leistungsansprüche am Gymnasium gebe. Dem Vorwurf, ein ungerecht kategorisierender Lehrer zu sein, stellt er einen anderen professionellen Rahmen, nämlich den des leistungsorientierten Gymnasiallehrers entgegen (Z. 291 ff.). Er betont folglich seine ethische Passung zur Schulform Gymnasium, welche er über Differenzsetzungen zu anderen Schulformen konturiert. Zusammenfassend wird deutlich, dass die Antworten des Lehrers formal an eine Situation vor Gericht erinnern: Die Praktik (des Feedbacks), die die (weitere) Entwicklung und Professionalisierung der Lehrer*innen ermöglich soll, führt zur Verhandlung von Schuld und Unschuld der Lehrperson. Die kommunizierte Bereitschaft des Lehrers zur Arbeit am Selbst kippt letztlich in Rechtfertigungsschleifen, welche diese Arbeit gerade als unnötig darstellen. Trotz dieser Gerichtssituation kann Herr Ulrich weiterhin in der dominanten Position agieren, welche ihm das Feld zusichert, d. h. er kann weiterhin das Rederecht verteilen und Beiträge der Schüler*innen bewerten.

Schon die beobachtete Aufforderung des Lehrers zu Beginn der videographierten Stunde erscheint unter Einbezug des ethnographischen Wissens, das sich aus der über 40-stündigen Begleitung der Klasse generiert, äußerst ungewöhnlich: Es finden sich nur sehr selten offene Frageformate und deutlich seltener Aufforderungen zum Rollenwechsel. Die adressierungsanalytische Interpretation konnte zeigen, dass dieser Status des Außergewöhnlichen auch *innerhalb* der behandelten Stunde deutlich wird, was uns zu der Schlussfolgerung leitet, dass in der videographierten Schulstunde eine lernkulturell-*untypische* Praktik lernkulturell-*typisch* implementiert wird.[212] Die gemeinsame Subjektivierungsgeschichte der Lerngruppe, also die je nach Lernkultur in Praktiken erzeugten Subjektpositionen und Selbstdeutungsoptionen, fungieren wie ein Kräftefeld, welches Adressierungen und Re-Adressierungen präfiguriert und unerwartete, ungewöhnliche Adressierungen oder Praktiken zumindest partiell in (an-)erkennbare Bahnen überführt. Beim Versuch, ein Schüler*innen-Feedback einzuholen, zeigt sich „eine Diskrepanz zwischen Modernisierungsanspruch und gymnasialer Tradition,

212 Die Rekonstruktion der Art und Weise der Implementierung und ihre Deutung lässt sich mit im Projekt generierten Befunden validieren. Die Lernkultur des untersuchten Gymnasiums wurde fallintern anhand von Videomaterial dreier Klassen sowie der Einschulungsrede und fallvergleichend mit verschiedenen Studien zur Schul- und Lernkulturforschung herausgearbeitet (insbesondere mit Reh/Fritzsche et al. 2015).

schulpädagogischem Diskurs und Umsetzung“[213] (Schütz/Steinwand 2015: 172). In diesen auszumachenden Spannungen zeigen sich letztlich Beharrung und Veränderung *zugleich*: In den Suchbewegungen nach (an-)erkennbaren Formen der Rückmeldungen, welche durch die verhältnismäßig offene Frage des Lehrers ermöglicht werden, gehen die meisten Schüler*innen eingeübte Wege, indem sie sich selbst durch formal-sprachliche Markierungen als Nicht-Wissende und Herrn Ulrich als Wissenden adressieren. Inhaltlich setzen sie jedoch normative Maßstäbe an den Lehrer an, welche von ihm weder gesteuert noch gänzlich wieder eingeholt werden können. So beziehen sich die meisten Schüler*innen auf didaktische ‚Mainstream‘-Normen wie Transparenz, Methodenvielfalt oder Kriterien-geleitete Bewertungen, welche Herr Ulrich in ihrem normativen Anspruch kaum zurückweisen kann.[214] Darüber hinaus wird durch das offene Format von ihm bereits zurückgewiesene Kritik erneut von anderen Schüler*innen aufgenommen und auf diese Weise im Namen der Klasse bezeugt. Besonders die Drastik der ‚Schubladen‘-Metapher, welche von drei Schüler*innen explizit genannt wird, wird trotz verbaler Zurückweisung vermutlich ‚nicht spurlos‘ an Herrn Ulrich vorbeigehen. Will er sein eigenes Selbstbild als gerechter Lehrer wahren, ist er notwendig auf die Anerkennung als solcher durch die Schüler*innen angewiesen.

II. Subjektivierung und Aktualisierung der Subjektivierungsgeschichte

Bevor im Folgenden die Unterrichtskommunikation dokumentarisch interpretiert wird, werden die dieser Interpretation zugrundeliegenden methodologischen Überlegungen skizziert.[215] Kennzeichnend für die Dokumentarische Methode ist die mit Bezug auf die Wissenssoziologie Mannheims ausgearbeitete Unterscheidung zwischen zwei, auch methodisch differenzier- und empirisch rekonstruierbaren Wissensformen, dem *handlungsleitenden*, impliziten Wissen einerseits und einem *reflexiven*, explizit-verfügbaren Wissen andererseits (vgl.

---

213 Diese Diskrepanz wurde von Anna Schütz und Julia Steinwand bei einem gut situierten Gymnasium im Kontext der Einführung des Ganztages herausgearbeitet. Die Lernkulturanalyse der Spreeschule zeigt große Übereinstimmung mit der von a:spect untersuchten Schule.

214 Auch hier wäre eine Relationierung mit anderen diskursiven Praktiken ein spannendes Unterfangen. In einer diachronen Untersuchung könnte die Semantik der guten Lehrperson untersucht werden.

215 Wir schließen hier zum einen an neuere Entwicklungen innerhalb der Dokumentarischen Methode (vgl. Bohnsack 2014a, 2017) und Überlegungen zu einer dokumentarischen Subjektivierungsanalyse an (vgl. Amling/Geimer 2016). Zum anderen nehmen wir eine Perspektive ein, die Subjektivierungsprozesse im Verhältnis zu ihrer (Vor-)Geschichte untersucht (vgl. Ricken/Wittpoth 2017: 246) und damit in einem ersten Zugriff subjektivierungstheoretische Analysen um einen praxeologischen Zugang ergänzt (vgl. ebd.: 241). Ein weiterer Anschlusspunkt stellen Überlegungen zu einer dokumentarischen Unterrichtsforschung als Interaktionsanalyse dar (vgl. Martens/Asbrand 2017).

Bohnsack et al. 2013: 9). Dabei wird in neueren Entwicklungen der Dokumentarischen Methode gerade das Zusammenspiel dieser beiden Wissensformen in den Vordergrund gerückt und als *Spannungsverhältnis* zwischen Habitus (gefasst als handlungsleitendes Wissen) und Norm (gefasst als reflexives und explizierbares Wissen) konzeptualisiert. Dieses Spannungsverhältnis zeigt sich darin, dass Akteur*innen im Medium des Habitus Normen, welche in Diskrepanz zur Struktur der eigenen Praxis stehen, wahrnehmen (vgl. Bohnsack 2017: 54 f.) und diese aufgrund der Diskrepanz als habitusspezifische Form des *Müssens* und *Sollens* erfahren (vgl. Bohnsack 2017: 102; Sotzek et al. 2018). Bearbeitet werden Spannungsverhältnisse im praktischen Vollzug – eine Auseinandersetzung, die wiederum Erfahrungswissen generiert, welches, wenn es habitualisiert wird, innerhalb eines konjunktiven Erfahrungsraums die weitere habituelle Auseinandersetzung mit wahrgenommenen Normen rahmt (vgl. Bohnsack 2017: 56 f.). So kann auch der Habitus als „eine handlungspraktische Bewältigung diskrepanter *normativer* Anforderungen" (Bohnsack 2014a: 50, Herv. i. O.) verstanden werden. In dieser methodologischen Präzisierung erscheint der Habitus in einer stärker dynamischen Perspektive, weil er sich „im *Wie* dieser Auseinandersetzung mit der Norm" konturiert, „aber auch transformiert" (ebd.: 43, Herv. i. O.). Gerade diese Neujustierung ist für die Analyse der Daten aufschlussreich: In der Interaktion mit den Schüler*innen bricht ein Spannungsverhältnis auf, das der Lehrer als irritierend erfährt und in actu habitusspezifisch bearbeitet.

Der Analyse liegen *zwei methodologische Annahmen* zugrunde. Zum einen wird davon ausgegangen, dass sich in der habitusspezifischen Bearbeitung des Spannungsverhältnisses zwischen Habitus und wahrgenommener Norm *Subjektivierungsgeschichte aktualisiert*. Dem liegt zugrunde, dass konjunktive Erfahrungen, in denen die kollektiven Orientierungen verankert sind, in den Diskursbewegungen nicht erst hergestellt, sondern dort aktualisiert und ausgestaltet werden (vgl. Bohnsack 2014b: 113). In einer habitustheoretischen Perspektive ist die situative Bezugnahme des Lehrers auf die Schüler*innen, folglich die gesamte Interaktion, habituell vorstrukturiert und damit zugleich auch an die objektiven Feldstrukturen angepasst, da sich in der Verhältnissetzung zwischen Lehrer und Schüler*innen habituelle und feldspezifische Geschichte (re-)produziert, die sich verzeitlicht (vgl. Bourdieu et al. 1996: 171 f.). Wird stärker in den Blick genommen, dass sich der Habitus erst im Verhältnis zu einer konkreten Situation ausgestaltet (ebd.: 168), so ist diese Situation somit in feldspezifischen objektiven Relationen kontextuiert (vgl. ebd.: 127).[216] Mit dem Begriff der Subjektivierungsgeschichte soll somit das *Gewordensein* der Akteur*innen in Entsprechung zu dem Bourdieu'schen (vgl. 1992, 1993) Habitusbegriff konzeptualisiert werden, welcher als „sozialisierte Subjektivität" (vgl. Bourdieu et al. 1996,: 159) verstanden werden kann. Der Begriff

216 Diese Annahme ließ sich bereits in einer adressierungsanalytischen Lesart empirisch rekonstruieren.

betont, dass Subjekte immer schon als bereits subjektivierte handeln und dieses Gewordensein sich als Erzeugungsmodus von Praxis immer wieder aktualisiert. Zum anderen wird davon ausgegangen, dass sich in der habitusspezifischen Bearbeitung des Spannungsverhältnisses *Subjektivierung vollzieht*. Den Habitusbegriff in seinem Spannungsfeld zwischen relativer Geschlossenheit (vgl. ebd.: 168) und Offenheit (vgl. ebd.: 167) akzentuieren wir damit als dynamische Struktur: Der Habitus setzt sich permanent mit Neuem auseinander und verändert sich im Zuge neuer Erfahrungen in seinem praktischen Vollzug (vgl. ebd.: 167 f.). In einer Fokussierung darauf, wie Spannungsverhältnisse zwischen Habitus und wahrgenommener Norm bearbeitet werden, kann so dem Verhältnis von Beharrung und Veränderung nachgegangen werden (vgl. Bourdieu 2001: 207; vgl. Sotzek et al 2018; Hericks et al. 2017). Im Prozess des Bearbeitens zeigen sich habitusspezifische ‚Strategien', neue Situationen zu bewältigen.[217] Zugleich eröffnet sich in der Bearbeitung Potenzial für Neues und damit eine Möglichkeit des *Werdens*. Auf eine Formel gebracht fassen wir Subjektivierung entlang dieser methodologischen Annahmen als ein *Werden im Gewordensein*.

Auf eine spannungsreiche habituelle Auseinandersetzung mit einer wahrgenommenen Norm weisen im empirischen Material Passagen hin, welche als Fokussierungsmetaphern bezeichnet werden, da sie sich zum einen durch eine metaphorische und interaktive Dichte auszeichnen (vgl. Bohnsack/Przyborski 2010: 234) und eine Relationierung von reflexivem und handlungsleitendem Wissen ermöglichen, in denen sich Brüche oder Inkongruenzen zeigen (vgl. Amling/Geimer 2016; Sotzek et al. 2018). Ausgehend von unseren empirischen Rekonstruktionen lässt sich das nachfolgend analysierte Spannungsverhältnis als ein Spannungsverhältnis zwischen Habitus und Identität bezeichnen (vgl. Bohnsack 2017: 56). Der sich in der Bearbeitung einer erfahrenen Irritation entfaltende Normhorizont kann mit Bohnsack in Anschluss an Goffman als *imaginative* soziale Identität verstanden

217 Die Dimension des Bearbeitens kann mit dem Bourdieu'schen Strategienbegriff näher gefasst werden, welcher ein aus der habituellen Geschichte erworbenes praktisches Können umfasst, neuen Situationen zu begegnen und sich ihnen im Praxisvollzug anzupassen (vgl. Bourdieu 1992: 83; vgl. Sotzek 2018). Homolog zu der Bestimmung der Einzelschule als Unterfeld bezieht sich der Strategienbegriff auf habituell hervorgebrachte Bearbeitungsweisen, die in feldspezifischen objektiven Relationen kontextuiert sind und sich situationsgebunden ausgestalten. Die in dem Beitrag eingenommene dokumentarische Perspektive auf Subjektivierung ist zudem an Befunde und Überlegungen des DFG-/SNF-Projekts „Kompetenzentwicklung und Beanspruchung im Berufseinstieg von Lehrerinnen und Lehrern" (KomBest) (Laufzeit: 2013–2017) anschlussfähig, das von Uwe Hericks und Manuela Keller-Schneider geleitet wird. Aufbauend auf den metatheoretischen Kategorien der Dokumentarischen Methode wurden im Rahmen der Studie zwei habituelle Bearbeitungsweisen von Spannungsverhältnissen zwischen Habitus und wahrgenommenen Normen in einer mehrdimensionalen Typologie ausgearbeitet (vgl. Hericks et al. 2018; Sotzek et al. 2018). Zur empirischen Erforschung von Subjektivierungsprozessen bei Lehrpersonen im Berufseinstieg in qualitativen Interviews vgl. Rauschenberg 2021.

werden (vgl. ebd.: 55; ausführlicher vgl. 142–182). Im Unterschied zu imaginären sozialen Identitäten, welche ein fiktiver Entwurf der Akteur*innen bleiben, sind die Akteur*innen im Falle der imaginativen sozialen Identitäten daran orientiert, diese handlungspraktisch umzusetzen (vgl. ebd.).

Zum anderen lässt sich die ausgewählte Passage als Fokussierungsmetapher ausweisen, da sie sich durch einen Wechsel des Modus der Diskursorganisation auszeichnet (vgl. Bohnsack/Przyborski 2010: 247). Der Diskursmodus, sprich die formale Interaktionsorganisation, wird als die Form verstanden, in der der Lehrer und seine Schüler*innen gemeinsam geteilte Erfahrungen oder ihr Fehlen verhandeln (vgl. Przyborski 2004: 31). Vor dem Hintergrund einer Analyse des gesamten Unterrichtstranskripts zeigt sich im Vergleich der unterschiedlichen Interaktionsorganisationen, dass sich in der interaktiven Bearbeitung des entstandenen Spannungsverhältnisses ein divergenter Modus der Diskursorganisation rekonstruieren lässt, d. h. die Diskursbewegungen schließen aneinander an, Äußerungen werden jedoch zu der Stärkung einer widersprechenden Orientierung verwendet (vgl. ebd.: 274).[218]

Die Prozessualität der Bearbeitung des betrachteten Spannungsverhältnisses wird in Relation zu drei Diskurs- bzw. Interaktionsbewegungen analysiert (vgl. Bohnsack 2014b: 127), die in Anlehnung an die dokumentarischen Begrifflichkeiten einer Gesprächsanalyse (vgl. Przyborski 2004: 61–76) als (1) *Konfrontation* (2) *Verhandlung* und (3) *Schließung* bezeichnet werden können[219]. Die Rekonstruktionen des Spannungsverhältnisses und der Interaktionsorganisation validieren sich folglich gegenseitig (vgl. Bohnsack 2017: 95). Im Folgenden wird die interaktive Bezugnahme des Lehrers auf die Schüler*innen im Rahmen der *Konfrontation* und der *Schließung* in den Blick genommen.

Zu 1: *Die Konfrontation*

Herr Ulrich Oka:y das=das is ja: das is ä::h SEHR interessant (-)
oka:y (.) da musst du mal_n bisschen drauf rumkauen=ALso weil DAS äh::
dass man da nich ganz drum rum kommt als lehrer is glaub ich (.)
KLA:r=weil man da nen MENsch is irgendwie=man muss irgendwo katego-
riesieren (-) aber dass man aus der schublade nicht mehr
rauskommt=DAS würd ich ganz schlimm finden (-) <<zeigt auf Lea> da
denk ich drüber nach=ich hoffe dass=dass (.) dass=das nich alle so
sehen>

218 Die Abgrenzung zu anderen Modi erfolgte fallintern sowie über einen Vergleich mit der in der Arbeit von Przyborski (2004) durchgeführte komparative Analyse mehrerer Gruppendiskussionen.

219 In diesem Beitrag kann die reflektierende Analyse der Interaktionsbewegungen nur zugespitzt präsentiert werden; sie folgt einem rekonstruktiven, sequenzanalytischen Vorgehen (zu dem methodischen Vorgehen vgl. Bohnsack 2014b: 131–152).

Die erste Bezugnahme des Lehrers auf den von Lea vorgebrachten Schubladen-Vorwurf[220] zeigt, dass er zwischen einer Kategorisierung der Schüler*innen und der Unveränderlichkeit dieser Kategorisierung unterscheidet. Zu dem Vorwurf der Unveränderlichkeit einer Kategorisierung bringt der Lehrer eine habituelle Spannung zum Ausdruck: Die Rückfrage „*ehrlich?*" (Z. 150) weist bereits auf eine Irritation hin, da entweder eine Unehrlichkeit unterstellt wird oder etwas sagbar wurde, was direkt als unzutreffend markiert wird. Die Wahrnehmung der Schülerin scheint folglich in einem Widerspruch zu der eigenen Wahrnehmung seiner habituell hervorgebrachten Praxisformen zu stehen. Als Bearbeitungsweise der Irritation lässt sich rekonstruieren, dass der Lehrer seine unterrichtsbezogene Handlungspraxis als überformt von praktischen Zwängen entwirft: Er entgegnet auf den Vorwurf der Schülerin, dass man als „*Mensch*" unausweichlich kategorisiere (Z. 160). Die spezifische Funktion ‚als Lehrer' wird durch die allgemeine Struktur des ‚Mensch-Seins' überlagert, eine Kategorisierung dadurch legitimiert. Als unangemessen wird jedoch die Unveränderlichkeit dieser Kategorisierung bewertet. Das zur Explikation gebrachte Erleben „*DAS* würd ich ganz schlimm finden" (Z. 162) sowie die Hoffnung (Z. 163–164), dass dies unter den Schüler*innen kein gemeinsam geteiltes Erfahrungswissen ist, bestärken die Annahme einer Irritation. Zugleich zeigt sich hier, dass das explizite Erleben nur als Möglichkeit aufscheint und von der schüler*innenseitigen Bestätigung des Vorwurfs abhängig ist. In der Konfrontation wird deutlich, dass die unterstellte Ungerechtigkeit des Schubladensortierens Herrn Ulrichs eigenen normativen Erwartungen an sich als Lehrer widerspricht. Die erfahrene Irritation einer, wie sich nachfolgend rekonstruieren lässt, identitätsbezogenen Norm bringt eine Spannung zu seiner Subjektivierungsgeschichte zum Ausdruck, welche sich in der Interaktionsbewegung der *Schließung* konturiert.

Zu 3: *Die Schließung*

Beispiel 1:

Herr Ulrich: <<legt beide Hände übereinander auf die Brust> ich
SELber> hab den anspruch die leute nich irgendwo dazulassen wo sie sind
wenn jemand ne drei hat und die über jahre hat und auf einmal anfängt
einsen und zweien zu schreiben, dann bin ich der letzte der sich
darüber nicht FREUT. das muss ich mal ganz ehrlich sagen

220 Dieser Redezug wurde in der adressierungsanalytischen Analyse der Rückmeldungen der Schüler*innen als zweites Beispiel abgebildet und geht der hier dargestellten Sequenz voraus. Die vorgenommene Analyse berücksichtigt die Kontextualität der Sequenz und validiert die Rekonstruktion einer Irritation.

Beispiel 2

275 **Kira:** ich meine nur so dass sie halt so speziell über NOTen re:den (.)
276 dass es halt manchmal so ist dass sie so: ja speziell Leute so
277 hervorstechen dann so sagen ja der hat so und so sowas geschrieben und
278 so
279 **Herr Ulrich:** JA_a ich habe Leute geLOBT ganz BE[wusst]
280 **Kira:** [GENAU]
281 **Herr Ulrich:** die GUTe Leistung [gebracht haben]
282 **Kira:** [JA KLA:R]
283 **Herr Ulrich:** ich hab nicht gesagt <<zeigt beliebig in der Klasse umher>
284 der war schlecht der war schlecht der war> sondern ich hab nur immer
285 nur die GUten geLO:BT [...]

309 ich hab auch immer BEwusst notenspiegel an die tafel geschrieben=es
310 gibt viele kollegen die MAchen das nicht (-) WEIl man da auch immer
311 dokumentiert dass es schüler gibt die nicht so gute leistungen gezeigt
312 haben=das STIMMt (.)[...] aber ich finde so_n bisschen ERSTENS ist das
313 nich=STEhen da keine Namen und ZWEItens gehört das auch_n bisschen zu
314 unsrer geSELLschaft (-) also WENN ich (.) SCHÜler und MENschen immer
315 von MISSerfolgserlebnissen FERNhalte wenn ich immer <<formt mit beiden
316 Händen eine imaginäre Glocke> eine KÄSEglocke über sie decke> und
317 immer nur POSitives sage und dann kommen sie (-) NACH dem abitur (.)
318 ins (.) LEben (--) ä:h dann ko=treffen sie auf eine gesellschaft die
319 GANZ anders tickt (-) und ich finde ä::hm (-) ihr versteht wahrschein-
320 lich was ich meine, ne? ((vereinzelt zustimmendes gemurmel)) also (--)
321 JA_A (--) schlechte schüler bloßstellen vor einer klasse, das ist das
322 ALLERletzte ja? das würd ich NIEmals tun aber gute leistung loben JA
323 da stehe ich auch voll hinter (-) also sorry

In den nachfolgenden, zunehmend monologisierenden Diskursbewegungen lässt sich rekonstruieren, dass der Lehrer die von den Schüler*innen aufgebrachten Normhorizonte neu rahmt und eine schüler*innenseitige Elaboration dieser Normhorizonte weitgehend unterbindet. In dieser interaktiven Bezugnahme auf die Schüler*innen dokumentiert sich zum einen ein divergenter Modus der Diskursorganisation und damit die Divergenz der Orientierungen.[221] Zum ande-

221 Martens und Asbrand (2017: 85) unterscheiden von den mit Bezug auf Przyborski bereits benannten exkludierenden Interaktionsmodi einen komplementären Interaktionsmodus, der sich auch durch eine andere Schließung der Interaktionseinheiten auszeichnet. Diese werden in einer auf der Grundlage kommunikativer Regeln hergestellten Einvernehmlichkeit abgeschlossen. Martens und Asbrand (ebd.) bezeichnen diese Art und Weise der Schließung als *kommunikative Konklusionen*. Da der sich zunehmend monologisierend

ren konturiert sich darin eine habitusspezifische Bearbeitungsweise des Schubladen-Vorwurfs auf Seiten des Lehrers. Der Lehrer stellt das Einsortieren in eine „*Schublade*" in den Horizont einer positiven Leistungsbewertung (Beispiel 1). So führt er aus, dass gute Leistungen als Anerkennung einer Entwicklung klassenöffentlich gelobt werden (sollten). In Auseinandersetzung mit den schüler*innenseitig aufgerufenen Normhorizonten formuliert der Lehrer als identitätsbezogene Norm: „*ich SELber hab den anspruch die leute nich irgendwo dazulassen wo sie sind*" (Z. 232 ff.). Diese Neurahmung des Schubladen-Vorwurfs wird durch den Verweis darauf gestärkt, dass er sich „*immer*" oder „*unheimlich*" über die leistungsbezogene Entwicklung der Schüler*innen freue bzw. „*der letzte*" ist (Z. 235), der sich nicht freue. Dem normativen Vorwurf eines statischen Verbleibens, welchen er in seiner Potentialität als „*ganz schlimm*" bewertet hat (Z. 162) und negativ erleben würde, wird die verspürte Freude bei einer Verbesserung der Leistung entgegengesetzt. Diese zur Explikation gebrachte Emotion scheint der habituellen Vergewisserung zu dienen, indem die Freude als Beweis für die handlungspraktische Umsetzung seiner identitätsbezogenen Norm verhandelt wird. Die in der Interaktionsbewegung der *Konfrontation* erfahrene Irritation wird folglich durch die Neurahmung bearbeitet, indem ein neuer Normhorizont verhandelt wird, der in Passung zu seinen normativen Erwartungen an sich als Lehrer steht. Die Bearbeitungsweise des von Lea aufgebrachten Vorwurfs[222] weist folglich auf ein Spannungsverhältnis zwischen Subjektivierungsgeschichte und einer als zu dem Vorwurf widerstreitend wahrgenommenen identitätsbezogenen Norm hin.

Die sich in dieser Bearbeitungsweise konturierende Aktualisierung der Subjektivierungsgeschichte lässt sich anhand der Interaktionsbewegung zwischen Herrn Ulrich und der Schülerin Kira anschaulich nachzeichnen (Beispiels 2). Diese Interaktionsbewegung stellt zugleich eine Elaboration von Leas Vorwurf dar. Kiras Wahrnehmung, dass Schüler*innen daran orientiert sind, durch die Bewertung ihrer Leistung nicht aus dem Kollektiv Klasse herausgehoben zu werden, teilt der Lehrer nicht, sondern er markiert dies als „*bewusste*" Strategie des Hervorhebens für gute Leistungen (Z. 279). In der vermeintlichen Zustimmung von Kira („*Genau*", Z. 280; „*JA KLA:R*", Z. 282) zeigt sich die Divergenz der Orientierungen; Lehrer und Schülerin beziehen sich auf dieselbe Praxisform (das Loben guter Leistungen), die Wahrnehmung der Schülerin wird jedoch von der Orientierung des Lehrers (neu) gerahmt. Das Unverständnis für Kiras Wahrnehmung weist auf seine habituelle Orientierung an einer *leistungsbezogenen Verortung unter relevanten Anderen* hin. So schreibe er auch „*immer BEwusst*" den Notenspiegel der Klasse an die Tafel (Z. 309). Er grenzt sich hier von Kolleg*innen

vollziehenden Neurahmung des Vorwurfs die Funktion zukommt, die Interaktionseinheiten abzuschließen, kann die hier rekonstruierte Form der Schließung als kommunikative Konklusion verstanden werden.

222 Dieser Vorwurf wird von anderen Schüler*innen aufgegriffen und bestätigt, was hier nicht dargestellt werden kann.

ab, die diese Praxis als Darstellung einer nicht erfüllten Leistungsanforderung ansehen. Mit Bezug auf einen *„gymnasialen Anspruch"*, den es zu erhalten gilt (Z. 291 ff.), ruft der Lehrer einen weiteren Normhorizont auf; orientiert an einem *„Leistungsgedanken"* rahmt er eine Kategorisierung als notwendig und legitim. In Abgrenzung zu seinen Kolleg*innen erachtet er sich als Lehrer dafür zuständig, die Schüler*innen nicht von *„Misserfolgserlebnissen fern[zu]halte[n]"* (Z. 315). Darin sieht er eine Vorbereitung auf eine *„Gesellschaft"*, *„die GANZ anders tickt"* (Z. 319). Diese als *Reprofessionalisierung* gedeutete Neurahmung des abstempelnden Lehrers als leistungsorientierten Gymnasiallehrer zeigt sich auch in der vorherigen adressierungsanalytischen Lesart. Mit Verweis auf sein Eingebundensein in gesellschaftliche und institutionelle Strukturen wird seine identitätsbezogene Norm weiter elaboriert: *„schlechte schüler bloßstellen vor einer klasse, das ist das ALLERletzte ja? das würd ich NIEmals tun aber gute leistung loben JA da stehe ich auch voll hinter (-) also sorry"* (Z. 321 ff.). Kiras Vorwurf wird, homolog zu den vorherigen, umgedeutet und ein Bloßstellen mit Emphase zurückgewiesen. In der Neurahmung, *„gute Leistungen"* zu *„loben"* (Z. 281; 283 f.), und dem Aufrufen relevanter Anderer aktualisiert sich seine Subjektivierungsgeschichte, in welche die ausgebildete Norm als imaginative soziale Identität verankert ist. Der Schubladen-Vorwurf, der ein Lehrer*innenhandeln beschreibt, das als ein *Nicht-Dürfen* und damit als eine illegitime Praxis bewertet wird, wird habitusspezifisch bearbeitet. Dieses Bearbeiten zeigt sich in der Ausarbeitung der identitätsbezogenen Norm, *„die leute nich irgendwo dazulassen wo sie sind"* (Z. 232 ff.). Dieser Entwurf einer leistungsbezogenen Förderung der Schüler*innen wird auch in der Interaktionsbewegung mit Kira aufrechterhalten, in der Herr Ulrich ein Loben von guten Leistungen aufführt und die Schüler*innen leistungsbezogen verortet.[223] In dieser Bearbeitungsweise der erfahrenen Irritation aktualisiert sich somit seine Subjektivierungsgeschichte, die eine Orientierung an einer leistungsbezogenen Verortung unter relevanten Anderen umfasst.[224]

Welche *Rückschlüsse* lassen sich auf die Aneignung des Schubladen-Vorwurfs vor dem Hintergrund der aktualisierten Subjektivierungsgeschichte des Lehrers

223 Eine Orientierung an der Norm wird auch dann aufrechterhalten, auch wenn ihre handlungspraktische Ausgestaltung unerfüllt bleibt, worin sich ihr kontrafaktischer Charakter zeigt (vgl. Bohnsack 2017: 55). Die Kontrafaktizität der Norm kommt darin zur Darstellung, dass ihre (Nicht-)Erfüllung verhandelt wird, was das Spannungsverhältnis zwischen Habitus und Norm konstituiert.

224 Um von einer Subjektivierungsgeschichte sprechen zu können, wurde das gesamte Unterrichtstranskript auf Homologien in der Auseinandersetzung des Lehrers mit Normen untersucht, die von ihm in der Interaktion mit den Schüler*innen wahrgenommenen werden. Die sich zu einer Orientierung verdichtenden Homologien (Positionierungsbemühungen in Verbindung mit einem Leistungsbezug) konnten dann in einer empirischen Betrachtung weiterer transkribierter Unterrichtsstunden als habituelle Struktur rekonstruiert werden, die wir als *leistungsbezogene Verortung unter relevanten Anderen* bezeichnen.

ziehen? Der Lehrer weist den von den Schüler*innen aufgerufenen Vorwurf zunächst vehement zurück; im weiteren Verlauf zeigt sich dann aber, wie er die Praxis des Kategorisierens differenziert, rekontextualisiert und damit legitimiert. Die Bearbeitung der erfahrenen Irritation geschieht in verschiedenen Interaktionsbewegungen auf homologe Art und Weise: Es wird durch den Verweis auf allgemeine Strukturen von der eigenen Handlungspraxis abstrahiert. Die Schüler*innen werden als in diese Strukturen eingebunden entworfen, denen aber die Einsicht in das Funktionieren dieser Strukturen fehlt. Die rekonstruierte Form der Aneignung weist auf eine Verunsicherung im Bereich der Konstitution einer identitätsbezogenen Norm hin, die sich jedoch, wie die Bearbeitung der Irritation in actu zeigt, von einer tieferliegenden habituellen Verunsicherung unterscheidet (vgl. Bohnsack 2014a: 49). Die von dem Lehrer entworfene imaginative soziale Identität konturiert sich in ihrem Spannungsverhältnis zum Habitus bzw. zur Subjektivierungsgeschichte dabei in Auseinandersetzung mit einer als widerstreitend erfahrenen normativen Forderung (vgl. Sotzek et al. 2018). Der Lehrer entfaltet in der Auseinandersetzung mit den von den Schüler*innen verhandelten Normhorizonten folglich wiederum einen Normhorizont, der sein unterrichtsbezogenes Handeln rechtfertigt, worüber er habituelle Sicherheit (zurück-)gewinnt. Die sich in der Bearbeitung des Spannungsverhältnisses vollziehende Vergewisserung seiner Subjektivierungsgeschichte deuten wir als Subjektivierung, als ein performativ aufgeführtes *Werden im Gewordensein*.[225]

III. Fazit und Ausblick

In den empirischen Rekonstruktionen des Feedbackgeschehens konnten wir aufzeigen, dass die Subjekt*formierung* des ‚unternehmerischen Selbst', welche in der Programmatik der Praktik angelegt ist (so bspw. das Argument von Lehmann-Rommel 2004), nicht einfach auf die situierte Subjektivierungs*weise* des Feedbacknehmers übertragen werden kann. Dabei bliebe zum einen unberücksichtigt, dass kulturell-eingespielte Interaktionsmuster grundlegend präfigurieren, welche Rückmeldungen *von* wem, *an* wen und *vor* wem überhaupt geäußert bzw. anerkannt und anerkennbar werden (können), und zum anderen, dass geäußerte Rückmeldungen je nach Habitus anders ‚aufgenommen' und wirksam werden, da die Wahrnehmung von und Auseinandersetzung mit Normen in der sozialisierten subjektiven Struktur des Habitus erfolgt, die je nach Norm und (Unter-)Feldstruktur unterschiedliche Praxisformen hervorbringen kann (Bourdieu et al. 1996: 159 und 168). In unserem Beitrag haben wir den konkreten Vollzug des

225 Mit der vorgenommenen Unterscheidung zwischen Subjektivierung und Subjektivierungsgeschichte lässt sich auch nach der Wirksamkeit von Subjektivierungsprozessen fragen. Inwieweit sich die hier nachgezeichnete Subjektivierung des Lehrers verändernd auf die Subjektivierungsgeschichte auswirkt, kann erst in einer längsschnittlichen Betrachtung untersucht werden.

Feedbacks analysiert. Die genaue Relationierung zwischen programmatischem Diskurs und analysiertem Vollzug konnte nur angedeutet werden. Weitergehend könnte adressierungsanalytisch an die Arbeit von Antje Langer (2008) angeknüpft werden, welche die diskursiven Praktiken innerhalb einer Hauptschule mit diskursiven Praktiken des programmatischen Schreibens (in pädagogischen Zeitschriften) relationiert und dadurch rekonstruiert, wie bspw. die Tabuisierung von direkter Disziplinierung je spezifisch diskursiv erzeugt und bearbeitet wird. So könnten die Forderungen nach Authentizität und Selbstoptimierung sowie explizierte und implizierte Professionsnormen Dimensionen eines solchen Vergleichs darstellen. Für die Analyse mit der Dokumentarischen Methode wäre ein Anschließen an Amling und Geimer gewinnbringend (2016): Das kommunikativ-generalisierte Wissen, welches sich zum Beispiel in den Sequenzen argumentativer Selbstpositionierung rekonstruieren lässt, steht in engem Zusammenhang mit programmatischen Figuren ‚der' guten Lehrperson und kann mit dem jeweilig rekonstruierten konjunktiven Wissen relationiert werden. Diese Spannung zwischen wahrgenommener Norm und habitueller Orientierung bzw. Subjektivierungsgeschichte wurden in unseren Analysen bereits thematisiert.

In beiden Analysen haben wir *strukturiert-strukturierende* Muster (vgl. Bourdieu et al. 1996: 173) im Vollzug des Schüler*innen-Feedbacks, sprich lernkulturelle (Re-)Adressierungsmuster und habituelle Orientierungen, rekonstruiert. Dennoch gehen unsere Analysen nicht darin auf, (generative) Strukturen zu beschreiben, sie können durch die Fokussierung des situativen Vollzugs in ihrer je methodisch-methodologischen Perspektive das ständige Werden in diesem Gewordensein scharfstellen. Sowohl Lernkultur als auch die Habitus der Akteur*innen müssen sich im praktischen Vollzug aktualisieren und können in dieser Performanz nie identisch wiederholt werden.[226] Denn obwohl das Feedbackgespräch strukturähnlich zu einem Unterrichtsgespräch mit falschen und richtigen Antworten vollzogen wird und die Rückmeldungen der Schüler*innen durch die Monologisierungen des Lehrers letztlich in eine Selbstvergewisserung münden, wurde durch das offene Frageformat ein Vorwurf sagbar, welcher sowohl die herrschende Lernkultur und die damit verbundenen Subjektpositionen als auch die habituelle Selbstwahrnehmung des Lehrers irritierte. Das von uns geführte Methodengespräch konnte jeweilige Leerstellen der einzelnen Methoden beleuchten und aufzeigen, dass es viele Verweisungszusammenhänge in den empirischen Analysen gibt – was durch die theoretisch-methodologische Relationalität von ‚Feld' und ‚Habitus' auch naheliegt. Vernachlässigt die Adressierungsanalyse bisweilen die akteur*innenspezifische Subjektivierungsgeschichte und deren generative Struktur, so ist sie aber an

226 Darüber hinaus sind Interaktionen immer überdeterminiert: So überlagern sich bspw. in jeder Unterrichtsinteraktion lernkulturelle und peerkulturelle Anerkennungsräume. Lea wird in ihrem Vorwurf von ihren Mitschüler*innen gestützt, wodurch das häufig auftretende Unterordnungsverhältnis zwischen Lern- und Peer-Kultur grundlegend irritiert wird.

diskursiven Figuren der anerkennbaren Selbstdeutung interessiert. Komplementär dazu klammert die Dokumentarische Methode tendenziell subjektivierende Logiken von Praktiken aus, rekonstruiert aber den Habitus immer in seiner *feld*spezifischen bzw. erfahrungsraumspezifischen Brechung. Der unterschiedliche Zugang der beiden Methoden wird deutlich, wenn die verschiedenen methodologischen Prämissen bei der Analyse einer sprachlichen Interaktion verglichen werden: So sucht die Adressierungsanalyse in Anschluss an die Konversationsanalyse nach generativen Mustern in der Sinnproduktion – bspw. nach (sprachlichen) Gattungen wie ‚Streit' oder ‚Prüfung' – und führt diese damit auf geteiltes Wissen über die Interaktionskultur zurück. Mit der Dokumentarischen Methode wird stattdessen die Diskursorganisation rekonstruiert, um geteilte Orientierungen oder ihr Fehlen in ihrer Aktualisierung zu rekonstruieren. Das generative Prinzip der Praxis wird damit über den Habitus erschlossen.

Unsere empirisch-methodische Exploration knüpft an das bereits begonnene ‚Gespräch' zwischen einem subjektivierungstheoretischen und praxeologischen Zugang an (vgl. Ricken/Wittpoth 2017; Amling/Geimer 2016; Rauschenberg 2021). Für ein Weiterdenken dieses inter-methodischen Gesprächs könnte dem Zusammenhang von habituellen Orientierungen von Lehrer*innen und deren Veränderung – im Sinne von (De-)Professionalisierung, vor dem Horizont von Schul- und Lernkulturen und deren Entwicklung weiter nachgegangen werden. Dieses Verhältnis wird zwar schon benannt, aber noch nicht systematisch bearbeitet. Steffen Amling (2015) rekonstruiert bspw., dass Lernorientierungen von Grundschullehrer*innen von Erfahrungen an den konkreten Schulen bedingt sind. Thomas Pille (2014) zeigt, wie schul- und lernkulturelle Ordnungen durch subjektivierende Techniken Anpassungsdruck auf Referendar*innen ausüben und diesen akteur*innenspezifisch begegnet wird. Programmatische Subjektformierungen, wie es sie zahlreich im Kontext von Lehrer*innen-Bildung gibt, könnten mit empirischen Subjektivierungsanalysen *relationiert* und bspw. vonseiten einer strukturtheoretischen Bestimmung von Professionalität auch *problematisiert* werden (vgl. Helsper 1996; Ricken 2015). Gerade, wenn angenommen wird, dass die Handlungspraxis von Lehrer*innen konstitutiv durch Antinomien und Paradoxien strukturiert ist, werden umfassende Rückmeldepraktiken für Lehrpersonen überaus prekär. So erzeugt die unauflösbare Spannung, immer zugleich Fördernder und Selektierender zu sein und sein zu müssen, ein notwendiges Scheitern, das in dieser unauflösbaren Antinomie begründet liegt und in moralisierende Vorwürfe – sowohl innerhalb der Klasse als auch der medialen Öffentlichkeit – münden kann. Dieses Spannungsmoment zeigt sich auch in unseren Analysen. Die Schüler*innen werfen Herrn Ulrich eine mangelnde Förderung vor, welche er mit einem Bezug auf die gesellschaftliche Funktion der Schule beantwortet. Gleichermaßen müssen schulkulturelle Legitimierungsfiguren als diskursive Strategien gelesen und fallvergleichend rekonstruiert werden, auf diese Vorwürfe zu antworten.

Transkriptionsregeln

(GAT 2, Selting et al. 2009)

((lacht))	para- und außersprachliche Handlungen und Ereignisse
<<hustend> >	para- und außersprachliche Handlungen und Ereignisse
akZENT	Fokusakzent
und_ähm	Verschleifungen innerhalb von Einheiten
?	hoch steigend
,	mittel steigend
.	tief fallend
[ ]	Überlappung und Simultansprechen
:	Dehnung, Längung um ca. 0.2–0.5 Sek.
(.)	Mikropause, geschätzt, bis ca. 0.2 Sek. Dauer
(-)	kurze geschätzte Pause, von ca. 0.2–0.5 Sek. Dauer
(--)	mittlere geschätzte Pause, von ca. 0.5–0.8 Sek. Dauer
(---)	längere geschätzte Pause, von ca. 0.8–1.0 Sek. Dauer
(1.4)	gemessene Pausen

Literatur

Amling, Steffen (2015): Lernorientierungen von Grundschullehrer/innen – Eine rekonstruktive Perspektive auf Formen des Kompetenzerwerbs unter den Bedingungen der Organisation Schule. In: Zeitschrift für Bildungsforschung (5), 279–294.

Amling, Steffen/Geimer, Alexander (2016): Techniken des Selbst in der Politik. Ansatzpunkte einer dokumentarischen Subjektivierungsanalyse. In: Forum: Qualitative Sozialforschung 17 (3).

Bellmann, Johannes (2016): Datengetrieben und/oder evidenzbasiert? Wirkungsmechanismen bildungspolitischer Steuerungsansätze. In: Zeitschrift für Erziehungswissenschaft 19 (1), 147–161.

Bellmann, Johannes/Müller, Thomas (Hg.) (2011): Wissen, was wirkt. Kritik evidenzbasierter Pädagogik. Wiesbaden: Springer VS.

Bellmann, Johannes/Waldow, Florian (2007): Die merkwürdige Ehe zwischen technokratischer Bildungsreform und emphatischer Reformpädagogik. In: Bildung und Erziehung 60 (4), 481–503.

Berger, Regine/Granzer, Dietlinde/Looss, Wolfgang/Waack, Sebastian (2013): Warum fragt ihr nicht einfach uns? Mit Schüler-Feedback lernwirksam unterrichten: Unterrichtsentwicklung nach Hattie. Weinheim: Beltz.

Bergmann, Jörg R./Luckmann, Thomas (2013): Moral und Kommunikation. In: Jörg Bergmann/Thomas Luckmann (Hg.): Kommunikative Konstruktion von Moral. Mannheim. Verlag für Gesprächsforschung, 13–36.

Böhme, Jeanette/Hummrich, Merle/Kramer, Rolf-Torsten (Hg.) (2015): Schulkultur. Theoriebildung im Diskurs. Wiesbaden: Springer VS.

Bohnsack, Ralf (2014a): Habitus, Norm und Identität. In: Werner Helsper/Rolf-Torsten Kramer/Sven Thiersch (Hg.): Schülerhabitus. Wiesbaden: Springer Fachmedien Wiesbaden, 33–55.

Bohnsack, Ralf (2014b): Rekonstruktive Sozialforschung. Einführung in Methodologie und Praxis qualitativer Forschung. Opladen: Budrich.

Bohnsack, Ralf (2017): Praxeologische Wissenssoziologie. Opladen/Toronto: Verlag Barbara Budrich.

Bohnsack, Ralf/Fritzsche, Bettina/Wagner-Willi, Monika (Hg.) (2015): Dokumentarische Video- und Filminterpretation. Methodologie und Forschungspraxis. Opladen: Budrich.

Bohnsack, Ralf/Nentwig-Gesemann, Iris/Nohl, Arnd-Michael (2013): Einleitung: Die dokumentarische Methode und ihre Forschungspraxis. In: Ralf Bohnsack/Iris Nentwig-Gesemann/

Arnd-Michael Nohl (Hg.): Die dokumentarische Methode und ihre Forschungspraxis. Wiesbaden: VS Verlag für Sozialwissenschaften, 9–27.
Bohnsack, Ralf/Przyborski, Aglaja (2010): Diskursorganisation, Gesprächsanalyse und die Methode der Gruppendiskussion. In: Ralf Bohnsack/Aglaja Przyborski/Burkhard Schäffer (Hg.): Das Gruppendiskussionsverfahren in der Forschungspraxis. Opladen Verlag Barbara Budrich, 233–248.
Bourdieu, Pierre (1992): Rede und Antwort. Frankfurt am Main: Suhrkamp.
Bourdieu, Pierre (1993): Sozialer Sinn. Kritik der theoretischen Vernunft. Frankfurt am Main: Suhrkamp.
Bourdieu, Pierre (2001): Meditationen. Zur Kritik einer scholastischen Vernunft. Frankfurt am Main: Suhrkamp.
Bourdieu, Pierre/Wacquant, Loïc/Beister, Hella (1996): Reflexive Anthropologie. Frankfurt am Main: Suhrkamp.
Bröckling, Ulrich (2006): Und… wie war ich? Über Feedback. In: Mittelweg 36 (2), 27–44.
Buhren, Claus G. (2015): Handbuch Feedback in der Schule. Weinheim: Beltz.
Bührmann, Andrea (2007): Subjektivierungsweise. In: Werner Fuchs-Heinritz/Daniela Klimke/Otthein Rammstedt/Urs Staheli/Christoph Weischer/Hanns Wienhold (Hg.): Lexikon zur Soziologie. Wiesbaden: Springer VS.
Bührmann, Andrea D./Schneider, Werner (2008): Vom Diskurs zum Dispositiv. Eine Einführung in die Dispositivanalyse. Bielefeld: transcript.
Butler, Judith (2006): Haß spricht. Zur Politik des Performativen. Frankfurt am Main: Suhrkamp.
Del Percio, Alfonso/Zienkowski, Jan (2014): Von der Mikrophysik des Diskurses. Linguistische Pragmatik, Konversationsanalyse, Ethnographie der Kommunikation, Critical Discourse Analysis. In: Johannes Angermuller/Martin Nonhoff/Eva Herschinger/Felicitas Macgilchrist/Martin Reisigl/Juliette Wedl/Daniel Wrana/Alexander Ziem (Hg.): Diskursforschung. Ein interdisziplinäres handbuch. Bielefeld: transcript, 564–582.
Deppermann, Arnulf (2010): Konversationsanalyse und diskursive Psychologie. In: Günter Mey/Katja Mruck (Hg.): Handbuch qualitative Forschung in der Psychologie. Wiesbaden: Springer VS, 643–661.
Fegter, Susann/Kessl, Fabian/Langer, Antje/Ott, Marion/Rothe, Daniela/Wrana, Daniel (2015): Erziehungswissenschaftliche Diskursforschung. Theorien, Methodologien, Gegenstandskonstruktionen. In: Susann Fegter/Fabian Kessl/Antje Langer/Marion Ott/Daniela Rothe/Daniel Wrana (Hg.): Erziehungswissenschaftliche Diskursforschung. Empirische Analysen zu Bildungs- und Erziehungsverhältnissen. Wiesbaden: Springer VS, 9–55.
Helsper, Werner (1996): Antinomien des Lehrerhandelns in modernisierten pädagogischen Kulturen. Paradoxe Verwendungsweisen von Autonomie und Selbstverantwortlichkeit. In: Arno Combe/Werner Helsper (Hg.): Pädagogische Professionalität. Untersuchungen zum Typus pädagogischen Handelns. Frankfurt am Main: Suhrkamp, 521–569.
Hericks, Uwe/Rauschenberg, Anna/Sotzek, Julia/Wittek, Doris/Keller-Schneider, Manuela (2018): Lehrerinnen und Lehrer im Berufseinstieg – eine mehrdimensionale Typenbildung zu Spannungsverhältnissen zwischen Habitus und Normen aus der Perspektive der Dokumentarischen Perspektive. In: Ralf Bohnsack/Nora Friederike Hoffmann/Iris Nentwig-Gesemann (Hg.): Typenbildung und Dokumentarische Methode. Forschungspraxis und methodologische Grundlagen. Opladen/Berlin/Toronto. Verlag Barbara Budrich, 51–67.
Herzog, Walter (2013): Bildungsstandards. Stuttgart: Kohlhammer.
Herzog, Walter (2016): Kritik der evidenzbasierten Pädagogik. In: Zeitschrift für Erziehungswissenschaft 19 (1), 201–2013.
Idel, Till-Sebastian/Kolbe, Fritz-Ulrich/Neto Carvalho, Isabel (2009): Praktikentheoretische Rekonstruktion videographierter Lernkultur. Ein Werkstattbericht. In: Sozialer Sinn 10 (1), 181–198.
Kuhlmann, Nele/Ricken, Norbert (2017): Diesseits von Paternalismus und Aktivierung. Anmerkungen zu den Diskursen pädagogischer Verantwortung. In: Sarah Vock/Robert Wartmann (Hg.): Ver-antwortung. Im Anschluss an poststrukturalistische Einschnitte. Paderborn. Ferdinand Schöningh Verlag, 127–153.
Kuhlmann, Nele/Ricken, Norbert/Rose, Nadine/Otzen, Anne (2017): Heuristik für eine Adressierungsanalyse in subjektivationstheoretischer Perspektive. In: Vierteljahrsschrift für wissenschaftliche Pädagogik 93 (2), 234–235.

Langer, Antje (2008): Disziplinieren und entspannen. Körper in der Schule – eine diskursanalytische Ethnographie. Bielefeld: transcript.
Langer, Antje/Richter, Sophia (2015): Disziplin ohne Disziplinierung. Zur diskursanalytischen Ethnographie eines ‚Disziplin-Problems' von Schule und Pädagogik. In: Susann Fegter/Fabian Kessl/Antje Langer/Marion Ott/Daniela Rothe/Daniel Wrana (Hg.): Erziehungswissenschaftliche Diskursforschung. Empirische Analysen zu Bildungs- und Erziehungsverhältnissen. Wiesbaden: Springer VS, 211–229.
Lehmann-Rommel, Roswitha (2004): Partizipation, Selbstreflexion und Rückmeldung: gouvernementale Regierungspraktiken im Feld Schulentwicklung. In: Norbert Ricken/Markus Rieger-Ladich (Hg.): Michel Foucault: Pädagogische Lektüren. Wiesbaden: Springer VS, 261–283.
Martens, Matthias/Asbrand, Barbara (2017): Passungsverhältnisse: Methodologische und theoretische Reflexionen zur Interaktionsorganisation des Unterrichts. In: Zeitschrift für Pädagogik 63 (1), 72–90.
Przyborski, Aglaja (2004): Gesprächsanalyse und dokumentarische Methode. Qualitative Auswertung von Gesprächen, Gruppendiskussionen und anderen Diskursen. Wiesbaden: VS Verlag für Sozialwissenschaften.
Pille, Thomas (2014): Das Referendariat. Eine ethnographische Studie zu den Praktiken der Lehrerbildung. Bielefeld: transcript.
Rauschenberg, Anna (2021): Subjektivierung bei Lehrpersonen im Berufseinstieg. Adressierungsanalytische Perspektiven. Bad Heilbrunn: Klinkhardt.
Reckwitz, Andreas (2011): Habitus oder Subjektivierung? Subjektanalyse nach Bourdieu und Foucault. In: Daniel Šuber/Hilmar Schäfer/Sophia Prinz (Hg.): Pierre Bourdieu und die Kulturwissenschaften. Zur Aktualität eines undisziplinierten Denkens. Konstanz. UVK, 41–61.
Reh, Sabine/Fritzsche, Bettina/Idel, Till-Sebastian/Rabenstein, Kerstin (Hg.) (2015): Lernkulturen. Rekonstruktion pädagogischer Praktiken an Ganztagsschulen. Wiesbaden: Springer VS.
Reh, Sabine/Idel, Till-Sebastian/Rabenstein, Kerstin/Fritzsche, Bettina (2015): Ganztagsschulforschung als Tranformationsforschung. Theoretische und empirische Erträge des Projekts. In: Sabine Reh/Bettina Fritzsche/Till-Sebastian Idel/Kerstin Rabenstein (Hg.): Lernkulturen. Rekonstruktion pädagogischer Praktiken an Ganztagsschulen. Wiesbaden: Springer VS, 297–336.
Reh, Sabine/Ricken, Norbert (2012): Das Konzept der Adressierung. Zur Methodologie einer qualitativ-empirischen Erforschung von Subjektivation. In: Ingrid Miethe/Hans-Rüdiger Müller (Hg.): Qualitative Bildungsforschung und Bildungstheorie. Opladen. Budrich, 35–56.
Rehbein, B./Saalmann, G. (2009): Feld (champ). In: Gerhard Fröhlich (Hg.): Bourdieu-Handbuch. Leben – Werk – Wirkung. Stuttgart/Weimar. Metzler, 99–103.
Ricken, Norbert (2015): Pädagogische Professionalität – revisited. Eine anerkennungstheoretische Skizze. In: Jeanette Böhme/Merle Hummrich/Rolf-Torsten Kramer (Hg.): Schulkultur. Theoriebildung im Diskurs. Wiesbaden: Springer VS, 137–157.
Ricken, Norbert/Wittpoth, Jürgen (2017): Sozialisation? Subjektivation? Ein Gespräch zwischen den Stühlen. In: Markus Rieger-Ladich/Christian Grabau (Hg.): Pierre Bourdieu: Pädagogische Lektüren. Wiesbaden: Springer VS, 227–254.
Ricken, Norbert/Rose, Nadine/Kuhlmann, Nele/Otzen, Anne (2017): Die Sprachlichkeit der Anerkennung. Eine theoretische und methodologische Perspektive auf die Erforschung von ‚Anerkennung'. In: Vierteljahrsschrift für wissenschaftliche Pädagogik 93 (2), 193–233.
Rose, Nadine (2019): Erziehungswissenschaftliche Subjektivierungsforschung als Adressierungsanalyse. In: Alexander Geimer/Steffen Amling/Saša Bosančić (Hg.): Subjekt und Subjektivierung. Empirische und theoretische Perspektiven auf Subjektivierungsprozesse. Wiesbaden: Springer VS, 65–85.
Rose, Nadine/Ricken, Norbert (2018): Interaktionsanalyse als Adressierungsanalyse – eine Perspektive der Subjektivationsforschung. In: Martin Heinrich/Andreas Wernet (Hg.): Rekonstruktive Bildungsforschung. Zugänge und Methoden. Wiesbaden: Springer VS, 159–175.
Schütz, Anna/Steinwand, Julia (2015): Gymnasium zwischen Defizitkompensation und Elite. Kontrastierendes Kurzporträt des Spree-Gymnasiums (Brandenburg). In: Sabine Reh/Bettina Fritzsche/Till-Sebastian Idel/Kerstin Rabenstein (Hg.): Lernkulturen. Rekonstruktion pädagogischer Praktiken an Ganztagsschulen. Wiesbaden: Springer VS, 170–174.
Selting, Margret/Auer, Peter/Barth-Weingarten, Dagmar/Bergmann, Jörg R./Bergmann, Pia/Birkner, Karin/Couper-Kuhlen, Elizabeth/Deppermann, Arnulf/Gilles, Peter/Günthner, Susanne/

Hartung, Martin/Kern, Friederike/Mertzlufft, Christine/Meyer, Christian/Morek, Miriam/Oberzaucher, Frank/Peters, Jörg/Quasthoff, Uta/Schütte, Wilfried/Stukenbrock, Anja/Uhmann, Susanne (2009): Gesprächsanalytisches Transkriptionssystem 2 (GAT 2). In: Gesprächsforschung – Online-Zeitschrift zur verbalen Interaktion 10, 353–402.

Sotzek, Julia (2018): Passungsverhältnisse als habitusspezifisches Erleben. Emotionen berufseinsteigender Lehrpersonen in der Interaktion mit Kolleg*innen. In: Tobias Sander/Jan Weckwerth (Hg.): Das Personal der Professionen. Weinheim/Basel: Beltz Juventa.

Sotzek, Julia/Wittek, Doris/Rauschenberg, Anna/Hericks, Uwe/Keller-Schneider, Manuela (2018): Spannungsverhältnisse im Berufseinstieg von Lehrpersonen. Empirische Befunde einer rekonstruktiven Studie zu Habitus und Normen aus Perspektive der Dokumentarischen Methode. In: Zeitschrift für Qualitative Forschung 18 (2), 315–333.

Trenkamp, Oliver (2009): „Kevin ist kein Name, sondern eine Diagnose". http://www.spiegel.de/lebenundlernen/schule/ungerechte-grundschullehrer-kevin-ist-kein-name-sondern-eine-diagnose-a-649421.html, 22.8.2017.

Wilkening, Monika (2016): Praxisbuch Feedback im Unterricht. Lernprozesse reflektieren und unterstützen. Weinheim: Beltz.

Wrana, Daniel (2012): Diesseits von Diskursen und Praktiken. Methodologische Bemerkungen zu einem Verhältnis. In: Barbara Friebertshäuser/Helga Kelle/Heike Boller/Sabine Bolling/Christina Huf/Antje Langer/Marion Ott/Sophia Richter (Hg.): Feld und Theorie. Herausforderungen erziehungswissenschaftlicher Ethnographie. Leverkusen. Budrich, 185–200.

Wrana, Daniel (2015): Zur Analyse von Positionierungen in diskursiven Praktiken. Methodologische Reflexionen anhand von zwei Studien. In: Susann Fegter/Fabian Kessl/Antje Langer/Marion Ott/Daniela Rothe/Daniel Wrana (Hg.): Erziehungswissenschaftliche Diskursforschung. Empirische Analysen zu Bildungs- und Erziehungsverhältnissen. Wiesbaden: Springer VS, 123–141.

3.3 *Erprobungen*: Anerkennungstheoretische Perspektiven auf Verantwortung

Im Rahmen dreier Einzelstudien werden die im vorherigen Kapitel entwickelten anerkennungs- und subjektivierungstheoretischen Zugriffe in Bezug auf das Konzept ‚pädagogische Verantwortung' *erprobt*. Dabei wird der Verantwortungsbegriff zum einen als ein historisch gewachsenes, in bestimmter Weise ‚produktives', d.h. subjektivierendes und autorisierendes, Konzept ausgedeutet und in Bezug auf historische Studien in seiner Spezifik herausgestellt. Neben diesem begrifflich-historisierenden Zugriff, der in den ersten beiden Artikeln gewählt wird, widmet sich der dritte Artikel anhand eines adressierungsanalytischen Zugangs dem situierten ‚Doing Verantwortung', d.h. der spannungsvollen Aushandlung von (Nicht-)Verantwortlichkeiten *in actu*. Beide Zugriffe erlauben es in je bestimmter Weise, Antworten auf die zweite eingangs formulierte Fragestellung – *In welcher Weise bringt das Konzept der ‚pädagogischen Verantwortung' je bestimmte Selbst-, Wissens- und Machtverhältnisse und dadurch je spezifische ‚pädagogische' Anerkennungsordnungen hervor?* – zu geben.

Im Artikel *‚Verantwortung' als pastorale Adressierungsformel* wird der historischen Entstehung des pädagogischen Verantwortungsbegriffs nachgegangen: Es wird argumentiert, dass mit ‚Verantwortung' in der reformpädagogischen Ära um 1900 eine neue *Subjektivierungsform* in pädagogisches Denken eingeführt wird, welche pädagogisches Denken, Handeln und Wahrnehmen bis heute maßgeblich prägt. Im sozialgeschichtlichen Kontext von Urbanisierung und Industrialisierung, in der die Erosion sozialer Bindungen und die ‚Freisetzung' des*der Einzelnen beklagt wurde, wird ein zunehmend *säkularisiertes* und zugleich *grundlegend pastoral strukturiertes* Selbstverhältnis von Lehrpersonen verlangt, das sich durch ein ‚Verantwortungsbewusstsein' gegenüber ‚Kind' und ‚Gemeinschaft' auszeichnet. Dieser Paradigmenwechsel in der Adressierungsweise geht einher mit gewandelten unterrichtlichen Praktiken, die verstärkt auf die Selbsttätigkeit von Schüler*innen setzen. Im Rahmen des Artikels wird die im Verantwortungsbegriff implizierte potenzierte Führungsfigur – Lehrpersonen sollen sich selbst in bestimmter Weise führen, um die Selbstführungen der Schüler*innen zu führen – aus einem systematisch-historischen Zugriff als pastorale Machtform ausbuchstabiert. Dabei fokussiert der Artikel exemplarisch auf die programmatische und reformerische Arbeit des Münchner Stadtschulrats Georg Kerschensteiner.

Im Rahmen des zweiten Artikels *Der Verantwortungsbegriff als produktive Delegitimierung des Schulischen* wird argumentiert, dass der Begriff ‚Verantwortung' zu verschiedenen historischen Zeitpunkten zur Delegitimierung von intergenerationalen und damit immer auch schulischen Anerkennungsordnungen bzw. *Autoritätsverhältnissen* verwendet wurde. In einer anerkennungstheoretischen Lesart des zentralen neo-institutionalistischen Arguments wird angenommen, dass die performative Hervorbringung von ‚Legitimität' konstitutiv für das

Überleben von Organisationen ist. Am historischen Gegenstand der ‚Schülermitverantwortung' wird in Bezug auf programmatische Texte der zwei zentralen pädagogischen Reformphasen des 20. Jahrhunderts gezeigt, dass der Verantwortungsbegriff die Legitimität von schulischen Autoritätsverhältnissen und damit immer auch bestimmter schulischer und unterrichtlicher Praktiken grundlegend in Frage stellte. In dieser Delegitimierung kann der Verantwortungsbegriff – im Anschluss an das neo-institutionalistische Argument – ‚produktiv' wirken, weil er Schule und Lehrer*innen unter Legitimierungs- und damit Transformationsdruck setzt. In der Figur der ‚produktiven Delegitimierung' wird ein begriffstheoretischer Zugang zur schultheoretischen Frage nach dem gesellschaftlichen Implikationsverhältnis von Schule vorgeschlagen.

In dem mit Anna Moldenhauer gemeinsam verfassten Beitrag *Sprechen über (Nicht-)Verantwortlichkeiten* wird in einem *qualitativ-empirischen Zugriff* die situierte Hervorbringung von (Nicht-)Verantwortlichkeiten in einem Teamgespräch von Förderpädagoginnen an einer inklusiven Gesamtschule adressierungsanalytisch in den Blick genommen. Im Kontext von Inklusion werden die Grenzen zwischen verschiedenen pädagogischen Professionen – wie die zwischen Regelschullehrer*innen und Förderpädagog*innen – verschoben bzw. grundlegend neu justiert, wodurch Verantwortlichkeiten im Modus eines ‚Doing Verantwortung' (neu) geklärt werden müssen. Mit dem Begriff der ‚Verantwortlichkeit' greifen wir über den häufig gewählten Zuständigkeitsbegriff hinaus, um zu markieren, dass auch professionelle Selbstdeutungen und pädagogische Normative wie bspw. Sorge oder Leistungsorientierung zum Gegenstand situierter Aushandlungsprozesse werden können. Ausgehend von in der Literatur vorliegenden Verhältnisbestimmungen werden Profession(-alität) und Organisation praktikentheoretisch in ihrer gegenseitigen Bezogenheit plausibilisiert. Es wird rekonstruiert, wie sich das Team im Sprechen über (Nicht-)Verantwortlichkeiten als organisierende Gruppe hervorbringt und wie dabei Professionalität, Kollegialität und organisationale Praxis relationiert werden.

3.3.1 ‚Verantwortung' als pastorale Adressierungsformel[227]

Nele Kuhlmann

Einleitung

„Bildungsforscher: ‚*Verantwortung auch für die schwächsten Lerner*'" – so betitelte der *Berliner Tagesspiegel* ein mit Jürgen Baumert geführtes Interview ein gutes Jahrzehnt nach dem wider Erwarten mittelmäßigen Abschneiden deutscher Schüler*innen bei der ersten OECD-PISA-Studie 2001. In dieser pointierten Überschrift wird offenkundig ein Versäumnis von pädagogisch Handelnden konstatiert, welches sich gerade aus einer pädagogischen Perspektive als ein problematisches darstellt: Verantwortung wurde in der Vergangenheit – so der implizite Vorwurf – nur für die ‚starken' bzw. ‚stärkeren' Lernenden übernommen, nicht aber für diejenigen, die es als die ‚Schwächsten' besonders dringend benötigt hätten. Vor dem Hintergrund, dass unter dem ‚PISA-Schock' nicht nur das unterdurchschnittliche Abschneiden deutscher Jugendlicher, sondern auch der (erneut) nachgewiesene enge Zusammenhang zwischen sozioökonomischer Herkunft und Bildungserfolg von deutschen Schüler*innen verhandelt wurde, wird in Baumerts Feststellung einer unzureichenden Verantwortungsübernahme zugleich das Problem der Reproduktion von sozialer Ungleichheit – und dessen (Nicht-)Bearbeitung – aufgerufen. „Um soziale und ethnische Unterschiede zu verkleinern", so Baumert (2010) im Interview, bedürfe es der gezielten Übernahme von Verantwortung in Form von „konsequente[r] Frühförderung" und „Unterstützung für die potentielle Risikogruppe", welche „mit der Geburt" beginnen müsse.

Wie auch an anderer Stelle deutlich wird, nimmt der Verantwortungsbegriff für Baumert eine zentrale Stellung ein, um die durch PISA offengelegten Schieflagen im deutschen Bildungssystem erklären und aktiv bearbeiten zu können. So bezeichnet er etablierte Praktiken wie das Abschulen und Sitzenbleiben oder die Klage von Lehrpersonen über eine schwache Schülerschaft als „Externalisierung von Verantwortung" (Baumert 2003: 222); das „Verantwortungsbewußtsein und Engagement von Lehrkräften" erachtet er als „Ressource" von Schulen (ebd.: 221), welche sinnvoll eingesetzt werden müsse und fordert ein „Ethos der Verantwortung" von Lehrer*innen, welches „die Verantwortung für die Entwicklung eines jeden Schülers" impliziere (ebd.). In dieser Problembestimmung rückt die Professionalisierung von Lehrpersonen, insbesondere im Bereich Diagnose und individualisierter Förderung, als zentrales Instrument in den Fokus, um die

227 Bei diesem Beitrag handelt es sich um eine leicht überarbeitete Fassung des Artikels: Kuhlmann, Nele (2021): ‚Verantwortung' als pastorale Adressierungsformel: Zur Ambivalenz einer pädagogischen Subjektivierungsform. In: Pädagogische Korrespondenz 64, 29–50.

soziale Selektivität des deutschen Schulsystems zu verringern und damit auch der von PISA identifizierten und so bezeichneten ‚Risikogruppe' die Teilhabe am gesellschaftlichen und beruflichen Leben zu ermöglichen. Pointiert formuliert: Würden Lehrpersonen in Deutschland (lernen), ihre Verantwortung für jedes einzelne Kind wahrzunehmen, wäre das Schulsystem *besser* und vor allem *gerechter*. Mit Andreas Schleicher bzw. seinem Buch *World Class: How to build a 21-century School System, Strong Performers and Successful Reformers in Education* können wir ergänzen, dass es genau das ist, was den ‚Spitzenreitern' im PISA-Vergleich gelingt:

> „the Estonian and Finnish systems of accountability are entirely built up from the bottom up. Teacher candidates are selected, in part, based on their capacity to convey their belief in the core mission of public education. The preparation they receive is designed to build a sense of individual responsibility for the learning and well-being of all students in their care" (Schleicher 2018: 98).

Im Rahmen dieses Artikels soll es nicht darum gehen, zu beurteilen, ob der von Baumert und Schleicher angenommene Zusammenhang zwischen Verantwortungsbewusstsein von Lehrpersonen und Leistung von Schüler*innen sowie gesellschaftlicher (Bildungs-)Gerechtigkeit empirisch valide oder argumentativ überzeugend ist, sondern stattdessen um die Frage, welche Rationalitäten und machtvollen Relationierungen sich in dieses Sprechen über pädagogische Verantwortung eingeschrieben haben. Anstelle des prüfenden Nachvollzugs soll also in einer Perspektivverschiebung gefragt werden, wie die heute so selbstverständlich erscheinenden Annahmen über das Verantwortungsbewusstsein von pädagogisch Handelnden und die damit einhergehenden Problem- und Lösungsbestimmungen möglich geworden sind. Für diese Verschiebung wird ein subjektivierungstheoretischer mit einem begriffsanalytischen Zugriff verknüpft und argumentiert, dass die Adressierungsformel ‚Verantwortung' in reformpädagogischen Bewegungen um 1900 im Zusammenspiel mit zeitgenössischen Reformierungen der Volksschule bedeutsam für die breite Durchsetzung einer bestimmten – auch heute noch wirksamen – pädagogischen Subjektivierungsform war. Es soll gezeigt werden, dass der Verantwortungsbegriff in einer ambivalenten Spannung die Möglichkeit bot, sowohl das pädagogische Gewissen, in Form eines ‚Verantwortungsbewusstseins', zu säkularisieren und zugleich pastorale Logiken der fürsorgenden pädagogischen Führung der Führungen zu intensivieren. Damit stellt(e) der Begriff eine für pädagogisch-programmatische Adressierungen typische Verquickung von „governance and self-reflection" her (Hunter 1994: xiv).

Um diese bis heute wirksame Typik des Verantwortungsbegriffs herauszuarbeiten, werde ich in einem *ersten Schritt* subjektivierungstheoretische

Perspektivierungen von ‚Verantwortung' darstellen und diese mit begriffsanalytischen Zugängen verbinden. Mit dem so entwickelten Zugriff wird in einem *zweiten Schritt* die Bedeutsamkeit des pädagogischen Verantwortungsbegriffs um 1900 im Verhältnis zu transnational zu beobachtenden Entwicklungen der Volksschule nachgezeichnet. Dabei werde ich, *drittens*, auf Georg Kerschensteiners reformpädagogische Konzepte sowie sein bildungspolitisches Wirken, insbesondere in Bezug auf Volksschulreformen im Königreich Bayern, eingehen. Als Schlüsselfigur im zeitgenössischen reformpädagogischen Denken wie auch in der bildungspolitischen Durchsetzung neuer Führungsrationalitäten (vgl. Caruso 2003) zeigt Kerschensteiner in pointierter Form, wie der Verantwortungsbegriff mit einer veränderten Subjektivierungsform einhergeht. Vor der Folie dieser Überlegungen werde ich in einem *vierten Schritt* auf die eingangs skizzierten zeitgenössischen post-PISA Verwendungsweisen des Verantwortungsbegriffs zurückkommen, um zu diskutieren, welche Kontinuitäten und damit einhergehenden Resonanzen zwischen Verwendungsweisen durch die vorgenommene Perspektivierung von ‚Verantwortung' sichtbar werden und wie dieser darin deutlich werdenden Problematik Rechnung getragen werden könnte.

I. Subjektivierungstheoretischer Zugriff auf pädagogische Verantwortung

Seit einigen Jahren ist ein erneutes philosophisches, sozial- und erziehungswissenschaftliches Interesse am Konzept der ‚Verantwortung' zu verzeichnen.[228] Dabei werden zum einen Diskussionslinien weitergeführt, welche die Schlüsselstellung von ‚Verantwortung' als relationale Zurechnungskategorie in der Strukturierung menschlicher Interaktion betonen (vgl. Eckert 2016) und darin aus anthropologischer, ethischer oder auch juristischer Perspektive die Bedingungen und Grenzen dieses Prinzips verhandeln (vgl. Sombetzki 2014). Zum anderen – und darin lässt sich das neue Einsetzen der Debatte verstehen – wird die als problematisch markierte Doppelkonjunktur des Begriffs verhandelt: So gilt ‚Verantwortung' auf der einen Seite als ethischer Grundbegriff, der als verbindendes Element verschiedener Ansätze praktischer Ethik die Reflexion des eigenen Handelns leiten soll, und auf der anderen Seite als „Versatzstück neoliberaler Apologetik" (Buddeberg 2016), welches Aktivierungspraktiken in der Arbeitsmarkt-, Bildungs- und Sozialpolitik und dadurch hervorgebrachte Prekarisierungen legitimiert (vgl. Oelkers 2013). In der Auseinandersetzung mit dieser in gleicher Weise auch für den pädagogischen Begriffsgebrauch zu verzeichnenden Zweischneidigkeit von ‚Verantwortung' wird die Frage verhandelt, ob und in welcher Weise zwischen einer ethisch legitimierten und einer problematisch-aktivierenden

228 Vgl. exemplarisch Buddeberg/Vogelmann (2016); Heidbrink et al. (2017); Vock/Wartmann (2017).

Verwendungsweise unterschieden werden kann (vgl. Buddeberg 2016; Sombetzki 2014; Kuhlmann/Ricken 2017).

Im Folgenden wird an subjektivierungstheoretische Perspektivierungen von Verantwortung angeschlossen (vgl. Vogelmann 2014; Alkemeyer 2018), welche gewissermaßen einen Schritt vor dieser Frage einsetzen: In diesem Zugriff wird untersucht, wie der Verantwortungsbegriff Selbst- und Anderenverhältnisse strukturiert und figuriert, sodass er sowohl als ethischer Grundbegriff wie auch als Aktivierungsvokabel wirksam werden kann. Es wird damit genauer danach gefragt, wie sich diejenigen zu sich selbst und anderen relationieren sollen, die mit dem Begriff adressiert werden bzw. welche Subjektivierungsformen mit dem Gebrauch der Adressierungsformel ‚Verantwortung' hervorgebracht werden. Dafür gilt es zunächst zu klären, wodurch sich subjektivierungstheoretische und -analytische Zugänge auszeichnen und in welcher Weise ‚Verantwortung' und spezifischer ‚pädagogische Verantwortung' als *subjektivierender Begriff* gelesen werden kann.

Saar charakterisiert subjektivierungstheoretische Zugänge als Perspektive, „der es um das (konkrete) Werden und Gewordensein von (konkreten) Subjekten" (Saar 2013: 17) und damit um die historisch situierte, in diskursiven Macht-, Wissens- und Selbstpraktiken vollzogene Subjektgenese geht. Werden Subjekte im Anschluss an Foucault nicht als intentional Macht*ausübende*, sondern als *Knotenpunkte* von vielfältigen und ambivalenten Machtrelationen verstanden, so wird insbesondere das „Zusammenspiel von den das Subjekt produzierenden Machtbeziehungen und der Ausbildung eigener Machtbeziehungen durch das so entstandene Subjekt" für eine Analyse von Subjektivierungsprozessen interessant (Vogelmann 2017: 11). Anders formuliert wird subjektivierungstheoretisch danach gefragt, wie aus Individuen Subjekte werden, d. h. wie sie dazu gemacht werden und sich zugleich selbst dazu machen. Dabei beschreibt der Begriff ‚Subjekt' eine bestimmte historisch gewordene „Deutungsfigur", welche darin besteht, „von anderen für sich selbst – in Handlungen und Selbstverständnissen – verantwortlich gemacht [zu] werden und schließlich sich selbst entlang dieser Vorgaben zu verstehen und zu gestalten" (Ricken 2013: 33). Subjektsein zeichnet sich also maßgeblich dadurch aus, dass das Individuum sich als sich selbst *Zugrundeliegendes* versteht und sich dementsprechend das eigene Handeln (moralisch) *zurechnen* lässt und dieses auch von anderen einfordert.[229]

Empirische Subjektivierungsanalysen fragen nun danach, wie dieses moderne Selbstverhältnis je nach (mikro-)kultureller Konstellation spezifisch geformt, historisch und situativ hervorgebracht und gegebenenfalls auch unterlaufen wird

229 Der Verantwortungsbegriff – so ein gängiges Argument – spielte bei der historischen Hervorbringung dieses menschlichen Selbstverständnisses als moralisch Selbsttätige eine bedeutsame Rolle, indem er ein normen-*hervorbringendes* und nicht normen-*folgendes* – wie etwa der Pflichtbegriff – Individuum aufruft (vgl. Bayertz/Beck 2017).

(vgl. Geimer et al. 2019). Dabei unterscheiden sich subjektivierungsanalytische Zugriffe darin, ob sie eher „Subjektivierungs*form[en]*" oder „Subjektivierungs*weise[n]*" in den Blick nehmen (Bührmann 2012): Während erstere bestimmte diskursiv-hervorgebrachte Anrufungs- und Adressierungsfiguren, wie bspw. ‚das unternehmerische Selbst' (vgl. Bröckling 2007) oder die ‚forschende Lehrperson' (vgl. Sitomaniemi-San 2015), rekonstruieren, widmen sich letztere dem situierten, subjektivierenden Vollzug von Praktiken, bspw. verstanden als körperlich vollzogenes, spannungsvolles (Re-)Adressierungsgeschehen (vgl. Reh/Ricken 2012). Bedeutsam ist, dass Subjektivierungsformen und -weisen in einem untrennbaren, empirisch zu rekonstruierenden Verweisungszusammenhang stehen. Historisch gewordene pädagogische Adressierungsfiguren, wie bspw. die Norm der individuellen Förderung, bedingen das, was in schulischen (Re-)Adressierungen sag- und anerkennbar ist und damit welche unterrichtlichen Praktiken *legitimierungsbedürftig* und *-fähig* sind – was natürlich auch vice versa gilt.

Im Folgenden wird vorschlagen, „Verantwortung" als *subjektivierenden Begriff* zu verstehen und damit, wie Vogelmann argumentiert, „etwas in Praktiken Aktives […], das Macht ausübt, Erkenntnisse produziert und Einfluss auf die Subjektivität derer hat, die ‚Verantwortung' gebrauchen oder von ihrem Gebrauch betroffen sind" (Vogelmann 2014: 20). Anders formuliert heißt das, dass Adressierungen, die mit dem Verantwortungsbegriff operieren – wie bspw. „Dafür bist du verantwortlich!", „Wir müssen unserer Verantwortung gerecht werden." – *Selbstverhältnisse, Machtrelationen* und *Wissensordnungen* in spezifischer Weise figurieren. Diese Annahme einer subjektivierenden Wirkung von Verantwortung möchte ich mit Rekurs auf begriffsgeschichtliche Überlegungen plausibilisieren:[230] Dadurch, dass Begriffe, so Reinhart Koselleck (2010), Erfahrungen in bestimmter Weise benennen, kommunizierbar machen und diese Bedeutungen historisch aufschichten, strukturieren sie immer auch Erfahrungsmöglichkeiten. Begrifflicher Wandel ist daher eng mit der Transformation von Selbst- und Weltdeutungen verquickt, wodurch im Entstehen neuer Begriffe sozialer Wandel zum einen *registriert* und zum anderen in bestimmter Hinsicht *vorangetrieben* wird (vgl. ebd.: 99). Subjektivierungstheoretisch gewendet heißt das, dass die Etablierung und Durchsetzung von Begriffen mit der Formation und Transformation von Subjektivierungsformen einhergehen kann; die Zuschreibung, ‚Verantwortung' innezuhaben, justiert das Selbst auf andere Art und Weise als die Vorgabe einer ‚Pflicht' folgen zu sollen. Die subjektivierende Wirkung wird aus dieser Perspektive darin gesehen, dass bei der Begriffsverwendung die in Begriffen konservierten – auch spannungsvoll überlagerten – Subjektivierungsformen in je bestimmter Weise re-aktualisiert und dadurch immer auch *erfahrbar* werden.

230 An dieser Stelle sei angemerkt, dass dieser Beitrag selbst keine begriffsgeschichtliche Analyse betreibt, sondern die Einsichten der Begriffsgeschichte nutzt, um die subjektivierende Wirksamkeit von Begriffen zu herzuleiten.

Im Folgenden soll der Frage nachgegangen werden, welche Subjektivierungsformen im pädagogischen Verantwortungsbegriff ‚gespeichert' sind bzw. konkreter, welche Selbstverhältnisse, Machtrelationen und Wissensordnungen in der Adressierung als ‚verantwortungsvolle Lehrperson' aufgerufen werden.

II. Zur Durchsetzung einer pädagogischen Subjektivierungsform um 1900

Wie Heiner Kilchsperger (1985: 14 ff.) in seiner Analyse zeigt, findet sich das Wort ‚Verantwortung' bzw. ‚Verantwortlichkeit' in pädagogischen Wörterbüchern des 19. Jahrhunderts – wenn überhaupt – als juridischer Term im Sinne eines *stellvertretenden Verantworten* von kindlichem Verhalten und damit zumeist als *Haftpflicht* für die in Obhut stehenden Kinder. Durchschlagskraft als moralisch-ethische Kategorie im pädagogischen Diskurs erlangte der Verantwortungsbegriff in den späten 1920er Jahren vor allem durch die Arbeiten Hermann Nohls (u. a. 1926), der den Begriff aus den pädagogischen Reformbewegungen – der Jugendbewegung, der Arbeitsschulbewegung sowie den Forderungen nach ‚erziehendem' und ‚staatsbürgerlichem' Unterricht – im Umbruch zum 20. Jahrhundert aufgreift (vgl. Kilchsperger 1985: 22 ff.; vgl. auch Kuhlmann/Ricken 2019: 238 ff.).[231]

Im sozialgeschichtlichen Kontext von Urbanisierung und Industrialisierung westlicher Gesellschaften galt die ‚soziale Frage' als Kernproblem, worunter die Verarmungs- und Verelendungsprozesse bestimmter Bevölkerungsgruppen, die wahrgenommene Erosion sozialer Bindungen und die damit einhergehende Freisetzung des Einzelnen verhandelt wurden (vgl. Tröhler 2015). Wie im Folgenden nachgezeichnet werden soll, ist es die spannungsvolle Verkopplung von verschiedenen einschneidenden Umbrüchen und Transformationsprozessen, die die Attraktivität von ‚Verantwortung' verstehbar und das vielschichtige Kondensat im pädagogischen Begriff rekonstruierbar werden lässt. So griffen zeitgenössische Bestrebungen der nationalen Staatenbildung, Semantiken der Krise und Erosion sowie diskursive Verschiebungen in der Fassung von Kindheit und kindlichem Lernen, insbesondere aufgrund der Entstehung psychologisch ausgerichteter Kindheitsforschung (vgl. Eßer/Schröer 2012), je spezifisch ineinander und transformierten die Vorstellung davon, was und wie Schule und Unterricht sein soll und kann. Der damit einhergehende Paradigmenwechsel der Schul- und Lernkultur (vgl. Caruso 2005) ging dabei Hand in Hand mit der Durchsetzung einer Lehrer*innen-Figur, die als Antwort auf ‚die soziale Frage' *im Inneren* der Schüler*innen eine

231 In der sogenannten ‚Meißner-Formel', die beim Ersten Freideutschen Jugendtag 1913 auf dem Hohen Meißner formuliert wurde, bekannten sich die versammelten Jugendgruppen zu einem neuen generationalen Selbstverständnis, dass darin bestehe „vor eigener Verantwortung, mit innerer Wahrhaftigkeit ihr Leben [zu, d. A.] gestalten" (Mogge/Reulecke 1988: 52). Nohl (1926) markiert das Streben nach dieser Eigenverantwortung etwa ein Jahrzehnt später als einheitsstiftendes Moment der Pädagogischen Reformbewegungen.

heilsstiftende Verbundenheit mit ‚der' Gemeinschaft – *ein ‚Gefühl der Verantwortlichkeit'* – hervorbringen sollte (vgl. Baker 1998). Um die Durchsetzung dieser mit dem Verantwortungsbegriff konturierten Subjektivierungsform zu verstehen, wird im Folgenden die transnational zu beobachtenden Entwicklungen der Volksschule aus einer subjektivierungstheoretischen Perspektive skizziert und die Re-Justierung der pastoralen Lehrperson um 1900 nachgezeichnet.

In seinem, im deutschen Kontext kaum zur Kenntnis genommenen Buch *Rethinking School* argumentiert Ian Hunter mit Bezug auf Max Weber und Michel Foucault, dass die moderne (Volks-)Schule seit ihrem Entstehen im 18. Jahrhundert in Preußen ein „amalgam of bureaucratic governance and pastoral pedagogy" darstellt (Hunter 1994: 64), da sie sowohl auf bürokratische Regierungspraktiken mit dem Ziel der nationalstaatlichen *Bevölkerungsregulierung und -disziplinierung* als auch auf christliche Subjektivierungsformen mit dem Ziel des *inneren Seelenheils*, wie der Predigt oder dem Katechismus für die Gruppenunterrichtung, zurückgreift (vgl. auch Caruso 2003: 25). Mit dem Begriff der Pastoralmacht bezieht sich Hunter auf eine Machtform, die Foucault in seiner Genealogie des modernen Staates als konstitutiven Teil *gouvernementaler* Regierungsformen auszeichnet (vgl. Foucault 2004). In der Verbindung von Einzel- und Kollektivführung im Modus des „Führen[s] der Führungen" (Foucault 1987: 255) wird sich sowohl dem Einzelnen in seinem individuellen Wohl zugewendet als auch eine Gemeinschaft aus diesen Einzelnen gestiftet. Die „engen moralischen Bindungen des Hirten an seine Herde" sind dabei die Voraussetzung für das Gelingen der pastoralen Machttechnologie (Bröckling 2017: 20). Dazu gehört, dass die pastorale Machtform „eine Kenntnis des Gewissens und eine Fähigkeit, es zu steuern", dem Hirten abverlangt (Foucault 1982: 248), wobei der „Subjektivierungsimperativ" darin besteht (Bröckling 2017: 24), die Mitglieder einer Herde dazu zu bringen, „sich selbst zu erkunden, auf sich selbst einzuwirken sowie das Sollen und Wollen in Einklang zu bringen" (ebd.). Die Hirten-Metapher macht darin das Operieren von Macht deutlich: In der einfühlenden Erkundung des ‚Inneren' von jedem einzelnen Herdenmitglied, kann der Hirte jede ‚einzelne Seele' in ihrer Selbstführung individualisierend regieren und zugleich auf ein die Einzelnen übersteigendes Heil hin ausrichten. Dies erfordert eine „intensive und permanente Gewissensforschung mithilfe des und durch den Hirten" (Beljan 2014: 284) – und macht darin die Beichte bzw. das Geständnis zur paradigmatischen Führungspraktik.

Nach der Aufklärung wurde diese frühe christliche Figur zunehmend säkularisiert und vom christlichen Kontext abgelöst (Foucault 1982: 249), d.h. die „in den Praktiken der Seelenführung ausgearbeiteten Technologien lös[t]en sich von ihrer Ausrichtung auf das religiöse Heil" (Bröckling 2017: 24; vgl. auch Meyer-Drawe 1996: 656) und die „Agenten der Pastoralmacht" vervielfältigten sich (Foucault 1982: 249). Foucaults Einsatz, dass zentrale Agenten in dieser Ausweitung pastoraler Logiken dabei pädagogische Berufsgruppen waren, wird von Hunter (1994) und anderen mit Bezug auf die transnationale Geschichte von Schule aufgenommen und historisch konkretisiert (vgl. u.a. Baker 1998; Allen 2013). In der Einführung der verpflichtenden Volksschule im 18. und 19. Jahrhundert in westeuropäischen Gesellschaften sieht Hunter die Entstehung eines umfassenden pastoralen Regierungsinstruments, welches sich durch eine spezifische „reciprocity between governance and self-reflection – between the institutions of social administration and those of spiritual discipline" auszeichne (Hunter 1994: xiv–xv). Die erstaunliche Einheitlichkeit der schulischen – in ihrer Form katechetischen – Unterweisungsweisen in verschiedenen im Entstehen begriffenen europäischen Nationalstaaten erklärt er damit, dass religiöse Praktiken wie die Predigt zu den wenigen verfügbaren moralischen Regierungsformen gehörten, welche von den zumeist theologisch ausbildeten Lehrpersonen angewandt werden konnten und zugleich versprachen, problematisierte Bevölkerungsgruppen, wie die arme preußische Landbevölkerung oder die ‚verwahrloste' britische Stadtjugend, in ihrem *Inneren* zu besseren – sprich zu *besser regierbaren* – Menschen zu machen (vgl. ebd.). Im Anschluss daran argumentiert Baker (1998: 161), dass die Beschulung jener als *gefährlich* markierten Bevölkerungsgruppen im Modus eines christlichen „redemptive impulse", also eines religiösen Erlösungsnormativs, legitimiert und mit der Idee eines starken Nationalstaats verbunden wurde.[232] Die damit einhergehende Herausbildung einer pastoralen Lehrer*innen-Subjektform – „the teacher-as-redeemer" (ebd.: 171) oder „the teacherly persona as a sympathetic pastoral guide" (Hunter 1994: 78) – lesen Baker und Hunter daher nicht als ethische Erfolgsgeschichte zunehmender Humanisierung pädagogischer Beziehungen, sondern vielmehr als ein historisch kontingentes Zusammentreffen und Amalgamieren verschiedener – zum einen auf die Regulierung von ganzen Bevölkerungsgruppen und zum anderen auf die Hervorbringung sich selbst moralisch regulierender Einzelner zielenden – Regierungsrationalitäten (vgl. auch Allen 2013: 239; Jones 1990).

In den internationalen pädagogischen Reformbewegungen um 1900 erfuhr die Subjektform ‚pastorale Lehrperson' eine säkularisierte Neu-Justierung, welche mit einer zunehmenden Verwissenschaftlichung im Zuge sich etablierender entwicklungs-, lern- und schulpsychologischer Forschungen verbunden war (vgl. Eßer/Schröer 2012; Baker 1998). Kinder wurden mit Bezug auf biologisch-organische Metaphern als Wesen begriffen, deren eigendynamisches Wachstum erforscht und durch die sanfte Einwirkung auf die kindliche Selbsttätigkeit geleitet werden müsse (vgl. Caruso 2003: 461). Diese Säkularisierung bedeutete allerdings keine Aufhebung pastoraler Regierungstechnologien, sondern im Gegenteil eine Intensivierung, da nun – wie bei der Beziehung zwischen Hirte und Herde – die emotionale Beziehung zwischen Lehrperson und Schüler*innen und die unbedingte Ausrichtung pädagogischer Maßnahmen an der ‚entdeckten'

232 Zum Erlösungsmotiv in deutschsprachigen pädagogischen Diskursen vgl. Osterwalder (1998) und Baader (2002).

Selbsttätigkeit des Kindes zu zentralen Gelingensbedingungen kindlicher Entwicklung erhoben wurden. Zuvor geltende ‚mechanistische' Verständnisse von Lehren und Lernen und damit direktive, auf Hemmung und Gehorsam setzende Unterweisungspraktiken des Klassen*kollektivs* forderten von Lehrpersonen Strenge und ein *ausführendes Pflichtbewusstsein.* Die von Caruso (2005b) als „Spezifikum der Reformpädagogik" um 1900 markierte Wende zu biologistisch fundierten, auf die Selbsttätigkeit des Subjekts setzenden Regierungstechniken verlangte dagegen die aufmerksame Beobachtung und individualisierende Führung der Schüler*innen (vgl. Jones 1990: 61); und somit, dass Lehrpersonen im *Wissen* und *Gefühl der ‚Verantwortlichkeit' für jedes einzelne Kind* situativ-angemessene Entscheidungen treffen sollten.

Die programmatische Ausrichtung des gewünschten ‚Verantwortungsbewusstseins' der Lehrpersonen erfolgte neben der Orientierung am ‚natürlichen Entwicklungsgang' des Kindes entlang der Zielstellung gute Staatsbürger*innen hervorzubringen; hier wird also die von Hunter herausgestellte Verbindung von pädagogisch-pastoraler Ethik und dem Ziel der Bevölkerungsregierung deutlich. Darin lässt sich eine typische Form eines „double object in governing" (Popkewitz 2017: 2) ausmachen: „It is to ‚make' the teacher, and that, in turn, embodies principles that fabricate who the child is, should be" (ebd.). Die verantwortungsvoll-sorgende und mit gewissen Ermessensspielräumen ausgestattete Lehrperson war daher nicht ‚freier' vom staatlich-administrativen Führungsanspruch; vielmehr wird die doppelte Führungsfigur – Führung der Schüler*innen durch die Führung von Lehrpersonen – re-justiert. Wie dieser hier zunächst mit Bezug auf internationale Forschungsliteratur rekonstruierte Paradigmenwechsel pädagogischer Subjektivierungsformen mit dem Verantwortungsbegriff im deutschsprachigen Kontext gleichzeitig registriert und intensiviert wurde, soll im Folgenden am Fall des einflussreichen Reformpädagogen Georg Kerschensteiner gezeigt werden.

III. ‚Verantwortung' als Adressierungsformel in Kerschensteiners Arbeiten

Die Arbeiten Kerschensteiners sind für eine subjektivierungstheoretische Betrachtung des pädagogischen Verantwortungsbegriffs deswegen so interessant, da er als ehemaliger Volksschul- und Gymnasiallehrer, von 1895–1918 amtierender Münchner Stadtschulrat und daran anschließend Honorarprofessor an der Universität München gewissermaßen als Mittler zwischen reformpädagogischer Theorie und Programmatik und deren operativer Umsetzung tätig war. Seine programmatischen Texte – insbesondere zur Arbeitsschulpädagogik und ‚Staatsbürgerlichen Erziehung'[233] – sowie seine reformerischen Tätigkeiten im Königreich Bayern ermöglichen daher in besonderer Weise eine Analyse pädagogischer

233 Vgl. für Kerschensteiners Konzept der ‚Arbeitsschule' und dessen Einfluss auf folgende bildungspolitische Entwicklungen Kötteritz (1981).

Führungslogiken. Carusos (2003: 51) zentrale These ist, dass Kerschensteiners reformerisches Wirken auf einen „Paradigmenwechsel weg von einer Disziplinarmethodik hin zu einer Regulierungsmethodik" im Volksschulunterricht gerichtet war und damit einen spezifisch gelagerten Wandel pädagogischer Subjektivierungsformen forcierte. In der folgenden Analyse wird nach *den begrifflichen Vollzugsformen* dieses Wandels gefragt und untersucht, in welcher Weise der Verantwortungsbegriff Subjektivierungsformen – sowohl legitimatorisch-programmatisch als auch in der operativen, sprich praktischen Hervorbringung von Schule und Unterricht – konturierte.

Den Anlass zu grundlegenden Reformen sieht Kerschensteiner, im Einklang mit zeitgenössischen reformpädagogischen Krisendiagnosen, im gesellschaftlichen Wandel, insbesondere der im Zuge der Industrialisierung entstandenen eintönigen, mechanistischen Arbeitsformen, und der daraus resultierenden Orientierungslosigkeit der Jugend begründet. In dem erstmals 1906 erschienen Aufsatz *Produktive Arbeit und ihr Erziehungswert* konstatiert Kerschensteiner, dass die „unproduktive Arbeit [...] als Sklave der Maschine" den Industriearbeiter*innen einen echten „Lebensinhalt" verwehre (Kerschensteiner 1968 [1906]: 19f.). Die Frage „Welchen Lebensinhalt aber sollen wir geben?" bezeichnet er daraufhin als „die größte Rätselfrage, die heute an dem Wege aller öffentlichen Erziehungspolitik steht" (ebd.: 20f.). Den zu beobachtenden Ablösungsprozess von den Kirchengemeinden beschreibt Kerschensteiner als „Naturgesetz", da die „unveränderliche Formel der Kirchenlehren" denjenigen keine Antwort mehr geben könne, die ihr „Seelenleben selbstständig [...] gestalten" wollen (ebd.: 21). Sein Argument ist, dass die überlieferten religiösen Erlösungsnarrative aufgrund von transformierten Selbstverständnissen und veränderten Lebensbedingungen nicht mehr tragfähig seien und daher die Bildungspolitik neue Wege zur Stiftung individuellen Seelenheils finden müsse.

Wie Baker und Hunter in Bezug auf internationale Reformbewegungen formuliert haben, zeigt sich auch bei Kerschensteiner, dass er pädagogisch Handelnde als *säkularisierte Erlöser*innen* adressiert, welche insbesondere für *prekarisierte Bevölkerungsgruppen* – den „vom tiefsten Elend Gebeugten" (ebd.: 22) – neuen Lebenssinn hervorbringen sollen. Um *diesen* Kindern und Jugendlichen des niederen Schul- und Ausbildungswesens zu helfen, plädiert Kerschensteiner für eine ‚staatsbürgerliche Erziehung' als „Erziehung zur Staats- [...] und Gemeinschaftsgesinnung", welche die „Kardinaltugenden" „moralische[n] Mut, selbstloses Wohlwollen und Verantwortlichkeitsbewußtsein" in der nachkommenden Generation stiften solle (Kerschensteiner 1966a [1901]: 68). Der Verantwortungsbegriff rückt in dieser Argumentation zunehmend in eine Schlüsselstellung,[234] da

234 Anhand der der verschiedenen Auflagen seiner Preisschrift *Staatsbürgerliche Erziehung der deutschen Jugend* von 1901 kann nachgezeichnet werden, dass Kerschensteiner den Verantwortungsbegriff in späteren Auflagen, insbesondere ab der vierten von 1909, zunehmend zentral setzt.

er – so möchte ich argumentieren – auf das „(sozial)pädagogische Grundproblem der Moderne […], wie das Individuum überhaupt mit einer Gesellschaft zu vermitteln sei, in der sich die als ‚organisch' empfundenen Strukturen der ständischen Ordnung aufgelöst hatten", eine Antwort bietet (Eßer 2010: 289). Anders als der zuvor dominante Pflichtbegriff, geht ‚Verantwortung' in dieser Verwendung nicht mehr von der gegebenen Ordnung aus, sondern verlangt von den Individuen, sich eigentätig zur Ordnung zu bekennen und sie dadurch erst zu stiften (vgl. Bayertz 1995: 33 ff.). Das in den Verantwortungsbegriff der Zeit eingeschriebene Gemeinschaftsnarrativ verspricht denen ohne ‚Lebensinhalt' eine Sinnstiftung in der unbedingten (nationalen) Gebundenheit. In der *pädagogisch hervorzubringenden* Gemeinschaft könnten, so Kerschensteiner, sowohl der konstatierte kindliche Drang nach produktiver Selbsttätigkeit als auch dessen Bedürfnis nach sozialer Sinnhaftigkeit befriedigt werden.

Diese gesellschaftstheoretischen Überlegungen waren verbunden mit pädagogischen Programmen, mit denen Kerschensteiner – unter anderem als Münchener Stadtschulrat – einen grundlegenden schul- und lernkulturellen Wandel anstrebte. Der von Caruso ausgemachte Paradigmenwechsel im Königreich Bayern von einer *Disziplinar-* hin zu einer *Regulierung*smethodik vollzog sich als „dreifacher Bruch mit vorhergegangenen Lösungen für die Führung des Unterrichts" (Caruso 2003: 376). Zunächst markiert Caruso einen „epistemologischen Bruch" (ebd.), der in dem bereits angesprochenen Wandel der Fassung von Kindheit bzw. der Subjektivierungsform ‚Kind' im Zuge einer sich etablierenden Entwicklungs-, Lern- und Schulpsychologie bestand (vgl. Eßer/Schröer 2012; Baker 1998). Kerschensteiner (1968 [1906]: 7) formuliert auf Grundlage dieses biologistisch-psychologisch justierten Verständnisses, dass der „normale Entwicklungsprozeß", welchen er als „das allmähliche Wachstum des geistigen Seeleninhaltes" beschreibt, durch die alte ‚Lernschule' „unterbrochen" würde und es daher einer Wende zur ‚Arbeitsschule' bedürfe – sprich einer Schule, die das eigentätige, produktive Arbeiten der Schüler*innen ermögliche. Wie Caruso für Bayern nachzeichnet, gewann die Vorstellung, dass „die pädagogische Regierung als Handhabung des Wachstums" zu verstehen sei, auch auf staatlich administrativer Ebene zunehmend an Einfluss (Caruso 2003: 51); die „Kindernatur, ihre Eigengesetzlichkeit und das Naturgemäße" wurden zu „Hauptkriterien für die Unterrichtsgestaltung" (ebd.: 52). Damit wurde die Subjektivierungsfigur ‚Kind', wie es Eßer (2010: 292) formuliert, zu einem „natürlichen Akteur", sprich zu einem eigenlogisch Selbsttätigen, welchen es in dieser Eigendynamik zu ergründen galt.

Diese Transformation von Wissensordnungen ging mit einer grundlegenden Neujustierung pädagogischer Autorität einher, welche Caruso als *zweiten Bruch* mit dem Bestehenden fasst (vgl. Caruso 2003: 376). Die veränderten Vorstellungen von kindlicher Entwicklung verlangten von Lehrpersonen ein neues „Ethos der Intervention" (ebd.). Es dürfe nicht mehr darum gehen, unpassendes Verhalten zu *unterdrücken*, sondern stattdessen müsse die Eigendynamik der kindlichen

Entwicklung erkundet und ihrer vollständigen Entfaltung im Unterricht *Raum gegeben* werden, um diese für die Stimulation von weiteren Entwicklungsprozessen nutzen zu können. Anstelle einer Ausbildung von Lehrpersonen, „welche nur die Funktion einer Transmission für Wissensübertragung zu erfüllen haben", müssten Lehrpersonen lernen, „die einzelnen kleinen Seelenmotoren ihrer Klasse mit produktiver Arbeitskraft aus ihrem eigenen inneren Vorrate [zu, d. A.] speisen" (Kerschensteiner 1968 [1906]: 9). Lehrpersonen wurden also dafür verantwortlich gemacht, Wissen über den individuellen Entwicklungstand der Schüler*innen hervorzubringen, um ihre didaktische Methode *flexibel am jeweiligen Kind auszurichten* (ebd.: 16). Die darin zunehmend an Kontur gewinnende Subjektivierungsform der verantwortungsbewussten Lehrperson zeichnet sich, wie es Baker (1998: 171 f.) formuliert, also dadurch aus, dass sie nicht länger als „Law*giver*", sondern als „Law*carrier* or *-mediator*" entworfen wird. So sollen Lehrer*innen nicht Wissen- oder Methoden-„vorgebend", sondern den Gesetzen des kindlichen Wachstums entsprechend „nachgehend" agieren (Caruso 2005b: 196).

Davon ausgehend wird auch der *dritte Bruch*, die Transformation der unterrichtlichen Praktiken, verständlich: Um die Heranwachsenden in ihrer Entwicklung erkunden zu können, um daran die führende Intervention anzuschließen, musste den Schüler*innen die Möglichkeit gegeben werden, sich der Lehrperson in ihrer Eigengesetzlichkeit und Art der Selbstregulierung *zeigen* zu können. Kerschensteiner setzte sich daher zum einen für offenere Unterweisungsformen, wie produktives Werkstattarbeiten, freies Zeichnen und Aufsatzschreiben, ein, welche „wertvolles Material" liefern sollte, „um die Kinderseele besser kennen zu lernen" (Caruso 2003: 461). Dieses Wissen – und hier zeigt sich die Intensivierung pastoraler Führungslogiken – sollte dann für die einfühlsame Führung der Selbstregulation des Kindes eingesetzt werden. Zum anderen legte Kerschensteiner ein in seinem Einfluss kaum zu überschätzendes Konzept der ‚Schülerselbstregierung' im Zuge seines Plädoyers für eine staatsbürgerliche Erziehung vor (vgl. Busch 2016: 147). Schüler*innen sollte mit zunehmendem Alter zunehmende „Verantwortlichkeit", bspw. „für die Ordnung im Werkstattbetrieb", übertragen werden, um sie zu „gewöhnen, unter Verantwortlichkeit im Interesse anderer zu handeln" (Kerschensteiner 1966b [1906]: 112).[235] Die so vorgenommene Erweiterung der Handlungsspielräume von Lernenden sollte dabei nicht als *Zurücknahme* eines pädagogischen Führungsanspruches missverstanden, sondern als ein *Wandel* von Regierungslogiken weg von einer direktiven, entlang mechanistischer Metaphern formulierten Führungsfigur hin zu einer indirekten, biologistisch-psychologisch begründeten Führung der kindlichen Selbstführungen aufgefasst werden. Die ‚natürliche' sollte zu einer ‚verantwortungsbewussten'

235 Busch (2016: 147–197) rekonstruiert die kontroverse Diskussion um Kerschensteiners ‚Schülerselbstregierung' bei der (implizit) deutlich wird, dass der Verantwortungsbegriff zunehmend zu einem Schlüsselbegriff in den Debatten avancierte.

Selbsttätigkeit des Kindes werden und sich damit *harmonisch* in ein identitär entworfenes Gemeinschaft- und Staatsideal *einfügen*.[236] Eßer (2010: 291) sieht in dieser entpolitisierenden Harmonie die „Pointe" des Ansatzes Kerschensteiners.

Wie die Subjektivierungsform der ‚verantwortlichen Lehrperson' und das pädagogische Ziel der Hervorbringung verantwortlicher Staatsbürger*innen schließlich ineinandergreifen wird in folgendem Zitat deutlich:

> „In welchem deutschen Schulsystem hat der Gedanke, ein starkes Gefühl der Verantwortlichkeit zu wecken, praktische Gestalt angenommen? Man verwechsle nicht die Pflege der Gewissenhaftigkeit oder des Pflichtgefühls mit der Pflege des Verantwortlichkeitsgefühles. Gewissenhaftigkeit und Pflichttreue kann auch der Sklave besitzen, ohne daß er, der nur die Befehle seines Herrn ausführt, im geringsten das Gefühl der Verantwortlichkeit zu haben braucht. Unseren heutigen wohlreglementierten und uniformierten Schuleinrichtungen mit ihren gebundenen Marschrouten für Lehrer und Schüler, mit ihren starren, unbeweglichen [...] Vorschriften und Lehrpläne bieten keinen Boden für die Entwicklung dieser wundervollen Tugend, die so selten ist und doch so unentbehrlich für ein Volk, das seine Geschichte selbst bestimmen soll." (Kerschensteiner 1968 [1906]: 24)

In dieser Argumentation wird das, was Hunter (1994: xiv) als Amalgam von „governance and self-reflection" bezeichnet, greifbar: Institutionelle und organisationale Führungslogiken von und in Schule werden mit dem moralischen Verantwortungsbewusstsein von Lehrpersonen und Schüler*innen für das ‚deutsche Volk' in ein lineares Verhältnis gesetzt. Schule wird darin als ‚doppeltes' bzw. ineinandergreifendes Führungsproblem lesbar (Popkewitz 2017: 2): In welcher Weise müssen Lehrer*innen bzw. deren Selbstführung geführt werden, damit sie Kinder zur Verantwortlichkeit gegenüber der Staatsgemeinschaft führen können? Wie in dem aufgeführten Zitat deutlich wird, lässt das Verantwortungskonzept eine Kopplung der Führungen von Lehrpersonen und Lernenden im Sinne einer ‚Führung der Führungen der Führungen' zu: Das „Gefühl der Verantwortlichkeit" gegenüber der Gemeinschaft und den ihnen anvertrauten Kindern wird in Lehrpersonen dadurch hervorgebracht, dass sie mehr Handlungs- und Ermessensspielräume erhalten, welche sie wiederum dazu nutzen sollen, ihren Schüler*innen Räume der Selbsttätigkeit zu eröffnen, um dadurch in ihnen ein Verantwortungsbewusstsein gegenüber der Gemeinschaft hervorzubringen. Darin wird ‚Verantwortung' nicht nur zum Ziel, sondern auch zum zentralen Mittel zur Erreichung dieses Ziels, da Verantwortung *übertragen* werden soll.

Zusammenfassend zeigt sich, dass Kerschensteiners ‚Entdeckung der Selbstverantwortung' einen Wandel von Regierungsrationalitäten in seinen

---

236 Für eine Systematisierung des Verhältnisses von ‚Gesellschaft' und ‚Gemeinschaft' in der Reformpädagogik vgl. Rülcker (2013).

programmatischen und bildungspolitischen Arbeiten motivierte. Das individuelle Tun von Lehrpersonen und Lernenden soll durch ein affektiv zu stiftendes Verbundensein auf ein übergeordnetes Ganzes – die Zukunft des ‚deutschen Volkes' – ausgerichtet werden. Die Subjektivierungsform der verantwortungsbewussten Lehrperson ist vor diesem Hintergrund dadurch charakterisiert, dass sie den individuellen kindlichen ‚Entwicklungsgang' zum Ausgang pädagogischer Einwirkung nehmen soll, um die ‚natürliche Selbsttätigkeit' des Kindes in eine Selbstführung im Sinne der Gemeinschaft – sowohl Klassen-, Schul- als auch Volksgemeinschaft – zu überführen. Wie dargelegt, erachtet Kerschensteiner diese Führung insbesondere für von ihm prekarisierte Bevölkerungsgruppen als notwendig, um die „moralisch Schwächsten [...] sittlich [zu] heben" (Kerschensteiner 1968 [1906]: 22). Darin wird eine Unterscheidung vollzogen zwischen denjenigen, die sich ihrer Verantwortlichkeit als sich selbst und ihrem Handeln Zugrundliegende bewusst sind und diese selbsttätig am Wohle der Gemeinschaft ausrichten können, und denjenigen die dafür der pädagogischen Zuwendung, ‚seelischen Erkundung' und leitenden Unterstützung bedürfen. Es werden also insbesondere letztere zum Objekt pädagogischer Verantwortung.

In der Zusammenführung dieser Charakteristika zeigt sich, dass die gewandelten pädagogischen Führungsrationalitäten maßgeblich im Modus einer pastoralen Machtlogik operieren: In der Führung des Schulklassenkollektivs durch die einfühlende Führung der Einzelführungen soll ein neues, säkularisiertes Seelenheil für die gesellschaftlich ‚Zurückgelassenen' im Sinne eines Verantwortungsgefühls gegenüber dem Nationalstaat hervorgebracht werden. Anschließend an die von Foucault in Bezug auf christliche Führungslogiken geprägte Hirten-Metapher wird also die Lehrperson zu einem ‚guten Hirten' (vgl. Baker 1998), der sich sowohl individualisierend um das Wohl der Einzelnen wie auch um das Wohl der gesamten Herde verantwortlich weiß. Der Verantwortungsbegriff ruft in dieser Argumentation zwar ein säkularisiertes Selbstverständnis auf, richtet dieses aber im Sinne eines pastoral-pädagogischen Ethos an der unbedingten Orientierung am (einzelnen) Kind und dem neuen Heilsversprechen der Gemeinschaft aus. Vor dem Hintergrund dieser Rekonstruktion der Subjektivierungsform der ‚verantwortungsbewussten Lehrperson' des beginnenden 20. Jahrhunderts,[237] stellt sich nun die Frage, ob und inwiefern gegenwärtige Verwendungsweisen des pädagogischen Verantwortungsbegriffs an diese Subjektivierungslogiken

237 Dass es sich bei dieser Begriffsverwendung um eine für reformpädagogische Semantiken des beginnenden 20. Jahrhunderts typische Verwendungsweise handelt, zeigen nicht nur zeitgenössische Lexika-Einträge (vgl. bspw. Mosapp 1917: 432), sondern auch programmatische Schriften zur ‚Schülerselbstregierung' (vgl. Foerster 1908; Hepp 1911; Gaggel 1920) sowie schließlich die einflussreiche Rezeption des Begriffs durch Herman Nohl (vgl. Nohl 1926; Kilchsperger 1985; Kuhlmann/Ricken 2017).

anschließen. Dafür kehren wir abschließend zum Ausgangspunkt des Artikels, den Post-PISA-Appellen, zurück.

IV. ,Verantwortung für die schwächsten Lerner' – Kontinuitäten pastoraler Adressierung

Zunächst erscheint es angesichts der geleisteten Begriffsanalyse überraschend, wenn Jürgen Baumert, welcher als empirischer Bildungsforscher wohl kaum unter Verdacht der reformpädagogischen Emphase steht, nach den mittelmäßigen PISA-Ergebnissen deutscher Schüler*innen ein ‚Ethos der Verantwortung' von Lehrpersonen einfordert. Es liegt nahe, die Verwendung des Verantwortungsbegriffs als Legitimierungschiffre zu verstehen, die den angestrebten bildungspolitischen, doch eher technokratisch ausgerichteten Reformen eine pädagogische Note verleihen soll. Dagegen soll im Folgenden gezeigt werden, dass sich die durch den Verantwortungsbegriff erzeugten Resonanzen nicht aus dem *Missbrauch* eines (reform-)pädagogischen Grundbegriffs speisen. Vielmehr werden sie durch die im Begriff kondensierten pastoralen Subjektivierungslogiken erzeugt, welche in zeitgenössischen Semantiken neuer Steuerung in spezifischer Weise *aktualisiert* und in der Adressierung an Lehrer*innen *mobilisiert* werden. Darin operiert der Verantwortungsbegriff als ein zentrales Verbindungsstück in der von Johannes Bellmann und Florian Waldow (2007) so bezeichneten „merkwürdige[n] Ehe zwischen technokratischer Bildungsreform und emphatischer Reformpädagogik", da er seit seiner Etablierung in der Breite der pädagogischen Programmatik immer zugleich administrative Steuerung und ethische (Selbst-)Führung aufruft. Um diese Verbindung zu konkretisieren, werde ich im Weiteren *drei historische Kontinuitäten* im Vergleich zwischen den Verwendungsweisen von ‚Verantwortung' um 1900 und den Post-PISA-Semantiken herausarbeiten: Der Begriff operierte und operiert (a) als *Individualisierungs-* und *Bekenntnisimperativ*, (b) als pädagogisch wie bildungspolitisch zu nutzende *Steuerungsressource* sowie (c) als *Kopplung von pastoraler und bevölkerungs-regulierender Regierungsformen.*[238]

a) Im nachgezeichneten Paradigmenwechsel um 1900 wird die Vorstellung auch schulpädagogisch dominant, dass Kinder, um ihnen eine naturgemäße Entwicklung zu ermöglichen und sie zugleich in die (Volks-)Gemeinschaft einzufügen, genauestens gekannt werden müssen. Die in gewisser Hinsicht komplementäre und zugleich analoge Subjektivierungsform der verantwortungsbewussten Lehrperson soll am einzelnen Kind ansetzen, in (außer-)unterrichtlichen

---

238 Dabei ist deutlich zu markieren, dass es sich in der exemplarisch fokussierten Analyse um einen *ersten* Bestimmungsversuch handelt, welcher durch die Gegenüberstellung von zwei historischen Zeitpunkten historische Kontinuitäten notwendig *überpointiert* und dadurch die Umkämpftheit pädagogischer Semantiken sowie die damit immer auch verbundenen synchronen und diachronen Brüche nicht fassen kann.

Praktiken möglichst umfassendes Wissen erzeugen und für die Führung der Führungen nutzbar machen; zugleich soll – ganz im Sinne der Hirten-Figur – ein soziales Ganzes gestiftet werden. Um diese Aufgabe erfüllen zu können, muss auch die Lehrperson in bestimmter Weise geführt und zu einer bekenntnishaften Arbeit am eigenen Selbst ermutigt werden. Linien dieser subjektivierenden Logiken der bekennenden Lernenden- und Lehrenden-Subjekte zeigen sich heute unter gewandelten Begrifflichkeiten und veränderten epistemischen Registern: So wird auf der einen Seite die mit dem Appell der pädagogischen Verantwortung verbundene Forderung nach umfassender, möglichst früh einsetzender und regelmäßiger Diagnostik mit Bezug auf die psychologisch ausgerichtete, empirische Lehr-Lern-Forschung autorisiert (vgl. Bellmann 2011: 201). Die durch das gewonnene Wissen ermöglichte individuelle und individualisierende Förderung soll Schüler*innen insbesondere in der Entwicklung von Meta-Kompetenzen wie der eigenverantwortlichen ‚Selbstregulierung' unterstützen (vgl. Schleicher 2018: 98–101). Komplementär dazu stellt die reflexive und bekenntnishafte Selbstführung der Lehrer*innen die zentrale Zielstellung der Lehrkräftebildung dar (vgl. Fendler 2003; Reh 2003). In diesem Ineinandergreifen von subjektivierenden Führungslogiken zeigt sich heute wie um 1900 der mit dem Verantwortungsbegriff einhergehende Individualisierungs- und Bekenntnisimperativ.

b) Kerschensteiners (1966 [1906]: 24) Forderung, Lehrpersonen mehr „Bewegungsfreiheit" zuzugestehen, um mehr (Selbst-)Verantwortung zu ermöglichen, erscheint im Kontext von immer wieder geführten Debatten um Schulautonomie seltsam aktuell (vgl. Heinrich 2006). Implizit – bzw. bisweilen auch sehr explizit (vgl. Baumert 2003: 221) – wird das Verantwortungsgefühl von Lehrpersonen als zentrale *Steuerungsressource* entworfen, welches in unterschiedlichen Formen der Schulsteuerung je unterschiedlich nutzbar bzw. überhaupt erst hervorgebracht wird; es wird – so kann man an affekttheoretische Arbeiten anschließen – zu einem ‚Objekt' und ‚Ziel' bildungspolitischer Interventionen (vgl. Anderson 2014: 4). Während argumentiert wird, dass es insbesondere den ‚PISA-Spitzenreitern' gelänge, „a sense of individual responsibility for the learning and well-being of all students in their care" zu stiften (Schleicher 2018: 98), wird der Mangel an Verantwortungsbewusstsein in Deutschland zu einer zentralen Erklärung des schlechten Abschneidens. In dieser responsibilisierenden Argumentation werden Lehrpersonen zum Problem und zugleich zur antizipierten Lösung: ‚Professionalisierung' stellt in dieser Logik – gegenüber Strukturreformen, wie bspw. der Aufschiebung von frühen Selektionsentscheidungen – den Weg der Wahl dar. Insgesamt zeigt sich eine eigentümliche Figur, die zum einen auf „bottom-up"-Logiken setzt (ebd.), d.h. für mehr Eigenverantwortung für Einzelschulen und die Kollegien plädiert, und zugleich das ‚*Wofür*' des Engagements von Lehrpersonen, bspw. anhand operationalisierten Kompetenzstufen, dezidiert vorgibt. In der Verantwortlichmachung von Lehrpersonen wurde und wird also suggeriert, dass *unkontrovers* gegeben sei, was im Kontext von pluralisierten Lebensentwürfen und politischen Aushandlungsprozessen schlicht nicht gegeben sein kann, nämlich was und wie Schüler*innen lernen müssen, um zukünftig einen ‚gesellschaftlichen Beitrag' leisten zu können (vgl. Forster 2014). Dadurch, dass diese Setzung als Setzung in der Verantwortlichmachung selbst zugleich unsichtbar gemacht wird, operiert der Verantwortungsbegriff *entpolitisierend*. Wer schließlich kann ernsthaft dagegen argumentieren, dass Lehrpersonen ein Verantwortungsbewusstsein für das Lernen ihrer Schüler*innen besitzen sollten und dieses durch mehr Handlungs- und Entscheidungsspielräume gestärkt werden sollte (vgl. Bellmann/Waldow 2007: 492)?

c) Der antizipierte ‚gesellschaftliche Beitrag' wird zudem in Bezug auf *bestimmte* Lernende grundsätzlich in Frage gestellt: Waren es um 1900 die Kinder von Industriearbeitenden, die einer besonderen pädagogischen Verantwortungsübernahme bedurften, um nicht zu einer ‚Gefahr für die Gemeinschaft' zu werden (vgl. Baker 1998: 161); so bringt auch der nicht erst seit PISA prominente Begriff der ‚Risikogruppe' unmissverständlich die Notwendigkeit einer pädagogischen Intervention in Bezug auf *bestimmte*, anhand von statistischen Parametern identifizierbare Schüler*innen hervor (vgl. Brown 2016; Forster 2014: 899 f.). Popkewitz (2017: 40) bezeichnet diese mit umfassender Krisensemantik einhergehende Logik als „populational reasoning", welche sich durch eine „double gesture of hope and fear" (S. 25), d.h. der gleichzeitigen Hervorbringung von pädagogischen Wirksamkeitshoffnungen und potenziellen ‚Bedrohungen' für die Gesellschaft, auszeichne. „Children", so Popkewitz weiter (S. 50), „are seen as members of statistical groups [...] that require self-discipline through the intervention of teachers who monitor, supervise, and discipline them ‚for their own good'". In der Identifikation von „Prädiktoren für die Gefährdung von Kindern und Jugendlichen" werden „psychologische Diagnostik, Pädagogik und politische Steuerung" in kaum hinterfragbarer Weise miteinander verwoben (Forster 2014: 899). Ein Verbindungsstück kann dabei – um 1900 wie heute – in der Adressierungsformel der pädagogischen Verantwortung gesehen werden: Diese Verantwortung verlangt von Lehrpersonen nicht nur, anhand von erhobenem (diagnostischen) Wissen individualisierend zu führen, sondern auch, dass sie *antizipativ* ‚Risikoschüler*innen' erkennen und im Sinne einer säkularisierten Rettungsfigur intervenieren. Hier verknüpfen sich pastorale mit bevölkerungsregulierenden Logiken, da die Antizipation und frühzeitige Intervention – am besten ab „Geburt" (Baumert 2010) – nur auf statistisch-probabilistischer Rationalität beruhen kann.[239] Dadurch, dass pädagogische Verantwortung zur *vorwegnehmenden Risikovermeidung* wird, werden bestimmte Kinder und Jugendliche im pädagogischen Zugriff immer auch als gesellschaftliches Risiko hervorgebracht.

239 Vgl. für die Entstehung dieser biopolitischen Logiken in reformpädagogischen und erziehungswissenschaftlichen Diskursen Grabau (2013).

Darin wird nicht zuletzt die weitere Datenerhebung und pädagogische (Dauer-)Intervention legitimiert.

V. Fazit

Im Rahmen dieses Beitrags wurde der Versuch unternommen, die gegenwärtig so omnipräsente Adressierungsformel ‚Verantwortung' aus einer subjektivierungstheoretischen Perspektive zu problematisieren: Anhand eigener begrifflicher Analysen sowie der vorgenommenen Perspektivierung und Zusammenführung von z. T. im deutschsprachigen Kontext bisweilen selten rezipierten Studien, wurden die im Begriff eingeschriebenen pastoralen Subjektivierungsformen und damit einhergehende responsibilisierende, entpolitisierende und differenzerzeugende Logiken herausgearbeitet. Die vorliegende Rekonstruktion versteht sich damit als ein Beitrag einer „Archäologie des pädagogischen Blicks und einer Genealogie pädagogischer Machttechniken" (Meyer-Drawe 1996: 663), deren Ziel es ist, „die affirmierende Kraft scheinbar unschuldiger Humanitätsideale für pädagogische Theorie und Praxis zu zersetzen, um Transformationen der Macht kenntlich zu machen und dadurch der Kritik zu öffnen" (ebd.). In der Sichtbarmachung der vielfältigen im Verantwortungsbegriff kondensierten Problemkonstellationen soll dabei nicht nahegelegt werden, dass der Begriff auf dieses pastorale Erbe festgelegt sei. Vielmehr soll so die Möglichkeit eröffnet werden, in ein Ringen *mit* und *um* ‚pädagogische Verantwortung' einzutreten (vgl. Kuhlmann 2021). Die Frage nämlich, wie ausgehend von den vorliegenden Bestimmungen ein ‚*Anders*'-Denken, -Sprechen und -Wahrnehmen von und über Verantwortung diesseits pastoraler Schließungen möglich sein kann, bleibt angesichts der konstitutiven Legitimationsbedürftigkeit des Pädagogischen nicht nur erziehungspraktisch weiterhin überaus virulent (vgl. Wimmer 2006: 12).

Für diese Suche nach einem Verantwortungsdenken diesseits pastoraler Adressierungen bietet zum einen das *Phänomen* der pädagogischen Verantwortung einen zentralen Einsatzpunkt, da es als ein ethisches Angesprochensein durch Andere immer auch die Unverfügbarkeit und Intransparenz von Selbst- und Anderenverhältnissen – und darin gerade die Nicht-Steuerbarkeit des Sozialen – erfahrbar macht (vgl. Meyer-Drawe 1992; Kuhlmann 2021). Zum andern lässt sich auch in der Geschichte des pädagogischen Denkens eine für die pädagogische Programmatik nie dominant gewordene Linie einer *responsiven* Verantwortungsfassung rekonstruieren, die die verfügende Logik pastoraler Regierung grundlegend durchkreuzt: So formuliert Eberhard Grisebach etwa zeitgleich zu Nohls Aufgreifen der reformpädagogischen Semantik, dass die pädagogische „Verantwortlichkeit" darin bestehe, dass Erziehende nicht über ihre „Grenzen" hinausgehen, dass das „du niemals über[gangen], die Ansprüche des Ichs nicht vorangestell[t], das Du nicht absolut zu beherrschen versuch[t]" werden sollte

(Grisebach 1926: 320). In dieser Fassung stellt sich das Problem pädagogischer Verantwortung also maßgeblich als Frage danach, wie pädagogisches Handeln – trotz der ihm strukturell eingeschriebenen Entgrenzungstendenzen und Führungsfantasien – auf seine Grenzen hin befrag- und bearbeitbar bleiben kann. Diese darin gegenüber pastoralen Adressierungslogiken vollzogene Perspektivverschiebung erscheint gerade in Zeiten umfassender pädagogischer Steuerungsversprechen überaus lohnend.

Literatur

Alkemeyer, Thomas (2018): Reflexion der Beiträge. Verantwortung als Komplizenschaft oder als gesellschaftskritischer Gegenentwurf? In: Anna Henkel/Nico Lüdtke/Nicolaus Buschmann/Lars Hochmann (Hg.): Reflexive Responsibilisierung. Verantwortung für nachhaltige Entwicklung. Bielefeld: transcript, 411–418.

Allen, Ansgar (2013): The Examined Life: On the Formation of Souls and Schooling. In: American Educational Research Journal 50 (2), 216–250.

Andersen, Ben (2014): Encountering Affect. Capacities, Apparatuses, Conditions. Farnham/Burlington: Ashgate.

Baader, Meike Sophia (2002): Erziehung als Erlösung. Religiöse Dimensionen der Reformpädagogik. In: Zeitschrift für pädagogische Historiographie VIII, 89–97.

Baker, Bernadette (1998): Child-centered Teaching, Redemption, and Educational Identities. A History of the Present. In: Educational Theory 48 (2), 155–174.

Baumert, Jürgen (2003): Transparenz und Verantwortung. In: Nelson Killius/Jürgen Kluge/Linda Reisch (Hg.): Die Bildung der Zukunft. Frankfurt am Main: Suhrkamp, 213–228.

Baumert, Jürgen (22.06.2010): Verantwortung auch für die schwächsten Lerner. In: Der Tagesspiegel, 22.6.2010.

Bayertz, Kurt (1995): Eine kurze Geschichte der Herkunft der Verantwortung. In: Kurt Bayertz (Hg.): Verantwortung. Prinzip oder Problem? Darmstadt. Wissenschaftliche Buchgesellschaft, 3–71.

Bayertz, Kurt/Beck, Birgit (2017): Der Begriff der Verantwortung in der Moderne: 19.–20. Jahrhundert. In: Ludger Heidbrink/Claus Langbehn/Janina Loh (Hg.): Handbuch Verantwortung. Wiesbaden: Springer VS, 133–148.

Beljan, Magdalena (2014): Regierung. In: Clemens Kammler/Rolf Paar/Ulrich Johannes Schneider/Elke Reinhardt-Becker (Hg.): Foucault Handbuch. Leben – Werk – Wirkung. Stuttgart: J. B. Metzler, 284–286.

Bellmann, Johannes (2011): Jenseits von Reflexionstheorie und Sozialtechnologie. Forschungsperspektiven Allgemeiner Erziehungswissenschaft. In: Johannes Bellmann/Thomas Müller (Hg.): Wissen, was wirkt. Kritik evidenzbasierter Pädagogik. Wiesbaden: Springer VS, 197–214.

Bellmann, Johannes/Waldow, Florian (2007): Die merkwürdige Ehe zwischen technokratischer Bildungsreform und emphatischer Reformpädagogik. In: Bildung und Erziehung 60 (4), 481–503.

Bröckling, Ulrich (2007): Das unternehmerische Selbst. Soziologie einer Subjektivierungsform. Frankfurt am Main: Suhrkamp.

Brown, Keffrelyn D. (2016): After the "At-Risk" Label. Reorienting Educational Policy and Practice. Amsterdam/New York: Teachers College Press.

Buddeberg, Eva (2016): Verantwortung: Existenzial oder Versatzstück neoliberaler Apologetik? In: Deutsche Zeitschrift für Philosophie 64 (2), 232–245.

Buddeberg, Eva/Vogelmann, Frieder (2016): Schwerpunkt: Verantwortung – ein umkämpfter Begriff. In: Deutsche Zeitschrift für Philosophie 64 (2), 228–231.

Bührmann, Andrea (2012): Das unternehmerische Selbst: Subjektivierungsform oder Subjektivierungsweise? In: Reiner Keller/Werner Schneider/Willy Viehöver (Hg.): Diskurs – Macht – Subjekt. Theorie und Empirie von Subjektivierung in der Diskursforschung. Wiesbaden: Springer VS, 145–164.

Busch, Matthias (2016): Staatsbürgerkunde in der Weimarer Republik. Genese einer demokratischen Fachdidaktik. Bad Heilbrunn: Klinkhardt.
Caruso, Marcelo (2003): Biopolitik im Klassenzimmer. Zur Ordnung der Führungspraktiken in den Bayerischen Volksschulen (1869–1918). Weinheim/Basel/Berlin: Beltz.
Caruso, Marcelo (2005a): Inadäquation und Pädagogik. Von den Techniken der Produktion des Subjekts. In: Dietrich Benner (Hg.): Erziehung – Bildung – Negativität. Weinheim/Basel: Beltz, 121–133.
Caruso, Marcelo (2005b): Über das Spezifikum der Reformpädagogik. Wachstumsleitung, organische Ordnung und die Zäsur Kerschensteiner in der Münchener Lehrplan- und Methodenpolitik (1895–1919). In: Jahrbuch für historische Bildungsforschung 11, 181–210.
Eckert, Julia (2016): Tugend, Recht und Moral: Tendenzen der Verantwortungszuschreibung. In: Deutsche Zeitschrift für Philosophie 64 (2), 246–257.
Eßer, Florian (2010): Imaginationen kindlicher Selbsttätigkeit in pädagogischen Entwürfen um 1900. In: Diskurs Kindheits- und Jugendforschung (3), 283–294.
Eßer, Florian/Schröer, Wolfgang (2012): Der kindliche „Entwickelungsgang". Kinderforschung und Sozialpädagogik um 1900. In: Florian Bernstorff/Alfred Langewand (Hg.): Darwinismus, Bildung, Erziehung. Historische Perspektiven auf das Verhältnis von Evolution und Pädagogik. Berlin. LIT Verlag, 113–129.
Fendler, Lynn (2003): Teacher Reflection in a Hall of Mirrors: Historical Influences and Political Reverberations. In: Educational Researcher 32 (3), 16–25.
Forster, Edgar (2014): Kritik der Evidenz. Das Beispiel evidence-informed policy research der OECD. In: Zeitschrift für Pädagogik 60 (6), 890–907.
Foucault, Michel (1987): Das Subjekt und die Macht. In: Paul Rabinow/Hubert L. Dreyfus (Hg.): Michel Foucault. Jenseits von Strukturalismus und Hermeneutik. Frankfurt am Main: Athenäum, 241–261.
Foucault, Michel (2004): Geschichte der Gouvernementalität II. Die Geburt der Biopolitik. Frankfurt am Main: Suhrkamp.
Geimer, Alexander/Amling, Steffen/Bosančić, Saša (Hg.) (2019): Subjekt und Subjektivierung. Empirische und theoretische Perspektiven auf Subjektivierungsprozesse. Wiesbaden: Springer VS.
Grabau, Christian (2013): Leben machen. Pädagogik und Biomacht. München: Wilhelm Fink.
Grisebach, Eberhard (1924): Die Grenzen des Erziehers und seine Verantwortung. Halle: Niemeyer.
Heidbrink, Ludger/Langbehn, Claus/Loh, Janina (Hg.) (2017a): Handbuch Verantwortung. Wiesbaden: Springer VS.
Heinrich, Martin (2006): Autonomie und Schulautonomie. Die vergessenen ideengeschichtlichen Quellen der Autonomiedebatte der 1990er Jahre. Münster: MV-Verlag.
Hunter, Ian (1994): Rethinking the school. Subjectivity Bureaucracy Criticism. St. Leonards: Allen&Unwin.
Jones, Dave (1990): The genealogy of the urban schoolteacher. In: Stephen J. Ball (Hg.): Foucault and Education. Disciplines and Knowledge. London/New York. Routledge, 57–78.
Kerschensteiner, Georg (1966a): Die drei Grundlagen für die Organisation des Fortbildungswesens. In: Gerhard Wehle (Hg.): Georg Kerschensteiner. Berufsbildung und Berufsschule. Paderborn. Ferdinand Schöningh Verlag, 105–115.
Kerschensteiner, Georg (1966b): Staatsbürgerliche Erziehung der deutschen Jugend. In: Gerhard Wehle (Hg.): Georg Kerschensteiner. Berufsbildung und Berufsschule. Paderborn. Ferdinand Schöningh Verlag, 5–88.
Kerschensteiner, Georg (1968): Produktive Arbeit und ihr Erziehungswert. In: Gerhard Wehle (Hg.): Georg Kerschensteiner. Texte zum pädagogischen Begriff der Arbeit und zur Arbeitsschule. Paderborn. Ferdinand Schöningh Verlag, 5–25.
Kilchsperger, Heiner (1985): Pädagogische Verantwortung. Studien zur Geschichte der Pädagogik und Philosophie der Erziehung. Bern, Stuttgart: Haupt Verlag.
Koselleck, Reinhart (2010): Stichwort: Begriffsgeschichte. In: Reinhart Koselleck (Hg.): Begriffsgeschichten. Studien zur Semantik und Pragmatik der politischen und sozialen Sprache. Frankfurt am Main: Suhrkamp, 99–102.
Kötteritz, Eike-Volkmar (1981): Georg Kerschensteiners Arbeitsschule und die Arbeitslehre der Gegenwart. Eine vergleichende Untersuchung. Köln, Wien: Böhlau Verlag.

Kuhlmann, Nele (2021): Zur Ermöglichung und Verunmöglichung ethischer Ansprechbarkeit. Ein Ringen mit und um ‚Verantwortung'. In: Martin Karcher/Severin Sales Rödel (Hg.): Lebendige Theorie. Hamburg. Textem, 129–142.
Kuhlmann, Nele/Ricken, Norbert (2019): Verantwortung und Kindheit. In: Johannes Drerup/Gottfried Schweiger (Hg.): Handbuch Philosophie der Kindheit. Stuttgart. J. B. Metzler, 236–243.
Meyer-Drawe, Käte (1992): Nachdenken über Verantwortung. In: Peter Fauser/Käte Meyer-Drawe (Hg.): Verantwortung. Seelze. E. Friedrich Verlag, 14–16.
Meyer-Drawe, Käte (1996): Versuch einer Archäologie des pädagogischen Blicks. In: Zeitschrift für Pädagogik 42 (5), 655–664.
Mogge, Winfried/Reulecke, Jürgen (1988): Hoher Meißner 1913. Der Erste Freideutsche Jugendtag in Dokumenten, Deutungen und Bildern. Köln: Wissenschaft und Politik.
Mosapp, H. (1917): Verantwortung (Verantwortlichkeit). In: Ernst M. Roloff (Hg.): Lexikon der Pädagogik. Fünfter Band: Sulzer bis Zynismus. Freiburg im Breisgau. Herdersche Verlagshandlung, 430–432.
Nohl, Herman (1926): Die Einheit der Pädagogischen Bewegung. In: Erziehung 1, 57–61.
Oelkers, Nina (2013): Responsibilisierung oder Verantwortungsaktivierung in der Sozialen Arbeit. In: Nina Oelkers/Martina Richter (Hg.): Aktuelle Themen und Theoriediskurse in der Sozialen Arbeit. Frankfurt am Main: Peter Lang Verlag, 163–175.
Osterwalder, Fritz (1998): Der Erzieher als nationaler Prophet. Nation, Seele, Kind und Entwicklung – liberale Theologie als Kontext der deutschen Reformpädagogik. In: Tobias Rülcker/Jürgen Oelkers (Hg.): Politische Reformpädagogik. Berlin/Frankfurt am Main: Peter Lang, 125–149.
Popkewitz, Thomas (2017): Teacher Education and Teaching as Struggling for the Soul. A Critical Ethnography. New York/London: Routledge Taylor and Francis Group.
Reh, Sabine (2003): Berufsbiographische Texte ostdeutscher Lehrer und Lehrerinnen als „Bekenntnisse". Interpretationen und methodologische Überlegungen zur erziehungswissenschaftlichen Biographieforschung. Bad Heilbrunn: Julius Klinkhardt.
Reh, Sabine/Ricken, Norbert (2012): Das Konzept der Adressierung. Zur Methodologie einer qualitativ-empirischen Erforschung von Subjektivation. In: Ingrid Miethe/Hans-Rüdiger Müller (Hg.): Qualitative Bildungsforschung und Bildungstheorie. Opladen. Budrich, 35–56.
Ricken, Norbert (2013): Zur Logik der Subjektivierung. Überlegungen an den Rändern eines Konzepts. In: Andreas Gelhard/Thomas Alkemeyer/Norbert Ricken (Hg.): Techniken der Subjektivierung. München: Fink, 29–47.
Rülcker, Tobias (2013): Gemeinschaft und Gesellschaft. In: Wolfgang Keim/Ulrich Schwerdt (Hg.): Handbuch der Reformpädagogik in Deutschland. (1890–1933). Frankfurt am Main: Peter Lang, 533–558.
Saar, Martin (2013): Analytik der Subjektivierung. Umrisse eines Theorieprogramms. In: Andreas Gelhard/Thomas Alkemeyer/Norbert Ricken (Hg.): Techniken der Subjektivierung. München: Fink, 17–27.
Schleicher, Andreas (2018): World Class. How to build a 21st-century school system, Strong Performers and Successful Reformers in Education. Paris: OECD Publishing.
Sitomaniemi-San, Johanna (2015): Fabricating the Teacher as Researcher. A Genealogy of Academic Teacher Education in Finland. Tampere: Juvenes Print.
Sombetzki, Janina (2014): Verantwortung als Begriff, Fähigkeit, Aufgabe. Eine Drei-Ebenen-Analyse. Wiesbaden: Springer VS.
Tröhler, Daniel (2015): The Construction of Society and Conceptions of Education. Comparative Visions in Germany, France, and the United States Around 1900. In: Thomas S. Popkewitz (Hg.): The "Reason" of Schooling. Historicizing Curriculum Studies, Pedagogy, and Teacher Education. New York. Routledge, 21–39.
Vock, Sarah/Wartmann, Robert (Hg.) (2017): Ver-antwortung. Im Anschluss an poststrukturalistische Einschnitte. Paderborn: Ferdinand Schöningh Verlag.
Vogelmann, Frieder (2014): Im Bann der Verantwortung. Frankfurt am Main: Campus.
Vogelmann, Frieder (2017): Foucault lesen. Wiesbaden: Springer VS.
Wimmer, Michael (2006): Dekonstruktion und Erziehung. Studien zum Paradoxieproblem in der Pädagogik. Bielefeld: transcript.

3.3.2 Der Verantwortungsbegriff als produktive Delegitimierung des Schulischen[240]

Nele Kuhlmann

Einleitung

Die in der Philosophie aufgeworfene und kontrovers diskutierte Frage, ob es sich bei dem Begriff ‚Verantwortung' um ein ethisches „Existenzial oder [ein] Versatzstück neoliberaler Apologetik" handelt (Buddeberg 2016), scheint auch aus einer erziehungswissenschaftlichen Perspektive überaus berechtigt. So zählt ‚Verantwortung' einerseits seit gut einem Jahrhundert zu den grundlegenden Begriffen pädagogischer Ethik und damit zum Kern pädagogisch-normativer Selbstdeutungen; andererseits wird der Begriff seit den 1990er Jahren und spätestens nach PISA 2001 in Diskussionen zur Schulautonomie als ‚Aktivierungsvokabel' kritisiert, die im Verdacht steht, Risiken und Misserfolge individualisierend zuzuschreiben (vgl. Lehmann-Rommel 2004; Kuhlmann/Ricken 2017: 139 ff. [Kapitel 3.1.3]). Diese Tendenz trifft – wie Bellmann und Waldow (2007) herausarbeiten – auch auf andere pädagogische Grundbegriffe zu: ‚Verantwortung', ‚Autonomie' oder ‚Partizipation' statten – so ihre These – technokratische Bildungsreformen mit reformpädagogischer Emphase aus und unterlaufen in dieser „merkwürdige[n] Ehe" (ebd.) klassische Frontstellungen in schulpädagogischen und bildungspolitischen Debatten (ebd.: 485). Die Autoren schlagen mit Bezug auf neo-institutionalistische Ansätze der Organisationssoziologie – und dem in dieser Theorierichtung zentralen *Legitimitäts*begriff (vgl. Deephouse/Suchman 2008) – vor, „einmal nicht danach zu fragen, welche *Leistungen* die geforderten Reformen tatsächlich konkret erbringen bzw. erbringen sollen, sondern wie sie sich *legitimieren*" (ebd.: 494) und – so würde ich ergänzen – wie sie gleichzeitig den Status Quo von Schule *delegitimieren.*

Im vorliegenden Artikel werde ich der von Bellmann und Waldow vorgeschlagenen Perspektivverschiebung folgen und in Bezug auf neo-institutionalistische Argumentationen eine Figur herausarbeiten: Ich möchte vorschlagen, je bestimmte pädagogisch-emphatische Begriffe als *produktive Delegitimierung des Schulischen* zu lesen, da diese je spezifische, historisch gewachsene Normative, insbesondere normative Erwartungen an Schule und damit immer auch verbundene Narrative der Schulkritik, d. h. Formen der pädagogisch-legitimierten Delegitimierung aufrufen (können). Für diese Perspektivierung bietet sich insbesondere der Verantwortungsbegriff an. Um diese These zu plausibilisieren,

240 Bei diesem Beitrag handelt es sich um eine leicht überarbeitete Fassung des Artikels Kuhlmann, Nele (2020): Der Verantwortungsbegriff als produktive Delegitimierung des Schulischen. In: Claudia Fahrenwald/Nicolas Engel/Andreas Schröer (Hg.): Organisation und Verantwortung. Jahrbuch der Selektion Organisationspädagogik. Wiesbaden: Springer VS 125–138.

werde ich zunächst die Figur der *produktiven Delegitimierung* mit organisationstheoretischen Bezügen ausschärfen (I). Anschließend werde ich anhand von zwei für die Begriffsentwicklung bedeutsamen historischen Zeitspannen – das Aufkommen des Verantwortungsbegriffs in pädagogischen Diskursen Anfang des 20. Jahrhunderts und die Kritik und Reformulierung des Begriffs seit den späten 1960er Jahren – nachzeichnen, wie der Verantwortungsbegriff als produktive Delegitimierung von pädagogischen Autoritätsverhältnissen wirksam wurde (II). Abschließend werde ich meine Ergebnisse vor der eröffneten organisationstheoretischen Perspektive diskutieren (III).

I. Begriffe als produktive Delegitimierungen

Um ‚Verantwortung' als produktive Delegitimierung des Schulischen auszuschärfen, ist es zunächst hilfreich zwischen *Institution* und *Organisation* begrifflich zu unterscheiden. Während mit Institutionen „Regelsysteme mit gesellschaftlicher Geltung" (Göhlich 2014: 72) und damit unter anderem gesellschaftlich anerkannte Werte- und Normensysteme bezeichnet werden, ist der Organisationsbegriff auf „konkrete Organisationen als menschliche Sozialgebilde" bezogen (ebd.). Institutionalisierte Regelsysteme – so das zentrale Argument neo-institutionalistischer Ansätze der Organisationssoziologie – sind für Organisationen höchst bedeutsam: Um als Organisation bestehen zu können, müssen sich Organisationen zu gesellschaftlichen Institutionen in einer Weise in ein Verhältnis setzen, welche die eigene gesellschaftliche Legitimität sichert (vgl. Deephouse/Suchman 2008). Koch schlägt vor, die in der Umwelt von Organisationen verorteten Angebote „von Legitimationen" und dem damit einhergehenden „Referenzmaßstab" der organisationalen Legitimität als „Anerkennungsordnung" zu bezeichnen (2018: 234). Diesen Vorschlag möchte ich aufnehmen, wobei der Anerkennungsbegriff nicht ausschließlich als „Akzeptanz" und als „positive Zustimmung und Wertschätzung" (ebd.: 36), sondern im Anschluss an Arbeiten von Balzer und Ricken grundlegender als machtdurchzogenes *Medium von Sozialität* gefasst werden soll (bspw. ebd. 2010). In dieser theoretischen Verschiebung kann nicht von *einer* Anerkennungsordnung ausgegangen werden, sondern stattdessen von sich machtvoll überlagernden Anerkennungsordnung*en*, die jeweils ein Netz von ‚Normen der Anerkennbarkeit' (Butler) aufspannen. Zurück zum neo-institutionalistischen Argument bedeutet das, dass Organisationen sich zu gesellschaftlich hegemonialen Anerkennungsordnungen verhalten *müssen* bzw. ihre eigene Legitimität *nur* unter Bezugnahme auf diese Ordnungen hervorbringen können. Wie Engel betont, kann nicht von einer einfachen Übernahme dieser Ordnungen ausgegangen werden, sondern er schlägt vor, stattdessen von spannungsvollen Prozessen der „Übersetzung" zu sprechen (2020: 556), in denen Organisationen je sehr spezifisch mit „institutionelle[n] Verhaltensvorgaben" umgehen (ebd.). Die institutionellen Anerkennungsordnungen und die in organisationalen Mikro-Kulturen hervorgebrachten Anerkennungsordnungen stehen – so lässt sich hieran schlussfolgern – in einem wechselseitigen, spannungsvollen Bedingungsverhältnis. Bezieht man diese theoretischen Bestimmungen auf Schule, so kann angenommen werden, dass gesellschaftlich-geltende Anerkennungsordnungen höchst bedeutsam für Schulen als Organisationen sind bzw. dass Schulen als Organisationen gesellschaftliche Anerkennungsordnungen in spannungsvollen Prozessen *eigenlogisch übersetzen* – und damit immer auch verändern.

Im Folgenden möchte ich vorschlagen, begriffsgeschichtliche Arbeiten als Möglichkeit zu verstehen, gesellschaftliche Anerkennungsordnungen und deren historischen Veränderungen nachzuzeichnen. Im Anschluss an Kosellecks Begriffsgeschichte gehe ich davon aus, dass „Sprache einerseits Indikator der vorgefundenen ‚Realität', andererseits Faktor dieser Realitätsfindung" darstellt (2010: 99). Der Verantwortungsbegriff bietet dabei einen spannenden Untersuchungsgegenstand, da er insbesondere im 20. Jahrhundert eng mit dem Wandel von gesellschaftlichen Anerkennungsordnungen verwoben ist und d. h. sowohl als ‚Indikator' als auch als ‚Faktor' dieses Wandels verstanden werden kann (vgl. Bayertz/Beck 2017). Dieser Wandel schlägt sich auch in pädagogischen Anerkennungsordnungen und damit dem jeweiligen historisch-kulturellem Verständnis von pädagogischer Autorität nieder (vgl. Schäfer/Thompson 2009): ‚Verantwortung' als Begriff war und ist hoch bedeutsam in der Bestimmung, was als legitime pädagogische Autorität anerkennbar ist. Bezogen auf Schule wird deutlich, dass ‚Verantwortung' ein grundlegendes *Legitimations-* und zugleich *Delegitimations*konzept darstellt. Wie ein Blick in die aktuellen Fassungen der Landesschulgesetze zeigt, kommt kein Bundesland bei der Bestimmung des Erziehungs- und Bildungsauftrags von Schule ohne den Verweis aus, dass Schüler*innen durch den Schulbesuch lernen sollten, *Verantwortung zu übernehmen.*[241] Gleichzeitig stellt ‚Verantwortung' seit dem beginnenden 20. Jahrhunderts eine vielbemühte Reformierungsvokabel dar, welche starre, auf Gehorsam ausgerichtete Autoritätsverhältnisse in Schule kritisiert (bspw. früh Kerschensteiner 1968 [1906]) und/oder einen stärkeren Bezug zu gesellschaftlich-relevanten, sozialen und ökologischen Problemzusammenhängen insbesondere im Unterricht, aber auch darüber hinaus einfordert (vgl. dafür exemplarisch die aktuelle Diskussion um die Einführung des Schulfachs „Verantwortung"). Im Folgenden werde ich mich auf den Zusammenhang von ‚Verantwortung' und pädagogischen und damit schulischen Autoritätsverhältnissen beschränken. Ich werde dafür zunächst anhand von zwei allgemeinpädagogischen Bestimmungen von ‚Verantwortung' herausarbeiten,

241 Online einsehbar auf der Homepage der Kultusministerkonferenz; Stand: Juni 2023 (www.kmk.org/dokumentation-statistik/rechtsvorschriften-lehrplaene/uebersicht-schulgesetze.html).

wie sich pädagogische Anerkennungsordnungen verändert haben. Anschließend werde ich den ‚Anspruch' dieser veränderten Anerkennungsordnungen an Schule im Kontext von Reformen mit dem Ziel der Demokratisierung herausarbeiten. ‚Verantwortung' wird also im Folgenden *als produktive Delegitimierung von schulischen Autoritätsverhältnissen* gelesen. Die von mir angestrebte historisch-systematische Rekonstruktion von Anerkennungsordnungen verstehe ich als komplementär zu empirisch-qualitativen Forschungen, die Mikro-Kulturen von Schulen als Organisationen und implizierte Anerkennungsordnungen in ihrer Eigenlogik rekonstruieren (vgl. Helsper 2008; Göhlich 2013).

II. ‚Verantwortung' als produktive Delegitimierung von pädagogischer Autorität

i. Allgemeinpädagogische Fassungen von ‚Verantwortung'

Wie verschiedene etymologische Arbeiten zum Verantwortungsbegriff zeigen, handelt es sich bei ‚Verantwortung' um einen relativ jungen philosophischen Fachbegriff (vgl. Vogelmann 2014: 28 ff.). Im historischen Rückblick wird deutlich, dass der steile Aufstieg zu *der* Schlüsselkategorie praktischer Ethik – und mit etwas Verzögerung auch *pädagogischer* Ethik – und die jeweiligen Transformationen des Verantwortungsbegriffs in einem engen Zusammenhang mit menschlichen Selbstdeutungen stehen. Bayertz und Beck sehen in dem „wachsende[n] Subjektivitätsbewusstsein des Menschen" die zentrale Triebfeder der Karriere von ‚Verantwortung' (2017: 134): Verstanden sich Menschen vorneuzeitlich noch als in eine göttliche Ordnung eingefügt und nahmen moralische Normen als gegeben hin, wandelte sich die eigene Selbstsicht schließlich zunehmend in Richtung eines säkularisierten, Normen-allererst-hervorbringenden Subjekts. Das ethische Verantwortungskonzept unterscheidet sich vom zuvor zentralen Pflicht-Begriff insbesondere durch größere individuelle Handlungsspielräume bei gleichzeitig gestiegener Begründungsnotwendigkeit und kann sowohl als ‚Indikator' als auch als ‚Faktor' einer *ethisch-moralischen Individualisierung* gelesen werden.[242] Dieses grundlegend gewachsene Bewusstsein der eigenen (moralischen) Subjektivität lässt auch die Sicht auf Kindheit und Erziehung nicht unberührt und findet Niederschlag in ethischen Konzeptionen ‚pädagogischer Verantwortung'.

Gemeinsam mit Norbert Ricken habe ich verschiedene allgemeinpädagogische Fassungen des Verantwortungsbegriffs seit dem Aufkommen des Begriffs im beginnenden 20. Jahrhundert zu drei grundlegenden ‚Verantwortungstypen' verdichtet: die *einordnende*, die *aushandelnde* und die *antwortende* Verantwortung (Kuhlmann/Ricken 2019 [Kapitel 3.1.1]). Wie unsere Benennungen bereits andeuten, liegen diesen Konzeptionen je unterschiedliche theoretische Fassungen

242 Berechtigte Kritik an diesem sehr gradlinigem Narrativ formuliert Frieder Vogelmann (2014).

des Erziehungs*prozesses* und damit zugleich verschiedene Konzeptionen von *pädagogischer Autorität* zugrunde. Die zentrale Besonderheit der ‚*pädagogischen* Verantwortung' wird theoretisch darin gesehen, dass ‚Verantwortung' für andere Menschen bzw. deren Werden übernommen werden muss, welche ihrerseits als verantwortliche Subjekte antizipiert werden sollen. Das „Verantwortlich*sein* der Erziehenden" muss folglich erziehungstheoretisch „mit dem Verantwortlich*werden* des Kindes" relationiert werden (ebd.: 236). In dieser Verhältnisbestimmung stellt ‚Verantwortung' ein historisch äußerst erfolgreiches – vielleicht sogar *das* erfolgreichste – Konzept dar, um das bereits von Kant formulierte und von Dietrich Benner konkretisierte Grundparadoxon – „den Zu-Erziehenden zu etwas aufzufordern, was er noch nicht kann und ihn als jemand zu achten, der er noch nicht ist, sondern allererst vermittels Selbsttätigkeit wird" (Benner 1987: 71) – ethisch zu ‚bearbeiten' bzw. *begrifflich bearbeitbar* zu machen. Es bietet damit eine grundlegende Kategorie, *um pädagogische Autorität ethisch zu legitimieren* und zugleich spezifische Formen der Autoritätsbeziehungen zu *delegitimieren.* Im Folgenden werde ich mich in der Darstellung auf den *einordnenden* Verantwortungsbegriff der Geisteswissenschaftlichen Pädagogik (a) und der *aushandelnden* Fassung von Verantwortung der Kritischen Erziehungswissenschaft (b) beschränken.[243]

a) Der Verantwortungsbegriff wurde im Kontext von pädagogischen Reform- und Jugendbewegungen zu Beginn des 20. Jahrhunderts von Reformpädagogen wie Georg Kerschensteiner und Friedrich Wilhelm Foerster insbesondere mit Bezug auf anglo-amerikanische Reformbewegungen eingeführt, um auf die Bedeutsamkeit der Selbstführung der Jugend zu verweisen (vgl. Kerschensteiner 1968 [1906]; Foerster 1908). Kurze Zeit später wird der Verantwortungsbegriff mit explizitem Bezug auf diese Reformbewegungen von Vertretern der Geisteswissenschaftlichen Pädagogik aufgegriffen und zum zentralen Bezugspunkt einer neuen Pädagogik ‚vom Kinde aus'.[244] Hermann Nohl argumentiert, dass die verschiedenen Bewegungen einen gemeinen Fluchtpunkt hätten: Sie zielten alle auf die ‚Aufrufung' der „freien[n] Verantwortung in den jungen Menschen" (1963 [1935]: 20). Nohl plädiert dafür, dass die von der deutschen Jugendbewegung eingeforderte „eigene Verantwortung" ins Zentrum pädagogischer Arbeit gestellt werden müsse (ebd.: 58), um der konstatierten „neuen sozialen, sittlichen und geistigen Not unseres Volkes" zu begegnen (ebd.: 3–4). Als normativen Gegenhorizont zum wahrgenommenen Werterelativismus setzt Nohl die starke *einheitsstiftende* Tugend der Verantwortung – sowohl als Ideal für Erziehende als auch als Ziel jeder erzieherischen Handlung. „Pädagogische Verantwortung" wird „als Grundlage des pädagogischen Bezuges" konzeptualisiert (Kilchsperger 1985: 28)

243 Für die Darstellung und kritische Diskussion des *antwortenden* Verantwortungsbegriffs siehe Kuhlmann/Ricken 2017: 132–136 [Kapitel 3.1.3].

244 Im Folgenden wird nur der Verantwortungsbegriff von Hermann Nohl dargestellt. Für einen Überblick siehe Kilchsperger 1985.

und damit mit *dem* grundlegenden und wirkungsvollen Normativ der Geisteswissenschaftlichen Pädagogik verknüpft. Die diesem Normativ und damit auch dem Verantwortungsbegriff zugrundeliegende *dyadische Figur* zwischen Erzieher und Zögling stand dem damaligen Staatsschulwesen diametral entgegen und legitimierte die Forderung nach (Reform-)Schulen – und anderen pädagogischen Einrichtungen –, die dem Prinzip der erzieherisch-pädagogischen ‚Gemeinschaft' folgten (vgl. Terhart 2018: 49). Anstelle des geltenden Autoritätsverständnisses, das nach Nohl ausschließlich auf blindem Gehorsam basiere, betont er, dass *echte* Autorität darin bestehe, Kinder und Jugendliche auf die Werte zu ver*pflichten*, die sie selbst anerkennen (1963: 58). Das Legitimationsprinzip pädagogischer Autorität wurde dadurch zwar um die notwendige Anerkennung der pädagogisch ‚Geführten' erweitert; diese Anerkennung wurde jedoch schlicht als freiwillige Unterwerfung unter die Führung der Erziehenden gedacht. In dieser Fassung verbleibt der Begriff *einordnend*. Die konzeptionell angelegte Anerkennung der Selbsttätigkeit der nachkommenden Generation verbleibt in einer linearen, durch ‚Verantwortung' legitimierten Führungslogik. Aus diesem Grund ist es auch nicht überraschend, dass der Begriff ‚Verantwortung' nahezu bruchlos in die nationalsozialistische Erziehungswissenschaft aufgenommen werden konnte (vgl. Hehlmann 1942: 436).

b) Diese systematische und inhaltliche Kopplung von ‚Führung' und ‚Verantwortung' wird insbesondere von den Vertretern der Kritischen Erziehungswissenschaft scharf kritisiert. In einer ersten Phase der betonten Ablehnung des Verantwortungsbegriffs aufgrund seiner ‚Ideologie-Anfälligkeit' (vgl. Seiffert 1963; Mollenhauer 1968) und seiner Ersetzung durch Leitbegriffe wie ‚Mündigkeit' und ‚Emanzipation', wird ‚Verantwortung' in den späten 1970er und 80er Jahren im Kontext von ‚kommunikativen' Erziehungstheorien reformuliert (vgl. Mollenhauer/Rittelmeyer 1978; Schaller 1986). Die pädagogische Verantwortung verbiete – so Mollenhauer und Rittelmeyer – ein Erziehungsziel ideologisch zu setzen, sondern verlange stattdessen eine *diskursive Aushandlung* der Ziele, welche mit den Zu-Erziehenden je nach Alter und Fähigkeiten selbst, sowie mit anderen Pädagog*innen und im Modus der „Selbstreflexion […] als simulierte[r] Diskurs mit sich selbst" geführt werden müsse (1978: 85). Die Legitimität von pädagogischen Interventionen – und damit pädagogischer Autorität – soll auf diese Weise nicht mehr erziehungs*theoretisch*, sondern stattdessen erziehungs*praktisch* in intersubjektiven, rationalen Aushandlungs- und Legitimierungsprozessen hervorgebracht werden. Im Kontrast zur ungebrochenen Führungsfigur in der Geisteswissenschaftlichen Pädagogik wird der Erziehungsprozess in der Kritischen Erziehungswissenschaft zwar weiterhin grundsätzlich als intentionales Einwirken verstanden (vgl. dazu kritisch Masschelein 1996: 167); dieses Einwirken wird aber sehr viel konsequenter als indirekte Führung der Selbstführungen theoretisiert – und zugleich als verbliebener Dogmatismus eingeräumt (Schaller 1986: 468). Die Legitimität pädagogischer Autorität ist damit auf *intersubjektive Legitimierungsprozesse* – und damit deutlich grundlegender auf die Anerkennung von Kindern und Jugendlichen verwiesen. Pädagogische Verantwortung verlangt dabei die konsequente Orientierung an – mehr oder weniger – formalen Zielen der „Diskurs-Kompetenz" und Kritikfähigkeit des Kindes (Mollenhauer 1974: 121).

Im Vergleich zeigt sich, dass die jeweiligen Verantwortungsbegriffe sich je unterschiedlich mit pädagogischer Autorität und ihrer Legitimität auseinandersetzen: mal als geforderte freiwillige Anerkennung gesetzter Werte, mal als geleiteter Prozess der intersubjektiven Aushandlung. Diese unterschiedlichen Legitimierungen bringen je unterschiedliche pädagogische Anerkennungsordnungen hervor, welche je bestimmte geltende Ordnungen *delegitimierten*. Wie der nächste Abschnitt zeigt, wurden diese Delegitimierungen jeweils auch für schulische Autoritätsverhältnisse mit Bezug auf den Verantwortungsbegriff formuliert.

ii. ‚Verantwortung' in Debatten um die Demokratisierung von Schule

Die Entstehung des Verantwortungskonzepts und der kritische Paradigmen-Wechsel in den 1960er Jahren sind nur im Kontext von reformpädagogischen und bildungspolitischen Debatten zu verstehen. Dafür werde ich notwendig skizzenhaft meine These ausführen, dass der Verantwortungsbegriff einerseits einen ‚Indikator' von veränderten „Anerkennungs- und Partizipationsverhältnisse schulische[r] Akteure" (Helsper 2000: 36) und andererseits einen ‚Faktor' – im Sinne einer produktiven Delegitimierung – innerhalb dieser Transformationsprozesse darstellt. Als historischer Gegenstand dieser Untersuchung bieten sich die Einführung und konsequenten Reformierungen der ‚Schülermitverantwortung' (SVM) an, da sie zum einen sozusagen als Brennglas ermöglichen, die Veränderung der besagten Anerkennungsordnungen in Schule nachzuzeichnen und zum anderen in diesbezüglichen Debatten *explizit* um den Verantwortungsbegriff gerungen wird.

Das Aufkommen des Verantwortungsbegriffs im beginnenden 20. Jahrhundert im Kontext von Reformbewegungen geht mit der Forderung einher, die Steuerung von Schule und Unterricht grundlegend zu verändern. Dieser Wandel, welcher noch während der Zeit konstitutioneller Monarchie eingeleitet wurde – wie bspw. Caruso für Bayern zeigt (2003) –, wird als Wegbereiter für die SMV gedeutet (vgl. Müller 1997). Kerschensteiner und Foerster bearbeiteten mit Bezug auf angloamerikanische Konzepte des ‚self government' „das Problem der Hinführung der Jugend zur politischen Partizipation im modernen Verfassungsstaat" (ebd.: 395). In der argumentativen Begründung der ‚Selbstregierung', welche je nach Ansatz auch ‚Schülermitverantwortung' oder ‚Schülermitverwaltung' genannt wurde, zeigt sich eine auffallende Parallele zum *einordnenden* Verantwortungsbegriff der Geisteswissenschaftlichen Pädagogik. So konstatiert Foerster in seinem einflussreichen Werk ‚Schule und Charakter': „Selbstregierung soll nur ein Mittel sein, die Gehorchenden auf einem begrenzten Gebiete einfachster

Verantwortlichkeiten zu aktiver Kooperation mit der Autorität, zu freiwilligem Gehorsam […] zu erziehen" (1908: 91). Das programmatische Ziel, „ein starkes Gefühl der Verantwortlichkeit zu wecken" (Kerschensteiner 1968: 24) geht letztlich darin auf, die disziplinarischen Mittel effektiver – da von den Schülern selbst gewollt – zu gestalten.

In der Weimarer Republik gewannen Konzepte zur SMV mit den Zielen der Demokratisierung der Bevölkerung und der Stabilisierung der demokratischen Verfasstheit schnell an Bedeutung. Die „Veränderung der dominanten Schulkultur", d.h. „die Überführung der Fremd- in Selbstbestimmung" gilt als zentrales Interesse der Weimarer Schulpolitik (Loeffelmeier 2009: 345), was sich unter anderem in staatlichen Erlassen zur Einführung der ‚Schülerselbstregierung' niederschlug.[245] Der Verantwortungsbegriff wurde sowohl in diesen gesetzlichen Texten als auch in pädagogischen Ratgebern als anzustrebende Tugend ausgewiesen – als „Verantwortungsgefühl" gegenüber sich selbst und der „Gemeinschaft" (Zentralblatt 1920: 317) – und damit zum zentralen normativen Bezugspunkt des Reformeifers. Faktisch blieben die Umsetzung und damit die Partizipationsmöglichkeiten der Schüler weit hinter den programmatischen Entwürfen zurück und zumeist darauf beschränkt, Mitschüler komplizenhaft innerhalb des Unterrichts oder auf dem Pausenhof auf die Einhaltung der schulischen Regeln zu verpflichten (vgl. Loeffelmeier 2009). Gründe werden in den „‚autoritäre[n]' Haltungen der Lehrer- und Schülerschaft" (ebd.: 345) und deren grundsätzlichem „Desinteresse" (Müller 1997: 396), sowie dem generellen „Klima der Republik- und Demokratiefeindlichkeit" gesehen (ebd.: 396). Auch die Reformierung von Unterrichtsmethoden, welche die Selbststeuerung gegenüber der Fremdsteuerung stärken sollten, stieß auf implizite und explizite Widerstände – wie Loeffelmeier für Preußen (2009) und Caruso für Bayern (2003) zeigen.

Als kurzes Zwischenfazit lässt sich festhalten, dass der Verantwortungsbegriff zu Beginn des 20. Jahrhunderts aufs Engste mit einer angestrebten Transformation schulischer und unterrichtlicher Steuerungslogik verknüpft ist: ‚Verantwortung' fungiert als *normative Legitimierung* der Überführung von Fremd- in Selbststeuerung. Sie *delegitimiert* die auf Zwang und Gewalt fußenden Autoritätsverhältnisse als veraltet, ineffektiv, aber auch unmoralisch – was insbesondere im Zusammenspiel mit dem von den Vertretern der Geisteswissenschaftlichen Pädagogik geforderten neuen pädagogischen Ethos der ‚Verantwortung' verständlich wird. Dennoch wurde ebenfalls gezeigt, dass neue Formen legitimierter Autorität sehr eng an klassische Formen der Legitimierung anschlossen: Letztlich ging es um die *freiwillige* Unterwerfung der Schüler*innen, die es im Namen von ‚pädagogischer Verantwortung' herzustellen galt.

245 Insbesondere der Preußische Erlass vom 27.11.1918 und der Bayerische Erlass vom 01.12.1918 sind hier von Bedeutung (vgl. Müller 1997).

In der Nachkriegszeit war dieses Verständnis von pädagogischer Autorität, welches im Nationalsozialismus radikalisiert wurde, das Ziel verschiedener Reformen zur Demokratisierung der Gesellschaft – wie die im Zuge des ‚Re-Education' von den Alliierten wiedereingeführte SMV. Die Schüler*innen sollten sich als ‚verantwortliche' Akteur*innen einer Schulgemeinschaft erleben, um in einer demokratischen Gesellschaft partizipieren zu können. Aber auch diesen Reformvorhaben – wie der verpflichtenden Einführung von Schüler*innen-Gremien – wird von Müller im Falle Bayerns nur ein bescheidener Erfolg bescheinigt (1997: 402). Das der SMV zugrunde gelegte „Partnerschafts- und Harmoniekonzept" – so Gass-Bolm (2006: 117) – vernachlässigte konzeptionell die faktische Hierarchie zwischen Lehrer*innen und Schüler*innen, wodurch die SMV oft zu einer simulierten Partizipation im Sinne einer formaldemokratischen Bestätigung der Lehrer*innen-Meinung wurde. Spätestens in den Schüler-Protestbewegungen der 1960er Jahre wurde die SMV als ideologische „Scheinverantwortung" (Hinrichs 1969: 21) grundlegend diskreditiert. Als zentraler Ausgangspunkt dieser Kritik gilt der Vortrag von Furck im Juni 1966: In seinen „sieben ketzerische[n] Thesen" schreibt er den etablierten Formen der SMV die Funktion eines „demokratischen Feigenblatt[s]" zu, welches die herrschenden Autoritäts- und Gewaltverhältnisse in deutschen Schulen nur oberflächlich kaschiere (ebd.: 9). Wie Müller zeigt, schließen sich nahezu alle Schüler*innen-Vereinigungen in ihren Protesten dieser Kritik an (1997: 403), was letztlich im Zusammenwirken mit einer geteilten Unzufriedenheit der Lehrer*innen und Bildungspolitiker*innen zu einer grundlegenden rechtlichen Fundierung der SMV – in Form einer Interessensvertretung (SV) – zwischen 1968 und 1970 in allen deutschen Bundesländern führte (Gass-Bolm 2006: 128). Diese ‚offenen Türen' bei den pädagogisch und bildungspolitisch Verantwortlichen deuten auf einen (schleichend) vollzogenen Wandel pädagogischer Anerkennungsordnungen hin. Der von Mollenhauer und anderen formulierte *aushandelnde* Verantwortungsbegriff kann komplementär zu den geforderten Veränderungen der Schüler*innen-Proteste gelesen werden. So zeigt Gass-Bolm, dass nicht die Lehrer*innen-Autorität *schlechthin* problematisiert wurde: Lehrer*innen „die recht hatten, weil sie besser argumentierten, weil sie ihre Autorität begründeten" (ebd.: 127) wurden als normatives Ideal einer akzeptierten Autorität entworfen. Nicht die „Einstimmung in vorgegebene Werte, sondern die ständige Bereitschaft zum kritischen Hinterfragen" seien zum „Leitbild der Schulerziehung" geworden (ebd.: 125), welches „die Verhaltensnormen von Schülern und Lehrern bis heute auf eine neue Basis gestellt habe" (ebd.: 132).

Bündelt man die dargestellten Diskurse, zeigt sich, dass im beginnenden 20. Jahrhunderts zwar ein mit dem (allgemeinpädagogischen) Verantwortungsbegriff legitimierter Wandel der Schul- und Unterrichtssteuerung hin zu einer stärkeren Selbstregulierung der Schüler*innen eingeleitet wurde; dieser Wandel jedoch auf starke Vorbehalte bei Lehrern stieß und auch bei den Schüler*innen aus vielerlei Gründen nur begrenzt ‚verfangen' konnte. In den 1960er und 70er Jahren arbeitete man sich sowohl erziehungsphilosophisch als auch schulpolitisch am ‚Scheitern der Verantwortung' ab. In beiden historischen Phasen konnte gezeigt werden, dass der Verantwortungsbegriff als *Delegitimierung bestehender Autoritätsverhältnisse* fungierte und damit als *produktiver Faktor* des Wandels von pädagogischen sowie gesellschaftlich legitimierten Anerkennungs- und Partizipationsverhältnissen gelesen werden kann.

III. Fazit

Der Fokus der vorgenommenen Analyse lag auf übergeordneten Normativen und stellte stark verallgemeinernde Thesen zur Transformation von pädagogischen Anerkennungsordnungen auf, welche für pädagogische Organisationen, wie Schulen, – so das *theoretische* Argument – bedeutsam sein dürften, um die eigene Legitimität zu sichern. Wie sich in dieser Formulierung bereits andeutet, möchte ich abschließend zwei Leerstellen meiner Argumentation diskutieren.

Erstens liegt in der Verallgemeinerung von Transformationslinien immer die Gefahr der *Vereindeutigung* von historisch umkämpften Anerkennungsprozessen. Die zuvor gesetzte theoretische Prämisse der *machtvollen Überlagerung* von Anerkennungsordnungen wurde so strenggenommen übergangen. Die historische Diversität von Reformierungsbemühungen von Schule und die Umkämpftheit pädagogischer Normative müssten in weiteren Analysen stärker berücksichtigt werden, um den Wandel von pädagogischen Anerkennungsordnungen nicht als linearen Entwicklungsprozess misszuverstehen. *Zweitens* wäre eine Relationierung mit qualitativ-rekonstruktiver Schul- und Lernkulturforschung vielversprechend, welche die Eigenlogiken von (Einzel-)Schulen als Organisationen und somit je spezifisch hervorgebrachte Anerkennungsordnungen in den Fokus rücken (vgl. bspw. Reh et al. 2015). Das an den Neo-Institutionalismus angelehnte Argument, dass Schulen übergreifende Anerkennungsordnungen anerkennbar zur Aufführung bringen (müssen), könnte so empirisch weiter ausgeschärft werden. Insbesondere Studien, die Partizipationskulturen an Schulen rekonstruieren (vgl. bspw. Helsper 1996) könnten Hinweise darauf geben, wie Ansprüche pädagogischer Verantwortung spannungsvoll in schulische und unterrichtliche Praktiken *übersetzt* werden – so bspw. im Modus „verordneter Autonomie", „diziplinierende[r] Autonomie" etc. (ebd.: 551 ff.). In einer Relationierung von gesellschaftlichen und schulkulturellen Anerkennungsordnungen unter Rückgriff auf den neo-institutionalistischen Legitimationsbegriff könnte das schultheoretische Desiderat bearbeitet werden, Transformationen von Schule(n) theoretisch und empirisch besser zu verstehen.

Literatur

Balzer, Nicole/Ricken, Norbert (2010): Anerkennung als pädagogisches Problem. Markierungen im erziehungswissenschaftlichen Diskurs. In: Alfred Schäfer/Christiane Thompson (Hg.): Anerkennung. Paderborn. Ferdinand Schöningh, 35–87.

Bayertz, Kurt/Beck, Birgit (2017): Der Begriff der Verantwortung in der Moderne: 19.–20. Jahrhundert. In: Ludger Heidbrink/Claus Langbehn/Janina Loh (Hg.): Handbuch Verantwortung. Wiesbaden: Springer VS, 133–148.

Bellmann, Johannes/Waldow, Florian (2007): Die merkwürdige Ehe zwischen technokratischer Bildungsreform und emphatischer Reformpädagogik. In: Bildung und Erziehung 60 (4), 481–503.

Benner, Dietrich (1987): Allgemeine Pädagogik. Eine systematisch problemgeschichtliche Einführung in die Grundstruktur pädagogischen Denkens und Handelns. Weinheim/München: Juventa.

Buddeberg, Eva (2016): Verantwortung: Existenzial oder Versatzstück neoliberaler Apologetik? In: Deutsche Zeitschrift für Philosophie 64 (2), 232–245.

Caruso, Marcelo (2003): Biopolitik im Klassenzimmer. Zur Ordnung der Führungspraktiken in den Bayerischen Volksschulen (1869–1918). Weinheim/Basel/Berlin: Beltz.

Deephouse, David L./Suchman, Mark (2008): Legitimacy in Organizational Institutionalism. In: Royston Greenwood/Christine Oliver/Kerstin Sahlin/Roy Suddaby (Hg.): The SAGE Handbook of Organizational Institutionalism. Los Angeles/London/New Delhi/Singapore. Sage Publications, 49–77.

Engel, Nicolas (2020): Institution. In: Gabriele Weiß/Jörg Zirfas (Hg.): Handbuch Bildungs- und Erziehungsphilosophie. Wiesbaden: Springer VS, 549–560.

Foerster, Friedrich Whilhelm (1908): Schule und Charakter. Beiträge zur Pädagogik des Gehorsams und zur Reform der Schuldisziplin. Zürich: Schulthess.

Gass-Bolm, Torsten (2006): Revolution im Klassenzimmer? Die Schülerbewegung 1967–1970 und der Wandel der deutschen Schule. In: Christina von Hodenberg/Detlef Siegfried (Hg.): Wo ‚1968' liegt. Reform und Revolte in der Geschichte der Bundesrepublik. Göttingen. Vandenhoeck & Ruprecht, 113–138.

Göhlich, Michael (2013): Schulkultur. In: Ludwig Haag/Sibylle Rahm/Jürgen Apel/Werner Sacher (Hg.): Studienbuch Schulpädagogik. Bad Heilbrunn. Verlag Julius Klinkhardt, 52–71.

Göhlich, Michael (2014): Institution und Organisation. In: Christoph Wulf/Jörg Zirfas (Hg.): Handbuch Pädagogische Anthropologie. Wiesbaden: Springer VS, 65–75.

Hehlmann, Wilhelm (1942): Wörterbuch der Pädagogik. Stuttgart: Alfred Kröner Verlag.

Helsper, Werner (1996): Antinomien des Lehrerhandelns in modernisierten pädagogischen Kulturen. Paradoxe Verwendungsweisen von Autonomie und Selbstverantwortlichkeit. In: Arno Combe/Werner Helsper (Hg.): Pädagogische Professionalität. Untersuchungen zum Typus pädagogischen Handelns. Frankfurt am Main: Suhrkamp, 521–569.

Helsper, Werner (2000): Wandel der Schulkultur. In: Zeitschrift für Erziehungswissenschaft 3 (1), 35–60.

Helsper, Werner (2008): Schulkulturen – die Schule als symbolische Sinnordnung. In: Zeitschrift für Pädagogik 54 (1), 63–80.

Hinrichs, Diedrich (1969): SMV im Umbruch. Schülermitverantwortung – Schülermitverwaltung – Schülervertretung – Schülermitbestimmung. Hannover: Schroedel.

Kerschensteiner, Georg (1968): Produktive Arbeit und ihr Erziehungswert. In: Gerhard Wehle (Hg.): Georg Kerschensteiner. Texte zum pädagogischen Begriff der Arbeit und zur Arbeitsschule. Paderborn. Ferdinand Schöningh Verlag, 5–25.

Kilchsperger, Heiner (1985): Pädagogische Verantwortung. Studien zur Geschichte der Pädagogik und Philosophie der Erziehung. Bern, Stuttgart: Haupt Verlag.

Koch, Sascha (2018): Die Legitimität der Organisation. Eine Untersuchung von Legitimationsmythen des Zweiten Bildungswegs. Wiesbaden: Springer VS.

Koselleck, Reinhart (2010): Stichwort: Begriffsgeschichte. In: Reinhart Koselleck (Hg.): Begriffsgeschichten. Studien zur Semantik und Pragmatik der politischen und sozialen Sprache. Frankfurt am Main: Suhrkamp, 99–102.

Kuhlmann, Nele/Ricken, Norbert (2017): Diesseits von Paternalismus und Aktivierung. Anmerkungen zu den Diskursen pädagogischer Verantwortung. In: Sarah Vock/Robert Wartmann (Hg.): Ver-antwortung. Im Anschluss an poststrukturalistische Einschnitte. Paderborn. Ferdinand Schöningh Verlag, 127–153.

Kuhlmann, Nele/Ricken, Norbert (2019): Verantwortung und Kindheit. In: Johannes Drerup/Gottfried Schweiger (Hg.): Handbuch Philosophie der Kindheit. Stuttgart. J. B. Metzler, 236–243.
Lehmann-Rommel, Roswitha (2004): Partizipation, Selbstreflexion und Rückmeldung: gouvernementale Regierungspraktiken im Feld Schulentwicklung. In: Norbert Ricken/Markus Rieger-Ladich (Hg.): Michel Foucault: Pädagogische Lektüren. Wiesbaden: Springer VS, 261–283.
Loeffelmeier, Rüdiger (2009): Erneuerung der Schulkultur. Programm und Praxis in der Weimarer zeit. In: Zeitschrift für Pädagogik 55 (3), 345–356.
Masschelein, Jan (1996): Pädagogisches Handeln und Verantwortung. Erziehung als Antwort. In: Jan Masschelein/Michael Wimmer (Hg.): Alterität, Pluralität, Gerechtigkeit. Randgänge der Pädagogik. Sankt Augustin/Leuven. Leuven University Press, 163–186.
Mollenhauer, Klaus (1968): Pädagogik und Rationalität. In: Klaus Mollenhauer (Hg.): Erziehung und Emanzipation. Polemische Skizzen. München: Juventa, 55–74.
Mollenhauer, Klaus (1974): Theorien zum Erziehungsprozess. Grundfragen der Erziehungswissenschaft. München: Juventa.
Mollenhauer, Klaus/Rittelmeyer, Christian (1978): Einige Gründe für die Wiederaufnahme ethischer Argumentation in der Pädagogik. In: Herwig Blankertz (Hg.): Die Theorie-Praxis-Diskussion in der Erziehungswissenschaft. Beiträge vom 6. Kongreß der Deutschen Gesellschaft für Erziehungswissenschaft vom 08.–10.03.1978 in der Universität Tübingen. Weinheim/Basel: Beltz, 79–85.
Müller, Winfried (1997): Schülermitverantwortung. In: Max Liedtke (Hg.): Handbuch der Geschichte des Bayerischen Bildungswesens. Vierter Band. Bad Heilbrunn/Obb. Klinkhardt, 395–406.
Nohl, Herman (1963): Die Pädagogische Bewegung in Deutschland und ihre Theorie. Frankfurt am Main: Schulte-Bulmke.
Reh, Sabine/Fritzsche, Bettina/Idel, Till-Sebastian/Rabenstein, Kerstin (Hg.) (2015): Lernkulturen. Rekonstruktion pädagogischer Praktiken an Ganztagsschulen. Wiesbaden: Springer VS.
Schäfer, Alfred/Thompson, Christiane (Hg.) (2009): Autorität. Paderborn: Ferdinand Schöningh Verlag.
Schaller, Klaus (1986): Wie weit reicht die pädagogische Verantwortung? In: Vierteljahrsschrift für wissenschaftliche Pädagogik 62 (1), 449–471.
Seiffert, Helmut (1963): Der Begriff der pädagogischen Verantwortung auf dem Hintergrund des existenzialistischen Denkstils. In: Bildung und Erziehung 16, 381–390.
Terhart, Ewald (2018): Schulpädagogik und Organisationspädagogik. In: Michael Göhlich/Andreas Schröer/Susanne Maria Weber (Hg.): Handbuch Organisationspädagogik. Wiesbaden: Springer VS, 47–57.
Vogelmann, Frieder (2014): Im Bann der Verantwortung. Frankfurt am Main: Campus.
Zentralblatt (1920): Bestimmungen und Richtlinien für die Schüler-Selbstverwaltung. In: Zentralblatt für die gesamte Unterrichtsverwaltung in Preußen 62 (6), 317–320.

3.3.3 Sprechen über (Nicht-)Verantwortlichkeiten[246]

Nele Kuhlmann und Anna Moldenhauer

Einleitung

Der Anspruch, Teamarbeit und kollegiale Kooperation in Schulen zu etablieren und zu fördern, wird programmatisch mit umfassenden Versprechen verbunden: So wird (inter-)professionelle Zusammenarbeit als „zentrale Gelingensbedingung für die Entwicklung von Schule und Unterricht sowie pädagogischer Professionalität" (kritisch: Idel et al. 2012: 9) entworfen. Es wird folglich angenommen, dass Kooperation eine transformatorische Kraft entfaltet, die auf verschiedenen Ebenen von Schule Entwicklungsprozesse initiiert und verstetigt. In Abgrenzung zu diesen programmatischen Setzungen wird seit einiger Zeit aus einer qualitativ-rekonstruktiven Perspektive die Frage gestellt, was in den verschiedenen schulischen Settings der (inter-)professionellen Zusammenarbeit ‚tatsächlich' passiert, d. h., welche Aushandlungsprozesse in welcher Art und Weise und mit welchen Folgen vollzogen werden (Cloos et al. 2019). Dabei werden „pädagogische Teamgespräche" als „neues Forschungsfeld" erschlossen (Cloos et al. 2019) und je nach Forschungsinteresse und untersuchtem Kooperationssetting zum einen (stärker) professionstheoretisch (Silkenbeumer et al. 2018), und zum anderen (stärker) organisationstheoretisch (Ullrich/Idel 2012) gerahmt. Trotz der verschiedenen theoretischen Schwerpunktsetzungen verbindet diese Forschungsperspektiven das Interesse am konkreten praktischen Vollzug in Team- und Kooperationssettings und an der interaktiven Hervorbringung sozialer Ordnung. Dieses geteilte Interesse bietet das Potenzial, die schulpädagogisch tradierte Gegenüberstellung zwischen Organisation und Profession(-alität) zu hinterfragen und stattdessen stärker in einer gegenseitigen Bezogenheit zu erforschen (Cloos 2014: 261; Terhart 1986).

Diesen Faden möchten wir im Folgenden aufnehmen: In einem ersten Schritt werden wir anhand des Forschungsgegenstands ‚Kooperation' verschiedene Verhältnisbestimmungen von Organisation und Profession(-alität) skizzieren, um anschließend die gegenseitige Bezogenheit aus einer *praktikentheoretischen* Perspektive zu plausibilisieren (I). In einem zweiten Schritt stellen wir im Anschluss an diese praktikentheoretischen Justierungen unser methodisches Vorgehen (II) und schließlich die Ergebnisse der Rekonstruktion eines ausgewählten

246 Bei diesem Beitrag handelt es sich um eine leicht überarbeitete Fassung des Artikels: Kuhlmann, Nele/Moldenhauer, Anna (2021): Sprechen über (Nicht-)Verantwortlichkeiten. Relationierungen von Professionalität und organisationaler Praxis. In: Fabian Dietrich/Mirja Silkenbeumer/Saskia Bender (Hg.): Schule als Fall. Institutionelle und organisatorische Ausformungen. Wiesbaden: Springer VS, 189–204. Der Beitrag wurde in gemeinsamer Erstautorinnenschaft verfasst.

Transkriptausschnitts dar (III). In einem Fazit ordnen wir die Analyseergebnisse in die zuvor skizzierten Diskussionen ein (IV).

I. Verhältnis von Organisation und Profession(-alität)

Dadurch, dass ‚Organisation' innerhalb schulpädagogischer und professionstheoretischer Debatten lange Zeit mit „bürokratische[n] Vorgaben und Handlungszwängen" und demgegenüber ‚Profession' mit umfassender Autonomie und berufsethischer Werteorientierung verbunden wurde, war die Verhältnisbestimmung von ‚Organisation' und ‚Profession(-alität)' von der „Unvereinbarkeitsthese" bestimmt (Cloos 2014: 261). Organisationale Einschränkungen der Handlungsautonomie der Lehrer*innen standen schnell im Verdacht, zu Formen der Deprofessionalisierung zu führen. In kritischer Absetzung zu dieser angenommenen Opposition wird die Organisation Schule mittlerweile immer auch als Bedingung der Möglichkeiten von Professionalität verstanden und damit als rahmende Struktur, die gesellschaftliche Erwartungen quasi vorsondiert und innerhalb derer dann pädagogisches Handeln stattfinden kann (Helsper et al. 2008; Breuer et al. 2019).

Nun kann dieser organisationale schulische Rahmen spätestens im Kontext von gestiegener Schulautonomie nicht mehr einfach als gegeben angenommen werden, sondern muss in seiner (zumindest graduellen) Veränderbarkeit und Prozesshaftigkeit befragt werden. Wenn Schulen als Handlungseinheiten adressiert werden (Lambrecht 2018) und sich als diese konstituieren (müssen), werden den Organisationsmitgliedern zugleich Positionierungen und Sinnzuschreibungen im Hinblick auf die Organisation abverlangt. Um dabei weiterhin organisationale und professionelle Handlungslogiken unterscheiden zu können, greifen viele schulpädagogische Studien auf Luhmanns Bestimmung organisationalen Handelns als ‚Entscheidungshandeln in Bezug auf organisationale Strukturen' zurück (2011; Kolbe/Reh 2008; Idel 2016). Profession und Professionalität werden demgegenüber (weiterhin) an das konkrete pädagogische Handeln und an professionsspezifische Wertüberzeugungen gebunden (Goldmann 2017). Aus dieser Perspektive wird die Organisation Schule als ein aus der Verknüpfung von Entscheidungen bzw. Festlegungen resultierendes Gebilde (Breuer 2015) und Kooperation „als Medium der Entscheidungsfindung" bestimmt (Kolbe/Reh 2008: 806).

Die in diesen Entscheidungsprozessen verhandelten und hervorgebrachten (neuen) Zuständigkeiten und spezifischen Aufgabenbereiche der jeweilig beteiligten Berufsgruppen bilden dabei den Kern des *professionstheoretischen* Interesses an Kooperation (Silkenbeumer et al. 2018). Insbesondere in Settings interprofessioneller Zusammenarbeit zeigt sich empirisch, dass keineswegs von „geklärten und stabilen Zuständigkeiten" ausgegangen werden kann (Silkenbeumer et al. 2018: 153), sondern diese von den Akteur*innen handelnd konkretisiert werden müssen. In einer stärker *organisationstheoretischen* Rahmung – und hier gibt es bisher wenige qualitativ-rekonstruktive Arbeiten – rücken kooperative Entscheidungsprozesse als organisationale Strukturierungsleistungen in den Fokus. So werden beispielsweise Dynamiken der (Ent-)Hierarchisierung im Kollegium durch praktizierte Modi der Entscheidungsfindung – wie z. B. kollegiale Konfliktmeidung (Goldmann 2018) – sowie etablierte Entscheidungsstrukturen – wie z. B. Monopolisierungen von Entscheidungsrechten (Ullrich/Idel 2012) – rekonstruiert.

Im Anschluss an Peter Cloos' Studien zu pädagogischen Einrichtungen der Jugendhilfe (2008, 2014) plädieren wir dafür, diesen bisherigen Fokus auf Entscheidungsprozesse zu öffnen: In einer konsequent kulturtheoretischen Lesart von Organisationen stellen die „Kulturen des Organisierens" (Cloos 2008: 45) den zentralen Forschungsgegenstand dar, welche natürlich auch Entscheidungskulturen umfassen, aber eben auch vielfältige andere Legitimierungs-, Positionierungs- und Relationierungspraktiken in die Analyse miteinbeziehen. Als methodologischer Zugang bietet sich eine praktikentheoretische Bestimmung von Organisation als „bundle of practices and material arrangements" an (Schatzki 2005: 474), in der Praktiken in Abgrenzung zu intentionalen Vollzügen als „structured spatial-temporal manifolds of action" definiert werden (Schatzki 2006: 1863–1864). Praktiken sind teleologisch sowie normativ organisiert (Schatzki 2017: 130) und werden „als wissensbasierte Tätigkeiten verstanden, die auf kollektive Wissensordnungen bezogen sind" (Fritzsche et al. 2011: 32). Da in einer praktikentheoretischen Perspektivierung (Schatzki 1996, 2001, 2002) nicht mehr vorab gesetzt wird, was ‚organisational' ist und was nicht, muss in der Analyse gezeigt werden, wie die Akteur*innen sich gegenseitig anzeigen – ethnomethodologisch würde man von ‚accounting' sprechen (Garfinkel 2012) –, dass es sich gerade um eine organisationale Praxis – im Gegensatz zum Unterrichtsgespräch oder privaten Mittagsklatsch in der Schulmensa – handelt. In Bezug auf den Gegenstand Kooperation in Schule stellt sich also zunächst die Frage, wie sich ‚organisierende' Gruppen hervorbringen. Neben formalen und formalsprachlichen Dimensionen – wie feste Zeitrahmen, Orientierung an Tagesordnungspunkten, spezifische Rederechtverteilung – rücken Fragen der normativen und inhaltlichen Positionierungen der Akteur*innen zueinander, zur verhandelten Sache, zur Schule oder zu abwesenden Anderen analytisch in den Vordergrund. Nicht nur in Praktiken des Entscheidens über organisationale Strukturen wird angezeigt, dass es sich gerade um eine ‚organisierende' Gruppe handelt, sondern beispielsweise auch im Sprechen über eigene und fremde Verantwortlichkeiten.

II. Datengrundlage und methodisches Vorgehen

Der Transkriptausschnitt, welcher im weiteren Verlauf dieses Beitrags im Fokus steht, stammt aus der Sitzung eines kleinen Teils der erweiterten Schulleitung einer integrierten Gesamtschule (IGS A-Stadt) – dem sogenannten „Inklusionsteam". Die Teammitglieder – einschließlich der didaktischen Leitung – positionieren sich im Rahmen ihrer Arbeit als Förderpädagog*innen mit Funktionsaufgaben. Im Zentrum der Zusammenarbeit des „Inklusionsteams" stehen übergreifende (organisationale und pädagogische) Fragen rund um die Teilhabe von Schüler*innen mit sonderpädagogischem Förderbedarf am Schul- und Unterrichtsgeschehen wie auch Fragen interprofessioneller Kooperation. Eines der Themen der Sitzung, aus welcher der gewählte Ausschnitt stammt, betrifft die Versetzung von zielgleich unterrichteten Schüler*innen mit Förderbedarf. Die Teammitglieder diskutieren, welche Konsequenzen sich aus unterschiedlichen Umgangsweisen mit Versetzungsfragen für die Schüler*innen, die Kolleg*innen und die Organisation ergeben.

Im Folgenden werden wir unter Rückgriff auf die Heuristik der Adressierungsanalyse sequenzanalytisch herausarbeiten (Reh/Ricken 2012; Kuhlmann et al. 2017; Ricken et al. 2017), wie sich die Gruppe in „Adressierungs-Sequenzen" (Reh/Ricken 2012: 44) als ‚organisierende Gruppe' konstituiert. Die grundlegende Annahme der Adressierungsanalyse ist, dass sich Subjekte in einem relationalen Geschehen von Adressierungen und Re-Adressierungen als je bestimmte hervorbringen (Reh/Ricken 2012: 44). In diesen (Re-)Adressierungen werden spezifische „Normen der Anerkennbarkeit" (Butler 2007: 44) aufgerufen und verhandelt, welche nicht nur für die einzelnen Subjekte – im Sinne einer Notwendigkeit, als jemand Bestimmtes anerkannt zu werden –, sondern auch für die Konstitution einer Gruppe – im Sinne einer auf spezifische Normen bezogenen Vergemeinschaftung – bedeutsam sind. Demzufolge interessieren wir uns dafür, wie sich die Gruppe als je spezifische Gruppe nach innen – beispielsweise über geteilte Aufgaben und (pädagogische) Wertorientierungen – und nach außen – in Relation zu Kolleg*innen oder Schüler*innen – konstituiert. Wir sprechen in diesem Beitrag von ‚Verantwortlichkeiten' und nicht wie üblich von ‚Zuständigkeiten', weil wir durch die von uns eingenommene Perspektive auf die normativen Implikationen von ausgehandelten Zuständigkeiten, wie beispielsweise bestimmte moralische oder berufsethische Verpflichtungen, scharfstellen. Die von uns an das Material gestellte Frage lautet folglich: Wie bringt sich die Gruppe in einem situierten (Re-)Adressierungsgeschehen als organisierende Gruppe mit bestimmten (Nicht-)Verantwortlichkeiten hervor?

III. Rekonstruktion

Der im Folgenden zu rekonstruierende Transkriptausschnitt (FP2 IGS-A-Stadt 2018, Z. 1256–1273) steht im Kontext der gemeinsamen Betrachtung einer Tabelle, welche die Teammitglieder in digitaler Form auf ihren Tablets vor sich liegen haben. Wir präsentieren den Transkriptausschnitt zunächst komplett und analysieren ihn dann sequenziell. Dabei gehen wir teilweise zusammenfassend vor.

CF: och mensch leute (.) das gibt es doch nicht (–) was ist denn da los? @he@ (unv.)
AF: (.) ja aber auch dafür müssen wir die sensibilisieren das kann nicht unsere aufgabe sein dass wir die einzelnen kinder nachgucken in den einzelnen
CF: nein (.) nein das ist nicht unsere aufgabe
AF: =nein
CF: =das ist selbst also das ist wirklich auch also das ist professionaliTÄT dass die (.) sagen das kind kommt sozial im sozialen arbeitsverhalten ist das top [also das ist top (.) @hehehe@]
AF: [ja da geht aber] JA das ist auch nicht die aufgabe der regelschullehrer sondern das ist aufgabe der
CF: =der förderschullehrer
BF: und hier weiß ich nicht rosa war nicht da als wir darüber geredet haben ne? also (.) aber (.) ja wollte nur
CF: also ich (.) mh ja entweder sind halt die eintragungen aber wenn alle fachlehrer (.) sagen [es ist ja ne fachlehrereintragung]
BF: [da sind bes und aas drin]
CF: das heißt die erleben [das kind]
AF: [mhmh]
CF: nicht mehr als sozial auffällig

CF: och mensch leute (.) | das gibt es doch nicht (–) | was ist denn da los? | @he@ (unv.)

Mit dem Ausruf „och mensch leute“ bringt die Sprecherin Missfallen zum Ausdruck. Es ist davon auszugehen, dass sie auf diese Weise kommentiert, was gerade passiert oder aufgefallen ist, und sich davon distanziert. Sie positioniert sich selbst als Bewertende und Tadelnde, die eine Gruppe entweder direkt anspricht und mit ihrem Ausruf ermahnt oder sich in der Empörung über das Geschehen mit weiteren Anwesenden vergemeinschaftet. Das zuvor geäußerte Missfallen wird ergänzt und betont durch einen Ausruf des Unverständnisses: „das gibt es doch nicht“. In einer Ad-hoc-Reaktion macht die Sprecherin deutlich, dass etwas nicht hätte passieren dürfen (implizite Norm), wobei unklar bleibt, auf welche Art von Fehler oder Fehlverhalten sich der Ausruf bezieht. Schließlich markiert sie mit der Frage „was ist denn da los?“ ihre Überraschung und den Wunsch nach Klärung. CF bringt sich damit in die Position derjenigen, die Aufklärung einfordert. Obgleich sie ihre Frage an niemanden direkt adressiert, ist anzunehmen, dass ein Sprecher*innenwechsel folgt und sich andere Anwesende zum Grund des Missfallens und zu CFs Sprechakt ins Verhältnis setzen.

AF: (.) ja aber auch dafür müssen wir die sensibilisieren | das kann nicht unsere aufgabe sein | dass wir die einzelnen kinder nachgucken | in den einzelnen

AF reagiert auf CFs Empörung und Unverständnis, indem sie eine übergeordnete Position gegenüber den anderen („die") Personen einnimmt, denen der Fehler implizit zugeschrieben wird und die nicht anwesend zu sein scheinen. AF relativiert CFs Schuldzuweisung („aber") und thematisiert eine Mitverantwortung der Anwesenden. Dadurch distanziert sie sich von CFs starker Positionierung. AF positioniert sich und die anderen Anwesenden („wir") als Bedingung der Sensibilisierung einer nicht anwesenden Personengruppe für etwas, das seitens der Anwesenden gerade geprüft und als unzureichend oder fehlerhaft eingeordnet wird. Sie konstatiert ein Versäumnis und verweist zugleich auf zukünftige Konsequenzen: „auch dafür müssen wir die sensibilisieren". Mit der Verwendung des Verbs „sensibilisieren" signalisiert die Sprecherin, dass die Anwesenden mehr wissen und die Verantwortung dafür tragen, den anderen („die") etwas zu zeigen, für das es kein Handlungsrezept gibt, das vielmehr der Verantwortungsübernahme durch die anderen („das kann nicht unsere aufgabe sein") und ihrer Sensibilisierung bedarf. AF markiert folglich eine Differenz zwischen der Verantwortung der Nicht-Anwesenden sowie derjenigen der Anwesenden und fordert eine Sensibilisierung der Nicht-Anwesenden durch die Anwesenden für eine bestimmte Aufgabenteilung und Aufgabenwahrnehmung ein. Dabei existiert ein von den Anwesenden geteiltes Wissen darüber, was gemeint ist, was also nicht Aufgabe der Anwesenden sein kann („das").

Mit der Feststellung „das kann nicht unsere Aufgabe sein" schließt AF an die Entrüstung ihrer Vorrednerin an und erkennt die damit verbundene Zurückweisung von Verantwortlichkeit an. Sie ergänzt ihre Feststellung, indem sie präzisiert, was nicht Aufgabe der Anwesenden sein könne: „dass wir die einzelnen kinder nachgucken". Der Verweis auf „die einzelnen kinder" zeigt an, dass es um individuelle, vereinzelte oder verteilte Kinder, nicht um für den Kontext Schule klassische organisatorische Einheiten wie Klassen oder Jahrgänge geht. Die Aufgabe, sich mit Einzelpersonen auseinanderzusetzen, wird von der Sprecherin zurückgewiesen, wobei unklar bleibt, aus welchen Gründen diese Aufgabe in den Verantwortungsbereich der Nicht-Anwesenden fällt. Mit der Verwendung des Verbs „nachgucken" wird angedeutet, dass es sich bei der Aufgabe eher um einen bürokratischen als einen pädagogischen Akt handelt. Es fällt auf, dass AF von „kindern" und nicht von Noten oder Leistungsergebnissen spricht. Diese Bezeichnung in Kombination mit dem Verb „nachgucken" macht deutlich, dass die für den Kontext *bedeutsame Organisationseinheit* eben diese „einzelnen" und dadurch je spezifischen „kinder" sind. Diese Organisationseinheit liegt quer zur Klassen- bzw. Jahrgangslogik, wodurch die Notwendigkeit des ‚Nachgucken-Müssens' zu entstehen scheint. Die Sprecherin setzt zu weiteren Ausführungen an („in den einzelnen"), führt diese jedoch nicht zu Ende. Sowohl AF als auch CF sprechen im Modus gemeinschaftlicher Empörung.

CF: **nein (.) nein das ist nicht unsere aufgabe |**
AF: **=nein**

Auch in diesem Sprechakt wird im Modus der vergemeinschaftenden Empörung weitergesprochen: Dadurch, dass CF bestätigt, dass „das" nicht „unsere aufgabe" sei, wird der zuvor festgestellte Fehler („och mensch leute") einer nicht anwesenden Gruppe zugeschrieben. Das ‚wir' der Gruppe konstituiert sich also zunächst explizit durch die Feststellung einer Nicht-Verantwortlichkeit und der Delegation von Schuld. Darin geht es aber nicht auf: In der Abweisung der Aufgabe, „einzelne kinder" nachzugucken, deutet sich eine übergeordnete (organisationale) Verantwortung an, die über diese Aufgabe in bestimmter – nicht näher erläuterter – Hinsicht hinausgeht. Die deutliche Positionierung „nein (.) nein das ist nicht unsere aufgabe" lässt die Bedeutsamkeit der tatsächlichen Aufgaben der anwesenden Gruppe implizit hervortreten. Dabei bleibt offen, um welche Aufgaben es sich genau handelt und wie die konstatierte Aufgabenteilung legitimiert wird. Nachdem AF zugestimmt hat, dass es („das") nicht Aufgabe der Anwesenden sei, ergreift CF wieder das Wort.

CF: **=das ist selbst | also das ist wirklich auch | also das ist professionaliTÄT | dass die (.) sagen das kind kommt sozial | im sozialen arbeitsverhalten ist das top | [also das ist top (.) @hehehe@]**

CF setzt an, um zu begründen, warum es nicht Aufgabe der Anwesenden sein könne („das ist selbst"), „die einzelnen kinder nach[zu]gucken" bzw. warum es Aufgabe einer Gruppe Nicht-Anwesender sei. Allerdings bricht sie den Satz ab. Der Abbruch könnte dadurch bedingt sein, dass sie sich sehr empört. Es fällt auf, dass CF sich noch nicht zu AFs Verweis auf die Sensibilisierung der Nicht-Anwesenden verhalten hat. Mit der Ergänzung „also das ist wirklich auch" unterstreicht CF erneut ihre Empörung. Scheinbar hätten die Nicht-Anwesenden etwas selbstverständlich tun und die Verantwortung übernehmen sollen. Die abwechselnd sprechenden Anwesenden tragen demgegenüber zwar eine übergreifende Verantwortung, jedoch keine Verantwortung für diese spezifische Aufgabe. Professionalität wird hier als Norm herangezogen, um die Nicht-Verantwortlichkeit der Anwesenden zu legitimieren. Die Kategorie „Professionalität" wird ohne explizierende Ausführungen genannt und deutlich betont, was ihre vermeintliche normative Selbstverständlichkeit unterstreicht: Anerkennbar ist, wer aufgrund seiner*ihrer Professionalität die eigenen Aufgaben kennt und selbstverständlich wahrnimmt. Der zuvor aufgefallene Fehler wird mit dem Verweis auf Professionalität individualisiert und in den Verantwortungsbereich der

Nicht-Anwesenden überführt. Der Fehler ist – so scheint es – nicht aufgrund mangelnder Absprachen bezüglich der Aufgabenverteilung bzw. organisationaler Praxis zustande gekommen, sondern aufgrund mangelnder Professionalität nicht anwesender Personen. Wie zu erwarten spezifiziert CF den Verweis auf Professionalität im Folgenden weiter: „dass die (.) sagen das kind kommt sozial im sozialen arbeitsverhalten ist das top". Dabei erscheint die Art und Weise, in der sie die Kategorie konkretisiert, nämlich als schlichte Meldung im Erfolgsfall, eher nicht erwartungskonform. Eher ist zu vermuten, dass es nicht lediglich um eine ‚Meldung', sondern um professionelle Einschätzungen gehen könnte. Hier zeigt sich eine Verschränkung von professionell wahrzunehmenden Aufgaben – wie der Diagnose und Bewertung individueller Leistung – und organisationaler Praxis: Einschätzungen werden zu ‚Eintragungen', die „das kind" betreffen. Dabei verweist die Formulierung „das kind" nicht auf ein konkretes Kind, sondern stattdessen auf die ‚einzelnen Kinder', die für die Sprecher*innen zentrale Organisationseinheiten darstellen. CF führt die geforderte Erfolgsmeldung wiederholt in actu aus („im sozialen arbeitsverhalten ist das top | also das ist top (.)") und unterstreicht damit die Relevanz der Meldung. Ungewöhnlich erscheint die Kombination der Begriffe ‚sozial' und ‚Arbeitsverhalten' zum „sozialen arbeitsverhalten" und nicht – wie üblich – in der Form des ‚Sozial- und Arbeitsverhaltens'. Die Formulierung legt nahe, dass das Arbeitsverhalten anhand derselben Normen bewertet wird wie das Sozialverhalten. Letztlich lacht CF empört oder gar ungläubig auf: @hehehe@.

AF: [ja da geht aber] | JA das ist auch nicht die aufgabe der regelschullehrer | sondern das ist aufgabe der

Dann ergreift AF erneut den Turn, wobei sie zunächst gleichzeitig mit CF spricht. AF sucht Anschluss („ja") und wahrt soziale Konventionen, bevor sie einen Widerspruch einleitet („aber") oder mindestens eine Differenzierung des zuvor Gesagten ankündigt. Da sie schließlich erneut mit „JA" einsetzt, ist davon auszugehen, dass eine Differenzierung folgt. Die Feststellung „das ist auch nicht die aufgabe der regelschullehrer" signalisiert, dass vorab offenbar nicht ganz klar war, um wessen Professionalität es ging, diesbezüglich also eine Klärung vonnöten ist. Da es sich bei den Anwesenden um Förderpädagog*innen handelt, hätte es nahegelegen, dass sich die Anwesenden von den hier erwähnten Regelschullehrer*innen abgrenzen. AF fordert allerdings dahingehend Klärung ein, dass der Fehler bzw. die damit in einem Zusammenhang stehende Aufgabe nicht den Regelschullehrer*innen zuzurechnen sei. Die Anwesenden vergemeinschaften sich im Sprechen folglich nicht als Förderpädagog*innen gegenüber Regelschullehrer*innen. Vielmehr agieren sie als übergeordnete Gruppe mit organisationalen Aufgaben und grenzen sich von den Aufgaben der Förderschulkolleg*innen insoweit ab, als dass sie – gemäß AF – die Förderpädagog*innen lediglich für die Erfüllung ihrer

Aufgaben sensibilisieren und insofern eine Teilverantwortung tragen. Zugleich zeigt die Verwendung der Begrifflichkeit „regelschullehrer", dass die Unterscheidung von Schulformen ebenso wie von institutionalisierten Zuständigkeiten und Verantwortlichkeiten in die Organisation und das Inklusionsteam hineinragt bzw. vom Team selbst je spezifisch hervorgebracht wird. AF setzt zu weiteren Ausführungen an („sondern das ist aufgabe der"), wird allerdings von CF unterbrochen, die den angefangenen Satz vervollständigt:

CF: =der förderschullehrer

Indem CF den Satz ihrer Vorrednerin vervollständigt, signalisiert sie sowohl Übereinstimmung als auch eine selbstangenommene Selbstverständlichkeit hinsichtlich der Benennung der kritisierten Personengruppe. Die verhandelte Aufgabe wird folglich auf der Grundlage von Professionszugehörigkeiten zugeordnet, wodurch sich ein spezifischer Modus des Organisierens von schulischer Inklusion bereits andeutet. Der nun erreichte Konsens könnte im Folgenden von AF oder CF differenzierter ausgeführt werden.

BF: und hier weiß ich nicht | rosa war nicht da | als wir darüber geredet haben | ne? | also (.) | aber (.) | ja wollte nur

Doch es schaltet sich eine dritte Sprecherin ein und schließt direkt an das zuvor Gesagte an („und hier"). Anders als die anderen Sprecher*innen spricht BF in der ersten Person Singular. Sie markiert auf diese Weise einen persönlichen Klärungsbedarf. Dabei adressiert sie keine der anderen Anwesenden direkt. Indem sie einen Namen nennt („rosa war nicht da") personalisiert sie das Sprechen über Verantwortlichkeiten. Eine derjenigen, deren Professionalität infrage gestellt wurde, ist offenbar Rosa. Rosa war nicht anwesend, als „darüber" gesprochen wurde. „[D]arüber" könnte sich auf ‚das Nachgucken der einzelnen Kinder' beziehen. Es entsteht der Eindruck, dass BF im Modus der Kollegialität infrage stellt, dass Rosa, die der Gruppe der Förderschullehrer*innen angehört, Verantwortung für den zuvor aufgedeckten Fehler trägt. Implizit stimmt sie AF zu, dass es einer Sensibilisierung der nicht anwesenden Kolleg*innen durch die Anwesenden bedarf, zugleich wird die Setzung aufrechterhalten, dass es Aufgabe der Förderschullehrer*innen ist, die Kinder ‚nachzugucken'. Mit einem fragenden „ne?" sichert BF ihre Aussage ab. Schließlich setzt sie zu weiteren Ausführungen an („also (.)"), bricht jedoch ab, um dann erneut zu beginnen („aber (.)"). Sie scheint um den Umgang mit der Situation zu ringen (darauf verweisen die Satzabbrüche). Auf diese Weise deutet sie an, dass die Zuschreibung von Verantwortung nicht so einfach ist, wie von den anderen beiden angenommen wird. Die Verwendung der Konjunktion „aber" zeigt an, dass zuvor zwar eine Gegenposition bzw. Relativierung gegenüber der Empörung eingenommen wurde, die

CF und AF zum Ausdruck gebracht hatten. Diese Gegenposition wird jedoch sprachlich abgemildert, wodurch keine offene Opposition entsteht. Durch den unvollständigen Zusatz „ja wollte nur“ relativiert BF die eigene Gegenrede und beginnt eine Rechtfertigung, mittels derer sie das zuvor Gesagte – das die vorangegangene Diskussion auf eine konkrete und persönliche Ebene bringt – als legitimierungsbedürftig kennzeichnet. Gleichzeitig kann ihre Äußerung durch diesen Beisatz auch schwerlich von AF und CF übergangen werden, da sich BF ein Stück weit persönlich exponiert.

CF: **also ich (.) | mh ja entweder sind halt die eintragungen | aber wenn alle fachlehrer (.) sagen | [es ist ja ne fachlehrereintragung]**

Anstelle weiterer Ausführungen vonseiten BFs hakt CF ein. Erstmals spricht auch CF in der ersten Person Singular. Mit „also“ markiert sie die Turnübernahme. Anschließend reagiert sie auf die von BF latent eingeforderte Notwendigkeit, sich zu den verschiedenen Deutungen der Situation zu positionieren. Ein allgemeines, empörtes Sprechen über die Fehler der anderen Förderschullehrer*innen ist nach BFs Äußerung kaum mehr möglich, es sei denn, dies wird mit einer persönlichen Positionierung verbunden. Denkbar ist, dass CF entweder ihre zuvor formulierte Kritik rechtfertigt oder eine Gegenposition einnimmt. Mit „mh ja“ relativiert sie dann die eigene Position und zeigt an („entweder“), dass es zwei verschiedene Optionen oder Deutungen gibt, welche nicht beide richtig sein können. Dabei verlässt sie die persönliche Ebene (erste Person Singular) und argumentiert wieder im Modus des Allgemeinen. Im Folgenden knüpft CF nicht direkt an BFs Äußerung an, dass Rosa etwas nicht mitbekommen haben könnte. Sie scheint stattdessen über die eigene Positionierung nachzudenken und ruft eine organisationale Größe auf („die eintragungen“), die für die Arbeit der Anwesenden als relevant eingeordnet wird. Die Tatsache, dass der Satz nicht zu Ende gebracht wird, deutet darauf hin, dass auf geteiltes Wissen zurückgegriffen wird und elliptisch gesprochen werden kann. Nach Abbruch des einen Satzes beginnt CF mit „aber“ einen neuen: „aber wenn alle fachlehrer (.) sagen“. Sie bringt so eine weitere Kategorie in das Gespräch: Neben Regel- und Förderschullehrer*innen fällt nun der Begriff „fachlehrer“. Die Fachlehrer*innen tragen scheinbar ebenfalls Verantwortung für bestimmte Aufgaben, die mit den Eintragungen in einem Zusammenhang stehen. Möglicherweise entlastet CF Rosa als Förderschullehrerin, indem sie eine weitere Personengruppe benennt, die Verantwortung für bestimmte Teil-Aufgaben trägt. Wieder bricht CF den angefangenen Satz ab und ergänzt, dass es sich um eine Fachlehrer*inneneintragung handele. Damit greift sie eine interessante Kategorie auf, mit welcher sie die zuvor angefangenen Sätze verbindet.

BF: **[da sind bes und aas drin]**

Parallel zu CFs Feststellung, dass es sich um eine Fachlehrer*inneneintragung handele, fasst BF zusammen, was in der vor den Sprecher*innen liegenden Tabelle offenbar wiederholt aufgelistet ist, nämlich die Buchstaben A und B. Es ist davon auszugehen, dass A und B Teil einer Skala sind, anhand derer das ‚soziale Arbeitsverhalten' eines jeden einzelnen Kindes eingeschätzt wird. Sowohl BF als auch CF könnten, da sie überlappend gesprochen haben, ihre Überlegungen im Folgenden weiter ausführen.

CF: **das heißt die erleben [das kind] |**
AF: **[mhmh]**

Tatsächlich argumentiert CF weiter, was sich aus den vorangegangenen Ausführungen ergibt. Sie legitimiert, warum die Fachlehrer*innen dafür verantwortlich sind, die Eintragungen vorzunehmen: Die Fachlehrer*innen „erleben das kind" – vermutlich im Unterschied zu den zuvor erwähnten Förderschullehrer*innen. Die Eintragung kann also nur aufgrund einer Beobachtung bzw. des Erlebens der einzelnen Kinder vorgenommen werden. Sie ist nicht willkürlich, sondern beruht auf konkreten, nicht notwendigerweise fachlichen Interaktionen. Dass vom Erleben gesprochen wird, könnte auch auf die Nutzung einer Art pädagogischen Jargons hinweisen. AF ratifiziert die Äußerung, wobei CF bereits weiterspricht.

CF: **nicht mehr als sozial auffällig**

Der zuvor begonnene Satz „die erleben das kind" erhält nun eine andere Bedeutung. Es wird auf eine soziale Norm und potenzielle Formen der Abweichung verwiesen: Kinder können „sozial auffällig" sein. Wenn jedoch bestimmte Eintragungen vonseiten der Fachlehrer*innen vorgenommen wurden, bedeutet dies, dass zuvor festgestellte Abweichungen von der Norm „nicht mehr" bestehen. Es wird nicht mit Wesenszuschreibungen argumentiert, sondern stattdessen das ‚Erleben der Fachlehrer*innen' thematisiert. Die Veränderung zum „nicht mehr" wird wie ein Widerfahrnis der Fachlehrer*innen dargestellt und – unabhängig von den Gründen – zur Kenntnis genommen.

Zusammenfassend können wir festhalten, dass sich die Sitzungsteilnehmer*innen in wiederholten Vergemeinschaftungsbewegungen als übergeordnete organisierende Gruppe hervorbringen. Sie tun dies, indem sie die Tätigkeiten von nicht anwesenden Kolleg*innen prüfen und deren (versäumte) Handlungen – im konkreten Fall ‚Eintragungen' – anhand von aufgerufenen Normen bewerten. In diesem Doppel von Prüfung und Bewertung zeigen sie sich selbst als Gruppe, welche sich in einer übergeordneten Verantwortung für bestimmte organisationale Prozesse sowie für je bestimmte Schüler*innen sieht, die zugleich aber (noch?) aushandeln muss, wie konkret diese Verantwortung in Relation zu Kolleg*innen aussieht. Die Sprecher*innen versuchen, einen in diesem Rahmen festgestellten

Fehler dadurch bearbeitbar zu machen, dass sie verhandeln, wem dieser Fehler unter welchen Bedingungen zugeschrieben werden kann. Sie diskutieren, inwiefern sie selbst eine Teilschuld tragen, da sie ihre Kolleg*innen hätten sensibilisieren können. Allerdings wird mit dem Legitimationsmuster ‚Professionalität' ein individualisierendes Moment der Zuschreibung des Fehlers gewählt und die eigene (Mit-)Verantwortlichkeit zurückgewiesen. Eintragungen beinhalten zwar einen bürokratischen Akt, können jedoch nur auf Basis professioneller Einschätzungen vorgenommen werden. Nicht die organisierende Gruppe trägt die Verantwortung für die Eintragung, vielmehr ist es „professionaliTÄT, dass die sagen, das kind kommt [...]". Erst als BF die Diskussion auf eine konkretere Ebene hebt, zeigt sich in aller Deutlichkeit, wie prekär die Zuschreibung von Verantwortung ist: Der zuvor von CF formulierte Verweis auf die Kategorie ‚Professionalität' und damit verbundene Verantwortlichkeiten wird suspendiert, sobald im Modus der Kollegialität und mit Bezug auf konkrete Personen gesprochen wird.

IV. Schlussfolgerungen

Die von uns vorgeschlagene Fokusöffnung von Entscheidungsprozessen hin zu „Kulturen des Organisierens" (Cloos 2008: 45) ermöglicht es, die vielfältigen Legitimierungs-, Positionierungs- und Relationierungspraktiken innerhalb des untersuchten Teamsettings zu beleuchten. Im Rahmen des von uns rekonstruierten Ausschnitts aus einem Teamgespräch wird ausgehandelt, welche (Nicht-)Verantwortlichkeiten legitimierungsfähig und anerkennbar sind. Professionelle und organisationale (Nicht-)Verantwortlichkeiten werden dabei insofern zueinander relationiert, als dass im Sprechen wiederholt Differenzen markiert werden: zwischen der Gruppe und den Kolleg*innen, zwischen Förderschullehrer*innen, Regelschullehrer*innen und Fachlehrer*innen, zwischen Professionalität und den eigenen Aufgaben. Auf diese Weise wird ein spezifisches Positionsgefüge innerhalb (eines Teils) des Kollegiums hervorgebracht. Dieses Gefüge ist – wie unsere Rekonstruktion zeigt – nicht spannungs- und konfliktfrei, sondern zeigt seine Spezifik gerade darin, welche Spannungen genau hervorgebracht werden und auf welche Weise mit diesen Spannungen umgegangen wird. So müssten weiterführende Analysen zeigen, welche Spannungen konstitutiv für die Organisation Schule sind und wie diese in je schulspezifischen Praktiken bzw. Kulturen des Organisierens hervorgebracht werden. In dem von uns rekonstruierten Transkriptausschnitt deutet sich an, dass insbesondere die Positionierung als übergeordnete Funktionsgruppe innerhalb der Organisation Schule, welche durch hohe Autonomieansprüche aufseiten der Lehrer*innen geprägt ist (Goldmann 2018), spannungsvoll sein kann. Die Sprecher*innen wählen verschiedene Modi, um die Zuschreibung eines Fehlers an direkte Kolleg*innen abzumildern: AF räumt eine Mitverantwortung des Inklusionsteams ein (‚Sensibilisierung'), AF verbleibt in ihrer Argumentation auf der abstrakten Ebene ohne Nennung einzelner Kolleg*innen und BF schildert im Modus der Kollegialität ,mildernde Umstände' in Bezug auf eine konkrete Kollegin. Diese Modi könnten auf typische Spannungen in professionellen Organisationen hinweisen, welche sich unter anderem dadurch auszeichnen, dass im Rahmen von Praktiken des Organisierens in spezifischer Weise auf die Autonomieansprüche der Professionellen eingegangen werden muss. In unserem Transkriptausschnitt wurde das dadurch besonders deutlich, dass die Anwesenden die Tätigkeiten von Kolleg*innen *überprüft* haben, diese Prüfungspraxis jedoch zugleich auf mehreren Ebenen problematisiert haben. Diesen und ähnlichen Spannungen, so unsere Annahme, lohnt es sich, konsequent rekonstruktiv nachzugehen, um das Gefüge von Profession(-alität) und Organisation in seiner Dynamik empirisch untersuchen zu können.

Literatur

Breuer, Anne (2015): Lehrer-Erzieher-Teams an ganztägigen Grundschulen. Kooperation als Differenzierung von Zuständigkeiten. Wiesbaden: Springer VS.

Breuer, Anne/Idel, Till-Sebastian/Schütz, Anna (2019): Professionsentwicklung im Ganztag. In: Kathrin Berdelmann/Bettina Fritzsche/Kerstin Rabenstein/Joachim Scholz (Hg.): Transformationen von Schule, Unterricht und Profession. Wiesbaden: Springer Fachmedien Wiesbaden, 307–323.

Butler, Judith (2007): Kritik der ethischen Gewalt. Adorno-Vorlesungen 2002. Frankfurt am Main: Suhrkamp.

Cloos, Peter (2008): Die Inszenierung von Gemeinsamkeit. Eine vergleichende Studie zu Biographie, Organisationskultur und beruflichen Habitus von Teams in der Kinder- und Jugendhilfe. Weinheim/München: Juventa.

Cloos, Peter (2014): Organisation, Profession und die Herstellung von Differenz. In: Anja Tervooren/Nicolas Engel/Michael Göhlich/Ingrid Miethe/Sabine Reh (Hg.): Ethnographie und Differenz in pädagogischen Feldern. Internationale Entwicklungen erziehungswissenschaftlicher Forschung. Bielefeld: transcript, 257–271.

Cloos, Peter/Fabel-Lamla, Melanie/Lochner, Barbara/Kunze, Katharina (Hg.) (2019): Pädagogische Teamgespräche. Methodische und theoretische Perspektiven eines neuen Forschungsfeldes. Weinheim/Basel: Beltz Juventa.

Fritzsche, Bettina/Idel, Till-Sebastian/Rabenstein, Kerstin (2011): Ordnungsbildung in pädagogischen Praktiken. Praxistheoretische Überlegungen zur Konstitution und Beobachtung von Lernkulturen. In: Zeitschrift für Soziologie der Erziehung und Sozialisation 31 (1), 28–44.

Garfinkel, Harold (2012): Die rationalen Eigenschaften von wissenschaftlichen und Alltagsaktivitäten. In: Ruth Ayaß/Christian Meyer (Hg.): Sozialität in Slow Motion. Theoretische und empirische Perspektiven. Wiesbaden: Springer VS, 41–57.

Goldmann, Daniel (2017): Programmatik und Praxis der Schulentwicklung. Rekonstruktionen zu einem konstitutiven Spannungsverhältnis. Wiesbaden: Springer VS.

Goldmann, Daniel (2018): Unter Lehrkräften. Zum Verhältnis von Kollegialität und Professionalität. In: ZISU – Zeitschrift für Interpretative Schul- und Unterrichtsforschung 7, 122–134.

Helsper, Werner/Busse, Susann/Hummrich, Merle (Hg.) (2008): Pädagogische Professionalität in Organisationen. Neue Verhältnisbestimmungen am Beispiel der Schule. Wiesbaden: Springer VS.

Idel, Till-Sebastian (2016): Zusammenarbeit als Aufgabe von Lehrkräften. Professionstheoretische Überlegungen zu Erfordernissen, Zumutungen und Grenzen von Kooperation. In: Christiane Lähnemann/Anca Leuthold-Wergin/Heike Hagelgans/Laura Ritschel (Hg.): Professionelle Kooperation in und mit der Schule – Erkenntnisse aus der Praxisforschung. Tagungsband der 20. Jahrestagung Nordverbund Schulbegleitforschung. Münster. MV-Verlag, 23–43.

Idel, Till-Sebastian/Ullrich, Heiner/Baum, Elisabeth (2012): Kollegialität und Kooperation in der Schule. Zur Einleitung in diesen Band. In: Elisabeth Baum/Till-Sebastian Idel/Heiner Ullrich (Hg.): Kollegialität und Kooperation in der Schule. Theoretische Konzepte und empirische Befunde. Wiesbaden: Springer VS, 9–25.

Kolbe, Fritz-Ulrich/Reh, Sabine (2008): Kooperation unter Pädagogen. In: Thomas Coelen/Hans-Uwe Otto (Hg.): Grundbegriffe Ganztagsbildung. Das Handbuch. Wiesbaden: Springer VS, 799–808.

Kuhlmann, Nele/Ricken, Norbert/Rose, Nadine/Otzen, Anne (2017): Heuristik für eine Adressierungsanalyse in subjektivationstheoretischer Perspektive. In: Vierteljahrsschrift für wissenschaftliche Pädagogik 93 (2), 234–235.

Lambrecht, Maike (2018): Steuerung als pädagogisches Problem. Empirische Rekonstruktionen zur Interaktion in Schulinspektions-Interviews. Wiesbaden: Springer VS.

Luhmann, Niklas (2011): Organisation und Entscheidung. Wiesbaden: Springer VS.

Reh, Sabine/Ricken, Norbert (2012): Das Konzept der Adressierung. Zur Methodologie einer qualitativ-empirischen Erforschung von Subjektivation. In: Ingrid Miethe/Hans-Rüdiger Müller (Hg.): Qualitative Bildungsforschung und Bildungstheorie. Opladen. Budrich, 35–56.

Ricken, Norbert/Rose, Nadine/Kuhlmann, Nele/Otzen, Anne (2017): Die Sprachlichkeit der Anerkennung. Eine theoretische und methodologische Perspektive auf die Erforschung von ‚Anerkennung'. In: Vierteljahrsschrift für wissenschaftliche Pädagogik 93 (2), 193–233.

Schatzki, Theodore R. (2001): Practice mind-ed orders. In: Theodore R. Schatzki (Hg.): The practice turn in contemporary theory. Anthology originated in a conference, "Practices and Social Order", that was held at the Center for Interdisciplinary Studies (ZiF) at the University of Bielefeld, Germany, on january 4–6, 1996. London. Routledge, 50–63.

Schatzki, Theodore R. (2002): The site of the social. A philosophical account of the constitution of social life and change. University Park: Pennsylvania State University Press.

Schatzki, Theodore R. (2005): Peripheral Vision. In: Organization Studies 26 (3), 465–484.

Schatzki, Theodore R. (2006): On Organizations as they Happen. In: Organization Studies 27 (12), 1863–1873.

Schatzki, Theodore R. (2017): Sayings, Texts and Discursive Formations. In: Allison Hui/Theodore R. Schatzki/Elizabeth Shove (Hg.): The nexus of practices. Connections, constellations and practitioners. London/New York. Routledge, 126–140.

Silkenbeumer, Mirja/Kunze, Katharina/Bartmann, Sylke (2018): Teil- und zugleich Allzuständigkeit? Rekonstruktionen zu Zuständigkeitsfigurationen und Positionierungen pädagogischer Berufsgruppen in der Organisation Schule. In: Lukas Neuhas/Oliver Käch (Hg.): Bedingte Professionalität. Professionelles Handeln im Kontext von Institution und Organisation. Weinheim/Basel: Beltz Juventa, 130–157.

Terhart, Ewald (1986): Organisation und Erziehung. Neue Zugangsweisen zu einem alten Dilemma. In: Zeitschrift für Pädagogik 32 (2), 205–223.

Ullrich, Heiner/Idel, Till-Sebastian (2012): „Wir sind der Fels in der Brandung". Eine Fallstudie über Teamkooperation in der kollegialen Selbstverwaltung einer Freien Waldorfschule. In: Elisabeth Baum/Till-Sebastian Idel/Heiner Ullrich (Hg.): Kollegialität und Kooperation in der Schule. Theoretische Konzepte und empirische Befunde. Wiesbaden: Springer VS, 119–134.

4 Nachwort: Ein Ringen *mit* und *um* Verantwortung[247]

Nele Kuhlmann

„Ich bin diese Verantwortung.
Verantwortlich sein für… ist die Grundstruktur meines Subjektseins."
Mariette Hellemans 1984: 119

Seit ich mich zurückerinnern kann, macht es mich besonders betroffen, wenn ich erlebe, wie Tieren Leid zugefügt wird. Nach und nach habe ich verstanden – und ich erinnere mich noch gut an diese Momente –, dass die Sparerips oder der McDonald's Cheeseburger, die ich als Kind geliebt habe, aus Tierfleisch bestehen. Jedes Mal, wenn wir einen Schweinetransporter überholt haben, war mein Tag gelaufen – und dadurch auch der meiner Eltern. Das Gefühl, das ich auch heute noch genauso empfinde, wenn ich einzelne Tiere durch die Gitter so eines Transporters erkennen kann, würde ich mit dem Begriff des ‚Verantwortungsgefühls' bezeichnen. Es äußert sich darin, dass ich zum einen die Verletzlichkeit und Schutzlosigkeit des Tieres wahrnehme – insbesondere in Momenten des (scheinbaren) Blickkontakts – und gleichzeitig weiß, dass es Menschen sind, die genau diese Schutzlosigkeit ausnutzen. Es stellt sich augenblicklich ein schlechtes Gewissen ein, weil ich nichts tue, um dem konkreten Tier zu helfen und grundlegender, weil ich mich viel zu wenig dafür einsetzte, die Situation der sogenannten ‚Nutztiere' im Allgemeinen zu verbessern. Es ist diese Mischung aus Mitleid, Schuldgefühl und Wut, die mich im wahrsten Sinne des Wortes unvermittelt *trifft*. Wenn ich Tierleid sehe – sei es direkt neben mir in einem Transporter, auf einem Foto oder in einem Video –, kann ich mich einem umfassenden Betroffensein schlicht nicht entziehen.

Nach und nach habe ich mir angewöhnt, gezielt in eine andere Richtung zu schauen, Triggerwarnungen von Videos ernst zu nehmen und Briefe mit Spendenaufrufen von Tierschutzorganisationen ungeöffnet wegzuwerfen. Diese Immunisierungspraktiken erfüllen nicht nur die Funktion, dass ich mir dadurch nicht den Tag verderbe, sondern auch, dass ich in meinem Verhältnis zu Freund*innen und Bekannten, die Tierprodukte essen, nicht ‚verbissen' werde.

247 Bei diesem Beitrag handelt es sich um eine leicht überarbeitete Fassung des Artikels: Kuhlmann, Nele (2021): Zur Ermöglichung und Verunmöglichung ethischer Ansprechbarkeit. Ein Ringen mit und um ‚Verantwortung'. In: Martin Karcher/Severin Sales Rödel (Hg.): Lebendige Theorie. Hamburg: Textem, 129–142.

Auch wenn im Kontext von Klimabewegungen wie ‚Fridays For Future' die Problematisierung von Fleischkonsum mehr und mehr ‚salonfähig' wird, scheint mir eine grundsätzliche Infragestellung weiterhin eine gesellschaftliche Randposition darzustellen, die schnell unter den Verdacht der militanten Ideologisierung gerät. Angesichts der hohen Bedeutung des Verzehrs von Tierprodukten in vielen Alltagspraktiken und familialen Ritualen wird das vor diesem Hintergrund eher unwahrscheinliche Betroffensein von (Nutz-)Tierleid oft zu einem *sozialen Problem*. Mich beschäftigt immer wieder die Frage, warum es offensichtlich so leicht möglich ist, das für alle zugängliche Wissen über Tierquälerei in der Massentierhaltung gänzlich auszublenden und keinen Zusammenhang zum eigenen Handeln, wie dem eigenen Fleischkonsum, herzustellen. In manchen Situationen ist dieses Unverständnis kaum auszuhalten. So gab es bspw. während meines Studiums in Bremen einen großen, medial wirkungsvollen Skandal, der die fürchterlichen Bedingungen in der Gänsehaltung in Niedersachsen aufdeckte. Es war kaum möglich, den grausamen Bildern zu entgehen. Zwei Tage später saß ich mit meinen Kommiliton*innen in der Mensa und nahezu alle aßen den Gänse-Weihnachtsbraten mit Gütesiegel ‚aus Niedersachsen'. In Situationen wie diesen wird mir immer wieder deutlich, dass sich kaum etwas trennender anfühlt als die Einsicht, dass die eigene Betroffenheit nicht nur nicht geteilt, sondern in gewisser Hinsicht nicht sozial *anerkennbar* ist. Mein Eindruck war, dass jedes Wort über mein Betroffensein vom Leid der gequälten Gänse den freundschaftlichen Austausch schlagartig in ein moralisierendes ‚Ich-gegen-die-Anderen' verwandelt hätte. Anstatt auf diese Weise die Trennung explizit werden zu lassen, sagte ich lieber nichts.

Das dahinterliegende Phänomen, dass Menschen trotz des Wissens um den Schaden, den sie mit ihrem Handeln anrichten, dennoch nichts an ihrem Verhalten ändern, stellt natürlich ein viel grundlegenderes Problem dar, von dem ich mich und mein eigenes Handeln keinesfalls ausnehme: Wieso fliegen wir einmal um die Welt für einen Urlaub oder eine Konferenz, obwohl wir wissen, dass CO^2 den Klimawandel verursacht? Weshalb ‚brauchen' wir so oft neue technische Geräte trotz des Wissens um die blutigen Ressourcenkämpfe in West- und Zentralafrika? Warum kaufen wir billige Kleidung, obwohl wir wissen, dass dieser Preis nur unter Bedingung der Ausbeutung möglich sein kann? Die Liste könnte ich endlos weiterführen. Offenbar geht das Wissen um die Folgen des eignen Tuns nicht notwendig mit einem Verantwortungsbewusstsein, geschweige denn mit einer verantwortungsvolleren Lebensführung einher. Dieses spannungsvolle Verhältnis zwischen Verantwortlich*sein*, Sich-Verantwortlich-*Fühlen* und einem verantwortlichen *Handeln* wurde und wird für mich besonders in Bezug auf den Umgang mit Tieren greif- und erfahrbar, wenngleich es sich natürlich um eine grundsätzliche ethische Problemstellung handelt. Angesichts der zu beobachtenden *Folgenlosigkeit* von Wissen – sowohl für das eigene Fühlen als auch Handeln – drängt sich die Frage auf, welche Bedeutung ethischen Überlegungen überhaupt zukommen kann. Wenn also insbesondere ethische Theorien den Anspruch haben, moralische Orientierung zu stiften, wie gelingt es ihnen, die Selektivität und sozial-kulturelle Bedingtheit unserer ethischen Wahrnehmungs- und Urteilsweisen mitzudenken?

Die Faszination an dieser Frage – auch wenn ich sie noch nicht so auf den Punkt bringen konnte – begleitet mich spätestens seit dem Ethikunterricht der Oberstufe, in dem wir verschiedene Ansätze praktischer Ethik in Bezug auf ethische Handlungsprobleme – wie der Frage, ob man Tiere essen dürfe – diskutierten. Jede Begründungsfigur – sei es Pflicht-, Tugendethik oder Utilitarismus – schien für sich genommen theoretisch überzeugend, scheiterte aber letztlich an der Komplexität des Sozialen. Dieses ambivalente Interesse an ethischen Theorien stellte auch den Ausgangspunkt meiner Dissertationsstudie dar, in der ich mich mit dem Konzept der ‚(pädagogischen) Verantwortung' beschäftigte. Auch wenn die Frage ‚Wie kann ich verantwortlich handeln?' seit Beginn dieser Auseinandersetzung leitend war, wurde die Hoffnung auf eine theoretische Aufklärung handlungspraktischer Probleme zugleich durch die lebensweltlich erfahrene Skepsis durchkreuzt: Wie überzeugend ist es, angesichts gesellschaftlich-kultureller Bedingtheit und sozialer Situiertheit unseres Empfindens, Denkens und Tuns, auf das ‚(selbst-)verantwortlich handelnde Selbst' zu setzen? Ist es vielleicht sogar problematisch, an der Kategorie der ‚Verantwortung' festzuhalten, weil sie dazu tendiert, diese Bedingtheiten eher abzublenden? Diese Spannung zwischen Misstrauen und Vertrauen in das Verantwortungskonzept lässt sich – so mein Eindruck – nur verstehen, wenn meine subjektive Involviertheit im Theoriebildungsprozess ernst genommen wird. Bestimmte Erfahrungen des ethischen Affiziertwerdens, die ich mit Begriffen wie ‚Verantwortungsgefühl' oder ‚-bewusstsein' bezeichne, halten meine Beschäftigung mit dem Konzept gewissermaßen ‚am Laufen'. Rückblickend würde ich meine Auseinandersetzung daher als *ein Ringen mit und um ‚Verantwortung'* beschreiben, das sich dadurch auszeichnete, dass der Begriff kontinuierlich auf dem Spiel stand, ohne dabei je aufgegeben werden zu können.

Im Folgenden werde ich die Genese meiner Perspektive auf ‚Verantwortung' vor dem Hintergrund dieser Spannungen im Sinne einer ‚Lebendigen Theorie' nachzeichnen. Dabei wird die aufgeworfene Frage nach dem Verhältnis zwischen Verantwortlich-*Handeln*, Verantwortlich-*Sein* und dem *Sich*-Verantwortlich-*Fühlen* leitend sein.[248] In einem *ersten Schritt* werden philosophische Auseinandersetzungen um ‚Verantwortung' hinsichtlich dieser drei Dimensionen befragt und zwei Typen von Verantwortungsfassungen herausgestellt. Einer grundlegenden Unzufriedenheit bzgl. dieser Relationierungen folgend werde ich *zweitens* die

248 Ich lehne mich in dieser Frageformulierung an Sara Rushings Überlegungen an, die das Verhältnis dieser drei Dimensionen in den Arbeiten von Judith Butler untersucht (vgl. Rushing 2015: 69).

Überlegungen der Sozialphilosophin Judith Butler zur sozialen Geworden- und Bedingtheit von ethischer Ansprechbarkeit skizzieren und mit Pierre Bourdieus Konzept des ‚praktischen Sinns' verbinden. In einem *dritten Schritt* werde ich zum eingangs geschilderten ethischen Angesprochensein durch Tierleid zurückkehren und davon ausgehend im Anschluss an Bünger und Trautmann für eine „Politik moralischer Empfänglichkeit" plädieren (Bünger/Trautmann 2012: 410).

I. Zwischen Verantwortlich-Sein und Verantwortlich-Handeln

Wer sich der Frage widmet, was genau theoretisch unter ‚Verantwortung' verstanden wird, sieht sich schnell vor das Problem gestellt, dass das Konzept nahezu jede philosophische und auch erziehungswissenschaftliche Debatte in irgendeiner Weise explizit oder implizit durchzieht. Da der Begriff mit der grundlagentheoretischen Frage nach den Möglichkeiten und Grenzen menschlicher Handlungsmacht verbunden ist, kann letztlich *jedes* Sprechen über den Menschen als ein Sprechen über ‚Verantwortung' gedeutet werden. Fokussiert man die Suche auf Theorien, die sich explizit der Bestimmung von ‚Verantwortung' widmen, so können zwei Typen von Fassungen unterschieden werden, welche die Frage nach dem Subjekt grundsätzlich unterschiedlich beantworten.[249] Während in der ersten Variante ein starkes, handlungsmächtiges Subjekt und Prinzipien des *verantwortlichen Handelns* im Vordergrund stehen, wird dieses Verständnis in der zweiten Deutung grundlegend zurückgewiesen und die soziale Bedingtheit des Subjekts im *Verantwortlichsein* betont (vgl. Vogelmann 2014: 303 f.). Wird vom autonom-handelnden Subjekt ausgegangen, so rückt das Problem in den Vordergrund, dass Menschen in ihrem Handeln das Leben anderer beeinflussen und ihnen damit ggf. Schaden zufügen. In Bezug auf die eingangs gewählten Beispiele bedeutet Verantwortung in dieser Lesart also, die Folgen des eigenen Fleischkonsums oder des eigenen Reise- und Kaufverhaltens für andere zu reflektieren und dementsprechend (anders) zu handeln.[250] Ansätze, die auf der anderen Seite die soziale Bedingtheit und Angewiesenheit des Subjekts zum Ausgang nehmen, sehen in ‚Verantwortung' kein Konzept der Handlungsorientierung, sondern vielmehr eine grundlegende Dimension des Menschseins. In dieser häufig an die phänomenologischen Arbeiten von Emmanuel Lévinas anschließenden Perspektive wird die Erfahrung des ‚In-Verantwortung-Gestellt-Seins' durch Andere in den Vordergrund gerückt. Insbesondere das Phänomen, in einer Situation völlig unvorbereitet von dem Gefühl der Verantwortung für einen Menschen – oder auch für andere Lebewesen – getroffen zu werden, macht dieses zweite Verständnis von ‚Verantwortung' greifbar.

249 Für diese Zweiteilung von Verantwortungsfassungen vgl. Assadi 2013.

250 Siehe hier insbesondere Jonas 2003.

Aufgrund dieser sehr grundlegenden Unterschiede fallen auch die ethischen Schlussfolgerungen dieser beiden Zugänge zum Verantwortungskonzept grundlegend verschieden aus: Während ‚klassische' – und auch lebensweltlich-verankerte – Fassungen von ‚Verantwortung' angeben wollen, was moralisch-gutes Handeln ist und welchen legitimatorischen Prinzipien dabei gefolgt werden sollte, argumentieren phänomenologische Verantwortungstheorien auf einer ‚tieferen', „elementarethische[n] oder prä-normative[n]" Ebene (Bedorf 2005: 51). Sie konzipieren die radikale Erfahrung des In-Verantwortung-Gestelltseins als *das Subjekt allererst konstituierende, also dem ‚Ich' vorausgehende Responsivität.* Es handelt sich also nur in der ersten Fassung um Ansätze *Praktischer Ethik*, welche die Frage „Wie kann ich verantwortlich *handeln*?" in den Vordergrund theoretischer Überlegungen rücken. Dagegen geht es responsiven Fassungen darum, genau diese der Frage zugrundeliegende Subjektvorstellung zu kritisieren, indem sie das *Phänomen Verantwortung* – also das ontologisch gegebene Verantwortlich*sein* – zum Anlass nehmen, die Idee des autonom-handelnden moralischen Agenten grundlegend zu problematisieren.[251] Aus dieser Perspektive wird die grundlegende Annahme klassisch-ethischer Theorien, es gebe ein handlungsmächtiges Subjekt, welches seine Handlungen umfassend reflexiv steuern kann, zur Zumutung und „ethischen Gewalt" (Butler 2007). Auch wenn es vereinzelt Versuche gibt, die beiden hier nur typisiert dargestellten Verantwortungsfassungen zu verbinden (vgl. Buddeberg 2011), so zeichnet sich die theoretische Auseinandersetzung um den Begriff der ‚Verantwortung' eher durch ein unversöhnliches Gegen- oder auch Nebeneinander aus. Der Spalt zwischen einem ontologisch gesetzten *Verantwortlichsein* und der Vorstellung eines prinzipiengeleiteten *verantwortlichen Handelns* stellt sich vor diesem Hintergrund als ein kaum überwindbarer dar.

II. Sich-Verantwortlich-Fühlen oder Verantwortung als ‚praktischer Sinn'

Der Nachvollzug dieser Debatten hat mich zugegebenermaßen sehr frustriert. Auf der einen Seite war und ist es für mich – nicht zuletzt aufgrund der oben geschilderten Erfahrungen – mehr als einleuchtend, dass eine Verantwortungsethik, die ausschließlich am handlungsmächtigen, autonomen Subjekt ansetzt, zu kurz greift oder schlimmer noch gewaltvolle, responsibilisierende Auswirkungen haben kann. Sie hilft auch nicht dabei, zu verstehen, wieso wir *trotz* ethischer Einsicht *unverantwortlich handeln.* Ein ganzes Netz sozialer Bezogen- und Bedingtheiten, die im Verantwortungsphänomen ja eigentlich so plastisch erfahrbar sind, muss in dieser starken Fassung von Intentionalität letztlich ausgeblendet oder als kalkulier- und

251 Die Frage, wie auf den Anspruch des Anderen geantwortet werden sollte, wird dann weniger mit dem Verantwortungsbegriff selbst, sondern vielmehr mit dem Gerechtigkeitsbegriff – da wir immer dem konkurrierenden Ansprüchen Dritter ausgesetzt sind – bearbeitet Bedorf 2005.

steuerbar entworfen werden. Auf der anderen Seite zeichnet sich auch mein Zugang zur responsiven Fassung von Verantwortung durch eine eigentümliche Spannung aus: Einerseits erscheint mir die Rede der „ungewollten Empfänglichkeit" (ebd.: 124) und ethischen Ansprechbarkeit in der Erfahrung des In-Verantwortungs-Gestelltseins genau das zu beschreiben, was ich wahrnehme, wenn ich Tierleid erlebe. Es lässt mich körperlich erfahren, dass ich mein Angesprochensein nicht intentional bearbeiten kann, weil ich keinen Zugriff darauf habe, warum ich in dieser Weise betroffen bin. Aus diesem Grund sträube ich mich auch gegen das provokante Argument Frieder Vogelmanns, der in seinen Analysen des Verantwortungskonzept zu dem Schluss kommt, dass *jede* Verantwortungstheorie aufgrund der problematischen Machtverwobenheit des Begriffs grundsätzlich problematisch ist und daher in philosophischen Diskursen nicht weiter verwendet werden sollte (vgl. Vogelmann 2014). Das *Phänomen* der Verantwortung scheint mir so eng mit dem Begriff verwoben zu sein, dass ein theoretisches Verwerfen des Begriffs für mich der Negierung des Phänomens gleichkäme.

Allerdings ist auch die responsive Fassung von ‚Verantwortung' für mich nur bedingt überzeugend. Genauso wie mir unzählige Situationen und Erfahrungen als Belege dafür einfallen, dass das Konzept von autonomen, handlungsmächtigen Akteur*innen für ein Verstehen von Welt nicht trägt, kann ich ebenso viele Beispiele nennen, in denen ein Angesprochensein durch den Anderen *nicht wahrgenommen* wird oder Wege gefunden werden, sich diesen Ansprüchen *zu entziehen*. Um auf meine eingangs beschriebenen Erfahrungen zurückzukommen: Es bereitete meinen Bremer Kommiliton*innen keine ethischen Probleme, trotz eindrücklicher Bilder gequälter Gänse den Braten in der Mensa zu genießen; und wir können es mit unserem Gewissen vereinbaren, für Urlaube und Konferenzen gleich mehrere Fernflüge im Jahr in Kauf zu nehmen, auch wenn Fotos von schmelzenden Gletschern oder vor Klimakatastrophen flüchtende Menschen eigentlich eindrückliche ethische Ansprüche an uns stellen. Die menschliche Affizierbarkeit ontologisch zu setzen scheint mir – salopp gesagt – ein ‚guter Move' zu sein, um tradierte Subjektvorstellungen des bisweilen autark-gedachten Individuums grundlegend in Frage zu stellen; um dagegen zu verstehen, in welcher Weise Menschen von ethischen Ansprüchen ‚tatsächlich' affiziert werden, überzeugt die Setzung dagegen deutlich weniger. Wofür *fühlen* wir uns also verantwortlich?

In ihrem Buch *Raster des Krieges* thematisiert Butler explizit die angesprochene Spannung zwischen ontologischer Setzung von Vulnerabilität und historisch gewachsenen, sozio-kulturellen Rahmen der Anerkennbar- und Betrauerbarkeit von Leben. Darin formuliert sie die folgende Anfrage an Lévinas:

> „Diese Anderen stellen einen Anspruch an mich – aber unter welchen Bedingungen kann ich diesen Anspruch wahrnehmen und ihm gerecht werden? Es genügt nicht, mit Lévinas zu sagen, dass der Anspruch an mich schon ergeht, bevor ich ihn zur

> Kenntnis nehme und dass er ein inauguratives Moment meines eigenen Seins ist. Das mag formal richtig sein, aber diese Wahrheit nützt mir nichts, wenn die Bedingungen nicht gegeben sind, unter denen ich dem Anspruch inmitten seiner eigenen sozialen und politischen Einbettung gerecht werden kann. Zu diesen ‚Bedingungen' gehören nicht nur meine privaten Ressourcen, sondern auch die verschiedenen vermittelnden Formen und Rahmen, die mich erst für diesen Anspruch empfänglich machen. Mit anderen Worten: Der Anspruch an mich ergeht, wo er ergeht, über die Sinne, die zum Teil durch verschiedene Medien geformt werden – durch die soziale Organisation von Klängen und Stimmen, Bildern und Texten, Berührungsempfindungen und Gerüchen." (Butler 2010: 165 f.)

An diesem – wie Bünger und Trautmann es treffend bezeichnen – „Kreuzungspunkt zwischen Epistemologie und Gesellschaftskritik" (Bünger/Trautmann 2012: 403) stellt Butler eine Beziehung zwischen Verantwortlichsein, dem Verantwortungsgefühl und dem verantwortlich Handeln her: Die Feststellung eines ontologischen Verantwortlichseins bringe nichts, um zu sehen, welche Ansprüche überhaupt als Ansprüche wahrgenommen werden und auch nichts, um zu verstehen, unter welchen Bedingungen wir diesen Ansprüchen in verantwortungsvoller Weise begegnen könnten. Butler bestimmt die „affektive und moralische Empfänglichkeit" (Butler 2010: 54) von zwei Seiten: Zum einen existierten je historisch gewachsene, in diskursiven Praktiken je spezifisch aktualisierte „epistemologische Raster (*frames*)" (ebd.: 9), die die Bedingungen der Möglichkeiten abstecken, welches Leben als lebens- und betrauerwertes Leben (an-)erkennbar ist. Zum anderen ist die moralische Ansprechbarkeit auch vom Subjekt aus zu denken, und damit nicht vom autarken Individuum, sondern vom sozialen Wesen mit je bestimmter – historisch, sozial und kulturell situierter – Subjektivierungsgeschichte.[252] Butlers Annahme ist, dass es nicht leicht sei, dem anderen Leben Vorrang zu geben, „wenn man einem tief empfundenen Gefühl der Prekarität unterliegt" (Butler 2018b: 145). Aus dieser negativen Bestimmung von subjektiven ‚Ressourcen' lässt sich jedoch nicht schließen, dass sich eine nicht-prekäre, durch ökonomisches, soziales und kulturelles Kapital abgesicherte Position automatisch durch eine höhere Responsivität oder Empfänglichkeit für ethische Ansprüche auszeichnen würde. Letztlich bleibt daher vage, wie genau Butler affektive Ansprechbarkeit mit dem Subjekt und dessen Subjektivierungsgeschichte relationiert.

Ohne dass ich hier auf diesen Punkt im Detail eingehen kann, scheint mir Pierre Bourdieus Konzept des ‚praktischen Sinns' einen Einsatzpunkt zu bieten, um diese Leerstelle zu bearbeiten. In seinem *Entwurf einer Theorie der Praxis* argumentiert er, dass dieser Zugang das Interesse am „generative[n] Prinzip" von Praxisformen charakterisiere und damit der

252 Etwas irritierend ist vor diesem Hintergrund Butlers Attributierung ‚privat', vgl. dazu auch Rushing 2015: 79.

„gesellschaftlich geformte Körper [...] mit all seinen Sinnen, d. h. nicht nur seinen ihm zugebilligten fünf Sinnen, die ja doch der strukturierenden Aktion der sozialen Determination nicht entgehen, sondern auch dem Sinn für die Verpflichtung und die Pflicht, dem Orientierungs- und Wirklichkeitssinn, [...] dem Sinn für das Sakrale, dem Sinn für Wirkung, dem politischen Sinn und dem Sinn für die Verantwortung, für Rangfolgen, für Humor und für das Lächerliche, dem praktischen Sinn, dem Sinn für Moral und dem Sinn fürs Geschäft, und so weiter und so fort [...].“ (Bourdieu 2015: 270)

Bourdieu beschreibt also das Zusammenspiel von moralischem Wahrnehmen, Bewerten und Handeln konsequent gesellschaftstheoretisch als einen in Praktiken hervorgebrachten ‚Sinn‘, welcher – analog zum Habitus-Konzept – als ‚strukturierte Struktur strukturierend‘ wirkt. Dabei wird der praktische Sinn auf die Erfordernisse eines Feldes zugeschnitten (vgl. Schmidt 2014: 194). Subjektivierungstheoretisch gewendet ist der „Sinn für die Verantwortung“ als *verkörperte, materialisierte Subjektivierungsgeschichte* lesbar, die in ihrem Gewordensein die Denk- und Wahrnehmungsweisen strukturiert. Für wen oder was wir uns verantwortlich fühlen und welches Antworten für uns als verantwortungsvolles erscheint, ist also abhängig von unseren feldspezifischen Erfahrungen und damit von den vielfältigen – und teils widersprüchlichen – Adressierungen, für was und wen wir verantwortlich sind und den expliziten und impliziten Positionierungen unserer Eltern, Freund*innen und Lehrer*innen etc., was legitime Ansprüche und anerkennbare Antworten sein können (vgl. Thompson 2012; Krämer/Sabisch 2018).

In Abgrenzung zu Vogelmann plädiere ich dafür, das Phänomen bzw. die Erfahrung der Verantwortung im Theoretisieren ernst zu nehmen, ohne dafür hinter die Einsicht der Machtverwobenheit des Konzepts und damit einhergehenden Adressierungspraktiken zurückzufallen. In dem Zusammenspiel des Bourdieu'schen ‚praktischen Sinns‘ und dem Butler'schen ‚Raster der Anerkennbar- und Betrauerbarkeit‘ – so mein Einsatz – wird unser affektives Betroffen- und Bezogensein nicht ontologisch gesetzt, sondern machttheoretisch greifbar. Gefühle der Verantwortung können dann nicht länger als ‚natürliche‘ oder genuin ethische Emotion verstanden werden, sondern müssen als ein *materialisiertes Wahrnehmen* konzipiert werden, welches in und durch machtvolle Praktiken – und damit insbesondere *Ausschluss- und Immunisierungspraktiken* – allererst hervorgebracht wird.

III. Fazit oder zurück zum Anfang

In seinem Artikel *Species Trouble: Judith Butler, Mourning, and the Precarious Lives of Animals* beschreibt James Stanescu eindrücklich, wie er die an der Fleischtheke angebotenen Waren als tote Lebewesen wahrnimmt, von denen ein ethischer Anspruch, ein Appell zum Trauern ausgeht (Stanescu 2012). Er bestimmt diese Betroffenheit als sozial *nicht anerkennbar*. Alles ist darauf ausgelegt, dass Fleisch als *normales Warenprodukt*, wie Cornflakes oder Waschmittel, erscheint;

der Prozess der ‚Herstellung' – also die massenhafte Tierhaltung und -tötung – wird durch ein Ineinandergreifen von verschiedensten Praktiken *unsichtbar* gemacht. In Praktiken des Portionierens, Verpackens und Vermarktens wird nach und nach der tierische Ursprung eines ‚Produkts' verdeckt und in vielfältigen Normativen – mal in Form von ‚Ernährungspyramiden' oder im Narrativ des jagenden Urzeitmenschen – wird der Verzehr von Tierprodukten naturalisiert. Dadurch, dass machtvoll hervorgebrachte ‚epistemologische Raster' das Leid von Tieren – und auch der am Prozess beteiligten Menschen – (nahezu) unsichtbar machen, wird die diesem Raster entgegenlaufende, dieses Leid anerkennende Trauer – das machen Stanescus Beschreibungen deutlich – *prekär* und sozial *legitimierungsbedürftig*. Er schlussfolgert:

> „Indeed, under Butler, it is not our precarious lives we have to worry about, but instead our systems of immunity against our vulnerability that are our biggest threat. Thus, we have wars in Afghanistan and Iraq to protect us; we have nuclear weapons to protect us; and on and on. Immunity is always a function of disavowal, of a refusal to confront our shared embodied finitude." (Ebd.: 575 f.)

Die vollzogene gesellschaftstheoretische Wendung des (prä-)ethischen Verantwortungskonzepts fokussiert das historische Gewordensein und aktive Operieren von ebenjenen „systems of immunity against our vulnerability" und macht deutlich, wie voraussetzungsreich es ist, dass wir von einem ethischen Anspruch ‚tatsächlich' getroffen werden. Welche Schlussfolgerungen lassen sich daraus für das Verhältnis von ontologischem Verantwortlichsein, dem sozial vermittelten Sich-Verantwortlich-Fühlen und dem klassisch-ethischen Problem des Verantwortlich-Handelns abschließend ziehen? Wenn weder eine starke Intentionalität noch das ethische Affiziertwerden eine verlässliche Basis für verantwortungsvolles Handeln darstellen, wie kann „ethical agency" (Schippers 2015: 101) gedacht und auch im Sinne einer ‚Lebendigen Theorie' gefasst werden? Und (wie) können wir lernen, Ansprüche zu vernehmen, die für uns aufgrund von machvollen Rastern, die entlang von „racial or gendered lines" (ebd.: 102 f.) und unter speziesistischen Ausschlüssen operieren, eigentlich unsichtbar sind? Butler selbst argumentiert, dass „wir uns dieser Verantwortung nur durch eine kritische Reflexion auf jene Ausschlussnormen bewusst werden [können, NK], die Bereiche der Anerkennbarkeit erst konstituieren" (Butler 2010: 41 f.). Daran anschließend formulieren Bünger und Trautmann ein Konzept *politischer Bildung*, welches im Sinne einer „Politik moralischer Empfänglichkeit" das „Problem der Darstellbarkeit von Leid und Verlust in der Öffentlichkeit" (Bünger/Trautmann 2012: 410) thematisiere und danach fragt „warum ‚wir' nur selten etwas wahrnehmen können, das ‚uns' auf die geteilte Gefährdung aufmerksam macht und an deren Ungleichverteilung ‚wir' Anteil haben" (ebd.: 412). Auch wenn diese Fassung vieles im Vagen lässt, eröffnet sie Fragehorizonte, die für mich den Kern der Sache treffen: Es geht darum, die Kontingenz der Grenzen von Betrauerbarkeit zu markieren, indem die historische und situative Hervorbringung sichtbar gemacht wird; die eigenen als so ‚privat' empfundenen Gefühle müssen als machtvolle Manifestierungen thematisierbar werden und wir müssen fragen, wie wir von je bestimmten Ausschlüssen profitieren und wie wir selbst nicht nur in diese Grenzziehungen, sondern auch in die Verursachung von Leid verwickelt sind. Auch wenn also Verantwortungstheorien nie abschließend beantworten können, wie wir konkret handeln sollten, so können sie die Bedingungen der Möglichkeiten ethischer Wahrnehmung und Antwortweisen zugänglich machen.

Mein eingangs geschildertes ungewähltes Affiziertwerden von Tieren und Tierleid sehe ich vor diesem Hintergrund nicht als ein ‚Jenseits der Macht', sondern ein vermutlich im Schnittfeld verschiedenster Umstände entstandener ‚Sinn der Verantwortung', welcher eher zufällig hegemonialen Rahmen der Anerkennbarkeit entgegenläuft. Gleichzeitig macht mich dieses Betroffensein zuversichtlich, dass ebenjene Raster nie vollends determinieren, welche Ansprüche wir wie wahrnehmen. Vermutlich kennt jede*r das Gefühl, völlig unerwartet und in für einen selbst undurchschaubarer und zum Teil sozial nicht anerkennbaren Weise ethisch affiziert zu werden. Sicherlich wird es mein theoretisches und handlungspraktisches Ringen *mit* und *um* ‚Verantwortung' weiter *in Bewegung* halten. Denn auch wenn meine langjährige Auseinandersetzung mit dem Konzept mir ermöglicht hat, soziale Phänomene in ihrer Machtdurchwobenheit und Komplexität besser verstehen zu lernen, so stellt sich die eingangs formulierte Frage, wie ein verantwortliches Handeln möglich sei, *genauso drängend* wie zuvor. Vielleicht ist das auch ein Kennzeichen ‚Lebendiger Theorie', dass wir uns selbst und damit unsere Perspektiven auf Welt durch Theoriearbeit verändern, ohne dabei jedoch je zu befriedigenden lebenspraktischen Antworten zu kommen. Ein Rest Frustration bleibt.

Literatur

Assadi, Galia (2013): Ordnung durch Verantwortung. Neue Perspektiven auf einen philosophischen Grundbegriff. Frankfurt am Main: Campus.

Bedorf, Thomas (2005): Die Gerechtigkeit des Dritten. Konturen eines Problems. In: Otto Neumaier/Clemens Sedmak/Michael Zichy (Hg.): Philosophische Perspektiven. Beiträge zum VII. Internationalen Kongress der Österreichischen Gesellschaft für Philosophie. Frankfurt/Lancaster. Ontos Verlag, 50–55.

Buddeberg, Eva (2011): Verantwortung im Diskurs. Grundlinien einer rekonstruktiv-hermeneutischen Konzeption moralischer Verantwortung im Anschluss an Hans Jonas, Karl-Otto Apel und Emmanuel Lévinas. Berlin: de Gruyter.

Bünger, Carsten/Trautmann, Felix (2012): „Demokratie der Sinne". Judith Butlers Kritik der Gewalt als politische Bildung der Empfänglichkeit. In: Norbert Ricken/Nicole Balzer (Hg.): Judith Butler: Pädagogische Lektüren. Wiesbaden: Springer VS, 399–413.

Butler, Judith (2007): Kritik der ethischen Gewalt. Adorno-Vorlesungen 2002. Frankfurt am Main: Suhrkamp.

Butler, Judith (2010): Raster des Krieges. Warum wir nicht jedes Leid beklagen. Frankfurt am Main: Campus Verlag.
Butler, Judith (2018): Einleitung. In: Butler, Judith: Anmerkungen zu einer performativen Theorie der Versammlung. Frankfurt am Main: Suhrkamp, 7–35.
Hellemans, Mariette (1984): Pädagogische Verantwortung. In: Helmut Danner und Wilfried Lippitz (Hg.): Beschreiben – Verstehen – Handeln. Phänomenologische Forschungen in der Pädagogik. München: Gerhard Röttger Verlag, 107–121.
Jonas, Hans (2003): Das Prinzip Verantwortung. Frankfurt am Main: Suhrkamp.
Krämer, Anike/Sabisch, Katja (Hg.) (2018): Doing Responsibility. Möglichkeiten familiärer Ordnungen psychosozial 41 (1).
Rushing, Sara (2015): Butler's Ethical Appeal: Being, Feeling and Acting Responsible. In: Moya Lloyd (Hg.): Butler and Ethics. Edinburgh. Edinburgh University Press, 65–90.
Schippers, Birgit (2015): Violence, Affect and Ethics. In: Moya Lloyd (Hg.): Butler and Ethics. Edinburgh. Edinburgh University Press, 91–117.
Schmidt, Robert (2014): Praktischer Sinn (sens pratique). In: Gerhard Fröhlich/Boike Rehbein (Hg.): Bourdieu-Handbuch. Leben – Werk – Wirkung. Stuttgart. J. B. Metzler, 193–196.
Stanescu, James (2012): Species Trouble: Judith Butler, Mourning, and the Precarious Lives of Animals. In: Hypatia 27 (3), 567–582.
Thompson, Christiane (2012): Zur Hervorbringung von Zurechnungsfähigkeit im pädagogischen Feld. In: Archiv für Rechts- und Sozialphilosophie im pädagogischen Feld, 169–182.
Vogelmann, Frieder (2014): Im Bann der Verantwortung. Frankfurt am Main. Campus.

Literaturverzeichnis

Ackermann, Timo/Robin, Pierrine (2016): Agency and the Conceptualisation of Minors in Child Protection Case Files. In: Florian Eßer/Meike Baader/Tanja Betz/Beatrice Hungerland (Hg.): Reconceptualising Agency and Childhoof. New York: Routledge Taylor and Francis Group, 243–255.

Adler, David (2017): Die Entstehung einer Lounge. Ästhetisierung als praktischer Vollzug. In: Owe Sutter/Valeska Flor (Hg.): Ästhetisierung der Arbeit. Kulturanalysen des kognitiven Kapitalismus. Münster: Waxmann, 33–49.

Alkemeyer, Thomas/Budde, Gunilla/Freist, Dagmar (Hg.) (2013): Selbst-Bildungen. Soziale und kulturelle Praktiken der Subjektivierung. Bielefeld: transcript.

Alkemeyer, Thomas/Buschmann, Nikolaus (2016): Praktiken der Subjektivierung – Subjektivierung als Praxis. In: Hilmar Schäfer (Hg.): Praxistheorie. Ein soziologisches Forschungsprogramm. Bielefeld: transcript, 115–136.

Alkemeyer, Thomas/Buschmann, Nikolaus (2017): Befähigen. Praxistheoretische Überlegungen zur Subjektivierung von Mitspielfähigkeit. In: Markus Rieger-Ladich/Christian Grabau (Hg.): Pierre Bourdieu: Pädagogische Lektüren. Wiesbaden: Springer VS, 271–297.

Amos, Karin/Meseth, Wolfgang/Proske, Matthias (2011): Öffentliche Erziehung revisited. Eine Einleitung. In: Sigrid Karin Amos/Wolfgang Meseth/Matthias Proske (Hg.): Öffentliche Erziehung revisited. Erziehung, Politik und Gesellschaft im Diskurs. Wiesbaden: Springer VS, 9–30.

Anderson, Ben (2019): Cultural Geography II: The Force of Representations. In: Progress in Human Geography 43 (6), 1120–1132.

Andresen, Sabine/Demant, Marie (2017): Worin liegt die Verantwortung der Erziehungswissenschaft? Ein Diskussionsbeitrag zur Aufarbeitung sexualisierter Gewalt in der Erziehungswissenschaft. In: Erziehungswissenschaft 28 (54), 39–50.

Apel, Karl-Otto (1988): Diskurs und Verantwortung. Frankfurt am Main: Suhrkamp.

Arendt, Hannah (2013 [1958]): Die Krise der Erziehung. In: Ursula Ludz (Hg.): Zwischen Vergangenheit und Zukunft. Übungen im politischen Denken. 2. Auflage. München/Zürich: Piper, 255–276.

Athanassoulis, Nafsika (2010): Virtue Ethics. London, New York: Continuum.

Aust, Robert/Völcker, Matthias (2018): Theoretische Sensibilität. Das Verhältnis von Theorie und Empirie in intermethodologischer Perspektive. In: Maja S. Maier/Catharina I. Keßler/Ulrike Deppe/Anca Leuthold-Wergin/Sabine Sandring (Hg.): Qualitative Bildungsforschung. Wiesbaden: Springer VS, 133–149.

Baez, Benjamin/Talbut, Susan (2008): Governing for Responsibility and with Love. Parents and Children between Home and School. In: Educational Theory 58 (1), 25–43.

Baker, Bernadette (1998): Child-centered Teaching, Redemption, and Educational Identities. A History of the Present. In: Educational Theory 48 (2), 155–174.

Balzer, Nicole (2007): Die doppelte Bedeutung der Anerkennung. Anmerkungen zum Zusammenhang von Anerkennung, Macht und Gerechtigkeit. In: Michael Wimmer/Roland Reichenbach/Ludwig Pangratz (Hg.): Gerechtigkeit und Bildung. Paderborn: Ferdinand Schöningh, 49–75.

Balzer, Nicole (2014a): Pädagogik. In: Clemens Kammler/Rolf Parr/Ulrich Johannes Schneider/Elke Reinhardt-Becker (Hg.): Foucault Handbuch. Leben – Werk – Wirkung. Stuttgart: J. B. Metzler, 406–416.

Balzer, Nicole (2014b): Spuren der Anerkennung. Studien zu einer sozial- und erziehungswissenschaftlichen Kategorie. Wiesbaden: Springer VS.

Balzer, Nicole/Bergner, Dominic (2012): Die Ordnung der ‚Klasse'. Analysen zu Subjektpositionen in unterrichtlichen Praktiken. In: Norbert Ricken/Nicole Balzer (Hg.): Judith Butler: Pädagogische Lektüren. Wiesbaden: Springer VS, 247–279.

Balzer, Nicole/Ricken, Norbert (2010): Anerkennung als pädagogisches Problem. Markierungen im erziehungswissenschaftlichen Diskurs. In: Alfred Schäfer/Christiane Thompson (Hg.): Anerkennung. Paderborn: Ferdinand Schöningh, 35–87.

Banzhaf, Günter (2017): Der Begriff der Verantwortung in der Gegenwart: 20.–21. Jahrhundert. In: Ludger Heidbrink/Claus Langbehn/Janina Loh (Hg.): Handbuch Verantwortung. Wiesbaden: Springer VS, 149–167.

Bastian, Johannes/Helsper, Werner (2000): Professionalisierung im Lehrberuf. Bilanzierung und Perspektiven. In: Johannes Bastian/Werner Helsper/Sabine Reh/Carla Schelle (Hg.): Professionalisierung im Lehrerberuf. Von der Kritik der Lehrerrolle zur pädagogischen Professionalität. Opladen: Leske und Budrich, 167–192.

Bayertz, Kurt (1990): Verantwortung als Reflexion. In: Christoph Hubig/Kurt Bayertz (Hg.): Verantwortung in Wissenschaft und Technik. Berlin: Universitätsbibliothek der Technischen Universität (TUB-Dokumentation Kongresse und Tagungen, 54), 89–101.

Bayertz, Kurt (1995a): Eine kurze Geschichte der Herkunft der Verantwortung. In: Kurt Bayertz (Hg.): Verantwortung. Prinzip oder Problem? Darmstadt: Wissenschaftliche Buchgesellschaft, 3–71.

Bayertz, Kurt (Hg.) (1995b): Verantwortung. Prinzip oder Problem? Darmstadt: Wissenschaftliche Buchgesellschaft.

Bayertz, Kurt/Beck, Birgit (2017): Der Begriff der Verantwortung in der Moderne: 19.–20. Jahrhundert. In: Ludger Heidbrink/Claus Langbehn/Janina Loh (Hg.): Handbuch Verantwortung. Wiesbaden: Springer VS, 133–148.

Bedorf, Thomas (2005): Die Gerechtigkeit des Dritten. Konturen eines Problems. In: Otto Neumaier/Clemens Sedmak/Michael Zichy (Hg.): Philosophische Perspektiven. Beiträge zum VII. Internationalen Kongress der Österreichischen Gesellschaft für Philosophie. Frankfurt, Lancaster: Ontos Verlag, 50–55.

Bedorf, Thomas (2010): Verkennende Anerkennung. Über Identität und Politik. Berlin: Suhrkamp.

Bellmann, Johannes/Ricken, Norbert (2020): Theoretische Forschung in der Erziehungswissenschaft. Beiträge zur Konturierung eines Forschungsfelds. Einleitung in den Thementeil 66 (6), 783–787.

Bellmann, Johannes/Waldow, Florian (2007): Die merkwürdige Ehe zwischen technokratischer Bildungsreform und emphatischer Reformpädagogik. In: Bildung und Erziehung 60 (4), 481–503.

Benjamin, Jessica (1990): Die Fesseln der Liebe. Psychoanalyse, Feminismus und das Problem der Macht. Basel: Stroemfeld.

Benner, Dietrich (1987): Allgemeine Pädagogik. Eine systematisch problemgeschichtliche Einführung in die Grundstruktur pädagogischen Denkens und Handelns. Weinheim/München: Juventa.

Benner, Dietrich (2003): Kritik und Negativität. Ein Versuch zur Pluralisierung von Kritik in Erziehung, Pädagogik und Erziehungswissenschaft. In: Dietrich Benner/Borrelli, Michele/Heyting, Frieda/Christopher Winch (Hg.): Kritik in der Pädagogik. Versuche über das Kritische in Erziehung und Erziehungswissenschaft. Zeitschrift für Pädagogik (Beiheft 46). Weinheim: Beltz, 96–110.

Biesta, Gert (2004): Education, Accountability, and the Ethical Demand: Can the Democratic Potential of Accountability be regained? In: Educational Theory 54 (3), 233–250.

Biesta, Gert (2011): Warum „What works" nicht funktioniert: Evidenzbasierte pädagogische Praxis und das Demokratiedefizit der Bildungsforschung. In: Johannes Bellmann/Thomas Müller (Hg.): Wissen, was wirkt. Kritik evidenzbasierter Pädagogik. Wiesbaden: Springer VS, 95–121.

Bilgi, Oktay (2016): Auf den Anfang kommt es an? Der pädagogische Blick als Ver-Antwortung. In: Friederike Schmidt/Marc Schulz/Gunther Graßhoff (Hg.): Pädagogische Blicke. Erziehungswissenschaftliche Perspektiven auf Wahrnehmung. Weinheim/Basel: Beltz Juventa, 104–120.

Binder, Ulrich (2015): Auswirkungen der allgemeinpädagogischen „Identitätsdebatte" (1994 - 2004) in gegenwärtigen allgemeinpädagogischen Forschungen. In: Zeitschrift für Pädagogik 61 (2), 251–269.

Bingham, Charles (2008): Authority Is Relational. Rethinking Educational Empowerment. Albany, New York: State University of New York Press.

Birnbacher, Dieter (1988): Verantwortung für zukünftige Generationen. Stuttgart: Philipp Reclam.

Birnbacher, Dieter (2017): Teleologische Ethik: Utilitarismus und Verantwortung. In: Ludger Heidbrink/Claus Langbehn/Janina Loh (Hg.): Handbuch Verantwortung. Wiesbaden: Springer VS, 189–204.

Blumer, Herbert (1954): What is Wrong with Social Theory? In: American Sociological Review 19 (1), 3–10.

Bourdieu, Pierre (2015 [1972]): Entwurf einer Theorie der Praxis. Auf der ethnologischen Grundlage der kabylischen Gesellschaft. 4. Auflage. Frankfurt am Main: Suhrkamp.

Breidenstein, Georg/Thompson, Christiane (2014): Schulische Leistungsbewertung als Praxis der Subjektivierung. In: Christiane Thompson/Kerstin Jergus/Georg Breidenstein (Hg.): Interferenzen. Perspektiven kulturwissenschaftlicher Bildungsforschung. Weilerswist: Velbrück Wissenschaft, 89–109.
Brinkbäumer, Klaus (2019): Warum das „How dare you" von Greta Thunberg berechtigt ist. In: Der Tagesspiegel online. Online verfügbar unter https://www.tagesspiegel.de/kultur/kolumne-spiegelstrich-warum-das-how-dare-you-von-greta-thunberg-berechtigt-ist/25067266.html, zuletzt geprüft am 22.02.2020.
Brinkmann, Malte/Rödel, Severin Sales (2021): Ethos im Lehrberuf. Haltung zeigen Haltung üben. In: Journal für LehrerInnenbildung 21 (3), 42–62.
Brumlik, Micha (1978): Zum Verhältnis von Pädagogik und Ethik. In: Herwig Blankertz (Hg.): Die Theorie-Praxis-Diskussion in der Erziehungswissenschaft. Beiträge vom 6. Kongreß der Deutschen Gesellschaft für Erziehungswissenschaft vom 08.–10.03.1978 in der Universität Tübingen. Zeitschrift für Pädagogik (Beiheft 15). Weinheim, Basel: Beltz, 103–115.
Brumlik, Micha (2017 [1992]): Advokatorische Ethik. Zur Legitimation pädagogischer Eingriffe. 3. Auflage. Berlin: CEP Europäische Verlagsanstalt.
Buber, Martin (2005a): Rede über das Erzieherische. Nach einer auf der III. Internationalen Pädagogischen Konferenz in Heidelberg gesprochen. In: J. Jacobi (Hg.): Schriften zu Jugend, Erziehung und Bildung. Martin Buber Werkausgabe. 8 Bände. Gütersloh: Gütersloher Verlagshaus, 136–154.
Buber, Martin (2005b): Über Charaktererziehung. In: J. Jacobi (Hg.): Schriften zu Jugend, Erziehung und Bildung. Martin Buber Werkausgabe. 8 Bände. Gütersloh: Gütersloher Verlagshaus, 327–340.
Buddeberg, Eva (2011): Verantwortung im Diskurs. Grundlinien einer rekonstruktiv-hermeneutischen Konzeption moralischer Verantwortung im Anschluss an Hans Jonas, Karl-Otto Apel und Emmanuel Lévinas. Berlin: de Gruyter.
Buddeberg, Eva (2017): Verantwortung, Macht und Anerkennung. In: Ludger Heidbrink/Claus Langbehn/Janina Loh (Hg.): Handbuch Verantwortung. Wiesbaden: Springer VS, 417–428.
Buddeberg, Eva/Vogelmann, Frieder (2016): Schwerpunkt: Verantwortung – ein umkämpfter Begriff. In: Deutsche Zeitschrift für Philosophie 64 (2), 228–231.
Bührmann, Andrea (2012): Das unternehmerische Selbst: Subjektivierungsform oder Subjektivierungsweise? In: Reiner Keller/Werner Schneider/Willy Viehöver (Hg.): Diskurs – Macht – Subjekt. Theorie und Empirie von Subjektivierung in der Diskursforschung. Wiesbaden: Springer VS, 145–164.
Bünger, Carsten (2015): Bildung – Macht – Subjektivierung. Sondierungen im Feld der Bildungsforschung. In: Eveline Christof/Erich Ribolits (Hg.): Bildung und Macht. Eine kritische Bestandsaufnahme. Wien: Löcker, 15–29.
Bünger, Carsten/Trautmann, Felix (2012): „Demokratie der Sinne". Judith Butlers Kritik der Gewalt als politische Bildung der Empfänglichkeit. In: Norbert Ricken/Nicole Balzer (Hg.): Judith Butler: Pädagogische Lektüren. Wiesbaden: Springer VS, 399–413.
Burckhart, Holger/Nielsen-Sikora, Jürgen (2020): Verantwortung. In: Gabriele Weiß/Jörg Zirfas (Hg.): Handbuch Bildungs- und Erziehungsphilosophie. Wiesbaden: Springer VS, 177–187.
Buschmann, Nikolaus/Sulmowski, Jędrzej (2018): Von „Verantwortung" zu „doing Verantwortung". Subjektivierungstheoretische Aspekte nachhaltigkeitsbezogener Responsibilisierung. In: Anna Henkel/Nico Lüdtke/Nikolaus Buschmann/Lars Hochmann (Hg.): Reflexive Responsibilisierung. Verantwortung für nachhaltige Entwicklung. Bielefeld: transcript, 281–295.
Butler, Judith (1997): Körper von Gewicht. Die diskursiven Grenzen des Geschlechts. Frankfurt am Main: Suhrkamp.
Butler, Judith (2001): Psyche der Macht. Das Subjekt der Unterwerfung. Frankfurt am Main: Suhrkamp.
Butler, Judith (2005): Gewalt, Trauer, Politik. In: Judith Butler (Hg.): Gefährdetes Leben. Politische Essays. Frankfurt am Main: Suhrkamp, 36–67.
Butler, Judith (2006): Haß spricht. Zur Politik des Performativen. Frankfurt am Main: Suhrkamp.
Butler, Judith (2007): Kritik der ethischen Gewalt. Adorno-Vorlesungen 2002. Frankfurt am Main: Suhrkamp.
Butler, Judith (2009a): Frames of War. When Is Life Grievable? London, New York: Verso.
Butler, Judith (2009b): Krieg und Affekt. Zürich, Berlin: Diaphanes.

Butler, Judith (2010a): Ein Interview mit Judith Butler. In: Hannelore Bublitz (Hg.): Judith Butler zur Einführung. 3. Aufl. Hamburg: Junius (Zur Einführung), 142–152.
Butler, Judith (2010b): Einleitung: Gefährdetes Leben, betrauerbares Leben. In: Judith Butler: Raster des Krieges. Warum wir nicht jedes Leid beklagen. Frankfurt am Main: Campus Verlag, 9–38.
Butler, Judith (2010c): Raster des Krieges. Warum wir nicht jedes Leid beklagen. Frankfurt am Main: Campus Verlag.
Butler, Judith (2018a): Einleitung. In: Judith Butler: Anmerkungen zu einer performativen Theorie der Versammlung. Frankfurt am Main: Suhrkamp, 7–35.
Butler, Judith (2018b): Gefährdetes Leben und die Ethik der Kohabitation. In: Judith Butler: Anmerkungen zu einer performativen Theorie der Versammlung. Frankfurt am Main: Suhrkamp, 133–162.
Caruso, Marcelo (2003): Biopolitik im Klassenzimmer. Zur Ordnung der Führungspraktiken in den Bayerischen Volksschulen (1869–1918). Weinheim/Basel/Berlin: Beltz.
Caruso, Marcelo (2005): Über das Spezifikum der Reformpädagogik. Wachstumsleitung, organische Ordnung und die Zäsur Kerschensteiner in der Münchener Lehrplan- und Methodenpolitik (1895–1919). In: Jahrbuch für historische Bildungsforschung 11, 181–210.
Caruso, Marcelo (2009): Enthemmung als Führungsstrategie. Transformationen der Unterrichtskultur in München an der Wende zum 20. Jahrhundert. In: Zeitschrift für Pädagogik 55 (3), 334–344.
Cavarero, Adriana (2000): Relating narratives. Storytelling and selfhood. London/New York: Routledge.
Charlton, Bruce G. (2002): Audit, Accountability, Quality and All That. In: Stephen Prickett/Patricia Erskine-Hill (Hg.): Education! Education! Education! Managerial Ethics and the Law of Unintended Consequences. Charlottesville: Imprint Academics, 13–28.
Cloos, Peter/Fabel-Lamla, Melanie/Lochner, Barbara/Kunze, Katharina (Hg.) (2019): Pädagogische Teamgespräche. Methodische und theoretische Perspektiven eines neuen Forschungsfeldes. Weinheim/Basel: Beltz Juventa.
Crisp, Roger/Slote, Michael (Hg.) (2007): Virtue Ethics. Oxford: Oxford University Press.
Danner, Helmut (2010): Verantwortung in Ethik und Pädagogik. Oberhausen: ATHENA-Verlag.
Derbolav, Josef (1971): Abriß einer pädagogischen Ethik. In: Josef Derbolav (Hg.): Systematische Perspektiven der Pädagogik. Heidelberg: Quelle & Meyer, 124–155.
Dietrich, Fabian (2014): Professionalisierungskrisen im Referendariat. Rekonstruktionen zu Krisen und Krisenbearbeitung in der zweiten Phase der Lehrerausbildung. Wiesbaden: Springer VS.
Dietrich, Fabian/Faller, Christiane/Kuhlmann, Nele (2022): Berufskulturelle (Nicht-)Zuständigkeit. Empirische Rekonstruktionen von Selbst- und Fremdpositionierungen zur ‚Corona-Krise'. In: Zeitschrift für Pädagogik 68 (3), 290–306.
Dietrich, Fabian/Kuhlmann, Nele (2022): Jenseits von Fürsorge- und fachlicher Leistungsorientierung. Eine Fallrekonstruktion zum berufskulturellen Anerkennungsgeschehen im multiprofessionellen Team. In: Sonderpädagogische Förderung heute 67 (3), 258–269.
Diez, Georg (2019): Angst und Endlichkeit. Greta Thunbergs „How dare you". In: taz online. Online verfügbar unter https://taz.de/Greta-Thunbergs-How-dare-you/!5627066/, zuletzt geprüft am 22.02.2020.
Drerup, Johannes/Schweiger, Gottfried (Hg.) (2019): Handbuch Philosophie der Kindheit. Stuttgart: J. B. Metzler.
Drieschner, Elmar (Hg.) (2011): Liebe in Zeiten pädagogischer Professionalisierung. Wiesbaden: Springer VS.
Ecarius, Jutta (Hg.) (1998): Was will die jüngere mit der älteren Generation? Generationsbeziehungen und Generationenverhältnisse in der Erziehungswissenschaft. Wiesbaden: Springer Fachmedien.
Eckert, Julia (2016): Tugend, Recht und Moral: Tendenzen der Verantwortungszuschreibung. In: Deutsche Zeitschrift für Philosophie 64 (2), 246–257.
Edling, Silvia/Frelin, Anneli (2013): Doing good? Interpreting teachers' given and felt responsibilities for pupils' well-being in an age of measurement. In: Teachers and Teaching 19 (4), 419–332.
Epp, Eugen (2019): „How dare you?!". Dieser Satz von Greta Thunberg wird Geschichte schreiben. In: Stern online. Online verfügbar unter https://www.stern.de/politik/ausland/greta-thunbergs--how-dare-you----wird-geschichte-schreiben-8920164.html, zuletzt geprüft am 22.02.2020.
Eßer, Florian (2010): Imaginationen kindlicher Selbsttätigkeit in pädagogischen Entwürfen um 1900. In: Diskurs Kindheits- und Jugendforschung (3), 283–294.

Eßer, Florian/Schröer, Wolfgang (2012): Der kindliche „Entwickelungsgang". Kinderforschung und Sozialpädagogik um 1900. In: Florian Bernstorff/Alfred Langewand (Hg.): Darwinismus, Bildung, Erziehung. Historische Perspektiven auf das Verhältnis von Evolution und Pädagogik. Berlin: LIT Verlag, 113–129.
Feuser, Georg (2018): Momente einer Ideengeschichte der Integration bzw. Inklusion im Feld der (Schul-)Pädagogik. In: Tanja Sturm/Monika Wagner-Willi (Hg.): Handbuch schulische Inklusion. Opladen/Toronto: Barbara Budrich, 111–125.
Fischer, Wolfgang (1996): Wozu taugt die „pädagogische Verantwortung"? In: Käte Meyer-Drawe/Helmut Peukert/Jörg Ruhloff (Hg.): Pädagogik und Ethik. Beiträge zu einer zweiten Reflexion. 2. Auflage. Weinheim: Deutscher Studienverlag, 181–198.
Flitner, Wilhelm (1958): Das Selbstverständnis der Erziehungswissenschaft in der Gegenwart. Pädagogische Forschungen. 2. Auflage. Heidelberg: Quelle & Meyer.
Flitner, Wilhelm (1965 [1950]): Allgemeine Pädagogik. 10. Auflage. Stuttgart: Ernst Klett Verlag.
Fonnesu, Luca (2017): Der Begriff der Verantwortung in der Neuzeit und in der Aufklärung. In: Ludger Heidbrink/Claus Langbehn/Janina Loh (Hg.): Handbuch Verantwortung. Wiesbaden: Springer VS, 112–132.
Foray, Philippe (2019): Autorität. In: Johannes Drerup/Gottfried Schweiger (Hg.): Handbuch Philosophie der Kindheit. Stuttgart: J. B. Metzler, 70–75.
Foucault, Michel (1982): Wie wird Macht ausgeübt? In: Hubert L. Dreyfus/Paul Rabinow (Hg.): Michel Foucault. Jenseits von Strukturalismus und Hermeneutik. Weinheim: Athenäum, 251–261.
Foucault, Michel (1987): Das Subjekt und die Macht. In: Paul Rabinow/Hubert L. Dreyfus (Hg.): Michel Foucault. Jenseits von Strukturalismus und Hermeneutik. Frankfurt am Main: Athenäum, 241–261.
Foucault, Michel (2004 [1983]): Der Gebrauch der Lüste. Sexualität und Wahrheit II. Frankfurt am Main: Suhrkamp.
Frankena, William (1973): Ethics. 2. Auflage. New Jersey: Prentice Hall.
Fritzsche, Bettina (2014): Inklusion als Exklusion. Differenzproduktion im Rahmen des schulischen Anerkennungsgeschehens. In: Anja Tervooren/Nicolas Engel/Michael Göhlich/Ingrid Miethe/Sabine Reh (Hg.): Ethnographie und Differenz in pädagogischen Feldern. Internationale Entwicklungen erziehungswissenschaftlicher Forschung. Bielefeld: transcript, 329–345.
Fritzsche, Bettina (2018): Inklusion als Anerkennung einer primären Verletzbarkeit. Zum Ertrag von Judith Butlers Anerkennungskonzept für die Analyse von inkludierenden und exkludierenden Effekten pädagogischer Praktiken. In: Tanja Sturm/Monika Wagner-Willi (Hg.): Handbuch schulische Inklusion. Opladen/Toronto: Barbara Budrich, 61–75.
Fritzsche, Bettina/Idel, Till-Sebastian/Rabenstein, Kerstin (2011): Ordnungsbildung in pädagogischen Praktiken. Praxistheoretische Überlegungen zur Konstitution und Beobachtung von Lernkulturen. In: Zeitschrift für Soziologie der Erziehung und Sozialisation 31 (1), 28–44.
Garland, David (2014): What is a "history of the present"? On Foucault's genealogies and their critical preconditions. In: Punishment & Society 16 (4), 365–384.
Geimer, Alexander/Amling, Steffen/Bosančić, Saša (Hg.) (2019): Subjekt und Subjektivierung. Empirische und theoretische Perspektiven auf Subjektivierungsprozesse. Wiesbaden: Springer VS.
Gelhard, Andreas/Alkemeyer, Thomas/Ricken, Norbert (Hg.) (2013): Techniken der Subjektivierung. München: Fink.
Gerlach, Joe (2014): Lines, contours and legends. In: Progress in Human Geography 38 (1), 22–39.
Giesecke, Hermann (1999): Die pädagogische Beziehung. Pädagogische Professionalität und die Emanzipation des Kindes. 2. Auflage. Weinheim/München: Juventa.
Gößling, Hans Jürgen (2000): Ethos und Kompetenz. Zur Begründung pädagogischer Urteilskraft im Horizont traditioneller und aktueller Vernunftkritik. Weinheim: Beltz.
Gottschalk-Mazouz (2000): Diskursethik. Theorien, Entwicklungen, Perspektiven. Berlin: Akademie Verlag.
Grabau, Christian (2017): Diesseits von ‚Gemeinschaft und Gesellschaft'. Pädagogische Denkformen des Sozialen. In: Vierteljahrsschrift für wissenschaftliche Pädagogik 93 (4), 468–489.
Grabau, Christian (2019): Macht. In: Johannes Drerup/Gottfried Schweiger (Hg.): Handbuch Philosophie der Kindheit. Stuttgart: J. B. Metzler, 159–164.
Grimm, Jakob/Grimm, Wilhelm (1854): Deutsches Wörterbuch. 16 Bände. Leipzig: Hirzel.

Grisebach, Eberhard (1924): Die Grenzen des Erziehers und seine Verantwortung. Halle: Niemeyer.
Grisebach, Eberhard (1928): Gegenwart. Halle: Niemeyer.
Günther, Klaus (2002): Zwischen Ermächtigung und Disziplinierung. Verantwortung im gegenwärtigen Kapitalismus. In: Axel Honneth (Hg.): Befreiung aus der Mündigkeit. Paradoxien des gegenwärtigen Kapitalismus. Frankfurt am Main/New York: Campus, 117–139.
Habermas, Jürgen (1983): Moralbewußtsein und kommunikatives Handeln. Frankfurt: Suhrkamp.
Hache, Emilie (2007): Is responsibility a tool of neo-liberal governmentality? La responsabilité, une technique de gouvernementalité néolibérale? In: Raisons politiques 28 (4), 49–65.
Hafeneger, Benno/Henkenborg, Peter/Scherr, Albert (Hg.) (2013): Pädagogik der Anerkennung. Grundlagen, Konzepte, Praxisfelder. Schwalbach: Debus Pädagogik Verlag.
Harder, Paul (2014): Werthaltungen und Ethos von Lehrern. Empirische Studie zu Annahmen über den guten Lehrer. Bamberg: University of Bamberg Press.
Haunss, Sebastian/Sommer, Moritz (Hg.) (2020): Fridays for Future – Die Jugend gegen den Klimawandel. Konturen der weltweiten Protestbewegung. Bielefeld: transcript.
Heidbrink, Ludger (2003): Kritik der Verantwortung. Zu den Grenzen verantwortlichen Handelns in komplexen Kontexten. Weilerswist: Velbrück Wissenschaft.
Heidbrink, Ludger (2006): Verantwortung in der Zivilgesellschaft: Zur Konjunktur eines widersprüchlichen Prinzips. In: Ludger Heidbrink/Alfred Hirsch (Hg.): Verantwortung in der Zivilgesellschaft. Zur Konjunktur eines widersprüchlichen Prinzips. Frankfurt am Main: Campus Verlag, 13–35.
Heidbrink, Ludger (2007): Handeln in der Ungewissheit. Paradoxien der Verantwortung. Berlin: Kadmos.
Heidbrink, Ludger (2017): Definitionen und Voraussetzungen der Verantwortung. In: Ludger Heidbrink/Claus Langbehn/Janina Loh (Hg.): Handbuch Verantwortung. Wiesbaden: Springer VS, 3–33.
Heidbrink, Ludger/Hirsch, Alfred (Hg.) (2006): Verantwortung in der Zivilgesellschaft. Zur Konjunktur eines widersprüchlichen Prinzips. Frankfurt am Main: Campus Verlag.
Heidbrink, Ludger/Langbehn, Claus/Loh, Janina (2017): Vorwort. In: Ludger Heidbrink/Claus Langbehn/Janina Loh (Hg.): Handbuch Verantwortung. Wiesbaden: Springer VS, v–vii.
Hellemans, Mariette (1984): Pädagogische Verantwortung. In: Helmut Danner/Wilfried Lippitz (Hg.): Beschreiben – Verstehen – Handeln. Phänomenologische Forschungen in der Pädagogik. München: Gerhard Röttger Verlag, 107–121.
Helsper, Werner (1996): Antinomien des Lehrerhandelns in modernisierten pädagogischen Kulturen. Paradoxe Verwendungsweisen von Autonomie und Selbstverantwortlichkeit. In: Arno Combe/Werner Helsper (Hg.): Pädagogische Professionalität. Untersuchungen zum Typus pädagogischen Handelns. Frankfurt am Main: Suhrkamp, 521–569.
Helsper, Werner (2002): Lehrerprofessionalität als antinomische Handlungsstruktur. In: Margret Kraul/Winfried Marotzki/Cornelia Schweppe (Hg.): Biographie und Profession. Bad Heilbrunn: Julius Klinkhardt, 64–102.
Helsper, Werner (2008): Schulkulturen – die Schule als symbolische Sinnordnung. In: Zeitschrift für Pädagogik 54 (1), 63–80.
Helsper, Werner (2009): Autorität und Schule – zur Ambivalenz der Lehrerautorität. In: Alfred Schäfer/Christiane Thompson (Hg.): Autorität. Paderborn: Ferdinand Schöningh, 65–83.
Helsper, Werner (2014): Lehrerprofessionalität – der strukturtheoretische Professionsansatz zum Lehrberuf. In: Ewald Terhart/Hedda Bennewitz/Martin Rothland (Hg.): Handbuch der Forschung zum Lehrerberuf. Münster: Waxmann, 216–240.
Helsper, Werner (2015): Schulkultur revisited: Ein Versuch, Antworten zu geben und Rückfragen zu stellen. In: Jeanette Böhme/Merle Hummrich/Rolf-Torsten Kramer (Hg.): Schulkultur. Theoriebildung im Diskurs. Wiesbaden: Springer VS, 447–500.
Helsper, Werner/Hummrich, Merle (2008): Arbeitsbündnis, Schulkultur und Milieu – Reflexionen zu Grundlagen schulischer Bildungsprozesse. In: Georg Breidenstein/Fritz Schütze (Hg.): Paradoxien in der Reform der Schule. Ergebnisse qualitativer Sozialforschung. Wiesbaden: Springer VS, 43–72.
Helsper, Werner/Reh, Sabine (2012): Nähe, Diffusität und Asymmetrie in pädagogischen Interaktionen. In: Werner Thole/Meike Baader/Werner Helsper/Manfred Kappeler, Marianne Leuzinger-Bohleber/Sabine Reh et al. (Hg.): Sexualisierte Gewalt, Macht und Pädagogik. Leverkusen: Barbara Budrich, 265–290.

Helsper, Werner/Sandring, Sabine/Wiezorek, Christine (2005): Anerkennung in pädagogischen Beziehungen. Ein Problemaufriss. In: Wilhelm Heitmeyer/Peter Imbusch (Hg.): Integrationspotenziale einer modernen Gesellschaft. Wiesbaden: Springer VS, 179–206.
Higgins, Chris (2011): The Good Life of Teaching. An Ethic of Professional Practice. Sussex: Whiley-Blackwell.
Hilbrich, Ole/Ricken, Norbert (2019): Vom ‚Hass der Pädagogik' zum ‚Unvernehmen' der Generationen. Überlegungen zur systematischen Bedeutung von Streit für Theorien der Erziehung. In: Ralf Mayer/Alfred Schäfer/Steffen Wittig (Hg.): Jacques Rancière: Pädagogische Lektüren. Wiesbaden: Springer VS, 45–69.
Holfelder, Anne-Katrin/Singer-Brodowski, Mandy/Holz, Verena/Kminek, Helge (2021): Erziehungswissenschaftliche Fragen im Zusammenhang mit der Bewegung Fridays for Future. In: Zeitschrift für Pädagogik 67 (1), 120–139.
Hollstein, Oliver (2011): Das Technologieproblem der Erziehung revisited. Überlegungen zur Wiederaufnahme eines vieldiskutierten Themas. In: Sigrid Karin Amos/Wolfgang Meseth/Matthias Proske (Hg.): Öffentliche Erziehung revisited. Erziehung, Politik und Gesellschaft im Diskurs. Wiesbaden: Springer VS, 53–74.
Honneth, Axel (2016 [1992]): Kampf um Anerkennung. Zur moralischen Grammatik sozialer Konflikte. 9. Auflage. Frankfurt am Main: Suhrkamp.
Honneth, Axel (2018): Anerkennung. Eine europäische Ideengeschichte. Berlin: Suhrkamp.
Hubig, Christoph/Bayertz, Kurt (Hg.) (1990): Verantwortung in Wissenschaft und Technik. Berlin: Universitätsbibliothek der Technischen Universität (TUB-Dokumentation Kongresse und Tagungen, 54).
Hülst, Dirk (2013): Grounded Theory. In: Barbara Friebertshäuser/Antje Langer/Annedore Prengel (Hg.): Handbuch Qualitative Forschungsmethoden in der Erziehungswissenschaft. 4. Auflage. Weinheim/Basel: Beltz Juventa, 281–300.
Hunter, Ian (1994): Rethinking the school. Subjectivity Bureaucracy Criticism. St. Leonards: Allen&Unwin.
Hurrelmann, Klaus/Albrecht, Erik (2020): Fridays for Future als Sinnbild ihrer Generation. In: Sebastian Haunss/Moritz Sommer (Hg.): Fridays for Future – Die Jugend gegen den Klimawandel. Konturen der weltweiten Protestbewegung. Bielefeld: transcript, 227–236.
Idel, Till-Sebastian (2016): Zusammenarbeit als Aufgabe von Lehrkräften. Professionstheoretische Überlegungen zu Erfordernissen, Zumutungen und Grenzen von Kooperation. In: Christiane Lähnemann/Anca Leuthold-Wergin/Heike Hagelgans/Laura Ritschel (Hg.): Professionelle Kooperation in und mit der Schule – Erkenntnisse aus der Praxisforschung. Tagungsband der 20. Jahrestagung Nordverbund Schulbegleitforschung. Münster: MV-Verlag, 23–43.
Idel, Till-Sebastian/Pauling, Sven (2018): Schulentwicklung und Adressierung. Kulturtheoretisch-praxeologische Perspektiven auf Schulentwicklungsarbeit. In: Die Deutsche Schule 110 (4), 312–325.
Idel, Till-Sebastian/Rabenstein, Kerstin (2013): „Sich als Zeigender zeigen". Verschiebungen des Zeigens in Gesprächsformaten im individualisierenden Unterricht. In: ZISU 2, 38–57.
Idel, Till-Sebastian/Rabenstein, Kerstin (2018): Lernkulturanalyse. Eine praxistheoretisch-ethnographische Perspektive auf Subjektivierungsprozesse im individualisierten Unterricht. In: Martin Heinrich/Andreas Wernet (Hg.): Rekonstruktive Bildungsforschung. Zugänge und Methoden. Wiesbaden: Springer VS, 41–53.
Idel, Till-Sebastian/Reh, Sabine (2015): Praxistheoretische Lesarten zur Transformation von Schule im Ganztag. In: Tina Hascher/Till-Sebastian Idel/Sabine Reh/Werner Thole/Klaus-Jürgen Tillmann (Hg.): Bildung über den ganzen Tag. Forschungs- und Theorieperspektiven der Erziehungswissenschaft. Opladen/Berlin/Toronto: Barbara Budrich, 115–130.
Idel, Till-Sebastian/Schütz, Anna (2017): Praktiken der Reflexion in der Lehrerinnen- und Lehrerbildung. Praxistheoretische Überlegungen zur Routinisierung professioneller Reflexivität am Beispiel studentischer Portfolioarbeit. In: Constanze Berndt/Thomas Häcker/Tobias Leonhard (Hg.): Reflexive Lehrerbildung revisited. Traditionen – Zugänge – Perspektiven. Bad Heilbrunn: Klinkhardt, 201–213.
Idel, Till-Sebastian/Stelmaszyk, Bernhard (2015): „Cultural turn" in der Schultheorie? Zum schultheoretischen Beitrag des Schulkulturansatzes. In: Jeanette Böhme/Merle Hummrich/Rolf-Torsten Kramer (Hg.): Schulkultur. Theoriebildung im Diskurs. Wiesbaden: Springer VS, 51–69.

Idel, Till-Sebastian (2022): Schulkultur – Lernkultur – Schulentwicklungsarbeit. Schulpraxeologische Konzepte und ihre Perspektiven auf Mediatisierung. In: Claudia Kuttner/Stephan Münte-Goussar (Hg.): Praxistheoretische Perspektiven auf Schule in der Kultur der Digitalität. Wiesbaden: Springer VS, 67–95.

Janssen, Angela (2018): Verletzbarkeit als Moment der conditio humana. Grundlagentheoretische Überlegungen zur conditio humana. Opladen: Barbara Budrich.

Jergus, Kerstin (2017): Ausblick: Zwischen Teilnahme und Teilhabe. Das pädagogische Selbst zwischen Aneignung und Aussetzung. In: Kerstin Jergus/Christiane Thompson (Hg.): Autorisierungen des pädagogischen Subjekts. Mobilisierung und Professionalisierung im Feld der Frühpädagogik. Wiesbaden: Springer VS, 319–353.

Jergus, Kerstin/Schumann, Ira/Thompson, Christiane (2012): Autorität und Autorisierung. Analysen zur Performativität des Pädagogischen. In: Norbert Ricken/Nicole Balzer (Hg.): Judith Butler: Pädagogische Lektüren. Wiesbaden: Springer VS, 207–224.

Jergus, Kerstin/Thompson, Christiane (2015): Innovationen im Horizont frühkindlicher Bildung. In: Zeitschrift für Pädagogik 61 (6), 802–822.

Jergus, Kerstin/Thompson, Christiane (2017a): Autorisierungen des pädagogischen Selbst. Einleitung. In: Kerstin Jergus/Christiane Thompson (Hg.): Autorisierungen des pädagogischen Subjekts. Mobilisierung und Professionalisierung im Feld der Frühpädagogik. Wiesbaden: Springer VS, 1–45.

Jergus, Kerstin/Thompson, Christiane (Hg.) (2017b): Autorisierungen des pädagogischen Subjekts. Mobilisierung und Professionalisierung im Feld der Frühpädagogik. Wiesbaden: Springer VS.

Jonas, Hans (2003 [1979]): Das Prinzip Verantwortung. Frankfurt am Main: Suhrkamp.

Jones, Dave (1990): The genealogy of the urban schoolteacher. In: Stephen J. Ball (Hg.): Foucault and Education. Disciplines and Knowledge. London/New York: Routledge, 57–78.

Kalthoff, Herbert/Hirschauer, Stefan/Lindemann, Gesa (Hg.) (2015): Theoretische Empirie. Zur Relevanz qualitativer Forschung. 2. Auflage. Frankfurt am Main: Suhrkamp.

Kant, Immanuel (1975 [1803]): Über Pädagogik. 4. Auflage. Bochum: F. Kamp.

Karcher, Martin/Rödel, Severin Sales (Hg.) (2021): Lebendige Theorie. Hamburg: Textem.

Kaufmann, Franz-Xaver (1992): Der Ruf nach Verantwortung. Freiburg: Herder.

Kessl, Fabian (2005): Der Gebrauch der eigenen Kräfte. Eine Gouvernementalität Sozialer Arbeit. Weinheim/München: Juventa.

Kilchsperger, Heiner (1985): Pädagogische Verantwortung. Studien zur Geschichte der Pädagogik und Philosophie der Erziehung. Bern/Stuttgart: Haupt Verlag (3).

King, Vera (2017): Ermöglichung oder Abwehr des Neuen im Generationenverhältnis. In: Sarah Vock/Robert Wartmann (Hg.): Ver-antwortung. Im Anschluss an poststrukturalistische Einschnitte. Paderborn: Ferdinand Schöningh, 155–170.

Klippert, Heinz (2007): Eigenverantwortliches Arbeiten und Lernen. Bausteine für den Fachunterricht. 2. Auflage. Weinheim, Basel: Beltz Praxis.

Koselleck, Reinhart (1996): A Response to Comments on the Geschichtliche Grundbegriffe. In: Hartmut Lehmann/Melvin Richter (Hg.): The Meaning of Historical Terms and Concepts. New Studies on Begriffsgeschichte. Washington DC: German Historical Institute, 59–70.

Koselleck, Reinhart (2010): Stichwort: Begriffsgeschichte. In: Reinhart Koselleck (Hg.): Begriffsgeschichten. Studien zur Semantik und Pragmatik der politischen und sozialen Sprache. Frankfurt am Main: Suhrkamp, 99–102.

Kramer, Rolf-Torsten/Idel, Till-Sebastian/Schierz, Matthias (2018): Berufskultur und Lehrersein. Kulturtheoretische Zugänge in der Lehrerforschung. In: ZISU – Zeitschrift für Interpretative Schul- und Unterrichtsforschung 7 (1), 3–36.

Krämer, Anike/Sabisch, Katja (Hg.) (2018a): Doing Responsibility. Möglichkeiten familiärer Ordnungen. psychosozial 41 (1).

Krämer, Anike/Sabisch, Katja (2018b): Editorial. In: Anike Krämer/Katja Sabisch (Hg.): Doing Responsibility. Möglichkeiten familiärer Ordnungen. psychosozial 41 (1), 5–6.

Krüger, Heinz-Hermann/Wenzel, Hartmut (Hg.) (2000): Schule zwischen Effektivität und sozialer Verantwortung. Wiesbaden: Springer VS.

Kuhlmann, Nele/Ricken, Norbert (2017): Diesseits von Paternalismus und Aktivierung. Anmerkungen zu den Diskursen pädagogischer Verantwortung. In: Sarah Vock/Robert Wartmann (Hg.): Ver-antwortung. Im Anschluss an poststrukturalistische Einschnitte. Paderborn: Ferdinand Schöningh, 127–153.

Kuhlmann, Nele/Ricken, Norbert/Rose, Nadine/Otzen, Anne (2017): Heuristik für eine Adressierungsanalyse in subjektivationstheoretischer Perspektive. In: Vierteljahrsschrift für wissenschaftliche Pädagogik 93 (2), 234–235.
Kuhlmann, Nele/Ricken, Norbert (2019): Verantwortung und Kindheit. In: Johannes Drerup/Gottfried Schweiger (Hg.): Handbuch Philosophie der Kindheit. Stuttgart: J. B. Metzler, 236–243.
Kuhlmann, Nele/Sotzek, Julia (2019): Situierte (Geschichte der) Subjektivierung im Unterricht. Ein Gespräch zwischen adressierungsanalytischer und dokumentarischer Interpretation. In: Alexander Geimer/Steffen Amling/Saša Bosančić (Hg.): Subjekt und Subjektivierung. Empirische und theoretische Perspektiven auf Subjektivierungsprozesse. Wiesbaden: Springer VS, 113–142.
Kuhlmann, Nele (2020): Der Verantwortungsbegriff als produktive Delegitimierung des Schulischen. In: Claudia Fahrenwald/Nicolas Engel/Andreas Schröer (Hg.): Organisation und Verantwortung. Jahrbuch der Sektion Organisationspädagogik. Wiesbaden: Springer VS, 125–138.
Kuhlmann, Nele/Moldenhauer, Anna (2021): Sprechen über (Nicht-)Verantwortlichkeiten. Relationierungen von Professionalität und organisationaler Praxis. In: Fabian Dietrich/Mirja Silkenbeumer/Saskia Bender (Hg.): Schule als Fall. Institutionelle und organisatorische Ausformungen, 189–204.
Kuhlmann, Nele (2021a): ‚Verantwortung' als pastorale Adressierungsformel: Zur Ambivalenz einer pädagogischen Subjektivierungsform. In: Pädagogische Korrespondenz 64, 29–50.
Kuhlmann, Nele (2021b): Zur Ermöglichung und Verunmöglichung ethischer Ansprechbarkeit. Ein Ringen mit und um ‚Verantwortung'. In: Martin Karcher/Severin Sales Rödel (Hg.): Lebendige Theorie. Hamburg. Textem, 129–142.
Kuhlmann, Nele (2022): On the Power of the Concept of Responsibility. In: Educational Theory 72 (1), 65–83.
Kuhlmann, Nele/Drerup, Johannes (2023): Pädagogische Verantwortung revisited: Neueinsätze zur Bestimmung einer pädagogischen Leitkategorie. Eine Einleitung. In: Zeitschrift für Pädagogik 69 (1), 1–5.
Kuhlmann, Nele/Thiersch, Sven (2023): Pädagogische Verantwortung im (digitalisierten) Unterricht. Empirische und professionstheoretische Explorationen. In: Zeitschrift für Pädagogik 69 (1), 54–66.
Kunze, Katharina/Bartmann, Sylke/Silkenbeumer, Mirja (2019): Teamgespräche als Adressierungsgeschehen. Methodologische und methodische Überlegungen zur Rekonstruktion pädagogischer Zuständigkeitsformationen. In: Peter Cloos/Melanie Fabel-Lamla/Barbara Lochner/Katharina Kunze (Hg.): Pädagogische Teamgespräche. Methodische und theoretische Perspektiven eines neuen Forschungsfeldes Weinheim/Basel: Beltz Juventa, 135–155.
Lamberti, Marjorie (2000): Radical Schoolteachers and the Origins of the Progressive Education Movement in Germany. In: History of Education Quarterly 40 (1), 22–48.
Lenk, Hans/Maring, Matthias (1993): Verantwortung – Normatives Interpretationskonstrukt und empirische Beschreibung. In: Lutz H. Eckensberger/Ulrich Gähde (Hg.): Ethische Norm und empirische Hypothese. Frankfurt am Main: Suhrkamp, 222–243.
Lessenich, Stephan (2003): Soziale Subjektivität. Die neue Regierung der Gesellschaft. In: Mittelweg 36 (4), 80–93.
Lévinas, Emmanuel (2011 [1992]): Jenseits des Seins oder anders als Sein geschieht. 3. Auflage. Freiburg/München: Verlag Karl Alber.
Liebsch, Burkhard (2013): Verschiedene Wege vom Selbst zum Anderen. Befremdliche Selbstverhältnisse in sozialer Relation: Grenzen der Empathie zwischen Liebe und Hass. In: Thiemo Breyer (Hg.): Grenzen der Empathie. Philosophische, psychologische und anthropologische Perspektiven. Paderborn: Fink (63), 301–332.
Lloyd, Moya (2008): Towards a cultural politics of vulnerability. Precarious lives and ungrievable deaths. In: Terrell Carver/Samuel Chambers (Hg.): Judith Butler's Precarious Politics. Critical Encounters. London/New York: Routledge Taylor and Francis Group, 92–105.
Lloyd, Moya (Hg.) (2015): Butler and Ethics. Edinburgh: Edinburgh University Press.
Loh, Janina (2017): Strukturen und Relata der Verantwortung. In: Ludger Heidbrink/Claus Langbehn/Janina Loh (Hg.): Handbuch Verantwortung. Wiesbaden: Springer VS, 35–56.
Lotter, Maria-Sibylla (2012): Scham, Schuld, Verantwortung. Über die kulturellen Grundlagen der Moral. Berlin: Suhrkamp.

Löwisch, Dieter-Jürgen (1995): Einführung in Pädagogische Ethik. Eine handlungsorientierte Anleitung für die Durchführung von Verantwortungsdiskursen. Darmstadt: Wissenschaftliche Buchgesellschaft.

Luhmann, Niklas/Schorr, Karl Eberhard (1982): Das Technologiedefizit der Erziehung und die Pädagogik. In: Niklas Luhmann/Karl Eberhard Schorr (Hg.): Zwischen Technologie und Selbstreferenz. Fragen an die Pädagogik. Frankfurt am Main: Suhrkamp, 11–40.

Maaser, Wolfgang (2006): Der Aktivierungsdiskurs der Verantwortung. In: Neue Praxis 36 (1), 37–52.

Magyar-Haas, Veronika/Oelkers, Jürgen (2018): (Reform-)Pädagogische Gemeinschaftsvorstellungen in der Weimarer Republik. Kritik im Anschluss an Helmuth Plessners Sozialtheorie. In: Alfred Schäfer/Christiane Thompson (Hg.): Gemeinschaft. Paderborn: Ferdinand Schöningh, 65–93.

Mai, Miriam/Thon, Christine (2018): Verantwortliche Positionen. Diskurse um Elementarbildung und Responsibilisierungen von Eltern und Fachkräften in der Kindertagesstätte. In: Anike Krämer/Katja Sabisch (Hg.): Doing Responsibility. Möglichkeiten familiärer Ordnungen. psychosozial 41 (1), 43–51.

Masschelein, Jan (1996): Pädagogisches Handeln und Verantwortung. Erziehung als Antwort. In: Jan Masschelein/Michael Wimmer (Hg.): Alterität, Pluralität, Gerechtigkeit. Randgänge der Pädagogik. Sankt Augustin/Leuven: Leuven University Press, 163–186.

Masschelein, Jan (2000): Die Zeit der Generationen. In: Jan Masschelein/Jörg Ruhloff/Alfred Schäfer (Hg.): Erziehungsphilosophie im Umbruch. Beiträge zur Neufassung des Erziehungsbegriffs. Weinheim: Deutscher Studienverlag, 211–229.

Masschelein, Jan (2003): Trivialisierung von Kritik. Kritische Erziehungswissenschaft weiterdenken. In: Dietrich Benner/Michele Borelli/Frieda Heyting/Christopher Winch (Hg.): Kritik in der Pädagogik. Versuche über das Kritische in Erziehung und Erziehungswissenschaft. Zeitschrift für Pädagogik (Beiheft 46). Weinheim: Beltz, 124–141.

Masschelein, Jan/Ruhloff, Jörg/Schäfer, Alfred (Hg.) (2000): Erziehungsphilosophie im Umbruch. Beiträge zur Neufassung des Erziehungsbegriffs. Weinheim: Deutscher Studienverlag.

Masschelein, Jan/Simons, Maarten (2013): In defence of the school. A public issue. Leuven: E-ducation, Culture & Society Publishers.

Masschelein, Jan/Wimmer, Michael (Hg.) (1996): Alterität, Pluralität, Gerechtigkeit. Randgänge der Pädagogik. Sankt Augustin/Leuven: Leuven University Press.

McKeon, Richard (1957): The Development and the Significance of the Concept of Responsibility. In: Revue Internationale de Philosophie 39 (1), 3–32.

McMillan, Daniel A. (2000): Energy, Willpower and Harmony. On the Problematic Relationship between State and Civil Society in Nineteenth-Century Germany. In: Frank Trentmann (Hg.): Paradoxes of Civil Society. New Perspectives on Modern German and British History. New York/Oxford: Berghahn Books, 176–195.

Meseth, Wolfgang (2011): Erziehungswissenschaftliche Forschung zwischen Zweck- und Wertrationalität. Überlegungen zum Normativitätsproblem der empirischen Unterrichtsforschung. In: Zeitschrift für Soziologie der Erziehung und Sozialisation 31 (1), 12–27.

Meyer-Drawe, Käte (1992): Nachdenken über Verantwortung. In: Peter Fauser/Käte Meyer-Drawe (Hg.): Verantwortung. Seelze: E. Friedrich Verlag (Friedrich Jahresheft, 10 (1992)), 14–16.

Meyer-Drawe, Käte (1996): Versuch einer Archäologie des pädagogischen Blicks. In: Zeitschrift für Pädagogik 42 (5), 655–664.

Meyer-Drawe, Käte (2000 [1990]): Illusionen von Autonomie. Diesseits von Ohnmacht und Allmacht des Ich. 2. Auflage. München: Kirchheim.

Meyer-Drawe, Käte (2001): Erziehung und Macht. In: Vierteljahrsschrift für wissenschaftliche Pädagogik 77 (4), 446–457.

Meyer-Drawe, Käte (2008): Diskurse des Lernens. München: Fink.

Meyer-Drawe, Käte/Waldenfels, Bernhard (1988): Das Kind als Fremder. In: Vierteljahrsschrift für wissenschaftliche Pädagogik, 271–287.

Moldenhauer, Anna/Kuhlmann, Nele (2021): Praktikentheoretische Perspektiven auf Transformationen von Schule. In: Anna Moldenhauer/Barbara Asbrand/Merle Hummrich, Till-Sebastian Idel (Hg.): Schultheorie und Schulentwicklung. Theoretische Perspektiven auf Veränderungsprozesse von Schule. Wiesbaden: Springer VS, 245–266.

Mollenhauer, Klaus (1968): Pädagogik und Rationalität. In: Klaus Mollenhauer (Hg.): Erziehung und Emanzipation. Polemische Skizzen. 4. Auflage. München: Juventa, 55–74.

Moser, Valerie (2008): Die Zuschreibung von Verantwortung als soziale Praxis. Erste Ergebnisse aus einem Forschungsprojekt. In: Sozialer Sinn 9 (1), 37–50.

Moskopp, Werner (2015): Der (Präferenz-)Utilitarismus Peter Singers. Darstellung und kritische Würdigung. Bundeszentrale für politische Bildung. Online verfügbar unter https://www.bpb.de/gesellschaft/umwelt/bioethik/208812/standpunkt-der-praeferenz-utilitarismus-peter-singers, zuletzt aktualisiert am [02.03.2020].

Nida-Rümelin, Julian (2011): Verantwortung. Stuttgart: Reclam.

Nohl, Herman (1963 [1935]): Die Pädagogische Bewegung in Deutschland und ihre Theorie. 6. Auflage. Frankfurt am Main: Schulte-Bulmke.

Nothdurft, Werner (2007): Anerkennung. In: Jürgen Straub/Arne Weidemann/Doris Weidemann (Hg.): Handbuch Interkulturelle Kommunikation und Kompetenz. Grundbegriffe – Theorien – Anwendungsfelder. Stuttgart: J. B. Metzler, 110–122.

Nozick, Robert (Hg.) (1974): Anarchy, state, and utopia. New York: Basic Books.

Oelkers, Jürgen (1992): Pädagogische Ethik. Eine Einführung in Probleme, Paradoxien und Perspektiven. Weinheim/München: Juventa.

Oelkers, Jürgen (1998): Schulen in erweiterter Verantwortung. Eine Positionsbestimmung aus erziehungswissenschaftlicher Sicht 44 (2), 179–190.

Oelkers, Nina (2009): Die Umverteilung von Verantwortung zwischen Staat und Eltern. Konturen post-wohlfahrtsstaatlicher Transformation eines sozialpädagogischen Feldes. In: Fabian Kessl/Hans-Uwe Otto (Hg.): Soziale Arbeit ohne Wohlfahrtsstaat? Zeitdiagnosen, Problematisierungen und Perspektiven. Weinheim/München: Juventa, 71–86.

Oelkers, Nina (2013): Responsibilisierung oder Verantwortungsaktivierung in der Sozialen Arbeit. In: Nina Oelkers/Martina Richter (Hg.): Aktuelle Themen und Theoriediskurse in der Sozialen Arbeit. Frankfurt am Main: Peter Lang Verlag, 163–175.

Oevermann, Ulrich (1996): Theoretische Skizze einer revidierten Theorie professionalisierten Handelns. In: Arno Combe/Werner Helsper (Hg.): Pädagogische Professionalität. Untersuchungen zum Typus pädagogischen Handelns. Frankfurt am Main: Suhrkamp, 70–182.

Oevermann, Ulrich (2008): Profession contra Organisation? Strukturtheoretische Perspektiven vom Verhältnis von Organisation und Profession in der Schule. In: Werner Helsper/Susann Busse/Merle Hummrich (Hg.): Pädagogische Professionalität in Organisationen. Neue Verhältnisbestimmungen am Beispiel der Schule. Wiesbaden: Springer VS, 55–77.

Oser, Fritz K. (1998): Ethos – die Vermenschlichung des Erfolgs. Zur Psychologie der Berufsmoral von Lehrpersonen. Wiesbaden: Springer VS.

Oser, Fritz (2018): Unterrichten ohne Ethos? In: Hans-Rudolf Schärer/Michael Zutavern (Hg.): Das Professionelle Ethos von Lehrerinnen und Lehrern. Münster. Waxmann, 57–72.

Oser, Fritz K./Dick, Andreas/Patry, Jean-Luc (1992): Effective and Responsible Teaching. The New Synthesis. San Francisco: Jossey-Bass Publishers.

Osterloh, Jürgen (2002): Identität der Erziehungswissenschaft und pädagogische Verantwortung. Ein Beitrag zur Strukturdiskussion gegenwärtiger Erziehungswissenschaft in Auseinandersetzung mit Wilhelm Flitner. Bad Heilbrunn: Klinkhardt.

Ott, Konrad (2005): Moralbegründungen. Zur Einführung. 2. Auflage. Hamburg: Junius.

Ott, Konrad (2017): Diskursethik und Verantwortung. In: Ludger Heidbrink/Claus Langbehn/Janina Loh (Hg.): Handbuch Verantwortung. Wiesbaden: Springer VS, 221–235.

Paris, Rainer (2015): Die Politik des Lobs. In: Rainer Paris (Hg.): Der Wille des Einen ist das Tun des Anderen. Aufsätze zur Machttheorie. Weilerswist: Velbrück Wissenschaft, 73–101.

Peukert, Helmut (1995): Unbedingte Verantwortung für den Anderen. Der Holocaust und das Denken von Emmanuel Levinas. In: Helmut Schreier/Matthias Heyl (Hg.): „Daß Auschwitz nicht noch einmal sei …“. Zur Erziehung nach Auschwitz. Hamburg: Krämer, 233–246.

Pille, Thomas (2014): Das Referendariat. Eine ethnographische Studie zu den Praktiken der Lehrerbildung. Bielefeld: transcript.

Pille, Thomas/Alkemeyer, Thomas (2016): Bindende Verflechtung. Zur Materialität und Körperlichkeit der Anerkennung im Alltag der Schule. In: Vierteljahrsschrift für wissenschaftliche Pädagogik 92 (1), 170–194.

Popkewitz, Thomas (1991): A Political Sociology of Educational Reform. Power/Knowledge in Teaching, Teacher Education, and Research. New York/London: Teachers College Press.

Popkewitz, Thomas (2005): Inventing the Modern Self and John Dewey: Modernities and the Travelling of Pragmatism in Education. An Introduction. In: Thomas Popkewitz (Hg.): Inventing the Modern Self and John Dewey. Modernities and the Travelling in Education. New York: Palgrave Macmillan, 3–36.
Popkewitz, Thomas (2008): Cosmopolitarism and the Age of School Reform. Science, Education, and Making Society by Making the Child. New York: Routledge.
Popkewitz, Thomas (2012): The sociology of education as the history of the present: fabrication, difference and abjection. In: Discourse: studies in the cultural politics of education, 1–18.
Popkewitz, Thomas (2017): Teacher Education and Teaching as Struggling for the Soul. A Critical Ethnography. 2. Auflage. New York/London: Routledge Taylor and Francis Group.
Popkewitz, Thomas (Hg.) (2015): The "Reason" of Schooling. Historicizing Curriculum Studies, Pedagogy, and Teacher Education. New York: Routledge.
Pothast, Ulrich (2011): Freiheit und Verantwortung. Eine Debatte, die nicht sterben will, und auch nicht sterben kann. Frankfurt am Main: Klostermann.
Prange, Klaus (1992): Intention als Argument. In: Niklas Luhmann/Karl Eberhard Schorr (Hg.): Zwischen Absicht und Person. Fragen an die Pädagogik. Frankfurt am Main: Suhrkamp, 58–101.
Prange, Klaus (2010): Die Ethik der Pädagogik. Zur Normativität erzieherischen Handelns. Paderborn: Ferdinand Schöningh.
Prengel, Annedore (2006): Pädagogik der Vielfalt. Verschiedenheit und Gleichberechtigung. 3. Auflage. Opladen: Barbara Budrich.
Prengel, Annedore (2013): Pädagogische Beziehungen zwischen Anerkennung, Verletzung und Ambivalenz. Opladen: Barbara Budrich.
Querfurt, Andrea (2016): Mittlersubjekte der Migration. Eine Praxeographie der Selbstbildung von Integrationslotsen. Bielefeld: transcript.
Rabenstein, Kerstin (2007): Das Leitbild des selbstständigen Schülers. Machtpraktiken und Subjektivierungsweisen in der pädagogischen Reformsemantik. In: Kerstin Rabenstein/Sabine Reh (Hg.): Kooperatives und selbstständiges Arbeiten von Schülern. Zur Qualitätsentwicklung von Unterricht. Wiesbaden: Springer VS, 39–60.
Rabenstein, Kerstin/Strauß, Svenja (2018): Leistungsbewertung als pädagogische Praktik. Zur sozialen Konstruktion von Leistung in Lernentwicklungsgesprächen. In: Sabine Reh/Norbert Ricken (Hg.): Leistung als Paradigma. Zur Entstehung und Transformation eines pädagogischen Konzepts. Wiesbaden: Springer VS, 329–346.
Radtke, Frank-Olaf (2000): Schulautonomie, Sozialstaat & Chancengleichheit. Einleitung. In: Frank-Olaf Radtke/Manfred Weiß (Hg.): Schulautonomie, Wohlfahrtsstaat und Chancengleichheit. Ein Studienbuch. Wiesbaden: Springer VS, 13–32.
Raffoul, Francois (2010): The Origins of Responsibility. Studies in Continental Thought. Bloomington/Indianapolis: Indiana University Press.
Rauen, Verena (2017): Ethische Verantwortung. In: Ludger Heidbrink/Claus Langbehn/Janina Loh (Hg.): Handbuch Verantwortung. Wiesbaden: Springer VS, 545–557.
Reckwitz, Andreas (2003): Grundelemente einer Theorie sozialer Praktiken. Eine sozialtheoretische Perspektive. In: Zeitschrift für Soziologie 32 (4), 282–301.
Reh, Sabine (2014): Prekarisierung der Profession. Historische Autorisierungsmuster zwischen Profession und Expertise. In: Fabian Kessl/Andreas Polutta/Isabell van Ackeren/Rolf Dobischat/Werner Thole (Hg.): Prekarisierung der Pädagogik – Pädagogische Prekarisierung? Weinheim/Basel: Beltz Juventa, 27–42.
Reh, Sabine (2017): Statt einer pädagogischen Theorie der Schule: eine Geschichte des modernen Fachunterrichts als Geschichte subjektivierender Wissenspraktiken. In: Roland Reichenbach/Patrick Bühler (Hg.): Fragmente zu einer pädagogischen Theorie der Schule. Erziehungswissenschaftliche Perspektiven auf eine Leerstelle. Weinheim/Basel: Beltz Juventa, 152–173.
Reh, Sabine/Fritzsche, Bettina/Idel, Till-Sebastian/Rabenstein, Kerstin (Hg.) (2015): Lernkulturen. Rekonstruktion pädagogischer Praktiken an Ganztagsschulen. Wiesbaden: Springer VS.
Reh, Sabine/Idel, Till-Sebastian/Rabenstein, Kerstin/Fritzsche, Bettina (2015): Ganztagsschulforschung als Tranformationsforschung. Theoretische und empirische Erträge des Projekts. In: Sabine Reh/Bettina Fritzsche/Till-Sebastian Idel/Kerstin Rabenstein (Hg.): Lernkulturen. Rekonstruktion pädagogischer Praktiken an Ganztagsschulen. Wiesbaden: Springer VS, 297–336.

Reh, Sabine/Ricken, Norbert (2012): Das Konzept der Adressierung. Zur Methodologie einer qualitativ-empirischen Erforschung von Subjektivation. In: Ingrid Miethe/Hans-Rüdiger Müller (Hg.): Qualitative Bildungsforschung und Bildungstheorie. Opladen: Budrich, 35–56.

Reh, Sabine/Ricken, Norbert (Hg.) (2018): Leistung als Paradigma. Zur Entstehung und Transformation eines pädagogischen Konzepts. Wiesbaden: Springer VS.

Renn, Joachim (2016): Wie ist das Bewusstsein am Diskurs beteiligt? In: Joachim Renn (Hg.): Selbstentfaltung – Das Formen der Person und die Ausdifferenzierung des Subjektiven. Bielefeld: transcript, 209–242.

Rescher, Nicholas (1983): Risk. A Philosophical Introduction to the Theory of Risk Evaluation and Management. Lanham: American University Press.

Richter, Martina/Andresen, Sabine (2012): Orte „guter" Kindheit? Aufwachsen im Spannungsfeld familialer und öffentlicher Verantwortung. In: Zeitschrift für Soziologie der Erziehung und Sozialisation 32 (2), 250–265.

Ricken, Norbert (1999a): Subjektivität und Kontingenz. Markierungen im pädagogischen Diskurs. Würzburg: Königshausen & Neumann.

Ricken, Norbert (1999b): Subjektivität und Kontingenz: Pädagogische Anmerkungen zum Diskurs menschlicher Selbstbeschreibungen. In: Vierteljahrsschrift für wissenschaftliche Pädagogik (75), 208–237.

Ricken, Norbert (2000): „Aber hier, wie überhaupt, kommt es anders, als man glaubt". Kontingenz als pädagogische Irritation. In: Jan Masschelein/Jörg Ruhloff/Alfred Schäfer (Hg.): Erziehungsphilosophie im Umbruch. Beiträge zur Neufassung des Erziehungsbegriffs. Weinheim: Deutscher Studienverlag, 25–45.

Ricken, Norbert (2004): Menschen. Zur Struktur anthropologischer Reflexionen als unverzichtbaren kulturwissenschaftlichen Dimension. In: Friedrich Jaeger/Burkhard Liebsch (Hg.): Handbuch der Kulturwissenschaften. Band 1: Grundlagen und Schlüsselbegriffe. Stuttgart: Metzler, 152–172.

Ricken, Norbert (2006a): Die Ordnung der Bildung. Beiträge zu einer Genealogie der Bildung. Wiesbaden: Springer VS.

Ricken, Norbert (2006b): Erziehung und Anerkennung. Anmerkungen zur Konstitution des pädagogischen Problems. In: Vierteljahrsschrift für wissenschaftliche Pädagogik 82, 215–230.

Ricken, Norbert (2006c): The Power of Power. Questions to Michel Foucault. In: Educational Philosophy and Theory 38 (4), 541–560.

Ricken, Norbert (2009): Zeigen und Anerkennen. Anmerkungen zur Form pädagogischen Handelns. In: Kathrin Berdelmann/Thomas Fuhr (Hg.): Operative Pädagogik. Grundlegung, Anschlüsse, Diskussion. Paderborn: Ferdinand Schöningh, 111–134.

Ricken, Norbert (2010): Allgemeine Pädagogik. In: Astrid Kaiser/Ditmar Schmetz/Peter Wachtel/Birgit Werner (Hg.): Bildung und Erziehung. Behinderung, Bildung, Partizipation. Enzyklopädisches Handbuch. 3 Bände. Stuttgart: Kohlhammer, 15–42.

Ricken, Norbert (2012): Bildsamkeit und Sozialität. Überlegungen zur Neufassung eines Topos pädagogischer Anthropologie. In: Norbert Ricken/Nicole Balzer (Hg.): Judith Butler: Pädagogische Lektüren. Wiesbaden: Springer VS, 329–352.

Ricken, Norbert (2013a): Anerkennung als Adressierung. Über die Bedeutung von Anerkennung für Subjektivationsprozesse. In: Thomas Alkemeyer/Gunilla Budde/Dagmar Freist (Hg.): Selbst-Bildungen. Soziale und kulturelle Praktiken der Subjektivierung. Bielefeld: transcript, 69–99.

Ricken, Norbert (2013b): Zur Logik der Subjektivierung. Überlegungen an den Rändern eines Konzepts. In: Andreas Gelhard/Thomas Alkemeyer/Norbert Ricken (Hg.): Techniken der Subjektivierung. München: Fink, 29–47.

Ricken, Norbert (2015a): Bildung als Subjektivierung. Anmerkungen zur Macht der Bildung. In: Eveline Christof/Erich Ribolits (Hg.): Bildung und Macht. Eine kritische Bestandsaufnahme. Wien: Löcker, 193–215.

Ricken, Norbert (2015b): Pädagogische Professionalität – revisited. Eine anerkennungstheoretische Skizze. In: Jeanette Böhme/Merle Hummrich/Rolf-Torsten Kramer (Hg.): Schulkultur. Theoriebildung im Diskurs. Wiesbaden: Springer VS, 137–157.

Ricken, Norbert (2017): Pädagogische Professionalität und das Problem der Anerkennung. Eine kritische Relektüre. In: Christian Lindmeier/Hans Weiß (Hg.): Pädagogische Professionalität im Spannungsfeld von sonderpädagogischer Förderung und inklusiver Bildung. Weinheim: Beltz, 32–50.

Ricken, Norbert (2018): Konstruktionen der ‚Leistung'. Zur (Subjektivierungs-)Logik eines Konzepts. In: Sabine Reh/Norbert Ricken (Hg.): Leistung als Paradigma. Zur Entstehung und Transformation eines pädagogischen Konzepts. Wiesbaden: Springer VS, 43–60.
Ricken, Norbert/Balzer, Nicole (Hg.) (2012): Judith Butler: Pädagogische Lektüren. Wiesbaden: Springer VS.
Ricken, Norbert/Casale, Rita/Thompson, Christiane (Hg.) (2019): Subjektivierung. Erziehungswissenschaftliche Theorieperspektiven. Weinheim/Basel: Beltz Juventa.
Ricken, Norbert/Reh, Sabine (2017): Prüfungen. Systematische Perspektiven der Geschichte einer pädagogischen Praxis. In: Zeitschrift für Pädagogik 63 (3), 247–258.
Ricken, Norbert/Reh, Sabine (2018): Leistung als Paradigma. Eine Einführung in die Konzeption des Bandes. In: Sabine Reh/Norbert Ricken (Hg.): Leistung als Paradigma. Zur Entstehung und Transformation eines pädagogischen Konzepts. Wiesbaden: Springer VS, 1–17.
Ricken, Norbert/Rieger-Ladich, Markus (Hg.) (2004a): Michel Foucault: Pädagogische Lektüren. Wiesbaden: Springer VS.
Ricken, Norbert/Rieger-Ladich, Markus (2004b): Michel Foucault: Pädagogische Lektüren. Eine Einleitung. In: Norbert Ricken/Markus Rieger-Ladich (Hg.): Michel Foucault: Pädagogische Lektüren. Wiesbaden: Springer VS, 7–13.
Ricken, Norbert/Rose, Nadine/Kuhlmann, Nele/Otzen, Anne (2017): Die Sprachlichkeit der Anerkennung. Eine theoretische und methodologische Perspektive auf die Erforschung von ‚Anerkennung'. In: Vierteljahrsschrift für wissenschaftliche Pädagogik 93 (2), 193–233.
Rieger-Ladich, Markus (2004): Unterwerfen und Überschreitung. Michel Foucaults Theorie der Subjektivierung. In: Norbert Ricken/Markus Rieger-Ladich (Hg.): Michel Foucault: Pädagogische Lektüren. Wiesbaden: Springer VS, 203–223.
Rieger-Ladich, Markus (2017): Situierte Subjektivität. Wissenschaft als soziale Praxis. In: Olaf Dörner/Carola Iller/Henning Pätzold/Julia Franz/Bernhard Schmidt-Hertha (Hg.): Biographie – Lebenslauf – Generationen. Opladen/Berlin/Toronto: Barbara Budrich, 21–35.
Röhr, Henning (2002): Stellvertretung. Überlegungen zu ihrer Bedeutung in pädagogischen Kontexten. In: Vierteljahrsschrift für wissenschaftliche Pädagogik, 393–416.
Röhr, Henning (2009): Anerkennung. Zur Hypertrophie eines Begriffs. In: Norbert Ricken/Henning Röhr/Jörg Ruhloff/Klaus Schaller (Hg.): Umlernen. Festschrift für Käte Meyer-Drawe. München: Wilhelm Fink, 93–107.
Röhr, Henning/Ricken, Norbert (2020): Anerkennung. In: Gabriele Weiß/Jörg Zirfas (Hg.): Handbuch Bildungs- und Erziehungsphilosophie. Wiesbaden: Springer VS, 513–525.
Ropohl, Günter (2017): Verantwortung und Risiko. In: Ludger Heidbrink/Claus Langbehn/Janina Loh (Hg.): Handbuch Verantwortung. Wiesbaden: Springer VS, 887–908.
Rose, Nadine (2012): Migration als Bildungsherausforderung. Subjektivierung und Diskriminierung im Spiegel von Migrationsbiographien. Bielefeld: transcript.
Rose, Nadine (2019): Erziehungswissenschaftliche Subjektivierungsforschung als Adressierungsanalyse. In: Alexander Geimer/Steffen Amling/Saša Bosančić (Hg.): Subjekt und Subjektivierung. Empirische und theoretische Perspektiven auf Subjektivierungsprozesse. Wiesbaden: Springer VS, 65–85.
Rose, Nadine/Ricken, Norbert (2018): Interaktionsanalyse als Adressierungsanalyse – eine Perspektive der Subjektivationsforschung. In: Martin Heinrich/Andreas Wernet (Hg.): Rekonstruktive Bildungsforschung. Zugänge und Methoden. Wiesbaden: Springer VS, 159–175.
Rose, Niklas (1990): Governing the soul. The shaping of the private self. London/New York: Routledge.
Rose, Niklas (1996): Authority and the Genealogy of Subjectivity. In: Paul Heelas/Scott Lash/Paul Morris (Hg.): Detraditionalization: Critical Reflections on Authority and Identity. Cambridge: Blackwell Publishers, 294–328.
Rose, Niklas/Lentzos, Filippa (2017): Making Us Resilient: Responsible Citizens for Uncertain Times. In: Susanna Trnka/Catherine Trundle (Hg.): Competing Responsibilities. The Politics and Ethics of Contemporary Life. Durham/London: Duke University Press, 27–49.
Rouse, Joseph (2006): Practice Theory. In: Stephen Turner/Mark Risjord (Hg.): Handbook of the Philosophy of Science. Volume 15. Amsterdam: Elsevier, 499–540.
Ruitenberg, Claudia (Hg.) (2010): What Do Philosophers of Education Do? (And How Do They Do It?). New Jersey: Wiley-Blackwell.

Rülcker, Tobias (2013): Gemeinschaft und Gesellschaft. In: Wolfgang Keim/Ulrich Schwerdt (Hg.): Handbuch der Reformpädagogik in Deutschland. (1890–1933). Teil 1: Gesellschaftliche Kontexte, Leitideen und Diskurse. Frankfurt am Main: Peter Lang, 533–558.
Rushing, Sara (2015): Butler's Ethical Appeal: Being, Feeling and Acting Responsible. In: Moya Lloyd (Hg.): Butler and Ethics. Edinburgh: Edinburgh University Press, 65–90.
Saar, Martin (2013): Analytik der Subjektivierung. Umrisse eines Theorieprogramms. In: Andreas Gelhard/Thomas Alkemeyer/Norbert Ricken (Hg.): Techniken der Subjektivierung. München: Fink, 17–27.
Schaber, Peter (2019): Paternalismus. In: Johannes Drerup/Gottfried Schweiger (Hg.): Handbuch Philosophie der Kindheit. Stuttgart: J. B. Metzler, 173–177.
Schäfer, Alfred (1980): Selbstbestimmung und pädagogische Verantwortung. Zum Identitätsproblem in der Erziehung. In: Pädagogische Rundschau 34 (9), 575–594.
Schäfer, Alfred (2004): Macht – ein pädagogischer Grundbegriff? Überlegungen im Anschluss an die Genealogischen Betrachtungen Foucaults. In: Norbert Ricken/Markus Rieger-Ladich (Hg.): Michel Foucault: Pädagogische Lektüren. Wiesbaden: Springer VS, 145–163.
Schäfer, Alfred (2012): Das Pädagogische und die Pädagogik. Paderborn: Ferdinand Schöningh.
Schäfer, Alfred (2014): Autorisierende Verführung als pädagogische Entpolitisierungsstrategie. In: Alfred Schäfer (Hg.): Hegemonie und autorisierende Verführung. Paderborn: Ferdinand Schöningh, 67–91.
Schäfer, Alfred (2018): Erziehungsphilosophie. In: Armin Bernhard/Lutz Rothermel/Manuel Rühle (Hg.): Handbuch Kritische Pädagogik. Eine Einführung in die Erziehungs- und Bildungswissenschaft. Weinheim/Basel: Beltz Juventa, 213–228.
Schäfer, Alfred (2019): Bildung und/als Subjektivierung. In: Norbert Ricken/Rita Casale/Christiane Thompson (Hg.): Subjektivierung. Erziehungswissenschaftliche Theorieperspektiven. Weinheim/Basel: Beltz Juventa, 119–136.
Schäfer, Alfred/Thompson, Christiane (Hg.) (2009a): Autorität. Paderborn: Ferdinand Schöningh.
Schäfer, Alfred/Thompson, Christiane (2009b): Autorität. Eine Einführung. In: Alfred Schäfer/Christiane Thompson (Hg.): Autorität. Paderborn: Ferdinand Schöningh, 7–36.
Schäfer, Alfred/Thompson, Christiane (Hg.) (2010): Anerkennung. Paderborn: Ferdinand Schöningh.
Schäfer, Alfred/Thompson, Christiane (2013): Pädagogisierung – eine Einleitung. In: Alfred Schäfer/Christiane Thompson (Hg.): Pädagogisierung. Wittenberger Gespräche 1. Halle: Martin-Luther-Universität, 7–25.
Schäfer, Alfred/Thompson, Christiane (2018): Gemeinschaft. Eine Einführung. In: Alfred Schäfer/Christiane Thompson (Hg.): Gemeinschaft. Paderborn: Ferdinand Schöningh, 9–36.
Schäfer, Hilmar (2013): Die Instabilität der Praxis. Reproduktion und Transformation des Sozialen in der Praxistheorie. Weilerswist: Velbrück Wissenschaft.
Schärer, Hans-Rudolf/Zutavern, Michael (Hg.) (2018): Das Professionelle Ethos von Lehrerinnen und Lehrern. Münster: Waxmann.
Schatzki, Theodore R. (1996): Social Practices. A Wittgensteinian Approach to Human Activity and the Social. Cambridge: Cambridge University Press.
Schatzki, Theodore R. (2019): Social Change in a Material World. New York/London: Routledge.
Schleicher, Andreas (2018): World Class. How to build a 21st-century school system, Strong Performers and Successful Reformers in Education. Paris: OECD Publishing.
Schleiermacher, Friedrich Daniel Ernst (2017 [1826]): Pädagogik. Einleitung. Vorlesungen über die Pädagogik im Sommer 1826. In: Friedrich Daniel Ernst Schleiermacher: Vorlesungen über die Pädagogik und amtliche Voten zum öffentlichen Unterricht. Hg. v. Jens Beljan, Christine Ehrhardt, Dorothea Meier, Wolfgang Virmond und Wolfgang Winkler. Berlin/Boston: de Gruyter, 545–597.
Schluchter, Wolfgang (1992): Religion und Lebensführung. Studien zu Max Webers Religions- und Herrschaftssoziologie. Frankfurt am Main: Suhrkamp.
Schmidt, Jan C. (2013): Prinzip Verantwortung. In: Handbuch Technikethik. Stuttgart, Weimar: J. B. Metzler, 143–148.
Schmidt, Katharina (2008): Zum Verhältnis von Verantwortung und Kritik in der Pädagogik. Versuch einer Neubefragung in Anschluss an Emmanuel Levinas. München: Fink.
Schmidt, Melanie (2020): Wirksame Unbestimmtheit, unbestimmte Wirksamkeit. Eine diskursanalytische Untersuchung zur Schulinspektion. Wiesbaden: Springer VS.

Schmiedl-Neuburg, Hilmar (2017): Verantwortung in der Tugend- und Wertethik. In: Ludger Heidbrink/Claus Langbehn/Janina Loh (Hg.): Handbuch Verantwortung. Wiesbaden: Springer VS, 205–220.

Schroth, Jörg (Hg.) (2016): Texte zum Utilitarismus. Stuttgart: Reclam.

Seichter, Sabine (2007): Pädagogische Liebe. Erfindung, Blütezeit, Verschwinden eines pädagogischen Deutungsmusters. Paderborn: Ferdinand Schöningh.

Seiffert, Helmut (1963): Der Begriff der pädagogischen Verantwortung auf dem Hintergrund des existenzialistischen Denkstils. In: Bildung und Erziehung 16, 381–390.

Shamir, Ronen (2008): The age of responsibilization: on market-embedded morality. In: Economy and Society 37 (1), 1–19.

Silkenbeumer, Mirja/Kunze, Katharina/Bartmann, Sylke (2018): Teil- und zugleich Allzuständigkeit? Rekonstruktionen zu Zuständigkeitsfigurationen und Positionierungen pädagogischer Berufsgruppen in der Organisation Schule. In: Lukas Neuhas/Oliver Käch (Hg.): Bedingte Professionalität. Professionelles Handeln im Kontext von Institution und Organisation. Weinheim/Basel: Beltz Juventa, 130–157.

Singer, Peter (2013 [1979]): Praktische Ethik. 3. Auflage. Stuttgart: Reclam.

Slote, Michael (2015): Virtue's Turn and Return. In: Dao: A Journal of Comparative Philosophy 14 (3), 319–324.

Sofsky, Wolfgang/Paris, Rainer (1994): Figurationen sozialer Macht. Autorität, Stellvertretung, Koalition. Frankfurt am Main: Suhrkamp.

Sombetzki, Janina (2014): Verantwortung als Begriff, Fähigkeit, Aufgabe. Eine Drei-Ebenen-Analyse. Wiesbaden: Springer VS.

Starr, Paul (1982): The Social Transformation of American Medicine. New York: Basic Books.

Steigleder, Klaus (2002): Kants Moralphilosophie. Die Selbstbezüglichkeit reiner praktischer Vernunft. Stuttgart, Weimar: J. B. Metzler.

Steigleder, Klaus (2017): Deontologische Theorien der Verantwortung. In: Ludger Heidbrink/Claus Langbehn/Janina Loh (Hg.): Handbuch Verantwortung. Wiesbaden: Springer VS, 171–188.

Stojanov, Krassimir (2006): Bildung und Anerkennung. Soziale Voraussetzungen von Selbst-Entwicklung und Welt-Erschliessung. Wiesbaden: Springer VS.

Stojanov, Krassimir (2011): Bildungsgerechtigkeit. Rekonstruktionen eines umkämpften Begriffs. Wiesbaden: Springer VS.

Straume, Ingerid S. (2018): What may we hope for? Education in times of climate change. In: Constellations, 1–13.

Tenorth, Heinz-Elmar (1990): Verantwortung und Wächteramt. Wie die wissenschaftliche Pädagogik ihre gesellschaftliche Wirksamkeit behandelt. In: Vierteljahrsschrift für wissenschaftliche Pädagogik (66), 409–435.

Terhart, Ewald (1996): Berufskultur und professionelles Handeln bei Lehrern. In: Arno Combe/Werner Helsper (Hg.): Pädagogische Professionalität. Untersuchungen zum Typus pädagogischen Handelns. Frankfurt am Main: Suhrkamp, 448–471.

Thiersch, Hans (1968): Pädagogische Verantwortung. In: Ilse Dahmer/Wolfgang Klafki (Hg.): Geisteswissenschaftliche Pädagogik am Ausgang ihrer Epoche – Erich Weniger. Weinheim: Beltz.

Thole, Werner/Baader, Meike/Helsper, Werner/Kappeler, Manfred/Leuzinger-Bohleber, Marianne/Reh, Sabine et al. (Hg.) (2012): Sexualisierte Gewalt, Macht und Pädagogik. Leverkusen: Barbara Budrich.

Thompson, Christiane (2004): Diesseits von Authentizität und Emanzipation. Verschiebungen kritischer Erziehungswissenschaft zu einer kritischen ‚Ontologie der Gegenwart'. In: Norbert Ricken/Markus Rieger-Ladich (Hg.): Michel Foucault: Pädagogische Lektüren. Wiesbaden: Springer VS, 39–56.

Thompson, Christiane (2009): Bildung und die Grenzen der Erfahrung. Randgänge der Bildungsphilosophie. Paderborn: Ferdinand Schöningh.

Thompson, Christiane (2010): The Power of Authority: challenging educational theory and practice. In: Power and Education 2 (1), 63–74.

Thompson, Christiane (2012): Zur Hervorbringung von Zurechnungsfähigkeit im pädagogischen Feld. In: Archiv für Rechts- und Sozialphilosophie im pädagogischen Feld (134), 169–182.

Thompson, Christiane (2013): Im Namen der Autorität: Spielarten der Selbstinszenierung in pädagogischen Ratgebern. In: Patrick Bühler/Thomas Bühler/Fritz Osterwalder (Hg.): Zur Inszenierungsgeschichte pädagogischer Erlöserfiguren. Bern: Haupt Verlag, 19–35.

Thompson, Christiane (2014): Autorisierung durch Evidenzorientierung. Zur Rhetorik der Evidenz als Versprechen gelingender pädagogischer Praxis. In: Alfred Schäfer (Hg.): Hegemonie und autorisierende Verführung. Paderborn: Ferdinand Schöningh, 93–111.
Thompson, Christiane (2015): The Philosophy of Education as the Economy and Ecology of Pedagogical Knowledge. In: Studies in Philosophy and Education 34, 651–664.
Thompson, Christiane (2017): Wirksamkeit als Motor und Anspruch der Veränderung. In: Kerstin Jergus/Christiane Thompson (Hg.): Autorisierungen des pädagogischen Subjekts. Mobilisierung und Professionalisierung im Feld der Frühpädagogik. Wiesbaden: Springer VS, 49–89.
Thompson, Christiane (2019): Allgemeine Erziehungswissenschaft. Eine Einführung. Stuttgart: Kohlhammer.
Thunberg, Greta (2018): Our Leaders behave like Children. Rede zum UN-Generalsekretär António Guterres. UN-Klimagipfel. Kattowitz, 03.12.2018. Online verfügbar unter https://www.fridaysforfuture.org/greta-speeches, zuletzt geprüft am 22.02.2020.
Thunberg, Greta (2019a): Our House is On Fire. World Economic Forum, Davos, Schweiz. 25. Januar 2019. In: Greta Thunberg: No One Is Too Small to Make a Difference: Penguin Books, 37–40.
Thunberg, Greta (2019b): The Easiest Solution is Right in Front of You. Austrian World Summit, Wien, Österreich. 28. Mai 2019. In: Greta Thunberg: No One Is Too Small to Make a Difference: Penguin Books, 95–100.
Thunberg, Greta (2019c): The World is Waking Up. UN General Assembly, New York City, USA. 23. September 2019. In: Greta Thunberg: No One Is Too Small to Make a Difference: Penguin Books, 127–129.
Thunberg, Greta (2019d): You Can't Simply Make Up Your Own Facts. French National Assembly, Paris, Frankreich. 23. Juli 2019. In: Greta Thunberg: No One Is Too Small to Make a Difference: Penguin Books, 105–110.
Trentmann, Frank (Hg.) (2000): Paradoxes of Civil Society. New Perspectives on Modern German and British History. New York, Oxford: Berghahn Books.
Trnka, Susanna/Trundle, Catherine (Hg.) (2017a): Competing Responsibilities. The Politics and Ethics of Contemporary Life. Durham/London: Duke University Press.
Trnka, Susanna/Trundle, Catherine (2017b): Introduction. Competing Responsibilities. Reckoning Personal Responsibility, Care for the Other, and the Social Contract in Contemporary Life. In: Susanna Trnka/Catherine Trundle (Hg.): Competing Responsibilities. The Politics and Ethics of Contemporary Life. Durham/London: Duke University Press, 1–24.
Uhle, Reinhard (2011): Pädagogischer Eros und effektiver Unterricht. In: Elmar Drieschner (Hg.): Liebe in Zeiten pädagogischer Professionalisierung. Wiesbaden: Springer VS, 85–101.
Vock, Sarah/Wartmann, Robert (Hg.) (2017): Ver-antwortung. Im Anschluss an poststrukturalistische Einschnitte. Paderborn: Ferdinand Schöningh.
Vogelmann, Frieder (2013): Verantwortung als Subjektivierung. Zur Genealogie einer Selbstverständlichkeit. In: Andreas Gelhard/Thomas Alkemeyer/Norbert Ricken (Hg.): Techniken der Subjektivierung. München: Fink, 149–161.
Vogelmann, Frieder (2014): Im Bann der Verantwortung. Frankfurt am Main: Campus.
Vogelmann, Frieder (2015): Der kleine Unterschied. Zu den Selbstverhältnissen von Verantwortung und Pflicht. In: Zeitschrift für Praktische Philosophie 2 (2), 121–164.
Vogelmann, Frieder (2017): Foucault lesen. Wiesbaden: Springer VS.
Waldenfels, Bernhard (1992): Antwort und Verantwortung. In: Peter Fauser/Käte Meyer-Drawe (Hg.): Verantwortung. Seelze: E. Friedrich Verlag (Friedrich Jahresheft, 10 (1992)), 139–141.
Waldenfels, Bernhard (2006): Schattenrisse der Moral. Frankfurt am Main: Suhrkamp.
Waldenfels, Bernhard (2010): Responsive Ethik zwischen Antwort und Verantwortung. In: Deutsche Zeitschrift für Philosophie 58 (1), 71–81.
Weber, Max (1992 [1919]): Politik als Beruf. In: Max Weber: Gesamtausgabe. Hg. v. Horst Baier, M. Rainer Lepsius, Wolfgang J. Mommsen, Wolfgang Schluchter und Johannes von Winckelmann. Tübingen: J. C. B. Mohr, 157–252.
Weber, Max (2013 [1922]): Wirtschaft und Gesellschaft. Grundriss der verstehenden Soziologie. 5. Auflage. Tübingen: Mohr Siebeck.
Weiß, Gabriele (2020a): Spiel. In: Gabriele Weiß/Jörg Zirfas (Hg.): Handbuch Bildungs- und Erziehungsphilosophie. Wiesbaden: Springer VS, 77–87.

Weiß, Gabriele; Zirfas, Jörg (Hg.) (2020): Handbuch Bildungs- und Erziehungsphilosophie. Wiesbaden: Springer VS.

Weiß, Ulrich (2020b): Jenseits des Scheiterns. Anerkennungsstrategien Jugendlicher im Berufsgrundbildungsjahr. Wiesbaden: Springer VS.

Weniger, Erich (1952): Die Autonomie der Pädagogik. In: Erich Weniger (Hg.): Die Eigenständigkeit der Erziehung in Theorie und Bildung. Probleme der akademischen Lehrerbildung. Weinheim: Julius Beltz, 71–87.

Werner, Micha H. (2013): Verantwortung. In: Handbuch Technikethik. Stuttgart/Weimar: J. B. Metzler, 38–43.

Werner, Micha H./Düwell, Marcus (2013): Deontologische Ethik. In: Handbuch Technikethik. Stuttgart/Weimar: J. B. Metzler, 158–163.

Wernet, Andreas (2018): Entgrenzung. In: Matthias Proske/Kerstin Rabenstein (Hg.): Kompendium Qualitative Unterrichtsforschung. Unterricht beobachten – beschreiben – rekonstruieren. Bad Heilbrunn: Klinkhardt, 240–256.

Wimmer, Michael (1988): Der Andere und die Sprache. Vernunftkritik und Verantwortung. Berlin: Reimer.

Wimmer, Michael (1996a): Von der Identität als Norm zur Ethik der Differenz. Kritik, Dekonstruktion und Verantwortung. In: Jan Masschelein/Michael Wimmer (Hg.): Alterität, Pluralität, Gerechtigkeit. Randgänge der Pädagogik. Sankt Augustin/Leuven: Leuven University Press, 25–58.

Wimmer, Michael (1996b): Zerfall des Allgemeinen – Wiederkehr des Singulären. Pädagogische Professionalität und der Wert des Wissens. In: Arno Combe/Werner Helsper (Hg.): Pädagogische Professionalität. Untersuchungen zum Typus pädagogischen Handelns. Frankfurt am Main: Suhrkamp, 404–447.

Wimmer, Michael (2006): Dekonstruktion und Erziehung. Studien zum Paradoxieproblem in der Pädagogik. Bielefeld: transcript.

Wimmer, Michael (2009): Zwischen Zwang und Freiheit: Der leere Platz der Autorität. In: Alfred Schäfer/Christiane Thompson (Hg.): Autorität. Paderborn: Ferdinand Schöningh, 85–120.

Wimmer, Michael (Hg.) (2014): Pädagogik als Wissenschaft des Unmöglichen. Bildungsphilosophische Interventionen. Paderborn: Ferdinand Schöningh.

Witte, Egbert (2017): Verantwortung in Erziehung und Bildung. In: Ludger Heidbrink/Claus Langbehn/Janina Loh (Hg.): Handbuch Verantwortung. Wiesbaden: Springer VS, 667–680.

Wrana, Daniel (2012): Diesseits von Diskursen und Praktiken. Methodologische Bemerkungen zu einem Verhältnis. In: Barbara Friebertshäuser/Helga Kelle/Heike Boller/Sabine Bolling/Christina Huf/Antje Langer et al. (Hg.): Feld und Theorie. Herausforderungen erziehungswissenschaftlicher Ethnographie. Leverkusen: Budrich, 185–200.

Wrana, Daniel (2014): Praktiken des Differenzierens. Zu einem Instrumentarium der poststrukturalistischen Analyse von Praktiken der Differenzsetzung. In: Anja Tervooren/Nicolas Engel/Michael Göhlich/Ingrid Miethe/Sabine Reh (Hg.): Ethnographie und Differenz in pädagogischen Feldern. Internationale Entwicklungen erziehungswissenschaftlicher Forschung. Bielefeld: transcript, 79–96.

Wrana, Daniel/Langer, Antje (2007): An den Rändern des Diskurses. Jenseits der Unterscheidung diskursiver und nicht-diskursiver Praktiken. In: Forum: Qualitative Sozialforschung 8 (2), 62 Absätze.

Zedler, Johann Heinrich (1746): Grosses vollständiges Universallexikon aller Wissenschaften und Künste. Leipzig, Halle: Zedler. Online verfügbar unter http://www.zedler-lexikon.de, zuletzt geprüft am 15.02.2020.

Danksagung

> „Bin ich nur als ‚Ich', das heißt: als Individuum verantwortlich? Könnte es sein, dass es in dem Moment, in dem ich Verantwortung übernehme, deutlich wird, dass, wer ‚Ich' bin, notwendig mit anderen verstrickt ist? Bin ich überhaupt denkbar ohne diese Welt von anderen? Ist es nicht vielmehr so, dass sich im Prozess der Übernahme von Verantwortung zeigt, dass das ‚Ich', zumindest teilweise, ein ‚Wir' ist?"
>
> Judith Butler

Diese Suchbewegungen Butlers eröffnen nicht nur für die im Rahmen dieser Dissertationsschrift unternommene Befragung des pädagogischen Verantwortungskonzepts interessante Einsichten. Sie machen darüber hinaus deutlich, wie sehr auch das eigene wissenschaftliche Denken und Schreiben, das zumeist von einem ‚Ich' verantwortet wird, vielmehr immer schon auf ein ‚Wir' verweist. Die Genese der vorliegenden Arbeit lässt sich nur verstehen, wenn die vielfältigen Denk-, Arbeits- und Diskussionskontexte miteinbezogen werden, in denen ich zuhören und meine Ideen vorstellen durfte, meine eigenen Ansätze aber auch kritisch hinterfragen musste. Dabei gilt mein Dank vor allem dem Team und den ehemaligen Mitarbeitenden des Arbeitsbereichs *Theorien der Erziehung und Erziehungswissenschaft* an der Ruhr-Universität Bochum und damit David Adler, Judith Fila, Kristin Flugel, Ole Hilbrich, Norbert Ricken, Henning Röhr und Cosima Quirl. Die Kolloquien, Besprechungen, gemeinsamen Mittagessen und Semesterabschlüsse waren getragen von gegenseitigem Vertrauen, dem gemeinsamen Interesse an der Sache und der Freude an der kontroversen Debatte. Auch meinen Kolleg*innen Anne Sophie Otzen, Norbert Ricken und Nadine Rose aus dem DFG-Projekt *Sprachlichkeit der Anerkennung* möchte ich an dieser Stelle für die herzliche Aufnahme ins Projektteam, die anregenden Diskussionen und die spannenden Interpretationssitzungen danken. Die gemeinsame Arbeit am Datenmaterial hat mich nachhaltig für qualitative Sozialforschung begeistert.

Die im Rahmen des *Forums Erziehungsphilosophie* entstandenen Freundschaften haben mir über meinen konkreten Arbeitskontext hinaus kollegialen Rückhalt gegeben. Insbesondere Martin Karcher und Severin Sales Rödel möchte ich für die gemeinsamen Projekte und die Initiative danken, die eigenen Überlegungen auch auf internationalen Konferenzen vorzustellen. Dank einer umfangreichen Unterstützung der *Research School* der Ruhr-Universität Bochum konnte ich für insgesamt sechs Monate an der University of Wisconsin in Madison verbringen und meine Arbeiten mit dem Bildungshistoriker Thomas Popkewitz sowie weiteren Doktorand*innen und Gastwissenschaftler*innen diskutieren. Ich danke vor allem Gioconda Coello, Junzi Huang, Christopher und Kathryn

Kirchgasler, Mariam Sedighi, Johanna Sitomaniemi-San und Xue Yin für das herzliche Willkommen und den anregenden Austausch.

Darüber hinaus gilt mein Dank den Co-Autor*innen der im Rahmen dieser publikationsbasierten Dissertationsschrift zusammengestellten Artikel; neben den bereits genannten danke ich Anna Moldenhauer und Julia Sotzek für die intensive und produktive Zusammenarbeit. Für die Fragen, Gedanken, Kommentare und das kritische Lesen meiner Publikationen sowie der verfassten Rahmung möchte ich mich bei Nadine Düe, Kristin Flugel, Ole Hilbrich, Jakob Himmelmann, Martin Karcher, Renke Kuhlmann, Christiane Thompson und Sandra Wenk ganz herzlich bedanken. Für die geduldigen Übersetzungshilfen danke ich Irene Heidt und Rajanikanta Das. Besonderen Rückhalt habe ich von Christiane Thompson erfahren, die im Rahmen des Frauenförderungsprogramm *mentoring*[3] der Universitätsallianz Ruhr die Rolle meiner Mentorin übernommen hat. Ich danke ihr für die überaus engagierte Unterstützung, das richtige Maß an Pragmatik und das Ver- und Zutrauen, das sie mir entgegenbringt.

Mein besonderer Dank gilt meinen Gutachtern Norbert Ricken und Till-Sebastian Idel. Ihre wissenschaftlichen Arbeiten – und das wird nicht zuletzt in der vorliegenden Dissertationsschrift deutlich – hat mein eigenes Denken grundlegend geprägt. Ich möchte mich bei Norbert Ricken für die vielzähligen Dissertationsgespräche bedanken, in denen er sich mit viel Geduld, Interesse und Zutrauen auf meine Ideen und die verschiedenen Perspektivverschiebungen eingelassen hat. Auch Till-Sebastian Idel danke ich für die vertrauensvolle Zusammenarbeit und die wertvollen Anregungen im Rahmen von Dissertationsgesprächen und dem Bremer Forschungskolloquium. Mein Dank geht darüber hinaus an Sandra Aßmann und Gabriele Bellenberg, die sich bereitwillig als weitere Prüferinnen angeboten haben.

Nicht zuletzt möchte ich mich bei meiner Familie und bei meinen Freund*innen bedanken. Meinen Eltern möchte ich für die unentwegte Unterstützung und Bestärkung danken, dem nachzugehen, was mich begeistert. Meine Schwester hat mir wie niemand anderes gezeigt, was es heißt, für jemanden Verantwortung zu übernehmen. Für die vielen aufbauenden Worte sowie den besonderen Rückhalt in den schwierigen Phasen dieser Arbeit danke ich Nadine Düe. Meinem Mann möchte ich dafür danken, dass er mir wie niemand anderes das Gefühl gibt, das, was ich tue, gut zu machen.

Bochum, 7. April 2020